Marion Steven

Handbuch Produktion

Theorie – Management – Logistik – Controlling

Verlag W. Kohlhammer

Alle Rechte vorbehalten
© 2007 W. Kohlhammer GmbH Stuttgart
Umschlag: Gestaltungskonzept Peter Horlacher
Gesamtherstellung:
W. Kohlhammer Druckerei GmbH + Co. KG, Stuttgart
Printed in Germany

ISBN 978-3-17-018312-4

Vorwort

Die Produktion von Sachgütern und Dienstleistungen stellt nach wie vor einen zentralen betrieblichen Funktionsbereich dar. Hier erfolgt die wesentliche betriebliche Wertschöpfung, indem eine möglichst effektive und effiziente Kombination und Transformation von Einsatzfaktoren vorgenommen wird. Produktionsprozesse verschiedenster Art treten in allen Bereichen der Wirtschaft und letztlich in allen Unternehmen auf.

Die *Produktionswirtschaft* befasst sich mit den betriebswirtschaftlich relevanten Aspekten dieses Transformationsprozesses sowie mit den ihm vor- und nachgelagerten betrieblichen Funktionen. Ihr Aufgabenfeld umfasst die Materialbereitstellung, die Lieferantenwahl, inner- und außerbetriebliche Transportvorgänge, die Lagerhaltung, die strategische Planung von Produktionsprogrammen und Fertigungsverfahren, die Planung und Steuerung des Produktionsprozesses selbst, die Abbildung und Kontrolle dieser Vorgänge im Rechnungswesen und nicht zuletzt die Begrenzung der negativen Auswirkungen von Produktionsprozessen auf die natürliche Umwelt. Dabei bestehen sowohl in inhaltlicher als auch in methodischer Hinsicht enge Verbindungen der Produktionswirtschaft zu den Ingenieurwissenschaften.

Das Ziel des vorliegenden Handbuchs Produktion besteht darin, den Lesern einen umfassenden Überblick über das Grundwissen, die Entscheidungsprobleme, die eingesetzten Methoden sowie aktuelle Entwicklungen der Produktionswirtschaft zu geben. Dabei erfolgt eine Gliederung in die Teilbereiche Produktionstheorie, Produktionsmanagement, Produktionslogistik und Produktionscontrolling, die sich wie folgt abgrenzen lassen:

- Gegenstand der *Produktionstheorie* ist die formale Abbildung der Produktion als güterwirtschaftliche Transformationsbeziehung. Diese Abbildung erfolgt mithilfe von verschiedenen Produktionsfunktionen. Weiter wird ein formaler Rahmen für die Berücksichtigung von Umweltwirkungen der Produktion sowie für die Produktion von Dienstleistungen gegeben.

- Das *Produktionsmanagement* befasst sich mit der für die vorgesehenen Produktionsaufgaben adäquaten Ausgestaltung des Produktionsbereichs und mit der laufenden Planung des Ablaufs der einzelnen Produktionsprozesse. Es werden Planungsverfahren für die auf der strategischen, der taktischen und der operativen Planungsebene anstehenden Planungsaufgaben dargestellt.

- Bei der *Produktionslogistik* stehen die mit der Produktion verbundenen raum-zeitlichen Transformationsprozesse und deren Koordination im Vordergrund. Neben den klassischen logistischen Funktionen Transport, Umschlag und Lagerung, die vor, während und nach der Produktion stattfinden, werden im Rahmen von Reverse Logistics auch rück-wärtsgerichtete und im Rahmen des Supply Chain Managements unternehmensübergreifende Materialflüsse behandelt.

- Die Aufgabe des *Produktionscontrollings* besteht in der Planung, Steuerung und Überwachung des Produktionsgeschehens und der dabei entstehenden Wertflüsse mithilfe verschiedener Controllinginstrumente. Der Ursrpung dieser Instrumente liegt zum Teil in der Kostenrechnung, insbesondere im Gemeinkostenmanagement, andererseits sind sie als Weiterentwicklung von Steuerungsinstrumenten des Produktionsmanagements bzw. der Produktionslogistik entstanden.

In jedem Bereich werden sowohl grundlegende Zusammenhänge dargestellt als auch die wichtigsten Lösungsverfahren vermittelt und anhand von Beispielen veranschaulicht. Weiter wird auf aktuelle Entwicklungen in der Produktionswirtschaft eingegangen. Auch wenn im Text eine Verknüpfung der verschiedenen Bereiche durch entsprechende Verweise erfolgt, sind die einzelnen Kapitel weitgehend eigenständig lesbar. Als Vorkenntnisse werden ökonomische Grundkenntnisse aus einschlägigen Einführungsveranstaltungen vorausgesetzt. Zur Vertiefung sind jeweils am Ende eines Kapitels Hinweise auf weiterführende Lehrbücher angegeben.

Das Buch richtet sich an Studierende der Wirtschaftswissenschaften und verwandter Studiengänge, die sich für das Gebiet der Produktionswirtschaft interessieren oder diesen Bereich als Studienschwerpunkt in der Bachelor- oder Masterphase vertiefen. Weiter eignet es sich für Studierende der Natur- und Ingenieurwissenschaften sowie für Praktiker, die sich wirtschaftswissenschaftliche Kenntnisse aus dem Bereich der Produktion aneignen wollen. Das Buch deckt den Kern des üblicherweise im Rahmen dieser Vertiefungsrichtung behandelten Lehrstoffs ab und kann daher auch gut zur Examensvorbereitung eingesetzt werden.

Ich danke meinem Lehrstuhlteam für die vielfältige Unterstützung bei der Erstellung dieses Buchs. Meine früheren und derzeitigen wissenschaftlichen Mitarbeiter, Herr PD Dr. Sven Behrens, Frau Dr. Sonja Schade, Herr Dipl.-Ök. Fabian Andreas, Herr Dipl.-Kfm. Henry Otte, Frau Dipl.-Ök. Inga Pollmeier, Herr Dipl.-Kfm. Alexander Richter, Frau Dipl.-Ök. Katja Wasmuth und Frau Dipl.-Ök. Susanne Zapp, haben mir während der Entstehungszeit dieses Buches in intensiven Diskussionen geholfen, die Darstellung verständlich zu gestalten und auf die wesentlichen Sachverhalte zu beschränken. Herr cand. rer. oec. Khaled Kholmy und Herr cand. rer. oec. Tim Merklein haben als studentische Hilfskräfte bei der Materialsammlung und der Erstellung der Abbildungen geholfen sowie die Berechnungen in den Beispielen kontrolliert. Meine langjährige Sekretärin, Frau Auguste Lamers, hat durch pedantisches Korrekturenlesen zur sprachlichen Qualität des Textes wesentlich beigetragen. Dem Kohlhammer Verlag danke ich für die Bereitschaft zur Publikation des vorliegenden Buches und insbesondere Herrn Dr. Uwe Fliegauf für seine Anregungen, die kontinuierliche Betreuung und die reibungslose Abwicklung.

Essen, im Juli 2007   Marion Steven

Inhalt

1 Produktionstheorie

1.1 Grundbegriffe der Produktionswirtschaft

1.1.1 Aufbau der Produktionswirtschaft

Die *Produktion* in ihren vielfältigen Ausprägungen ist der Kern des betrieblichen Umsatzprozesses und damit ein wesentlicher Träger der Wertschöpfung. Dabei findet die Produktion, die hier allgemein als Erstellung von betrieblichen Leistungen verstanden wird, nicht nur als Herstellung materieller Produkte in Industrieunternehmen bzw. deren Fertigungsabteilungen statt, sondern mehr und mehr auch Dienstleistungsunternehmen sowie in Dienstleistungsbereichen, die innerhalb von Industrieunternehmen angesiedelt sind. Ausgehend von einem solchen umfassenden Produktionsbegriff werden in den folgenden Kapiteln die wichtigsten Teilbereiche der Produktion behandelt.

Die *Produktionswirtschaft* ist der Teilbereich der Betriebswirtschaftslehre, der sich mit dem Erkenntnisobjekt „Produktion" befasst. Dabei sind vielfältige Aufgaben zu bewältigen, die sich unterschiedlichen Teilgebieten zuordnen lassen. Abb. 1.1 gibt einen Überblick über die verschiedenen nachfolgend vertieften Teilgebiete und zeigt ihre Einordnung innerhalb der Produktionswirtschaft.

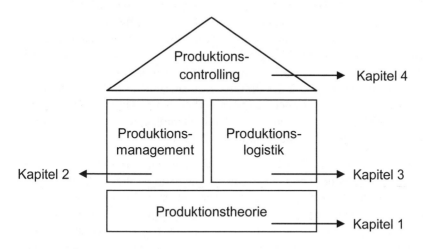

Abb. 1.1 *Aufbau der Produktionswirtschaft*

- Zunächst wird im ersten Kapitel die *Produktionstheorie* in Grundzügen dargestellt, da sie das konzeptionelle Fundament der Produktionswirtschaft bildet. Die Produktionstheorie befasst sich mit der Abbildung und Analyse der grundlegenden quantitativen Zusammenhänge von Produktionsprozessen und schafft damit die Basis für weitere produktionswirtschaftliche Entscheidungen. Das der Produktionstheorie zugrunde liegende Denkmodell ist der Transformationsprozess, der sich in die drei Phasen Input, Transformation bzw. Produktion und Output gliedert. Als wichtigstes Analyseinstrument der Produktionstheorie dienen Produktionsfunktionen, die den Zusammenhang von Input- und Outputgrößen eines Produktionsprozesses mathematisch modellieren. Weiter werden im Rahmen der Produktionstheorie die der Produktion zugrunde liegenden Ziele diskutiert, die in der Praxis auftretenden Erscheinungsformen der Produktion systematisch dargestellt und die bei der Produktion von Dienstleistungen auftretenden Besonderheiten sowie die vom Produktionsbereich ausgehenden negativen Auswirkungen auf die natürliche Umwelt des Unternehmens untersucht.

- Gegenstand des im zweiten Kapitel behandelten *Produktionsmanagements* ist die Gestaltung und die Durchführung der innerhalb eines Unternehmens ablaufenden Produktionsprozesse. Ausgehend von den Aufgaben des Produktionsmanagements werden die Planungs- und Entscheidungsprobleme auf den Ebenen des strategischen, taktischen und operativen Produktionsmanagements behandelt sowie neuere Entwicklungen im Bereich des Qualitätsmanagements vorgestellt. Die strategische Ebene des Produktionsmanagements steht in engem Zusammenhang mit der Unternehmensführung. Hier werden nicht nur Entscheidungen über die Unternehmensstrategie, die zu bearbeitenden Geschäftsfelder, das Produktionsprogramm, den Unternehmensstandort und die Organisation der Produktion getroffen, sondern auch hinsichtlich der Strukturen bei der Beschaffung von Anlagen, Material und Personal. Des Weiteren sind das Risikomanagement und das Umweltmanagement von strategischer Bedeutung. Auf der taktischen Ebene des Produktionsmanagements werden die strategischen Grundsatzentscheidungen in mittelfristige Planungen umgesetzt, die sich unter anderem auf Produktions- und Beschaffungsmengen, Kapazitätszuordnungen und die Nutzung von Produktionsprozessen beziehen. Auch der Einsatz von Produktionsplanungs- und -steuerungssystemen und die hierarchische Strukturierung des Entscheidungsprozesses zählen zu den Aufgaben des taktischen Produktionsmanagements. Die operative Ebene des Produktionsmanagements befasst sich mit der Konkretisierung und der Umsetzung der Planungen. Hier stehen kurzfristige Aufgaben wie die Stücklistenauflösung, die Losbildung, die Reihenfolgeplanung, die Auftragsüberwachung und das Workflow Management im Vordergrund.

- Die im dritten Kapitel untersuchte *Produktionslogistik* stellt einen weiteren Baustein der Produktionswirtschaft dar. Gegenstand der Produktionslogistik ist die Verknüpfung von unternehmensinternen und -externen Wertschöpfungsstufen mithilfe von verschiedenen raum-zeitlichen Transformationsprozessen, insbesondere Transport, Umschlag und Lagerung. Angesichts der zunehmenden globalen Vernetzung von Unternehmen und Märkten kommt der Logistik als der Lehre von der Gestaltung und Steuerung dieser Transformationsprozesse eine immer größere Bedeutung zu. Die im Rahmen der Produktionslogistik zu bewältigenden Aufgaben lassen sich anhand der zuvor bereits genannten Phasen der betrieblichen Wertschöpfung (Input – Transformation – Output) strukturieren. Die Beschaffungslogistik wirkt sich auf die Inputseite des Produktionsprozesses aus; hier sind Fragestellungen wie der Aufbau eines Beschaffungssystems, die Gestaltung und Organisation von Lagersystemen, aber auch Prognose- und Lagerhaltungsmodelle von Bedeutung. Die Fertigungslogistik befasst sich mit der logistischen Gestaltung von Produktionsstrukturen und -prozessen sowie der Layoutplanung. Gegenstand der Distributionslogistik sind die Gestaltung von Distributionssystemen sowie die Transport- und Tourenplanung, die sich auf die Outputseite des Produktionsprozesses beziehen. Der Bereich Reverse Logistics schließlich befasst sich mit solchen Material- und Informationsflüssen, die denen des Versorgungsbereichs entgegengerichtet verlaufen. Hier werden die Entsorgungslogistik, die Retourenlogistik und die Ersatzteillogistik diskutiert.

- Das vierte Kapitel befasst sich mit dem *Produktionscontrolling*, das sich sozusagen als Dach der Produktionswirtschaft auf die Wertflüsse konzentriert, die in den beiden auf die Durchführung der Wertschöpfung ausgerichteten Bereichen Produktionsmanagement und Produktionslogistik auftreten. Die Aufgabe des Produktionscontrollings besteht somit in der Planung, Steuerung und Kontrolle der Wertschöpfung im Produktionsbereich. Der Ursprung des Controllings liegt in der Kosten- und Erlösrechnung, die der Ermittlung der Kosten bzw. Erlöse von Produkten und Produktionsprozessen sowie ihrer Zurechnung auf betriebliche Entscheidungseinheiten dient. Weiter werden in diesem Kapitel die Ausgestaltung, die Instrumente und die verschiedenen Teilbereiche des Produktionscontrollings behandelt.

1.1.2 Bedeutung der Produktionswirtschaft

Die Produktionswirtschaft als Lehre von der Produktion ist ein wichtiger Teilbereich im Rahmen einer funktional gegliederten Betriebswirtschaftslehre, denn die Produktion bzw. die Leistungserstellung ist letztlich der Kern des betrieblichen Umsatzprozesses, in dem die wesentliche materielle Wertschöpfung stattfindet. Produktionsprozesse treten in allen Bereichen der Wirtschaft auf. Nach der *Drei-Sektoren-Theorie* von Fourastié (1949) lassen sich sämtliche wirtschaftlichen Aktivitäten den folgenden drei aggregierten Wirtschaftssektoren zuordnen:

- Den *primären Sektor* bildet die land- und fortwirtschaftliche Produktion, die zusammen mit der Fischerei und der Jagd auch als Urproduktion bezeichnet wird.

- Zum *sekundären Sektor* zählen neben der handwerklichen und der industriellen Produktion die Energie- und Wasserversorgung, das Baugewerbe und der Bergbau. Diese Wirtschaftszweige werden zusammen auch als das Produzierende Gewerbe bezeichnet.

- Der *tertiäre Sektor* umfasst mit dem Handel, den Verkehrsunternehmen, der Nachrichtenübermittlung, den Kreditinstituten und Versicherungen, der Wohnungsvermietung und weiteren Dienstleistern die verschiedenen öffentlichen und privaten Ausprägungen von Dienstleistungsunternehmen.

Abb. 1.2 veranschaulicht das unterschiedliche Gewicht, das diese drei Wirtschaftssektoren in den letzten 150 Jahren in Deutschland gehabt haben, anhand der Entwicklung der jeweiligen Anteile der Erwerbstätigen (zu den Daten vgl. Corsten 2001, S. 12). Es wird deutlich, dass

der Anteil des primären Sektors in diesem Zeitraum kontinuierlich gefallen ist. Der sekundäre Sektor hat bis zur Mitte des zwanzigsten Jahrhunderts zunächst an Bedeutung gewonnen,
ist seitdem aber rückläufig. Eine anhaltende und starke Expansion verzeichnet der tertiäre
Sektor, in dem im Jahr 2000 bereits mehr als zwei Drittel aller Erwerbstätigen beschäftigt
waren.

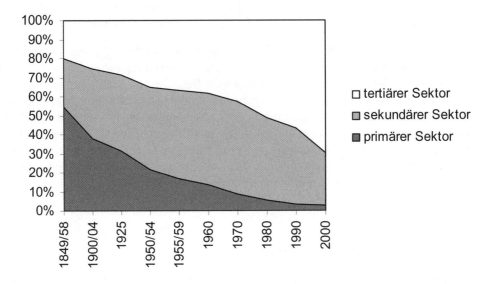

Abb. 1.2   *Entwicklung der Wirtschaftssektoren*

Die gesamtwirtschaftliche Bedeutung des *Produzierenden Gewerbes* im Jahr 2002 im Vergleich zur Land- und Forstwirtschaft und zum Dienstleistungssektor zeigt Tab. 1.1. Dabei
werden Daten des Statistischen Bundesamts bezüglich der Erwerbstätigen bzw. der Bruttowertschöpfung zugrunde gelegt und sowohl die absoluten Zahlen als auch die prozentualen
Anteile angegeben.

Tab. 1.1   *Bedeutung der Wirtschaftssektoren 2002*

	Erwerbstätige		**Bruttowertschöpfung**	
	absolut	in %	absolut	in %
Land- und Forstwirtschaft	955.000	2,47	21,95 Mrd. €	1,12
Produzierendes Gewerbe	10.780.000	27,86	562,51 Mrd. €	28,65
Dienstleistungen	26.953.000	69,67	1.379,12 Mrd. €	70,23
Gesamt	38.688.000	100,00	1.963,58 Mrd. €	100,00

Quelle: Statistisches Bundesamt: Statistisches Jahrbuch 2003 für die Bundesrepublik Deutschland, Wiesbaden
           2003, S. 111f. und S. 662

Sowohl in Bezug auf die Beschäftigtenzahlen als auch auf die Bruttowertschöpfung kommt dem Produzierenden Gewerbe ein Anteil von ca. 28% zu. Lediglich 2,47% der Erwerbstätigen waren 2002 im primären Sektor tätig, der 1,12% der Bruttowertschöpfung erwirtschaftete. Die größte Bedeutung hat auch nach diesen Daten der Dienstleistungsbereich, der in 2002 mit ca. 70% der Erwerbstätigen einen ebenso großen Anteil an der Bruttowertschöpfung erzielt hat.

Das Produzierende Gewerbe wird in der Gliederung des Statistischen Bundesamts weiter unterteilt in vier *Wirtschaftszweige*, die sich ihrerseits aus verschiedenen Industriezweigen zusammensetzen (vgl. Statistisches Bundesamt 2003, S. 187):

Bergbau und Gewinnung von Steinen und Erden
- Kohlenbergbau und Torfgewinnung
- Gewinnung von Erdöl und Erdgas
- Erzbergbau
- Gewinnung von Steinen und Erden
- sonstiger Bergbau

Verarbeitendes Gewerbe
- Ernährungsgewerbe
- Tabakverarbeitung
- Textilgewerbe
- Bekleidungsgewerbe
- Ledergewerbe
- Holzgewerbe
- Papiergewerbe
- Verlags-, Druckgewerbe, Vervielfältigung
- Kokerei, Mineralölverarbeitung
- Chemische Industrie
- Herstellung von Gummi- und Kunststoffwaren
- Glasgewerbe, Keramik, Verarbeitung von Steinen und Erden
- Metallerzeugung und -bearbeitung
- Herstellung von Metallerzeugnissen
- Maschinenbau
- Herstellung von Büromaschinen, Datenverarbeitungsgeräten und -einrichtungen
- Herstellung von Geräten der Elektrizitätserzeugung und -verteilung
- Rundfunk-, Fernseh- und Nachrichtentechnik
- Medizin-, Mess-, Steuer- und Regelungstechnik, Optik
- Sonstiger Fahrzeugbau
- Herstellung von Möbeln, Schmuck, Musikinstrumenten, Sportgeräten
- Recycling

Energie- und Wasserversorgung

- Elektrizitätsversorgung
- Gasversorgung
- Fernwärmeversorgung
- Wasserversorgung

Baugewerbe

- Hochbau, Brücken- und Tunnelbau
- Dachdeckerei, Abdichtung und Zimmerei
- Straßenbau
- Spezialbau und sonstiger Tiefbau
- Elektroinstallation
- Klempnerei, Gas-, Wasser-, Heizungs- und Lüftungsinstallation
- Stuckateurgewerbe, Gipserei und Verputzerei
- Fußboden-, Fliesen- und Plattenlegerei, Raumausstattung
- Maler- und Glasergewerbe

Die Produktionswirtschaft hat ihre Wurzeln in der Untersuchung der land- und forstwirt-schaftlichen Produktionsbedingungen (vgl. auch Abschnitt 1.1.4). Über lange Zeit hinweg waren die Abläufe im industriellen Bereich, d.h. im Verarbeitenden Gewerbe, ihr wesentli-ches Untersuchungsobjekt. In den letzten Jahrzehnten wird die Übertragung und Erweiterung des produktionswirtschaftlichen Wissens auf den Dienstleistungsbereich in Forschung und Praxis vorangetrieben (vgl. Abschnitt 1.6).

1.1.3   Entwicklung der industriellen Produktion

Bezüglich der historischen Entwicklung der neuzeitlichen industriellen Produktion lassen sich die folgenden *Entwicklungsstufen* unterscheiden (vgl. Hansmann 2001, S. 17f.):

- Das seit dem 16. Jahrhundert verbreitete *Verlagssystem* war eine Form der Zusammenar-beit zwischen einem Kaufmann und zu Hause tätigen, unselbstständigen Handwerkern. Der Kaufmann legte das Kapital für die Produktion, häufig auch für die Produktionsein-richtungen und Werkzeuge, vor, beschaffte die Rohstoffe, verkaufte die Erzeugnisse auf seine Rechnung und trug das mit diesen Transaktionen verbundene wirtschaftliche Risi-ko. Die Handwerker konzentrierten sich auf die Ausführung ihrer Verrichtungen und er-hielten in Abhängigkeit von ihrer Produktionsleistung den vereinbarten Lohn.

- Mit zunehmender Komplexität der Produktionsprozesse erwies sich die komplette Bear-beitung eines Werkstücks durch einen isoliert arbeitenden Handwerker als ineffizient. Daher wurde das Verlagssystem im 17. und 18. Jahrhundert mehr und mehr von *Manu-fakturen* abgelöst, in denen eine größere Zahl von Arbeitern beschäftigt wurde. Diese wurden in Werkstätten räumlich zusammengefasst, um die aus der arbeitsteiligen Durch-führung der einzelnen Verrichtungen resultierenden Vorteile nutzen zu können. In solchen Manufakturen wurden vor allem Luxusartikel (Porzellan, Glas, Spiegel usw.) für den Bedarf an den absolutistischen Höfen weitgehend in Handarbeit hergestellt. Dabei wurden teilweise Produktionssysteme von erheblicher Größe mit mehreren tausend Beschäftigten geschaffen.

- Im Zuge der industriellen Revolution wurden die Manufakturen seit dem 19. Jahrhundert zunehmend durch *Fabriken* verdrängt, in denen die Handarbeit immer stärker durch maschinelle Arbeit ersetzt wurde. Lange Zeit war das Fließband typisch für die Durchführung der Fabrikproduktion, in den letzten Jahrzehnten gewinnen flexible Formen der Fertigungsautomatisierung zunehmend an Bedeutung (vgl. Abschnitt 3.3.2).

Die industrielle Produktion im eigentlichen Sinne wurde somit erst durch die im 18. Jahrhundert einsetzende *industrielle Revolution* ermöglicht, die den Übergang von der handwerklichen zur industriellen Fertigung bedeutet (vgl. hierzu Hansmann 2001, S. 12ff.). Ausgangspunkt der industriellen Revolution war die englische Textilindustrie, d.h. die Erzeugung von Garnen und Stoffen aus Leinen, Wolle und Baumwolle. 1765 erfand Hargreaves die erste Spinnmaschine, durch die die Arbeitsproduktivität um den Faktor 24 gegenüber dem Handspinnen gesteigert wurde, wobei sich gleichzeitig die Qualität des Garns verbesserte. 1787 konstruierte Cartwright für die dem Spinnen nachgelagerte Produktionsstufe des Webens einen mechanischen Webstuhl, der gegenüber dem Handweben mit 20facher Produktivität arbeitete. Die industrielle Fertigung erforderte die räumliche Zusammenfassung der vorher dezentral zu Hause arbeitenden Spinner und Weber in Fabriken. Dadurch ließen sich die Energieversorgung zentral durchführen und die Transportkosten für das Rohmaterial und die fertigen Produkte senken.

Auch in anderen Branchen wurde die *Industrialisierung* durch bahnbrechende Erfindungen vorangetrieben: 1705 erfand Newcomen die Dampfmaschine, die 1769 durch James Watt nochmals verbessert wurde. Durch diese Erfindung konnte die Produktionsmenge im Kohlebergbau erheblich gesteigert werden, da erst der Einsatz von Maschinen zum Abpumpen des Grundwassers den Abbau von Flözen in größeren Tiefen erlaubte. Durch den Ersatz von Holz durch Kohle bei der Energieerzeugung ließ sich die Produktivität auch in diesem Bereich erheblich erhöhen. In der Eisen- und Stahlindustrie gelang im Jahr 1784 ein bedeutender Durchbruch mit der Einführung des Puddle-Verfahrens, durch das sich bei der Weiterverarbeitung von Roheisen zu Schmiedeeisen und Schweißstahl der Kohlenstoffanteil im Roheisen durch Kontakt mit dem Luftsauerstoff, der beim Umrühren der Masse im Flammofen zustande kommt, vermindern lässt.

In Deutschland wurde die Industrialisierung erst seit 1840 verstärkt vorangetrieben, da zuvor verschiedene wirtschaftliche, politische und administrative *Voraussetzungen* geschaffen werden mussten:

- Ausgangspunkt der deutschen Industrialisierung waren zunächst die zuvor in England entwickelten neuen *Technologien*, die in der Folgezeit auch von deutschen Ingenieuren wesentlich weiterentwickelt wurden.

- Die in der Industrie benötigte große Anzahl von *Arbeitskräften* wurde durch die Einführung der Gewerbefreiheit und die Bauernbefreiung Anfang des 18. Jahrhunderts bereitgestellt.

- Auch die Schaffung des Deutschen Zollvereins im Jahre 1834, durch den ein einheitliches Wirtschaftsgebiet mit 25 Millionen Einwohnern ohne Binnenzölle entstand, musste der Industrialisierung vorausgehen, damit ein ausreichendes *Marktvolumen* für den Absatz der industriell hergestellten Produkte vorhanden war.

- Schließlich waren geeignete *Verkehrsverbindungen* erforderlich, um die Industriebetriebe mit Material zu versorgen und die Distribution der Erzeugnisse sicherzustellen. Neben dem Aufbau des deutschen Eisenbahnnetzes zwischen 1835, als die erste Strecke von Nürnberg nach Fürth eröffnet wurde, und 1870 wurden in großem Umfang Landstraßen gepflastert und darüber hinaus auch zahlreiche Wasserwege reguliert, um den Transport mit Dampfschiffen zu ermöglichen.

Im 20. Jahrhundert war die Automobilindustrie ein wesentlicher Motor des industriellen Fortschritts. Bereits zu Beginn des 20. Jahrhunderts führte Henry Ford in seinen 1903 gegründeten Ford-Werken bei Detroit systematische Verbesserungen bei den Fertigungsverfahren und der Arbeitsorganisation ein, die sich unter anderem an der *wissenschaftlichen Betriebsführung* (scientific management) von Frederic Winslow Taylor orientierten (vgl. Taylor 1919). Daher sind für die industrielle Fertigung dieses Typs auch die Bezeichnungen Fordismus bzw. Taylorismus gebräuchlich. Ein wesentliches Kennzeichen der industriellen Fertigung ist der kombinierte Einsatz der folgenden Methoden:

- *Rationalisierung*: Durch die arbeitsteilige Organisation der Fertigung, bei der ein wiederholt durchzuführender, komplexer Fertigungsprozess in aufeinander folgende Einzelschritte zerlegt wird, die jeweils von spezialisierten Arbeitern möglichst effizient durchgeführt werden, lässt sich die Arbeitsproduktivität, die als Produktionsmenge je Arbeitsstunde gemessen wird, erheblich steigern. Diese Vorteile der Arbeitsteilung wurden erstmals durch Adam Smith anhand seines berühmten Stecknadelbeispiels beschrieben (vgl. Smith 1776; Gide/Rist 1923, S. 65f.). Bei Ford wurden die Abläufe in Arbeitsschritte von oft nur wenigen Sekunden zerlegt.

- *Automatisierung*: Auch der vermehrte Einsatz von Maschinen zur Durchführung der verschiedenen Verrichtungen trägt zur Erhöhung der Produktivität bei. Dies gilt insbesondere bei einer automatisierten Verkettung der Arbeitsschritte in der Fließfertigung. Das Fließband mit einer vorgegebenen Taktzeit, in der jeder Arbeitsschritt abgeschlossen sein muss, wurde erstmals 1918 bei Ford zur Herstellung des Modells T eingesetzt.

- *Standardisierung*: Die Herstellung von einheitlichen Massengütern, die auf räumlich weit ausgedehnten, anonymen Märkten vertrieben werden, erlaubt die Ausnutzung von Kostendegressionseffekten und macht die Nutzung von kapitalintensiven Fertigungsanlagen erst wirtschaftlich. Auch die Produktstandardisierung wurde von Ford entwickelt: Sein erfolgreiches Modell T wurde zunächst nur in einer standardisierten Ausstattung und ausschließlich in der Farbe schwarz hergestellt. Dadurch konnte es zu einem auch für die breite Bevölkerung erschwinglichen Preis angeboten werden, so dass ein ausreichender Markt für ein solches Massenprodukt entstand. Henry Ford wird in diesem Zusammenhang der folgende Ausspruch zugeschrieben: "You can have any color as long as it's black".

Der nach dem 2. Weltkrieg in den industrialisierten Staaten einsetzende Wandel der Märkte von Verkäufermärkten, auf denen sich alle angebotenen Produkte problemlos absetzen ließen, zu anspruchsvolleren *Käufermärkten* erforderte auch einen Paradigmenwechsel bei den industriellen Fertigungsmethoden. Die Kunden verlangten zunehmend differenzierte Produkte, die stärker auf ihre individuellen Bedürfnisse abgestimmt waren. Diese ließen sich jedoch mit den herkömmlichen Methoden der Massenfertigung und ihren hochproduktiven, auf bestimmte Verrichtungen spezialisierten Produktionsanlagen nicht herstellen.

Ausgehend von der japanischen Automobilindustrie kam es daher zu der so genannten zweiten Revolution in der Automobilindustrie, die in den 1990er Jahren auch unter der Bezeichnung *Lean Production* bekannt wurde. Die zugehörigen Planungs- und Fertigungsmethoden wurden bei der Firma Toyota entwickelt (vgl. Womack/Jones/Roos 1992, Ohno 1993) und später auf weitere Bereiche zunächst der japanischen, dann der US-amerikanischen und schließlich auch der europäischen Industrie übertragen. Das Ziel der Lean Production ist die Kombination der Vorteile von handwerklicher Fertigung und Massenfertigung. Dabei sollten gleichzeitig die Nachteile dieser traditionellen Fertigungsmethoden vermieden werden, nämlich die hohen Kosten und die geringe Produktivität der handwerklichen Fertigung und die geringe Flexibilität bei der Massenfertigung. Dieses anspruchsvolle Ziel lässt sich erreichen, indem die Abläufe in der Produktion stärker flussorientiert ausgestaltet werden. Dies führt zu einer Verschlankung des Fertigungsbereichs, die sich in einer Halbierung der bei der Massenfertigung benötigten Ressourcen, und zwar in den Bereichen Lagerbestände, Personal, Flächenbedarf, Investitionsvolumen sowie Liefer- und Produktentwicklungszeiten, niederschlägt.

1.1.4 Entwicklung der Produktionswirtschaft

Parallel zu der oben dargestellten Entwicklung der industriellen Fertigung hat sich auch die *Produktionswirtschaft* als Lehre von der Produktion entwickelt (vgl. hierzu Hoitsch/Akın 1998, S. 54ff.). Die frühesten produktionswirtschaftlichen Publikationen gehen zurück in die Zeit des Manufakturwesens. Sie befassen sich mit den Begriffen Manufaktur und Fabrik, beschreiben die Organisation der Arbeitsabläufe und der Fertigungsanlagen, die Fabrikbuchhaltung und die strategische Planung des Produktprogramms. Im 19. Jahrhundert wurde die Produktion vor allem im Rahmen von Veröffentlichungen der nationalökonomischen Klassik behandelt. Man findet mikroökonomische Überlegungen zur Systematik der Produktionsfaktoren und zur klassischen Produktionsfunktion zunächst ausschließlich im agrarwirtschaftlichen Schrifttum (vgl. auch Abschnitt 1.4.1). Als frühes industriebetriebliches Werk gilt eine Veröffentlichung von Babbage (1832), der sich unter anderem mit den Bereichen Arbeitsteilung, Materialwirtschaft, Werkzeugwechselkosten und Kapazitätsgestaltung beschäftigt hat (vgl. Schneider 2001, S. 183ff.)

Erst im 20. Jahrhundert kommt es zur Ausprägung des universitären Lehrgebiets *Industriebe-triebslehre* als einer institutionellen Betriebswirtschaftslehre (vgl. auch Schweitzer 1994). So leistet das Werk von Calmes (1922) Hilfestellung bei der Leitung eines Industriebetriebs in den Bereichen Rechnungswesen, Betriebsorganisation, Materialwirtschaft, Lohnabrechnung und Verkauf. In der ersten Hälfte des 20. Jahrhunderts entwickelt Erich Gutenberg eine mik-roökonomisch fundierte Produktions- und Kostentheorie, die auf linear-limitationalen Pro-duktionsprozessen beruht und die Möglichkeiten eines Industriebetriebs zur Anpassung sei-ner Produktionsmenge an kurzfristige Nachfrageschwankungen durch Variation der Zahl der eingesetzten Maschinen, ihrer Laufzeit und ihrer Produktionsgeschwindigkeit beschreibt (vgl. Gutenberg 1951, 1983 sowie Abschnitt 1.4.5). Die Arbeiten Gutenbergs bedeuten gleichzeitig einen Wechsel von der institutionellen, d.h. branchenorientierten, Sichtweise der Industriebetriebslehre zu einer funktionsorientierten Betrachtung der Produktion (vgl. auch Kern 1976) und die Einführung der deduktiven Forschungsmethode in die Betriebswirt-schaftslehre.

Auf Gutenberg geht auch die Gliederung der Aufgabenfelder der Produktionswirtschaft an-hand der drei Phasen des güterwirtschaftlichen Transformationsprozesses (vgl. Abschnitt 1.2) zurück, die in der zweiten Hälfte des 20. Jahrhunderts den Schwerpunkt bei der Ent-wicklung *quantitativer Planungsverfahren* zur Unterstützung produktionswirtschaftlicher Entscheidungen bildet. Er unterscheidet die Programmplanung, die sich mit dem Ergebnis der Produktion befasst, die Bereitstellungsplanung, die die für die Produktion benötigten Einsatzfaktoren gestaltet, und die Prozessplanung, die sich auf die Durchführung der Produk-tionsprozesse konzentriert.

Seit den 1960er Jahren wurden im Zuge der Entstehung der *entscheidungsorientierten Be-triebswirtschaftslehre* auch zur Lösung produktionswirtschaftlicher Probleme vermehrt quan-titative Erklärungs- und Entscheidungsmodelle formuliert. Dies wurde unterstützt durch die gleichzeitig voranschreitenden Entwicklungen auf dem Gebiet der mathematischen Prog-rammierung (Operations Research) und der EDV. Die Aufstellung immer komplexerer Pla-nungsmodelle auf Basis der linearen bzw. gemischt-ganzzahligen Programmierung, mit denen man immer umfassendere Sachverhalte der betrieblichen Realität abzubilden versuch-te, kam aufgrund der Aussagen der Komplexitätstheorie (vgl. Bachem 1980), dass derartige Modelle trotz der Entwicklung immer größerer und schnellerer Rechenanlagen niemals op-timal lösbar sein werden, Anfang der 1980er Jahre zum Erliegen.

Von großer Bedeutung für die Lösung produktionswirtschaftlicher Probleme sind *Partialmo-delle*, die einen bestimmten Teilbereich im Rahmen vorgegebener Annahmen planen. Wich-tige Anwendungsfelder solcher Modelle sind z.B. die Losgrößenplanung, die Reihenfolge-planung, die Standortplanung, die Transport- und Tourenplanung und die Kapazitätsplanung. Häufig wird nicht die Optimierung des jeweils untersuchten Teilproblems angestrebt, son-dern man wendet maßgeschneiderte Heuristiken an, die in akzeptabler Rechenzeit eine gute Lösung erzielen. Dabei werden zunehmend neuere Entwicklungen des Operations Research, z.B. die genetischen Algorithmen, eingesetzt (vgl. auch Abschnitt 4.3.1).

1.1.5 Ziele der Produktionswirtschaft

Ausgangspunkt für die Ableitung produktionswirtschaftlicher Ziele ist die Gesamtzielsetzung des Unternehmens, die auf einen möglichst großen, in der Regel monetär gemessenen Erfolg abstellt. Vereinfacht lässt sich das *Erfolgsziel* als Gewinnmaximierung bzw. als Orientierung am erwerbswirtschaftlichen Prinzip formulieren. Als Nebenziele des Gewinnziels werden vielfach z.B. Sozialziele oder Umweltschutzziele verfolgt.

Bei der *Gewinnmaximierung* ist zwischen kurzfristiger und langfristiger Gewinnerzielung zu unterscheiden: Während sich die kurzfristige Gewinnmaximierung auf den in der aktuellen Periode erzielbaren Überschuss der Erlöse über die Kosten konzentriert und die zukünftigen Auswirkungen der anstehenden Entscheidungen außer Acht lässt, nimmt man bei einer Ausrichtung an der langfristigen Gewinnerzielung auch kurzfristige Gewinneinbußen in Kauf, um später höhere Gewinne realisieren zu können. So reduzieren Investitionen in die Forschung und Produktentwicklung, in neue Produktionsanlagen oder in die Qualifikation der Mitarbeiter zwar kurzfristig den ausgewiesenen Gewinn, führen aber auf lange Sicht zu zusätzlichen Erfolgspotenzialen, die zur Sicherung der Unternehmensexistenz beitragen. Eine nachhaltige Gewinnerzielung erfordert den Aufbau von spezifischen Wettbewerbsvorteilen, die eine wesentliche Grundlage für den Erfolg eines Unternehmens am Markt darstellen.

Der Produktionsbereich muss – in Abstimmung mit den anderen Unternehmensbereichen – zur Erreichung des Gewinnziels beitragen. Während sich bei strategischen bzw. langfristigen Produktionsentscheidungen das Gewinnziel mehr oder weniger direkt verfolgen lässt, treten vor allem auf der kurz- und mittelfristigen Planungsebene häufig Unter- bzw. Ersatzziele an dessen Stelle. Da der Gewinn als Differenz aus Erlösen und Kosten definiert ist und die Erzielung von Erlösen eher in die Verantwortung des Absatzbereichs als in die der Produktion fällt, ist für viele produktionswirtschaftliche Entscheidungen die *Minimierung der relevanten Kosten* ein mit dem Gewinnziel konsistentes Unterziel (vgl. Kistner/Steven 2001, S. 10f.). Gelingt es dem Unternehmen, seine Kosten zu reduzieren, so kann es seine Produkte zu günstigeren Preisen am Markt anbieten und auf diesem Wege seine Wettbewerbsposition verbessern.

Die Entscheidungsrelevanz einer Kostenart hängt wiederum vom Planungshorizont des jeweiligen Entscheidungsproblems ab: Während bei kurzfristigen Entscheidungen ein großer Teil der Kosten durch frühere Dispositionen festgelegt ist und daher als Fixkosten betrachtet werden muss, nimmt mit dem Planungshorizont der Anteil der variablen und damit durch die Planung beeinflussbaren Kosten an den Gesamtkosten zu. So werden z.B. bei der Entscheidung über das Ausmaß der Nutzung einer Maschine in der kommenden Woche deren Abschreibungen als irrelevant angesehen, während sie für die Entscheidung über ihre Anschaffung eine große Rolle spielen. Als typische *Kostenziele* kommen für die Produktionswirtschaft z.B. die Minimierung von Beschaffungs-, Fertigungs-, Transport-, Lager- oder Rüstkosten in Betracht.

Bei vielen kurzfristigen Entscheidungen, wie sie vor allem auf der Ebene der operativen Produktionssteuerung auftreten, lassen sich die direkten Kostenwirkungen der vorliegenden Entscheidungsalternativen oft nur schlecht bestimmen. Daher werden in diesem Bereich häufig *nicht-monetäre Ersatzziele* anstelle des Kostenziels zugrunde gelegt. Solche Ersatzziele können auf quantitativ messbare oder auch auf qualitative Zielkriterien abstellen.

- Als *quantitative Ersatzziele* kommen im Produktionsbereich in erster Linie Zeit- oder Mengenziele in Betracht. Diese sollten in einem proportionalen oder zumindest monotonen Zusammenhang zu den Kosten stehen. So lassen sich bei der Reihenfolgeplanung die Kosten auf indirekte Weise reduzieren, indem für geringe Leerzeiten bzw. eine hohe Kapazitätsauslastung bei den Produktionsanlagen gesorgt wird oder indem die Lagerhaltung und damit die Kapitalbindung im Umlaufvermögen durch einen schnelleren Durchlauf des Materials durch den Produktionsbereich verringert wird.

- *Qualitative Ersatzziele* des Kosten- und damit auch des Gewinnziels lassen sich z.B. für die Bereiche der Mitarbeiterzufriedenheit, der Arbeitsplatzsicherheit, der Produktqualität oder der Prozessorganisation formulieren.

Die Verfolgung von *Zeitzielen* ist in der Produktionswirtschaft auch aus strategischer Sicht von großer Bedeutung, da auf vielen Märkten eine starke Dynamik herrscht, die unter anderem in der fortwährenden Verkürzung von Produktentwicklungszeiten und Produktlebenszyklen zum Ausdruck kommt. Ein Unternehmen kann sich z.B. Wettbewerbsvorteile verschaffen, indem es seine Produktentwicklungszeiten verkürzt und damit eher als die Wettbewerber in einen neuen Markt eintritt, oder indem es über eine Reduktion seiner Produktions- und Lieferzeiten seine Servicequalität verbessert.

Ein qualitatives Ziel, das die strategische Wettbewerbsfähigkeit eines Unternehmens ebenfalls in großem Maße beeinflusst, ist die Verbesserung der *Qualität* seiner Produkte. Qualität ist gemäß DIN EN ISO 8402 definiert als die Gesamtheit von Merkmalen einer Einheit bezüglich ihrer Eignung, festgelegte oder vorausgesetzte Erfordernisse zu erfüllen. Zur Verbesserung der Produktqualität können insbesondere die Instrumente des Qualitätsmanagements eingesetzt werden (vgl. Abschnitt 2.2.5).

Während bei isolierten Entscheidungen auf der operativen Ebene die Verkürzung von Zeitgrößen oder eine verbesserte Qualität durchaus einen positiven Beitrag zur Kostensenkung liefern können, stehen die drei Ziele Kosten, Zeit und Qualität bei einer umfassenden, strategischen Betrachtung grundsätzlich in einem konfliktären Zusammenhang, d.h. eine Verbesserung bei einem Ziel kann nur auf Kosten der Ausprägungen der anderen Ziele erreicht werden (vgl. Abb. 1.3).

- Der grundsätzliche Konflikt zwischen dem Zeitziel und dem Kostenziel besteht darin, dass eine Beschleunigung von Produktionsprozessen in der Regel mit höheren Kosten verbunden ist. So lässt sich eine Verkürzung der Lieferzeit eines Produkts durch Überstunden in der Produktion oder durch eine Expressauslieferung erreichen, für die jedoch jeweils zusätzliche Kosten anfallen.

- Das Zeitziel wirkt sich insofern negativ auf das Qualitätsziel aus, als durch Maßnahmen zur Beschleunigung von Produktions- oder Logistikprozessen die Qualität der Produkte beeinträchtigt werden kann. So führt die Produktion mit einer höheren Produktionsgeschwindigkeit häufig zu einer höheren Ausschussrate und damit zu einer geringeren Produktqualität.

- Auch zwischen dem Qualitätsziel und dem Kostenziel besteht ein grundsätzlicher Zielkonflikt, da sich eine höhere Qualität der Produkte vielfach nur erreichen lässt, indem hochwertigere Einsatzmaterialien eingesetzt oder aufwändigere Produktions- und Kontrollprozesse installiert werden.

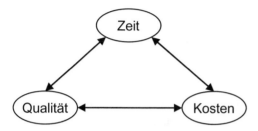

Abb. 1.3 *Zielkonflikte*

Ist es in einem Unternehmen möglich – z.B. durch die Einführung einer neuen Managementmethode – eine Verbesserung bei mehreren dieser Ziele gleichzeitig zu erreichen, so deutet dies darauf hin, dass in der Ausgangssituation nicht ausgenutzte Potenziale bzw. Ineffizienzen auf der Zielebene vorlagen. So führt z.B. der Abbau unnötiger Lagerbestände nicht nur zu einer Reduktion der damit verbundenen Lagerhaltungskosten, sondern gleichzeitig zu einer Verkürzung der Durchlaufzeit des Materials sowie zu einer Steigerung der Lieferqualität.

1.1.6 Effizienz und Effektivität

Die Durchführung der Produktion muss sich an dem Effizienzkriterium orientieren, das sich aus dem ökonomischen Prinzip ableiten lässt. Das *ökonomische Prinzip*, das auch als das Rationalprinzip wirtschaftlichen Handelns bezeichnet wird, lässt sich für die Produktion in zwei Ausprägungen formulieren:

- Das *Minimalprinzip* bzw. die Sparsamkeitsvariante verlangt, dass eine vorgegebene Produktionsmenge mit möglichst geringem Einsatz an knappen Produktionsfaktoren erreicht werden soll.

- Das *Maximalprinzip* bzw. die Ergiebigkeitsvariante fordert, dass mit vorgegebenen Einsatzmengen an Produktionsfaktoren eine möglichst große Produktionsmenge erzielt werden soll.

Der Grundgedanke des ökonomischen Prinzips besteht also darin, jegliche Verschwendung von Gütermengen zu vermeiden. Dieser Grundgedanke kommt auch im *Effizienzkriterium* zum Ausdruck, das zur Vorauswahl von ineffizienten, d.h. eindeutig unterlegenen Entscheidungsalternativen eingesetzt werden kann. Beschreibt man eine Produktionsalternative $\underline{a}$ mithilfe der eingesetzten Mengen an Produktionsfaktoren r_i, $i = 1,...,n$ und der durch die Produktion erzielten Produktmengen x_j, $j = 1,...,m$, so gilt:

Def.: Eine Produktionsalternative $\underline{a} = (r_1, r_2, ..., r_n; x_1, x_2, ..., x_m)$ ist genau dann effizient, wenn es keine andere Produktionsalternative $\underline{a}' = (r_1', r_2', ..., r_n'; x_1', x_2', ..., x_m')$ gibt, so dass gilt:

$$r_i' \leq r_i \qquad \text{für alle } i = 1,...,n$$

$$x_j' \geq x_j \qquad \text{für alle } j = 1,...,m$$

$$\text{und } r_i' < r_i \qquad \text{für mindestens ein } i$$

$$\text{oder } x_j' > x_j \qquad \text{für mindestens ein } j$$

Eine Produktionsalternative ist demnach effizient, wenn es bei den anderen verfügbaren Produktionsalternativen keine Möglichkeit gibt, die Einsatzmenge eines Produktionsfaktors zu reduzieren oder die Produktionsmenge eines Produkts zu erhöhen, ohne gleichzeitig die Einsatzmenge eines anderen Faktors erhöhen bzw. die Produktionsmenge eines anderen Produkts reduzieren zu müssen. Somit bedeutet Effizienz die Vermeidung von Verschwendung.

Die Ermittlung von effizienten Entscheidungsalternativen erfolgt am anschaulichsten durch einen *paarweisen Vergleich* der verfügbaren Produktionsalternativen, durch den die Alternativen, die von einer anderen Alternative dominiert werden, sukzessiv ausgeschieden werden. Die Anwendung des Effizienzkriteriums lässt sich an einem einfachen Beispiel veranschaulichen, dessen Daten in Tab. 1.2 angegeben sind.

Tab. 1.2 *Effizienz von Produktionsalternativen*

Alternative	1	2	3	4
Faktor 1	2	1	2	3
Faktor 2	3	2	4	2
Faktor 3	1	2	1	3
Produkt	6	4	4	5

Einem Unternehmen stehen vier Produktionsalternativen zur Verfügung, die jeweils mithilfe von drei Produktionsfaktoren ein Zielprodukt herstellen. Die Produktionsalternative 1 stellt somit bei jeder Durchführung 6 Einheiten des Produkts unter Einsatz von 2 Einheiten des ersten Produktionsfaktors, 3 Einheiten des zweiten Produktionsfaktors und 1 Einheit des dritten Produktionsfaktors her. Produktionsalternative 2 hingegen benötigt 1 Einheit des ersten Produktionsfaktors und jeweils 2 Einheiten des zweiten und dritten Produktionsfaktors, um 4 Produkteinheiten zu erzeugen. Analog lassen sich die Spalten für die anderen Produktionsalternativen interpretieren.

Vergleicht man zunächst die ersten beiden Produktionsalternativen, so stellt man fest, dass keine die andere dominiert: Die erste Alternative benötigt zwar vom dritten Faktor eine Einheit weniger und stellt zwei Produkteinheiten mehr her, setzt dafür aber auch jeweils eine Einheit mehr vom ersten und zweiten Faktor ein als die zweite Alternative. Untersucht man sodann die erste im Vergleich zur dritten Alternative, so benötigen beide gleich viel vom ersten und vom dritten Faktor. Die dritte Alternative setzt jedoch eine Einheit mehr vom zweiten Faktor ein und stellt zwei Produkteinheiten weniger her, sie wird also von der ersten Alternative dominiert und ist somit ineffizient. Diese Alternative muss bei den folgenden Paarvergleichen nicht mehr berücksichtigt werden. Die noch ausstehenden Vergleiche zwischen der ersten und der vierten Alternative sowie zwischen der zweiten und der vierten Alternative ergeben wiederum keine eindeutigen Dominanzbeziehungen, so dass sich in diesem Beispiel die Alternativen 1, 2 und 4 als effizient und die Alternative 3 als ineffizient identifizieren lassen. Die Anzahl der durchzuführenden Paarvergleiche beträgt im ungünstigsten Fall bei n Alternativen $n(n-1)/2$, lässt sich jedoch durch eine geschickte Wahl der Reihenfolge, in der die Vergleiche durchgeführt werden, im Einzelfall stark reduzieren.

Das Effizienzkriterium nimmt somit eine *Vorauswahl* aus den einem Unternehmen im Entscheidungszeitpunkt zur Verfügung stehenden Produktionsalternativen vor, indem es eindeutig dominierte Produktionsalternativen als ineffizient kennzeichnet und ausscheidet. Bei einer ineffizienten Produktionsalternative liegt Verschwendung vor, da zuviel Material eingesetzt wird oder weniger Produkte als möglich hergestellt werden. Ein rational handelnder Unternehmer würde eine solche Alternative daher nicht realisieren. Vielfach liefert das Effizienzkriterium jedoch keine eindeutige Entscheidung, da es – wie auch im obigen Beispiel – mehrere effiziente Produktionsalternativen gibt. Für die endgültige Auswahl der umzusetzenden Produktionsalternative werden daher in der Regel weitere, häufig monetäre Kriterien, z.B. Kosten oder Gewinne, herangezogen.

Verändert sich im Zeitablauf die Alternativenmenge, so kann auch das Effizienzkriterium zu anderen Ergebnissen kommen:

- Fügt man – z.B. aufgrund von technischem Fortschritt – *neue Produktionsalternativen* hinzu, so können diese die zuvor effizienten Alternativen dominieren. Eine fünfte Produktionsalternative, die von jedem Produktionsfaktor 1 Einheit benötigt und 5 Produkteinheiten erzeugt, würde auch die zweite und die vierte Alternative dominieren und als ineffizient ausscheiden lassen. In diesem Fall wären lediglich die erste und die neue, fünfte Alternative effizient.

- Wenn sich die Anzahl der zu berücksichtigenden *Kriterien* erhöht, können sich zuvor ausgeschiedene Produktionsalternativen (wieder) als effizient erweisen. Nimmt man im Ausgangsbeispiel als zusätzliches Kriterium die bei der Durchführung der jeweiligen Produktionsalternative entstehende Abfallmenge hinzu, von der bei der ersten Alternative 3, bei der zweiten Alternative 2, bei der dritten Alternative 1 und bei der vierten Alternative 2 Mengeneinheiten anfallen, so ändert sich das Ergebnis wie folgt: Da die Abfallentstehung zu zusätzlichen Kosten für die Entsorgung des Reststoffs führt, soll sie möglichst gering gehalten werden. Damit wird die dritte Alternative, bei der die geringste Abfallmenge anfällt, von keiner der anderen Alternativen dominiert und es sind nunmehr sämtliche Alternativen effizient.

Während derartige Paarvergleiche lediglich die Aussage erlauben, ob eine Produktionsalternative effizient ist oder durch eine andere dominiert wird, steht mit der *Data Envelopment Analysis* (DEA) ein Instrument zur Verfügung, das auch weiterführende Effizienzuntersuchungen ermöglicht. Insbesondere lassen sich Aussagen ableiten, wie stark das Ausmaß an Ineffizienz bei einer dominierten Alternative ist bzw. welche Rangfolge zwischen verschiedenen effizienten oder ineffizienten Alternativen besteht. Einsatzmöglichkeiten der DEA liegen im Vergleich der Performance verschiedener Produktionseinheiten anhand von mehreren, in unterschiedlichen Einheiten gemessenen Kriterien sowie bei der Beurteilung der Performance einer Produktionseinheit im Zeitablauf (zur DEA vgl. Charnes/Cooper/Rhodes 1978, Dyckhoff/Allen 1999, Behrens/Varmaz 2004).

In engem Zusammenhang mit dem Effizienzbegriff steht die Forderung nach der *Effektivität* bzw. der Zweckmäßigkeit von produktionswirtschaftlichen Entscheidungen bzw. Handlungen. Während die Effektivität einer Handlung immer dann gegeben ist, wenn diese zur Erreichung eines bestimmten Ziels prinzipiell geeignet ist, liegt Effizienz nur dann vor, wenn die Handlung durch keine andere dominiert wird. Eine verbreitete Abgrenzung der beiden Begriffe lautet:

> „Effectivity means to do the right things, efficiency means to do the things right."

Somit kann eine effiziente Handlung durchaus ineffektiv sein, wenn sie zwar nicht durch andere Handlungsalternativen dominiert wird, jedoch auch nicht zur Erreichung des vorgegebenen Ziels beiträgt. Ein Beispiel ist die Durchführung einer Wareneingangskontrolle, deren Ausgestaltung zwar in langen Jahren immer weiter verbessert wurde, die allerdings inzwischen durch die Einführung eines Qualitätsmanagementsystems bei dem Zulieferer obsolet geworden ist. Umgekehrt kann eine effektive Handlung, die zur Zielerreichung durchaus geeignet ist, ineffizient sein, wenn es andere Handlungsmöglichkeiten gibt, die den gleichen Zielbeitrag mit geringerem Mitteleinsatz oder bei gleichem Mitteleinsatz einen höheren Zielbeitrag liefern. So kann die Verbesserung der Kommunikation zwischen den Beteiligten in einer logistischen Kette zu einer höheren Auslastung der Transportmittel führen, ohne die eigentliche logistische Leistung zu beeinträchtigen. Tendenziell ist die Verfolgung des Effektivitätsziels eher auf der strategischen Planungsebene angesiedelt, z.B. bei der Auswahl von Produktfeldern oder Produktionstechnologien, während sich das Effizienzkriterium vor allem auf die operative Durchführung der Produktion bezieht.

1.2   Produktion als Transformationsprozess

Die Produktion wird definiert als Vorgang, bei dem Einsatzfaktoren bzw. Inputs in festgelegten Mengenverhältnissen kombiniert und mittels bestimmter Verfahren in Produkte bzw. Outputs transformiert werden. Abb. 1.4 zeigt eine schematische Darstellung der Produktion als *Transformationsprozess*. Aus Sicht der Produktionstheorie lässt sich ein Produktionsprozess mithilfe der in ihn eingehenden und aus ihm hervorgehenden Gütermengen beschreiben, die in einer Produktionsfunktion (vgl. Abschnitt 1.4) erfasst und mathematisch verknüpft werden. In den nachfolgenden Abschnitten werden die drei Stufen der Produktion – Input, Transformation und Output – einer näheren Betrachtung unterzogen. Dabei geht Abschnitt 1.2.1 auf die Produktionsfaktoren ein, in Abschnitt 1.2.2 werden die Produktionsprozesse dargestellt und Abschnitt 1.2.3 befasst sich mit den Produkten.

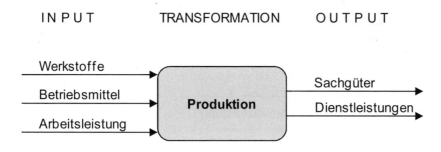

Abb. 1.4 *Produktion als Transformationsprozess*

1.2.1   Produktionsfaktoren

Als *Produktionsfaktoren* bezeichnet man sämtliche Güter, die für die Durchführung der Produktion erforderlich sind, im Produktionsprozess auf der Inputseite eingesetzt werden und auf kurze oder lange Sicht bei der Produktion verbraucht werden. Weitere Bezeichnungen für die Produktionsfaktoren sind Inputgüter, Inputfaktoren, Einsatzfaktoren oder Einsatzstoffe.

Typischerweise werden bei der Durchführung eines Produktionsprozesses mehrere unterschiedliche *Faktorarten* eingesetzt und in bestimmter, technologisch festgelegter Weise miteinander kombiniert. Die zur Produktion erforderlichen Faktoreinsatzmengen hängen zum einen von der Art und der Menge der herzustellenden Produkte, zum anderen von der grundsätzlichen Ausgestaltung sowie der konkreten Durchführung des Produktionsprozesses ab.

Die Produktionsfaktoren werden in Anlehnung an Erich Gutenberg im Hinblick auf ihre Funktionen im Transformationsprozess in drei Gruppen eingeteilt. Abb. 1.5 gibt einen Überblick über die verschiedenen Gruppen von Produktionsfaktoren und ihre Erscheinungsformen.

- *Werkstoffe* sind solche Stoffe, die direkt bei der Erzeugung der Produkte eingesetzt werden. Sie lassen sich untergliedern in Rohstoffe, Hilfsstoffe und Betriebsstoffe. Rohstoffe sind Materialien, die den Hauptbestandteil der späteren Produkte bilden, z.B. Rohöl, Stahl und Holz. Als Hilfsstoffe bezeichnet man Materialien, die zwar wie die Rohstoffe direkt in die Produkte eingehen, jedoch für diese von untergeordneter Bedeutung sind, z.B. Leim, Schrauben oder Farben. Betriebsstoffe werden für den Betrieb der Maschinen benötigt und gehen insofern indirekt in die Produkte ein, hierzu zählen Schmiermittel, Werkzeuge oder Energieträger. Auch von anderen Unternehmen bezogene Bauteile und Zwischenprodukte, die sich bereits auf einer höheren Veredlungsstufe befinden, gehören zu den Werkstoffen. Da Werkstoffe normalerweise beliebig teilbar sind, lässt sich die bei der Produktion verbrauchte Menge recht exakt bestimmen und den Produkten direkt zurechnen.

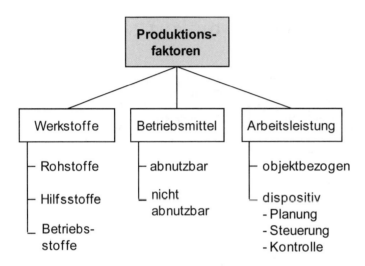

Abb. 1.5   *Produktionsfaktoren*

- Die zweite Faktorgruppe sind die *Betriebsmittel* bzw. Anlagen. Sie werden bei der Produktion benutzt, indem sie vorgesehene Verrichtungen wiederholt durchführen und damit bestimmte Veränderungen an den Werkstoffen vornehmen. Nach der Erzeugung einer Produkteinheit stehen sie für weitere, gleichartige oder andere Produktionsvorgänge zur Verfügung, bis ihr Nutzungspotenzial eines Tages erschöpft ist. Neben solchen abnutzbaren Betriebsmitteln gibt es auch nicht abnutzbare Betriebsmittel, die nach ihrer Beteiligung an einem Produktionsprozess unverändert für weitere Nutzungen zur Verfügung stehen, z.B. Grundstücke und Katalysatoren. Betriebsmittel gehen im Gegensatz zu den Werkstoffen nicht sofort, sondern über einen längeren Zeitraum verteilt in die Produkte ein. Aufgrund dieser Eigenschaften lässt sich der Betriebsmitteleinsatz den Produkten in der Regel nicht eindeutig zurechnen.

- Der dritte Produktionsfaktor ist die *menschliche Arbeitsleistung*, die dem Unternehmen aufgrund von vertraglichen Vereinbarungen mit seinen Arbeitnehmern zur Verfügung steht. Als objektbezogene bzw. ausführende Arbeit hat sie die Aufgabe, die im jeweiligen Produktionsprozess erforderlichen Verrichtungen an den Maschinen zu vollziehen, und nimmt somit direkt an der Produktion teil. Die indirekte bzw. dispositive Arbeit hingegen umfasst die indirekt auf den Produktionsprozess einwirkenden Managementfunktionen der Planung, Steuerung und Kontrolle der betrieblichen Abläufe. Durch moderne Formen der Arbeitsorganisation wie Automatisierung, Gruppenarbeit und Lean Production wird die personelle Trennung zwischen objektbezogenen und dispositiven Tätigkeiten allerdings immer mehr aufgehoben, d.h. der einzelne Arbeitnehmer übernimmt sowohl direkte als auch indirekte Tätigkeiten.

Diese drei klassischen Produktionsfaktoren sind im Laufe der Zeit auf vielfältige Weise ergänzt und modifiziert worden:

- Eine bedeutende Erweiterung des Gutenberg'schen Faktorsystems stellen die in den 1970er Jahren durch Busse von Colbe und Laßmann eingeführten *Zusatzfaktoren* dar (vgl. Busse von Colbe/Laßmann 1991, S. 76f.). Darunter versteht man z.B. Leistungen des Staates, der Kommunen, von Verbänden, von Finanzdienstleistern wie Versicherungen und Kreditinstituten sowie Beratungs- und Serviceleistungen von sonstigen Dienstleistungsunternehmen. Diese extern bezogenen Leistungen sind ebenfalls von großer Bedeutung für die Durchführung der Produktion. Sie sind dadurch gekennzeichnet, dass für sie zwar Zahlungen in bestimmter Höhe anfallen, sich ihnen aber – im Gegensatz zu den Werkstoffen – kein eindeutiges Mengengerüst zuordnen lässt.

- Als weitere wichtige Inputs in den Produktionsprozess sind *Nominalfaktoren*, d.h. Geld, Darlehen und Beteiligungswerte, sowie *Realfaktoren*, die insbesondere in Form von Rechten auftreten, zu nennen.

- Weiter gewinnen im Zuge des Übergangs zu einer Informationswirtschaft die immateriellen Inputs *Informationen* bzw. Wissen zunehmend an Bedeutung und werden daher zuweilen ebenfalls als Produktionsfaktoren bezeichnet (vgl. z.B. Bode 1993, S. 81f.). Die Erfassung, Verarbeitung und Übermittlung von Informationen sind Produktionsprozesse, bei denen Informationen als Input und als Output auftreten. Auch die Steuerung von Maschinen und die dispositiven Prozesse der Unternehmensführung benötigen bestimmte Informationen.

- Für die Produktion von Dienstleistungen, die seit den 1980er Jahren näher untersucht wird, ist der sogenannte *externe Faktor* von großer Bedeutung (vgl. Maleri 1997, S. 106ff.). Darunter versteht man das Objekt, an dem die Dienstleistung erbracht werden soll und das vom Auftraggeber der Dienstleistung bereitgestellt werden muss. Dieser externe Faktor kann entweder in Form von lebenden Objekten, d.h. Menschen oder Tieren, oder aber in Form von materiellen oder immateriellen Objekten auftreten. Beispiele für die verschiedenen Ausprägungen des externen Faktors sind der Auftraggeber selbst, der sich durch ein Taxi befördern lässt, ein Haustier des Auftraggebers, das zum Tierarzt gebracht wird, die Reparatur eines Kraftfahrzeugs und ein Überweisungsauftrag, der zur Ausführung gegeben wird.

- Die Inanspruchnahme der *natürlichen Umwelt* durch den Produktionsprozess ist seit den 1990er Jahren verstärkt ein Gegenstand der produktionswirtschaftlichen Forschung (vgl. z.B. Steven 1994). Da die Umwelt für die Durchführung der Produktion zur Verfügung stehen muss, lässt sie sich ebenfalls als ein Produktionsfaktor auffassen. Dabei ist zu berücksichtigen, dass Umweltwirkungen der Produktion nicht nur auf der Inputseite in

Form des Einsatzes natürlicher Ressourcen – wie Rohstoffen, Energieträgern, Wasser und Luft – auftreten, sondern auch auf der Outputseite, wo die Umwelt als Aufnahmemedium für unerwünschte Produktionsrückstände, Emissionen und Abfälle aller Art fungiert, die als unvermeidbare Kuppelprodukte bei der Erzeugung der erwünschten Güter und Dienstleistungen anfallen (vgl. auch Abschnitt 1.5.2).

Produktionsfaktoren lassen sich auf vielfältige Weise klassifizieren. Abb. 1.6 gibt einen Überblick über die wichtigsten *Klassifikationskriterien* für Produktionsfaktoren. Derartige Klassifikationen helfen bei der Konstruktion von Produktionsfaktorsystemen, die den Anforderungen der Allgemeingültigkeit, Vollständigkeit und Eindeutigkeit genügen sowie eine hinreichende Flexibilität für zukünftige Erweiterungen aufweisen müssen (vgl. Kern/Fallaschinski 1978). Ein solches generelles, branchenübergreifendes Produktionsfaktorsystem wird von Corsten (2007, S. 7) vorgeschlagen.

Teilbarkeit	beliebig teilbare Faktoren	nicht beliebig teilbare Faktoren
Knappheit	Engpassfaktoren	Nichtengpassfaktoren
Substitutionsbeziehung	substitutionale Faktoren	limitationale Faktoren
Güterverzehr	Verbrauchsfaktoren	Gebrauchsfaktoren
Materialität	materielle Faktoren	immaterielle Faktoren

Abb. 1.6   *Klassifikation von Produktionsfaktoren*

- In Bezug auf die *Teilbarkeit* unterscheidet man beliebig teilbare und nicht teilbare Produktionsfaktoren. Während die meisten Werkstoffe – zumindest bei entsprechend aggregierter Betrachtung – als beliebig teilbar angesehen werden können, können Betriebsmittel lediglich als ganze Einheiten zur Verfügung gestellt werden. Bei Arbeitskräften ist durch die Möglichkeit der Teilzeitarbeit eine gewisse Teilbarkeit gegeben.

- Die meisten Produktionsfaktoren stehen dem Unternehmen nicht in beliebigen Mengen zur Verfügung, sondern sind in ihrem Bestand bzw. bezüglich ihrer Beschaffungsmöglichkeiten begrenzt. Werden durch eine solche Beschränkung die Produktionsmöglichkeiten des Unternehmens limitiert, so spricht man von *Engpassfaktoren*. Nach dem Ausgleichsgesetz der Planung (vgl. Gutenberg 1983, S. 163ff.) lässt sich durch die Lockerung eines solchen Engpasses auch die Ausnutzung der Nichtengpassfaktoren erhöhen und dadurch die Unternehmensleistung steigern.

- Besteht die Möglichkeit, Produktionsfaktoren zumindest in gewissen Grenzen bei der Herstellung bestimmter Produkte gegeneinander auszutauschen, so bezeichnet man diese Faktoren als *substitutional*. Ist hingegen von jedem Faktor eine konstante Einsatzmenge je Produkteinheit erforderlich, so liegt *Limitationalität* vor.

- Verbrauchs- und Gebrauchsfaktoren unterscheiden sich hinsichtlich ihrer *Nutzung* im Produktionsprozess wie folgt: Während Verbrauchsfaktoren bei der Produktion untergehen, stehen Gebrauchs- bzw. Potenzialfaktoren – in erster Linie Betriebsmittel – nach der Durchführung eines Produktionsvorgangs für weitere Nutzungen zur Verfügung. Arbeitskräfte lassen sich als Potenzialfaktoren interpretieren, die von ihnen abgegebenen Arbeitsleistungen hingegen als Verbrauchsfaktoren.

- Schließlich werden nach dem *Materialitätsgrad* materielle Produktionsfaktoren, die als Einsatzstoffe in den Produktionsprozess eingehen, von immateriellen Faktoren wie Wissen, Informationen oder Dienstleistungen unterschieden.

1.2.2 Produktionsprozesse

Zwischen dem Input und dem Output eines Produktionsprozesses steht die *Transformation* der Produktionsfaktoren in Produkte, d.h. die Durchführung des eigentlichen Produktionsprozesses. Hierbei kommen in Abhängigkeit von der Branche und der zugrunde liegenden Technologie sehr unterschiedlich ausgestaltete Produktionsverfahren zum Einsatz. Während die Entwicklung der technischen Grundlagen von Produktionsprozessen und die Umsetzung von Technologien in Produktionsanlagen die Aufgabe der Ingenieurwissenschaften ist, besteht die Aufgabe der betrieblichen Produktionswirtschaft in der organisatorischen Gestaltung des Produktionsbereichs sowie der optimalen – d.h. bedarfsgerechten und kostenminimalen – Steuerung der Produktionsprozesse.

Die vielfältigen in der Praxis eingesetzten *Produktionsprozesse* lassen sich nach der Art ihrer Einwirkung auf die verwendeten Produktionsfaktoren unterscheiden. In der industriellen Produktion werden in erster Linie fertigungstechnische Verfahren, bei denen eine mechanische Einwirkung auf die Ausgangsstoffe erfolgt, und verfahrenstechnische bzw. Umwandlungsverfahren, bei denen die Ausgangsstoffe in andere Stoffe umgewandelt werden, eingesetzt. Bei der Dienstleistungsproduktion hingegen, deren Ergebnis immaterieller Natur ist, dominieren handwerkliche, gestalterische, geistige oder administrative Prozesse.

Einen Überblick über die wesentlichen Grundtypen der fertigungstechnischen Verfahren gibt Abb. 1.7. Nach DIN 8580 umfasst die *Fertigungstechnik* sämtliche Verfahren, die der Produktion von Stückgütern, d.h. geometrisch definierten, festen Körpern, dienen. Bei den Fertigungsverfahren wird die Form eines Werkstücks durch mechanische Einwirkungen verschiedener Art, vor allem das Trennen, das Zusammenfügen und das Umformen, verändert. Die in Abb. 1.7 genannten elementaren Fertigungsverfahren werden in der Regel nicht isoliert eingesetzt, sondern treten in der Industrie in unterschiedlichen Kombinationen auf, so dass sich eine breite Palette von unterschiedlichen Anwendungen ergibt.

- Das *Trennen* von Stoffen, Stoffgemischen oder Körpern nimmt eine Zerlegung in verschiedene Komponenten bzw. Bestandteile vor. Die wichtigsten Trennverfahren sind das Zerkleinern, Zerschneiden, Stanzen, Sortieren, Zentrifugieren, Sieben, die Magnetscheidung, das Flotationsverfahren, das Filtern und das Destillieren. Trennverfahren werden vor allem auf frühen Fertigungsstufen eingesetzt, um industrielle Vorprodukte zu erzeugen. Ein weiteres Einsatzgebiet liegt in der Abfallbehandlung.

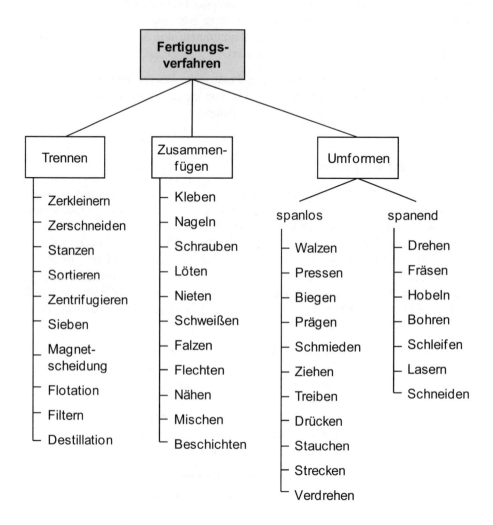

Abb. 1.7 *Fertigungsverfahren*

- Umgekehrt zum Trennen werden beim *Zusammenfügen* von Werkstücken Verbindungen zwischen verschiedenen Stoffen oder Teilen vorgenommen. Zusammenfügende Fertigungsverfahren sind z.B. das Kleben, Nageln, Schrauben, Löten, Nieten, Schweißen, Falzen, Flechten, Nähen, Mischen und Beschichten. Derartige zusammenfügende Verfahren sind in der industriellen Vor- und Endmontage vorherrschend.

- Beim *Umformen* werden feste Stoffe durch Krafteinwirkung in eine andere Form gebracht. Eine Ausprägung des Umformens ist die spanlose Fertigung, bei der die Formänderung ohne Substanzverlust vorgenommen wird, z.B. durch Walzen, Pressen, Biegen, Prägen, Schmieden, Ziehen, Treiben, Drücken, Stauchen, Strecken oder Verdrehen. Zu den Umformverfahren zählt auch die zerspanende bzw. spanabhebende Fertigung mit dem Drehen, Fräsen, Hobeln, Bohren, Schleifen, Lasern und Gewindeschneiden, bei der die Formänderung des Werkstücks mit geringfügigen Materialverlusten des Ausgangsstoffs verbunden ist. Das Haupteinsatzgebiet der Umformverfahren ist die metallverarbeitende Industrie.

Während die Fertigungsverfahren lediglich eine Modifikation der äußeren Gestalt des bearbeiteten Werkstücks bewirken, wird bei den in der Prozessindustrie eingesetzten Umwandlungsverfahren in erster Linie die innere Struktur der vorliegenden Stoffe verändert. Die *Verfahrenstechnik* ist die Lehre von der industriellen Veränderung von Stoffen durch physikalische, chemische oder biologische Vorgänge. Die bearbeiteten Stoffe liegen in der Regel als Fließgüter vor, deren geometrische Form nicht eindeutig definiert ist, z.B. als Granulate, Flüssigkeiten oder Gase. Grundlegende Operationen der Verfahrenstechnik sind die Aufbereitung von Einsatzstoffen und die Stoffumwandlung. Die zugehörigen Produktionsprozesse treten häufig als Kuppelproduktion auf, d.h. es werden mehrere Produkte gleichzeitig erzeugt. Abb. 1.8 zeigt die wichtigsten Ausprägungen der verfahrenstechnischen Umwandlungsverfahren.

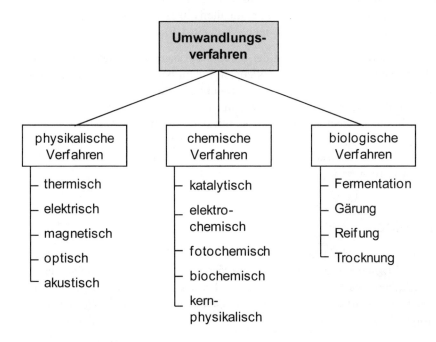

Abb. 1.8   Umwandlungsverfahren

- Zu den *physikalischen Produktionsverfahren* zählen vor allem thermische Verfahren, durch die sich der Aggregatzustand der Ausgangsstoffe verändern lässt, sowie elektrische, magnetische, optische und akustische Verfahren. Physikalische Umwandlungsverfahren werden häufig ergänzend zu den mechanischen Bearbeitungen der Fertigungsverfahren in der Fertigungsindustrie eingesetzt.

- Eine Veränderung der chemischen Eigenschaften von Stoffen wird durch das breite Spektrum an *chemischen Produktionsverfahren* vorgenommen. Hierzu zählen z.B. katalytische, elektrochemische, fotochemische und biochemische Verfahren, aber auch die kernphysikalischen Verfahren. Chemische Produktionsprozesse herrschen in der Chemie- und Pharmaindustrie vor.

- *Biologische Produktionsverfahren* wie die Fermentation, die Gärung, die Reifung oder die Trocknung werden vor allem in der Lebensmittelindustrie eingesetzt.

Der Produktionsprozess der *Dienstleistungsproduktion* lässt sich in zwei Stufen gliedern: Zunächst erfolgt im Rahmen der sogenannten *Vorkombination* der Aufbau des spezifischen Leistungspotenzials eines Dienstleistungsunternehmens, z.B. die Einrichtung eines Restaurants. Dieses Leistungspotenzial entspricht der maximalen Kapazität des Dienstleistungsunternehmens und gibt somit eine Obergrenze für die anschließend konkret verfügbare Leistungsbereitschaft vor. Da die Produktion von Dienstleistungen in der Regel eine hohe Personalintensität aufweist, ist hier der Aufbau einer qualitativ und quantitativ angemessenen Personalkapazität von großer Bedeutung (vgl. auch Abschnitt 1.6).

Bei der anschließenden *Endkombination* wird der durch die Ausgestaltung der Vorkombination vordeterminierte Dienstleistungsprozess vollzogen, indem beim Auftreten des externen Faktors und unter Hinzufügung weiterer interner Produktionsfaktoren die Leistungsbereitschaft des Unternehmens in Anspruch genommen wird. Im Beispiel des Restaurants besteht die Endkombination in der Bedienung eines Gastes mit den von ihm gewünschten Speisen und Getränken. Typisch für die Dienstleistungsproduktion ist, dass die Vorkombination einen großen Teil der Kosten verursacht, während erst durch die Durchführung der Endkombination Erlöse erzielt werden.

1.2.3   Produkte

Schließlich ist die *Outputseite* der Produktion zu untersuchen. Das Ergebnis des Produktionsprozesses sind die Erzeugnisse bzw. Produkte, die das Unternehmen im Hinblick auf die Bedürfnisse des relevanten Marktes herstellt. Die Produkte können grundsätzlich in Form von Sachgütern oder als Dienstleistungen auftreten. Diese beiden Produktkategorien unterscheiden sich in folgender Hinsicht:

- Im Gegensatz zu materiellen Sachgütern sind Dienstleistungen *immaterieller Natur*, d.h. stofflich nicht fassbar.

- Dienstleistungen können nicht auf Vorrat produziert und gelagert werden, so dass die Produktion wesentlich stärker auf Nachfrageschwankungen abgestimmt werden muss als dies bei Sachgütern der Fall ist. Aus der *mangelnden Lagerfähigkeit* folgt, dass eine Dienstleistung grundsätzlich in dem Moment erbracht werden muss, in dem sie nachgefragt wird (uno-actu-Prinzip). Häufig sind die Kunden zwar bereit, eine gewisse Wartezeit in Kauf zu nehmen. Wird diese jedoch als zu lang empfunden, so geht dem Unternehmen die Nachfrage verloren.

- Weiter sind Dienstleistungen typischerweise in weit stärkerem Maß auf die *individuellen Anforderungen* des Auftraggebers zugeschnitten als Sachgüter. Oft ist sogar die aktive Mitwirkung des Auftraggebers bei der Leistungserstellung erforderlich, um die gewünschte Leistung, z.B. eine Wissensvermittlung, entstehen zu lassen. Daraus ergibt sich gleichzeitig das Problem, dass sich die Qualität einer Dienstleistung nicht eindeutig bestimmen lässt. So hängt beim Unterricht das Lernergebnis nicht nur von der Leistung des Lehrers, sondern auch von den Fähigkeiten und der Anstrengung des Schülers ab.

- Schließlich kommt bei der Produktion von Dienstleistungen zusätzlich zu den internen Produktionsfaktoren, die vom Unternehmen im Voraus beschafft und weitgehend unabhängig disponiert werden können, der bereits in Abschnitt 1.2.1 angesprochene, vom Auftraggeber bereitgestellte *externe Faktor* zum Einsatz, an dem die Dienstleistung vollzogen werden soll.

Betrachtet man die von einem Unternehmen erzeugten Produkte näher, ist letztlich keine trennscharfe Abgrenzung von Sachgütern und Dienstleistungen möglich. Vielmehr enthalten die meisten Sachgüter auch einen mehr oder weniger großen immateriellen Anteil. So dient ein Handy nicht nur zum Zweck des mobilen Telefonierens, sondern hat auch einen gewissen Erlebniswert und bringt seinem Besitzer ein bestimmtes Image. Daher wird häufig auf eine strenge Abgrenzung von Sachgütern und Dienstleistungen verzichtet und sämtliche Güter werden als *Leistungsbündel* aufgefasst, die aus mehr oder weniger großen Anteilen beider Kategorien bestehen. Dieser Zusammenhang ist in Abb. 1.9 veranschaulicht. Die Produktion von Dienstleistungen wird in Abschnitt 1.6 vertieft behandelt.

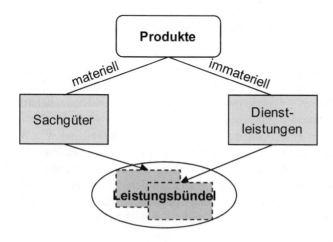

Abb. 1.9 *Produkte als Leistungsbündel*

Produkte lassen sich weiter nach der Stufe des Wertschöpfungsprozesses klassifizieren, auf der sie entstehen:

- *Zwischenprodukte* sind Produkte, an denen bis zu ihrer endgültigen Verwendbarkeit noch weitere Transformationen vorgenommen werden müssen. Diese zusätzlichen Produktionsschritte können im eigenen Unternehmen oder bei einem auf einer nachfolgenden Produktionsstufe angesiedelten Weiterverarbeiter durchgeführt werden. So wird z.B. ein Getränkehersteller von einem Dosenproduzenten mit leeren Dosen beliefert, die er befüllt und verschließt. Einige Zwischenprodukte können neben ihrem Einsatz in anderen Produktionsprozessen auch als Ersatzteile direkt an den Endkunden geliefert werden.

- *Endprodukte* sind das marktfähige Ergebnis eines meist mehrstufigen Wertschöpfungsprozesses, sie werden an den Endkunden verkauft. Eine Einteilung ist möglich in Konsumgüter, die direkt verbraucht werden, und Investitionsgüter, die als Betriebsmittel in anderen Produktionsprozessen eingesetzt werden. Während sich z.B. eine Urlaubsreise eindeutig den Konsumgütern und eine Werkzeugmaschine den Investitionsgütern zuordnen lässt, hängt die Einordnung bei anderen Produkten, z.B. bei einem Notebook, von der tatsächlichen Verwendung ab.

- Abfälle, Schadstoffe und Emissionen sind *unerwünschte Outputs* von Produktions- oder auch Konsumprozessen, die als Kuppelprodukte unvermeidbar gemeinsam mit den erwünschten Zielprodukten entstehen. Wenn mit ihrer Beseitigung direkte oder indirekte Kosten verbunden sind, besteht für das Unternehmen ein Anreiz, die Entstehung von Abfallprodukten so weit wie möglich zu reduzieren.

Nach der Stückzahl, in der ein Produkt hergestellt wird, unterscheidet man die beiden grundlegenden Produktkategorien der Massenprodukte und der individuellen Produkte:

- *Massenprodukte* werden für die erwarteten Bedürfnisse einer Vielzahl von Kunden auf anonymen Märkten konzipiert und in großen Mengen hergestellt.

- *Individuelle Produkte* hingegen werden im Extremfall für die Anforderungen eines bestimmten Kunden entwickelt und nur in dieser einen Ausführung produziert.

Während traditionell die meisten Konsumgüter als Massengüter produziert und Investitionsgüter eher individuell gestaltet wurden, besteht seit einigen Jahren auch bei den Konsumgütern ein Trend zur stärkeren Ausrichtung an den Bedürfnissen einzelner Kunden. Bei dieser als *Mass Customization* bezeichneten Vorgehensweise werden stark individualisierte Produkte mit den Methoden der Massenfertigung hergestellt. Dabei erfolgt die Individualisierung der Produkte erst gegen Ende eines mehrstufigen Fertigungsprozesses, indem z.B. verschiedene Varianten eines Grundprodukts erzeugt werden. Auf den vorgelagerten Produktionsstufen hingegen werden standardisierte Bauteile in Massenfertigung produziert, aus denen später die individualisierten Produkte zusammengebaut werden. So lassen sich die Kostenvorteile der Massenfertigung mit den zunehmenden Ansprüchen der Kunden nach individuellen Produkten vereinbaren.

Aus Sicht des Marketing unterscheidet man drei Ebenen des Produktbegriffs, das Kernprodukt, das formale Produkt und das erweiterte Produkt (vgl. Kotler 1989, S. 363ff.):

- Das *Kernprodukt* umfasst die grundlegenden Produkteigenschaften, die das dem Kauf zugrunde liegende Bedürfnis erfüllen bzw. den wesentlichen Produktnutzen generieren. So dient das Kernprodukt eines Waschmittels dem Bedürfnis, Wäsche sauber zu waschen.

- Das *formale Produkt* ist die physische Einheit, die vom Kunden erkannt und gekauft wird. Es entsteht aus dem Kernprodukt, indem die konkreten Produkteigenschaften, das Styling, der Markenname, die Verpackung sowie das Qualitätsniveau festgelegt werden. Das formale Produkt des Waschmittels umfasst die jeweilige chemische Formel, auf der die Waschleistung beruht, die Dosierungsform (Pulver, Flüssigkeit, Tabs), den gewählten Markennamen mit möglicher Differenzierung (Schonwaschmittel, Buntwaschmittel, Universalwaschmittel), die angebotenen Packungsgrößen usw.

- Zum *erweiterten Produkt* zählen zusätzlich sämtliche im Zusammenhang mit dem Produkt angebotenen ergänzenden Dienst- bzw. Serviceleistungen. Das erweiterte Produkt eines Waschmittels kann z.B. ergänzend zum formalen Produkt auch Gewinnspiele oder eine Service-Hotline umfassen.

Produkte lassen sich weiter dahingehend charakterisieren, wie abstrakt sie sind bzw. in welchem Umfang sie die folgenden Eigenschaften erfüllen (vgl. Freiling/Reckenfelderbäumer 2004, S. 101f.):

- *Suchgüter* weisen Eigenschaften auf, nach denen man aktiv suchen kann bzw. die sich objektiv überprüfen lassen. So kann man z.B. beim Einkauf konkret nach einer roten Strickjacke suchen, indem man alle andersfarbigen Jacken beiseite lässt. Sucheigenschaften sind somit bereits beim Kauf eindeutig erkennbar.

- Bei *Erfahrungsgütern* liegen Eigenschaften vor, die man nicht im Voraus erkennen kann, sondern die sich aus früheren Erfahrungen mit dem Produkt oder aus Zusicherungen des Herstellers ableiten lassen. Wünscht man bei der Strickjacke die Eigenschaft der Farbechtheit bei Maschinenwäsche, so lässt sich diese nicht eindeutig beim Kauf feststellen, jedoch aus Erfahrungen mit der Marke ableiten oder aufgrund eines eingenähten Wollsiegel-Etiketts unterstellen. Typisch für Erfahrungseigenschaften ist, dass sie nach dem Kauf überprüft werden können.

- *Vertrauenseigenschaften* liegen vor, wenn die Überprüfung einer Zusicherung weder beim Kauf noch später eindeutig möglich ist. Der Käufer muss daher so viel Vertrauen in den Verkäufer haben, dass er sich auf dessen Zusicherungen verlässt. Bei der Strickjacke würden die Zusicherungen, dass die Wolle von ökologisch gehaltenen Schafen stammt oder dass die Behandlung mit umweltverträglichen Farben erfolgt ist, zu den Vertrauenseigenschaften zählen.

1.3   Erscheinungsformen der Produktion

Durch die unternehmerische Gestaltung von unterschiedlichen Ausprägungen der technisch-organisatorischen Produktionsbedingungen lassen sich die vielfältigen in der Realität auftretenden Produktionsprozesse adäquat abbilden. Im Folgenden werden die empirisch beobachtbaren Erscheinungsformen der Produktion anhand des in Abschnitt 1.2 eingeführten betrieblichen Input/Transformation/Output-Schemas bzw. mithilfe von faktor-, prozess- und produktbezogenen Eigenschaften dargestellt und durch Beispiele verdeutlicht (vgl. Kistner/Steven 2002, S. 123-130).

1.3.1   Faktorbezogene Eigenschaften der Produktion

Zunächst werden die auf die *Inputseite* des Produktionsprozesses bezogenen Eigenschaften der Produktion betrachtet. Anhand dieser faktorbezogenen Eigenschaften lassen sich Produktionsprozesse hinsichtlich der Art, der Qualität und der Menge der benötigten Einsatzfaktoren charakterisieren. Abb. 1.10 gibt einen Überblick über die im Folgenden behandelten Eigenschaften und ihre jeweiligen Ausprägungen.

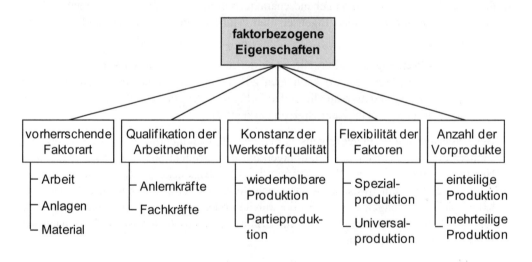

Abb. 1.10   *Faktorbezogene Eigenschaften der Produktion*

1)   Eine erste Unterscheidung ist möglich bezüglich der vorherrschenden Einsatzfaktorart. Nach dem Ausgleichsgesetz der Planung sollte der Bereitstellung und dem Einsatz dieser Faktoren besondere Aufmerksamkeit gewidmet werden, weil sie das Verhalten des Gesamtsystems bzw. die Produktionskosten besonders stark beeinflussen.

- Bei *arbeitsintensiver Produktion* überwiegt der Anteil der Lohnkosten an den Herstellkosten der Produkte, da entweder gut bezahlte Fachkräfte benötigt werden oder der Arbeitseinsatz je Produkteinheit hoch ist. Eine arbeitsintensive Produktionsweise herrscht z.B. im Bergbau, in der Textil- und Feinkeramikindustrie sowie im Ausbildungsbereich vor.

- Bei *anlagenintensiver Produktion* werden die Herstellkosten der Produkte wesentlich bestimmt durch hohe Anschaffungskosten, Instandhaltungskosten und Abschreibungen der eingesetzten Betriebsmittel. Anlagenintensive Produktion findet man z.B. in der chemischen und pharmazeutischen Industrie, in der Energiewirtschaft oder bei Logistikzentren.

- *Materialintensive Produktion* ist durch einen hohen Anteil der Materialkosten an den Herstellkosten charakterisiert, der entweder aus dem hohen Wert der eingesetzten Ausgangsstoffe oder aus deren großen Einsatzmengen resultiert. Materialintensive Produktion ist typisch z.B. für die Lebensmittelindustrie, die Schmuckherstellung und den Einzelhandel.

2) Das Kriterium der vorwiegend benötigten *Qualifikation* der Arbeitskräfte steht in engem Zusammenhang mit dem Fertigungstyp: Bei stark standardisierten Tätigkeiten, wie sie in der Massen- und Großserienfertigung anfallen, werden vorwiegend ungelernte oder angelernte Arbeitskräfte eingesetzt, für differenzierte Tätigkeiten in der Einzel- oder Kleinserienfertigung hingegen werden spezialisierte, gut ausgebildete Fachkräfte benötigt. Im Zuge der zunehmenden Automatisierung und Rationalisierung der Produktion ist auch bei der Massenfertigung ein zunehmender Bedarf an Fachkräften, die zur Bedienung der Anlagen benötigt werden, zu beobachten.

3) Eine weitere Unterscheidung ergibt sich aus der Konstanz der Werkstoffqualität bzw. der Wiederholbarkeit der Beschaffung:

- *Wiederholbare Produktion* liegt vor, wenn die Werkstoffe in gleicher Qualität beliebig oft wiederbeschafft werden können und damit eine mehrfache Herstellung der gleichen Produkte erlauben. Dieser Fall ist bei den meisten Massengütern, z.B. in der Elektronikindustrie, mit hinreichender Genauigkeit gegeben. Gegebenenfalls muss – z.B. bei schwankendem Schwefelgehalt des Rohöls in einer Erdölraffinerie – der Produktionsprozess an die spezifischen Eigenschaften der Werkstoffe angepasst werden, um eine gleichbleibende Produktqualität zu gewährleisten.

- Nicht wiederholbare Produktion oder *Partieproduktion* bedeutet, dass die Ausprägungen der Endprodukte in Abhängigkeit von den Rohstoffen so stark schwanken, dass sie als verschiedene Produkte anzusehen sind, wenn sie aus unterschiedlichen Prozessen stammen. Die Partieproduktion findet sich bei Garnen und Stoffen, aber auch bei Lebensmitteln, deren Qualität – z.B. bei Wein – von der jeweiligen Ernte abhängt. Wegen der Abhängigkeit vom externen Faktor sind zahlreiche Prozesse der Dienstleistungsproduktion als nicht wiederholbar anzusehen.

4)   Auch die Flexibilität der Produktionsfaktoren kann zur Unterscheidung von Produkti-
     onsprozessen herangezogen werden:

  • *Spezialproduktion* liegt vor, wenn wegen des Einsatzes von Spezialmaschinen, un-
     flexiblen Arbeitskräften oder speziellen Werkstoffen die Produktion nicht kurzfris-
     tig auf andere Produkte umgestellt werden kann. Ein Beispiel hierfür ist die als
     Fließfertigung organisierte Massenfertigung von Konsumgütern.

  • Bei der *Universalproduktion* sind Maschinen und Arbeitskräfte hinreichend flexibel,
     um einen Wechsel der Produktart zu erlauben. Diesen Produktionstyp findet man im
     Maschinenbau, der sich immer wieder auf spezielle Kundenwünsche einstellen
     muss.

5)   Das letzte faktorbezogene Unterscheidungskriterium, das allerdings lediglich für die
     Produktion von Sachgütern relevant ist, ist die Anzahl der in das Endprodukt eingehen-
     den Vorprodukte.

  • Bei *einteiliger Produktion* wird ein Ausgangsmaterial während des Produktionspro-
     zesses verschiedenen Bearbeitungen unterzogen, bis das Endprodukt bzw. die End-
     produkte fertiggestellt sind. Ein Beispiel ist eine Molkerei, die aus der angelieferten
     Rohmilch verschiedene Milchprodukte wie Vollmilch, H-Milch, Quark, Jogurt usw.
     erzeugt.

  • Der Regelfall ist die *mehrteilige Produktion*, bei der sich das Endprodukt aus meh-
     reren Einzelteilen oder Baugruppen, die ihrerseits wieder aus verschiedenen Teilen
     bestehen können, zusammensetzt.

1.3.2   Prozessbezogene Eigenschaften der Produktion

Bei der Differenzierung von realen Produktionssituationen nach der Art des Kombinations-
prozesses der Einsatzfaktoren bzw. der Durchführung des Fertigungsprozesses sind ebenfalls
zahlreiche Kriterien denkbar. Abb. 1.11 gibt einen Überblick über die wichtigsten *prozessbezogenen Eigenschaften* der Produktion.

1)   Nach der Anzahl der zu durchlaufenden Produktionsstufen bzw. der Zahl der Arbeits-
     gänge lassen sich die einstufige und die mehrstufige Produktion unterscheiden. Bei *ein-
     stufiger Produktion* wird das Produkt in einem einzigen, eventuell mehrere Schritte um-
     fassenden Arbeitsvorgang hergestellt. Beispiele hierfür sind die Herstellung von Glas
     oder die Bedienung eines Kunden im Einzelhandel. Ein *mehrstufiger Produktionspro-
     zess*, wie er z.B. in der Textilindustrie oder im Tourismusbereich vorliegt, durchläuft na-
     cheinander verschiedene Produktionsstufen, auf denen jeweils unterschiedliche Bearbei-
     tungen vorgenommen werden. Die Zuordnung ist bei diesem Kriterium vielfach davon
     abhängig, in welchem Umfang Arbeitsschritte zu einer Produktionsstufe zusammenge-
     fasst werden.

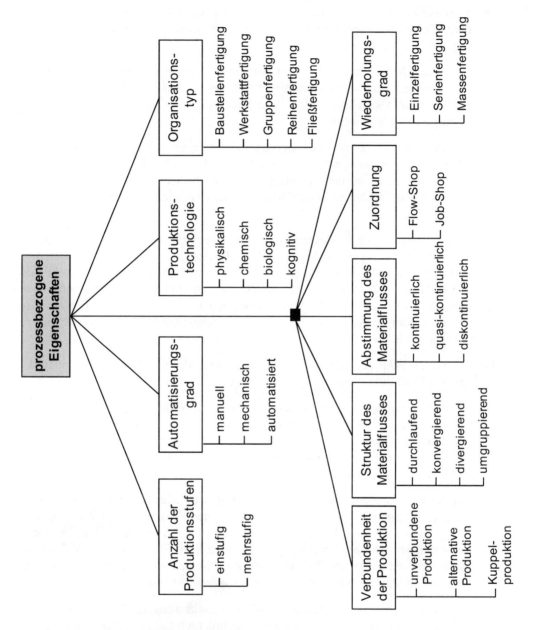

Abb. 1.11 *Prozessbezogene Eigenschaften der Produktion*

2) Die Unterscheidung nach dem Mechanisierungs- oder Automatisierungsgrad der Produktion führt zu folgenden Entwicklungsstufen:

- *Manuelle Produktion* wird mit der Hand oder mit einfachen Werkzeugen durchgeführt. Sie tritt vor allem im Handwerk sowie bei personenbezogenen Dienstleistungen in Erscheinung.

- Bei *mechanischer Produktion* wird der Mensch durch Maschinen von schwerer, unangenehmer oder gefährlicher Arbeit entlastet. Er muss allerdings diese Maschinen bedienen. Als Beispiele können der Straßenbau oder der Einsatz von Geldzählautomaten angeführt werden.

- *Automatisierte Produktion* bedeutet, dass die Arbeiten zum großen Teil von Maschinen durchgeführt werden und der Mensch lediglich Kontrollfunktionen innehat; er ist hierbei auch von der monotonen Maschinenbedienung befreit. Beispiele sind Montageroboter in der Automobilindustrie oder Überwachungssysteme im Gesundheitswesen.

3) Auch die vorherrschende Produktionstechnologie kann zur Typisierung von Produktionsprozessen herangezogen werden: Physikalische bzw. *mechanische Produktionsverfahren* herrschen im Maschinenbau und allgemein in der Fertigung vor, *chemische Verfahren* z.B. in der Pharmaindustrie, *biologische Verfahren* in der Landwirtschaft und in der Lebensmittelherstellung (z.B. Wein, Käse), kognitive bzw. *geistige Verfahren* in Forschungsabteilungen und bei der Software-Entwicklung (zu Produktionsverfahren vgl. auch Abschnitt 1.2.2).

4) Der Organisationstyp der Fertigung differenziert nach der räumlichen Anordnung der Betriebsmittel und ihrer Ausrichtung auf die Art der Produkte:

- *Baustellenfertigung* ist dadurch gekennzeichnet, dass aufgrund der Ortsgebundenheit des geplanten Produkts die Produktion am späteren Standort des Produkts stattfindet und dass Maschinen und Arbeitskräfte dorthin gebracht werden müssen. Diese Organisationsform ist im Hoch- und Tiefbau unvermeidlich, findet sich aber auch z.B. beim Einsatz eines ambulanten Pflegedienstes.

- Bei der *Werkstattfertigung* werden funktionsgleiche oder -ähnliche Betriebsmittel räumlich zusammengefasst. Die Organisation der Fertigung folgt dem Verrichtungsprinzip. Der Fluss der Produkte muss sich an der Anordnung dieser Werkstätten orientieren. Dieser Fertigungstyp weist eine hohe Flexibilität der Abläufe auf und kann leicht auf andere Produkte umgestellt werden. Er tritt z.B. bei der Einzelfertigung im Maschinenbau, aber auch in Kfz-Werkstätten auf.

- Bei der *Gruppenfertigung* werden sämtliche Betriebsmittel, die für die Komplettbearbeitung eines Werkstücks oder Bauteils erforderlich sind, in einer Fertigungseinheit, z.B. einer Fertigungsinsel, zusammengefasst. Diese Einheit kann im Rahmen von Vorgaben aus einer übergeordneten Gesamtplanung weitgehend autonom ihre Entscheidungen über den konkreten Ablauf der Fertigungsprozesse treffen. Das Gruppenkonzept findet typischerweise im Zusammenhang mit flexiblen Fertigungssystemen Anwendung.

- Bei der Linien- oder *Reihenfertigung* wird die Anordnung der Betriebsmittel an den Erfordernissen des Materialflusses im Produktionsprozess ausgerichtet. Das grundlegende Organisationsprinzip ist das Objektprinzip. Der Transport von Material und Zwischenprodukten zwischen den einzelnen Arbeitsstationen erfolgt jeweils bei Bedarf.

- Auch die *Fließfertigung* orientiert sich am Objektprinzip. Neben der auf den Produktionsablauf ausgerichteten Anordnung der Betriebsmittel ist sie vor allem dadurch gekennzeichnet, dass die Kapazitäten der Betriebsmittel aufeinander abgestimmt sind und dass der Materialfluss zwischen den einzelnen Bearbeitungsschritten kontinuierlich erfolgt. Sie kann untergliedert werden in die *natürliche Fließfertigung*, bei der z.B. in der chemischen Industrie die Abfolge und Geschwindigkeit der Verfahrensschritte durch die Prozesseigenschaften vorgegeben sind, und die *künstliche Fließfertigung*, die als Fließbandproduktion in der Lebensmittel- und Konsumgüterindustrie verbreitet ist. Bei der künstlichen Fließfertigung erfolgt die Verbindung der Arbeitsstationen durch Förderbänder oder ähnliche Einrichtungen, deren Anordnung und Transportgeschwindigkeit durch organisatorische Entscheidungen festgelegt werden. Der Preis für die Abstimmung des Materialflusses ist eine geringe Flexibilität der Fließfertigung: Beim Wechsel der Produktart ist jedes Mal eine weitgehende Umorganisation des Produktionsprozesses erforderlich.

5) Bezüglich der fertigungstechnischen Verbundenheit des Produktionsprozesses bestehen folgende Möglichkeiten:

- Bei der *unverbundenen Produktion* werden mehrere Produktarten unabhängig voneinander auf verschiedenen Produktionssystemen hergestellt, so dass keine Konkurrenz um gemeinsame Ressourcen besteht. Ein Beispiel ist die Montage verschiedener PKW-Modelle auf separaten Fließlinien.

- Die *alternative Produktion* ist dadurch gekennzeichnet, dass bestimmte Produktionsanlagen von mehreren Produktarten benötigt werden. Häufig handelt es sich dabei um besonders teure Anlagen, die nur einmal vorhanden sind und gut ausgelastet werden sollen, z.B. eine Lackierstraße. Daher müssen in der Produktionsplanung die Reihenfolgen der einzelnen Produkte und ihr Anteil an der Gesamtkapazität bestimmt werden.

- Bei der *Kuppelproduktion* entstehen – wie in der erdölverarbeitenden Industrie – in einem Produktionsvorgang zwangsläufig mehrere Produktarten. Fallen die verschiedenen Produkte in festen Mengenverhältnissen an, so spricht man von starrer Kuppelproduktion, bei variablen Mengenverhältnissen von elastischer Kuppelproduktion. Letztlich ist jeder Produktionsprozess als Kuppelproduktion anzusehen, da regelmäßig Reststoffe und Emissionen als unerwünschte Kuppelprodukte der Zielprodukte erzeugt werden.

6) Eine Differenzierung nach der Struktur des Materialflusses führt zu den in Abb. 1.12 dargestellten Fertigungstypen:

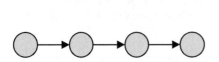

durchlaufende Produktion

konvergierende Produktion

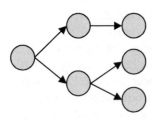

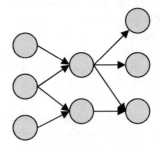

divergierende Produktion

umgruppierende Produktion

Abb. 1.12   *Fertigungstypen*

- Bei glatter oder *durchlaufender Produktion* wird eine dominierende Rohstoffart bzw. ein Werkstück in den Produktionsprozess hineingegeben und über mehrere Produktionsstufen hinweg zu einem Endprodukt verarbeitet, so z.B. in einer Spinnerei oder einem Walzwerk.

- Synthetische bzw. *konvergierende Produktion* liegt regelmäßig in Montagebetrieben vor: Auf jeder Produktionsstufe werden Rohstoffe oder Zwischenprodukte zu komplexeren Einheiten zusammengesetzt, d.h. die Zahl der beteiligten Güter reduziert sich über die Produktionsstufen hinweg bis hin zu einem einzigen Endprodukt. Dabei hat jede Produktionsstufe genau einen Nachfolger. Beispiele für Montageprozesse finden sich in der Elektronikindustrie, in der Bauwirtschaft und in der Gastronomie.

- Der umgekehrte Vorgang findet bei analytischer bzw. *divergierender Produktion* statt. Aus einem Rohstoff entstehen, wie z.B. in der Erdölraffinerie, auf jeder Produktionsstufe prozessbedingt mehrere Zwischen- oder Endprodukte. Somit hat jede Produktionsstufe genau einen Vorgänger.

- Als *umgruppierende Produktion* werden Prozesse bezeichnet, in denen analytische und synthetische Vorgänge miteinander kombiniert werden: Rohstoffe und Zwischenprodukte werden teilweise aufgespalten, teilweise miteinander kombiniert. Dieser Produktionstyp tritt vielfach in der chemischen Industrie auf.

7) Die Abstimmung des Materialflusses als Kriterium führt zu folgender Einteilung:

- *Kontinuierliche Produktion* bedeutet, dass die Zwischenprodukte ohne Unterbrechung von einer Arbeitsstation zur nächsten befördert werden. Dieser Produktionstyp ist eng verbunden mit der natürlichen Fließfertigung.

- Bei *quasi-kontinuierlicher Produktion* verläuft der Transport der Werkstücke zwar regelmäßig, aber – entsprechend der künstlichen Fließfertigung – in einem vorgegebenen Arbeitstakt.

- Bei *diskontinuierlicher Produktion* besteht kein Zeitzwang zwischen den Produktionsstufen. Die zeitliche Abstimmung erfolgt nach anderen Kriterien. Ein Beispiel hierfür ist die Werkstattfertigung im Maschinenbau. Hier wird unterschieden zwischen der geschlossenen Produktion, bei der die Weitergabe von Werkstücken an die nächste Fertigungsstufe jeweils in vollständig bearbeiteten Losen erfolgt, und der offenen Produktion, bei der auch Teillose weitergegeben werden können.

8) Das Kriterium der Zuordnung von Aufträgen zu Betriebsmitteln führt zu einer Unterscheidung in die *Flow-Shop-Produktion*, bei der sämtliche Aufträge in identischer Reihenfolge über die Maschinen laufen müssen, und die *Job-Shop-Produktion*, bei der die Reihenfolge der Arbeitsvorgänge von Auftrag zu Auftrag verschieden sein kann.

9) Ein wichtiges auf den Produktionsprozess bezogenes Differenzierungskriterium ist der Wiederholungsgrad der Produktion bzw. die Auflagengröße.

- Bei der *Einzelfertigung* wird für jeden Auftrag eine individuelle Konstruktion und Fertigung vorgenommen. Sie tritt z.B. im Sondermaschinenbau auf, aber auch bei der Konzeption einer Werbekampagne.

- Bei der *Serienfertigung* werden mehrere von einem Produkt herzustellende Einheiten zu einem Fertigungslos zusammengefasst und gemeinsam auf Maschinen eingelastet, die auch für andere Produkte zur Verfügung stehen. Beim Wechsel der Produktart sind in der Regel Umrüstungen erforderlich. Serienproduktion ist z.B. im Fahrzeugbau anzutreffen.

- Bei der *Massenfertigung* wird ein Produkt so lange, bis es vom Markt genommen wird, auf Maschinen hergestellt, die ausschließlich für dieses Produkt genutzt werden. Massenfertigung findet man häufig in der Lebensmittelindustrie. Als Sonderfall der Massenfertigung gilt die Sortenfertigung, bei der die Produkte ebenfalls in sehr großen Auflagen für einen anonymen Markt hergestellt werden, in jeder Produktlinie aber bewusste Differenzierungen zwischen den Erzeugnissen erfolgen, so dass Umrüstungen der Produktionsanlagen erforderlich sind.

1.3.3   Produktbezogene Eigenschaften der Produktion

Die produktbezogenen Differenzierungskriterien setzen an der *Outputseite* des Produktionsprozesses an. Sie beziehen sich auf die Eigenschaften der hergestellten Produkte sowie auf die Beziehungen zum Absatzmarkt. Abb. 1.13 gibt einen Überblick über die nachfolgend behandelten produktbezogenen Eigenschaften und ihre Ausprägungen.

1) Bezüglich der Auslösung der Produktion unterscheidet man die *auftragsbezogene Produktion* und die auf Prognosen basierende *marktorientierte Produktion*. Auftragsorientierte Produktion findet sich z.B. im Maschinenbau oder in der Möbelindustrie, wo aus vorgegebenen Grundmodellen auf Bestellung die vom Kunden gewünschten Anlagen bzw. Möbelstücke gefertigt werden, aber auch in der Unternehmensberatung. Bei der prognose- bzw. marktorientierten Fertigung, wie sie z.B. in der Lebensmittelindustrie oder in der Versicherungsbranche vorherrscht, wird die Fertigung durch Absatzprognosen hinsichtlich der Entwicklung anonymer Märkte ausgelöst.

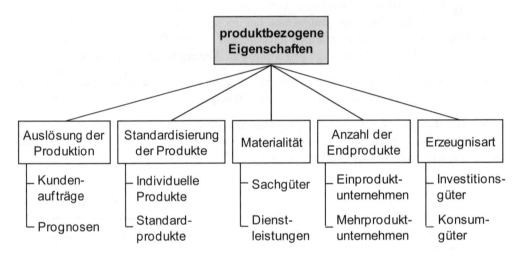

Abb. 1.13   *Produktbezogene Eigenschaften der Produktion*

2) Die Unterscheidung nach dem Grad der Standardisierung der Produkte sieht den eben beschriebenen Sachverhalt aus einem anderen Blickwinkel. Hier werden *kundenindividuelle Produkte* und *Standardprodukte* einander gegenübergestellt. So wird ein Maßanzug individuell nach den Wünschen den Kunden angefertigt, während ein Konfektionsanzug für den erwarteten Geschmack einer größeren Kundengruppe hergestellt wird. Die kundenindividuelle Fertigung ist immer auftragsorientiert, die Produktion von Standardprodukten ist meist marktorientiert, kann aber auch – wie in der Möbel- und Automobilindustrie – auf Bestellung erfolgen.

3) Nach dem Grad der Materialität der Produkte unterscheidet man die *Produktion von Sachgütern* und die *Dienstleistungsproduktion*, die dem Kunden vielfach gemeinsam als Leistungsbündel angeboten werden (vgl. Abschnitt 1.2.3).

4) Die Unterscheidung nach der Anzahl der von einem Unternehmen hergestellten Endprodukte führt zu den Produktionstypen des *Einproduktunternehmens* (z.B. Wasserwerke oder Elektrizitätswirtschaft) und des in der Industrie vorherrschenden *Mehrproduktunternehmens*.

5) Eine weitere Differenzierung ist möglich nach der Verwendung der Erzeugnisse. *Investitionsgüter* werden von anderen Unternehmen in deren Produktionsprozessen eingesetzt, während *Konsumgüter* vom Endkunden verbraucht werden (vgl. Abschnitt 1.2.3).

1.3.4   Klassifikation von realen Produktionssituationen

Real anzutreffende Produktionssituationen lassen sich kennzeichnen, indem ihnen für jedes der angeführten Differenzierungskriterien eine Ausprägung zugeordnet wird. Diese Vorgehensweise ist zwar sehr exakt und aussagekräftig, führt aber zu einer gewissen Unübersichtlichkeit. Bei näherer Betrachtung lässt sich die große Anzahl der Kriterien, die zunächst in diesem Umfang angegeben wurden, um einen umfassenden Überblick über die vielfältigen Erscheinungsformen realer Produktionsprozesse zu geben, auf wenige besonders charakteristische Eigenschaften reduzieren.

Es lässt sich feststellen, dass bei etlichen Kriterien die jeweiligen Ausprägungen stark korrelieren, d.h. in denselben Produktionssituationen anzutreffen sind. So beziehen sich bei dem faktorbezogenen Kriterium der Flexibilität des Faktoreinsatzes, dem prozessbezogenen Kriterium des Organisationstyps der Fertigung und dem produktbezogenen Kriterium der Produktionsauslösung jeweils bestimmte Ausprägungen auf den gleichen Produktionstyp.

*   *Einzelfertigung*: Spezialproduktion, Fließfertigung und Prognoseorientierung
*   *Massenfertigung*: Universalproduktion, Werkstattproduktion und Auftragsorientierung

Andererseits lässt sich z.B. auf die Struktur des Materialflusses schließen, wenn man die Anzahl der Vorprodukte und der Endprodukte kennt. Somit ist die Kenntnis einiger Kriterien nicht erforderlich, wenn die Ausprägungen bestimmter anderer Kriterien bekannt sind. In der Regel ist es zur Charakterisierung eines speziellen Produktionsprozesses ausreichend, sich auf folgende Kriterien zu beschränken:

*   faktorbezogen: Anzahl der Vorprodukte

*   prozessbezogen: Wiederholungsgrad der Produktion
                       Anzahl der Produktionsstufen
                       Organisationstyp der Fertigung

*   produktbezogen: Auslösung der Produktion
                       Anzahl der Endprodukte

Im Folgenden werden drei Beispiele von typischen Produktionssituationen mithilfe dieses reduzierten Kriterienkatalogs beschrieben und in Abb. 1.14 in einer *Profildarstellung* veranschaulicht.

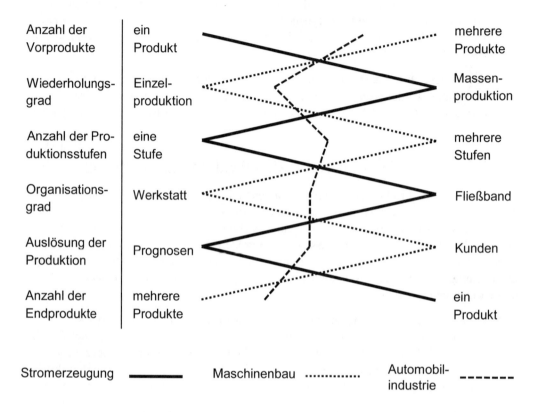

Abb. 1.14   *Profildarstellung der Grundtypen*

(a)   Die *Stromerzeugung* ist ein Beispiel für eine einteilige, einstufige Massenfertigung, die als Fließfertigung organisiert ist. Die Produktion erfolgt zum großen Teil prognoseorientiert und es wird lediglich ein Endprodukt hergestellt.

(b)   Im Gegensatz dazu findet im *Spezialmaschinenbau* eine mehrteilige, mehrstufige Einzelfertigung in Form der Werkstattfertigung statt. Sehr viele unterschiedliche Endprodukte werden kundenorientiert gefertigt.

(c)   Eine Zwischenstellung im Vergleich mit diesen beiden extremen Produktionsprozessen nimmt bezüglich der meisten Kriterien die *Automobilindustrie* ein. Die Produktion ist zwar wie im Beispiel (b) mehrteilig und mehrstufig, doch durch eine höhere Standardisierung der Produkte bei der Sorten- bzw. Serienfertigung lassen sich die Arbeitsgänge stärker automatisieren und zusammenfassen, so dass die Zahl der erforderlichen Produktionsstufen geringer ist. Dadurch ergibt sich ein Organisationstyp der Fertigung, der zwischen der Werkstatt- und der Fließfertigung anzusiedeln ist. Die Produktion erfolgt teilweise aufgrund von konkreten Kundenaufträgen, teilweise wird für einen anonymen Markt auf Lager produziert. Die Anzahl der unterschiedlichen Endprodukte ist größer als eins, jedoch deutlich geringer als in Beispiel (b).

1.4 Produktionsfunktionen

Die Behandlung von unterschiedlichen Typen von Produktionsfunktionen stellt üblicherweise den Kernbereich der Produktionstheorie dar. Im Folgenden werden zunächst in Abschnitt 1.4.1 einige grundlegende Eigenschaften von Produktionsfunktionen eingeführt, auf die in den nachfolgenden Abschnitten immer wieder zurückgegriffen wird. Anschließend wird die historische Entwicklung der Produktionsfunktionen nachgezeichnet, die mit der klassischen und neoklassischen Produktionsfunktion in Abschnitt 1.4.2 bzw. 1.4.3 beginnt. Abschnitt 1.4.4 befasst sich mit dem aktivitätsanalytischen Ansatz der Produktionstheorie und Abschnitt 1.4.5 mit der Gutenberg-Produktionsfunktion. In Abschnitt 1.4.6 wird ein kurzer Überblick über die sich an Gutenbergs Ansatz anschließende Entwicklung der Produktionstheorie gegeben.

1.4.1 Eigenschaften von Produktionsfunktionen

Die *Produktionsfunktion* ist ein grundlegendes Konstrukt der Produktionstheorie. Sie abstrahiert von den technischen Einzelheiten eines konkreten Produktionsprozesses und konzentriert sich auf die Erklärung der aus ökonomischer Sicht relevanten, quantitativen Beziehungen zwischen den bei der Durchführung der Produktion auftretenden Faktoreinsatz- und Produktionsmengen. Die Aufgabe einer Produktionsfunktion ist die Abbildung eines bestimmten Produktionsprozesses in Form einer Input/Output-Beziehung. Dazu wird die Produktionsfunktion formalisiert als Abbildung des n-dimensionalen Faktorraums in den m-dimensionalen Güterraum, durch die die bei der Produktion auftretenden Faktoreinsatzmengen $(r_1, r_2, ..., r_n)$ und die zugehörigen Produktionsmengen $(x_1, x_2, ..., x_m)$ effizient miteinander verknüpft werden.

Produktionsfunktionen können in unterschiedlichen Darstellungsformen auftreten. Die allgemeine Darstellung einer Produktionsfunktion erfolgt in impliziter Form, d.h. als Abbildung der auftretenden Input- und Outputmengen in die Null:

$$\Phi : \mathfrak{R}_n^+ \to \mathfrak{R}_m^+$$

$$\Phi(r_1, r_2, ..., r_n; x_1, x_2, ..., x_m) = 0$$

Zur Vereinfachung der Darstellung wird im Folgenden vorwiegend der Einproduktfall zugrunde gelegt. Dadurch lässt sich die Produktionsfunktion in *expliziter Form* angeben, so dass jeder Kombination von Faktoreinsatzmengen die damit maximal herstellbare Produktionsmenge zugeordnet wird:

$$f : \Re_n^+ \rightarrow \Re^+$$

$$x = f(r_1, r_2, ..., r_n)$$

Diese Produktionsfunktion kann aus verschiedenen Blickwinkeln analysiert werden:

- Bei der *totalen Faktorvariation* untersucht man, wie sich die Produktionsmenge verändert, wenn die Einsatzmengen sämtlicher Produktionsfaktoren im gleichen Verhältnis λ erhöht oder reduziert werden:

$$x(\lambda) = f(\lambda \cdot r_1, \lambda \cdot r_2, ..., \lambda \cdot r_n) \qquad\qquad \lambda \geq 0$$

- Bei der *partiellen Faktorvariation* hingegen stellt sich die Frage, wie die Produktionsmenge auf die isolierte Variation der Einsatzmenge eines Produktionsfaktors i reagiert. Die Einsatzmengen der anderen Produktionsfaktoren werden als konstant angenommen:

$$x(r_i) = f_i(\bar{r}_1, ..., \bar{r}_{i-1}, r_i, \bar{r}_{i+1}, ..., \bar{r}_n) \qquad\qquad i = 1, ..., n$$

Löst man die Produktionsfunktion bei partieller Faktorvariation nach der Einsatzmenge des variierten Produktionsfaktors auf, so erhält man die *Faktoreinsatzfunktion* dieses Produktionsfaktors. Diese gibt an, wie die benötigte Menge des Produktionsfaktors i bei konstanten Mengen der anderen Produktionsfaktoren von der hergestellten Menge des Produkts abhängt:

$$r_i(x) = g_i(\bar{r}_1, ..., \bar{r}_{i-1}, \bar{r}_{i+1}, ..., \bar{r}_n, x) \qquad\qquad i = 1, ..., n$$

- Schließlich ist von Interesse, ob und in welchem Umfang sich die Produktionsfaktoren gegeneinander austauschen lassen, wenn eine bestimmte Produktionsmenge erzielt werden soll. Die Funktion, die diese Austauschverhältnisse zwischen Produktionsfaktoren beschreibt, heißt *Isoquante*. Sie ergibt sich ebenfalls durch Auflösen der Produktionsfunktion bei partieller Faktorvariation nach einem Produktionsfaktor i, wobei nunmehr die Produktionsmenge als konstant angesehen wird und die Einsatzmenge eines anderen Produktionsfaktors j variabel ist. Die Isoquante für den Austausch der Produktionsfaktoren i und j lautet:

$$r_i(r_j) = F_{ij}(\bar{r}_1, ..., \bar{r}_{i-1}, \bar{r}_{i+1}, ..., \bar{r}_{j-1}, r_j, \bar{r}_{j+1}, ..., \bar{r}_n, \bar{x}) \qquad i, j = 1, ..., n$$

Die in den folgenden Abschnitten behandelten Produktionsfunktionen bauen auf diesen Grundbegriffen auf, nehmen jedoch zum Teil Erweiterungen oder Verfeinerungen vor.

1.4.2   Die klassische Produktionsfunktion

Die Aufstellung der *klassischen Produktionsfunktion* geht zurück in das 18. Jahrhundert. Sie beruht auf Untersuchungen, die im damals vorherrschenden Produktionszweig, der Landwirtschaft, durchgeführt wurden. Es lässt sich beobachten, dass bei vorgegebenen Einsatzmengen der Produktionsfaktoren Boden und Saatgut eine Variation der Einsatzmenge an Arbeitskräften zunächst zu zunehmenden und ab einem bestimmten Punkt zu fallenden Ertragszuwächsen führt. Diese Gesetzmäßigkeit wurde zuerst von A. R. J. Turgot (1727-1781), dem Finanzminister Ludwigs XVI., formuliert und wird heute noch als das „klassische Ertragsgesetz" bezeichnet.

> „Die Saat, die auf einen von Natur fruchtbaren, aber unbearbeiteten Boden fällt, wäre eine fast völlig verlorene Ausgabe. Verbindet man damit eine einzige Bearbeitung, so ist der Ertrag schon stärker; eine zweite und dritte Bearbeitung könnten vielleicht den Ertrag nicht nur verdoppeln oder verdreifachen, sondern vervier- oder verzehnfachen, und der Ertrag würde auf diese Weise in einem sehr viel rascher ansteigenden Verhältnis wachsen, als die Ausgaben anwachsen, und das bis zu einem gewissen Punkt, wo der Ertrag im Vergleich zum Aufwand der größtmögliche sein wird. Wird dieser Punkt überschritten, so wird bei weiterer Vergrößerung der Ertrag noch steigen, aber weniger, und wird nach und nach immer weniger und weniger, bis daß, da die Fruchtbarkeit der Erde erschöpft ist und auch künstliche Maßnahmen nichts mehr hinzufügen können, ein Anwachsen des Aufwandes dem Erzeugnis absolut nichts mehr hinzufügen würde." (zitiert aus Weddigen 1950, S. 124)

Der typische Verlauf einer solchen klassischen Produktionsfunktion ist somit s-förmig, d.h. der Anstieg der Produktionsmenge bei zunehmendem Einsatz des Produktionsfaktors Arbeitskraft ist erst über- und später unterproportional. Ein numerisches Beispiel für einen solchen Verlauf ist in Tab. 1.3 angegeben und wird in Abb. 1.15 veranschaulicht.

Tab. 1.3   Beispiel zum klassischen Ertragsgesetz

Arbeiter	0	1	2	3	4	5	6	7	8	9	10
Getreide	0	2	9	30	50	64	75	78	80	79	76

Wird auf einem Feld gegebener Größe kein Arbeiter eingesetzt, so erhält man auch keinen Ertrag. Mit einem Arbeiter lassen sich bereits 2 Sack Getreide in einer Vegetationsperiode erzielen. Der zweite und der dritte Arbeiter bewirken jeweils einen überproportionalen Ertragszuwachs, da die Bearbeitung nunmehr arbeitsteilig durchgeführt werden kann. Ab dem vierten Arbeiter lässt sich feststellen, dass der zusätzliche Ertrag zwar jeweils positiv ist, jedoch immer geringer wird. Dies liegt daran, dass man sich zunehmend der durch biologische Gesetzmäßigkeiten bestimmten Ertragsgrenze des Bodens annähert. Mit dem neunten und zehnten Arbeiter schließlich geht sogar der Gesamtertrag zurück, da sich die Arbeiter auf der vorhandenen Bodenfläche nunmehr gegenseitig behindern.

Bei der oben angestellten Betrachtung handelt es sich um die Untersuchung einer Produktionsfunktion bei partieller Faktorvariation, bei der Boden, Saatgut und Dünger als konstante Produktionsfaktoren und die Anzahl der Arbeitskräfte als variabler Produktionsfaktor auftreten. Die Produktionsmenge an Getreide wird auch als Gesamtertrag bezeichnet, die Produktionsfunktion dementsprechend als *Gesamtertragsfunktion*.

$$x = x(r_i) = f_i$$

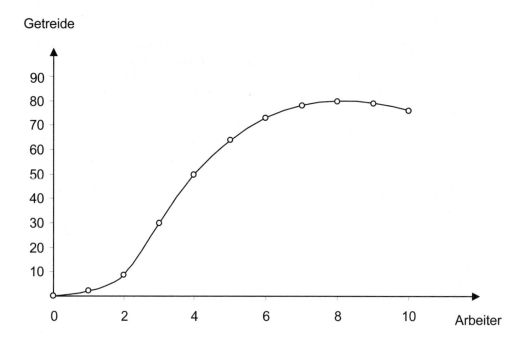

Abb. 1.15   *Verlauf der klassischen Produktionsfunktion*

Die erste Ableitung der Gesamtertragsfunktion nach dem variablen Faktor führt zur *Grenzertragsfunktion*, die den durch eine zusätzliche (marginale) Einheit dieses Produktionsfaktors erzielten Ertragszuwachs angibt:

$$x'(r_i) = \frac{\partial f_i}{\partial r_i}$$

Weiter ist bei der Untersuchung der klassischen Produktionsfunktion die *Durchschnittsertragsfunktion* von Bedeutung, die sich ergibt, indem man den Gesamtertrag durch die zugehörige Einsatzmenge des variablen Produktionsfaktors dividiert:

$$e = \frac{f_i(r_i)}{r_i} = \frac{x}{r_i}$$

Der Verlauf der klassischen Produktionsfunktion lässt sich mithilfe des klassischen Ertrags-gesetzes näher analysieren. Dabei wird der Zusammenhang zwischen der Gesamtertrags-funktion, der zugehörigen Grenzertragsfunktion und der Durchschnittsertragsfunktion an-hand von vier charakteristischen Phasen beschrieben. Das *klassische Ertragsgesetz* wird im Folgenden anhand der Funktion

$$x = 7{,}5r_1{}^2 - r_1{}^3$$

veranschaulicht.

Abb. 1.16 zeigt den Verlauf der zugehörigen Funktionen und den Zusammenhang der ein-zelnen Phasen des klassischen Ertragsgesetzes.

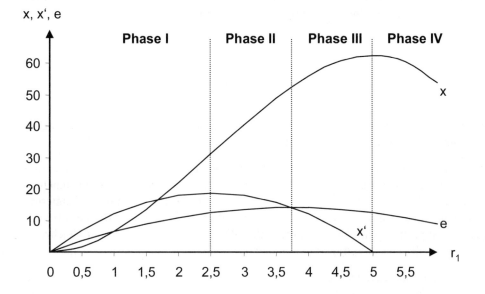

Abb. 1.16 *Klassisches Ertragsgesetz*

- Die *erste Phase* des klassischen Ertragsgesetzes entspricht dem konvexen Abschnitt der Gesamtertragsfunktion. Sie ist durch steigende Grenzerträge gekennzeichnet. Auch der Durchschnittsertrag und der Gesamtertrag nehmen in dieser Phase zu. Das Ende der ers-ten Phase liegt dort, wo der Grenzertrag x' sein Maximum bzw. die Gesamtertragsfunk-tion ihren Wendepunkt erreicht. Diesen Punkt bezeichnet man auch als die Schwelle des klassischen Ertragsgesetzes. Für die oben angegebene Funktion lautet die Grenzertrags-funktion:

$$x' = 15r_1 - 3r_1{}^2$$

Das Maximum dieser Funktion bzw. den Wendepunkt der Gesamtertragsfunktion erhält man aus der zweiten Ableitung

$$x'' = 15 - 6r_1$$

für den Wert $r_1 = 2,5$, bei dem die erste Phase des Ertragsgesetzes endet.

- In der *zweiten Phase* des Ertragsgesetzes nimmt der Grenzertrag bereits ab, Durchschnittsertrag und Gesamtertrag nehmen noch zu. Am Ende dieser Phase erreicht der Durchschnittsertrag sein Maximum. Dieser Punkt ist weiter dadurch gekennzeichnet, dass die Grenzertragskurve die Durchschnittsertragskurve schneidet bzw. dass ein Fahrstrahl vom Ursprung an die Gesamtertragskurve zur Tangente wird. Da mit dem Maximum des Durchschnittsertrags gleichzeitig die höchste Produktivität des variablen Produktionsfaktors erreicht wird, ist an dieser Stelle seine technisch optimale Ausnutzung gegeben. Die Durchschnittsertragsfunktion zu der oben angegebenen Funktion lautet:

$$e = 7,5r_1 - r_1^2$$

Aus ihrer ersten Ableitung

$$e' = 7,5 - 2r_1$$

erhält man das Maximum des Durchschnittsertrags für den Wert $r_1 = 3,75$, der dem Ende der zweiten Phase des Ertragsgesetzes entspricht.

- In der *dritten Phase* fallen der Grenzertrag und der Durchschnittsertrag, der Gesamtertrag nimmt noch zu. Die Ertragszuwächse werden jedoch aufgrund der weiter abnehmenden Grenzerträge immer geringer. Das Ende dieser Phase ist erreicht, wenn der Gesamtertrag sein Maximum erreicht bzw. der Grenzertrag den Wert Null annimmt. Bei der oben angegebenen Grenzertragsfunktion liegt die Nullstelle bei $r_1 = 5$. Hier ist somit gleichzeitig das Maximum der Gesamtertragsfunktion und das Ende der dritten Phase erreicht.

- In der *vierten und letzten Phase* des klassischen Ertragsgesetzes fallen Gesamtertrag, Durchschnittsertrag und Grenzertrag, und der Grenzertrag ist negativ. Das bedeutet, dass in dieser Phase jeder zusätzliche Einsatz des variablen Produktionsfaktors zu einem absoluten Rückgang der Produktionsmenge führt. Bei einer am ökonomischen Prinzip bzw. am Effizienzgedanken (vgl. Abschnitt 1.1.6) ausgerichteten Produktion würden die dieser Phase zugeordneten Produktionsmöglichkeiten nicht genutzt, da sich jede in dieser Phase erreichbare Produktionsmenge durch Nutzung einer Produktionsmöglichkeit in der vorhergehenden Phase mit geringerem Einsatz des variablen Produktionsfaktors erzeugen ließe. Die maximal herstellbare Produktionsmenge am Ende der dritten Phase des Ertragsgesetzes ist daher als die Grenze des Bereichs wirtschaftlicher Produktion bzw. als Kapazitätsgrenze des Unternehmens anzusehen. Formal endet die vierte Phase, wenn der Gesamtertrag den Wert Null erreicht.

In Abb. 1.17 sind die charakteristischen Merkmale der verschiedenen Phasen des klassischen Ertragsgesetzes noch einmal zusammengestellt. Für die vierte Phase lässt sich kein sinnvoller

Endpunkt angeben, da diese Phase bei Berücksichtigung des Effizienzprinzips nicht durchlaufen wird.

Wie in Abschnitt 1.1.6 gezeigt wurde, führt die Betrachtung von effizienten Punkten der Produktionsfunktion nicht notwendig zu einer eindeutigen Produktionsentscheidung. Für ökonomische Entscheidungen ist daher nicht nur der Verlauf der Produktionsfunktion von Bedeutung, sondern auch die mit der Produktionsmenge verbundenen Kosten, die sich durch Bewertung der für die Produktion benötigten Faktoreinsatzmengen mit ihren Preisen ergeben.

Phase	Gesamtertrag	Durchschnitts-ertrag	Grenzertrag	Endpunkt
I	positiv steigend konvex	positiv steigend	positiv steigend	Wendepunkt von x Maximum von x'
II	positiv steigend konkav	positiv steigend	positiv fallend	Maximum von e $e = x'$
III	positiv steigend konkav	positiv fallend	positiv fallend	Maximum von x $x' = 0$
IV	positiv fallend konkav	positiv fallend	negativ fallend	$x = 0$

Abb. 1.17   *Phasen des klassischen Ertragsgesetzes*

Die *Kostenfunktion* gibt an, wie sich die Produktionskosten in Abhängigkeit von der Produktionsmenge entwickeln:

$$K = K(x)$$

Kennt man die zur Herstellung einer bestimmten Produktionsmenge benötigte Einsatzmenge r_i des variablen Produktionsfaktors und dessen konstanten Preis je Einheit q_i, so erhält man die variablen, d.h. die von der Produktionsmenge abhängigen Kosten als Produkt von Faktoreinsatzmenge und Faktorpreis. Die Faktoreinsatzmenge lässt sich mithilfe der Faktoreinsatzfunktion, d.h. der Umkehrfunktion der Produktionsfunktion ermitteln, die zumindest für den relevanten Bereich bestimmt werden muss.

Die Funktion der *variablen Kosten* lautet:

$$K_v(x) = r_i(x) \cdot q_i$$

Um die Gesamtkosten der Produktionsmenge x zu erhalten, sind zu den variablen Kosten die von der Entscheidung über die Produktionsmenge unabhängigen *Fixkosten* zu addieren:

$$K(x) = K_F + K_v(x) = K_F + r_i(x) \cdot q_i$$

Da die klassische Produktionsfunktion s-förmig verläuft, muss die zugehörige Faktoreinsatzfunktion als ihre Umkehrfunktion einen umgekehrt s-förmigen Verlauf haben. Bei der Multiplikation der Faktoreinsatzfunktion mit dem Faktorpreis bleibt dieser umgekehrt s-förmige Verlauf erhalten, durch die Addition der Fixkosten wird die klassische Kostenfunktion entsprechend nach oben verschoben. Der aus diesen Überlegungen resultierende Verlauf der *klassischen Kostenfunktion* zu der zuvor diskutierten Produktionsfunktion ist in Abb. 1.18 dargestellt. Die zugehörige Kostenfunktion lautet näherungsweise:

$$K(x) = 31,25 + (x - 2,5)^3$$

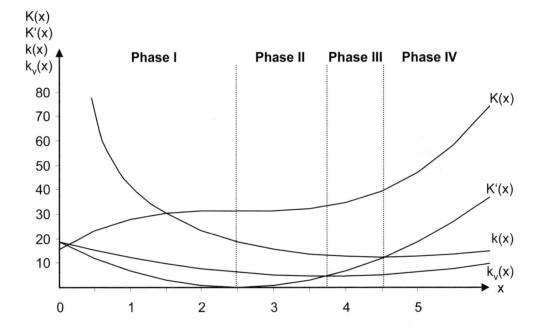

Abb. 1.18   *Verlauf der klassischen Kostenfunktion*

Neben den Gesamtkosten sind auch die Grenz- und die Durchschnittskosten einer bestimmten Produktionsmenge von ökonomischem Interesse, sie dienen insbesondere der Ermittlung von Preisuntergrenzen bei der Kalkulation von Aufträgen bzw. Angeboten.

Als *Grenzkosten* bezeichnet man die zusätzlichen Kosten, die bei der Herstellung einer weiteren Produkteinheit anfallen. Sie lassen sich mithilfe der ersten Ableitung der Kostenfunktion bestimmen:

$$K'(x) = \frac{d\,K(x)}{d\,x}$$

Die Grenzkostenfunktion zu der oben angegebenen Kostenfunktion lautet:

$$K'(x) = 3(x - 2{,}5)^2$$

Sie nimmt ihr Minimum bei $x = 2{,}5$ an.

Die *Durchschnittskosten*, die auch als Stückkosten bezeichnet werden, ergeben sich, indem man die Gesamtkosten durch die zugehörige Produktionsmenge dividiert:

$$k(x) = \frac{K(x)}{x}$$

Interessiert man sich für die *variablen Durchschnittskosten*, so dürfen lediglich die variablen Kosten durch die Produktionsmenge dividiert werden:

$$k_v(x) = \frac{K(x) - K_F}{x} = \frac{r_i(x) \cdot q_i}{x}$$

Analog zum 4-Phasen-Schema des klassischen Ertragsgesetzes lassen sich auch für die klassische Kostenfunktion vier charakteristische Phasen abgrenzen, die ebenfalls in Abb. 1.18 dargestellt sind.

- In der *ersten Phase*, deren Bereich mit der ersten Phase des Ertragsgesetzes übereinstimmt, verläuft die Gesamtkostenfunktion konkav steigend, d.h. sie weist bei zunehmender Produktionsmenge fallende Grenzkosten auf. Auch die Durchschnittskosten und die variablen Durchschnittskosten nehmen in dieser Phase ab, wenn die Produktionsmenge steigt. Die erste Phase endet, wenn die Gesamtkostenfunktion ihren Wendepunkt bzw. die Grenzkostenfunktion ihr Minimum erreicht.

- In der *zweiten Phase* verlaufen die Gesamtkostenfunktion und die Grenzkostenfunktion konvex steigend, d.h. die Kosten nehmen mit zunehmender Produktionsmenge überproportional zu. Die Durchschnittskosten und die variablen Durchschnittskosten hingegen weisen noch einen fallenden Verlauf auf. Das Ende der zweiten Phase ist erreicht, wenn die Grenzkosten die variablen Durchschnittskosten in deren Minimum schneiden. Die zugehörige Produktionsmenge bezeichnet man auch als das *Betriebsminimum*, ihre Grenzkosten gelten als die kurzfristige Preisuntergrenze, zu der das Unternehmen seine Produkte am Markt anbieten kann, wenn es auf Fixkostendeckung verzichtet.

- In der *dritten Phase* fallen lediglich die Durchschnittskosten, während die Gesamtkosten, die Grenzkosten und die variablen Durchschnittskosten einen zunehmenden Verlauf aufweisen. Am Ende der dritten Phase erreichen die Durchschnittskosten ihr Minimum und schneiden sich mit der Grenzkostenfunktion. Die zugehörige Produktionsmenge bezeichnet man als das *Betriebsoptimum*, da hier das Verhältnis von Kosten und Produktionsmenge am günstigsten ist. Die Grenzkosten dieser Produktionsmenge bilden die langfristige Preisuntergrenze für das Unternehmen.

- In der *vierten Phase* schließlich steigen sämtliche Kostenfunktionen überproportional an. Ihr Ende liegt bei der Kapazitätsgrenze, d.h. bei der maximal erreichbaren Produktionsmenge.

Die Bedingung für den Übergang von der zweiten zur dritten Phase bzw. von der dritten zur vierten Phase lässt sich auch wie folgt als *Satz* formulieren und beweisen:

Satz: Die Grenzkostenfunktion schneidet die Durchschnittskostenfunktion in deren Minimum:

$$e = \frac{x}{r_i} = x'$$

Beweis: Im Minimum der Durchschnittskosten muss die folgende notwendige Bedingung erfüllt sein:

$$\frac{d\,k(x)}{d\,x} = \frac{d\left(\dfrac{K(x)}{x}\right)}{d\,x} = \frac{K'(x)\cdot x - K(x)\cdot 1}{x^2} \overset{!}{=} 0$$

Hieraus ergibt sich durch einige einfache Umformungen die Behauptung:

$$\Leftrightarrow \quad K'(x)\cdot x - K(x)\cdot 1 = 0$$

$$\Leftrightarrow \quad K'(x)\cdot x = K(x)$$

$$\Leftrightarrow \quad K'(x) = \frac{K(x)}{x}$$

Solange die Grenzkosten geringer sind als die Durchschnittskosten, trägt jede zusätzlich produzierte Einheit weniger stark zu den Gesamtkosten bei, als es dem Mittel der zuvor hergestellten Produkteinheiten entspricht. Daher sind die Durchschnittskosten von $n+1$ Produkteinheiten geringer als die von n Produkteinheiten. Da in der dritten Phase die Grenzkosten bereits ansteigen, die Durchschnittskosten jedoch wie beschrieben noch abnehmen, bewegen sich die beiden Kurven aufeinander zu. Sie schneiden sich, wenn die Grenzkosten und die Durchschnittskosten gerade gleich hoch sind. Wegen der zunehmenden Grenzkosten sind bei einer Erhöhung der Produktionsmenge über diesen Punkt hinaus die Grenzkosten höher als die Durchschnittskosten. Daher führt eine Ausweitung der Produktion von diesem Schnittpunkt an zu zunehmenden Durchschnittskosten. Also muss der Schnittpunkt von Grenz- und Durchschnittskostenfunktion tatsächlich beim Minimum der Durchschnittskosten liegen. Ähnlich lässt sich für den Übergang von der dritten zur vierten Phase anhand der variablen Durchschnittskosten argumentieren.

Bei näherer Betrachtung erweist sich die klassische Produktionsfunktion als ungeeignet für die Beschreibung von industriellen Produktionsprozessen. Insbesondere gelten die folgenden *Kritikpunkte*:

- Das klassische Ertragsgesetz wurde aufgrund von Beobachtungen in der Landwirtschaft formuliert, deren Produktionsverfahren stark von den biologischen Gesetzmäßigkeiten und zeitlichen Zwängen des Pflanzenwachstums geprägt sind. In der industriellen Produktion gelten jedoch grundlegend andere *Produktionsbedingungen*, so dass eine Übertragung nicht generell zulässig ist (vgl. Gutenberg 1983, S. 318).

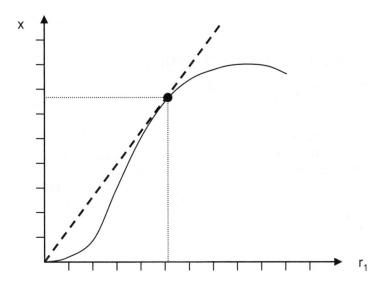

Abb. 1.19 *Produktionsfunktion mit nicht-zunehmenden Grenzerträgen*

- Die erste Phase des klassischen Ertragsgesetzes mit ihren zunehmenden Ertragszuwächsen bzw. abnehmenden Grenzkosten kommt offensichtlich dadurch zustande, dass in diesem Bereich die konstanten Produktionsfaktoren nicht vollständig ausgenutzt werden, d.h. *Ineffizienz* vorliegt. Ein am ökonomischen Prinzip ausgerichtetes Unternehmen würde versuchen, eine solche Disproportion der Faktoreinsatzmengen zu vermeiden und den Bestand der konstanten Produktionsfaktoren entsprechend der voraussichtlichen Produktionsmenge zu dimensionieren. Selbst wenn aufgrund von rückläufiger Nachfrage eine Produktion im Bereich der ersten Phase erforderlich wäre, ließe sich dieser ineffiziente Bereich wie folgt umgehen: Wenn die Anlagen während eines Teils der Planungsperiode still stehen und in der verbleibenden Zeit die erforderliche Produktionsmenge mit einer Produktionsalternative im konkaven Bereich der Produktionsfunktion erzeugt wird (dies entspricht der zeitlichen Anpassung in der Gutenberg-Produktionsfunktion, vgl. Abschnitt 1.4.5.1), so erhält man den in Abb. 1.19 dargestellten Verlauf der Produktionsfunktion. Dieser Effekt ist am stärksten, wenn man für die Produktion den Punkt wählt, bei dem ein Fahrstrahl vom Ursprung an die ursprüngliche Produktionsfunktion zur Tangente wird. Mithilfe dieser Modifikation erhält man eine Produktionsfunktion mit von Anfang an nicht-zunehmenden Grenzerträgen bzw. eine Kostenfunktion mit nicht-abnehmenden Grenzkosten.

- Weiter würde die vierte Phase des klassischen Ertragsgesetzes mit ihrem *rückläufigen Gesamtertrag* von einem wirtschaftlich orientierten Unternehmen nicht realisiert, da sie – wie bereits erläutert – ebenfalls dem Effizienzprinzip widerspricht.

Zur Abbildung von industriellen Produktionsbedingungen sind daher die in den folgenden Abschnitten behandelten Produktionsfunktionen besser geeignet als die klassische Produktionsfunktion.

1.4.3   Die neoklassische Produktionsfunktion

Eine bekannte Klasse von Produktionsfunktionen sind die *neoklassischen Produktionsfunktionen*. Sie werden nicht aus empirischen Beobachtungen oder technischen Zusammenhängen hergeleitet, sondern stellen ein theoretisches Konstrukt dar, das der Untersuchung von quantitativen Zusammenhängen bei der Produktion dient. Dabei liegt eine stark aggregierte Betrachtungsweise vor, die sich auf die Produktionsbedingungen eines Gesamtbetriebs bzw. – bei volkswirtschaftlichen Anwendungen – einer Gesamtwirtschaft bezieht (vgl. Kistner 1993, S. 12). In den folgenden Abschnitten werden zunächst die Eigenschaften der neoklassischen Produktionsfunktion untersucht und anschließend die Minimalkostenkombination bzw. die zugehörige Kostenfunktion bestimmt.

1.4.3.1   Eigenschaften der neoklassischen Produktionsfunktion

Eine neoklassische Produktionsfunktion weist die nachfolgend dargestellten Eigenschaften auf. Dabei wird davon ausgegangen, dass die Produktionsfunktion monoton steigend und zweimal stetig differenzierbar ist. Ein typischer Vertreter der neoklassischen Produktionsfunktion ist die *Cobb-Douglas-Funktion*, bei der sich die Produktionsmenge x durch multiplikative Verknüpfung der mit Ergiebigkeitsfaktoren α_i gewichteten Faktoreinsatzmengen $r_1, r_2, ..., r_n$ sowie eines Niveaufaktors α_0 ergibt:

$$x = \alpha_0 \cdot r_1^{\alpha_1} \cdot r_2^{\alpha_2} \cdot ... \cdot r_n^{\alpha_n}$$

mit: $\alpha_0, \alpha_1, \alpha_2, ..., \alpha_n \geq 0$

$$\sum_{i=1}^{n} \alpha_i \leq 1$$

Als *Beispiel* zur Veranschaulichung der Eigenschaften einer neoklassischen Produktionsfunktion wird jeweils die folgende Cobb-Douglas-Funktion herangezogen:

$$x = 15 \, r_1^{0,3} \cdot r_2^{0,6}$$

1. Konstante bzw. abnehmende Skalenerträge

Als *Skalenertrag* bzw. Niveau-Grenzproduktivität bezeichnet man die zusätzliche Produktionsmenge, die sich aufgrund einer (marginalen) Erhöhung des Faktoreinsatzmengenniveaus ergibt. Es wird somit die Produktionsfunktion bei totaler Faktorvariation betrachtet, bei einer Variation des Faktoreinsatzmengenniveaus werden die Einsatzmengen sämtlicher Produktionsfaktoren im gleichen Verhältnis λ erhöht oder auch reduziert. Grundsätzlich können bei der Untersuchung der Skalenerträge drei Fälle auftreten:

- *Konstante Skalenerträge* liegen vor, wenn sich die Produktionsmenge im gleichen Verhältnis wie das Faktoreinsatzmengenniveau verändert.

- *Abnehmende Skalenerträge* bedeuten, dass die Produktionsmenge unterproportional zum Faktoreinsatzmengenniveau steigt oder fällt.

- Bei *zunehmenden Skalenerträgen* steigt oder fällt die Produktionsmenge überproportional mit dem Faktoreinsatzmengenniveau.

In der neoklassischen Produktionstheorie werden zunehmende Skalenerträge aus der Betrachtung ausgeschlossen, d.h. eine neoklassische Produktionsfunktion muss konstante oder abnehmende Skalenerträge aufweisen. Das bedeutet, dass sich bei einer gleichmäßigen Variation sämtlicher Faktoreinsatzmengen mithilfe einer Proportionalitätskonstanten λ, die das Skalenniveau des Faktoreinsatzes angibt, die Produktionsmenge entweder im gleichen Verhältnis oder unterproportional verändert:

$$x(\lambda) = f(\lambda \cdot r_1, \lambda \cdot r_2, ..., \lambda \cdot r_n) \le \lambda \cdot x \qquad \text{für} \quad \lambda \ge 0$$

Für die zu untersuchende Cobb-Douglas-Produktionsfunktion gilt:

$$x(\lambda) = 15 \left(\lambda \cdot r_1\right)^{0,3} \cdot \left(\lambda \cdot r_2\right)^{0,6} = 15 \cdot \lambda^{0,3} \cdot \lambda^{0,6} \cdot r_1^{0,3} \cdot r_2^{0,6} = \lambda^{0,9} \cdot x < \lambda \cdot x$$

Bei einer gleichmäßigen Erhöhung beider Faktoreinsatzmengen steigt bei der vorliegenden Produktionsfunktion die Produktionsmenge unterproportional an, daher liegen hier abnehmende Skalenerträge vor.

Zur gleichen Aussage gelangt man, wenn man – die Bezeichnung Niveau-Grenzproduktivität wörtlich nehmend – die erste und zweite Ableitung der Produktionsfunktion nach dem Skalenniveau λ bildet.

$$x'(\lambda) = \frac{d f(\lambda r_1, ..., \lambda r_n)}{d \lambda} = 0,9 \cdot \lambda^{-0,1} \cdot 15 r_1^{0,3} \cdot r_2^{0,6} > 0$$

$$x''(\lambda) = \frac{d^2 f(\lambda r_1, ..., \lambda r_n)}{d \lambda^2} = -0,1 \cdot 0,9 \cdot \lambda^{-1,1} \cdot 15 r_1^{0,3} \cdot r_2^{0,6} < 0$$

Die positive erste Ableitung bedeutet, dass sich durch eine Erhöhung des Faktoreinsatzmengenniveaus eine Steigerung der Produktionsmenge erzielen lässt. Die negative zweite Ableitung zeigt an, dass diese Produktionszuwächse mit zunehmendem Skalenniveau zurückgehen, d.h. dass abnehmende Skalenerträge vorliegen.

2. Positive und abnehmende Grenzerträge

Der *Grenzertrag* ist die zusätzliche Produktionsmenge, die sich durch die (marginale) Erhöhung der Einsatzmenge eines einzelnen Produktionsfaktors erzielen lässt. Hier wird somit die Produktionsfunktion bei partieller Faktorvariation zugrunde gelegt, die Einsatzmengen der anderen Produktionsfaktoren werden als konstant angesehen. Den Grenzertrag des Produktionsfaktors *i* erhält man durch partielle Ableitung der Produktionsfunktion nach diesem Produktionsfaktor:

$$x_i' = \frac{\partial x}{\partial r_i} = \frac{d\,f_i\left(\bar{r}_1,...,\bar{r}_{i-1},r_i,\bar{r}_{i+1},...,\bar{r}_n\right)}{d\,r_i}$$

Die neoklassische Produktionstheorie geht davon aus, dass der Grenzertrag jedes Produktionsfaktors stets positiv ist, jedoch mit zunehmendem Produktionsniveau zurückgeht. Diese Eigenschaft lässt sich damit begründen, dass die Ergiebigkeit der konstanten Produktionsfaktoren immer weiter abnimmt, je stärker sie in Anspruch genommen werden, so dass sie letztlich die mögliche Produktionsmenge nach oben limitieren. Diese Eigenschaft wird auch als das *Ertragsgesetz der Neoklassik* bezeichnet.

$$\frac{\partial x}{\partial r_i} > 0$$

$$\frac{\partial^2 x}{\partial r_i^2} < 0$$

In Abb. 1.20 ist der idealtypische Verlauf einer solchen ertragsgesetzlichen Produktionsfunktion bei partieller Faktorvariation, d.h. die mit zunehmender Einsatzmenge des Faktors *i* erzielbare Produktionsmenge *x*, dargestellt.

Die als Beispiel zugrunde gelegte Produktionsfunktion lässt sich auf ihre Grenzerträge untersuchen, indem man die ersten beiden partiellen Ableitungen zunächst für den ersten und dann für den zweiten Produktionsfaktor bestimmt und auf ihre Vorzeichen untersucht.

$$\frac{\partial x}{\partial r_1} = 0,3 \cdot 15\,r_1^{-0,7} \cdot r_2^{0,6} > 0$$

$$\frac{\partial^2 x}{\partial r_1^2} = -0,7 \cdot 0,3 \cdot 15\,r_1^{-1,7} \cdot r_2^{0,6} < 0$$

Die Produktionsfunktion weist positive, abnehmende Grenzerträge bezüglich des Produktionsfaktors 1 auf.

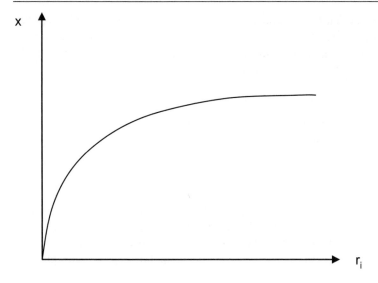

Abb. 1.20 *Ertragsgesetzlicher Verlauf einer Produktionsfunktion*

$$\frac{\partial x}{\partial r_2} = 0,6 \cdot 15 \ r_1^{0,3} \cdot r_2^{-0,4} > 0$$

$$\frac{\partial^2 x}{\partial r_2^{\ 2}} = -0,4 \cdot 0,6 \cdot 15 \ r_1^{0,3} \cdot r_2^{-1,4} < 0$$

Die Produktionsfunktion weist bezüglich des Produktionsfaktors 2 ebenfalls positive, abnehmende Grenzerträge auf. Somit ist bei dieser Produktionsfunktion das neoklassische Ertragsgesetz für beide Produktionsfaktoren erfüllt.

3. Abnehmende Grenzrate der Substitution

Betrachtet man bei gegebener Produktionsmenge x und festen Einsatzmengen aller anderen Produktionsfaktoren die Einsatzmengenverhältnisse von zwei Faktoren i und j, so lässt sich häufig feststellen, dass – ausgehend von einem bestimmten Punkt – eine Reduktion der zur Produktion von x benötigten Menge von Faktor i nur dann möglich ist, wenn die Einsatzmenge des Faktors j entsprechend erhöht wird.

Die Eigenschaft, dass sich eine vorgegebene Produktionsmenge mit unterschiedlichen Einsatzmengenverhältnissen der Produktionsfaktoren herstellen lässt, wird als Substitutionalität bezeichnet. Das jeweilige Austauschverhältnis der Faktoren ist die *Grenzrate der Substitution*. Bei einer neoklassischen Produktionsfunktion nimmt diese Grenzrate der Substitution ab, wenn die Einsatzmenge des Faktors j zunimmt.

Der Betrag der Steigung der Isoquante entspricht der Grenzrate der Substitution, diese ist daher bei einer streng monoton fallenden Isoquante stets positiv (vgl. Abb. 1.21). Die Grenzrate der Substitution zwischen den Produktionsfaktoren i und j wird mithilfe der ersten Ableitung der Isoquante berechnet. Zur Beurteilung des Verlaufs der Grenzrate der Substitution ist deren Ableitung bzw. die zweite Ableitung der Isoquante zu bilden. Eine neoklassische Produktionsfunktion liegt vor, wenn für die Grenzrate der Substitution gilt:

$$s_{ij} = -\frac{\partial\, r_i}{\partial\, r_j} > 0$$

$$\frac{d\, s_{ij}}{d\, r_j^2} = -\frac{\partial^2\, r_i}{\partial\, r_j^{\,2}} < 0$$

Abb. 1.21 zeigt zwei unterschiedliche Ausprägungen der als Isoquante bezeichneten Kurve aller effizienten Faktoreinsatzmengenkombinationen, die zu einer vorgegebenen Produktionsmenge x führen. Bei dem in Abb. 1.21(a) dargestellten neoklassischen Verlauf der Isoquante ist die Grenzrate der Substitution abnehmend, bei dem linearen Verlauf in Abb. 1.21(b) ist sie konstant.

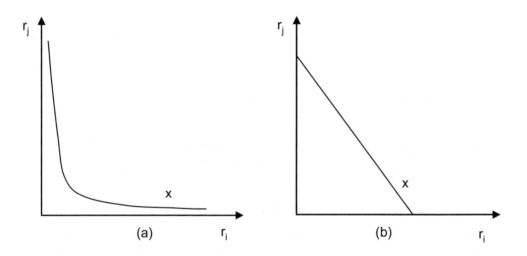

Abb. 1.21   *Isoquante und Grenzrate der Substitution*

Generell lassen sich folgende Ausprägungen der Substitutionalität unterscheiden:

- Bei *partieller Substitutionalität* (Abb. 1.21a), wie sie für die neoklassische Produktionsfunktion typisch ist, kann auf keinen der Produktionsfaktoren vollständig verzichtet werden, vielmehr ist bei zunehmendem Ersatz des einen Faktors ein immer höherer Einsatz des anderen Faktors erforderlich. Dieser Fall liegt in der Regel bei den beiden aggregierten Produktionsfaktoren Arbeit und Kapital, das in Betriebsmittel investiert wird, vor. Auch bei weitgehend manueller Produktion werden Werkzeuge und Einrichtungen benötigt, in denen Kapital gebunden ist. Durch den Prozess der Rationalisierung und Automatisierung lässt sich der Einsatz von Arbeitskraft in der Produktion zwar reduzieren, jedoch nicht vollständig vermeiden.

- Bei *totaler Substitutionalität* (Abb. 1.21b) lässt sich ein Einsatzfaktor vollständig durch den anderen ersetzen, ohne dass sich die Menge oder die Qualität des erzeugten Produkts ändern. Ein Beispiel für totale Substitutionalität ist die Durchführung der Produktion mit verschiedenen im Unternehmen vorhandenen Anlagen, die sich auf unterschiedlichem technischen Niveau befinden und daher unterschiedliche Produktionskoeffizienten aufweisen. In Abhängigkeit von der eingesetzten Anlagenkombination verändern sich auch die Einsatzmengenverhältnisse der verschiedenen Produktionsfaktoren.

- Als *Limitationalität* bezeichnet man den Fall, dass keine Substitution der betrachteten Einsatzfaktoren möglich ist, sondern diese in einem bestimmten Mengenverhältnis eingesetzt werden müssen, um die gewünschte Produktionsmenge ohne Verschwendung von Ressourcen herzustellen. Die Isoquante besteht in diesem Fall aus einem einzigen effizienten Punkt. Limitationalität liegt insbesondere bei Bauteilen vor, deren Einsatzmengenverhältnisse über Stücklisten festgelegt sind (vgl. Abschnitt 2.4.1.3).

Für die Produktionsmenge $x = 15$ ergibt sich bei der als Beispiel verwendeten neoklassischen Produktionsfunktion die folgende Isoquantengleichung:

$$r_1 = r_2^{-2}$$

Die Grenzrate der Substitution und ihre Ableitung lauten:

$$s_{12} = -\frac{\partial\, r_1}{\partial\, r_2} = 2\, r_2^{-3} > 0$$

$$\frac{d\, s_{12}}{d\, r_2} - \frac{\partial^2\, r_1}{\partial\, r_2^{\,2}} = -6\, r_2^{-4} < 0$$

Somit gilt das Gesetz von der positiven, abnehmenden Grenzrate der Substitution. Da die untersuchte Cobb-Douglas-Funktion alle drei Eigenschaften erfüllt, handelt es sich um eine neoklassische Produktionsfunktion.

1.4.3.2 Minimalkostenkombination und Kostenfunktion

Während die Analyse der neoklassischen Produktionsfunktion sich zunächst auf die Ebene der Faktoreinsatz- und Produktionsmengen beschränkt hat, ist bei der Betrachtung der zugehörigen *Kostenfunktionen* zusätzlich eine Bewertung der Produktionsfaktoren erforderlich. Durch die Bewertung werden in unterschiedlichen Mengeneinheiten gemessene Güterbündel vergleichbar gemacht, indem sie in den Wert als einheitlichen Maßstab transformiert werden.

Erst die Berücksichtigung von Faktorkosten ermöglicht es, aus den unendlich vielen effizienten Faktoreinsatzmengenkombinationen auf einer Isoquante, die zur Herstellung derselben Produktionsmenge führen, diejenige als optimal auszuwählen, die diese Produktionsmenge zu minimalen Kosten produziert. Die Herleitung dieser als *Minimalkostenkombination* bezeichneten Faktoreinsatzmengenkombination erfolgt zunächst grafisch und anschließend analytisch.

Gegeben sind neben der gewünschten Produktionsmenge x die Preise der beiden betrachteten Produktionsfaktoren, q_i und q_j. Steht nun ein Budget in Höhe von K^1 zur Verfügung, so kann dies wie folgt zur Beschaffung der beiden Produktionsfaktoren eingesetzt werden: Wendet man den gesamten Betrag zur Beschaffung des Produktionsfaktors i auf, so kann man K^1/q_i Einheiten kaufen. Entsprechend lassen sich bei Verzicht auf den Faktor i K^1/q_j Einheiten des Produktionsfaktors j beschaffen. Verbindet man diese beiden Punkte, so erhält man eine Isokostengerade mit der Steigung q_i/q_j, die sämtliche Kombinationen der beiden Produktionsfaktoren enthält, die sich mit dem Budget K^1 beschaffen lassen.

In Abb. 1.22 sind neben der Isoquante, die alle effizienten Kombinationen der Produktionsfaktoren i und j zur effizienten Herstellung der Produktionsmenge x enthält, drei Isokostengeraden zu unterschiedlichen Kostenniveaus eingezeichnet.

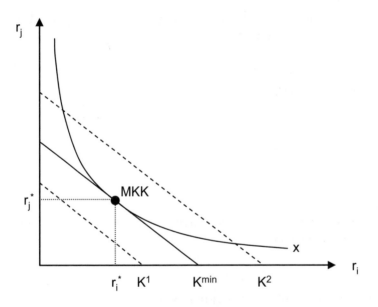

Abb. 1.22 *Minimalkostenkombination*

- Ein Budget in Höhe von K^1 reicht offensichtlich nicht aus, um die gewünschte Produktionsmenge herzustellen, da die zugehörige Isokostengerade keinen gemeinsamen Punkt mit der Isoquante hat.

- Ein Budget in Höhe von K^2 ist hingegen zu hoch angesetzt. Hier gibt es zwar gemeinsame Punkte von Isokostengerade und Isoquante, jedoch ließe sich mit den zugehörigen Kosten auch eine weiter außen gelegene Isoquante erreichen, die einer höheren Produktionsmenge entsprechen würde. Somit wäre es ineffizient, wenn die Produktionsmenge x mit Faktoreinsatzmengen, die zu Kosten in Höhe von K^2 führen, hergestellt würde.

• Bei einem Budget in Höhe von K^{min} tangiert die Isokostengerade die Isoquante in dem mit MKK gekennzeichneten Punkt, die zugehörigen Faktoreinsatzmengen r_i^* und r_j^* stellen die Minimalkostenkombination zur Herstellung der Produktionsmenge x dar.

Aus der grafischen Herleitung der Minimalkostenkombination als Tangentialpunkt von Isokostengerade und Isoquante lässt sich erkennen, dass die kostenminimale Faktoreinsatzmengenkombination gerade dann vorliegt, wenn die beiden Kurven dieselbe Steigung aufweisen. Da die Steigung der Isoquante durch die Grenzrate der Substitution angegeben wird und die Steigung der Isokostengerade dem umgekehrten Verhältnis der Faktorpreise entspricht, muss für die Minimalkostenkombination die folgende Beziehung gelten:

$$s_{ij} = -\frac{d\, r_i}{d\, r_j} = \frac{q_j}{q_i} \qquad \text{für alle } i, j = 1,...,n$$

Diese Beziehung lässt sich mithilfe eines *Lagrange-Ansatzes* aus dem folgenden Optimierungsproblem herleiten:

$$K = \sum_{i=1}^{n} r_i \cdot q_i \;\Rightarrow\; \text{min!}$$

$$\text{u.d.N.:} \quad x = f\!\left(r_1, r_2,...,r_n\right)$$

Die zugehörige Lagrange-Funktion lautet:

$$L\!\left(r_1, r_2,...,r_n, \lambda\right) = \sum_{i=1}^{n} r_i \cdot q_i + \lambda\!\left(x - f\!\left(r_1, r_2,...,r_n\right)\right)$$

Die notwendige Bedingung für ein Minimum ist erfüllt, wenn die partiellen Ableitungen der Lagrange-Funktion eine Nullstelle aufweisen:

$$\frac{\partial L}{\partial \lambda} = x - f\!\left(r_1, r_2,...,r_n\right) \overset{!}{=} 0$$

$$\frac{\partial L}{\partial r_i} = q_i - \lambda \cdot \frac{\partial f}{\partial r_i} \overset{!}{=} 0 \qquad\qquad i = 1,...,n$$

Durch Umstellung und Zusammenfassen dieser Bedingungen erhält man die zuvor aus der grafischen Anschauung hergeleitete Beziehung für die Minimalkostenkombination, dass die Grenzrate der Substitution dem umgekehrten Verhältnis der Faktorpreise entsprechen muss:

$$\Leftrightarrow q_i = \lambda \cdot \frac{\partial f}{\partial r_i} \qquad\qquad i = 1,...,n$$

$$\Rightarrow \frac{q_j}{q_i} = \frac{\lambda \cdot \dfrac{\partial f}{\partial r_j}}{\lambda \cdot \dfrac{\partial f}{\partial r_i}} = -\frac{d\,r_i}{d\,r_j} = s_{ij}$$

Bei konvexem Verlauf der Isoquante ist diese Bedingung zugleich notwendig und hinreichend.

Eine weitere Methode zur Ermittlung der Minimalkostenkombination wird nun anhand der zuvor angegebenen Cobb-Douglas-Produktionsfunktion gezeigt. Die Preise der Produktionsfaktoren betragen $q_1 = 2$ und $q_2 = 4$, die Produktionsmenge $x = 15$ soll zu möglichst geringen Kosten hergestellt werden. Somit lautet die Problemstellung:

$$K = q_1 \cdot r_1 + q_2 \cdot r_2 = 2r_1 + 4r_2 \;\Rightarrow\; \text{min!}$$

u.d.N.: $\qquad 15 = 15 r_1^{0,3} \cdot r_2^{0,6} \qquad$ bzw. $\qquad r_1 = r_2^{-2}$

Setzt man die Isoquantengleichung für r_1 in die Kostendefinition ein, so erhält man als zu minimierende Funktion:

$$K = 2r_2^{-2} + 4r_2 \;\Rightarrow\; \text{min!}$$

Notwendige Bedingung für ein Minimum dieser Funktion ist wiederum eine Nullstelle der ersten Ableitung:

$$K' = -4r_2^{-3} + 4r_2 \overset{!}{=} 0$$

Daraus ergibt sich als Einsatzmenge des zweiten Produktionsfaktors bei der Minimalkostenkombination:

$$r_2 = 1$$

Durch Einsetzen in die Isoquantengleichung erhält man die zugehörige Einsatzmenge des ersten Produktionsfaktors bei der Minimalkostenkombination:

$$r_1 = r_2^{-2} = 1^{-2} = 1$$

Die Minimalkostenkombination zur Herstellung von 15 Produkteinheiten für die vorgegebenen Faktorpreise ist somit gegeben, wenn beide Produktionsfaktoren in der Menge 1 eingesetzt werden, die zugehörigen Kosten betragen:

$$K = 2 \cdot 1 + 4 \cdot 1 = 6$$

Mit der Minimalkostenkombination hat man noch keine Kostenfunktion gefunden, die den Zusammenhang von Produktionsmenge und Kosten beschreibt, sondern es ist lediglich einen Punkt der Kostenfunktion bestimmt, nämlich die Kosten der Herstellung von 15 Produkteinheiten. Die *Kostenfunktion* kann entweder mithilfe von Minimalkostenkombinationen für verschiedene Produktionsmengen numerisch approximiert oder aus der Produktionsfunktion theoretisch abgeleitet werden. Sie lautet für das angegebene Beispiel:

$$K(x) = 6 \cdot \left(\frac{x}{15} \right)^{\frac{10}{9}}$$

Der qualitative Verlauf der Kostenfunktion hängt davon ab, ob eine totale oder eine partielle Faktorvariation vorgenommen wird. Bei totaler Faktorvariation weist die Produktionsfunktion in der neoklassischen Produktionstheorie entweder konstante oder abnehmende Skalenerträge auf.

- *Konstante Skalenerträge* bedeuten, dass sich bei einer Variation sämtlicher Faktoreinsatzmengen um den Faktor λ auch die Produktionsmenge um das λ-fache verändert. Das heißt im Umkehrschluss, dass die Herstellung des λ-fachen einer Ausgangsmenge die λ-fache Einsatzmenge von sämtlichen Produktionsfaktoren erfordert und demzufolge zu den λ-fachen Kosten führt. Die neoklassische Kostenfunktion bei totaler Faktorvariation und konstanten Skalenerträgen verläuft somit linear steigend (vgl. Abb. 1.23).

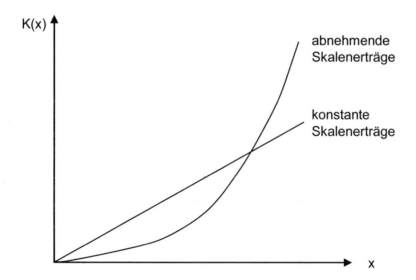

Abb. 1.23 *Neoklassische Kostenfunktion bei totaler Faktorvariation*

- Bei *abnehmenden Skalenerträgen* – wie sie im oben angegebenen Beispiel vorliegen – führt die Variation des Faktoreinsatzmengenniveaus um den Faktor λ zu einer Veränderung der Produktionsmenge um weniger als das λ-fache. Um das λ-fache einer gegebenen Ausgangsmenge herzustellen, ist daher ein mehr als λ-facher Einsatz sämtlicher Produktionsfaktoren erforderlich, und die zugehörige Kostenfunktion steigt überproportional mit der Produktionsmenge an (vgl. ebenfalls Abb. 1.23).

Die Produktionsfunktion bei partieller Faktorvariation verläuft in der neoklassischen Produktionstheorie – wie bereits in Abb. 1.20 dargestellt – konkav und monoton steigend. Die zugehörige Faktoreinsatzfunktion für den variierten Produktionsfaktor ergibt sich als Umkehrfunktion zur Produktionsfunktion, sie verläuft daher konvex und monoton steigend. Die *Kostenfunktion bei partieller Faktorvariation* erhält man – analog zu den entsprechenden Überlegungen zur klassischen Produktionsfunktion in Abschnitt 1.4.2 –, indem man diese Faktoreinsatzfunktion mit dem Preis des variablen Produktionsfaktors multipliziert und die Kosten der konstant gehaltenen Produktionsfaktoren als Fixkosten addiert. Die Kostenfunktion verläuft somit ausgehend von einem Fixkostensockel konvex und monoton steigend (vgl. Abb. 1.24). Für das angegebene Beispiel lauten die Kostenfunktionen bei partieller Faktorvariation:

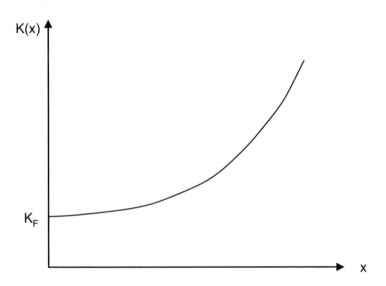

Abb. 1.24   *Neoklassische Kostenfunktion bei partieller Faktorvariation*

- bei r_1 als konstantem Faktor: $K(x) = 2\bar{r}_1 + \left(\dfrac{x}{15}\right)^{\frac{10}{3}} \cdot r_2^{-2}$

- bei r_2 als konstantem Faktor: $K(x) = 4\bar{r}_2 + \left(\dfrac{x}{15}\right)^{\frac{5}{3}} \cdot r_1^{-\frac{1}{2}}$

Aufgrund der abnehmenden Grenzproduktivität des variablen Produktionsfaktors ist für eine Erhöhung der Produktionsmenge um einen bestimmten Betrag in Abhängigkeit vom bereits erreichten Produktionsniveau eine immer größere zusätzliche Einsatzmenge dieses Faktors erforderlich, die demzufolge zu einem überproportionalen Kostenanstieg führt. Dies liegt daran, dass sich die Ergiebigkeit der konstanten Produktionsfaktoren immer weiter erschöpft, je stärker die Produktionsmenge ausgedehnt wird.

Typischerweise sieht man in der neoklassischen Produktionstheorie die Potenzialfaktoren eines Unternehmens – also die Gebäude, Maschinen usw. – als konstante Produktionsfaktoren an, während die Verbrauchsfaktoren – Material, Bauteile, Werkzeuge usw. – als variable Produktionsfaktoren gelten.

Zu einem Verlauf der Kostenfunktion bei partieller Faktorvariation wie in Abb. 1.24 gelangt man auch, wenn man nicht nur die Einsatzmenge eines Produktionsfaktors, sondern mehrere Faktoren gleichmäßig variiert. Auch dieser Fall der Variation von „Faktorpaketen" zählt zur partiellen Faktorvariation.

1.4.4 Die aktivitätsanalytische Produktionsfunktion

Die *lineare Aktivitätsanalyse* wurde in den 1950er Jahren zunächst primär für mikroökonomische Untersuchungen entwickelt (vgl. Koopmans 1951, Hildenbrand/Hildenbrand 1975) und seit den 1960er Jahren verstärkt auf die betriebswirtschaftliche Produktionstheorie übertragen (vgl. insbesondere Wittmann 1968, Kistner 1993, Fandel 2005 sowie Steven 1998, S. 62ff.). Sie ist ein produktionstheoretischer Ansatz, der auf linear-limitationalen Faktoreinsatzmengenverhältnissen basiert. Diese lassen sich mithilfe der nachfolgend angegebenen *Leontieff-Produktionsfunktion* beschreiben: Wenn der Produktionskoeffizient a_i die zur Herstellung einer Produkteinheit erforderliche Menge und r_i die verfügbare Menge des Produktionsfaktors i angibt, so wird die in einer gegebenen Situation maximal erzielbare Produktionsmenge durch den Produktionsfaktor mit dem relativ geringsten Bestand determiniert, denn es ist keine Substitution zwischen den Produktionsfaktoren möglich:

$$ x = \min\left\{ \frac{r_1}{a_1}, ..., \frac{r_n}{a_n} \right\} $$

Die lineare Aktivitätsanalyse geht von wenigen, einfachen Grundbegriffen und -annahmen aus und entwickelt daraus ihre Aussagen. Ihre wesentlichen Konstrukte sind die Aktivität, die Technologiemenge und der Produktionsprozess, die in den folgenden Abschnitten dargestellt werden. Anschließend werden die aktivitätsanalytische Produktionsfunktion und die zugehörige Kostenfunktion untersucht.

1.4.4.1 Aktivität

Unter einer *Aktivität* bzw. einer Produktionsalternative versteht man ein technisches Verfahren zur Transformation einer bestimmten Kombination von Faktoreinsatzmengen in eine bestimmte Kombination von Produktionsmengen. Eine Aktivität lässt sich als Vektor im $n+m$-dimensionalen Güterraum auffassen:

- Aktivität im Mehrproduktfall:

$$\underline{y} = \left(r_1, r_2, \ldots, r_n; x_1, x_2, \ldots, x_m\right) \in \mathfrak{R}_+^{n+m}$$

- Aktivität im Einproduktfall:

$$\underline{y} = \left(r_1, r_2, \ldots, r_n; x\right) \in \mathfrak{R}_+^{n+1}$$

Im Fall von zwei Produktionsfaktoren und einem Produkt lassen sich die Beziehungen in der linearen Aktivitätsanalyse auch grafisch veranschaulichen. Die zugehörige Aktivität lautet:

$$\underline{y} = \left(r_1, r_2; x\right) \in \mathfrak{R}_+^3$$

Abb. 1.25 zeigt die Projektion von vier Aktivitäten, die zur selben Produktionsmenge $x = 10$ führen, in die Faktorebene. Die Aktivitäten lauten:

$$\underline{y}^1 = (7,4;10) \qquad\qquad \underline{y}^2 = (5,8;10)$$
$$\underline{y}^3 = (6,9;10) \qquad\qquad \underline{y}^4 = (3,9;10)$$

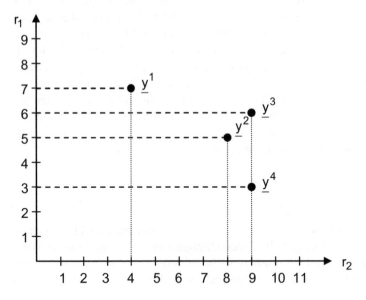

Abb. 1.25   *Effizienz von Aktivitäten*

Nach dem in Abschnitt 1.1.6 eingeführten Kriterium zur Effizienz von Aktivitäten ist offensichtlich die Aktivität $\underline{y}^3$ ineffizient, da sie zur Erzeugung dieser Produktionsmenge mehr Faktoreinsatz erfordert als die Aktivitäten $\underline{y}^2$ und $\underline{y}^4$. Effizient sind somit die Aktivitäten $\underline{y}^1$, $\underline{y}^2$ und $\underline{y}^4$.

1.4.4.2 Technologiemenge

Die *Technologiemenge* eines Unternehmens umfasst sämtliche Aktivitäten, die technisch durchführbar sind:

$$T := \left\{ \underline{y} \mid \underline{y} \text{ ist technisch realisierbar} \right\}$$

In einer linearen Technologie lässt sich die Technologiemenge durch folgende Eigenschaften charakterisieren:

- *Proportionalität*: Wenn eine Aktivität technisch möglich ist, so kann auch jedes Vielfache dieser Aktivität realisiert werden:

$$\underline{y}^0 = \left(\underline{r}^0 ; \underline{x}^0 \right) \in T$$

$$\Rightarrow \underline{y} = \lambda \cdot \underline{y}^0 = \left(\lambda \cdot \underline{r}^0 ; \lambda \cdot \underline{x}^0 \right) \in T \qquad\qquad \lambda \geq 0$$

In Abb. 1.26 sind die Produktionsmöglichkeiten, die sich aus der proportionalen Variation einer Basisaktivität $\underline{y}^0$ ergeben, dargestellt. Die Aktivitäten, die sich für $0 < \lambda < 1$ ergeben, liegen zwischen dem Ursprung und der Basisaktivität; Aktivitäten zu $\lambda > 1$ liegen oberhalb der Basisaktivität.

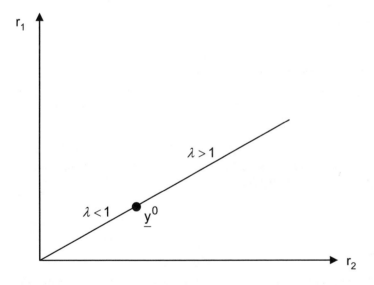

Abb. 1.26 *Proportionalität*

- *Additivität*: Wenn sich zwei Aktivitäten einzeln realisieren lassen, dann können sie auch gemeinsam durchgeführt werden:

$$\underline{y}^1 = \left(\underline{r}^1; \underline{x}^1\right) \in T$$

$$\underline{y}^2 = \left(\underline{r}^2; \underline{x}^2\right) \in T$$

$$\Rightarrow \underline{y} = \left(\underline{r}^1 + \underline{r}^2; \underline{x}^1 + \underline{x}^2\right) \in T$$

Abb. 1.27 zeigt, wie sich die Summenaktivität durch Vektoraddition der beiden Ausgangsaktivitäten ergibt.

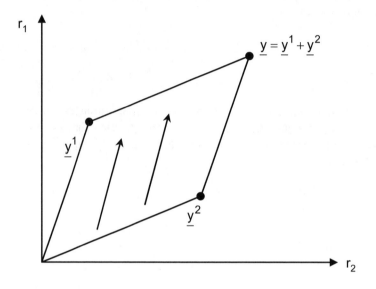

Abb. 1.27   *Additivität*

- *Möglichkeit der Verschwendung*: Verschwendung bedeutet, dass es technisch möglich ist, Produktionsfaktoren einzusetzen, ohne dass dabei ein Produkt entsteht. Damit können auch ineffiziente Aktivitäten zur Technologiemenge gehören:

$$\left(\underline{r}; \underline{0}\right) \in T$$

1.4.4.3   Produktionsprozess

Ein *Produktionsprozess* umfasst sämtliche Aktivitäten, die auf demselben technischen Verfahren beruhen, d.h. sich durch proportionale Variation einer Basisaktivität ergeben. Ein solcher Produktionsprozess wurde bereits in Abb. 1.26 dargestellt.

$$\pi = \left\{\underline{y} \,\middle|\, \underline{y} = \lambda \cdot y_0; \; \lambda \geq 0\right\}$$

Sämtliche auf einem Produktionsprozess gelegenen Aktivitäten weisen aufgrund der Proportionalitätseigenschaft linearer Technologien identische *Produktionskoeffizienten* auf, d.h. das Verhältnis von Faktoreinsatzmenge und Produktionsmenge ist für jeden Produktionsfaktor auf dem gesamten Produktionsprozess konstant:

$$a_i = \frac{r_i}{x} = \text{const.} \qquad\qquad i = 1,...,n$$

Durch Ausnutzung der Proportionalitäts- und der Additivitätseigenschaft linearer Technologien lassen sich *gemischte Aktivitäten und Produktionsprozesse* konstruieren. In Abb. 1.28 sind in Fortsetzung des Beispiels aus Abb. 1.25 die Produktionsprozesse zu den effizienten reinen Aktivitäten $\underline{y}^1$, $\underline{y}^2$ und $\underline{y}^4$ eingezeichnet. Weiter sind die gemischten Aktivitäten, die sich als Konvexkombinationen der beiden reinen Aktivitäten $\underline{y}^1$ und $\underline{y}^4$ ergeben und daher ebenfalls zur Produktionsmenge $x = 10$ führen, durch eine fett gekennzeichnete Linie hervorgehoben. Für alle gemischten Aktivitäten auf dieser Linie gilt:

$$\underline{y} = \alpha \cdot \underline{y}^1 + (1-\alpha) \cdot \underline{y}^4 \in T \qquad\qquad 0 \leq \alpha \leq 1$$

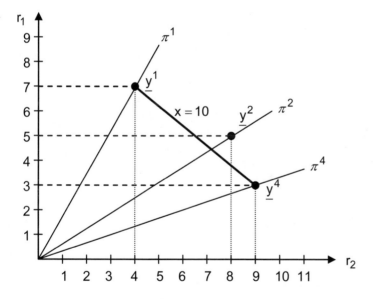

Abb. 1.28 *Gemischte Produktionsprozesse*

Zu jeder dieser gemischten Aktivitäten lässt sich wiederum durch proportionale Variation ein gemischter Produktionsprozess konstruieren. Wie Abb. 1.28 zeigt, dominiert der gemischte Prozess, der sich aus der Konvexkombination von $\underline{y}^1$ und $\underline{y}^4$ mit $\alpha \approx 0{,}368$ ergibt, den reinen Prozess zu $\underline{y}^2$. Bei dieser Prozesskombination sind nur 88,95% des Faktoreinsatzniveaus von $\underline{y}^2$ erforderlich, um $x = 10$ zu produzieren. Somit können sich effiziente reine Aktivitäten auf der Prozessebene als ineffizient erweisen.

Die Bedeutung der Prozesskombination ist weiter darin zu sehen, dass hierdurch in einer linearen Technologie mit mehreren Produktionsprozessen trotz der Limitationalität der Faktoreinsatzmengen auf jedem einzelnen Produktionsprozess die Möglichkeit besteht, die Produktionsfaktoren in gewissen Grenzen gegeneinander zu substituieren. Die Faktorsubstitution wird somit in der linearen Aktivitätsanalyse auf die *Prozesssubstitution* zurückgeführt. Der Bereich, in dem eine solche Substitution von Produktionsfaktoren möglich ist, wird von den jeweils äußeren Produktionsprozessen begrenzt und als das Substitutionsgebiet einer linearen Technologie bezeichnet.

Die in Abb. 1.28 eingezeichnete Menge der Aktivitäten, die die Produktionsmenge $x = 10$ hervorbringen, stellt die Isoquante der aktivitätsanalytischen Produktionsfunktion für die angegebene Technologie dar. Falls die Technologiemenge aus mehr als zwei effizienten Produktionsprozessen besteht, so weist diese Isoquante einen annähernd neoklassischen Verlauf auf: Sie ist monoton fallend, stückweise linear und konvex. Abb. 1.29 zeigt die Isoquante zur Produktionsmenge $x = \bar{x}$ für eine Technologie mit drei effizienten Produktionsprozessen.

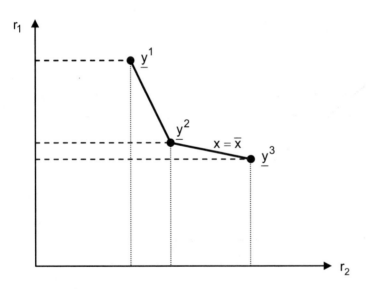

Abb. 1.29   *Isoquante einer aktivitätsanalytischen Produktionsfunktion*

1.4.4.4   Untersuchung der aktivitätsanalytischen Produktionsfunktion

Als Instrument zur näheren Analyse der aktivitätsanalytischen Produktionsfunktion wird die *lineare Programmierung* herangezogen. Im Einproduktfall lässt sich jede Aktivität eindeutig durch den Vektor ihrer Produktionskoeffizienten darstellen, wobei die Eins in der letzten Zeile der auf Eins normierten Produktionsmenge entspricht:

$$\underline{y} = \begin{pmatrix} a_1 \\ \vdots \\ a_n \\ 1 \end{pmatrix}$$

Die Vektoren sämtlicher effizienter Produktionsprozesse werden zur *Technologiematrix $\underline{A}$* zusammengefasst. Dabei enthält jede Spalte die Produktionskoeffizienten eines Produktionsprozesses k, zeilenweise sind die Produktionskoeffizienten zu einem bestimmten Produktionsfaktor i angeordnet:

$$\underline{A} = \begin{pmatrix} a_1^1 & a_1^2 & \cdots & a_1^l \\ a_2^1 & a_2^2 & \cdots & a_2^l \\ \vdots & \vdots & \ddots & \vdots \\ a_n^1 & a_n^2 & \cdots & a_n^l \\ 1 & 1 & \cdots & 1 \end{pmatrix}$$

Eine Aktivität lässt sich dadurch charakterisieren, in welchem Umfang die einzelnen Produktionsprozesse aus der Technologiemenge an ihrer Realisierung beteiligt sind. Das Prozessniveau z_k gibt an, wie oft das Produkt mithilfe des Prozesses k hergestellt wird. Die für eine Aktivität benötigte Einsatzmenge des Produktionsfaktors i ergibt sich als Summe der von den einzelnen Prozessen benötigten Mengen, die sich wiederum als Produkt aus dem jeweiligen Produktionskoeffizienten und dem Prozessniveau berechnen lassen. Die Produktionsmenge ergibt sich als Summe der Prozessniveaus. Weiter muss für sämtliche Prozessniveaus Nicht-Negativität verlangt werden, um zu ökonomisch sinnvollen Lösungen zu gelangen.

$$r_i = \sum_{k=1}^{l} a_i^k \cdot z_k \qquad\qquad\qquad i = 1,...,n$$

$$x = \sum_{k=1}^{l} z_k$$

$$z_k \geq 0 \qquad\qquad\qquad\qquad k = 1,...,l$$

Fasst man die Prozessniveaus zu einem Prozessniveauvektor $\underline{z}$ zusammen, so lässt sich die *Technologiemenge* folgendermaßen darstellen:

$$T := \left\{ \underline{y} \in \Re_+^{n+1} \,\middle|\, \underline{y} = \underline{A} \cdot \underline{z}; \, \underline{z} \in \Re_+^{l} \right\}$$

Zusätzlich ist zu berücksichtigen, dass sich ein Unternehmen *Restriktionen* auf der Input- und Outputseite gegenübersieht, durch die die technisch möglichen Aktivitäten auf die tatsächlich durchführbaren reduziert werden. So sind in der Regel die verfügbaren Mengen der Produktionsfaktoren nach oben begrenzt, und es stellt sich das Problem, aus diesen Faktormengen eine möglichst große Produktionsmenge zu erzielen. Das entspricht der Lösung des folgenden linearen Programms:

$$x = \sum_{k=1}^{l} z_k \;\Rightarrow\; \text{max!}$$

$$\text{u.d.N.:} \qquad r_i = \sum_{k=1}^{l} a_i^k \cdot z_k \leq r_i^0 \qquad\qquad i = 1,\dots,n$$

$$z_k \geq 0 \qquad\qquad k = 1,\dots,l$$

In der optimalen Lösung dieses Programms werden in der Regel nicht sämtliche Faktorbestände vollständig eingesetzt. Vielmehr werden bei einigen Produktionsfaktoren überschüssige Mengen vorliegen, die – soweit sie sich nicht anderweitig nutzen oder in eine folgende Periode übertragen lassen – verschwendet werden. Aufgrund der Limitationalität der Produktionsfaktoren auf jedem einzelnen Produktionsprozess wird die maximal mögliche Produktionsmenge durch den Produktionsfaktor begrenzt, der relativ am knappsten ist.

Auch in der linearen Aktivitätsanalyse kann man die Produktionsfunktion bei totaler und bei partieller Faktorvariation untersuchen. Variiert man die vorgegebenen Bestände sämtlicher Produktionsfaktoren gleichmäßig, so muss sich aufgrund der Proportionalitätseigenschaft linearer Technologien auch die Produktionsmenge im gleichen Ausmaß ändern. Die *Produktionsfunktion bei totaler Faktorvariation* steigt daher linear mit dem Faktoreinsatzniveau an und weist somit konstante Skalenerträge auf.

Zur Ermittlung der *Produktionsfunktion bei partieller Faktorvariation* wird die verfügbare Menge eines Produktionsfaktors parametrisch variiert und die Einsatzmengen der anderen Produktionsfaktoren werden konstant gehalten. Für jeden Parameterwert $0 \leq \theta \leq \infty$ wird mithilfe der parametrischen linearen Programmierung die maximal herstellbare Produktionsmenge ermittelt. Ohne Beschränkung der Allgemeinheit wird hier das Programm für die Variation des ersten Produktionsfaktors angegeben.

$$x = \sum_{k=1}^{l} z_k \;\Rightarrow\; \text{max!}$$

$$\text{u.d.N.:} \qquad \sum_{k=1}^{l} a_1^k \cdot z_k \leq \theta \cdot r_1^0$$

$$\sum_{k=1}^{l} a_i^k \cdot z_k \le r_i^0 \qquad\qquad i = 2,...,n$$

$$z_k \ge 0 \qquad\qquad k = 1,...,l$$

Aufgrund der Eigenschaften der parametrischen linearen Programmierung weist die Funktion $x(r_1)$, die der Produktionsfunktion bei partieller Faktorvariation entspricht, einen stückweise linearen, monoton steigenden und konkaven Verlauf auf. Dieser Verlauf entspricht somit qualitativ dem der neoklassischen Produktionsfunktion bei partieller Faktorvariation.

In Abb. 1.30 wird gezeigt, wie sich die Produktionsfunktion bei partieller Faktorvariation für eine lineare Technologie mit drei effizienten Produktionsprozessen grafisch herleiten lässt.

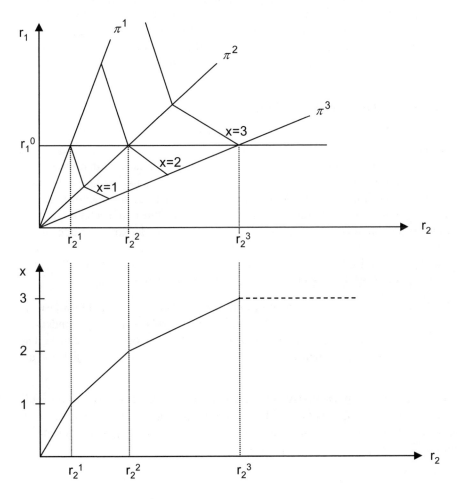

Abb. 1.30 *Partielle Faktorvariation*

Sollen nur geringe Produktionsmengen erzeugt werden, so ist die Beschränkung des konstanten Produktionsfaktors auf dem Niveau r_1^0 zunächst noch nicht relevant. Die Produktion erfolgt mit dem Produktionsprozess π^1, der den geringsten Koeffizienten bezüglich des variablen Produktionsfaktors aufweist. Zu der sukzessiven Ausdehnung der Nutzung dieses Prozesses im oberen Teil der Abbildung korrespondiert eine Erhöhung der Produktionsmenge von Null auf eine Einheit im unteren Teil der Abbildung.

In diesem Punkt ist der konstante Produktionsfaktor ausgeschöpft und eine weitere Erhöhung der Produktionsmenge ist nur möglich, indem sukzessiv vom Produktionsprozess π^1 zum Prozess π^2 übergegangen wird, der den nächsthöheren Produktionskoeffizienten bezüglich des variablen Produktionsfaktors, dafür aber einen geringeren Produktionskoeffizienten bezüglich des konstanten Faktors aufweist. Dabei erhöht sich die Produktionsmenge von 1 auf 2. Durch ähnliche Überlegungen lässt sich der Übergang von Produktionsprozess π^2 zu Prozess π^3 begründen, durch den sich die Produktionsmenge von 2 auf 3 erhöht. Da in der Technologiemenge keine weiteren Prozesse zur Verfügung stehen, kann die Produktionsmenge nicht über 3 hinaus erhöht werden. Der anschließend skizzierte waagerechte Verlauf der Produktionsfunktion bei partieller Faktorvariation stellt einen ineffizienten Bereich dar, da der zusätzliche Faktoreinsatz zu keiner Erhöhung der Produktionsmenge führt.

1.4.4.5   Aktivitätsanalytische Kostenfunktion

Um eine vorgegebene Produktionsmenge zu möglichst geringen Kosten herstellen zu können, ist die zugehörige *Minimalkostenkombination* zu bestimmen. Sie entspricht derjenigen Kombination von Faktoreinsatzmengen, die bei gegebenen Faktorpreisen zu den minimalen Kosten für diese Produktionsmenge führt. Bei der neoklassischen Produktionsfunktion wurde die Übereinstimmung der Grenzrate mit dem umgekehrten Verhältnis der Faktorpreise als Bedingung für die Minimalkostenkombination ermittelt. In einer linearen Technologie lässt sich die Minimalkostenkombination grafisch ermitteln, indem die Isokostengerade, deren Steigung dem umgekehrten Verhältnis der Faktorpreise entspricht, so weit parallel verschoben wird, bis sie die stückweise linear verlaufende Isoquante zur der vorgegebenen Produktionsmenge x tangiert. Wie Abb. 1.31 zeigt, können sich dabei zwei Fälle ergeben:

- Im Fall (1) verläuft die Isokostengerade aufgrund des Verhältnisses der Faktorpreise so, dass sie die Isoquante in einem Knickpunkt tangiert. Man erhält somit eine eindeutige Lösung für die zur Minimalkostenkombination gehörenden Faktoreinsatzmengen. Die Produktion erfolgt mit einem reinen Produktionsprozess. Dieser Fall ergibt sich für die meisten Preisverhältnisse.

- In Fall (2), der nur bei wenigen Preisverhältnissen eintritt, verläuft die Isokostengerade parallel zu einem Teilstück der Isoquante. Dadurch liefern nicht nur die beiden das Teilstück begrenzenden reinen Produktionsprozesse die Minimalkostenkombination, sondern auch sämtliche Konvexkombinationen dieser Prozesse.

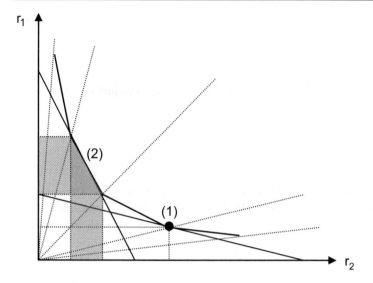

Abb. 1.31   *Minimalkostenkombination*

Zur numerischen Ermittlung der Minimalkostenkombination ist das folgende lineare Programm zu lösen:

$$K = \sum_{i=1}^{n} q_i \cdot r_i \Rightarrow \min!$$

u.d.N.: $r_i = \sum_{k=1}^{l} a_i^k \cdot z_k$ $i = 1,...,n$

$x = \sum_{k=1}^{l} z_k$

$z_k \geq 0$ $k = 1,...,l$

Ausgehend von der Minimalkostenkombination gelangt man wie folgt zur Kostenfunktion:

- Bei *totaler Faktorvariation* erfolgt die Ausdehnung der Produktion entlang des Produktionsprozesses mit den Koeffizienten $\bar{a}$, der zur Minimalkostenkombination führt. Daraus ergeben sich konstante Stückkosten einer Produkteinheit in Höhe von:

$$c = \sum_{i=1}^{n} q_i \cdot \bar{a}_i$$

Die Kostenfunktion bei totaler Faktorvariation verläuft linear durch den Ursprung und lautet:

$$K(x) = c \cdot x$$

- Bei *partieller Faktorvariation* sind die Kosten für die konstanten Produktionsfaktoren als Fixkosten anzusetzen:

$$K_F = \sum_{i=2}^{n} q_i \cdot r_i$$

Die Einsatzmenge des variablen Produktionsfaktors 1 und die daraus resultierenden variablen Kosten hängen davon ab, wie hoch die Produktionsmenge ist und mit welcher Prozesskombination diese erzeugt wird. Somit lautet die Kostenfunktion bei partieller Faktorvariation:

$$K(x) = K_F + \sum_{k=1}^{l} q_1 \cdot a_1^k \cdot z_k$$

Der Verlauf der Kostenfunktion bei partieller Faktorvariation ist in Abb. 1.32 dargestellt.

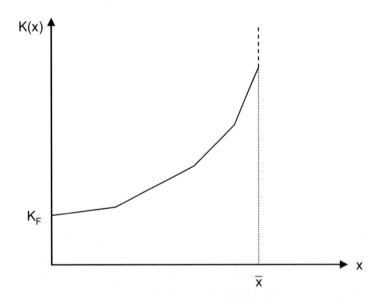

Abb. 1.32 *Kostenfunktion bei partieller Faktorvariation*

Da – wie zuvor ausgeführt – bei Ausdehnung der Produktion zunächst der Prozess mit dem geringsten Produktionskoeffizienten bezüglich des variablen Produktionsfaktors genutzt wird, sind die variablen Stückkosten zunächst gering und die Kostenfunktion steigt nur relativ flach an. Stößt dieser Prozess an die Begrenzung durch den konstanten Produktionsfaktor, so findet ein Prozesswechsel zu dem Produktionsprozess mit dem nächsthöheren Produktionskoeffizienten statt, so dass die variablen Stückkosten sprunghaft ansteigen. Die Kostenfunktion weist an dieser Stelle einen Knick auf und nimmt einen steileren Verlauf. Durch derartige sukzessive Prozesswechsel lässt sich der Verlauf der Kostenfunktion bei partieller Faktorvariation bis zum Erreichen der Kapazitätsgrenze $\bar{x}$ erklären.

Wie die vorstehenden Ausführungen zeigen, bestehen weitgehende *Parallelen* zwischen den neoklassischen Kurvenverläufen und denen der linearen Aktivitätsanalyse:

- Die Produktionsfunktion bei totaler Faktorvariation weist konstante Skalenerträge auf, die zugehörige Kostenfunktion steigt dementsprechend linear an.

- Die Produktionsfunktion bei partieller Faktorvariation hat positive und stückweise abnehmende Grenzerträge, die zugehörige Kostenfunktion verläuft konvex und monoton steigend.

- Die Isoquante verläuft konvex und monoton fallend und hat eine positive und stückweise abnehmende Grenzrate der Substitution.

Beide Ansätze werden daher auch zusammen als *ertragsgesetzliche Produktionsfunktionen* bezeichnet (vgl. Steven 1998, S. 25ff.). Die lineare Aktivitätsanalyse ist der neoklassischen Produktionsfunktion insofern als überlegen anzusehen, als sie ihre Erkenntnisse nicht auf postulierten Eigenschaften aufbaut, sondern aus wenigen einfachen Annahmen hinsichtlich linearer Technologien herleitet (vgl. Kistner 1993, S. 122f.; Steven 1998, S. 121). Sie ist stärker technologisch fundiert und damit eher geeignet, praktische Sachverhalte der betrieblichen Produktion zu erfassen und zu erklären.

1.4.5   Die Gutenberg-Produktionsfunktion

Die in Abschnitt 1.4.3 in Grundzügen dargestellte neoklassische Produktionstheorie ist in der Volkswirtschaftslehre entwickelt und später in die betriebliche Produktionswirtschaft übertragen worden. Sie untersucht die Produktion auf einer sehr abstrakten und stark aggregierten Ebene. Im Folgenden wird mit der von Erich Gutenberg (vgl. Gutenberg 1983) konzipierten *Theorie der Anpassungsformen* ein weiterer produktionstheoretischer Ansatz behandelt, der die realen betrieblichen Gegebenheiten stärker berücksichtigt.

Im Mittelpunkt der Theorie stehen die Möglichkeiten eines Unternehmens, die Produktionsmenge kurzfristig – d.h. bei gegebener Personal- und Maschinenausstattung – an *Schwankungen der Nachfrage* anzupassen. Im Unterschied zur neoklassischen Produktionstheorie geht Gutenberg davon aus, dass in der industriellen Produktion kaum Substitutionsmöglichkeiten zwischen den Produktionsfaktoren bestehen, sondern vielmehr feste, limitationale Einsatzmengenverhältnisse, wie sie z.B. in Stücklisten gegeben sind, vorherrschen. Demzufolge kann eine partielle Faktorvariation, d.h. die isolierte Erhöhung der Einsatzmenge eines Produktionsfaktors bei konstanten Einsatzmengen der anderen Faktoren, zu keinem Anstieg der Produktionsmenge führen, so dass die Grenzproduktivität jedes Produktionsfaktors Null beträgt.

Gutenberg nimmt weiter an, dass der in der Produktionsfunktion erfasste Zusammenhang zwischen Faktoreinsatzmengen und Produktionsmenge kein direkter ist, sondern in spezifischer Weise von der Fahrweise der Maschinen abhängt. Er stellt die Betriebsmittel in den Mittelpunkt seiner Betrachtungen und untersucht die Auswirkungen der drei Anpassungsformen

- *zeitliche Anpassung*: Variation der Arbeitszeit (t)

- *quantitative Anpassung*: Variation der Anzahl der eingesetzten Maschinen (z)

- *intensitätsmäßige Anpassung*: Variation der Produktionsgeschwindigkeit (d)

auf die Leistungsabgabe der Maschinen, auf die für die Erzeugung einer bestimmten Produktionsmenge benötigten Faktoreinsatzmengen und auf die mit der Durchführung der Produktion verbundenen Kosten.

An die Stelle der zuvor betrachteten direkten Transformationsbeziehung in der Produktion (vgl. nochmals Abb. 1.4), die z.B. in der Darstellung der neoklassischen Produktionsfunktion zum Ausdruck kommt, tritt somit bei Gutenberg die in Abb. 1.33 dargestellte indirekte Beziehung zwischen den Produktionsfaktoren und den damit erzeugten Produkten. Erst durch die Vorgabe von konkreten Ausprägungen der Anpassungsparameter t, z und d lässt sich diese Beziehung explizit angeben. Die zugehörige *Gutenberg-Produktionsfunktion* lautet für den Einproduktfall:

$$x = t \cdot z \cdot d$$

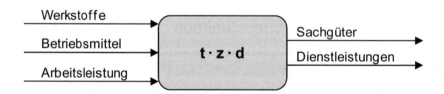

Abb. 1.33   *Gutenberg-Produktionsfunktion*

Um den Einfluss der Anpassungsformen auf die Transformationsbeziehungen zu erfassen, werden die quantitativen Zusammenhänge zwischen den Faktoreinsatzmengen und der Produktionsmenge nicht als Produktionsfunktion, sondern in Form von *Faktoreinsatzfunktionen* dargestellt, die die Faktoreinsatzmengen in Abhängigkeit von der Nutzung der drei Anpassungsformen angeben:

$$r_i(x) = r_i(t, z, d) \qquad\qquad\qquad\qquad i = 1, ..., n$$

In den folgenden Abschnitten werden die Auswirkungen der drei Anpassungsformen auf die Faktoreinsatzmengen und den daraus resultierenden Kostenverlauf isoliert und kombiniert erläutert.

1.4.5.1   Zeitliche Anpassung

Die zeitliche Anpassung bedeutet eine Variation der *Laufzeit t* der Betriebsmittel. Diese kann in der Regel zwischen Null und einer technisch determinierten Höchstlaufzeit t_{max} beliebig variiert werden:

$$0 \leq t \leq t_{max}$$

Eine häufig verwendete Obergrenze für die tägliche Laufzeit der Maschinen ist die (tarif-) vertraglich fixierte Arbeitszeit T der Mitarbeiter, ggf. multipliziert mit der Anzahl der gefahrenen Schichten. Geht man von der Herstellung einer einzigen Produktart auf einem bestimmten Maschinentyp aus, so gibt die in dieser Zeit herstellbare Produktionsmenge $\bar{x}$ die Kapazitätsgrenze einer Maschine an. Kann wegen rückläufiger Nachfrage diese Kapazität nicht ausgenutzt werden, so ist eine zeitliche Anpassung nach unten vorzunehmen, die z.B. als Kurzarbeit organisiert werden kann. Ist hingegen eine Erhöhung der Produktionsmenge über $\bar{x}$ hinaus erforderlich, so kommen als Maßnahmen der zeitlichen Anpassung nach oben Überstunden oder zusätzliche Schichten in Betracht.

Bei der isolierten Untersuchung der zeitlichen Anpassung wird die Produktion auf einer Maschine und mit einer konstanten Produktionsgeschwindigkeit $\bar{d}$ betrachtet. Die zugehörige Gutenberg-Produktionsfunktion lautet:

$$x = t \cdot 1 \cdot \bar{d}$$

Aufgrund der limitationalen Beziehungen zwischen den Faktoreinsatzmengen und der Produktionsmenge gilt für die Werkstoffe die folgende Faktoreinsatzfunktion:

$$r_i = a_i \cdot x \qquad\qquad\qquad i = 1,...,n$$

Der Produktionskoeffizient a_i gibt die Menge des Werkstoffs i an, die je Produkteinheit eingesetzt werden muss. Durch Multiplikation mit der gewünschten Produktionsmenge x erhält man die insgesamt erforderliche Einsatzmenge des Werkstoffs i, die proportional von der Produktionsmenge abhängt.

Die mit der Herstellung der Produktionsmenge x verbundenen *Kosten* setzen sich zusammen aus den Fixkosten K_F, in denen unter anderem die festen Löhne der Arbeitnehmer und die Abschreibungen für Maschinen und Gebäude enthalten sind, und den von der Produktionsmenge abhängigen variablen Kosten $K_v(x)$, die für das benötigte Einsatzmaterial und für variable Lohnbestandteile (z.B. Akkordlohn) anfallen:

$$K(x) = K_F + K_v(x)$$

Die *Kostenfunktion bei zeitlicher Anpassung* im Bereich der regulären Arbeitszeit erhält man somit, indem man die durch die Faktoreinsatzfunktion angegebenen Faktoreinsatzmengen r_i der Werkstoffe mit ihren Preisen q_i bewertet und diese variablen Kosten zu den Fixkosten addiert:

$$K(x) = K_F + \sum_{i=1}^{n} q_i \cdot a_i \cdot x \qquad\qquad 0 < x \leq \bar{x} \quad \text{bzw.} \quad 0 < t \leq T$$

Da sowohl die Produktionskoeffizienten als auch die Faktorpreise konstante Größen sind, steigt diese Kostenfunktion, wie in Abb. 1.34 dargestellt, ausgehend vom Fixkostenniveau linear mit der Produktionsmenge an. Wenn bei Produktionsmengen oberhalb von $\bar{x}$ die reguläre Arbeitszeit T durch Überstunden überschritten wird, fallen zusätzliche Überstundenzuschläge an, die zu einer Erhöhung der variablen Kosten je Stück und damit zu einem steileren Anstieg der Kostenfunktion führen.

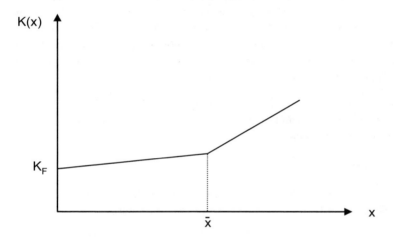

Abb. 1.34   *Kostenverlauf bei zeitlicher Anpassung*

1.4.5.2   Quantitative Anpassung

Quantitative Anpassung liegt vor, wenn die Produktionsmenge über eine Variation der *Anzahl z der eingesetzten Maschinen* an die Nachfrage angepasst wird. Dabei handelt es sich nicht um eine längerfristig wirksame Investitionsentscheidung, sondern um die Frage, wie viele der bereits im Unternehmen vorhandenen Z Maschinen für die Produktion genutzt werden sollen. Die Produktionsgeschwindigkeit $\bar{d}$ ist nach wie vor konstant, als Einsatzzeit der Maschinen wird zunächst die reguläre Arbeitszeit T angesetzt. Die Gutenberg-Produktionsfunktion für die quantitative Anpassung lautet somit:

$$x = T \cdot z \cdot \bar{d} \qquad\qquad\qquad 0 < z \leq Z$$

Geht man davon aus, dass mehrere Maschinen vom gleichen Typ mit gegebener Leistung zur Verfügung stehen, so lässt sich die Produktionsmenge lediglich als ganzzahliges Vielfaches der Kapazität $\bar{x}$ einer Maschine variieren:

$$x \in \left\{ \bar{x},\, 2\bar{x}, ..., Z \cdot \bar{x} \right\}$$

Da diese rein quantitative Anpassung keine flexible Anpassung an Nachfrageschwankungen erlaubt, liegt es nahe, die quantitative mit der zeitlichen Anpassung zu kombinieren. Bei steigender Nachfrage wird die Produktion zunächst zeitlich angepasst, bis die Kapazität der ersten Maschine ausgenutzt ist, anschließend wird die zweite Maschine zugeschaltet, bis auch deren Kapazität vollständig genutzt ist usw. Die Inbetriebnahme einer weiteren Maschine verursacht jeweils *sprungfixe Kosten* in Höhe von k_F, die für die Reinigung, das Warmlaufen, Probestücke usw. anfallen. Diese sprungfixen Kosten sind bei der Aufstellung der Kostenfunktion zusätzlich zu berücksichtigen.

$$K(x) = K_F + \sum_{i=1}^{n} q_i \cdot a_i \cdot x + (z-1) \cdot k_F$$

mit: $\quad z = \left[\dfrac{x}{\bar{x}} \right] + 1$

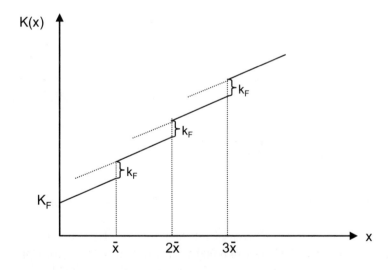

Abb. 1.35   *Kostenverlauf bei zeitlich-quantitativer Anpassung*

Abb. 1.35 zeigt den Kostenverlauf bei der kombinierten zeitlich-quantitativen Anpassung. Da es sich bei den sprungfixen Kosten um sunk costs handelt, tritt bei rückläufiger Nachfrage das Phänomen der *Kostenremanenz* auf: Die Kosten gehen nicht im gleichen Maße zurück, wie sie zuvor angestiegen sind, sondern verbleiben auf dem jeweils höheren Niveau, das in Abb. 1.35 durch die gestrichelten Linien angegeben ist.

Liegt daher die aufgrund der Nachfrageentwicklung zu erzeugende Produktionsmenge nur geringfügig über dem ganzzahligen Vielfachen der Kapazität einer Maschine, so ist es zunächst kostengünstiger, die zusätzliche Menge nicht auf einer weiteren Maschine, sondern durch Nutzung der zeitlichen Anpassung – d.h. mit Überstunden – zu produzieren, da in diesem Fall zwar höhere variable Kosten für die zusätzliche Produktionsmenge, jedoch keine sprungfixen Kosten für die Zuschaltung einer weiteren Maschine anfallen.

Die kritische Produktionsmenge, bei der diese beiden Alternativen – zeitliche oder quantitative Anpassung – gerade zu den gleichen Kosten führen, lässt sich mithilfe einer *Break-Even-Analyse* ermitteln. Dabei werden die Kostenfunktionen für beide Anpassungsformen aufgestellt und ihr Schnittpunkt ermittelt. Abb. 1.36 veranschaulicht die Struktur dieses Entscheidungsproblems.

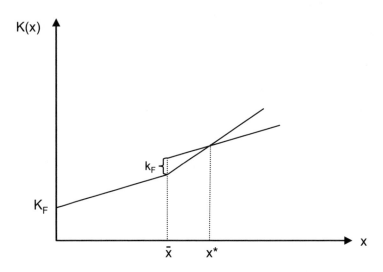

Abb. 1.36 *Quantitative Anpassung oder Überstunden*

Dieser Sachverhalt lässt sich durch ein *Beispiel* veranschaulichen: In einem Betrieb mit zwei identischen Maschinen fallen Fixkosten in Höhe von 6.000 € an. Die Kapazität der Maschinen beträgt jeweils 500 Stück, bei Zuschaltung der zweiten Maschine sind sprungfixe Kosten in Höhe von 700 € zu berücksichtigen. Die variablen Stückkosten während der regulären Arbeitszeit betragen 20 €, der Überstundenzuschlag beläuft sich auf 5 € je Stück.

Bei Zuschaltung der zweiten Maschine fallen folgende Kosten an:

$$K_1(x) = 6.000 + 700 + 20x$$

Bei Nutzung von Überstunden betragen die Kosten hingegen:

$$K_2(x) = 6.000 + 20x + 5 \cdot (x - 500)$$

Man erhält die kritische Menge, indem man diese beiden Kostenfunktionen zum Schnitt bringt:

$$6.000 + 700 + 20x = 6.000 + 20x + 5 \cdot (x - 500)$$

$$\Rightarrow x^* = 640$$

Bis zur kritischen Menge von 640 Stück ist in diesem Beispiel die Produktion mit Überstunden kostengünstiger, erst wenn die Nachfrage darüber hinausgeht, lohnt sich die Zuschaltung der zweiten Maschine.

Bislang wurde bei der Diskussion der quantitativen Anpassung implizit unterstellt, dass es sich um identische Maschinen handelt, die zu- bzw. abgeschaltet werden. Normalerweise setzt sich der Maschinenpark eines Unternehmens jedoch aus Maschinen zusammen, die zu unterschiedlichen Zeitpunkten angeschafft wurden und sich daher hinsichtlich ihrer Kapazitäten, ihrer Produktionskoeffizienten und ihrer Kosten unterscheiden. In diesem Fall würde man bei einer Ausdehnung der Produktionsmenge die Maschinen in der Reihenfolge ihrer variablen Stückkosten zuschalten und umgekehrt bei einem Rückgang der Produktionsmenge zunächst die Maschine mit den höchsten variablen Kosten wieder stilllegen. Bei sehr unterschiedlichen Kostenstrukturen sind gegebenenfalls Fallunterscheidungen erforderlich, um die für eine bestimmte Produktionsmenge günstigste Maschinenkombination zu bestimmen.

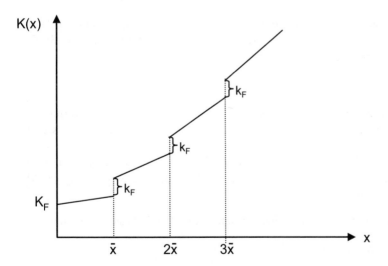

Abb. 1.37   Selektive Anpassung

Die quantitative Anpassung in einer solchen Situation wird auch als *selektive Anpassung* bezeichnet. Die Kostenentwicklung bei der Grundform der selektiven Anpassung ist in Abb. 1.37 dargestellt.

1.4.5.3   Intensitätsmäßige Anpassung

Bei der intensitätsmäßigen Anpassung wird die *Produktionsgeschwindigkeit d* variiert, die als Produktionsmenge bzw. Leistung je Zeiteinheit definiert ist. Grundlage einer Veränderung der Produktionsgeschwindigkeit ist die Variation einer technischen Größe, die sich direkt auf die Höhe der Leistung je Zeiteinheit auswirkt, z.B. der Drehzahl eines Bohrers, des Vorschubs eines Schneidewerkzeugs, der Drehzahl eines Motors oder der Temperatur bei einem chemischen Prozess. Eine solche Variation ist innerhalb von für die jeweilige Anlage geltenden, technisch festgelegten Grenzen d_{min} und d_{max} möglich. In Abhängigkeit von der Produktionsgeschwindigkeit ändert sich nicht nur die Produktionsmenge je Zeiteinheit, sondern auch der Faktorbedarf je Produkteinheit. Bei Betrachtung der Zusammenhänge an einer Maschine ($z = 1$) gilt für die Gutenberg-Produktionsfunktion:

$$x = d \cdot t$$

$$d_{min} \leq d \leq d_{max}$$

Löst man diese Gutenberg-Produktionsfunktion nach d auf, so erhält man die Definition der Produktionsgeschwindigkeit als Leistung je Zeiteinheit:

$$d = \frac{x}{t}$$

Während die Produktionskoeffizienten a_i bei der zeitlichen und der quantitativen Anpassung konstant sind, hängen auch sie nunmehr von der Produktionsgeschwindigkeit ab. Diesen Zusammenhang bezeichnet man als *Verbrauchsfunktion*.

$$a_i = a_i(d) \qquad\qquad\qquad i = 1,...,n$$

Typischerweise verläuft die Verbrauchsfunktion, wie in Abb. 1.38 dargestellt, u-förmig, d.h. es gibt eine optimale Produktionsgeschwindigkeit d^0, für die der Verbrauch des Einsatzfaktors i je Produkteinheit ein Minimum annimmt. Für Produktionsgeschwindigkeiten unterhalb von d^0 läuft die Maschine im unwirtschaftlichen Bereich und verbraucht deshalb zu viel vom Werkstoff i; oberhalb von d^0 liegt wegen der zunehmenden Beanspruchung der Maschine ein erhöhter Faktorverbrauch vor.

Kann z.B. die Produktionsgeschwindigkeit einer Maschine mit der Verbrauchsfunktion

$$a(d) = d^2 - 2200d + 3000$$

im Intervall $d \in [500; 3000]$ variiert werden, so ergibt sich die verbrauchsminimale Produktionsgeschwindigkeit wie folgt aus der ersten Ableitung:

$$a'(d) = 2d - 2200 \stackrel{!}{=} 0$$

$$\Rightarrow \quad d^0 = 1100$$

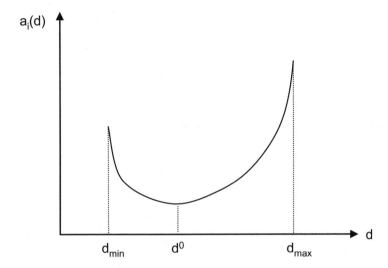

Abb. 1.38 *Verbrauchsfunktion*

Da die Verbrauchsfunktion formal dem Produktionskoeffizienten entspricht, gilt für die Faktoreinsatzfunktion bei intensitätsmäßiger Anpassung:

$$r_i = a_i(d) \cdot x = a_i(d) \cdot d \cdot t \qquad\qquad i = 1,...,n$$

Die Faktoreinsatzfunktion zu einer u-förmigen Verbrauchsfunktion verläuft umgekehrt s-förmig, d.h. erst konkav und dann konvex (vgl. Abb. 1.39). Dies lässt sich damit begründen, dass beim Übergang von der Verbrauchs- zur Faktoreinsatzfunktion eine Funktion 2. Grades in d mit d multipliziert wird.

Entsprechende Verläufe gelten für die Kostenfunktionen bei intensitätsmäßiger Anpassung: Die Gesamtkosten ergeben sich als Summe der mit den Faktorpreisen bewerteten Faktoreinsatzfunktionen zuzüglich der Fixkosten; als Summe umgekehrt s-förmiger Funktionen verläuft die *Gesamtkostenfunktion* ebenfalls umgekehrt s-förmig. Dieser Verlauf ist in Abb. 1.40 dargestellt, er entspricht qualitativ dem Verlauf der klassischen Kostenfunktion bei partieller Faktorvariation in Abb. 1.18.

$$K(x) = K_F + \sum_{i=1}^{n} q_i \cdot a_i(d) \cdot x_i$$

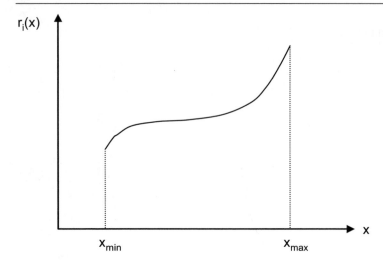

Abb. 1.39   *Faktoreinsatzfunktion*

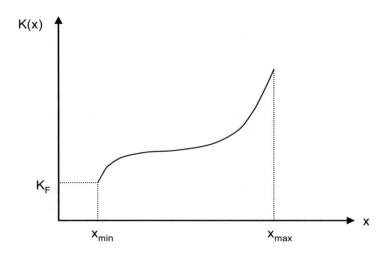

Abb. 1.40   *Gesamtkosten bei intensitätsmäßiger Anpassung*

Die *variablen Stückkosten* bei intensitätsmäßiger Anpassung sind nicht mehr – wie bei den beiden zuvor betrachteten Anpassungsformen – konstant, sondern hängen von der Produktionsgeschwindigkeit ab. Sie lassen sich als Summe der mit den Faktorpreisen bewerteten Verbrauchsfunktionen darstellen.

$$k_v(d) = \frac{K(x) - K_F}{x} = \sum_{i=1}^{n} a_i(d) \cdot q_i$$

Aus der Bewertung und Aggregation u-förmiger Verbrauchsfunktionen resultiert eine ebenfalls u-förmige *Stückkostenfunktion*, die ihr Minimum bei der kostenminimalen Produktionsgeschwindigkeit d^{opt} annimmt. Diese Produktionsgeschwindigkeit stimmt in der Regel mit keinem der Verbrauchsminima der beteiligten Verbrauchsfunktionen überein. Abb. 1.41 zeigt einen solchen Stückkostenverlauf sowie das zugehörige Stückkostenminimum.

Wie Abb. 1.41 zeigt, erhöhen sich bei rein intensitätsmäßiger Anpassung die Stückkosten, wenn die Produktionsgeschwindigkeit, mit der sich während der regulären Arbeitszeit T die zur Befriedigung der Nachfrage erforderliche Produktionsmenge herstellen lässt, nicht mit d^{opt} übereinstimmt. Dies lässt sich für Produktionsgeschwindigkeiten unterhalb von d^{opt} vermeiden, indem man die intensitätsmäßige Anpassung mit der zeitlichen Anpassung kombiniert.

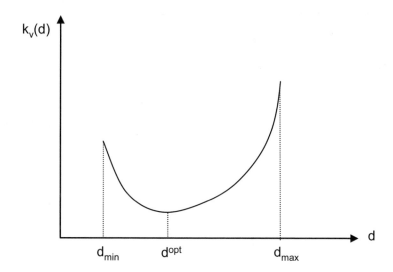

Abb. 1.41   *Stückkosten bei intensitätsmäßiger Anpassung*

Aus der Gutenberg-Produktionsfunktion für die intensitätsmäßige Anpassung an einer Maschine

$$x = d \cdot t$$

folgt, dass sich zur Erzeugung einer bestimmten Produktionsmenge die zeitliche und die intensitätsmäßige Anpassung in unterschiedlichen Kombinationen einsetzen lassen, also gegeneinander substituierbar sind. Die Produktionsgeschwindigkeit wird daher konstant bei d^{opt} gehalten und die Produktionszeit so weit reduziert, dass gerade die gewünschte Produktionsmenge hergestellt wird.

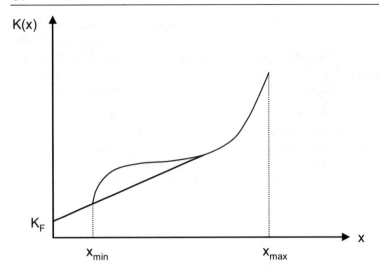

Abb. 1.42   *Gesamtkostenverlauf bei zeitlich-intensitätsmäßiger Anpassung*

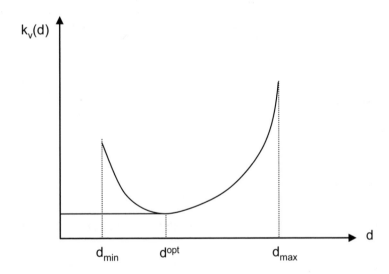

Abb. 1.43   *Stückkostenverlauf bei zeitlich-intensitätsmäßiger Anpassung*

Dadurch gelingt es, in diesem Bereich die Stückkosten bei $k(d^{\text{opt}})$ zu halten und die Gesamtkosten zu linearisieren. Sollen Produktionsmengen hergestellt werden, für die Produktionsgeschwindigkeiten oberhalb von d^{opt} erforderlich sind, so ist keine zeitliche Anpassung mehr möglich. Daher kommt nur noch die intensitätsmäßige Anpassung mit ihrem überproportional ansteigenden Kostenverlauf in Betracht. Die aus der Kombination von zeitlicher und intensitätsmäßiger Anpassung resultierenden Kostenverläufe sind in Abb. 1.42 für die Gesamtkosten und in Abb. 1.43 für die Stückkosten dargestellt. Ein solcher zunächst linearer und anschließend konvexer Verlauf der Gesamtkostenfunktion ist für weite Bereiche der Industrie typisch.

Schließlich ist im Zusammenhang mit der intensitätsmäßigen Anpassung das *Intensitätssplitting* zu betrachten, denn einigen Produktionsprozessen ist eine Unterbrechung der Produktion aus technischen Gründen nicht möglich bzw. mit prohibitiv hohen Kosten verbunden. Dies ist z.B. beim Hochofenprozess der Fall, bei dem eine zeitliche Anpassung mit zeitweiligem Stillstand der Anlage zur Folge hätte, dass die gesamte Auskleidung erneuert werden muss. Weitere Beispiele sind in der chemischen Industrie sowie bei der Energieerzeugung zu finden. Daher lässt sich in einem solchen Fall die Produktionsmenge nur mithilfe der intensitätsmäßigen Anpassung an Nachfrageschwankungen anpassen, so dass der in Abb. 1.44 dargestellte Gesamtkostenverlauf gilt.

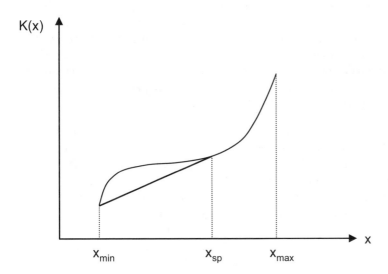

Abb. 1.44   *Intensitätssplitting*

Dennoch gibt es auch in diesem Fall eine Möglichkeit, für geringe Produktionsmengen, bei denen man normalerweise die Kombination mit der zeitlichen Anpassung wählen würde, die Kosten unter das bei rein intensitätsmäßiger Anpassung anfallende Kostenniveau zu senken: Beim Intensitätssplitting werden zwei ausgewählte Produktionsgeschwindigkeiten – die minimale Intensität und die Intensität, bei der ein Fahrstrahl an die Gesamtkostenkurve zur Tangente wird – so miteinander kombiniert, dass die Maschine während der gesamten Zeit läuft und genau die gewünschte Produktionsmenge erzeugt wird. Die zugehörige Gesamtkostenfunktion, die im Bereich kleiner Produktionsmengen den Verlauf der ursprünglichen Kostenfunktion dominiert, ist in Abb. 1.44 dargestellt. Dabei ist das Produktionsniveau, mit dem die minimale Intensität kombiniert wird, als x_{sp} bezeichnet. Die Anteile an der Gesamtarbeitszeit, mit denen die beiden relevanten Produktionsgeschwindigkeiten zu kombinieren sind, hängen davon ab, ob die gewünschte Produktionsmenge näher an x_{min} oder an x_{sp} liegt.

Insgesamt lässt sich feststellen, dass es sich bei der Gutenberg-Produktionsfunktion um eine stark an den technischen Grundlagen und der realen Durchführung der Produktion orientierte Darstellung des güterwirtschaftlichen Transformationsprozesses und der damit verbundenen Kosten handelt. Die Anpassung der Produktionsmenge an schwankende Nachfrage erfolgt durch gezielte Kombination der zeitlichen, quantitativen und intensitätsmäßigen Anpassung jeweils so, dass die Kosten der Produktion minimiert werden.

1.4.6   Weitere Produktionsfunktionen

Aufbauend auf den Bemühungen Gutenbergs zur stärkeren empirischen Fundierung der Produktionstheorie sind in der Folgezeit weitere Produktionsfunktionen entwickelt worden, die ebenfalls das Ziel verfolgen, durch eine verbesserte Abbildung der Realität den Erklärungswert der Produktionstheorie zu erhöhen, dabei jedoch unterschiedliche Schwerpunkte setzen. Da bei der Diskussion um Gutenbergs Ansatz die ertragsgesetzlichen Produktionsfunktionen als Typ A und die Gutenberg-Produktionsfunktion als Typ B bezeichnet wurden, lag es nahe, für die folgenden Ansätze das Alphabet entsprechend weiterzuführen (für eine vertiefte Darstellung dieser Ansätze vgl. Steven 1998, S. 173ff.).

- Die *Produktionsfunktion vom Typ C* geht auf Heinen (1965, 1983) zurück. Sie geht wie die Gutenberg-Produktionsfunktion von einer differenzierten Betrachtung der Produktionsverhältnisse am einzelnen Betriebsmittel aus, nimmt jedoch zusätzliche Verfeinerungen und Erweiterungen der Darstellung vor. Im Mittelpunkt des Ansatzes steht die Aufspaltung eines Produktionsablaufs in Elementarkombinationen, für die eine eindeutige Beziehung zwischen der technisch-physikalischen Leistung und der ökonomischen Leistung eines Betriebsmittels besteht. Dabei lassen sich z.B. Anlauf-, Bearbeitungs-, Leerlauf- und Bremsphasen des Betriebsmittels unterscheiden. Die Beschreibung der Produktionsverhältnisse innerhalb einer Elementarkombination hängt inputseitig davon ab, ob die Produktionsfaktoren lediglich in konstanten Mengenverhältnissen eingesetzt oder auch gegeneinander substituiert werden können. Auf der Outputseite unterscheidet Heinen outputfixe Elementarkombinationen, die bei jeder Durchführung dieselbe Produktionsmenge erzeugen, und outputvariable Elementarkombinationen, bei denen die Produktionsmenge in bestimmten Grenzen schwanken kann. Zunächst werden die Faktorverbrauchsmengen bei einmaliger Durchführung der Elementarkombination ermittelt, anschließend wird durch Anwendung von Wiederholungsfunktionen auf den insgesamt für eine bestimmte Produktionsmenge erforderlichen Faktoreinsatz geschlossen. Die Anzahl der erforderlichen Wiederholungen hängt bei den primären Elementarkombinationen, zu denen vor allem Bearbeitungsvorgänge zählen, direkt von der gewünschten Produktionsmenge ab. Die Durchführung von sekundären Elementarkombinationen, z.B. Rüst-, Anlauf- und Beschaffungsvorgängen, steht über die Auflagengröße lediglich in einem mittelbaren Zusammenhang zur Produktionsmenge. Bei tertiären Elementarkombinationen wie Reinigungs- und Verwaltungsvorgängen lässt sich kein eindeutiger mengenmäßiger Zusammenhang zur Produktionsmenge erkennen, daher werden sie in Abhängigkeit von der Zeit erfasst. Auch weitere praktisch relevante Sachverhalte, wie die Dauer der Durchführung einer Elementarkombination, die Berücksichtigung eines Ausschussfaktors oder die Verteilung der geplanten Produktionsmenge auf mehrere funktionsähnliche Maschinen, können in der Heinen-Produktionsfunktion erfasst werden. Hat man durch Multiplikation der Faktoreinsatzmengen bei einmaliger Durchführung einer Elementarkombination und der zugehörigen Wiederholungsfunktion die Faktoreinsatzfunktionen ermittelt, so lassen sich durch Zuordnung der Faktorpreise die Kostenfunktionen aufstellen.

- Als *Produktionsfunktion vom Typ D* bezeichnet man die betriebswirtschaftliche Input/Output-Analyse, die auf Arbeiten von Pichler (1953) und Kloock (1969) zurückgeht. Sie basiert auf der Verknüpfungsanalyse der volkswirtschaftlichen Gesamtrechnung (vgl. Leontief 1951) und überträgt die dort gewonnenen Erkenntnisse auf innerbetriebliche Zusammenhänge. Die *Input/Output-Analyse* wurde ursprünglich als Planungsinstrument in der sowjetischen Wirtschaftspolitik entwickelt. In Abhängigkeit vom Aggregationsniveau der Darstellung werden Produktionsstellen als kleinste betrachtete Einheiten definiert und die Lieferbeziehungen zwischen diesen Produktionsstellen untersucht. Dabei kommt der Matrizenkalkül der Input/Output-Rechnung zur Anwendung, der die Analyse beliebiger, auch zyklischer Lieferbeziehungen erlaubt. Bei nicht-zyklischen Produktionsstrukturen ist alternativ eine sukzessive Lösung des jeweiligen Gleichungssystems möglich, die bei inputorientierter Formulierung der Gleichungen äquivalent zur Stücklistenauflösung in der Materialwirtschaft ist, während sie bei einer outputorientierten Formulierung der Berechnung von Teileverwendungsnachweisen entspricht (vgl. hierzu Abschnitt 2.4.1.3). Analog zum Produktionsmodell lässt sich ein Kostenmodell aufstellen, das eine innerbetriebliche Leistungsverrechnung und damit die Bestimmung von Verrechnungspreisen sowie von Preisuntergrenzen für die hergestellten Produkte erlaubt (vgl. Abschnitt 4.2.1). Die Vorgänge innerhalb einer Produktionsstelle werden mithilfe einer Transformationsfunktion abgebildet, die auf der Basis unterschiedlicher Produktionsmodelle – Leontief-Produktionsfunktion, ertragsgesetzliche Produktionsfunktion, Gutenberg-Produktionsfunktion oder auch Heinen-Produktionsfunktion – formuliert werden kann. Damit lässt sich die betriebswirtschaftliche Input/Output-Analyse als allgemeine Formulierung der bislang behandelten produktionstheoretischen Ansätze auffassen.

- Die von Küpper (1979, 1980) vorgestellte *Produktionsfunktion vom Typ E*, die auf dem Input/Output-Ansatz aufbaut, zählt zu den dynamischen Produktionsfunktionen. Während zuvor lediglich die Produktionsbeziehungen zu einem bestimmten Zeitpunkt untersucht wurden, betrachtet Küpper explizit auch Vorgänge, die sich im Zeitablauf vollziehen, z.B. Auf- und Abbau von Beständen, Weitergabe von Werkstücken, Rüstvorgänge, Reihenfolgeplanung, Vorlaufverschiebungen. Das Kernstück seines dynamischen Ansatzes sind Bilanzgleichungen, durch die die Verknüpfung aufeinander folgender Perioden erreicht wird. So berechnet eine Lagerbilanzgleichung den Bestand am Ende der Periode t (y_t) aus dem Bestand am Ende der Vorperiode (y_{t-1}), indem die während der Periode produzierte Menge (x_t) addiert und die Periodennachfrage (d_t) subtrahiert wird:

$$y_t = y_{t-1} + x_t - d_t$$

Die Dynamik des Produktionsgeschehens kommt weiter in der Dauer der einzelnen Teilprozesse zum Ausdruck, die sich bei den jeweiligen Transformationsfunktionen berücksichtigen lässt. Da die Beziehungen in jedem Zeitpunkt durch ein Input/Output-Gleichungssystem abgebildet werden, besteht die dynamische Produktionsfunktion aus einem System von vektorwertigen Gleichungen, das sich rekursiv lösen lässt. Allerdings sind der praktischen Lösung derartiger Gleichungssysteme numerische Grenzen gesetzt. Zur Vervollständigung der Betrachtung erweitert Küpper seinen Ansatz um weitere produktionswirtschaftliche und organisatorische Tatbestände zu einer allgemeinen Produktionsfunktion des Unternehmens (vgl. Küpper 1980).

Eine *dynamische Produktionsfunktion* mit kontinuierlichem Zeitablauf wird von Stöppler (1975) präsentiert. Die Abhängigkeit von der Zeit wird durch ein System von Differentialgleichungen erfasst, alle wesentlichen Variablen, durch die die Produktion beschrieben wird, werden zeitkontinuierlich abgebildet. In vielen Fällen lässt sich eine explizite Lösung des Optimierungsproblems nicht herleiten, doch aus der Beschreibung des Lösungsraums mithilfe des Maximum-Prinzips von Pontrjagin sind allgemeine Aussagen über das Verhalten von Produktionssystemen mit Lernkurven, Lagerhaltung und zyklischen Nachfrageschwankungen möglich. Bei der Modellierung von Produktionsprozessen, die eine starke Zeitabhängigkeit aufweisen, z.B. für chemische oder biologische Technologien, ist dieser Ansatz dem diskreten Zeitraster bei Küpper überlegen. Die Stärke der Küpperschen Modellierung liegt hingegen bei der Modellierung mehrstufiger Fertigungsprozesse mit vielfältigen Leistungsverflechtungen (vgl. Behrens 2001, S. 340).

- Die *Produktionsfunktion vom Typ F* wurde von Matthes (1979) vorgeschlagen, um über die zeitliche Abbildung von Input/Output-Beziehungen hinaus auch strukturelle, finanzielle, prozesstechnische und soziale Nebenbedingungen in das Produktionsmodell einzubeziehen. Da dieser Ansatz sich in der Folgezeit nicht durchgesetzt hat, wird hier auf weitere Ausführungen verzichtet.

- Eine Erweiterung des Input/Output-Ansatzes um die Berücksichtigung von Unsicherheit bzw. Unschärfe wird mit der *Produktionsfunktion vom Typ $\widetilde{D}$* von Bode (1994) vorgenommen. Dabei wird die Annahme aufgegeben, dass sich alle relevanten Daten und Abläufe mit hinreichender Sicherheit vorhersagen lassen. Vielmehr besteht eine gewisse Unsicherheit bezüglich Nachfragemengen, Beschaffungsmöglichkeiten, der Qualität von Einsatzfaktoren und Produkten, der Dauer von Produktionsvorgängen und anderen Abläufen, der tatsächlich nutzbaren Maschinenkapazität usw. Als Instrument zur Abbildung dieser Unsicherheiten bzw. Unschärfen wird die auch als *Fuzzy Set Theory* bezeichnete unscharfe Mengenlehre eingesetzt (vgl. Zadeh 1965), die die Zugehörigkeit eines Elements zu einer Menge nicht als Binärvariable, sondern als Wert zwischen Null und Eins definiert. Durch Anwendung logischer Verknüpfungen auf die verschiedenen unscharfen Elemente einer Produktionsbeziehung erhält man eine unscharfe Produktionsfunktion, die die Zugehörigkeit eines Produktionsfaktors oder Produkts zur Menge der in einer Periode relevanten Güter beschreibt. Dieses Güterartenmodell beschreibt zusammen mit dem Gütermengenmodell aus der Produktionsfunktion vom Typ D die Produktionsmöglichkeiten bei Unschärfe.

Einen ähnlichen Weg zur Abbildung von Unsicherheit bzw. Unschärfe in den Produktionsbeziehungen mithilfe unscharfer Mengen geht Bogaschewsky (1995, S. 181ff.). Er baut jedoch nicht auf dem Input/Output-Ansatz auf, sondern integriert unscharfe Koeffizienten und Beziehungen in die Zielfunktionen und (Un-)Gleichungen von linearen Programmen, wie sie in der Aktivitätsanalyse zur Produktionsprogrammplanung benutzt werden.

1.5 Umweltwirkungen der Produktion

Die Produktion ist gleichzeitig Ausgangspunkt von vielfältigen Umweltbelastungen und Ansatzpunkt für Umweltschutzmaßnahmen. Grundsätzlich gilt, dass bei der Berücksichtigung von Umweltwirkungen der Produktion jede Produktion als *Kuppelproduktion* aufgefasst werden muss, bei der neben den erwünschten Zielprodukten auch unerwünschte Reststoffe, Abfälle und Emissionen entstehen. Die Erweiterung der Produktionstheorie um Umweltschutzaspekte ist eine wesentliche Entwicklungslinie, die seit den 1980er Jahren in der Literatur verfolgt wird (vgl. Steven 1994d, Dyckhoff 2003, S. 717f.). In den folgenden Abschnitten wird dargestellt, welche unterschiedlichen Arten von Umweltwirkungen von der betrieblichen Produktion ausgehen und wie sich diese mithilfe von produktionstheoretischen Ansätzen erfassen lassen.

1.5.1 Umweltschutz in der Produktionswirtschaft

Industrielle Produktion in ständig wachsendem Umfang ist erforderlich, um die Bedürfnisse einer zunehmenden Weltbevölkerung auf angemessenem Niveau heute und in Zukunft befriedigen zu können. Dabei ist unumstritten, dass durch die Produktion vielfältige *Umweltbelastungen* ausgelöst werden, die insbesondere in folgenden Formen auftreten (vgl. Steven 1992, S. 35):

- Ausbeutung natürlicher Rohstoffvorkommen

- Eingriffe in natürliche Regelkreise, durch die vorhandene Gleichgewichte zerstört oder verschoben werden

- Verschmutzung der Umweltmedien Luft, Wasser und Boden durch Rückstände aus Produktion und Konsum

- allgemeine Belastungen wie Lärm und Strahlung

Die Produktion ist der Kernbereich des betrieblichen Umsatzprozesses, denn dort findet durch Kombination von Einsatzfaktoren und ihre Umwandlung in Produkte die Leistungserstellung statt, und von dort geht auch ein Großteil der Umweltbelastungen aus. Insbesondere die industrielle Produktion geht mit zum Teil erheblichen Umweltbelastungen einher. Zur Vermeidung oder Verringerung derartiger Belastungen werden von den Unternehmen unterschiedliche *Umweltschutzmaßnahmen* eingesetzt. Umweltschutz ist nicht nur ein ingenieurwissenschaftliches und technisches, sondern auch ein betriebswirtschaftliches Problem, da die Entscheidung über den Umfang der einzusetzenden Umweltschutzmaßnahmen neben ökologischen immer auch ökonomische Auswirkungen hat.

Die *volkswirtschaftlichen Schäden* der Umweltverschmutzung werden allein in Deutschland mit bis zu 200 Mrd. € pro Jahr beziffert. Auf betrieblicher Ebene haben zahlreiche Unternehmen ihre Verantwortung für die natürliche Umwelt erkannt und Maßnahmen wie die Vorgabe einer umweltorientierten Unternehmensphilosophie und -politik, Investitionen in integrierte Umweltschutztechnologien, eine bessere Überwachung der Fertigungsprozesse, die Entwicklung ökologischer Produkte oder die freiwillige Offenlegung ihrer Umweltwirkungen im Rahmen der Umweltberichterstattung (vgl. Steven et al. 1997) ergriffen. Derartige Maßnahmen dienen nicht allein der Erzielung von Rechtssicherheit durch Einhaltung aller relevanten Umweltschutzvorschriften, sondern auch der Verbesserung des Umweltschutzimages gegenüber sämtlichen betrieblichen Anspruchsgruppen und letztlich der Stärkung der langfristigen Wettbewerbsfähigkeit eines Unternehmens (vgl. Steven/Letmathe 2002, S. 120f.).

Eine vollständige Vermeidung von unerwünschten Umweltwirkungen der Produktion ist nur möglich, wenn sie eingestellt wird. Das bedeutet aber den Verzicht auf die damit erzeugten Produkte. Daher bezieht sich der *Umweltschutz im Produktionsbereich* aus verschiedenen Maßnahmen zur möglichst weitgehenden Reduktion von negativen Umweltwirkungen der Produktionsprozesse. Ansatzpunkte für eine derartige Reduktion liegen in den folgenden Bereichen (vgl. Steven 1994d, S. 43f.):

- Der Einsatz der Produktionsfaktoren Betriebsmittel, Werkstoffe und Arbeitskraft lässt sich immer auf den Einsatz von natürlichen Ressourcen zurückführen. Da letztlich alle Einsatzstoffe sowie die häufig noch immer als freie Güter angesehenen Elemente Luft und Wasser nicht unbeschränkt verfügbar sind, ist ihre Einsatzmenge auch im einzelnen Betrieb nach oben zu begrenzen. Die *Schonung natürlicher Ressourcen* durch eine Reduktion der Faktoreinsatzmengen oder durch Substitution von knappen durch weniger knappe Produktionsfaktoren ist daher ein inputbezogener Ansatzpunkt für produktionsorientierte Umweltschutzmaßnahmen.

- Neben den erwünschten Produkten entstehen bei der Produktion Abfälle und Schadstoffe als unvermeidbare Kuppelprodukte, die von den Unternehmen an die Umwelt abgegeben werden. Da diese die einzelnen Schadstoffarten nur begrenzt aufnehmen kann, müssen bei der Produktion entsprechende, durch die Umweltpolitik festgesetzte Emissionsobergrenzen berücksichtigt werden. Ein Ansatzpunkt für Umweltschutzmaßnahmen auf der Outputseite der Produktion ist daher die *Reduktion des Schadstoffausstoßes*.

- Auch an der Transformationsbeziehung, d.h. am Produktionsprozess selbst, können verschiedene Umweltschutzmaßnahmen ansetzen: *Additiver Umweltschutz* liegt vor, wenn dem ursprünglichen Produktionsverfahren ein weiteres Verfahren, z.B. ein Filter oder ein Katalysator, hinzugefügt wird, so dass die resultierende Umweltbelastung verringert wird. Durch *integrierte Umweltschutzmaßnahmen* wird das ursprüngliche technische Verfahren so verändert, dass weniger Schadstoffe emittiert oder weniger Produktionsfaktoren benötigt werden, so dass die Effizienz der Produktionsprozesse gesteigert wird. Maßnahmen des *Recyclings* bedeuten einen teilweisen Wiedereinsatz von Abfallstoffen in der Produktion, so dass zur Erzeugung derselben Endproduktmenge einerseits weniger Primärrohstoffe benötigt werden und andererseits weniger Abfälle entstehen.

Die Beurteilung derartiger Maßnahmen darf nicht isoliert aus der Sicht eines Unternehmens, einer Branche oder einer Region vorgenommen werden, sondern muss aus einer integrierten, übergreifenden Perspektive erfolgen. So ist z.B. zu berücksichtigen, dass bei einem Wechsel des eingesetzten Produktionsverfahrens nicht nur die Faktoreinsatzmengen und -verhältnisse der Werkstoffe verändert werden, sondern häufig auch neue Betriebsmittel erforderlich sind, die ihrerseits unter zusätzlichen Umweltbelastungen produziert werden müssen, und dass die alten Anlagen zumindest teilweise als Abfall anfallen und entsorgt werden müssen. Die dadurch entstehende sekundäre Umweltbelastung ist ins Verhältnis zu den erwarteten Entlastungen zu setzen.

1.5.2 Umwelt als Produktionsfaktor

Aus produktionswirtschaftlicher Sicht ist unter anderem von Interesse, inwieweit sich die natürliche Umwelt als ein Produktionsfaktor auffassen lässt (vgl. hierzu Steven 1991). In Abschnitt 1.2.1 wurden Produktionsfaktoren als Güter definiert, die bei der Produktion eingesetzt bzw. verbraucht werden. Da auf den Einsatz von aus der Umwelt entnommenen Einsatzfaktoren in der Produktion – abgesehen vom theoretischen Ideal des vollkommenen Recyclings – nicht verzichtet werden kann, ist die *Faktoreigenschaft* der natürlichen Umwelt vordergründig unbestreitbar.

Jedoch zeigt eine genauere Betrachtung, dass die natürliche Umwelt bezüglich verschiedener Kriterien, nach denen sich die traditionellen Produktionsfaktoren eindeutig klassifizieren lassen, eine Zwischenstellung einnimmt:

- Da die natürliche Umwelt im Rahmen ihrer Regenerationsfähigkeit längerfristig für produktive Zwecke nutzbar ist, erscheint sie einerseits als ein *Potenzialfaktor*. Andererseits haben der Umwelt entnommene Stoffe, die unmittelbar in die Produktion eingehen, auf den ersten Blick den Charakter von *Verbrauchsfaktoren*. Berücksichtigt man jedoch, dass sie durch Recyclingprozesse einem mehrfachen Gebrauch zugeführt werden können, so sind sie wiederum als Potenzialfaktoren zu klassifizieren.

- Während sich bei der üblichen Darstellung des betrieblichen Güterflusses (vgl. nochmals Abb. 1.4) in Bezug auf einen Produktionsprozess eindeutig angeben lässt, ob ein bestimmtes Gut als Einsatzfaktor oder als Produkt beteiligt ist, tritt die Umwelt sowohl auf der Inputseite der Produktion als *Ressourcenquelle* sowie auch auf der Outputseite als *Aufnahmemedium* für verschiedenste Rückstände des Produktionsprozesses auf. Beide

Formen der Umweltinanspruchnahme, also die Entnahme von Rohstoffen und die Einbringung von Abfällen, wirken sowohl direkt als auch indirekt auf zahlreiche wirtschaftliche Vorgänge ein. So kann eine durch betriebliche Emissionen verursachte Verschlechterung des Umweltzustands über umweltbedingte Gesundheitsschäden zu einer geringeren Qualität des Produktionsfaktors menschliche Arbeitsleistung führen.

- Ein weiterer Unterschied der natürlichen Umwelt im Vergleich mit den traditionellen Produktionsfaktoren besteht darin, dass ihr produktiver Einsatz oft weder mengen- noch wertmäßig erfasst wird. Zur Zeit haben viele Formen der Umweltbeanspruchung noch einen Status als *öffentliches Gut* mit den daraus resultierenden Problemen, Einzelne an der kostenlosen und oft übermäßigen Inanspruchnahme zu hindern.

Es ist daher sinnvoll, diese besondere Stellung der natürlichen Umwelt mithilfe eines *erweiterten Güterbegriffs* zu erfassen (vgl. Steven 1994a, S. 71ff.). Bei der herkömmlichen Darstellung der Produktion in Form eines mengenmäßigen Transformationsprozesses treten auf der Inputseite knappe Produktionsfaktoren auf, die entgeltlich am Faktormarkt beschafft werden, und auf der Outputseite materielle Güter und Dienstleistungen, die am Absatzmarkt veräußert werden können (vgl. Abb. 1.45). Dabei strebt ein Unternehmen, das sich am ökonomischen Prinzip orientiert, die Minimierung der Inputmengen bzw. die Maximierung der Outputmengen jeweils bei Konstanz aller anderen Gütermengen an.

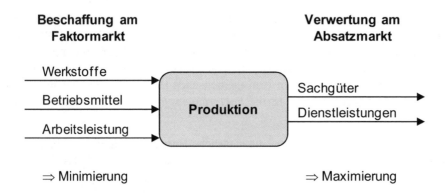

Abb. 1.45 *Herkömmliche Darstellung des Produktionsprozesses*

Sollen auch die Wechselbeziehungen der Produktion mit der natürlichen Umwelt erfasst werden, so muss man diese traditionelle mengenmäßige Transformationsbeziehung um folgende Aspekte erweitern:

- Auf der *Outputseite* sind zusätzlich die Emission von Schadstoffen und die Abgabe von Abfällen, die als Kuppelprodukte zwangsweise gemeinsam mit den erwünschten Produkten entstehen, an die Umwelt zu berücksichtigen. Zum einen handelt es sich dabei um Stoffe und Energien, deren Emission nicht bemerkt oder nicht sanktioniert wird, wie z.B. bis Anfang des 21. Jahrhunderts die CO_2-Emissionen aus Verbrennungsprozessen. Dies ist der klassische Fall des „free disposal", d.h. ein Unternehmen kann sich seiner nicht verwertbaren Kuppelprodukte entledigen, ohne dass ihm dabei Kosten entstehen. Zum anderen entstehen bei der Produktion auch solche Stoffe und Energien, deren Einbringung in die Umwelt unerwünscht bzw. verboten ist. Die Entstehung unerwünschter Outputgüter bedeutet oftmals eine unvollständige Umsetzung der Ausgangsstoffe in Endprodukte, so dass nach dem ökonomischen Prinzip ein Anreiz besteht, ihren Anfall soweit wie technisch möglich zu reduzieren.

- Auf der *Inputseite* der Produktion ist eine entsprechende Ergänzung der herkömmlichen Darstellung erforderlich. Zum einen werden einige Umweltressourcen als freie Güter verwendet, für deren Nutzung kein Entgelt zu zahlen ist, z.B. die Nutzung von Oberflächengewässern als Kühlwasser bei der Energieerzeugung. Ein anderer Sachverhalt liegt vor, wenn zu den Einsatzstoffen der Produktion Stoffe zählen, deren Beseitigung erwünscht ist, z.B. beim Recycling von Abfällen und Schadstoffen anderer Produktionsprozesse. Im Gegensatz zu herkömmlichen Einsatzfaktoren, die entgeltlich erworben werden müssen, kann der Einsatz dieser Güter zu direkten Erlösen oder zu Opportunitätserlösen in Form von vermiedenen Entsorgungskosten führen, so dass ein wirtschaftlicher Anreiz besteht, sie in möglichst großen Mengen einzusetzen.

Ergänzt man die traditionelle Darstellung des Transformationsprozesses aus Abb. 1.45 um diese vier Güterarten, so erhält man die erweiterte Darstellung in Abb. 1.46. Diese Darstellung orientiert sich an der Stellung der Güter im Produktionsprozess, d.h. auf der Inputseite werden die Güterarten aufgeführt, die in die Produktion eingehen, auf der Outputseite solche, die aus der Produktion hervorgehen. Dabei sind die nicht mit Preisen bewerteten und daher aus ökonomischer Sicht irrelevanten Güterarten „freie Entnahme aus der Natur" und „freie Abgabe an die Natur" durch gestrichelte Pfeile gekennzeichnet. In den nachfolgenden Betrachtungen werden diese Güter nicht berücksichtigt.

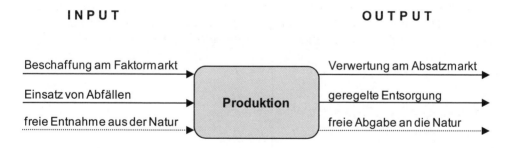

Abb. 1.46 *Produktionsprozess mit Umweltgütern*

Problematisch ist bei der hier vorgenommenen Klassifikation der Güterarten zum einen die explizite Erfassung aller relevanten Umweltnutzungen. Das Beispiel von Altlasten an industriellen Standorten zeigt, dass eine Umweltgefährdung vielfach erst im Nachhinein erkannt wird und daher bei der laufenden Produktion nicht im Entscheidungskalkül erfasst werden kann. Zum anderen kann sich die Zuordnung einer Umweltnutzung zu einer der Güterarten im Zeitablauf verschieben, wenn eine bislang kostenlose Umweltnutzung mit Beschränkungen oder Kosten belegt wird, wie z.B. die CO_2-Emissionen, oder wenn sich für einen bislang als Abfall angesehenen Stoff eine Einsatzmöglichkeit ergibt, wie es bei dem in Rauchgasentschwefelungsanlagen entstehenden Gips der Fall war.

1.5.3   Erfassung von Umweltwirkungen der Produktion

Will man die zuvor eingeführten Umweltgüter in der in Abschnitt 1.4.4 behandelten *aktivitätsanalytischen Produktionsfunktion* erfassen, so ist eine entsprechende Erweiterung des Aktivitätsbegriffs sowie der Technologiemenge erforderlich. Bezeichnet man die bei der Produktion entstehenden und einer geregelten Entsorgung zugeführten unerwünschten Stoffe mit dem Vektor

$$\underline{X} = (X_1,...,X_M) \in \Re_+^M$$

und analog die in der Produktion eingesetzten Abfälle und Schadstoffe mit

$$\underline{R} = (R_1,...,R_N) \in \Re_+^N,$$

so gibt eine Aktivität nunmehr eine technisch durchführbare Kombination von Faktoreinsatzmengen, marktfähigen Produkten, Schadstoffemissionen und eingesetzten Schadstoffen an:

$$\underline{y} = (\underline{r}, \underline{x}, \underline{X}, \underline{R}) \in \Re_+^{n+m+M+N}$$

Bezeichnet man weiter die Emission von Schadstoffart J bei der Durchführung von Produktionsprozess k mit den Emissionskoeffizienten c_J^k und entsprechend den Einsatz von Schadstoffart I bei Durchführung von Produktionsprozess k mit den Schadstoffvernichtungskoeffizienten d_I^k, so lautet die um Umweltgüter erweiterte Technologiemenge nunmehr:

$$T := \left\{ \underline{y} = (\underline{r},\underline{x},\underline{X},\underline{R}) \in \Re_+^{n+m+M+N} \left| \begin{array}{l} \underline{r} = \underline{A} \cdot \underline{z} \\ \underline{x} = \underline{B} \cdot \underline{z} \\ \underline{X} = \underline{C} \cdot \underline{z} \\ \underline{R} = \underline{D} \cdot \underline{z} \\ \underline{z} \in \Re_+^l \end{array} \right. \right\}$$

Auch diese erweiterte Technologiemenge lässt sich mit dem Instrument der parametrischen linearen Programmierung untersuchen (vgl. Steven 1998, S. 93ff.). Als Ergebnis erhält man qualitativ die gleichen Kurvenverläufe wie bei der Untersuchung einer Technologiemenge auf Basis von herkömmlichen Güterarten.

- So gelten *Substitutionalitätsbeziehungen* nicht nur zwischen den Einsatzmengen herkömmlicher Produktionsfaktoren, sondern auch zwischen den Emissionsmengen verschiedener Schadstoffe sowie zwischen Faktoreinsatz und Schadstoffentstehung. Das bedeutet, dass in einer effizienten Ausgangssituation und bei gegebenen Kapazitäts- und Umweltbeschränkungen die Reduktion der Emissionsmenge eines bestimmten Schadstoffs nur möglich ist, wenn man mehr Produktionsfaktoren einsetzt oder das Ansteigen der Emissionsmenge eines anderen Schadstoffs in Kauf nimmt.

- Weiter gilt der aus der traditionellen Produktionstheorie bekannte positive, aber nicht zunehmende Verlauf des *Grenzertrags* bei partieller Faktorvariation auch für die Abhängigkeit des möglichen Schadstoffeinsatzes von der Faktoreinsatzmenge, für die Produktionsmenge in Abhängigkeit von der in Kauf genommenen Schadstoffemission sowie für den Zusammenhang zwischen der Einsatzmenge eines Schadstoffs und der Emissionsmenge eines anderen, dabei erzeugten Schadstoffs.

Dies lässt sich damit begründen, dass wegen der vorgenommenen Modellierung die bei der Produktion entstehenden Schadstoffe formal äquivalent zu den herkömmlichen Einsatzfaktoren sind und die eingesetzten Schadstoffe den erwünschten Produkten entsprechen. Innerhalb einer um Umweltwirkungen erweiterten Produktionstheorie gelten somit ebenfalls *ertragsgesetzliche Verläufe*.

Auch die in Abschnitt 1.4.5 behandelte *Gutenberg-Produktionsfunktion* lässt sich um Umweltwirkungen erweitern (vgl. Steven 1994d, S. 1393ff.).

- Die als Einsatzfaktoren für die Produktion benötigten *Umweltgüter* werden analog zu den traditionellen Produktionsfaktoren erfasst. Es lassen sich Faktoreinsatz- und Verbrauchsfunktionen sowie – bei Kenntnis ihrer Preise – auch Kostenfunktionen für die einzelnen Anpassungsformen aufstellen.

- Die Inanspruchnahme der natürlichen Umwelt auf der Outputseite durch die bei der Produktion als unerwünschte Kuppelprodukte entstehenden Abfälle und Schadstoffemissionen lässt sich durch *Emissionsfunktionen* erfassen, für die analog zu den Verbrauchsfunktionen ein konvexer und in der Regel u-förmiger Verlauf angenommen wird.

- Eine *mengenmäßige Steuerung* der Umweltinanspruchnahme durch Auflagen, Grenzwerte oder Einsatzmengenbeschränkungen bedeutet zusätzliche Restriktionen für das Entscheidungsproblem, durch die der Bereich zulässiger Lösungen eingeschränkt wird.

- Durch *Recycling* entstehen Sekundärrohstoffe, und die zu beschaffende Menge des entsprechenden Primärrohstoffs verringert sich. Dadurch verschieben sich sowohl die verbrauchs- und die kostenminimalen Intensitäten als auch die durch Faktor- und Emissionsbeschränkungen gegebenen Produktionsgrenzen.

- *Entsorgungsaktivitäten* bedeuten einen parallel zur Herstellung des Hauptproduktes ablaufenden Produktionsprozess und werden in einem separaten Produktionssystem erfasst.

Für die verschiedenen mit der Produktion verbundenen Emissionsarten X_J mit $J = 1,...,M$ gelten konvexe *Emissionsfunktionen* bei intensitätsmäßiger Anpassung:

$$e_J = e_J(d) \qquad\qquad J = 1,\dots, M$$

Dabei gibt $e_J(d)$ die je Produkteinheit emittierte Menge des Schadstoffs J in Abhängigkeit von der Produktionsgeschwindigkeit d an. Analog zur Faktoreinsatzfunktion ergibt sich die *Gesamtemissionsmenge* F_J des Schadstoffs J bei einer bestimmten Ausbringung als:

$$F_J(x) = e_J(d)\cdot x = e_J(d)\cdot t\cdot m\cdot d \qquad\qquad J = 1,\dots, M$$

Die Belastung einer Schadstoffemission durch eine (neu eingeführte) *Umweltabgabe* bewirkt, dass dieser Kostenfaktor zusätzlich in der Kostenfunktion berücksichtigt werden muss. Falls die Emission vorher keiner Abgabe unterlag, wird der zugehörige Schadstoff von einem „freien Gut" zu einem knappen Gut, für dessen Entstehung Zahlungen in bestimmter Höhe zu leisten sind. Der daraus für das Unternehmen resultierende Anreiz zur Verringerung der Emission ist die umweltpolitisch erwünschte Wirkung der Abgabe.

Durch den zusätzlichen Kostenfaktor steigen die Produktionskosten an. Das Minimum der Stückkostenfunktion, in die jetzt auch die Abgabe auf die Schadstoffemission eingeht, liegt aufgrund des zusätzlichen Kostenfaktors höher und verschiebt sich, wie in Abb. 1.47 gezeigt, in die Richtung des Minimums der Emissionsfunktion des betreffenden Schadstoffs.

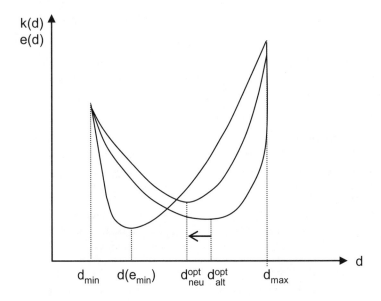

Abb. 1.47 *Kostenwirkungen einer Umweltabgabe*

Wenn das Unternehmen das neue Stückkostenminimum wählt, erfolgt eine intensitätsmäßige Anpassung, durch die gleichzeitig die neue stückkostenminimale Intensität realisiert und der Ausstoß des mit der Abgabe belasteten Schadstoffs reduziert wird. Falls das Emissionsminimum links vom alten Stückkostenminimum liegt, ist die neue stückkostenminimale Intensität geringer als die zuvor benutzte, bei einem Emissionsminimum rechts vom alten Stückkostenminimum steigt die stückkostenminimale Intensität an.

Auch die Reaktion eines Unternehmens auf die Einführung oder Verschärfung einer Umweltauflage sowie die Durchführung von Recyclingprozessen lassen sich mithilfe der Gutenberg-Produktionsfunktion als Bestimmung der kostenminimalen Kombination von Anpassungsformen darstellen.

Insgesamt zeigen die vorangehenden Ausführungen, dass das Instrumentarium der Produktionstheorie durchaus geeignet ist, um die von der Produktion ausgehenden Umweltwirkungen abzubilden und Entscheidungsmodelle zur Unterstützung bei der Auswahl von geeigneten Maßnahmen zur Begrenzung der daraus resultierenden Umweltbelastungen bereitzustellen.

1.6   Dienstleistungsproduktion

Obwohl – wie auch die in Abb. 1.2 dargestellte Entwicklung zeigt – Dienstleistungen schon seit längerer Zeit eine zunehmende Bedeutung für das Wirtschaftsgeschehen haben, befasst sich die Betriebswirtschaftslehre und insbesondere die Produktionswirtschaft erst seit gut 20 Jahren intensiver mit diesem Erkenntnisobjekt (vgl. z.B. Altenburger 1980, Corsten 1985). Im Folgenden wird zunächst in Abschnitt 1.5.1 der Dienstleistungsbegriff herausgearbeitet. Die Abschnitte 1.5.2 bis 1.5.4 untersuchen die Dienstleistungsproduktion anhand der drei bereits zuvor diskutierten Phasen des Produktionsprozesses, Input, Transformation und Output. Gegenstand von Abschnitt 1.5.5 sind die industriellen Dienstleistungen, da diese aus Sicht der Produktionswirtschaft eine besondere Bedeutung haben.

1.6.1   Dienstleistungsbegriff

Zunächst muss definiert werden, was man unter Dienstleistungen versteht. In der Literatur lassen sich verschiedene *Definitionsansätze* für Dienstleistungen unterscheiden (vgl. Kleinaltenkamp 2001):

*   Die *Negativdefinition* bezeichnet alle Leistungen, die sich nicht als Sachleistungen klassifizieren lassen, als Dienstleistungen.

*   Die *institutionelle Abgrenzung* knüpft an die in Abschnitt 1.1.2 dargestellte 3-Sektoren-Theorie von Fourastié an und bezeichnet alle Leistungen, die im tertiären Sektor einer Volkswirtschaft erstellt werden, als Dienstleistungen. Diese Abgrenzung erfolgt aus gesamtwirtschaftlicher Sicht und wird in erster Linie für volkswirtschaftliche Globalanalysen eingesetzt (vgl. auch Behrens 2003, S. 37).

*   Eine weitere Möglichkeit zur Definition des Dienstleistungsbegriffs ist die *enumerative Methode*. Bei diesem Ansatz werden alle diejenigen Leistungen als Dienstleistungen definiert, die in der zugrunde gelegten Klassifikation aufgeführt sind. Damit ist die Einord-

nung einer Leistung als Sach- oder Dienstleistung abhängig von dem jeweils herangezogenen Katalog, der sich zudem im Zeitablauf verändern kann. Vielfach wird als Katalog die Klassifikation der Wirtschaftszweige in den amtlichen Statistiken des Statistischen Bundesamts gewählt. Die derzeit gültige Systematik des Statistischen Bundesamts ist 1993 als gemeinsame Klassifikation der EU-Staaten in einer Richtlinie der Kommission als verbindlich eingeführt worden, daher kann ihr eine längerfristige Gültigkeit prognostiziert werden. Als Dienstleistungen gelten damit alle Tätigkeiten, die in den Abschnitten G bis O der Wirtschaftszweigsystematik aufgeführt sind (vgl. Statistisches Bundesamt 2003, S. 115):

G: Handel und Reparaturen
H: Gastgewerbe
I: Verkehr und Nachrichtenübermittlung
J: Kredit- und Versicherungsgewerbe
K: Dienstleistungen vorwiegend für Unternehmen
L: öffentliche Verwaltung
M: Erziehung und Unterricht
N: Gesundheits- und Sozialwesen
O: sonstige Dienstleistungen

Ein solcher Katalog von Dienstleistungen bietet zwar eine pragmatische Lösung für die Zuordnung einer einzelnen Tätigkeit, man stößt jedoch schnell auf Probleme, wenn es um die Klassifikation eines gesamten Unternehmens geht, in dem sowohl Dienstleistungen als auch Sachleistungen erbracht werden.

- Schließlich wird vielfach versucht, Sachleistungen und Dienstleistungen anhand von *charakteristischen Eigenschaften* gegeneinander abzugrenzen. In Abschnitt 1.2.3 wurde bereits eine derartige Abgrenzung vorgenommen. Dabei wurden Dienstleistungen als immaterielle Leistungen definiert, die nicht lagerfähig sind und entsprechend den Anforderungen eines Auftraggebers in dem Moment erbracht werden müssen, in dem die Nachfrage auftritt (uno-actu-Prinzip). Wesentlich für eine Dienstleistung ist weiter die Integration des externen Faktors, der durch den Nachfrager in den Produktionsprozess eingebracht wird und an dem die Dienstleistung vollzogen wird.

In der Literatur finden sich umfangreiche Klassifikationen und Typologien, die versuchen, das Phänomen der Dienstleistungen zu beschreiben und trennscharf zu erfassen (vgl. z.B. Corsten 2007, S. 31ff.). Auch bei dieser Art der Definition von Dienstleistungen besteht jedoch regelmäßig ein Abgrenzungsproblem, da einerseits bestimmte Teile des tertiären Sektors aus dem Dienstleistungsbegriff ausgeschlossen werden, andererseits die jeweils verwendeten Kriterien zumindest teilweise auch auf bestimmte Sachleistungen zutreffen.

Daher wird in der Literatur vorgeschlagen, zur besseren Charakterisierung von Dienstleistungen den ebenfalls bereits in Abschnitt 1.2.3 eingeführten Begriff des Leistungsbündels zu erweitern (vgl. Engelhardt et al. 1993). Neben die *Immaterialität* als eine wesentliche Eigenschaft zur Beschreibung von Leistungen tritt die *Integrativität*. Diese bezeichnet das Ausmaß, in dem der Nachfrager in die Erstellung einer Leistung eingebunden ist bzw. die Ausprägung der Leistung aktiv beeinflussen kann. Typischerweise ist die Integrativität bei stark standardisierten Sachgütern am geringsten und bei individualisierten Dienstleistungen am höchsten. Beide Eigenschaften können somit unterschiedliche Ausprägungen zwischen den Extremen eines reinen Sachguts und einer reinen Dienstleistung annehmen. Somit lassen sich sämtliche von Unternehmen erstellten Leistungen anhand der Kriterien Immaterialität und Integrativität in die in Abb. 1.48 dargestellte 4-Felder-Matrix einordnen.

Als Beispiel für Feld 1 sind dort Bauteile angegeben, die sich den Sachleistungen zurechnen lassen und die weitgehend autonom, d.h. ohne Einwirkung des externen Faktors, hergestellt werden. Ebenfalls materieller Natur, aber auf die Mitwirkung des Nachfragers in wesentlich stärkerem Maße angewiesen, ist die Anfertigung von individuell konstruierten Sondermaschinen in Feld 2. Ein Datenbankdienst, wie er als Beispiel für Feld 3 angegeben ist, ist hingegen vorwiegend immaterieller Natur, wird aber vom Anbieter für sämtliche Nachfrager identisch angeboten. Die Beratungsleistungen in Feld 4 sind ein Beispiel für eine immaterielle Leistung, die auf die jeweiligen Bedürfnisse des Nachfragers zugeschnitten werden muss und daher in hohem Maße auf die Mitwirkung des externen Faktors angewiesen ist. Somit stellen die grau hervorgehobenen Felder 2, 3 und 4 den Bereich der Dienstleistungsproduktion dar.

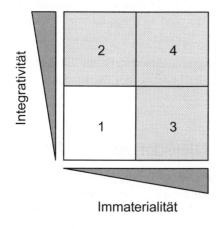

1 – Bauteile

2 – Sondermaschinen

3 – Datenbankdienste

4 – Beratung

Abb. 1.48 *Typologie der Leistungsarten*

Die Erstellung von Dienstleistungen lässt sich – in Anlehnung an die in Abschnitt 1.2 eingeführten *Phasen* des güterwirtschaftlichen Transformationsprozesses – aus drei verschiedenen Blickwinkeln betrachten, die sich mit dem Input, dem Transformationsprozess und dem Output der Dienstleistungsproduktion beschäftigen (vgl. z.B. Steven 1998, S. 274ff.). Abb. 1.49 zeigt den Zusammenhang dieser Sichtweisen.

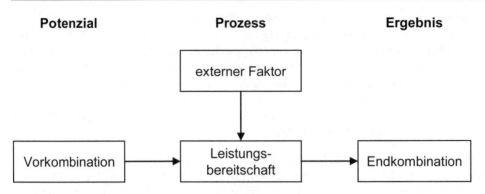

Abb. 1.49   *Sichtweisen der Dienstleistungsproduktion*

- Die *potenzialorientierte Sichtweise* der Dienstleistungsproduktion sieht die Dienstleistung als ein immaterielles Leistungsversprechen an. Sie befasst sich daher mit der Bereitstellung des Leistungspotenzials im Rahmen der Vorkombination, bei der die internen Produktionsfaktoren Werkstoffe, Betriebsmittel und Arbeitskräfte vom Unternehmen in spezifischer Weise miteinander kombiniert werden.

- Bei der *prozessorientierten Sichtweise* steht der Vorgang der Erstellung einer Dienstleistung im Mittelpunkt. Bei seiner Durchführung wird die im Rahmen der Vorkombination erstellte Leistungsbereitschaft mit dem externen Faktor und weiteren internen Produktionsfaktoren kombiniert.

- Die *ergebnisorientierte Sichtweise* der Dienstleistungsproduktion stellt auf die Endkombination ab, bei der die Dienstleistung als immaterielles Ergebnis des Dienstleistungsprozesses entsteht.

1.6.2   Potenzialorientierte Sicht der Dienstleistungsproduktion

Im Mittelpunkt der potenzialorientierten Sichtweise der Dienstleistungsproduktion steht der Aufbau des für die jeweilige Dienstleistung spezifischen *Leistungspotenzials* eines Dienstleistungsanbieters. Dieser Potenzialaufbau findet im Rahmen der Vorkombination statt, bei der die benötigten Produktionsfaktoren vom Unternehmen beschafft und so zusammengeführt werden, dass anschließend eine bestimmte Dienstleistung am Markt angeboten werden kann. Während bei der Durchführung der Endkombination der externe Faktor hinzutritt, der die Erstellung einer Dienstleistung auslöst und wesentlich determiniert, kommen bei der Vorkombination dieselben Produktionsfaktoren wie bei der Produktion von Sachleistungen zum Einsatz.

Bei genauerer Betrachtung der Vorkombination zeigt sich, dass das Leistungspotenzial eines Dienstleistungsanbieters auf zwei zeitlich und hierarchisch aufeinander folgenden Stufen erstellt wird.

- Zunächst sind *langfristige Entscheidungen* hinsichtlich des Geschäftsfelds, in dem Dienstleistungen erbracht werden sollen, zu treffen. Weiter sind auf der ersten Stufe die Räumlichkeiten, die Mitarbeiter und gegebenenfalls die für die Erbringung der jeweiligen Dienstleistung erforderlichen Betriebsmittel bereitzustellen. Durch die auf dieser Stufe getroffenen Dispositionen und abgeschlossenen Verträge geht das Unternehmen langfristige Bindungen ein.

- Im Rahmen dieser Vorentscheidungen werden anschließend auf der zweiten Stufe der Vorkombination mittelfristig wirksame *Konkretisierungen* vorgenommen, die sich auf den Umfang und die Ausprägungen der angebotenen Leistungen beziehen. Dadurch kann immer wieder eine Aktualisierung des Dienstleistungsangebots und insbesondere eine Ausrichtung auf die Erwartungen der potenziellen Kunden erfolgen (vgl. Steven 1998, S. 282f.).

Charakteristisch für die Dienstleistungsproduktion ist, dass der größte Teil der Kosten im Rahmen der Vorkombination für die Erstellung und Aufrechterhaltung der Leistungsbereitschaft anfällt, während die Erlöse erst durch den Absatz der Dienstleistungen bzw. im Rahmen der Endkombination entstehen. Abb. 1.50 zeigt anhand einiger typischer Dienstleistungsbereiche Beispiele für mögliche Ausprägungen der lang- und mittelfristigen Vorkombination.

Dienstleistung	langfristige Vorkombination	mittelfristige Vorkombination
Verkehrsunternehmen	Betriebsbereitschaft	Fahrplanangebot
Kino, Theater	Räumlichkeiten	Programmangebot
Arzt	Praxiseinrichtung	Sprechzeiten
Handel	Ladengeschäft	Öffnungszeiten, Sortiment
Friseur	Saloneinrichtung	Öffnungszeiten, Angebot
Unterricht	Gebäude	Stundenplan
Restaurant	Räumlichkeiten	Öffnungszeiten, Speisekarte

Abb. 1.50 *Beispiele für Vorkombinationen*

So muss z.B. ein Verkehrsunternehmen im Rahmen der langfristigen Vorkombination seine Betriebsbereitschaft aufbauen, indem es unter Berücksichtigung der voraussichtlichen späteren Inanspruchnahme Kapazitäten bereitstellt, d.h. Betriebshöfe und Haltestellen einrichtet, Verkehrswege und Verkaufsstellen für Fahrscheine unterhält, Fahrzeuge anschafft und fahrendes sowie stationäres Personal einstellt. Bei der mittelfristigen Konkretisierung der Vorkombination wird im Rahmen der gegebenen Infrastruktur das Liniennetz eingerichtet bzw. umstrukturiert und ein Fahrplan erstellt, der den erwarteten Bedürfnissen der Fahrgäste möglichst gut entspricht. Beide Phasen der Vorkombination zusammen führen zum Angebot der

Betriebsleistung, die später – bei der Endkombination – im Rahmen der konkreten Inanspruchnahme durch die Fahrgäste in eine Marktleistung umgewandelt wird und erst dann zu Erlösen führt.

Da die Leistungsbereitschaft eines Dienstleistungsanbieters im Wesentlichen durch seine Ausstattung mit Anlagen und Personal bestimmt wird, stehen diese beiden Bereiche im Mittelpunkt der potenzialorientierten Sichtweise. Im Rahmen der Vorkombination sind insbesondere Entscheidungen über den Aufbau und die Dimensionierung der quantitativen und qualitativen *Kapazitäten* zu treffen. Da Dienstleistungen nicht lagerfähig sind, müssen die Kapazitäten in weitaus stärkerem Maße auf Nachfragespitzen ausgerichtet werden als bei der Sachgüterproduktion.

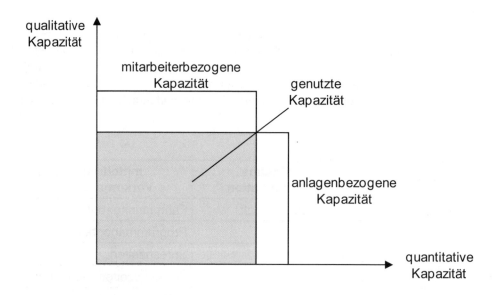

Abb. 1.51   *Kapazitätsnutzung (in Anlehnung an Corsten 2007, S. 170)*

Während sich die Ausstattung mit Anlagen, z.B. die Anzahl der gleichzeitig verfügbaren Bedienplätze, nur langfristig verändern lässt und zusätzliche Investitionen erfordert, ist beim Personal häufig eine kurzfristige Aufstockung durch Aushilfskräfte möglich. Daher wird tendenziell die quantitative Kapazität der Anlagen größer dimensioniert als die Grundausstattung mit Personal. Hingegen ist die qualitative Kapazität, die das Spektrum der zu erbringenden Leistungen angibt, beim Personal als größer anzusehen als bei den Anlagen, da sich Mitarbeiter in der Regel flexibler auf wechselnde Anforderungen einstellen können. Die in einem bestimmten Zeitpunkt tatsächlich nutzbare Kapazität ergibt sich als das Minimum aus der verfügbaren quantitativen und qualitativen Kapazität von Personal und Anlagen. Die in der jeweiligen Kategorie höher dimensionierte Kapazität wird teilweise nicht genutzt (vgl. Abb. 1.51). Durch eine sorgfältige Planung bei der Vorkombination lassen sich die Kapazitäten so aufeinander abstimmen, dass diese Nichtausnutzung von Kapazitäten möglichst gering ausfällt.

1.6.3   Prozessorientierte Sicht der Dienstleistungsproduktion

Durch den Prozess der Dienstleistungsproduktion wird die bei der Vorkombination erstellte Leistungsbereitschaft unter Hinzunahme von Verbrauchsfaktoren als weiterer interner Produktionsfaktoren in die Endkombination überführt, bei der das immaterielle Ergebnis der Dienstleistung entsteht. Dabei wird der durch die Ausgestaltung der Vorkombination vordeterminierte *Dienstleistungsprozess* vollzogen. Dieser Dienstleistungsprozess wird erst ausgelöst, wenn der externe Faktor in den Aktionsbereich des Dienstleistungsanbieters eintritt und Nachfrage nach der vorgesehenen Dienstleistung artikuliert. Somit lässt sich der Anstoß des Dienstleistungsprozesses nur wenig durch den Dienstleistungsanbieter beeinflussen. Abb. 1.52 zeigt diese Zusammenhänge auf.

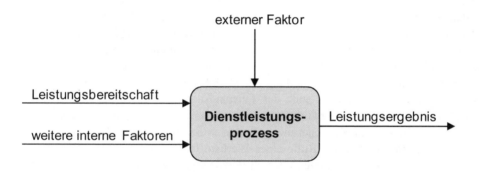

Abb. 1.52   *Prozess der Dienstleistungsproduktion*

Der *externe Faktor* ist zwar ein wesentliches Element der Dienstleistungsproduktion, sein Auftreten kann jedoch nicht autonom durch den Dienstleistungsanbieter disponiert werden. Aufgrund des uno-actu-Prinzips müssen Nachfrage und Erstellung der Dienstleistung zeitlich weitgehend zusammenfallen. Eine Entkopplung dieser beiden Vorgänge ist nur bedingt möglich.

- Einige Dienstleistungen lassen sich soweit standardisieren, dass ihre Durchführung zumindest teilweise auf den Kunden übertragen werden kann, z.B. bei der Selbstbedienung an Tankstellen oder in Lebensmittelgeschäften und Kaufhäusern.

- Zum anderen findet eine teilweise Entkopplung von Nachfrage nach und Erbringung von Dienstleistungen statt, wenn die Kunden bereit sind, auf ihre Bedienung zu warten. Wartende Kunden entsprechen aus produktionswirtschaftlicher Sicht einem Lagerbestand des externen Faktors.

Eine *Warteschlange* vor einem Abfertigungskanal tritt immer dann auf, wenn in einem begrenzten Zeitabschnitt die Zugangsrate an Nachfragern größer ist als die Abfertigungsrate. Im langfristigen Mittel muss jedoch die Abfertigungsrate die Zugangsrate übersteigen, damit die Warteschlange auch wieder abgebaut werden kann. Da ein Teil der Kunden nicht bereit ist zu warten und z.B. zu einem anderen Anbieter wechselt, kann es aufgrund von Wartesituationen auch zu einem Rückgang der Zugangsrate kommen.

Bei der *produktionstheoretischen Abbildung* des Prozesses der Dienstleistungsproduktion wird aufgrund der weitreichenden Analogien weitgehend auf die aus der Sachgüterproduktion bekannten Konzepte und Instrumente zurückgegriffen. Daneben existieren isolierte Ansätze zur Formulierung branchenspezifischer Produktionsfunktionen, z.B. für Banken, Versicherungen und Hochschulen, sowie Produktionsfunktionen für spezielle Dienstleistungen, wie Forschung und Entwicklung, Informationen oder Instandhaltung (vgl. Corsten 2007, S. 188ff.).

Als problematisch für eine quantitative Formulierung der Input/Output-Beziehung bei der Dienstleistungsproduktion in Form einer *Produktionsfunktion* erweisen sich zum einen die Messung und die Zurechnung der Leistungsabgabe der Potenzialfaktoren, zum anderen die meist schlechte Quantifizierbarkeit des Leistungsergebnisses. Auch der Beitrag, den der externe Faktor zur Produktion leistet, fällt quantitativ und qualitativ sehr unterschiedlich aus und entzieht sich damit einer einheitlichen Modellierung. Während beispielsweise im Gesundheitswesen, bei Ausbildungsmaßnahmen, in Forschung und Entwicklung oder bei einer Beratung der Kunde an der Leistungserstellung erheblich beteiligt ist und sowohl den Einsatz der anderen Produktionsfaktoren als auch das Leistungsergebnis wesentlich mitbestimmt, übernehmen die externen Faktoren bei stärker standardisierten Vorgängen wie Reparaturen und Reinigung, im Bank- und Versicherungsgewerbe, in der Nachrichtenübermittlung oder in der Abfallwirtschaft lediglich die Rolle eines Werkstoffs. Bei anderen Dienstleistungen, etwa bei Film- und Theatervorführungen oder im Personenverkehr, kann zwar die Betriebsleistung unabhängig von der Existenz und Ausprägung des externen Faktors erstellt werden, dieser ist jedoch für die Umsetzung von Betriebsleistungen in Marktleistungen erforderlich.

Ein Beispiel für die Übertragung eines für die Sachgüterproduktion formulierten Konzepts auf die Dienstleistungsproduktion ist die in Abschnitt 1.4.5 eingeführte Gutenberg-Produktionsfunktion. Zur Bewältigung von Spitzenbelastungen, aber auch bei plötzlichem Rückgang oder zyklischen Schwankungen der Nachfrage nach den angebotenen Dienstleistungen lassen sich die aus der Gutenberg-Produktionsfunktion bekannten *Anpassungsformen* wie folgt einsetzen:

- Eine *zeitliche Anpassung* lässt sich bei der Dienstleistungsproduktion erreichen, indem die Zeiten, zu denen die Leistungsbereitschaft angeboten wird, ausgedehnt oder reduziert werden, um sich an veränderte Kundenwünsche anzupassen. So sind nach der Lockerung des Ladenschlussgesetzes die Öffnungszeiten im Einzelhandel zunächst bis zum maximal zulässigen Umfang verlängert, später zu umsatzschwachen Zeiten wieder reduziert worden.

- Bei der *quantitativen Anpassung* der Dienstleistungsproduktion wird die Anzahl der parallel verfügbaren Bedienplätze variiert, so dass in Stoßzeiten mehr Kundschaft bedient werden kann und in wenig frequentierten Zeiten keine Personalkapazität verschwendet wird. Ein Beispiel ist die kurzfristige Variation der Anzahl der geöffneten Supermarktkassen in Abhängigkeit von der im Laden befindlichen Kundenzahl.

- Eine *intensitätsmäßige Anpassung* bei der Dienstleistungsproduktion ist möglich, indem die Mitarbeiter ihre Bearbeitungen in Abhängigkeit von der jeweiligen Nachfragerate schneller oder langsamer durchführen. Dabei ist jedoch zu berücksichtigen, dass die Qualität einer Dienstleistung unter einer zu schnellen Bearbeitung leiden kann. Dies ist z.B. der Fall, wenn das Verkaufspersonal aufgrund großen Kundenandrangs nicht genügend Zeit zur individuellen Beratung hat.

Bei einigen Dienstleistungen und für bestimmte Einsatzfaktoren lassen sich sogar explizite *Verbrauchsfunktionen* formulieren. Arbeitet man mit Zeitstudien und Regelzeitsystemen, so lässt sich die objektbezogene menschliche Arbeitsleistung quantifizieren. Der Verbrauch von Hilfsstoffen wie Formularen und Energie an Büroarbeitsplätzen ist problemlos messbar, ähnliches gilt für den Einsatz von Betriebsmitteln wie Fahrzeugen im Verkehrswesen oder Werkzeugen bei Reparaturen. Schwierigkeiten ergeben sich hingegen bei wenig standardisierbaren Tätigkeiten etwa im Unterricht, bei der Werbung oder in der Forschung und Entwicklung. Weiterhin entziehen sich interaktive Dienstleistungen wie Beratungen weitgehend einer quantitativen Modellierung in Form einer Produktionsfunktion.

1.6.4 Ergebnisorientierte Sicht der Dienstleistungsproduktion

Der Output bzw. *das Ergebnis der Dienstleistungsproduktion* kommt in der Einwirkung des Dienstleistungsprozesses auf den externen Faktor zum Ausdruck. Die Wirkung einer Dienstleistung konkretisiert sich am externen Faktor als dem Objekt der Dienstleistungsproduktion in Form der Veränderung oder auch der Erhaltung bestimmter Eigenschaften. Bei der Beschreibung des Outputs eines Dienstleistungsprozesses tritt vielfach das Problem auf, dass er sich weder quantitativ noch qualitativ eindeutig erfassen lässt.

- Das *Mengengerüst* der erzeugten Dienstleistungen lässt sich in einigen Bereichen als Anzahl der Durchführungen oder anhand des erzielten Umsatzes bestimmen. In der Hotellerie kann beispielsweise die Anzahl der Übernachtungen je Preisklasse gezählt werden, im Theater die Anzahl der Aufführungen oder die Anzahl der zahlenden Besucher und im Gesundheitswesen die Anzahl der behandelten Patienten. Bei den meisten Dienstleistungen liegen jedoch stark inhomogene Leistungen vor, so dass das Zählen von erbrachten Dienstleistungen wenig über die damit verbundene Leistung aussagt. Darüber hinaus hängt das Leistungsergebnis vielfach nicht nur von der Durchführung des Dienstleistungsprozesses durch den Leistungsanbieter ab, sondern auch von Art und Ausmaß der Interaktion auf Seiten des Nachfragers. So wird der Erfolg einer ärztlichen Behandlung nicht nur durch das Können des Arztes bestimmt, sondern auch von dem Gesundheitszustand und dem Verhalten des Patienten sowohl während als auch nach der Behandlung.

- Die *Qualität einer Dienstleistung* lässt sich häufig nicht objektiv bestimmen, sondern hängt von den Erwartungen, der Wahrnehmung und auch dem Anspruchsniveau der Kunden ab. So können die bei einer Pauschalreise erhaltenen, identischen Leistungen von verschiedenen Reiseteilnehmern völlig unterschiedlich beurteilt werden. Da sich die Dienstleistungsqualität vielfach allenfalls im Nachhinein, d.h. nach der Durchführung des Dienstleistungsprozesses, erkennen lässt, stellt sie eine Vertrauenseigenschaft dar (vgl. Abschnitt 1.2.3), deren Ausprägung man lediglich aus dem Ruf des Anbieters oder aus bisherigen Erfahrungen ableiten kann.

Dennoch ist die Dienstleistungsqualität das zentrale Element bei der ergebnisorientierten Betrachtung der Dienstleistungsproduktion. Daher werden im Folgenden zwei grundlegende Ansätze zur *Messung der Dienstleistungsqualität* in Grundzügen vorgestellt (vgl. Corsten 2007, S. 309ff.).

- Die Grundidee des *merkmalsorientierten Ansatzes* zur Messung der Dienstleistungsqualität besteht darin, dass sich das Urteil über die Gesamtqualität einer Dienstleistung durch Aggregation der Einschätzung einzelner Qualitätsmerkmale ergibt. Dafür wird ein Multiattributmodell herangezogen, in dem das Qualitätsurteil des Kunden i bezüglich der Leistung j wie folgt aus $k = 1, ..., K$ Einzelbeurteilungen ermittelt wird:

$$Q_{ij} = f\left(M_{ij1}, ..., M_{ijK}\right)$$

Die Einzelbeurteilungen werden entweder als Einstellungen zum Beurteilungsobjekt oder aufgrund der subjektiven Zufriedenheit abgegeben und in der Regel mithilfe von Befragungen ermittelt. Eines der bekanntesten multiattributiven Verfahren zur Messung der Dienstleistungsqualität ist das 1988 entwickelte SERVQUAL-Verfahren (vgl. Parasuraman et al. 1988), das einen Vergleich von erwarteter und erlebter Leistung vornimmt. Bei negativen Abweichungen, die einer nicht zufriedenstellenden Dienstleistungsqualität entsprechen, muss der Dienstleistungsanbieter Maßnahmen zur Schließung dieser Lücke ergreifen.

- Grundlage des *ereignisorientierten Ansatzes* sind kritische, d.h. besonders positive oder negative Kundenerlebnisse. Somit können Qualitätsmerkmale an allen Punkten auftreten, an denen eine Interaktion von Dienstleistungsanbieter und Kunden stattfindet. Anwendung findet der ereignisorientierte Ansatz in der Beschwerdeforschung sowie bei der Methode der kritischen Ereignisse, die durch Kundenbefragungen solche Ereignisse zu identifizieren versucht, die aus Kundensicht in besonderem Maße zum Erleben der Dienstleistungsqualität beitragen.

Für den Anbieter einer Dienstleistung ist es von großer Bedeutung, dass er von seinen Kunden Rückkopplungen über die von ihnen wahrgenommene Qualität der Leistungen erhält. Auf Basis derartiger Informationen ist er einerseits in der Lage, Ansatzpunkte zur Verbesserung seines Dienstleistungsprozesses erkennen, andererseits kann er unzufriedenen Kunden

Kompensationsleistungen anbieten, um ihre Zufriedenheit zu erhöhen und dadurch ihre Abwanderung zur Konkurrenz sowie negative Auswirkungen auf andere Kundengruppen zu vermeiden.

1.6.5   Industrielle Dienstleistungen

Als *industrielle Dienstleistungen* oder auch produktbegleitende Dienstleistungen bezeichnet man alle von Industrieunternehmen zusätzlich zu ihren Sachleistungen angebotenen immateriellen Leistungen. Bedingt durch den fortschreitenden technologischen Wandel sowie die zunehmende Spezialisierung und Arbeitsteilung im industriellen Bereich steigt der Bedarf der Unternehmen an von außen bezogenen Planungs-, Informations-, Schulungs-, Wartungs- und Kontrollleistungen immer weiter an, so dass die gesamtwirtschaftliche Bedeutung industrieller Dienstleistungen tendenziell zunimmt. Nach einer 1995 durchgeführten Studie des Instituts der Deutschen Wirtschaft werden ca. 40% der in der Industrie Beschäftigten für dienstleistungsspezifische Aufgaben eingesetzt. Mehr als 75% der Industrieunternehmen halten das zusätzliche Angebot von industriellen Dienstleistungen mittlerweile für unverzichtbar. Vor allem im Maschinen- und Anlagenbau nutzen viele Anbieter industrielle Dienstleistungen, um sich im verschärften Wettbewerb von ihrer Konkurrenz zu differenzieren, den Absatz im Sachgütergeschäft zu steigern und sich eine zusätzliche Einnahmequelle zu erschließen.

Industrielle Dienstleistungen können in sämtlichen Phasen des Anlagenlebenszyklus zum Einsatz kommen, d.h. bei der Projektierung, der Bereitstellung, der Installation, der Nutzung und der Entsorgung einer Produktionsanlage (vgl. Abschnitt 2.2.3.2). Die folgende Auflistung nennt unterschiedliche *Beispiele* für industrielle Dienstleistungen, um zu zeigen, wie vielfältig derartige Leistungen ausgestaltet sein können (vgl. Steven/Große-Jäger 2003, S. 27):

• Beratung eines Kunden beim Kauf einer neuen Maschine
• Durchführung einer Wirtschaftlichkeitsrechnung für diese Maschine
• Angebot von Lernsoftware und Bedienungsanleitungen
• Installation von Probesoftware mit Daten eines virtuellen Vergleichsunternehmens
• Transportleistungen für die verkauften Sachgüter
• Finanzierungsangebote für die Sachgüter
• Erstellung eines Anlagenlayouts für die Produktionshalle des Kunden
• Installation von Maschinen
• Justierung der Werkzeug- und Messeinrichtungen
• Beschaffung von Spezialwerkzeugen von anderen Herstellern
• Schulung der Mitarbeiter
• Instandhaltungsservice
• Ersatzteilservice
• Mobilitätsgarantien für Personen- und Lastkraftwagen
• Abschluss von Leasingverträgen

- Entsorgungs- und Rücknahmegarantien
- Durchführung von Reparatur- und Wartungsdiensten

Diesen Beispielen ist gemeinsam, dass es sich um investive Dienstleistungen handelt, die von den Anbietern für andere Unternehmen zur Unterstützung von deren Wertschöpfungsprozessen erbracht werden. Im Gegensatz dazu bezeichnet man Dienstleistungen, die direkt von den Konsumenten nachgefragt werden, als konsumtive Dienstleistungen. Auf einer zweiten Betrachtungsebene kann man weiter nach dem Anbieter einer Dienstleistung differenzieren (vgl. Abb. 1.53):

- Bei den *konsumtiven Dienstleistungen* unterscheidet man die von Industrieunternehmen erbrachten funktionellen Dienstleistungen und die von Dienstleistern angebotenen rein konsumtiven Dienstleistungen.

- *Industrielle Dienstleistungen* sind dadurch gekennzeichnet, dass sie von Industrieunternehmen angeboten werden und einen konkreten Bezug zu den von diesen angebotenen Sachgütern aufweisen. Wird eine vergleichbare Dienstleistung, z.B. eine Maschinenwartung, von einem reinen Dienstleistungsunternehmen angeboten, so wird sie nicht als industrielle Dienstleistung, sondern als rein investive Dienstleistung bezeichnet (vgl. Garbe 1998, S. 27ff.).

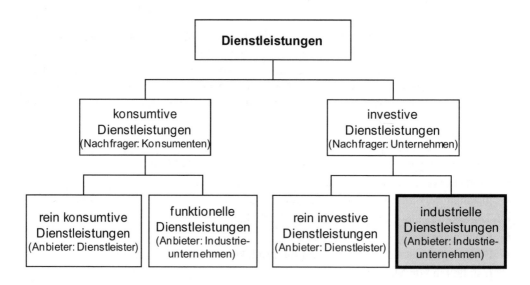

Abb. 1.53 *Industrielle Dienstleistungen*

Bei einer produktionswirtschaftlichen Analyse von industriellen Dienstleistungen lassen sich die folgenden *Einflussfaktoren* identifizieren (vgl. Steven/Schade 2004).

- *Sachgüterabsatz*: Industrielle Dienstleistungen werden von Industrieunternehmen in Verbindung mit ihren Sachgütern als Leistungsbündel angeboten. Daher besteht eine en-

ge Wechselwirkung zwischen dem Sachgüterabsatz und der Ausgestaltung von industriellen Dienstleistungen. Einerseits erwarten die Kunden eines Industrieunternehmens,
dass es gewisse, im Zusammenhang mit seinen Sachgütern stehende Dienstleistungen erbringt, andererseits fördert ein umfassendes Angebot von industriellen Dienstleistungen
den Sachgüterabsatz.

- *Leistungspotenzial*: Bei der Produktion von Dienstleistungen wird, wie in Abschnitt 1.6.2
  ausgeführt, zwischen der Vorkombination und der Endkombination unterschieden. Das
  im Rahmen der Vorkombination aufgebaute Leistungspotenzial ermöglicht die Erstellung
  unternehmensspezifischer immaterieller Leistungen bei der späteren Durchführung der
  Endkombination. Andererseits wird die Fähigkeit, kundenindividuell zu agieren, durch
  das vorhandene Leistungspotenzial begrenzt.

- *Externer Faktor*: Bei der Dienstleistungsproduktion handelt es sich um eine auftragsorientierte Produktion, die durch das Auftreten einer kundenspezifischen Problemstellung
  angestoßen wird. Die verschiedenen Integrationsmöglichkeiten des externen Faktors sind
  deshalb ein wesentlicher Einflussfaktor.

- *Interne Verbrauchsfaktoren*: Bei der Endkombination wird der eigentliche Dienstleistungsprozess vollzogen, indem durch Integration des externen Faktors und unter Hinzufügen weiterer interner Verbrauchsfaktoren das Leistungspotenzial des Anbieters in Anspruch genommen wird. Diese weiteren internen Faktoren bestimmen die konkrete Ausgestaltung der Dienstleistung und sind deshalb ebenfalls als eigenständige Einflussgröße
  zu erfassen.

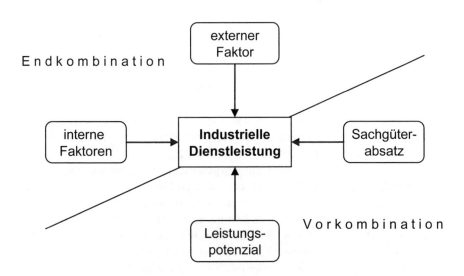

Abb. 1.54 *Einflussfaktoren industrieller Dienstleistungen*

Abb. 1.54 zeigt den Zusammenhang dieser Einflussfaktoren. Da sowohl der Sachgüterabsatz als auch das Leistungspotenzial in der Regel bereits vor der Erstellung einer industriellen Dienstleistung determiniert werden, lassen sie sich der Phase der Vorkombination zuordnen. Der externe Faktor und die weiteren internen Verbrauchsfaktoren spielen hingegen erst bei der Dienstleistungserstellung im Rahmen der Endkombination eine Rolle. Eine genauere Untersuchung des Zusammenhangs dieser Einflussfaktoren führt zu der in Abb. 1.55 veranschaulichten *Reaktionskette*.

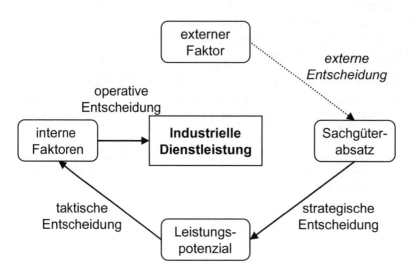

Abb. 1.55   *Reaktionskette der Einflussfaktoren*

Das Auftreten des externen Faktors ist der Auslöser für die Erstellung einer industriellen Dienstleistung. Der Kunde tritt mit einer speziellen Problemstellung, z.B. dem Wunsch nach Erweiterung seines flexiblen Fertigungssystems, an den Industriegüterhersteller heran. Zur Lösung dieses Problems fragt er ein bestimmtes Sachgut, z.B. eine computergesteuerte Werkzeugmaschine, nach. Dieses Sachgut ist aus Sicht des Herstellers wiederum der Ausgangspunkt für das Angebot an industriellen Dienstleistungen, die den Sachgüterabsatz begleiten und fördern sollen. Daher muss sich die Ausgestaltung des Leistungspotenzials für Dienstleistungen, welches die Kapazitätsgrenze des späteren Dienstleistungsabsatzes determiniert, am voraussichtlichen Sachgüterabsatz orientieren. Wenn das Dienstleistungsspektrum durch den Aufbau des Leistungspotenzials bestimmt ist, wird eine konkrete Dienstleistung durch die jeweilige Ausgestaltung der Kombination mit den zusätzlichen internen Verbrauchsfaktoren beeinflusst. Diese internen Faktoren bestimmen somit die tatsächliche Ausgestaltung des Dienstleistungsergebnisses, indem sie den Output an die individuellen Kundenbedürfnisse anpassen.

Die Elemente dieser Reaktionskette lassen sich verschiedenen *Planungsebenen* zuordnen, wie ebenfalls in Abb. 1.55 gezeigt wird.

- Der Entschluss des Kunden zum Erwerb eines bestimmten Sachguts liegt nicht in der Entscheidungskompetenz des Anbieters, so dass der Bereich des externen Faktors nicht mehr zu dessen Dispositionsspielraum gehört. Bei der Planung des Sachgüterabsatzes ist jedoch zu beachten, dass der Auftragseingang durch derartige *externe Entscheidungen* determiniert wird.

- Die Ausgestaltung des Leistungspotenzials sowohl für die Herstellung der Sachgüter als auch für die begleitenden industriellen Dienstleistungen ist aus Sicht des Anbieters eine grundlegende, *strategische Entscheidung*, die seine Wettbewerbsfähigkeit über einen längeren Zeitraum beeinflusst. Er muss daher sorgfältig planen, mit welchen Sachgütern er am Markt auftreten will und um welche Dienstleistungen sein Angebot erweitert werden soll.

- Wie die einzelnen industriellen Dienstleistungen konkret erstellt werden sollen, wird auf der *taktischen Ebene* entschieden, wenn der Anbieter auch die zusätzlich einzusetzenden internen Produktionsfaktoren näher konkretisiert.

- Welche internen Verbrauchsfaktoren letztlich für die Erstellung einer konkreten Leistung benutzt werden, ist Gegenstand der *operativen Planung*, da es sich hierbei jeweils um Einzelfallentscheidungen handelt.

Die enge Verbindung zwischen dem von einem Industriegüterhersteller angebotenen Sachgut und den begleitenden industriellen Dienstleistungen kommt auch in den *Betreibermodellen* als neueren Geschäftsmodellen für das Anlagengeschäft zum Ausdruck:

- Beim *Performance Contracting* werden die Produktionsanlagen nicht verkauft, sondern es wird die Anlagennutzung zu einem fest vereinbarten Mietpreis für eine bestimmte Zeit zur Verfügung gestellt. Dies kommt in der für dieses Geschäftsmodell gebräuchlichen Bezeichnung „*pay on availability*" zum Ausdruck. Der Anlagenhersteller garantiert während dieses Zeitraums die Verfügbarkeit der Maschinenleistung und führt sämtliche erforderlichen Wartungsarbeiten durch. Bei Vertragsablauf trägt er das Risiko, dass er für die Anlagen in Abhängigkeit von der Marktentwicklung keine weitere Einsatzmöglichkeit findet.

- Noch einen Schritt weiter geht das Betreibermodell vom Typ „*pay on production*". Hierbei stellt der Anlagenhersteller zusätzlich das Personal für den regelmäßigen Betrieb seiner Anlage zur Verfügung und der Industriekunde zahlt ein fest vereinbartes Entgelt für die auf der Anlage hergestellte Produktionsmenge. Ergänzend zu den Risiken beim Performance Contracting übernimmt der Betreiber alle Unwägbarkeiten, die sich aus dem laufenden Betrieb der Anlage ergeben, z.B. durch Unfälle, Fehlbedienungen oder die Produktion von Ausschuss. Er hat daher ein großes Interesse an der Optimierung seiner Anlagen und ihres Betriebs.

Da sich bei diesen Betreibermodellen die Anteile von Sachgut und Dienstleistungen an der am Markt angebotenen Betreiberleistung kaum noch voneinander trennen lassen, liegt hier eine weitere Ausprägung der zuvor eingeführten Leistungsbündel vor (vgl. Abschnitt 1.6.1

sowie Abb. 1.48). Derartige Leistungsbündel im Maschinen- und Anlagenbau werden auch als *hybride Leistungsbündel* bezeichnet.

Es ist daher naheliegend, die später zusammen angebotenen Sachanlagen und Dienstleistungen im Hinblick auf die Marktbedürfnisse in einem integrierten Entwicklungsprozess gemeinsam zu gestalten. Während im Bereich der Ingenieurwissenschaften bereits langjährige Erfahrungen hinsichtlich der systematischen Konstruktion von Anlagen bestehen, steht die Entwicklung des auf die Gestaltung von Dienstleistungen bezogenen *Service Engineering* noch am Anfang. Es ist zu prüfen, inwieweit sich bekannte industrielle Gestaltungsmethoden wie die Automatisierung, die Standardisierung und die Rationalisierung auf die Entwicklung von neuen Dienstleistungen bzw. von hybriden Leistungsbündeln übertragen lassen.

1.7   Literaturempfehlungen zur Produktionstheorie

Für eine vertiefte Auseinandersetzung mit dem Gebiet der Produktionstheorie sollten die nachfolgend genannten Lehrbücher herangezogen werden:

Corsten, H.: Produktionswirtschaft, Oldenbourg, München/Wien, 11. Aufl. 2007

Dinkelbach, W., Rosenberg, O.: Erfolgs- und umweltorientierte Produktionstheorie, Springer, Berlin usw., 5. Aufl. 2004

Dyckhoff, H.: Produktionstheorie, Springer, Berlin usw., 5. Aufl. 2006

Ellinger, T., Haupt, R.: Produktions- und Kostentheorie, Schäffer-Poeschel, Stuttgart, 3. Aufl. 1996

Fandel, G.: Produktion I: Produktions- und Kostentheorie, Springer, Berlin usw., 6. Aufl. 2005

Gutenberg, E.: Grundlagen der Betriebswirtschaft, Erster Band: Die Produktion, Springer, Berlin usw., 1. Aufl. 1951, 24. Aufl. 1983

Kistner, K.-P.: Produktions- und Kostentheorie, Physica, Heidelberg, 1. Aufl. 1981, 2. Aufl. 1993

Schweitzer, M. (Hrsg.): Industriebetriebslehre, Vahlen, München, 2. Aufl. 1994

Schweitzer, M., Küpper, H.-U.: Produktions- und Kostentheorie, Gabler, Wiesbaden, 2. Aufl. 1997

Steffen, R., Schimmelpfeng, K.: Produktions- und Kostentheorie, Kohlhammer, Stuttgart, 4. Aufl. 2002

Steven, M.: Produktionstheorie, Gabler, Wiesbaden 1998

2 Produktionsmanagement

2.1 Gegenstand des Produktionsmanagements

2.1.1 Planungsebenen

Die Aufgabe des Produktionsmanagements ist die Ausgestaltung des Produktionsbereichs und die laufende Planung der Abläufe innerhalb des Produktionssystems eines Unternehmens. Aufgrund der Komplexität und des Umfangs der in diesem Bereich zu treffenden Entscheidungen werden die vielfältigen Planungsaufgaben üblicherweise in aufeinander folgenden Planungsebenen angeordnet und sukzessiv abgearbeitet. Dabei werden die grundlegenden Entscheidungen, die langfristige Dispositionen vornehmen, zuerst getroffen. Sie setzen den Rahmen für die Ausgestaltung der nachfolgenden Teilbereiche sowie für die konkrete Umsetzung der Planung in Ausführungshandlungen. Bei einer solchen *hierarchischen Gliederung* des Produktionsmanagements lassen sich die in Abb. 2.1 dargestellten Planungsebenen unterscheiden (vgl. auch Hansmann 2001, Kistner/Steven 2001, Zäpfel 1996, 2001):

- Das *strategische Produktionsmanagement*, das in Abschnitt 2.2 behandelt wird, ist eingebettet in die strategische Unternehmensplanung. Auf dieser Planungsebene werden Grundsatzentscheidungen über die langfristige Unternehmensstrategie und die zu ihrer Umsetzung benötigten Ressourcen getroffen. Dabei gilt es, die nach außen gerichtete Gestaltung der vom Unternehmen am Markt angebotenen Produkte und die nach innen gerichtete Gestaltung der dafür erforderlichen Produktionspotenziale miteinander zu verknüpfen. Strategische Produktionsentscheidungen beziehen sich somit auf die Geschäfts- bzw. Produktfelder, auf die Standorte des Unternehmens, auf seine Ausstattung mit Personal- und Anlagenkapazitäten, auf die Umsetzung von Produktionstechnologien in Produktionsprozesse sowie auf die Fertigungstiefe. Um die Kunden- bzw. Marktanforderungen bereits auf der strategischen Ebene angemessen zu berücksichtigen, spielen die Methoden des Qualitätsmanagements eine große Rolle. Weiter sind die Einstellung des Unternehmens zur Umweltschutzproblematik sowie sein Umgang mit den aus der Geschäftstätigkeit resultierenden Emissions- und Haftungsrisiken von strategischer Bedeutung.

- Gegenstand des *taktischen Produktionsmanagements* sind mittelfristige Entscheidungen über den effektiven und effizienten Einsatz der verfügbaren Ressourcen, um die auf der strategischen Ebene formulierten Ziele zu erreichen (vgl. Anthony 1965, S. 15ff.). Wichtige Teilbereiche des taktischen Produktionsmanagements, die in Abschnitt 2.3 näher dargestellt werden, sind die Produktionsprogrammplanung, die Planung der Nutzung der Produktionskapazitäten und die Gestaltung der Abläufe in der Fließfertigung. Ein wesentliches Ergebnis der taktischen Produktionsplanung sind die nach Art, Menge und Termin konkretisierten Produktionsmengen für einen mittelfristigen Planungshorizont von in der Regel einem Geschäftsjahr, die an die operative Planungsebene weitergegeben werden.

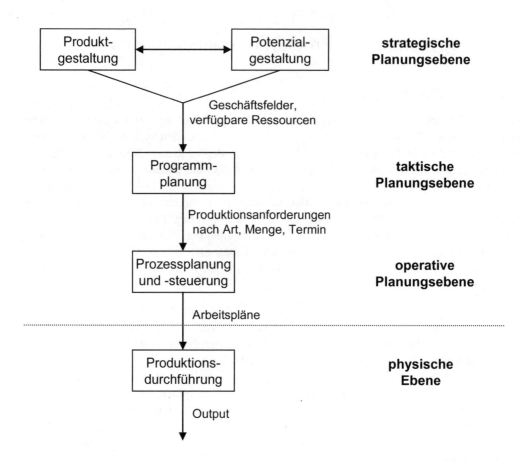

Abb. 2.1   *Ebenen des Produktionsmanagements*

- Auf der *operativen Ebene der Prozessplanung und -steuerung*, die in Abschnitt 2.4 behandelt wird, sind auf der taktischen Planung aufbauende kurzfristige Ablaufentscheidungen hinsichtlich der Produktionsdurchführung zu treffen. Dabei werden die taktischen Entscheidungen unter Hinzunahme zusätzlicher Informationen weiter detailliert. Die Ergebnisse der operativen Produktionsplanung werden anschließend als Arbeitspläne an das physische Produktionssystem zur konkreten Ausführung weitergegeben. Zu den auf dieser Planungsebene zu lösenden Aufgaben zählen insbesondere materialwirtschaftliche Entscheidungen, Losgrößenentscheidungen für die Beschaffung und für die Produktion sowie Reihenfolgeentscheidungen in der Maschinenbelegungs- und Ablaufplanung.

Neben dieser hierarchischen Gliederung wird in der produktionswirtschaftlichen Literatur häufig die nachfolgend angegebene Gliederung der Aufgaben des Produktionsmanagements zugrunde gelegt (vgl. z.B. Adam 1998, Corsten 2007a, Hahn/Laßmann 1999, Hoitsch 1993). Sie setzt andere Schwerpunkte, indem sie sich nicht an der Zuordnung von Planungsaufgaben zu Planungsebenen orientiert, sondern an den drei bereits in Abschnitt 1.2 diskutierten *Phasen des betrieblichen Transformationsprozesses* ansetzt (vgl. nochmals Gutenberg 1983):

- Die *Potenzialgestaltung* bzw. Bereitstellungsplanung dient der Versorgung der Produktion mit den benötigten Produktionsfaktoren. Sie bezieht sich somit auf die Inputseite des Produktionsprozesses. Sie umfasst die Bereitstellung der Werkstoffe in der Materialwirtschaft, die Bereitstellung der Betriebsmittel mit der Standortplanung, der Layoutplanung und der Anlagenwirtschaft und die Bereitstellung der Arbeitskräfte, die Gegenstand der Personalwirtschaft ist.

- Die *Produkt- und Programmgestaltung* ist der Outputseite des Transformationsprozesses zugeordnet. Sie reicht von der Festlegung der Geschäftsfelder, auf denen sich das Unternehmen betätigen will, und der eng damit verbundenen Gestaltung des am Markt angebotenen Sortiments über die Frage der optimalen Fertigungstiefe bis hin zu Problemen der Vorratshaltung und der Auflagefrequenz der einzelnen Produkte sowie der Losgrößenplanung.

- Die *Prozessgestaltung* befasst sich mit dem Transformationsprozess selbst. In Abhängigkeit von der Branche bzw. der eingesetzten Produktionstechnologie treten hierbei unterschiedliche Planungsprobleme auf. Typische Aufgaben der Prozessgestaltung sind die Steuerung der Kapazitätsauslastung, der prozessbedingte Auf- und Abbau von Zwischenlagerbeständen, die Planung von Auftrags-, Produktions- und Lieferterminen, die Planung der Einlastungsreihenfolge von Aufträgen auf den von ihnen benötigten Maschinen sowie die Produktionssteuerung und die Kontrolle der Produktionsabläufe.

Kombiniert man diese beiden Sichtweisen miteinander, so erhält man eine Matrix, die die verschiedenen Planungsaufgaben des Produktionsmanagements einerseits nach der Entscheidungsebene, andererseits nach der Phase des Transformationsprozesses anordnet. Abb. 2.2 zeigt, wie sich die in den nachfolgenden Abschnitten behandelten Planungsprobleme in diese Matrix einordnen lassen (vgl. auch Corsten 2004, S. 26).

	Potenzialgestaltung	Programmgestaltung	Prozessgestaltung
strategische Ebene	Standortwahl Technologiemanagement	Produktprogrammgestaltung	Qualitätsmanagement Umwelt- und Risikomanagement
taktische Ebene	Kapazitätsplanung	Produktionsprogrammplanung	Fließbandabstimmung

operative Ebene	Materialwirtschaft	Losgrößenplanung	Ablaufplanung

Abb. 2.2   *Planungsaufgaben*

Während in den Abschnitten zum strategischen, taktischen und operativen Produktionsmanagement jeweils isolierte Planungsentscheidungen dargestellt werden, betrachten die in Abschnitt 2.5 behandelte hierarchische Produktionsplanung und die in Abschnitt 2.6 diskutierten PPS-Systeme die Planungsaufgaben im Produktionsbereich aus einer umfassenderen Sicht.

2.1.2   Fristigkeit der Planung

Die oben genannten Planungsebenen korrespondieren in der Regel mit einer bestimmten Fristigkeit der Planung. Die Länge des Zeitraums, für den eine Planung durchgeführt wird, bezeichnet man als *Planungszeitraum*, der Zeitpunkt, bis zu dem sich eine Planung erstreckt, heißt *Planungshorizont*. Der Planungszeitraum wird üblicherweise in *Planungsperioden* eingeteilt, deren Anzahl und Länge wiederum von der Länge des Planungszeitraums abhängt. Nach der Fristigkeit der Planung unterscheidet man im Produktionsmanagement folgende Planungstypen:

- Eine *langfristige Planung* findet vor allem auf der strategischen Planungsebene statt. Sie erstreckt sich über einen Zeitraum von mehreren Jahren, übliche Planungsperioden sind Jahre oder Quartale. Langfristige Planungen im Produktionsmanagement erfolgen vor allem in Bezug auf das Produktionsprogramm, für die Ausgestaltung von Produktionsanlagen oder bei der Vereinbarung von dauerhaft angelegten Lieferbeziehungen.

- Die *mittelfristige Planung* korrespondiert weitgehend mit der taktischen Planungsebene. Der typische Planungshorizont der mittelfristigen Produktionsplanung beträgt ein Jahr, das in Monate als Planungsperioden eingeteilt wird. Durch die Jahresfrist wird gerade ein Saisonzyklus abgebildet, so dass saisonabhängige Schwankungen vor allem bei der Nachfrage, aber auch bei der Verfügbarkeit von Rohstoffen und Arbeitskräften in der Planung berücksichtigt werden können. Der wichtigste Bereich der mittelfristigen Planung ist die Planung des Produktionsprogramms, von der insbesondere die mittelfristige Kapazitätsnutzung abhängt.

- Als kurzfristig bezeichnet man Planungen, deren Horizont weniger als ein Jahr beträgt. *Kurzfristige Entscheidungen* sind vor allem auf der operativen Planungsebene zu treffen. Häufig gewählte Planungshorizonte der kurzfristigen Produktionsplanung sind die Woche, der Monat oder das Quartal. So werden z.B. kurzfristige Ablaufentscheidungen im Rahmen der wöchentlichen Arbeitsplanung getroffen, während die Planung von Produktionslosgrößen oder Bestellmengen und -zeitpunkten eher monatlich oder quartalsweise durchgeführt wird. Die Planungsperioden der kurzfristigen Planung umfassen einen Arbeitstag, eine Schicht oder auch nur eine Stunde. Vielfach wird auf dieser Ebene sogar auf eine Periodeneinteilung verzichtet und zu einer kontinuierlichen Modellierung des Zeitablaufs übergegangen, durch den sich allerdings die Komplexität der Planungsmodelle erheblich erhöhen kann.

Da eine betriebliche Planung – unabhängig davon, in welchem Bereich und mit welcher Fristigkeit sie durchgeführt wird – in der Regel nicht nur einmalig vorgenommen wird, sondern regelmäßig aktualisiert und an veränderte Anforderungen angepasst werden muss, stellt sich die Frage, in welcher Form *Unsicherheiten* bzw. Schwankungen bei den zugrunde gelegten Daten berücksichtigt werden können. Derartige Unsicherheiten können prinzipiell bei sämtlichen Planungsdaten auftreten. Vor allem bei im Planungszeitpunkt vorgenommenen Nachfrageprognosen können später erhebliche Abweichungen auftreten, aber auch hinsichtlich der anzusetzenden Kostenparameter, der verfügbaren Kapazitäten, der Produktionskoeffizienten, der Bearbeitungsdauern, der Lieferzeiten usw. kann man bei der Planung nicht von festen Werten ausgehen. Je weiter ein zu planender Sachverhalt in der Zukunft liegt, desto ungenauer lässt er sich im Planungszeitpunkt vorhersagen.

Grundsätzlich müssten zur Bewältigung von Unsicherheit *stochastische Planungsmodelle* eingesetzt werden, deren Handhabung jedoch problematisch ist, da sie als zusätzliche Angaben Informationen über die Verteilungen der stochastischen Parameter benötigen. Die meisten Modelle der Produktionsplanung gehen daher von deterministischen Daten aus. Dabei bestehen die beiden folgenden Möglichkeiten zur Aktualisierung der Planung im Hinblick auf derartige Unsicherheiten (vgl. Kistner/Steven 2001, S. 17):

* Bei der *Anschlussplanung*, deren grundsätzlicher Ablauf in Abb. 2.3 dargestellt ist, werden im Planungszeitpunkt sämtliche Entscheidungen bis zum vorgegebenen Planungshorizont T verbindlich getroffen und anschließend in die Realität umgesetzt. Im Zeitpunkt T, wenn der gesamte Plan abgearbeitet ist, erfolgt eine vollständige Neuplanung auf der Basis von neuen Daten für die nächsten T Perioden.

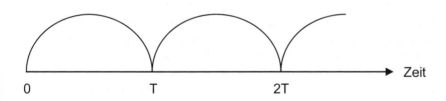

Abb. 2.3 *Anschlussplanung*

Dieses Vorgehen hat zwar den Vorteil, dass der Planungsaufwand gering gehalten werden kann, jedoch besteht keine Möglichkeit, die Planung innerhalb des Planungszeitraums an unvorhergesehene Datenänderungen anzupassen. Von besonderer Bedeutung für eine Anschlussplanung ist daher die Festlegung des Planungshorizonts: Wird dieser zu kurz gewählt, so besteht die Gefahr, dass die Planung *myopisch* – d.h. kurzsichtig –

wird, da Sachverhalte und Entwicklungen, die jenseits des Planungshorizonts liegen, nicht in die Entscheidungsfindung einbezogen werden. Bei einem zu weiten Planungshorizont hingegen tritt nicht nur das Problem auf, dass die bei der Planung zu berücksichtigenden Datenmengen immer größer werden, sondern die im Planungszeitpunkt getroffenen Entscheidungen für die letzten Perioden können sich als obsolet erweisen, wenn sie sich aufgrund einer veränderten Umweltsituation nicht mehr entsprechend der Planung umsetzen lassen. In diesem Fall müssten dann Improvisationsmaßnahmen an die Stelle von Planungsentscheidungen treten. Praktische Relevanz hat die Anschlussplanung allenfalls in Bereichen wie der Baubranche, in denen ein neues Projekt erst dann geplant wird, wenn das letzte zum Abschluss gekommen ist.

- Die *rollierende Planung*, deren Ablauf in Abb. 2.4 dargestellt ist, trifft zunächst – genau wie die Anschlussplanung – im Planungszeitpunkt sämtliche Entscheidungen bis zum Planungshorizont *T*. Diese werden jedoch lediglich für die erste Planungsperiode als fest angesehen und umgesetzt. Die Planung für die restlichen Perioden des ersten Planungszeitraums ist eine Eventualplanung, die als vorläufig gilt und bei späteren Datenänderungen revidiert werden kann. Diese Perioden werden jedoch in die Planung einbezogen, um der Gefahr einer myopischen Planung zu begegnen.

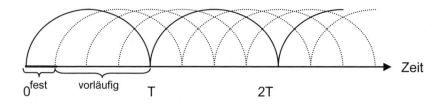

Abb. 2.4 *Rollierende Planung*

Durch ein solches Vorgehen lassen sich die Auswirkungen der für die erste Periode getroffenen Entscheidungen auf die Folgeperioden hinreichend genau erfassen. So kann z.B. eine Vorratsproduktion auf Lager eingeplant werden, wenn in den Folgeperioden ein Nachfrageanstieg absehbar ist, der sich mit der dann verfügbaren Kapazität nicht bewältigen lässt. Nach Ablauf der ersten Periode wird der Planungszeitraum um eine Periode nach hinten verschoben und es erfolgt auf der Basis aktualisierter Daten wiederum eine Planung für *T* Perioden, von denen die erste verbindlich und die nachfolgenden vorläufig geplant werden. Jede Periode wird somit insgesamt *T*-mal geplant, davon einmal fest und *T*–1-mal vorläufig. Die Vorgehensweise der rollierenden Planung nimmt einen Ausgleich vor zwischen der Forderung, den Planungshorizont kurz zu wählen, um auf Basis verlässlicher Daten planen zu können, und der Forderung nach einem weiten Planungshorizont, um ausreichende Informationen für die Planung zur Verfügung zu haben.

2.1.3 Konzeptionen der Planung

Gerade bei den vielfältigen Planungsaufgaben, die im Produktionsmanagement zu bewältigen sind, treten zahlreiche *Interdependenzen* auf, die bei der Entscheidungsfindung angemessen berücksichtigt werden müssen.

- Zum einen bestehen *sachliche Interdependenzen* zwischen verschiedenen Entscheidungsalternativen und Planungsbereichen. So treten horizontale bzw. Ressourceninterdependenzen immer dann auf, wenn mehrere einander nicht ausschließende Verwendungsmöglichkeiten um nur begrenzt verfügbare Ressourcen konkurrieren. Dieser Fall liegt z.B. in der Produktionsprogrammplanung vor, bei der verschiedene Produkte mit positivem Deckungsbeitrag auf dieselben Maschinenkapazitäten und begrenzt verfügbaren Materialien zugreifen wollen. Gleichzeitig bestehen vertikale sachliche Interdependenzen zwischen den verschiedenen Planungsebenen: Die strategische Planungsebene benötigt im Grunde gewisse Informationen über den möglichen Einsatz der von ihr bereitgestellten Ressourcen, um diese optimal gestalten zu können; die Entscheidung über den tatsächlichen Ressourceneinsatz kann jedoch erst fallen, wenn Art und Umfang der verfügbaren Ressourcen bekannt sind. Ähnliches gilt für das Verhältnis von taktischer und operativer Planung, denn zur Bestimmung des Produktionsprogramms für eine Periode müssen die verfügbaren Kapazitäten bekannt sein. Diese lassen sich jedoch erst im Anschluss an die Losgrößen- und Reihenfolgeplanung ermitteln, in deren Rahmen der für Rüstvorgänge und ablaufbedingte Leerzeiten benötigte Kapazitätsanteil bestimmt wird (vgl. Abschnitt 2.4.2 und 2.4.4).

- Auf der anderen Seite sind *zeitliche Interdependenzen* zwischen aufeinander folgenden Entscheidungen bzw. Planungsperioden zu beachten. So werden die Entscheidungsmöglichkeiten in der aktuellen Periode einerseits durch frühere Entscheidungen und die daraus resultierenden Vorgaben eingeschränkt, andererseits setzt die aktuelle Planung gewisse Restriktionen für die nachfolgenden Entscheidungen. So ergeben sich die aktuellen Produktionsmöglichkeiten aufgrund von früheren Investitionsentscheidungen, durch die eine bestimmte Kapazität aufgebaut wurde. Inwieweit diese Kapazität auch in der Zukunft noch nutzbar ist, hängt unter anderem von den jetzigen Entscheidungen hinsichtlich der Wartung und Instandhaltung der Anlagen ab.

Werden wesentliche Interdependenzen nicht beachtet, so kann das zu einer suboptimalen Planung führen. Das Ausmaß, in dem die vorhandenen Interdependenzen bei der Planung berücksichtigt werden, bezeichnet man als den *Integrationsgrad der Planung*. Er beträgt Null, wenn sämtliche Interdependenzen vernachlässigt werden, und er nimmt den Wert Eins an, wenn die Planung unter expliziter Beachtung aller Interdependenzen erfolgt. Es sind verschiedene Planungskonzeptionen entwickelt worden, die einen unterschiedlichen Integrationsgrad der Planung aufweisen (vgl. Steven 1994, S. 10ff.). Dabei ist zwischen zwei Aspekten der Integration zu unterscheiden:

- Der *Sachumfang der Planung* bezieht sich auf das Ausmaß, in dem die in der Realität vorhandenen sachlichen und zeitlichen Interdependenzen bei der Abbildung eines Sachverhalts in einem Planungsmodell berücksichtigt werden. Ein Modell, das alle in einem bestimmten Zusammenhang planungsrelevanten Interdependenzen umfasst, wird als *Totalmodell* bezeichnet, es weist einen hohen Integrationsgrad der Planung auf. Im Gegensatz dazu beschränkt sich ein *Partialmodell* auf ein Teilproblem, d.h. einen bestimmten Ausschnitt des Gesamtproblems, und ersetzt die Interdependenzen zu anderen Teilproblemen durch geeignete Annahmen. In vielen Modellen – so auch in den in den Abschnitten 2.2 bis 2.4 dargestellten Planungsbereichen – wird mit der ceteris-paribus-Annahme gearbeitet, d.h. die externen Einflüsse werden als konstant angenommen und die Modellergebnisse haben nur im Rahmen dieser Annahmen Gültigkeit.

- Zum anderen kann die Integration im Hinblick auf die *Koordination des Planungsprozesses* betrachtet werden. Bei der *Simultanplanung* liegt ein hoher Integrationsgrad vor, es werden sämtliche Entscheidungen gleichzeitig getroffen und damit alle relevanten sachlichen und zeitlichen Interdependenzen berücksichtigt. Die *Sukzessivplanung* hingegen nimmt eine Zerlegung des Gesamtproblems in mehrere Teilprobleme vor, die in einer bestimmten Reihenfolge gelöst und dadurch teilweise aufeinander abgestimmt werden. Die Reihenfolge, in der die Teilprobleme durchlaufen werden, ergibt sich entweder aus der in Abschnitt 2.1.1 angegebenen hierarchischen Struktur des Produktionsmanagements oder kann sich an den betrieblichen Engpassbereichen orientieren. Nach dem Ausgleichsgesetz der Planung (vgl. Gutenberg 1983, S. 163ff.) sind Entscheidungen für die Engpassbereiche vorrangig zu treffen, da sie die Gesamtleistung des Unternehmens determinieren und damit Vorgaben für die anderen Bereiche setzen.

Abb. 2.5 zeigt nochmals den Zusammenhang zwischen dem Integrationsgrad der Planung und den verschiedenen Planungskonzeptionen auf.

Integrations-grad	Sachumfang	Koordination
hoch	Totalmodell	Simultanplanung
gering	Partialmodell	Sukzessivplanung

Abb. 2.5   *Integrationsgrad der Planung*

Ein hoher Integrationsgrad der Planung ist nicht notwendigerweise erstrebenswert. Er bietet zwar die Gewähr, dass keine relevanten Interdependenzen außer Acht gelassen werden, führt jedoch in der Regel zu recht *umfangreichen und komplexen Planungsmodellen*, bei denen nicht nur die Datenbeschaffung und -pflege, sondern auch die numerische Lösung auf Probleme stoßen, sowie zu einem äußerst schwerfälligen Planungsprozess. Darüber hinaus lässt sich die unterschiedliche zeitliche Struktur von Entscheidungen mit verschiedenen Planungshorizonten in einem Totalmodell nicht adäquat abbilden.

Auch aus *organisatorischer Sicht* sind Totalmodelle abzulehnen, da die Tendenz besteht, dass sämtliche Entscheidungen von einer zentralen Instanz getroffen werden und somit die zuvor vorhandenen Zuständigkeiten und Kompetenzen aufgehoben werden müssen. Dies kann nicht nur zu einem bürokratischen Planungsprozess, sondern auch zu einem erheblichen Motivationsverlust bei den betroffenen Mitarbeitern führen. Weiter ist ein Totalmodell zu inflexibel, um auf plötzlich auftretende Ereignisse angemessen zu reagieren. Daher ist grundsätzlich kleinen, flexiblen Entscheidungseinheiten der Vorzug zu geben, die in ihrem Bereich autonom agieren dürfen und sich mit benachbarten Bereichen abstimmen sollen. Jedoch muss durch geeignete Anreizmechanismen dafür gesorgt werden, dass sich diese Entscheidungseinheiten nicht opportunistisch verhalten, sondern sich bei ihren Entscheidungen an der Gesamtzielsetzung des Unternehmens orientieren (vgl. Abschnitt 4.3.2.4).

Bei der Beurteilung eines Planungsmodells ist weiter zu berücksichtigen, dass ein für einen bestimmten Teilbereich aufgestelltes Totalmodell gleichzeitig ein Partialmodell in Bezug auf die übergeordnete Planungseinheit darstellt. So muss z.B. die in einem Totalmodell ermittelte Planung der Produktionsentscheidungen für ein Zweigwerk auf der Ebene des Gesamtunternehmens mit den Entscheidungen für die anderen Zweigwerke abgestimmt werden. Ein Totalmodell für den Produktionsbereich stellt aus Sicht der strategischen Gesamtplanung lediglich ein Partialmodell dar.

Im theoretischen Grenzfall entsteht ein absolutes Totalmodell durch die fortschreitende Integration von Teilbereichen, wobei die zuvor exogen gegebenen Parameter und Restriktionen einer Stufe im nächsten Integrationsschritt jeweils zu Variablen werden, die im Modell endogen bestimmt werden. Ein solches Modell, das nur noch Variablen und keine Parameter mehr enthält, wird jedoch völlig strukturlos (vgl. Bretzke 1980, S. 132f.).

Wie die vorangehenden Überlegungen zeigen, ist bei der Konzeption der Planungsprozesse im Produktionsmanagement der sukzessiven Abstimmung von sinnvoll abgegrenzten Partialmodellen der Vorzug zu geben. Dabei ist darauf zu achten, dass die *relevanten Interdependenzen* zwischen den einzelnen Teilbereichen, von denen der Planungserfolg wesentlich abhängt, hinreichend berücksichtigt werden (vgl. hierzu auch Abschnitt 2.5.1).

2.2 Strategisches Produktionsmanagement

Das strategische Produktionsmanagement befasst sich in enger Abstimmung mit anderen Bereichen des strategischen Managements mit *Grundsatzentscheidungen* für den Produktionsbereich, durch die ein Beitrag zum Aufbau und zur langfristigen Sicherung der Wettbewerbsfähigkeit des Unternehmens geleistet werden soll. Abschnitt 2.2.1 gibt zunächst einen Einblick in die für die Produktionswirtschaft relevanten Bereiche der Unternehmensstrategie. Von großer strategischer Bedeutung ist die Entscheidung für einen Unternehmensstandort, die in Abschnitt 2.2.2 behandelt wird. Damit ein Unternehmen mit einem attraktiven Leistungsprogramm am Markt auftreten kann, benötigt es einerseits konkurrenzfähige Produkte und andererseits die für die Herstellung dieser Produkte erforderlichen Produktionsanlagen. Daher befasst sich Abschnitt 2.2.3 mit dem Technologie- und Anlagenmanagement und Abschnitt 2.2.4 mit der strategischen Produktgestaltung. Aufgrund der großen Bedeutung des Qualitätsziels für die Wettbewerbsposition eines Unternehmens (vgl. nochmals Abschnitt 1.1.5) gehört auch das in Abschnitt 2.2.5 behandelte Qualitätsmanagement zu den strategisch relevanten Aufgaben des Produktionsmanagements. Darüber hinaus hat sich in den letzten Jahren gezeigt, dass vom Umgang mit ökologischen und betrieblichen Risiken die Existenz eines Unternehmens abhängen kann. Daher wird in Abschnitt 2.2.6 das Umwelt- und Risikomanagement dargestellt, dessen strategische Bedeutung in den letzten Jahren sowohl im Inland als auch auf globalen Märkten erheblich zugenommen hat.

2.2.1   Unternehmensstrategie

In den folgenden Abschnitten werden – ausgehend von der Problemstellung und den Grundbegriffen der Unternehmensstrategie – die wichtigsten strategischen Managementinstrumente vorgestellt. Dabei erfolgt bewusst eine Beschränkung auf die in der Mitte des 20. Jahrhunderts entwickelten klassischen Managementinstrumente, die sich in zahlreichen Anwendungen bewährt haben und nicht der Gefahr unterliegen, sich nur als kurzfristige Modeerscheinungen der Beratungsbranche zu erweisen.

2.2.1.1   Ausgangssituation

Die Wettbewerbssituation, vor der derzeit die meisten Unternehmen stehen, ist durch die folgenden *Entwicklungstendenzen* gekennzeichnet (vgl. Steven 1999, S. 245):

- *Globalisierung*: Sowohl auf der Beschaffungs- als auch auf der Absatzseite ist eine Tendenz zu immer weiter gehender internationaler Betätigung und daraus resultierend ein verstärkter Wettbewerb festzustellen, der sowohl Chancen als auch Risiken mit sich bringt. Bei der Beschaffung lassen sich durch Global Sourcing jeweils diejenigen Quellen nutzen, die die benötigten Materialien und Bauteile in der gewünschten Qualität und zu günstigen Preisen bereitstellen; die Ausdehnung des Absatzraums auf neue Märkte erlaubt die Ausweitung der Produktion auch bei stagnierender Inlandsnachfrage.

- *Dynamisierung*: In den letzten Jahren ist eine immer stärkere Beschleunigung des technischen Fortschritts sowohl bei den Produkten als auch bei den Produktionsverfahren sowie eine zunehmende Verkürzung von Entwicklungszeiten und Produktlebenszyklen festzustellen, so dass für die meisten Unternehmen ein ständig wachsender Anpassungsdruck besteht.

- *Vernetzung*: Durch die ständig verbesserten Potenziale der Informations- und Kommunikationstechnologie eröffnen sich neue Möglichkeiten zur schnellen Reaktion auf Veränderungen des Umfeldes und zum verstärkten Informationsaustausch mit Partnern innerhalb und außerhalb des Unternehmens.

- *Mass Customization*: Die Bedürfnisse der Kunden richten sich zunehmend auf individuelle Produkte mit genau spezifizierten Eigenschaften. Um die Vorteile sowohl der Fließ- als auch der Werkstattfertigung nutzen und ein angebotenes Produkt trotz großer Gesamtstückzahlen in einer Vielzahl von Varianten bei gleichzeitig hoher Qualität fertigen zu können, werden in zunehmendem Umfang flexible Fertigungsanlagen und komplexe Planungsverfahren eingesetzt.

Die sich aus diesen Entwicklungen für ein Unternehmen ergebenden Herausforderungen müssen bei der strategischen Planung berücksichtigt werden. Auf der strategischen Planungsebene wird – unter Berücksichtigung der Unternehmensphilosophie und der daraus abgeleiteten Visionen und Leitbilder – die Strategie des Gesamtunternehmens festgelegt. Dabei stehen die folgenden *Ziele* im Vordergrund:

- zukunftsorientierte Entwicklung des Unternehmens
- Aufbau und Erhaltung von Erfolgspotenzialen und Wettbewerbsvorteilen
- Antizipation von Wandlungen in der relevanten Umwelt des Unternehmens
- Wahrnehmung von Chancen und Vermeidung von Risiken
- Förderung von Stärken und Abbau von Schwächen

Die Aufgabe des strategischen Managements besteht darin, langfristig wirksame Entscheidungen in Bezug auf die folgenden *Aufgabenfelder und Sachverhalte*, die teilweise nur in indirekter Beziehung zum Produktionsbereich stehen, zu treffen, um durch deren abgestimmte Gestaltung einen möglichst hohen Beitrag zur Erreichung der strategischen Ziele zu leisten:

- Unternehmenspolitik, -kultur und -philosophie
- Standorte
- Geschäftsfelder
- relevante Märkte
- Produktionsprogramm
- Innovationen und Technologien
- Anlagen und Kapazitäten
- Produkt- und Prozessqualität
- Wertschöpfungstiefe
- Kooperationen im In- und Ausland
- Strukturen in der Aufbau- und Ablauforganisation
- Personalentwicklung
- Investition und Finanzierung
- Umweltorientierung

Als Kern der klassischen Instrumente des strategischen Managements gilt die *strategische Geschäftseinheit* (SGE) bzw. Strategic Business Unit (SBU). Darunter versteht man eine Unternehmenseinheit, die für sämtliche Aktivitäten in Bezug auf eine bestimmte Produkt/Markt Kombination, d.h. für die Bereitstellung und die Vermarktung eines Produkts auf einem Markt, zuständig ist (vgl. Zäpfel 2001, S. 33ff.). Eine strategische Geschäftseinheit darf im Rahmen der Unternehmensstrategie eigene Strategien zur Weiterentwicklung und Vermarktung ihrer Produkte entwickeln und trägt die Verantwortung sowohl für den Absatz als auch für die zugehörigen Kosten in ihrem Bereich. Für das Verständnis einer strategischen Geschäftseinheit als Produkt/Markt-Kombination sind zunächst die Begriffe Produkt und Markt zu klären:

Der *Produktbegriff* lässt sich zum einen aus einer technischen, zum anderen aus einer funktionalen Sicht begreifen.

- Die *technische Sichtweise* definiert ein Produkt anhand seiner relevanten Eigenschaften. Unterschiedliche Eigenschaften bedeuten, dass es sich um verschiedene Produkte handelt. Da somit der technische Fortschritt, durch den sich die Produkteigenschaften verändern, jeweils zu neuen Produkten führt, ist dieser Produktbegriff für die strategische Planung wenig geeignet.

- Aus *funktionaler Sicht* dient ein Produkt zur Befriedigung von bestimmten Kundenbedürfnissen bzw. stellt eine Lösung für ein exakt definiertes Anwenderproblem dar, die auf einer einheitlichen Lösungstechnologie beruht. Verwandte technische Lösungen werden somit als ein Produkt aufgefasst, erst eine erhebliche Veränderung der Lösungstechnologie, die einen Strategiewechsel erfordert, führt zu einem neuen Produkt. Ein Beispiel ist die Weiterentwicklung von lediglich stationär einsetzbaren Desktop-Computern zu tragbaren Notebooks, die nicht nur eine weitere Miniaturisierung von bestimmten Bauteilen erforderte, sondern sich auch an Kundenkreise mit höheren Mobilitätsanforderungen wendet.

Auch der *Marktbegriff* lässt sich aus zwei verschiedenen Perspektiven, der des Angebots und der der Nachfrage, definieren:

- Die *angebotsorientierte Sichtweise* fasst den Markt eines bestimmten Produkts als den Bereich auf, in dem dieses Produkt einer wirksamen Konkurrenz ausgesetzt ist. Von zentraler Bedeutung ist dabei die Substituierbarkeit der auf diesem Markt angebotenen Produkte, die eine wesentliche Voraussetzung für die Spürbarkeit von Konkurrenz ist. Der Nachteil dieser Sichtweise ist die starke Abhängigkeit von der Wahrnehmung der Produkteigenschaften.

- Die *nachfrageorientierte Sicht* hingegen definiert den Markt eines Produkts als die Gesamtheit der gegenwärtigen und zukünftigen Kunden, für die das Produkt konzipiert ist. Diese von den Produkteigenschaften unabhängigere Sichtweise bietet bessere Ansatzpunkte zur Formulierung von marktbezogenen Strategien. Das Marketing verwendet als Kriterien zur Marktsegmentierung insbesondere geografische Gesichtspunkte, die zu lokalen, regionalen, nationalen oder globalen Märkten führen, demografische Aspekte wie Einkommen, Alter, Geschlecht, Bildungsstand oder Beruf der potenziellen Abnehmer sowie den Bedürfniszusammenhang, in dem das Produkt angeboten wird, z.B. Ernährung, Einrichtung, Kleidung, Lifestyle usw. (vgl. z.B. Kotler 1989, S. 201ff.).

2.2.1.2 Ansoff-Matrix

Ein bewährtes Konzept zur Ableitung von Strategien für strategische Geschäftseinheiten ist die in Abb. 2.6 dargestellte *Ansoff-Matrix* (vgl. Ansoff 1957), die danach differenziert, welche Erfahrungen das Unternehmen bereits mit einem bestimmten Produkt bzw. auf einem Markt gesammelt hat. Je geringer die Erfahrungen sind, auf die das Unternehmen bei der Planung für eine strategische Geschäftseinheit zurückgreifen kann, desto schwieriger und riskanter ist die Umsetzung der nachfolgend genannten Strategien, die jeweils an Beispielen aus dem Bereich der Telekommunikation verdeutlicht werden.

- Verfügt das Unternehmen bereits über Erfahrungen sowohl bezüglich seiner Produkte als auch hinsichtlich der Märkte, auf denen es diese anbietet, so wird eine Strategie der *Marktdurchdringung* empfohlen, um durch Erhöhung des Marktanteils auf den bereits besetzten Märkten die Wettbewerbsposition zu stärken. Ein Beispiel für diese Strategie ist die Intensivierung von bestehenden Geschäftsbeziehungen durch das Angebot zusätzlicher Dienstleistungen – wie z.B. einer Anrufbeantworterfunktion – an bereits unter Vertrag stehende Kunden.

- Die Strategie der *Marktentwicklung* kommt zur Anwendung, wenn bereits etablierte Produkte auf für das Unternehmen neuen Märkten eingeführt werden sollen. Hierbei gilt es, adäquate Absatzmethoden für neue Käufergruppen oder neue Absatzregionen zu entwickeln. Dieser Situation sah sich z.B. das britische Unternehmen Vodafone gegenüber, als es im Rahmen seiner Internationalisierungsstrategie Ende der 1990er Jahre das Geschäft von Mannesmann Mobilfunk in Deutschland übernommen hatte.

		M a r k t	
		alt	**neu**
P r o d u k t	**alt**	Markt-durchdringung	Markt-entwicklung
	neu	Produkt-entwicklung	Diversifikation

Abb. 2.6 *Ansoff-Matrix*

- Bei der Strategie der *Produktentwicklung* steht die Einführung eines neuen Produkts in bereits bekannte Märkte im Vordergrund. Dabei kann auf vorhandene Kundenkontakte und den bestehenden Vertriebsapparat zurückgegriffen werden. Das Angebot von technisch verbesserten Mobiltelefonen mit MMS- oder später UMTS-Funktionalitäten an Vertragskunden durch Netzbetreiber ist ein Beispiel für diese Strategie.

- Die riskanteste Strategie ist die *Diversifikation*, bei der das Unternehmen mit neuen Produkten in neue Märkte vorstößt und somit weder auf produktbezogene noch auf marktseitige Erfahrungen zurückgreifen kann. Nach der Stoßrichtung der Diversifikation unterscheidet man die horizontale Diversifikation, bei der das neue Produkt auf derselben Wertschöpfungsstufe angesiedelt ist, die vertikale Diversifikation, bei der Produkte auf vor- oder nachgelagerten Wertschöpfungsstufen hinzugenommen werden, und die laterale Diversifikation in Geschäftsfelder, die keinen direkten Bezug zu den bisherigen Aktivitäten des Unternehmens aufweisen. Die Diversifikationsstrategie ist wichtig, um sich durch den rechtzeitigen Aufbau neuer Produktfelder und der damit verbundenen Kompetenzen zukünftige Erfolgspotenziale zu sichern. Ein weiterer Effekt der Diversifikation ist die aus der Portfoliotheorie bekannte Risikostreuung, die aus der unterschiedlichen Entwicklung heterogener Geschäftsfelder resultiert.

Der Begriff der strategischen Geschäftseinheit, der sich lediglich auf die beiden Dimensionen Produkt und Markt bezieht, ist durch den produktionswirtschaftlichen Ansatz der Fertigungssegmentierung weiterentwickelt worden. Unter einem *Fertigungssegment* versteht man in diesem Zusammenhang eine Produkt/Markt/Produktions-Kombination, die sämtliche für die Erzeugung und Vermarktung eines Produkts erforderlichen Aktivitäten eines Unternehmens zusammenfasst und dabei eigenständige Strategien verfolgt (vgl. Wildemann 1989, S. 27ff.). Das Fertigungssegment ist eine organisatorisch weitgehend abgegrenzte Einheit, die auch als „Fabrik in der Fabrik" bezeichnet wird und zusätzlich zu der Marktperspektive der strategischen Geschäftseinheit auch die mit der Erzeugung eines Produkts befassten innerbetrieblichen Wertschöpfungsvorgänge – vor allem in den Bereichen des Materialflusses, der Bearbeitung und der Auftragsabwicklung – umfasst. Weiter wird die Kostenverantwortung von den auf den Absatz der Produkte bezogenen Kosten um die Produktionskosten auf die gesamten Kosten der Wertschöpfung ausgeweitet.

2.2.1.3   Erfahrungskurve

Die *Erfahrungskurve* beschreibt die Entwicklung der Kostenstruktur eines Produkts im Zeitablauf. Dabei lässt sich feststellen, dass die Stückkosten aufgrund der bei der wiederholten Durchführung eines Produktionsablaufs gewonnenen Erfahrungen eine fallende Tendenz aufweisen. Empirische Untersuchungen, die bereits in den 1930er Jahren in der amerikanischen Flugzeugindustrie durchgeführt wurden, haben gezeigt, dass die Stückkosten mit jeder Verdopplung der kumulierten Produktionsmenge um 20% bis 30% zurückgehen (vgl. Wright 1936). Der idealtypische Verlauf der Erfahrungskurve ist in Abb. 2.7 dargestellt.

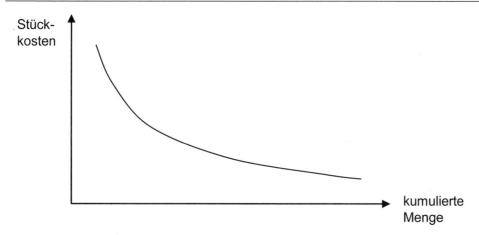

Abb. 2.7 *Verlauf der Erfahrungskurve*

Dieses auch in anderen Branchen, z.B. der Automobil-, Textil-, Stahl-, Papier-, Glas- und Elektroindustrie sowie bei Raffinerien (vgl. Hieber 1991, S. 9) feststellbare *Kostensenkungspotenzial* wird u.a. als Basis für strategische Preisentscheidungen herangezogen: Ist bei einem neuen Produkt zu erwarten, dass die Stückkosten aufgrund der Erfahrungskurve schnell sinken werden, so kann das Produkt zu einem geringen, sogar unter den Selbstkosten liegenden Preis in den Markt eingeführt werden, um Konkurrenten vom Markteintritt abzuhalten. Der niedrige Preis führt über eine große Absatzmenge zu einem schnellen Anstieg der kumulierten Produktionsmenge und damit zu einem raschen Fortschritt auf der Erfahrungskurve. Teilweise wird bei der Kalkulation von Angeboten für Staatsaufträge die Berücksichtigung von Erfahrungskurveneffekten vorgeschrieben (vgl. Jackson 1998, S. 156f.).

Ein weiterer möglicher Einsatzbereich der Erfahrungskurve liegt bei der Bestimmung der *Vorgabezeiten* für einzelne Fertigungsvorgänge an die Mitarbeiter. Üblicherweise werden diese Vorgabezeiten vergangenheitsorientiert aus Beobachtungen und Berechnungen abgeleitet (REFA-Methode) und ihre Einhaltung oder Unterschreitung stellt für die Mitarbeiter keine sonderliche Herausforderung dar. Reduziert man jedoch die Vorgabezeiten anhand einer moderat angesetzten Lernrate von z.B. 95% und koppelt deren Einhaltung mit einem Anreizsystem (vgl. Abschnitt 4.2.4), so ist die Motivationswirkung ungleich höher.

Grundlage der in Abb. 2.7 dargestellten Erfahrungskurve sind *Lernvorgänge*, die bewirken, dass die Mitarbeiter die einzelnen Vorgänge bei der Produktion immer schneller und besser durchführen, je häufiger sie diese wiederholen. Aufgrund der sinkenden Ausführungszeiten und einer geringeren Ausschussquote sinken somit auch die Kosten, die je produzierter Einheit anfallen. Die Erfahrungskurve lässt sich wie folgt formalisieren: Wenn sich eine Ausgangsmenge x^0 zu Stückkosten in Höhe von k^0 produzieren lässt, dann belaufen sich bei einer Lernrate von $(1-\alpha)\%$ die Stückkosten einer Produktionsmenge x, die das 2^n-fache von x^0 beträgt, auf:

$$x = 2^n \cdot x^0$$

$$\Rightarrow \quad k(x) = (1-\alpha)^n \cdot k^0$$

Logarithmieren ergibt für $x^0 = 1$:

$$k(n) = n \cdot \log_2(1-\alpha) + \log_2\left(k^0\right)$$

Die angegebene Form der Erfahrungskurve basiert somit auf einer *linearen Lernhypothese*. In der Literatur werden zahlreiche andere Formen der Erfahrungskurve diskutiert, die zum Teil versuchen, bestimmte empirisch beobachtete Kostenverläufe abzubilden (vgl. hierzu Laarmann 2005, S. 15ff.).

Auch wenn sich der diesen Modellen zugrunde liegende exakte Zusammenhang von Produktionsmenge und Stückkosten in der Regel empirisch nur näherungsweise bestätigen lässt, ist die in der Erfahrungskurve zum Ausdruck kommende Tendenz zur Verringerung der Stückkosten mit zunehmender Produktionsmenge vielfach festzustellen. Als *Begründung* von Erfahrungskurveneffekten lassen sich neben Lernvorgängen eine Reihe anderer Ursachen heranziehen (vgl. Abb. 2.8):

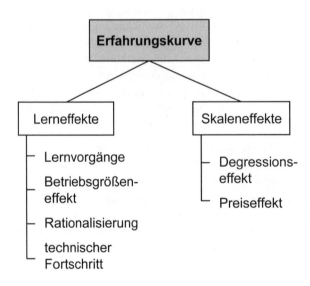

Abb. 2.8   *Ursachen der Erfahrungskurve*

- Zu den langfristig angelegten *Lerneffekten* zählen neben den bereits angesprochenen Lernvorgängen der Betriebsgrößeneffekt und der technische Fortschritt. Der Betriebsgrößeneffekt kommt darin zum Ausdruck, dass ein Unternehmen für höhere geplante Produktionsmengen größere Maschinen anschaffen kann, die eine höhere Produktivität und geringere Stückkosten aufweisen. Rationalisierung bedeutet die Umgestaltung von Produktionsabläufen, durch die der Einsatz von Produktionsfaktoren, insbesondere der menschlichen Arbeitskraft, reduziert und dadurch die Produktivität erhöht werden soll. Durch den technischen Fortschritt erfolgt eine ständige Weiterentwicklung der eingesetzten Produktionstechnologie, die ebenfalls die Produktivität der Anlagen erhöht und damit die Stückkosten senkt.

- Im Gegensatz zu den dynamischen Lerneffekten, die bei Ausweitung der kumulierten Produktionsmenge auftreten, lassen sich *Skaleneffekte* auch kurzfristig, d.h. bei einer Erhöhung der aktuellen Produktionsmenge, realisieren. Zu den Skaleneffekten zählt zum einen der Stückkostendegressionseffekt. Dieser beruht darauf, dass bei einer größeren Produktionsmenge die anteiligen Fixkosten je Stück und damit auch die Stückkosten auf Vollkostenbasis sinken, selbst wenn sich die variablen Stückkosten nicht verändern. Zum anderen kann bei größeren Produktionsmengen ein Preiseffekt auftreten, wenn die Lieferanten der von außen bezogenen Materialien dem Unternehmen bei einer höheren Bestellmenge einen Mengenrabatt einräumen.

Allerdings ist zu beachten, dass die Erfahrungskurve kein allgemeingültiges Gesetz darstellt, aus dem sich automatisch Kostensenkungen ergeben, sondern lediglich *Kostensenkungspotenziale* anzeigt. Um diese Potenziale vollständig zu erschließen, muss das Unternehmen sämtliche sich bietenden Rationalisierungs- und Innovationsmöglichkeiten ausnutzen und zum Teil auch Reorganisationsmaßnahmen einleiten.

2.2.1.4   Produktlebenszyklus

Während sich die Erfahrungskurve auf produktionsseitige Effekte konzentriert, stellt das Konzept des *Produktlebenszyklus* absatzbezogene Vorgänge in den Vordergrund. Es geht davon aus, dass der Umsatz und der Gewinn eines vom Unternehmen am Markt angebotenen Produkts im Zeitablauf einen idealtypischen Verlauf aufweisen. Der Produktlebenszyklus erstreckt sich von der ersten Produktidee bis zur Elimination des Produkts aus dem Sortiment des Unternehmens. Die Dauer eines Produktlebenszyklus hängt stark von der Art des Produkts ab, sie reicht von wenigen Monaten bei Modeartikeln oder elektronischem Spielzeug bis zu vielen Jahren bei langlebigen Investitionsgütern. In Abb. 2.9 ist der Produktlebenszyklus idealtypisch dargestellt. Bezeichnet man den Umsatz des Produkts im Zeitpunkt t mit $E(t)$ und den Gewinn mit $G(t)$, so lassen sich die verschiedenen Phasen des Produktlebenszyklus anhand charakteristischer Punkte der Umsatz- bzw. Gewinnkurve wie folgt voneinander abgrenzen:

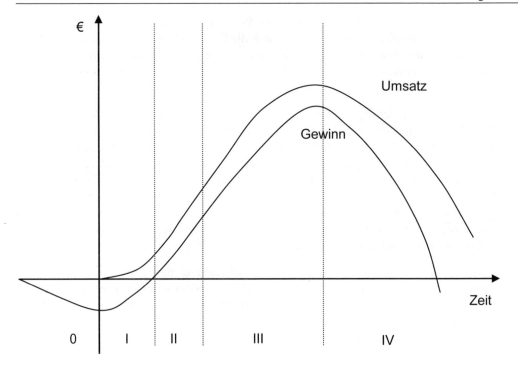

Abb. 2.9 *Produktlebenszyklus*

Phase 0: Vor der Markteinführung des Produkts liegt die *Entwicklungsphase*, in der das neue Produkt von der Produktidee bis zur Marktreife entwickelt wird. In dieser Phase fallen noch keine Umsätze an, vielmehr entstehen hohe Aufwendungen für die Produktentwicklung und die Vorbereitung der Markteinführung, so dass der Gewinn negativ ist.

$$G(t) < 0 \qquad E(t) = 0$$

Phase I: Die *Einführungsphase* beginnt mit der Markteinführung des neuen Produkts und endet mit dem Erreichen der Gewinnschwelle, d.h. zu dem Zeitpunkt, in dem der Umsatz erstmals die Kosten abdeckt. In dieser Phase steigt der Umsatz zunächst langsam an, der Gewinn ist noch negativ, da die Einführungskosten die Umsätze übersteigen.

$$G(t) < 0 \qquad E(t) > 0$$

Phase II: In der anschließenden *Wachstumsphase* etabliert sich das Produkt am Markt, sie ist daher durch ein starkes, überproportionales Wachstum von Umsatz und Gewinn gekennzeichnet. Die Wachstumsphase beginnt bei der Gewinnschwelle und endet in dem Zeitpunkt, in dem das Umsatzwachstum sein Maximum bzw. die Umsatzfunktion ihren Wendepunkt erreicht.

$$G(t) > 0 \qquad E(t) > 0 \qquad \frac{dE}{dt} > 0 \qquad \frac{d^2E}{dt^2} > 0$$

Phase III: Die auf die Wachstumsphase folgende *Reife-* bzw. *Sättigungsphase* ist typischerweise die längste Phase des Produktlebenszyklus. Sie reicht vom Wendepunkt der Umsatzfunktion bis zu ihrem Maximum. In dieser Phase steigt der Umsatz zwar noch an, jedoch verlangsamt sich das Umsatzwachstum aufgrund zunehmender Marktsättigung. Weiter wird in dieser Phase in der Regel das Gewinnmaximum erreicht.

$$G(t) > 0 \qquad E(t) > 0 \qquad \frac{dE}{dt} > 0 \qquad \frac{d^2E}{dt^2} < 0$$

Phase IV: Die *Degenerationsphase* als letzte Phase des Produktlebenszyklus weist sinkende Umsätze und Gewinne auf, da das Produkt immer weniger gekauft wird. Sie beginnt beim Maximum der Umsatzfunktion und endet, wenn das Produkt vom Markt genommen wird, spätestens wenn der Gewinn negativ wird.

$$G(t) > 0 \qquad E(t) > 0 \qquad \frac{dE}{dt} < 0$$

In den einzelnen Phasen sind unterschiedliche *Entscheidungen* zu treffen: Stellt sich in der Einführungsphase heraus, dass das Produkt nicht den erwarteten Erfolg haben wird, da z.B. das Erreichen der Gewinnschwelle länger als geplant dauert, so ist es frühzeitig wieder vom Markt zu nehmen. In der Wachstums- und Reifephase muss sich das Unternehmen erst auf die Ausweitung des Marktanteils und später auf die Verteidigung der bereits erreichten Position konzentrieren. Weiter sollte diese Phase z.B. durch eine regelmäßige Aktualisierung des Produkts möglichst lange ausgedehnt werden, um die dort erzielten Gewinne abschöpfen zu können. Ein Beispiel für eine solche Ausdehnung der Reifephase sind die verschiedenen, aufeinander folgenden Generationen eines Automodells, z.B. die technisch sehr unterschiedlich ausgestatteten Generationen des VW Käfer oder des VW Golf. Innerhalb der Degenerationsphase muss das Unternehmen die Entscheidung treffen, wann es das Produkt vom Markt nehmen will. Eine frühzeitige Produktelimination erfolgt z.B., wenn das Produkt durch ein Nachfolgemodell ersetzt werden soll – z.B. die Ablösung des VW Käfer durch den VW Golf – oder wenn die Produktionskapazitäten für andere, größeren Erfolg versprechende Produkte benötigt werden.

Im Rahmen des strategischen Produktionsmanagements wird der Produktlebenszyklus eingesetzt, um die zukünftigen Absatzchancen eines Produkts zu beurteilen. Dabei ist allerdings zu berücksichtigen, dass in der Realität zum einen der Verlauf der in Abb. 2.8 angegebenen Kurven allenfalls näherungsweise bekannt ist und zum anderen die Bestimmung der aktuellen Position eines Produkts große Schwierigkeiten bereitet. Weiter zeigt der Produktlebenszyklus, dass die Zeitspanne, während derer ein Produkt am Markt angeboten werden kann, begrenzt ist und daher vom Unternehmen ständig neue Produkte entwickelt werden müssen, damit es sich auch weiterhin im Wettbewerb behaupten kann. Lebenszykluskonzepte finden auch in anderen Bereichen des strategischen Produktionsmanagements, z.B. im Technologiemanagement (vgl. Abschnitt 2.2.3.1), Verwendung.

2.2.1.5   Portfolio-Analyse

Ein wichtiges Instrument des strategischen Managements, das in den folgenden Abschnitten noch mehrfach zur Anwendung kommt, ist die Portfolio-Analyse. Unter einem *Portfolio* versteht man in diesem Zusammenhang eine zweidimensionale Matrix, in der ein Zusammenhang zwischen einer vom Unternehmen selbst beeinflussbaren Größe (interne Dimension) und einer nicht direkt beeinflussbaren Größe (externe Dimension) dargestellt wird. Durch Einordnung der jeweils relevanten Betrachtungsobjekte (Produkte, Anlagen, Standorte, Investitionsprojekte usw.) in diese Portfolio-Matrix kann man erkennen, in welchen Bereichen das Unternehmen gut positioniert ist, und Strategien hinsichtlich der weiteren Unternehmensentwicklung ableiten.

Eines der bekanntesten Portfolio-Konzepte ist das in den 1950er Jahren entwickelte Marktanteils/Marktwachstums-Portfolio der *Boston Consulting Group* (BCG), einer bekannten amerikanischen Unternehmensberatungsgesellschaft. Dieses Konzept greift die zuvor behandelten Instrumente des Produktlebenszyklus und der Erfahrungskurve auf, um die derzeitige Position und die zukünftigen Strategien für die strategischen Geschäftseinheiten des Unternehmens zu bestimmen. Sein Ziel ist die Ableitung von Entwicklungsstrategien für strategische Geschäftseinheiten in Abhängigkeit von ihrer Marktposition und der Marktdynamik. Die beiden Dimensionen der BCG-Matrix sind das Marktwachstum als externe und der relative Marktanteil als interne Dimension, die jeweils die Ausprägungen „hoch" und „niedrig" annehmen können.

* Das *Marktwachstum* gilt als hoch, wenn es größer ist als das durchschnittliche Wachstum der Gesamtwirtschaft, als langjähriger Mittelwert werden hierfür vielfach 5% angesetzt. Ein hohes Marktwachstum liegt häufig bei neu eingeführten Produkten vor, die sich in der Einführungs- oder Wachstumsphase ihres Produktlebenszyklus befinden, während Märkte für Produkte in der Sättigungs- oder Degenerationsphase tendenziell unterdurchschnittlich wachsen.

* Der *relative Marktanteil* ist definiert als Quotient aus dem eigenen Marktanteil und dem Marktanteil des stärksten Konkurrenten:

$$\text{relativer Marktanteil} = \frac{\text{eigener Marktanteil}}{\text{Marktanteil des stärksten Konkurrenten}}$$

Er wird als hoch angesehen, wenn das Unternehmen mit seinem Produkt auf dem betrachteten Markt der Marktführer ist, d.h. bei Werten über eins. Somit kann in jedem Markt nur ein Unternehmen einen relativen Marktanteil größer eins aufweisen. Der relative Marktanteil nimmt zu, wenn die eigene Absatzmenge stärker steigt als die der Wettbewerber. Ein solcher Anstieg des Marktanteils kann insbesondere infolge von Preissenkungen auftreten, die das Unternehmen aufgrund der durch den Erfahrungskurveneffekt erzielten Kostenreduktion vornehmen kann.

Die verschiedenen strategischen Geschäftseinheiten des Unternehmens werden entsprechend ihrem Marktwachstum und ihrem relativen Marktanteil in die in Abb. 2.10 angegebene Portfolio-Matrix eingetragen, die Größe der Kreise gibt den Umsatz der jeweiligen strategischen Geschäftseinheit an.

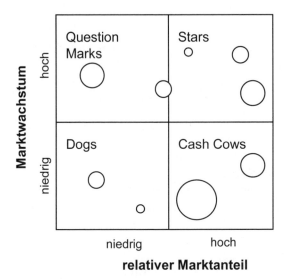

Abb. 2.10 *Marktanteils/Marktwachstums-Portfolio*

Für die den einzelnen Matrixfeldern zugeordneten strategischen Geschäftseinheiten werden die folgenden Strategien empfohlen:

- *Question Marks* sind typischerweise Produkte in der Einführungsphase, deren Markterfolg noch nicht feststeht. Die diesem Feld zugeordneten strategischen Geschäftseinheiten sind durch einen niedrigen relativen Marktanteil und ein hohes Marktwachstum gekennzeichnet. Um den Marktanteil zu erhöhen und das Produkt zu einem Star werden zu lassen, sind einerseits Investitionen in Marketingaktivitäten und andererseits ein zügiger Ausbau der Produktionskapazitäten erforderlich. Erscheint der Abstand zum Marktführer als zu groß, um nachhaltige Erfolge zu erzielen, so sollte das Produkt unter Abschöpfung des noch erzielbaren Cashflows aus dem Markt genommen werden.

- *Stars* sind Produkte in der Wachstumsphase, bei denen das Unternehmen Marktführer ist, z.B. innovative Produkte, die das Unternehmen als erstes auf den Markt gebracht hat. Wegen des hohen Marktwachstums kann man die Absatzmenge schnell erhöhen und gleichzeitig die Kosten und damit auch die Preise aufgrund des Erfahrungskurveneffekts senken. Um die Star-Position einer strategischen Geschäftseinheit zu verteidigen, müssen die Produktions- und Absatzkapazitäten weiter ausgebaut werden, d.h. auch diese Produkte benötigen erhebliche finanzielle Mittel.

- Tritt ein Produkt, das zuvor eine Marktführerposition erreicht hat, in seine Sättigungsphase ein, so wird der Star zur *Cash Cow*. Aufgrund des nunmehr geringen Marktwachstums reichen die zuvor für die strategische Geschäftseinheit aufgebauten Kapazitäten für die laufende Produktion aus, weitere Investitionen sind daher nicht erforderlich. Vielmehr werden aufgrund der hohen Absatzmengen erhebliche finanzielle Überschüsse generiert, die sich für die bei den Question Marks und den Stars erforderlichen Investitionen einsetzen lassen.

- *Dogs* sind Produkte in der Degenerationsphase, die bei stagnierendem Marktwachstum nur über einen geringen relativen Marktanteil verfügen. Solange das Marktvolumen ausreicht, sollte der Cashflow bei diesen strategischen Geschäftseinheiten abgeschöpft werden, andernfalls sollte sich das Unternehmen aus dem Markt zurückziehen.

Im Idealfall durchläuft eine strategische Geschäftseinheit die verschiedenen Matrixfelder in der angegebenen Reihenfolge, so dass auf eine Phase, in der das Produkt erheblichen Finanzierungsbedarf hat, eine Phase mit finanziellen Rückflüssen folgt. Um nach dem Start im Question Marks-Feld zunächst die Star- und später die Cash Cow-Position auf einem Markt zu erreichen, ist es erforderlich, dass das Unternehmen seine Absatzmenge und damit seinen Umsatz schneller als die Konkurrenz erhöht. Ein Beispiel für einen solchen idealtypischen Verlauf ist die Einführung des digitalen Musikabspielgeräts iPod im Jahr 2003, bei der der Hersteller Apple nicht nur das ästhetisch und technisch überlegene Produkt vorlegte, sondern auch einen erheblichen zeitlichen Vorsprung vor den Konkurrenten Dell, Sony und Philips hatte und diesen nutzte, um in einem stark wachsenden Markt schnell die Marktführerposition zu erlangen.

Zur Sicherung der langfristigen Wettbewerbsfähigkeit des Unternehmens besteht das Ziel des strategischen Produktmanagements darin, jederzeit über ein ausgewogenes Portfolio zu verfügen, bei dem der Cashflow der reifen Produkte ausreicht, um den Finanzbedarf der zukunftsträchtigen Produkte abzudecken. Dazu ist es erforderlich, einerseits ständig neue Produkte herauszubringen oder Produkte in neue Märkte einzuführen, die das Potenzial haben, sich zu Stars und Cash Cows zu entwickeln, und andererseits die Produkte in der Dog-Position rechtzeitig vom Markt zu nehmen.

Das Marktanteils/Marktwachstums-Portfolio lässt sich nicht nur zur Bestandsaufnahme hinsichtlich der Situation des Unternehmens in einem bestimmten Zeitpunkt einsetzen, sondern dient auch zur Beurteilung der Unternehmensentwicklung im Zeitablauf, indem die geplanten und die tatsächlich realisierten Positionen der einzelnen strategischen Geschäftseinheiten miteinander verglichen werden. Seine wesentliche Bedeutung liegt in der Beschreibung der relativen Wettbewerbssituation eines Unternehmens sowie der Ableitung von strategischen Maßnahmen für die einzelnen strategischen Geschäftseinheiten.

Nach dem Grundprinzip des Marktanteils/Marktwachstums-Portfolios der Boston Consulting Group wurde für das strategische Management eine Reihe anderer Portfolio-Konzepte entwickelt, die sich hinsichtlich der Bezeichnung und Messung der Dimensionen sowie bei der

Anzahl der Merkmalsausprägungen voneinander unterscheiden; einige werden in den nachfolgenden Abschnitten vorgestellt. Trotz ihrer weiten Verbreitung stoßen diese Portfolio-Konzepte auch auf *Kritik*. Als problematisch werden vor allem folgende Punkte angesehen (vgl. Kreikebaum 1997, S. 81ff., Corsten 2007, S. 215f.):

- Die Aggregation der vielfältigen realen Einflussgrößen auf zwei Dimensionen ist zu undifferenziert.

- Die Auswahl der Dimensionen wird entweder gar nicht oder nur unzulänglich begründet.

- Durch die schematische Zuordnung bestimmter Strategien zu den in den einzelnen Feldern positionierten Objekten lassen sich die Besonderheiten des jeweiligen Falls nur unzureichend berücksichtigen.

2.2.1.6   Wettbewerbsstrategien

In Anlehnung an Porter (1992) lassen sich die folgenden, auf die Schaffung und Erhaltung von strategischen Wettbewerbsvorteilen ausgerichteten *Wettbewerbsstrategien* unterscheiden:

- Bei der Strategie der *Kosten-* bzw. *Preisführerschaft* versucht das Unternehmen, einen Kostenvorsprung zu erreichen, indem es seine Stückkosten und damit auch seine Angebotspreise unter die der Wettbewerber senkt. Durch die niedrigen Preise lassen sich Umsatz und Marktanteil steigern, so dass sich trotz geringer Margen die Gewinnsituation verbessert. Diese Strategie eignet sich vor allem für Märkte mit homogenen Massenprodukten, auf denen der Wettbewerb im Wesentlichen über den Preis läuft. Strategische Maßnahmen zur Erzielung der Kostenführerschaft sind neben der Ausweitung der Produktionskapazitäten vor allem die Automatisierung und Rationalisierung der Produktionsprozesse, um die Erfahrungskurve sowie das Gesetz der Massenproduktion auszunutzen und große Stückzahlen zu geringen Kosten herstellen zu können.

- Die Strategie der *Differenzierung* bzw. der *Qualitätsführerschaft* zielt darauf ab, dass das Unternehmen seine Produkte mithilfe der Marketinginstrumente Produktpolitik, Distribution und Kommunikation von dem Angebot der Konkurrenten abhebt und für sie am Markt eine Einzigartigkeitsposition schafft. Die Differenzierung kann an sämtlichen Produkteigenschaften, wie Design, Funktionalität, Verpackung oder auch Service ansetzen. Insbesondere die Qualität eines Produkts hat sich zu einem im Wettbewerb bedeutenden Differenzierungsmerkmal entwickelt. Aufgrund stärkerer Präferenzen der Kunden für die differenzierten Produkte lassen sich höhere Preise durchsetzen, so dass sich die Margen verbessern und die Kostenseite an Bedeutung verliert. Eine Differenzierungsstrategie eignet sich vor allem für heterogene Produkte in oligopolistischen Märkten. Allerdings besteht die Gefahr, dass die Wettbewerber die differenzierenden Eigenschaften imitieren und dadurch der Wettbewerbsvorteil wieder verloren geht.

- Einen anderen Weg geht die *Nischenstrategie* mit der Fokussierung, bei der das Unternehmen versucht, durch Verzicht auf den Vertrieb in Massenmärkten und durch Ausrichtung seiner Produkte auf die Bedürfnisse jeweils eines bestimmten Marktsegments oder einer geografisch abgegrenzten Marktregion Wettbewerbsvorteile gegenüber den breiter angelegten Wettbewerbern zu erzielen. Innerhalb der Nische muss zusätzlich eine Entscheidung für die Kosten- bzw. die Qualitätsführerschaft erfolgen. Die Nischenstrategie eignet sich vor allem bei stark differenzierten Produkten und wird angesichts der Tendenzen zur stärkeren Individualisierung von Leistungsangeboten in Zukunft noch größere Bedeutung erlangen.

Generell gilt, dass sich ein Unternehmen entweder auf die Kosten- oder die Qualitätsführerschaft konzentrieren sollte. Der Versuch, diese beiden Strategien miteinander zu kombinieren, führt nach Porter dazu, dass beide Ziele nur unvollkommen erreicht werden (stuck in the middle). Lediglich in innovativen Märkten ist es den Pionierunternehmen möglich, im Rahmen einer hybriden Strategie Kostenführerschaft und Differenzierung miteinander zu verbinden. Andererseits erlauben flexible Formen der Fertigungsorganisation (vgl. Abschnitt 3.3.2) sowie der modulare Aufbau von Produkten nach dem Baukastenprinzip (vgl. Abschnitt 2.2.4) die kostengünstige Herstellung auch kleiner Produktionsmengen, so dass eine kundenindividuelle Fertigung von Massenprodukten (mass customization) möglich wird.

2.2.2   Standortwahl

Die Bestimmung des geeigneten Standorts bzw. die räumliche Verteilung von verschiedenen Standorten eines Unternehmens ist eine bedeutende strategische Entscheidung, die das Unternehmen nicht nur langfristig bindet, sondern auch tief greifende Auswirkungen auf die nachfolgenden Entscheidungen und Aktivitäten hat. Daher muss die *Standortwahl* die Interdependenzen von Standortentscheidungen sowohl mit der zukünftigen Markt- und Produktstrategie als auch mit der Kapazitäts- und der Technologiestrategie des Unternehmens berücksichtigen.

Eine Standortentscheidung ist in erster Linie bei der *Gründung* eines Unternehmens zu treffen. Hierbei geht es um die Auswahl des für die Ansiedlung des Unternehmens am besten geeigneten Standorts. Aber auch bei einer späteren *Erweiterung* oder Umstrukturierung der Unternehmensaktivitäten können Entscheidungen über den Aufbau oder die Schließung von Standorten erforderlich sein. Darüber hinaus muss die Standortstruktur im Rahmen der strategischen Planung regelmäßig überprüft und bei Bedarf an veränderte Rahmenbedingungen der Unternehmensumwelt angepasst werden. Im Zuge der Globalisierung der Wirtschaft gewinnt auch die Ansiedlung an ausländischen Produktions- und Vertriebsstandorten zunehmende Bedeutung.

Grundsätzlich lassen sich, wie in Abb. 2.11 dargestellt, *Standortstrategien* mit Kapazitätsaufbau und mit Kapazitätsabbau unterscheiden, deren Einsatz in engem Zusammenhang mit der aus der Marktposition abgeleiteten Produktstrategie steht (vgl. z.B. Zäpfel 2001, S. 146ff.).

- Eine expansive Standortstrategie ist bei Produkten in der Star-Position angezeigt, sie ist mit einem *Kapazitätsaufbau* verbunden. Dieser Kapazitätsaufbau kann als Ausbau von Produktionsstätten an bereits vorhandenen Standorten (on-site-Expansion), als räumliche

Verdichtung durch den Aufbau zusätzlicher Produktionsstätten im Gebiet der bisherigen Aktivitäten oder als räumliche Diversifizierung durch den Aufbau zusätzlicher Produktionsstätten in bislang nicht besetzten Regionen erfolgen.

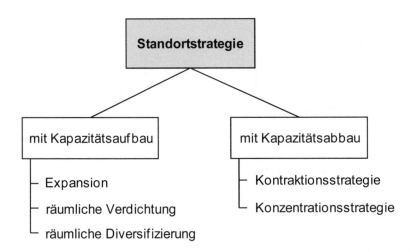

Abb. 2.11 *Standortstrategie*

- Bei Produkten am Ende ihres Lebenszyklus, deren Marktvolumen stagniert oder bereits schrumpft, ist – falls sich die freigesetzten Kapazitäten nicht für andere Produkte nutzen lassen – tendenziell ein *Kapazitätsabbau* angezeigt, der zur vollständigen oder teilweisen Stilllegung von Standorten führt. Hierbei lassen sich zwei Varianten unterscheiden: Bei einer Kontraktionsstrategie werden die Kapazitäten an den vorhandenen Standorten heruntergefahren, bei einer Konzentrationsstrategie erfolgt hingegen eine Neuaufteilung der reduzierten Produktionsmenge auf die günstigsten Standorte und eine Schließung der nicht mehr benötigten Standorte.

Ein Instrument zur systematischen Ableitung von Standortstrategien unter Berücksichtigung der relevanten unternehmensinternen und -externen Einflussgrößen ist die in Abb. 2.12 dargestellte *Standort-Portfolio-Matrix*.

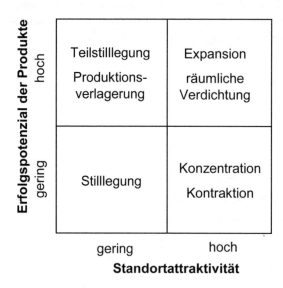

Abb. 2.12   *Standort-Portfolio-Matrix*

Die *interne Dimension* der Standort-Portfolio-Matrix ist das Erfolgspotenzial der Produkte, das durch die Entwicklung ihres jeweiligen Marktes, ihren Marktanteil, ihr Stückgewinnpotenzial usw. gemessen wird. Die *externe Dimension* hingegen gibt die Standortattraktivität an, die im Wesentlichen von der Ausprägung der nachfolgend behandelten Standortfaktoren abhängt. In Abhängigkeit von der Position bezüglich dieser beiden Dimensionen lassen sich den verschiedenen Geschäftseinheiten die zuvor genannten Standortstrategien wie folgt zuordnen:

- Wird sowohl die Attraktivität des Standorts als auch das zukünftige Erfolgspotenzial des Produkts als gering eingeschätzt, so empfiehlt sich eine Stilllegung des betreffenden Standorts.

- Werden an einem prinzipiell attraktiven Standort Produkte mit geringem Erfolgspotenzial hergestellt, so ist eine Konzentrations- bzw. Kontraktionsstrategie anzuwenden, bei der erfolgträchtigere Produkte von weniger attraktiven Standorten zu diesem Standort verlagert werden.

- Ist umgekehrt die Standortattraktivität gering und das Erfolgspotenzial der dort gefertigten Produkte hoch, so sollte eine Verlagerung der Produktion an attraktivere Standorte und eine zumindest teilweise Stilllegung dieses Standorts erfolgen.

- Weist schließlich ein Standort bezüglich beider Dimensionen eine hohe Ausprägung auf, so sind expansive Standortstrategien anzuwenden.

Im Rahmen des *Standortcontrollings* erfolgt eine regelmäßige Überprüfung der bestehenden Standorte und gegebenenfalls eine Anpassung der Standortstruktur eines Unternehmens (vgl. Bloech 1994, S. 141 ff.).

Eine Konkretisierung der Standortstrategie wird bei der *Standortplanung* vorgenommen. Diese hat die Aufgabe, die optimale räumliche Anordnung von Unternehmensstandorten, d.h. Produktionsstandorten, Lagerorten, Distributionsstandorten oder auch den Sitz der Unternehmensleitung zu bestimmen. Die Standortwahl hängt von einer Reihe von kritischen Erfolgsfaktoren, den Standortfaktoren, ab. Die Auswahl des Standorts soll unter Berücksichtigung der jeweils als relevant erachteten Standortfaktoren so erfolgen, dass der hinsichtlich dieses multikriteriellen Entscheidungsproblems als optimal erachtete Standort ausgewählt wird. Die relevanten Standortfaktoren und ihre Gewichtung müssen aus den Zielsetzungen des Unternehmens abgeleitet werden. Bezüglich der Bedeutung einzelner Standortfaktoren können sich im Zeitablauf Verschiebungen ergeben, die soweit möglich bereits bei der Standortentscheidung berücksichtigt werden sollten.

Die wichtigsten Standortfaktoren für die Entscheidung über die Ansiedlung eines Produktionsunternehmens sind in Abb. 2.13 genannt. Man unterscheidet quantitative Standortfaktoren, deren Ausprägungen und Zielbeiträge sich monetär messen lassen, und qualitative Standortfaktoren, die sich zum größten Teil lediglich auf einer Ordinalskala erfassen lassen und deren Zielbeitrag daher subjektiv geschätzt werden muss.

Zu den *quantitativen Standortfaktoren* gehören in erster Linie die an einem Standort erwarteten Ausprägungen der kurz- und langfristigen Erlös- und Kostenkomponenten, die den Unternehmenserfolg maßgeblich bestimmen. Weiter sind staatliche Fördermaßnahmen sowie die Höhe der zu zahlenden Steuern zu berücksichtigen. Wegen der langfristigen Tragweite der Standortentscheidung wäre eine möglichst exakte Prognose der Ausprägungen sämtlicher quantitativer Standortfaktoren über die erwartete Nutzungsdauer eines Standorts erforderlich, so dass die Vorteilhaftigkeit alternativer Standorte mithilfe investitionstheoretischer Verfahren verglichen werden könnte. Jedoch sind die zugehörigen Daten insbesondere für weiter entfernte Perioden mit starker Unsicherheit bzw. Unschärfe behaftet, so dass sich derartige Rechnungen allenfalls für Teilprobleme durchführen lassen.

Zu den *qualitativen Standortfaktoren* zählen insbesondere die folgenden, zumindest auf dem hier betrachteten Aggregationsniveau nicht quantitativ erfassbaren Eigenschaften eines potenziellen Betriebsgeländes:

- Grundstücke: Lage, Form, Bodenbeschaffenheit, Bebauungsvorschriften, Erweiterungsmöglichkeiten

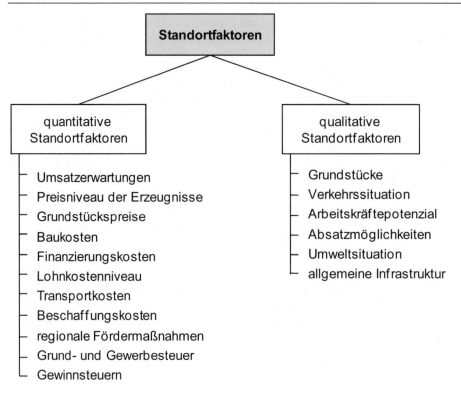

Abb. 2.13 *Standortfaktoren*

- Verkehrssituation: Anbindung an Verkehrsnetze (Autobahn, Flughafen, See- oder Binnenhafen), Entfernungen zu den wichtigsten Märkten, Erreichbarkeit durch den öffentlichen Personennahverkehr, Auslastung der Verkehrswege

- Arbeitskräftepotenzial: Bevölkerungsstruktur, Qualifikationsniveau, Arbeitskraftreserven, konkurrierende Arbeitgeber

- Absatzmöglichkeiten: Kaufkraft in der Region, Konkurrenzsituation

- Umweltsituation: Klimabedingungen, Belastungssituation, Altlasten, aber auch Regelungsdichte, Regelungsintensität, Kontrollintensität

- allgemeine Infrastruktur: Wohnraumsituation, Lebensqualität, Bildungs- und Kultureinrichtungen, Freizeitwert, Landschaft, ärztliche Versorgung, Versorgung mit Schulen, Krankenhäusern usw.

Tendenziell werden für rohstoffintensive Branchen in der Nähe der wichtigsten Beschaffungsmärkte gelegene Standorte bevorzugt, während service- bzw. marktorientierte Unternehmen sich eher in der Nähe ihrer Abnehmer ansiedeln. Angesichts der in den letzten Jahrzehnten kontinuierlich gefallenen Transportkosten und der Möglichkeit, mit dem Flugzeug fast alle Regionen sehr schnell zu erreichen, haben derartige Argumente jedoch immer weniger Gewicht.

Zur Lösung des Problems der Standortwahl kommen einerseits optimierende, andererseits heuristische Verfahren in Betracht. Optimierende Verfahren können lediglich quantitativ erfassbare Kriterien berücksichtigen, Heuristiken können sowohl quantitative als auch qualitative Eigenschaften von Standorten erfassen.

Im Bereich der *optimierenden Verfahren* sind zum einen Modelle zur Transportplanung entwickelt worden, in denen die logistischen Aspekte der Standortwahl im Vordergrund stehen. Dabei werden die mit einem Standort verbundenen Transportbeziehungen als Netzwerk modelliert und der optimale Standort wird so bestimmt, dass die im Netzwerk zurückzulegenden Wege minimiert werden (vgl. Weber 1922, S. 225ff.). Zum anderen kommen gemischt-ganzzahlige Optimierungsmodelle zur Maximierung der an einem Standort erwarteten Zahlungsüberschüsse zum Einsatz. Derartige Verfahren erfordern zwar einen erheblichen Modellierungs- und Rechenaufwand, jedoch lässt sich dieser angesichts der langfristigen Reichweite der Standortentscheidung rechfertigen. Sollen bei der Standortwahl jedoch auch die qualitativen Standortfaktoren zumindest implizit berücksichtigt werden, so stoßen diese optimierenden Verfahren auf Probleme einerseits bei der Abbildung der relevanten Beziehungen und andererseits bei der Quantifizierung der Parameter.

Heuristische Verfahren der Standortwahl sind in der Regel plausibel aufgebaut und leicht zu handhaben. Sie basieren auf der Nutzwertanalyse bzw. dem Scoring-Ansatz (vgl. auch Abschnitt 4.3.1). Die übliche Vorgehensweise umfasst folgende Schritte:

- Zunächst werden die für die anstehende Entscheidung relevanten Standortfaktoren ausgewählt.

- Im zweiten Schritt werden die (relativen) Gewichte der einzelnen Standortfaktoren in der Regel so festgelegt, dass ihre Summe Eins beträgt.

- Anschließend werden die in die engere Auswahl gezogenen Standorte hinsichtlich der ausgewählten Standortfaktoren auf einer normierten Punkteskala bewertet. Diese Bewertung ergibt die Teilnutzenwerte der Standortalternativen.

- Durch Addition der mit den jeweiligen Gewichten multiplizierten Teilnutzenwerte eines Standorts erhält man seinen Gesamtnutzenwert. Die Entscheidung fällt für den Standort mit dem höchsten Gesamtnutzenwert.

Problematisch bei dieser Vorgehensweise sind zum einen die zahlreichen subjektiven Einflüsse innerhalb des Verfahrens. Subjektivitäten liegen vor bei der Auswahl der relevanten Standortfaktoren, bei der Bestimmung der Gewichte und bei der Punktevergabe zur Ermittlung der Teilnutzenwerte. Weitere *Kritikpunkte* beziehen sich darauf, dass sich der Gesamtnutzenwert, der sich durch die Aggregation völlig unterschiedlich gemessener Kriterien ergibt, nur schwer interpretieren lässt. Bei der Methode werden eventuell bestehende Interdependenzen zwischen den Standortfaktoren vernachlässigt. Weiter wird unterstellt, dass Defizite bezüglich des Erfüllungsgrads eines Standortfaktors durch einen höheren Erfüllungsgrad bei einem anderen Standortfaktor kompensiert werden können.

Die Vorgehensweise des Scoring-Verfahrens zur Standortwahl sowie die oben angesprochenen Probleme werden an dem nachfolgenden *Beispiel* verdeutlicht (vgl. auch Günther/Tempelmeier 2005, S. 68ff.). Ein Unternehmen will einen neuen Produktionsstandort aufbauen. Es wurden bereits die drei Standorte Nord, Ost und West in die engere Wahl genommen. Als relevante Standortfaktoren wurden das Arbeitskräftepotenzial, das Lohnkostenniveau, die Verkehrsanbindung und die Infrastruktur ausgewählt, die somit sowohl quantitative als auch qualitative Aspekte repräsentieren. Mangels ausgeprägter Präferenzen des Entscheidungsträgers werden zunächst alle Standortfaktoren einheitlich mit 0,25 gewichtet. Die Ausprägungen der Teilnutzenwerte dieser Standortfaktoren sind in Tab. 2.1 angegeben. Dabei steht eine hohe Punktzahl (auf einer Skala von 0 bis 10) für eine erwünschte Ausprägung des jeweiligen Standortfaktors.

Tab. 2.1 *Daten zur Standortplanung*

Standortfaktor	Gewicht	Nord	Ost	West
Arbeitskräftepotenzial	0,25	9	6	3
Lohnkostenniveau	0,25	9	6	3
Verkehrsanbindung	0,25	3	6	9
Infrastruktur	0,25	3	6	9

Bei Anwendung des Scoring-Verfahrens erhält man die folgenden Gesamtnutzenwerte für die drei Standorte:

Standort Nord: $0,25 \cdot 9 + 0,25 \cdot 9 + 0,25 \cdot 3 + 0,25 \cdot 3 = 6$

Standort Ost: $0,25 \cdot 6 + 0,25 \cdot 6 + 0,25 \cdot 6 + 0,25 \cdot 6 = 6$

Standort West: $0,25 \cdot 3 + 0,25 \cdot 3 + 0,25 \cdot 9 + 0,25 \cdot 9 = 6$

Da sich für sämtliche Standorte derselbe Gesamtnutzenwert von 6 ergibt, liefert das Verfahren bei den gegebenen Daten keine eindeutige Lösung. Dies ändert sich jedoch sofort, wenn man nur eine geringfügige Verschiebung bei den Teilnutzenwerten oder bei den Gewichtungen vornimmt.

*   Sobald man – bei unveränderter Gewichtung – auch nur einen Teilnutzenwert um eine Einheit erhöht, erweist sich der zugehörige Standort als der eindeutig beste, bei einer Reduktion um eine Einheit wird er zum eindeutig schlechtesten. Erhöht man z.B. die Ausprägung des Standortfaktors Lohnkostenniveau beim Standort West von 3 auf 4 Punkte, so beträgt der Gesamtnutzenwert dieses Standorts nunmehr 6,25 und übertrifft damit die Gesamtnutzenwerte der Standorte Nord und Ost.

*   Es erscheint wenig plausibel, dass alle vier Kriterien gleich stark gewichtet werden. Verändert man z.B. die Gewichte so, dass der Standortfaktor Arbeitskräftepotenzial mit 0,4

gewichtet wird, das Lohnkostenniveau mit 0,1, die Verkehrsanbindung mit 0,3 und die Infrastruktur mit 0,2, so lauten die neuen Gesamtnutzenwerte:

Standort Nord: $0,4 \cdot 9 + 0,2 \cdot 9 + 0,3 \cdot 3 + 0,1 \cdot 3 = 6,6$

Standort Ost: $0,4 \cdot 6 + 0,2 \cdot 6 + 0,3 \cdot 6 + 0,1 \cdot 6 = 6$

Standort West: $0,4 \cdot 3 + 0,2 \cdot 3 + 0,3 \cdot 9 + 0,1 \cdot 9 = 5,4$

Da nunmehr die Gewichte der Standortfaktoren, bei denen der Standort Nord hohe Teilnutzenwerte erzielt, höher geworden sind, ergibt sich eine eindeutige Entscheidung zugunsten dieses Standorts. Der Standort West hingegen, dessen Standortfaktoren mit hohen Teilnutzenwerten nur niedrig gewichtet werden, erscheint bei dieser Gewichtung als der schlechteste.

Auch der Einfluss der Auswahl der als relevant erachteten Standortfaktoren lässt sich am vorliegenden Beispiel aufzeigen: Sobald man einen zusätzlichen Standortfaktor aufnimmt oder einen der vorhandenen außer Acht lässt, erhält man veränderte Gesamtnutzenwerte und damit auch eine andere Entscheidung. Fasst man z.B. die Standortfaktoren Arbeitskräftepotenzial und Lohnkostenniveau zu einem Faktor Arbeitsmarkt zusammen und gewichtet die nunmehr verbliebenen drei Standortfaktoren jeweils mit 1/3, so ergeben sich die folgenden Gesamtnutzwerte für die drei Standorte:

Standort Nord: $0,\overline{3} \cdot 9 + 0,\overline{3} \cdot 3 + 0,\overline{3} \cdot 3 = 4$

Standort Ost: $0,\overline{3} \cdot 6 + 0,\overline{3} \cdot 6 + 0,\overline{3} \cdot 6 = 6$

Standort West: $0,\overline{3} \cdot 3 + 0,\overline{3} \cdot 9 + 0,\overline{3} \cdot 9 = 7$

Somit fällt eine eindeutige Entscheidung für den Standort West, der bei dieser Konstellation den höchsten Gesamtnutzenwert erzielt.

Das hier verdeutlichte Problem der mehrfachen *subjektiven Einflussnahme* tritt bei allen Entscheidungen auf, die mithilfe der Nutzwertanalyse getroffen werden. Besonders problematisch ist, dass durch die sehr formale Vorgehensweise der Nutzwertanalyse eine Objektivität der Entscheidung suggeriert wird, die tatsächlich nicht vorhanden ist. Weiter besteht die Gefahr, dass einzelne am Entscheidungsprozess Beteiligte versuchen, durch geschickte Manipulationen bei der Auswahl der Kriterien, der Gewichtung oder der Vergabe der Punkte für die Teilnutzenwerte die Entscheidung zugunsten der von ihnen präferierten Alternative zu beeinflussen. Daher sollten die Ergebnisse eines solchen Verfahrens einer zusätzlichen *Sensitivitätsanalyse* unterzogen werden, wenn die Entscheidung für eine bestimmte Alternative knapp ausfällt oder wenn die Entscheidungsträger ein Störgefühl bei der durch das Verfahren ausgewählten Alternative haben.

Standortentscheidungen sind nicht nur bezüglich der Ansiedlung von kompletten Unternehmen, sondern auch innerbetrieblich in Bezug auf die räumliche Anordnung von Fertigungseinrichtungen erforderlich. Da derartige Entscheidungen eher der Logistik zuzuordnen sind, werden sie in Abschnitt 3.3.3 im Rahmen der Layoutplanung behandelt.

2.2.3   Technologie- und Anlagenmanagement

2.2.3.1   Technologiemanagement

Unter einer *Technologie* versteht man das auf ein bestimmtes Ziel ausgerichtete Know-how bzw. Problemlösungswissen, d.h. die Kenntnis von naturwissenschaftlich-technischen bzw. ingenieurwissenschaftlichen Wirkungszusammenhängen, die als Lösungsprinzip für praktische Anwenderprobleme dienen können. Technologien lassen sich anhand von unterschiedlichen Kriterien klassifizieren (vgl. z.B. Specht 1993, Sp. 4156f.):

- Nach ihrem Verhältnis zueinander unterscheidet man *neutrale Technologien*, die sich gegenseitig nicht beeinflussen (z.B. Antrieb und Beleuchtung eines Fahrzeugs), *Komplementärtechnologien*, die sich bei der Lösung eines Problems gegenseitig unterstützen (z.B. Katalysator und Einspritztechnik), und *Konkurrenztechnologien*, die dasselbe Anwenderproblem auf unterschiedlicher technischer Basis lösen. Diese können gleichzeitig Verwendung finden (z.B. Otto- vs. Dieselmotor) oder einander im Zeitablauf ablösen (z.B. Röhren- vs. Flachbildschirme).

- Nach der Anwendungsbreite einer Technologie ergibt sich eine Unterscheidung in *Querschnittstechnologien*, die sich breit anwenden lassen und häufig als Grundlage für andere Technologien dienen (z.B. die Scannertechnologie, die sowohl in der Logistik als auch im grafischen Bereich Verwendung findet), und *spezifische Technologien*, die auf ein begrenztes Anwendungsgebiet zugeschnitten sind (z.B. spezielle bildgebende Verfahren in der Medizintechnik).

- Nach dem Einsatzgebiet lassen sich *Produkttechnologien*, die sich auf die Entwicklung von neuen Produkten beziehen (Beispiel Flachbildschirme), und Prozess- bzw. *Produktionstechnologien* unterscheiden, deren Gegenstand die zugehörigen Produktionsverfahren sind (Beispiel Fertigungsroboter). Häufig werden aufgrund von bestehenden Interdependenzen die Technologien für beide Bereiche gemeinsam entwickelt. So ist z.B. die Beherrschung der Brennstoffzellentechnologie die Basis für die Entwicklung entsprechender Antriebssysteme und auch der zugehörigen Produktionsverfahren.

- Die Unterscheidung nach dem *Wettbewerbspotenzial* stellt gleichzeitig auf den Neuheitsgrad einer Technologie ab. In Entstehung befindliche Technologien bauen auf neuem technischen Wissen auf, das noch nicht allgemein am Markt verfügbar ist und dessen wirtschaftliche Bedeutung häufig noch nicht einmal ansatzweise abgeschätzt werden kann (z.B. für den Bereich der Energieerzeugung die Kernfusion). *Schrittmachertechnologien* (pace technologies) sind bereits am Markt eingeführt und weisen ein großes Entwicklungspotenzial auf, ihre langfristige Bedeutung für den Wettbewerb lässt sich jedoch noch nicht eindeutig beurteilen (z.B. Solarzellen). Den jeweiligen *Schlüsseltechnologien* (key technologies) kommt die größte aktuelle Bedeutung für den Wettbewerb zu, da sie am Markt allgemein akzeptiert sind und ihnen vielfältige Anwendungsfelder zur Verfügung stehen (z.B. Windkraftanlagen). *Basistechnologien* (base technologies) sind problemlos für alle Marktteilnehmer verfügbar und anwendbar, daher lassen sich mit ihnen keine neuen Wettbewerbsvorteile mehr erschließen (z.B. Kraft-Wärme-Kopplung).

Als *Technik* bezeichnet man die konkrete Anwendung einer Technologie, bei der das Problemlösungswissen in wirtschaftlich verwertbare Produkte, Produktionsprozesse oder Betriebsmittel umgesetzt wird. Häufig werden jedoch trotz dieser terminologischen Abgrenzung die Begriffe Technologie und Technik synonym verwendet.

Das Ergebnis der Entwicklung neuer Technologien bzw. von technischen Anwendungen kommt im *technischen Fortschritt* zum Ausdruck, der einerseits bei den Produkten, andererseits bei den zugehörigen Produktionsverfahren auftreten kann. So hat sich die Computertechnik von Röhren- über Transistorgeräte bis hin zu mikroelektronischen Bauteilen entwickelt. Weiter enthalten aufeinander folgende Generationen von Personal Computern unterschiedliche Prozessortypen, die zumindest teilweise auf verschiedenen Technologien basieren.

Eine Voraussetzung für die Einführung neuer Techniken bzw. Technologien ist die Entdeckung der ihnen zugrunde liegenden technischen Sachverhalte im Rahmen einer Invention bzw. Innovation. Während als *Invention* eine geplante oder ungeplante Erfindung bzw. die Entdeckung eines neuen technischen Sachverhalts bezeichnet wird, versteht man unter einer *Innovation* ihre erste wirtschaftliche Nutzbarmachung. Auch dieses Begriffspaar wird häufig synonym verwendet.

Tab. 2.2 *Technologiezyklen*

Zeit	Technologie	Bedürfnis
1810-1860	Dampfmaschine Spinn- und Webmaschinen	Bekleidung
1860-1910	Eisenbahn Stahlerzeugung	Transport
1910-1950	Elektrotechnik Chemie	Massenkonsum
1950-1990	Petrochemie Automobilherstellung	Mobilität
1990-2030	Informationstechnik	Kommunikation
2030-?	Biotechnologie	Gesundheit

Gesamtwirtschaftlich werden technologische Neuerungen vielfach mit dem Auftreten von Konjunkturzyklen in Verbindung gebracht. Der russische Ökonom Nikolaj Kondratjew setzte die von ihm untersuchten langfristigen Wellenbewegungen der Weltkonjunktur (*Kondratjew-Zyklen*) in Verbindung mit dem Auf- und Abschwung von technischen Innovationen. Am Anfang eines Aufschwungs stehen Basisinnovationen, die zur Befriedigung von bis dahin vernachlässigten gesellschaftlichen Bedürfnissen dienen. Lassen sich durch die zugehörige Technologie keine zusätzlichen Umsätze mehr erzielen, so setzt ein wirtschaftlicher

Abschwung ein, der solange anhält, bis eine neue Technologie den nächsten Aufschwung auslöst. In Tab. 2.2 sind die seit dem 19. Jahrhundert beobachteten und zukünftig erwarteten Kondratjew-Zyklen mit den zugehörigen Technologien und Bedürfnissen zusammengestellt (vgl. Pötzl 2004, S. 40).

Die Entwicklung einer bestimmten neuen Technologie im Zeitablauf lässt sich mithilfe des *Technologielebenszyklus* beschreiben: Analog zum Produktlebenszyklus (vgl. Abschnitt 2.2.1.4) kann man auch bei Technologien nach der Einführung zunächst eine Wachstumsphase mit stark zunehmenden Anwendungen, dann eine Reifephase mit annähernd konstantem Anwendungsbestand und schließlich eine Degenerationsphase mit zurückgehenden Anwendungen beobachten. Dieser Ablauf lässt sich durch die durch zusätzliche Investitionen mögliche Leistungssteigerung bei der neuen Technologie begründen: Zu Beginn des Lebenszyklus ist es möglich, die Leistungsfähigkeit der Technologie mit relativ geringen Investitionen erheblich zu steigern. Mit zunehmendem erreichten Leistungsstandard gehen die Leistungszuwächse aus einer bestimmten Investitionssumme jedoch immer mehr zurück, so dass in der Regel ein Wechsel zu einer neuen Technologie vollzogen wird, die sich noch am Anfang ihres Lebenszyklus befindet (vgl. Abb. 2.14).

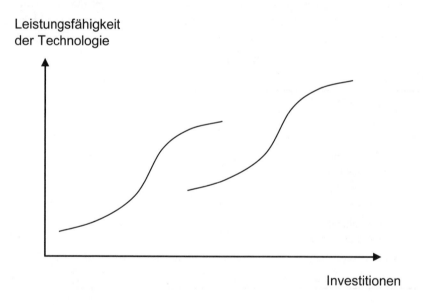

Abb. 2.14   *Technologielebenszyklus*

Auf einzelwirtschaftlicher Ebene hat das *Technologiemanagement* die Aufgabe, die Versorgung des Unternehmens mit den für seine zukünftige Wettbewerbsfähigkeit benötigten Technologien sicherzustellen. Dazu sind die Unternehmensprozesse, die zur Beschaffung, Speicherung und Verwertung von Technologien beitragen, zu planen, zu steuern und zu kontrollieren. Neue Technologien können auf die in Abb. 2.15 dargestellten Weisen in das

Unternehmen gelangen, die sich nach dem Anteil eigener Entwicklungsleistung klassifizieren lassen:

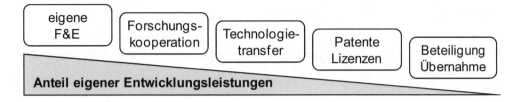

Abb. 2.15 *Möglichkeiten des Technologieerwerbs*

- Während Großunternehmen häufig *eigene Forschungs- und Entwicklungsabteilungen* unterhalten, die systematisch sowohl die technischen Grundlagen als auch neue Anwendungsfelder von Technologien erforschen, ist dieser Weg kleinen und mittelständischen Unternehmen häufig aus Kostengründen versperrt. Andererseits bringen zuweilen gerade kleine und daher flexible Start-Up-Unternehmen erstaunliche Innovationen hervor.

- Eine Alternative zur eigenen Forschung ist die *Kooperation* mehrerer Unternehmen bei der Technologieentwicklung, wie sie z.B. in gemeinsam eingerichteten und unterhaltenen Forschungs- und Entwicklungszentren erfolgt.

- In vielen Fällen erfolgt ein *Technologietransfer* aus der mit öffentlichen Mitteln finanzierten Grundlagenforschung, die z.B. an Forschungsinstituten und Universitäten stattfindet, in die betriebliche Praxis.

- Weiter kann sich ein Unternehmen den Zugang zu einer neuen Technologie sichern, indem es die zugehörigen *Patente* oder *Lizenzen* erwirbt.

- Schließlich besteht die Möglichkeit, eine neue Technologie auf dem Wege einer *Beteiligung* oder der *Übernahme* eines anderen Unternehmens, das die benötigte Technologie entwickelt oder bereits in Gebrauch hat, zu nutzen.

Eine Studie des Fraunhofer-Instituts für Systemtechnik und Innovationsforschung (ISI) hat gezeigt, dass bei Unternehmen, die eigene Forschung und Entwicklung betreiben, der Umsatzanteil ihrer neuen Produkte deutlich höher liegt als bei Unternehmen, die diese Aufgaben an andere Firmen delegieren (vgl. ISI 2003).

Das Technologiemanagement ist ein wesentlicher *Erfolgsfaktor* für die Wettbewerbsfähigkeit sowohl eines einzelnen Unternehmens als auch der Gesamtwirtschaft. Es unterstützt die Schaffung und Erhaltung der technologischen Erfolgspotenziale, indem die zukünftig relevanten Technologien identifiziert und systematisch entwickelt bzw. von außen beschafft und im Produktionsablauf effizient genutzt werden.

Es lassen sich zwei grundsätzliche *Sichtweisen* des Technologiemanagements unterscheiden:

- In einer *funktionalen Sichtweise* umfasst es die Planung, Organisation, Durchführung und Kontrolle der im Unternehmen ablaufenden Prozesse zur Entwicklung und Nutzung von Technologien. Dazu zählen in erster Linie die Forschungs- und Entwicklungsprozesse, aber auch die Umsetzung der dabei gewonnenen Forschungsergebnisse sowie von auf anderen Wegen erhaltenen Technologien.

- Aus einer *institutionellen Sicht* heraus versteht man unter dem Technologiemanagement die Personen bzw. Instanzen, die mit technologiebezogenen Anweisungsbefugnissen ausgestattet sind.

2.2.3.2   Anlagenmanagement

Eng verbunden mit dem Technologiemanagement ist das *Anlagenmanagement*. Als Anlagenmanagement bezeichnet man den Teil der Bereitstellungsplanung, der sich mit der Beschaffung und der Sicherstellung der Verfügbarkeit von Produktionsanlagen befasst. Da mit der Entscheidung für eine bestimmte Produktionsanlage gleichzeitig die im Unternehmen verfügbare Produktionstechnologie und die zugehörigen Produktionsprozesse auf lange Sicht festgelegt werden, kommt dem Anlagenmanagement eine strategische Bedeutung zu.

Die Produktionsanlagen werden dabei als *Potenzialfaktoren* angesehen, die dem Unternehmen für einen längeren Zeitraum zur Verfügung stehen, über einen bestimmten, durch Reparaturen in gewissem Umfang auffüllbaren Vorrat an produktiven Leistungen verfügen und diesen im Zeitablauf – während ihres Einsatzes in der Produktion – abgeben. Die strategische Bedeutung des Anlagenmanagements resultiert weiter aus dem hohen Anteil an den gesamten Produktionskosten, der auf die Produktionsanlagen entfällt. In einigen Bereichen der Industrie, z.B. in der Chemieindustrie, beträgt der Anteil der Anlagenkosten bis zu 70% der Gesamtkosten.

Als *Anlagen* werden in diesem Zusammenhang sämtliche Betriebsmittel bzw. Sachanlagen angesehen, die dem Unternehmen längerfristig zur Nutzung zur Verfügung stehen, insbesondere Maschinen, Fahrzeuge, DV-Anlagen, Transportsysteme, Lagereinrichtungen, aber auch Grundstücke, Gebäude und Mobiliar. Das Anlagenmanagement befasst sich mit der Bereitstellung und dem Einsatz derartiger Produktionsanlagen unabhängig von den bestehenden Eigentumsverhältnissen, d.h. sowohl mit Anlagen, die im Eigentum des Unternehmens stehen, als auch mit geleasten, gemieteten, gepachteten oder im Rahmen eines Betreibermodells zur Nutzung überlassenen Anlagen. Produktionsanlagen lassen sich durch die in Abb. 2.16 dargestellten Eigenschaften charakterisieren:

- *Kapazität*: Als Kapazität bezeichnet man die maximale Produktionsmenge, die auf einer Anlage in einem bestimmten Zeitabschnitt hergestellt werden kann (vgl. Kern 1962, S. 27). Die tatsächliche Leistungsabgabe je Zeiteinheit wird auch als Produktivität bezeichnet. Während sich die quantitative Kapazität auf die Menge der abzugebenden Leistungen bezieht, werden bei der Bestimmung der qualitativen Kapazität einer Anlage die verschiedenen Arten an möglichen Leistungen betrachtet.

- *Flexibilität*: Unter der Flexibilität versteht man die Möglichkeit einer Anlage, sich an veränderte Anforderungen in Bezug auf die Breite des zu bearbeitenden Produktspektrums anzupassen.

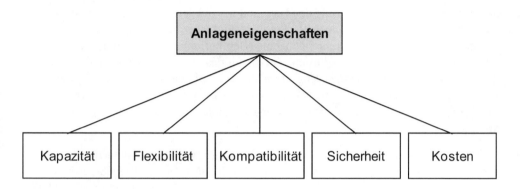

Abb. 2.16 *Anlageneigenschaften*

- *Kompatibilität*: Die Kompatibilität einer Anlage wird als umso höher bezeichnet, je besser sie sich organisatorisch und logistisch in die übrige Betriebsausstattung einbinden lässt.

- *Sicherheit*: Die Sicherheit einer Anlage ist sowohl in Bezug auf deren Ausfallwahrscheinlichkeit als auch hinsichtlich des Arbeitsschutzes von großer Bedeutung.

- *Kosten*: Die mit dem Betrieb einer Produktionsanlage verbundenen Kosten gehen über die Kalkulation in die Angebotspreise der Produkte ein. Bei Anlagen, die vom Unternehmen selbst betrieben werden, entfällt der größte Teil der Anlagenkosten auf die Fixkosten, die unabhängig von der konkreten Auslastung der Maschine anfallen. Doch auch die variablen Anlagenkosten sind für das Anlagenmanagement von großer Bedeutung.

Während die typischerweise in der Massenfertigung eingesetzten *Spezialmaschinen* über eine hohe Kapazität und Produktivität verfügen und zu geringen Stückkosten produzieren können, jedoch nur eine geringe Flexibilität hinsichtlich der möglichen Bearbeitungen aufweisen, zeichnen sich die in der Einzel- und Serienfertigung bevorzugten *Universalmaschinen* durch ein breites Bearbeitungsspektrum aus, dem allerdings als Nachteile hohe Stückkosten und eine nur geringe Produktivität gegenüberstehen. Moderne Formen der Fertigungsorganisation wie *flexible Fertigungssysteme* (vgl. Abschnitt 3.3.2) versuchen, die Vorteile dieser beiden Extremtypen zu verbinden, d.h. gleichzeitig eine hohe Produktivität und Flexibilität sowie geringe Stückkosten zu erreichen.

Das grundsätzliche *Ziel* des Anlagenmanagements besteht in der laufenden Bereitstellung der für die Produktion erforderlichen Anlagen zu möglichst geringen Kosten, wobei die Kosten der Anschaffung, des laufenden Betriebs und der späteren Stilllegung einer Anlage gemeinsam betrachtet werden müssen. Die *Anlagenkosten* setzen sich – wie bereits oben angesprochen – aus zwei grundlegenden Bestandteilen zusammen, den fixen Anlagenkosten und den vom Umfang der Produktion abhängigen variablen Kosten.

- Aufgrund von zunehmender Mechanisierung, Automatisierung und Rationalisierung der Produktion machen die fixen Anlagenkosten, die unabhängig vom Umfang der Nutzung einer Anlage anfallen, mittlerweile den Hauptteil der industriellen Produktionskosten aus. Die fixen Anlagenkosten, die auch als *Bereitschaftskosten* bezeichnet werden, umfassen in erster Linie die Kosten der Inbetriebnahme (Beschaffung, Installation usw.), Abschreibungen bzw. Miet- oder Leasingkosten, Zinsen auf das in der Anlage gebundene Kapital, aber auch Raumkosten, Versicherungsprämien, fixe Lohnbestandteile des für die Anlagenbedienung eingesetzten Personals sowie vom Umfang der Nutzung unabhängige Wartungskosten und gegebenenfalls Rückstellungen für den Abbau und die Entsorgung der Anlage.

- Zu den variablen, d.h. von der tatsächlichen *Nutzung* abhängigen Anlagenkosten zählen insbesondere die Betriebskosten, die für den durch die laufende Produktion bedingten Verbrauch an Energie, Schmiermitteln und Werkzeugen anfallen, sowie leistungsabhängig gezahlte Lohnbestandteile und die durch den Verschleiß der Anlage hervorgerufenen Wartungs- und Reparaturkosten.

Eine Hauptaufgabe des Anlagenmanagements ist die *Kapazitätsgestaltung*, d.h. die Anpassung der im Produktionsbereich verfügbaren Kapazität an die Entwicklung der für das Unternehmen relevanten Märkte und der daraus resultierenden Produktionsanforderungen (vgl. Steven 1996, Sp. 878ff.).

- Geht man von langfristig zunehmenden Produktionsanforderungen aus, so ist der *Aufbau* bzw. *Ausbau von Produktionspotenzialen* durch entsprechende Investitionsmaßnahmen erforderlich. Bei der Gründung eines Betriebs oder der Errichtung eines neuen Fertigungsbereichs erfolgt eine Einrichtungsinvestition, bei der Erweiterung bestehender Anlagen liegt eine Erweiterungsinvestition vor. Auch bei einer Ersatzinvestition, d.h. dem Austausch einer Fertigungsanlage gegen ihren technisch verbesserten Nachfolger, kann es zu einer Kapazitätserweiterung kommen. Der Kapazitätsaufbau kann entweder kostengünstig in großen Abschnitten erfolgen, die dann anfangs nur teilweise ausgelastet werden, oder sukzessiv, entsprechend der Ausweitung des Marktpotenzials, in kleineren, relativ teuren Einheiten.

- Bei einem dauerhaften Rückgang der Produktionsanforderungen sind Maßnahmen zur *Kapazitätsreduktion* zu ergreifen. Wenn auf mittlere Sicht zwar nicht damit zu rechnen ist, dass die Anlagen wirtschaftlich sinnvoll genutzt werden können, diese jedoch langfristig als Reserveaggregate vorgehalten werden sollen, so kommt es zu einer Kapazitätsstilllegung. Bei dieser Entscheidung sind die Leerkosten einer unzureichend genutzten Anlage gegen die Stilllegungs- und Wiederingangsetzungskosten abzuwägen. Ein endgültiger Kapazitätsabbau durch Desinvestition der Anlagen und Freisetzung der zugehörigen Mitarbeiter führt zum Wegfall der mit der Anlage verbundenen Fixkosten. Da es auf der einen Seite nur einen begrenzten Markt für gebrauchte Produktionsanlagen gibt, die für die spezifischen Anforderungen eines Unternehmens konstruiert wurden, auf der anderen Seite der Personalabbau durch Entlassungen zu erheblichen Kosten z.B. für Sozialpläne führt, wird diese Maßnahme nur dann ergriffen, wenn – wie in Bereichen der Montanindustrie – auch langfristig keine zufrieden stellenden Ertragsaussichten mehr gesehen werden. Dass eine solche Einschätzung durchaus fehlerhaft sein kann, zeigt das Beispiel der Dortmunder Westfalenhütte, die von der ThyssenKrupp AG im Jahr 2002 nach China verkauft wurde und deren Kapazität bei dem wenig später einsetzenden Boom am Welt-Stahlmarkt fehlte. Ein Kapazitätsabbau ist weiterhin angebracht, wenn sich zuvor aufgebaute Überkapazitäten als nicht ausnutzbar erweisen. In diesem Fall ist zuvor zu prüfen, ob nicht die Kapazitätsauslastung durch die Hereinnahme von Zusatzaufträgen erhöht werden kann.

- Ein Wandel der Produktionsanforderungen, z.B. durch Nachfrageverschiebungen, erfordert eine *Kapazitätsumstrukturierung*, da die vorhandenen Produktionspotenziale nicht mehr in der Lage sind, die neuen Anforderungen zu erfüllen. In diesem Fall ist eine Anpassung der maschinellen und personellen Ausstattung des Unternehmens an die neuen Gegebenheiten erforderlich. Dieses Problem tritt z.B. in der Automobilindustrie auf, wo gleichzeitig eine Tendenz zu immer individuelleren Produkten und zu immer kürzeren Produktlebenszyklen besteht. Veränderte Produktionsanforderungen können sich auch durch verschärfte Umweltschutzvorschriften ergeben, denn bei einer Herabsetzung von Grenzwerten erfüllen die vorhandenen Anlagen diese häufig nicht, so dass ihr Betrieb nach einer Übergangsfrist nicht mehr zulässig ist. Daher ist eine Stilllegung der alten Anlage und eine Ersatzbeschaffung einer umweltverträglicheren Anlage mit entsprechend geringeren Emissionen erforderlich. Ein weiterer Auslöser für eine Kapazitätsumstrukturierung kann der technische Fortschritt sein, wenn die vorhandenen Anlagen vor Ablauf ihrer wirtschaftlichen Nutzungsdauer ausgemustert werden. Die in die Nachfolgetechnologie erfolgende Ersatzinvestition erfordert häufig gleichzeitig eine organisatorische Umstrukturierung, so z.B. bei flexiblen Fertigungssystemen oder dem Einsatz von Industrierobotern.

Die verschiedenen Entscheidungen, die im Rahmen des Anlagenmanagements zu treffen sind, fallen zu unterschiedlichen Zeitpunkten an. Der *Anlagenlebenszyklus* ist ein Konzept, das zur Strukturierung dieser Entscheidungen dient. Man unterscheidet die Projektierungsphase, Bereitstellungsphase, Installationsphase, Nutzungsphase und schließlich die Entsorgungsphase. Abb. 2.17 zeigt, welche Entscheidungen den einzelnen Phasen des Anlagenlebenszyklus zugeordnet sind (vgl. Steven/Böning 1999a, S. 77ff.).

1. Projektierungsphase

Die erste Phase des Anlagenlebenszyklus ist die *Projektierungsphase*. Hier werden anhand der im Planungszeitpunkt bestehenden betrieblichen Anforderungen die gewünschten technischen Eigenschaften der Anlage und damit gleichzeitig die quantitative und qualitative Anlagenkapazität festgelegt. Die Gesamtheit der Anlageneigenschaften bildet das *Anlagenkonzept*. Wenn die Anlage nicht selbst erstellt werden soll, sind anschließend von den am Markt befindlichen Anbietern, die als Lieferanten der geplanten Anlage in Betracht kommen, Angebote einzuholen. Die verschiedenen Alternativen zur Realisierung des Anlagenkonzepts werden einer Wirtschaftlichkeitsanalyse unterzogen, wobei statische oder dynamische Verfahren der Investitionsrechnung sowie darauf aufbauende Risikoanalysen eingesetzt werden. Um auch qualitative und schwer quantifizierbare Entscheidungsaspekte zu berücksichtigen, können ergänzend Nutzwertanalysen durchgeführt werden.

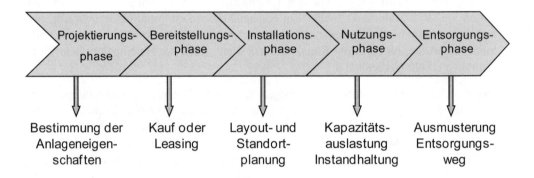

Projektierungs-phase → Bereitstellungs-phase → Installations-phase → Nutzungs-phase → Entsorgungs-phase

Bestimmung der Anlageneigen-schaften — Kauf oder Leasing — Layout- und Standort-planung — Kapazitäts-auslastung Instandhaltung — Ausmusterung Entsorgungs-weg

Abb. 2.17 *Anlagenlebenszyklus*

Im Rahmen des *Life Cycle Costing* ist eine Abwägung zwischen den bei der Anschaffung der Anlage zu leistenden Anfangsauszahlungen und den später bei der Nutzung anfallenden Folgekosten vorzunehmen. Dabei gilt tendenziell, dass eine Verbesserung des Anlagenkonzepts – z.B. durch die Verwendung hochwertigerer Komponenten – zwar zunächst zu höheren Anschaffungsauszahlungen führt, diese jedoch in der Nutzungsphase eine Senkung der laufenden Auszahlungen – z.B. aufgrund einer Verringerung der Anlagenausfälle oder des Instandhaltungsbedarfs – nach sich ziehen können. Ferner kann sich eine zusätzliche Investition in die Flexibilität einer Anlage dahingehend auswirken, dass mit der Anlage höhere Erlöse erwirtschaftet werden oder sie länger nutzbar ist. Die Projektierungsphase endet mit der Entscheidung für die Beschaffung einer bestimmten Anlage.

2. Bereitstellungsphase

An die Anlagenprojektierung schließt sich die *Bereitstellungsphase* an. Das in dieser Phase verfolgte Ziel ist die Beschaffung der zuvor geplanten Produktionsanlage zu möglichst günstigen Beschaffungs- und Betriebskosten. In der Bereitstellungsphase ist – wiederum mithilfe von investitionstheoretischen Verfahren oder auch durch Anwendung der Nutzwertanalyse – die Entscheidung über den *Bereitstellungsweg* zu treffen. Als Alternativen kommen prinzipiell der Kauf, bei dem das Unternehmen Eigentümer der Anlage wird, und die Miete bzw. das Leasing der Anlage in Betracht. Während beim Kauf einer Anlage der Kaufpreis sofort in voller Höhe zu zahlen ist und als laufende Kosten Abschreibungen und (kalkulatorische) Zinsen anfallen, sind bei Miete oder Leasing monatliche Raten zu entrichten, in die der Anlagenanbieter seine Kapitalkosten einkalkuliert. Erfolgt die Anlagenüberlassung im Rahmen eines Betreibermodells, so hängen – je nach dessen Ausgestaltung – die an den Betreiber zu leistenden Zahlungen vom zeitlichen oder quantitativen Umfang der Anlagennutzung ab.

Weiter ist in dieser Phase die Durchführung der Anlagenbereitstellung zu überwachen. Dies umfasst insbesondere die Einhaltung des mit dem Anlagenhersteller vereinbarten Termin- und Zahlungsplans.

3. Installationsphase

In der *Installationsphase* wird die Betriebsbereitschaft hergestellt, d.h. die zuvor bereitgestellte Produktionsanlage für die anschließende Fertigung nutzbar gemacht. Diese Phase umfasst den Zeitraum von der Fertigstellung der Anlage bis zum Beginn ihrer Nutzung. Im Rahmen der innerbetrieblichen *Standortplanung* (Layoutplanung, vgl. Abschnitt 3.3.3) ist eine neue Anlage so in die betrieblichen Abläufe einzufügen, dass sie die bereits vorhandenen Anlagen möglichst gut ergänzt und reibungslose Produktionsprozesse ermöglicht. Dabei werden zunächst im Rahmen einer Groblayoutplanung die erforderlichen Veränderungen der Fertigungsorganisation bestimmt. Die anschließende Feinlayoutplanung legt die konkrete Anordnung der einzelnen Produktionsanlagen fest. Für die innerbetriebliche Standortplanung hat sich der Einsatz von computergestützten Simulationsverfahren als sinnvoll erwiesen. Im Anschluss an die Layoutplanung wird die Anlage aufgestellt, angeschlossen und zunächst im Probebetrieb getestet. Auch die für die Bedienung der neuen Anlage vorgesehenen Mitarbeiter müssen sich mit den Möglichkeiten der Handhabung vertraut machen. Die Installationsphase endet, sobald sämtliche erforderlichen Tests und Einstellungen an der Anlage vorgenommen sind.

4. Nutzungsphase

Die *Nutzungsphase* ist typischerweise die längste Phase innerhalb des Anlagenlebenszyklus, sie kann durchaus mehrere Jahrzehnte umfassen. Sie beginnt mit der Inbetriebnahme der Anlage und endet erst mit ihrer Ausmusterung. Da die Instandhaltungskosten einen erheblichen Teil der während der Nutzungsphase beeinflussbaren Anlagenkosten ausmachen, ist hier die Planung und Überwachung der Anlageninstandhaltung von großer Bedeutung. Die Anlageninstandhaltung hat dafür zu sorgen, dass die Betriebsbereitschaft der im Unternehmen vorhandenen Anlagen gewährleistet ist bzw. bei einem Anlagenausfall möglichst schnell wieder hergestellt wird. Sie dient der Verhinderung eines vorzeitigen Anlagenverschleißes und umfasst nach DIN 31051 die Einzelaufgaben der Inspektion, der Wartung und der Instandsetzung.

- Als *Inspektion* bezeichnet man Maßnahmen wie die technische Überwachung und die Diagnose, die den Istzustand einer Anlage feststellen, beurteilen und gegebenenfalls daraus Handlungsbedarf ableiten.

- Die *Wartung* umfasst alle Tätigkeiten, die zur Bewahrung des Sollzustands einer Anlage dienen. Dazu gehören z.B. das Reinigen, das Konservieren, das Schmieren, das Auswechseln von defekten oder verbrauchten Teilen und das Nachstellen bzw. Justieren der Anlage.

- Zur *Instandsetzung* bzw. Reparatur zählen alle Tätigkeiten, die bei festgestellten Mängeln den Sollzustand der Anlage wieder herstellen sollen, z.B. das Reparieren, das Ausbessern oder das Austauschen von Teilen.

Während durch die Inspektion der Anlagenverschleiß lediglich aufgedeckt wird, haben Wartungsmaßnahmen eine verschleißhemmende Wirkung. Durch Reparaturen schließlich wird bereits aufgetretener Verschleiß wieder beseitigt, so dass die Anlage die vorgesehenen Verrichtungen weiter vornehmen kann.

Unter wirtschaftlichen Aspekten ist in diesem Zusammenhang die Entscheidung zwischen der Anlageninstandhaltung durch eigene Mitarbeiter und dem Abschluss eines Wartungsvertrags mit dem Anlagenhersteller oder mit einem spezialisierten Serviceunternehmen zu treffen. Weiter besteht die Möglichkeit einer regelmäßigen, vorbeugenden Instandhaltung, durch die sich ein Nutzungsausfall infolge von Anlagenstillstand weitgehend ausschließen lässt, oder alternativ einer zustandsabhängigen Instandhaltung im Bedarfsfall.

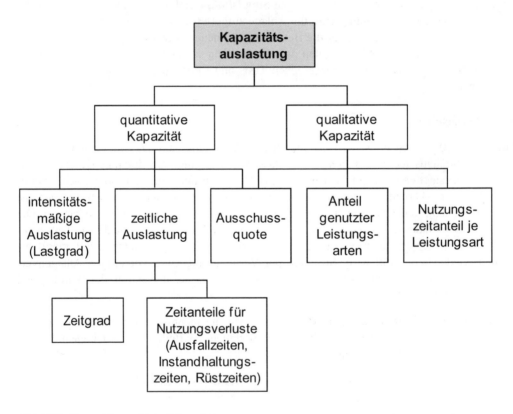

Abb. 2.18 *Kennzahlen zur Kapazitätsauslastung*

Eine weitere wichtige Aufgabe in der Nutzungsphase ist die Überwachung der Anlagennutzung im Rahmen des *Anlagencontrolling* (vgl. Steven/Böning 1999b). Dies dient nicht nur zur Beurteilung der Anlagenleistung, sondern bildet auch die Grundlage für die Zuordnung der laufenden Kosten. In Abb. 2.18 sind einige Kennzahlen zur Kapazitätsauslastung angegeben, die typischerweise im Anlagencontrolling eingesetzt werden.

Da man, wie oben ausgeführt, eine quantitative und eine qualitative Anlagenkapazität unterscheidet, beziehen sich auch die Kennzahlen auf die quantitative und die qualitative Kapazitätsauslastung. Die quantitative Kapazitätsauslastung lässt sich in den Lastgrad als intensitätsmäßige Auslastung, in die zeitliche Auslastung und in die qualitätsbezogene Auslastung, die als Ausschussquote gemessen wird, gliedern. Zur Bestimmung der zeitlichen Auslastung wird zum einen der Zeitgrad erhoben, d.h. der Anteil der Nutzungszeit an der Standzeit der Anlage, zum anderen die Anteile der Nutzungsverluste durch Maschinenausfall, Instandhaltung oder Rüstvorgänge. Zur Beurteilung der qualitativen Kapazitätsnutzung sind neben der qualitätsbezogenen Auslastung der Anlage Angaben hinsichtlich der in der betrachteten Periode genutzten Leistungsarten sowie zum auf die einzelne Leistungsart entfallenden Nutzungszeitanteil erforderlich.

Als Maßnahmen zur Reduktion von Nutzungsverlusten eignen sich kurzfristig Veränderungen der Instandhaltungsstrategie sowie langfristig die stärkere Berücksichtigung von Instandhaltungs- und Nutzungsanforderungen bereits in den früheren Phasen der Anlagenprojektierung und der Anlagenbereitstellung.

5. Entsorgungsphase

Der Anlagenlebenszyklus endet mit der *Entsorgungsphase*, in der Entscheidungen hinsichtlich des Ausmusterungszeitpunkts einer Fertigungsanlage und der jeweiligen Entsorgungsstrategie zu treffen sind. Die Entsorgung der Anlage umfasst die Ausmusterung, d.h. die Herauslösung einer nicht mehr oder nur noch beschränkt wirtschaftlich sinnvoll einsetzbaren Produktionsanlage aus ihrem bisherigen Verwendungszweck, und ihre Überführung in eine andere Verwendung. Hierbei sind einerseits der Entsorgungszeitpunkt und andererseits der Entsorgungsweg festzulegen.

Zur Bestimmung des Entsorgungszeitpunkts kommen wiederum dynamische Investitionsrechnungsverfahren zum Einsatz, die den Anlagenrestwert zu unterschiedlichen Zeitpunkten den Kapitalwerten der dann bestehenden (Ersatz-)Investitionsalternativen gegenüberstellen. Die Veralterung bzw. Obsoleszenz einer Anlage kann auf verschiedene Ursachen zurückzuführen sein:

- Man spricht von *technischer Obsoleszenz*, wenn die Anlage aufgrund des technischen Fortschritts veraltet ist und durch Nachfolgemodelle, die z.B. eine höhere Produktivität und Flexibilität, geringere Kosten oder günstigere Emissionswerte aufweisen, ersetzt werden soll.

- *Wirtschaftliche Obsoleszenz* hingegen liegt vor, wenn die Anlage zwar in technischer Hinsicht noch aktuell ist, jedoch kein Bedarf mehr für die auf ihr hergestellten Produkte besteht und auch keine andere sinnvolle Nutzung im Unternehmen möglich ist.

- Schließlich ist *Verschleiß* aufgrund von Ermüdung, Abrieb, Versprödung, Bruch usw., dessen Beseitigung nicht wirtschaftlich möglich ist, eine häufige Ursache für die Ausmusterung einer Produktionsanlage.

Ist die Entscheidung für die Ausmusterung einer Anlage aus dem laufenden Betrieb gefallen, so kommen verschiedene Möglichkeiten in Betracht: Ist die Anlage noch funktionstüchtig, so kann sie als Reserveaggregat im eigenen Unternehmen vorgehalten oder an ein anderes Unternehmen verkauft werden. Häufig finden ausgemusterte Produktionsanlagen aus hoch industrialisierten Ländern noch viele Jahre lang Verwendung in Entwicklungs- oder Schwellenländern. Ein Beispiel ist, wie bereits erwähnt, die im Jahr 2002 durchgeführte Demontage des wegen Überkapazitäten nicht mehr genutzten Dortmunder Stahlwerks der ThyssenKrupp AG, das in China wieder aufgebaut wurde, um den dortigen Stahlbedarf zu befriedigen. Eine funktionsunfähige Anlage wird entweder einer Wiederaufbereitung zugeführt oder verschrottet, wobei häufig noch ein Restwert erlöst werden kann. Um die Belastung der natürlichen Umwelt gering zu halten, ist sicherzustellen, dass eine möglichst umweltverträgliche Entsorgungsvariante ausgewählt wird.

Die zuvor genannten anlagenwirtschaftlichen Planungs- und Überwachungsaufgaben werden in der Regel zu verschiedenen Zeitpunkten und von unterschiedlichen Entscheidungsträgern durchgeführt. Dabei besteht die Gefahr, dass sich Entscheidungen, die isoliert in einem Bereich getroffen werden, negativ auf spätere Entscheidungen in anderen Bereichen auswirken. Um dies zu vermeiden, hat das *Anlagencontrolling* die Aufgabe der integrierten, d.h. den gesamten Anlagenlebenszyklus umfassenden Planung und Überwachung von Produktionsanlagen unter Berücksichtigung der bestehenden technischen und wirtschaftlichen Interdependenzen und der Koordination von anlagenbezogenen Teilplanungen. Aus einer solchen ganzheitlichen Sichtweise lassen sich gleichzeitig adäquate Anpassungsmaßnahmen für den Betrieb von laufenden Anlagen ableiten und Erfahrungswerte für zukünftige Investitionsprojekte gewinnen.

2.2.4   Produktprogrammgestaltung

Im Rahmen der *Produktprogrammgestaltung* wird bestimmt, in welchen Produktfeldern ein Unternehmen mittel- bis langfristig Produkte am Markt anbieten will. Die Gestaltung des Produktprogramms ist somit an der Schnittstelle des Unternehmens zu seinen Kunden bzw. zu den relevanten Absatzmärkten angesiedelt. Ausgangspunkt der strategischen Produktprogrammgestaltung sind die durch die Unternehmensführung definierten strategischen Zielsetzungen des Unternehmens (vgl. Abschnitt 2.2.1). Im Hinblick auf diese Ziele sind die strategischen Geschäftsfelder bzw. die Produkt/Markt-Kombinationen, auf denen sich das Unternehmen betätigen möchte, festzulegen (vgl. z.B. Hahn/Laßmann 1999, S. 206ff.). Die strategische Produktprogrammgestaltung ist ein Teil der Unternehmensgesamtplanung und steht daher in engem Zusammenhang mit weiteren strategischen Entscheidungen insbesondere in den Bereichen der Wettbewerbsstrategie, des Technologie- und Anlagenmanagements, der Investitions- und Finanzierungsplanung, der Kapazitäts- und Standortplanung sowie der Bestimmung der Wertschöpfungstiefe.

2.2.4.1   Rahmenbedingungen der Produktprogrammgestaltung

Die Gestaltung des Produktprogramms muss sich marktseitig an den Wünschen und Bedürfnissen der Abnehmer und produktionsseitig an den produktionstechnischen und kapazitätsmäßigen Möglichkeiten des Unternehmens orientieren. Dabei besteht ein grundsätzlicher *Zielkonflikt*: Während der Absatzbereich Wert auf ein möglichst breites und stark differenziertes Produktionsprogramm legt, um unterschiedliche Kundengruppen jeweils bedarfsgerecht beliefern zu können, steht für den Produktionsbereich der Wunsch im Vordergrund, mithilfe einer geringen Zahl an Produkten und Varianten die Produktionsraten zu stabilisieren, die Lagerbestände zu verringern und die Produktionskosten zu senken. Die Ziele des Produktionsbereichs lassen sich vor allem durch Maßnahmen der Normung, durch welche die Größe, die Abmessungen, die Formen, die Farben und die Qualität von Bauteilen einheitlich festgelegt werden, sowie durch die auf der Ebene der Endprodukte ansetzende Typung erreichen.

Unter einem *Produktfeld* versteht man die Gesamtheit der aus einer gemeinsamen Grundidee oder auf Basis einer bestimmten Technologie entwickelten Produkte. Zum selben Produktfeld gehörende Produkte stellen demzufolge parallel angebotene oder zeitlich aufeinander folgende Variationen eines Ausgangsprodukts dar. Zum Beispiel setzt sich das Produktfeld „Mobiltelefone" eines Herstellers elektronischer Geräte aus den gleichzeitig oder auch sukzessiv am Markt angebotenen Modellen zusammen.

Bei der Entscheidung über ein Engagement in einem neuen Produktfeld sind unter anderem die folgenden, in Abb. 2.19 dargestellten Einflussgrößen von Bedeutung:

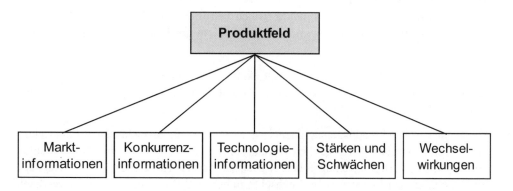

Abb. 2.19   *Einflussgrößen der Produktfeldentscheidung*

- *Marktinformationen*: In welcher Lebenszyklusphase befindet sich der jeweilige Markt, wie groß ist das Marktwachstum, wie hoch sind das Nachfragepotenzial und der derzeitige eigene Marktanteil?

- *Konkurrenzinformationen*: Welche Konkurrenzprodukte werden am relevanten Markt angeboten, welche Produktionserfahrungen haben diese Anbieter bislang gesammelt und welche potenziellen Konkurrenten könnten in nächster Zeit zusätzlich in den Markt eintreten?

- *Technologieinformationen*: In welcher Phase des Technologielebenszyklus befindet sich die das Produktfeld bestimmende Technologie und über welche Kompetenzen und Rechte verfügt das Unternehmen hinsichtlich dieser Technologie?

- *Stärken/Schwächen-Profil*: Welche spezifischen Stärken und Schwächen weist das Unternehmen hinsichtlich des Produktfelds im Vergleich mit den Konkurrenten auf?

- *Wechselwirkungen*: Welche Vor- und Nachteile für das Stammgeschäft sind bei einer Betätigung im jeweiligen Produktfeld zu erwarten?

Da sich für die genannten Bereiche oft keine exakten quantitativen Daten – insbesondere hinsichtlich der für die Zukunft erwarteten Entwicklungen – beschaffen lassen, ist die Produktfeldentscheidung mit großen Unsicherheiten behaftet. Die Auswahl der von einem Unternehmen zu besetzenden Produktfelder erfolgt unter der Zielsetzung, langfristig eine möglichst hohe Rendite zu erzielen. Die meisten Unternehmen konzentrieren sich nicht auf ein einziges Produktfeld, sondern streben ein *Portfolio* aus mehreren Produktfeldern an, durch das sich zusätzlich vielfältige Synergieeffekte realisieren lassen:

- Häufig werden zueinander *komplementäre Produktfelder* betrieben, so dass sich der Absatz des einen Produkts positiv auf den Absatz anderer Produkte auswirkt. Stellt z.B. ein Produzent von Filterkaffee zusätzlich Filtertüten und Kaffeemaschinen her, so ist zu erwarten, dass einige Kunden alle drei Produkte von ihm beziehen werden.

- Andererseits kann das Engagement in *heterogenen Produktfeldern*, die in unterschiedlicher Weise von Markt- und Konjunkturrisiken betroffen sind, bewirken, dass sich aufgrund gegenläufiger Entwicklungen in diesen Feldern die Risikoposition des Unternehmens verbessert.

- Weiter lässt sich beobachten, dass die mit einem *Firmen-* oder *Markennamen* verbundenen Vorstellungen hinsichtlich Kompetenz, Qualität oder Preiswürdigkeit auch auf neue Produktfelder übertragen werden.

- Aus Sicht des Produktionsmanagements ist es vorteilhaft, in mehreren Produktfeldern tätig zu sein, zwischen denen zeitlich versetzte *saisonale Nachfrageschwankungen* auftreten, da sich die Fertigungsanlagen besser auslasten lassen. Ein Beispiel ist ein Hersteller von Autoreifen, der im saisonalen Wechsel Sommer- und Winterreifen produzieren kann.

- Auch die Nutzung von für das *Stammgeschäft* bereits vorhandenen Einrichtungen, Beziehungen oder Verbindungen zählt zu den Synergieeffekten, von denen ein neues Produktfeld profitieren kann. Z.B. können die neuen Produkte über die gleichen Absatzkanäle vertrieben werden oder in den gleichen Werbemedien beworben werden wie die eingeführten Produkte.

- Der Einstieg in ein neues Produktfeld fällt leichter, wenn im Unternehmen bereits *Erfahrungen* bezüglich der benötigten Technologien oder der relevanten Märkte vorliegen, die auf das neue Produkt bzw. auf die zugehörigen Produktionsprozesse übertragen werden können.

- Auch bei der *Beschaffung* können Synergieeffekte auftreten, wenn sich z.B. durch gemeinsamen Einkauf bestimmter Materialien für mehrere Produktfelder günstigere Konditionen erzielen oder die Handhabungsprozesse in der Warenannahme reduzieren lassen.

- Unter dem Gesichtspunkt des *Umweltschutzes* liegt ein wichtiger Synergieeffekt vor, wenn Rückstände, Abfälle und Reststoffe des einen Produktfelds in einem anderen Produktfeld genutzt werden können und dabei Primärrohstoffe substituieren. Durch systematische Nutzung des innerbetrieblichen Recyclings lassen sich Verwertungskaskaden aufbauen und dadurch die vom Unternehmen kostenpflichtig zu entsorgenden Abfallmengen erheblich reduzieren.

- Synergieeffekte können auch aus der *vertikalen Integration* von Produktfeldern resultieren. Durch Rückwärtsintegration, d.h. die zusätzliche Durchführung von Wertschöpfungsaktivitäten, die den derzeitigen Produktfeldern vorgelagert sind, lässt sich die Belieferung mit Vorprodukten in der gewünschten Art und Qualität sicherstellen. Die Vorwärtsintegration, d.h. die zusätzliche Übernahme von nachfolgenden Wertschöpfungsaktivitäten, kann z.B. die Absatzmöglichkeiten der Stammprodukte verbessern.

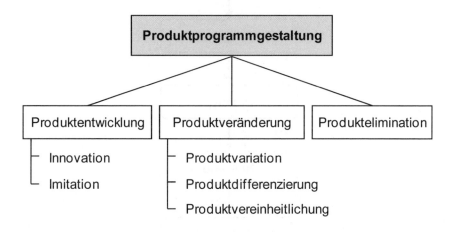

Abb. 2.20 *Instrumente der Produktgestaltung*

Die Produktprogrammgestaltung umfasst sämtliche Maßnahmen zur Konkretisierung der in den zuvor geplanten Produktfeldern enthaltenen Produkte. Dazu zählt nicht nur die Festlegung der objektiven und der subjektiv wahrgenommenen Produkteigenschaften, die als Produktentwicklung bzw. als Produktgestaltung bezeichnet wird, sondern auch die Produktveränderung durch Produktvariation, Produktdifferenzierung und Produktvereinheitlichung und schließlich am Ende des Produktlebenszyklus die Elimination eines Produkts aus dem Produktionsprogramm des Unternehmens (vgl. Abb. 2.20).

2.2.4.2   Produktentwicklung

Die *Produktentwicklung* oder Produktgestaltung setzt ein, wenn eine Produktidee vorliegt und die strategische Entscheidung zum Ausbau des Produktfelds gefallen ist. Sie bedeutet eine grundlegende Veränderung im Leistungsprogramm des Unternehmens. Die Produktidee als Auslöser einer Produktentwicklung ist entweder das Ergebnis der eigenen Forschung und Entwicklung oder basiert auf dem Erwerb von fremdem Know-how durch den Kauf von Patenten oder über Lizenzverträge (vgl. zu den Möglichkeiten des Technologieerwerbs Abb. 2.15 in Abschnitt 2.2.3.1). Ausgangspunkt der Produktentwicklung kann neben der Innovation auch eine Imitation sein, d.h. das Unternehmen bringt ein Produkt auf den Markt, das sich an eine bereits am Markt erfolgreiche Produktidee anlehnt. Der Vorteil dieser Vorgehensweise besteht darin, dass sich sowohl die Risiken als auch die benötigte Zeit für die Produkteinführung erheblich reduzieren. Allerdings ist es für Imitatoren schwierig, das bereits eingeführte Produkt anzugreifen und selbst zum Marktführer zu werden. Die Produktentwicklung umfasst die folgenden, in Abb. 2.21 veranschaulichten Stufen:

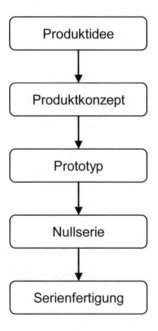

Abb. 2.21   *Stufen der Produktgestaltung*

- Zunächst wird – meist ausgehend von einem neuen, am Markt bislang nicht befriedigten Kundenbedürfnis – eine *Produktidee* entwickelt. Diese stellt die erste gedankliche Fixierung einer zuvor nicht angebotenen Problemlösung dar.

- Anschließend wird die Produktidee zu einem *Produktkonzept* weiterentwickelt. Dabei werden die als relevant erachteten Produktmerkmale festgelegt und entsprechend den erwarteten Kundenbedürfnissen ausgestaltet. Gleichzeitig müssen die zur Herstellung des Produkts erforderlichen Anlagen konstruiert bzw. beschafft werden. In dieser Phase, die auch eine Abstimmung zwischen den kaufmännischen und den technischen Anforderungen erfordert, besteht der größte Gestaltungsspielraum hinsichtlich des neuen Produkts.

- Um die Funktionen des neuen Produkts zu erproben und zu verbessern, wird zunächst ein *Prototyp* hergestellt, anhand dessen sich auch Überlegungen zur wirtschaftlichen Herstellbarkeit des Produkts und zur Prozessgestaltung anstellen lassen. In dieser Phase ist immer noch ein recht großer Einfluss auf die endgültige Produktgestalt möglich.

- Als Nächstes geht die Produktion des neuen Produkts in die *Nullserie*. Dies dient der Erprobung der Herstellbarkeit des Produkts. Dabei können weitere Verbesserungen hinsichtlich der Produkt- und auch der Prozessgestaltung vorgenommen werden, bevor das Produkt auf den Markt gebracht wird.

- Wird das Produkt schließlich als technisch ausgereift angesehen, so kann die *Serienfertigung* aufgenommen und das Produkt in den Markt eingeführt werden.

Eine wesentliche Aufgabe der Produktentwicklung ist die Festlegung der Beschaffenheit der Produkte mithilfe von entsprechenden *Gestaltungsmitteln*. Man unterscheidet originäre Gestaltungsmittel, durch die die objektiven Produkteigenschaften gestaltet werden, und derivative Gestaltungsmittel, die in erster Linie die subjektiv wahrgenommenen Produkteigenschaften beeinflussen.

- Zu den *originären Gestaltungsmitteln* zählen insbesondere das Material, aus dem das Produkt hergestellt wird, seine äußere Form, die Farbgestaltung und die Festlegung der Kernfunktionen des Produkts.

- Wichtige *derivative Gestaltungsmittel* sind die Präsentation des Produkts mithilfe der Verpackung und die Positionierung in der Wahrnehmung der potenziellen Kunden, die durch kommunikationspolitische Maßnahmen wie Werbung und Verkaufsförderung erreicht wird.

Weiter sind im Rahmen der Produktentwicklung produktionstechnische und logistische Aspekte zu beachten. Z.B. spielen hier eine leichte Zugänglichkeit bei der Bearbeitung, ein wirtschaftlicher Materialeinsatz, die Stapelfähigkeit der Produkte bzw. der Verpackungen sowie die gute Ausnutzung von Transportmitteln aufgrund der Abmessungen eine Rolle.

2.2.4.3 Produktveränderung

Maßnahmen der *Produktveränderung* setzen an bereits am Markt eingeführten Produkten an. Sie dienen der Aktualisierung des Produkts durch Anpassung an veränderte Kundenbedürfnisse. Die Produktveränderung kann durch Produktdifferenzierung, Produktvariation oder Produktvereinheitlichung erfolgen.

- Als *Produktdifferenzierung* bezeichnet man das gleichzeitige Angebot eines Produkts in mehreren Varianten, durch das verschiedene Zielgruppen angesprochen oder unterschiedliche Bedürfnisse abgedeckt werden sollen. Die Produktdifferenzierung dient daher gleichzeitig der Individualisierung von Produkten. So bietet die Automobilindustrie ihre Modelle in der Regel in mehreren Karosserievarianten (z.B. Limousine, Kombi, Cabriolet) und mehreren Motorvarianten an, die durch die Wahl von Ausstattungspaketen, Innen- und Außenfarben sowie durch länderspezifische Varianten noch weiter differenziert werden können. Die maximale Anzahl der möglichen Varianten ergibt sich, indem man für jedes variierbare Merkmal die Zahl der möglichen Alternativen ermittelt und diese ausmultipliziert. Die Zahl der für einen PKW prinzipiell möglichen Ausstattungsvarianten liegt bei mehreren Billionen. Da eine große Variantenzahl eine sehr weitgehende Individualisierung der Produkte zulässt, ist sie aus Marketingsicht vorteilhaft. Aus Sicht der Produktion hingegen bringt dies eine Reihe von Problemen mit sich, denn viele Varianten, auf die sich die gesamte Produktionsmenge verteilt, bedeuten, dass von jeder Variante nur eine relativ kleine Stückzahl nachgefragt wird, so dass die Produktionsanlagen häufig umgerüstet werden müssen und insgesamt hohe Rüstkosten entstehen. Weiter lässt sich der Bedarf der einzelnen Varianten wesentlich schlechter prognostizieren als die Nachfrage nach einem einheitlichen Produkt. Durch Maßnahmen der Normung und Typung sowie die Modularisierung von Bauteilen lässt sich die durch eine große Variantenzahl bedingte Komplexität für die Fertigung teilweise wieder reduzieren.

- *Produktvariation* liegt vor, wenn ein bereits eingeführtes Produkt im Zeitablauf durch ein neues Produkt, z.B. durch einen technischen Nachfolger, ersetzt wird. Die beiden Produkte können sich in ihren technischen Eigenschaften, z.B. in Material oder Funktionen, in ihren funktionalen Eigenschaften, z.B. bezüglich der Bedienung, in ihren ästhetischen Eigenschaften, z.B. in Farbe oder Design, oder in ihren symbolischen Eigenschaften, z.B. beim Markennamen, unterscheiden. Ein Beispiel für derartige Produktvariationen sind aufeinander folgende Generationen von Computer-Software, die jeweils zusätzliche Funktionalitäten enthalten. Durch Produktvariationen sollen die Vorteile eines bereits am Markt eingeführten Produkts beibehalten und gleichzeitig durch die veränderten Eigenschaften neue Wettbewerbsvorteile erzeugt werden.

- Die *Produktvereinheitlichung* geht den umgekehrten Weg wie die Differenzierung. Sie versucht, durch Standardisierungsmaßnahmen wie die Normung und Typung die Komplexität der Produkte und der Produktionsprozesse zu reduzieren und damit zur Vereinfachung der betrieblichen Abläufe beizutragen. Als Normung wird gemäß DIN 820 die Vereinheitlichung von materiellen oder immateriellen Gegenständen zum Nutzen der Allgemeinheit verstanden. In der Produktionswirtschaft bezieht man den Begriff vor allem auf die Elemente und Bauteile eines Produkts, während einheitliche Endprodukte als Typen bezeichnet werden. Die Standardisierung der Produkte ist mit wirtschaftlichen Vorteilen im Bereich der Produktions- und Logistikkosten verbunden.

Um die einander widersprechenden Interessen von Produktion und Absatz zu vereinbaren, verwendet man in der Regel das *Baukastenprinzip*, das die Nutzung von erheblichen Synergieeffekten bei der Produktgestaltung erlaubt: Hierbei werden standardisierte Baugruppen in unterschiedlichen Kombinationen zusammengefügt und bei Bedarf mit zusätzlichen, individuellen Bauteilen ergänzt, so dass sich jeweils eine andere Ausprägung des Endprodukts ergibt. Dadurch lassen sich auf der Endproduktebene sogar individuelle Kundenanforderungen befriedigen (mass customization), ohne dass auf der Bauteileebene die Vorteile einer standardisierten Serien- oder sogar Massenfertigung verloren gehen. In der Automobilindustrie findet das Baukastenprinzip beim Platform-Engineering Verwendung. Dabei werden die für den Endkunden nicht direkt sichtbaren Baugruppen (Bodengruppe, Fahrwerk usw.) vereinheitlicht und dienen als Grundlage für unterschiedliche Modelltypen. Auch andere Branchen, wie die Elektronik- und die Computerindustrie, nutzen die Vorteile standardisierter Komponenten. So werden Steuerchips in Elektrogeräten nach einem einheitlichen Muster in großen Mengen produziert und in verschiedensten Geräten eingesetzt, wobei häufig nur ein Teil der verfügbaren Funktionen genutzt wird.

2.2.4.4 Produktelimination

Die *Produktelimination* bedeutet die endgültige Aufgabe eines Produkts. Sie führt somit zu einer Reduktion des vom Unternehmen am Markt angebotenen Produktionsprogramms. Auslöser für eine Produktelimination können eine unzureichende Ertragslage des Produkts, nachlassendes Kundeninteresse, technische Veralterung oder auch die Neuausrichtung des Unternehmens auf andere Produktfelder sein. Ein weiterer Aspekt, die vor einer Eliminationsentscheidung berücksichtigt werden sollte, ist der mögliche Verlust von Synergieeffekten des Produkts im Produktions- oder im Absatzbereich. Produktionsseitig können sich aufgrund einer Produktelimination z.B. die Material- oder Fertigungskosten anderer Produkte erhöhen, wenn zuvor gemeinsam eingekauft wurde oder ein Fertigungsverbund besteht. Auf der Absatzseite ist zu berücksichtigen, ob der Absatz von komplementären Produkten unter einer Produktelimination leidet.

Maßnahmen der Produktprogrammgestaltung sind in sämtlichen Phasen des in Abschnitt 2.2.1.4 behandelten Produktlebenszyklus erforderlich, wenn auch mit Unterschieden hinsichtlich Schwerpunkt und Intensität.

- Der Schwerpunkt der Produktprogrammgestaltung liegt zweifellos in der *Entwicklungsphase*, da hier die Produktidee in ein technisch machbares Produkt- und Produktionskonzept umgesetzt und zur Marktreife entwickelt werden muss.

- Während der *Einführungsphase* können noch geringfügige Veränderungen am Produkt vorgenommen werden (z.B. Beseitigung von „Kinderkrankheiten"). Weiter sind Anpassungen bei dem eingesetzten Marketingkonzept möglich, durch das die von den Kunden subjektiv wahrgenommenen Produkteigenschaften wesentlich beeinflusst werden.

- In der *Wachstumsphase* gilt es vor allem, Erfahrungen mit der Herstellung des Produkts zu sammeln und durch die starke Steigerung der kumulierten Produktionsmenge und die Ausnutzung des Erfahrungskurveneffekts möglichst schnell die Stückkosten zu senken. Dies lässt sich durch Ausschöpfen sämtlicher erkennbaren Verbesserungs- und Rationalisierungspotenziale bei den Produktionsprozessen erreichen.

- In der *Reifephase* liegt der Schwerpunkt der Produktprogrammgestaltung auf den bereits behandelten Maßnahmen der Produktdifferenzierung und Produktvariation. Durch diese

Maßnahmen, die jeweils von gezielten Werbekampagnen begleitet werden müssen, kann das Produkt immer wieder aktuell an die sich stetig verändernden Kundenbedürfnisse angepasst werden, um so den Eintritt in die Degenerationsphase möglichst weit hinauszuzögern.

- Auch die in der *Degenerationsphase* erforderliche Produktelimination zählt zu den Aufgaben der Produktprogrammgestaltung. Hier ist der Zeitpunkt zu bestimmen, zu dem das Produkt vom Markt genommen wird. Alternativ zur Produktelimination kann ein Relaunch vorgenommen werden, d.h. eine grundlegende Überarbeitung und Aktualisierung des Produktkonzepts. Durch einen Relaunch lassen sich die zuvor gesammelten Erfahrungen und der im Markennamen enthaltene Goodwill auf das Nachfolgeprodukt übertragen. Ein Beispiel sind die Modellwechsel in der Automobilindustrie (z.B. VW Golf I – V), bei denen unter Beibehaltung des Modellnamens jeweils starke Veränderungen bei der Karosserie, bei der Ausstattung sowie bei der Technologie vorgenommen werden. Dadurch sind bei dem Produktlebenszyklus des Nachfolgemodells die ersten Phasen stark verkürzt, so dass die Reifephase schneller erreicht wird.

2.2.4.5   Simultaneous Engineering

Die Produktprogrammgestaltung muss in enger Abstimmung mit der Entwicklung der zugehörigen Produktionsprozesse erfolgen. Es handelt sich um iterativ ablaufende, sich gegenseitig beeinflussende Prozesse, wobei die Produktprogrammgestaltung eher extern und die Prozessentwicklung eher unternehmensintern ausgerichtet ist. Eine besonders enge Verzahnung von Produktprogrammgestaltung und Prozessentwicklung findet im Rahmen des *Simultaneous Engineering* statt. Simultaneous Engineering ist ein Verfahren des Technologie- und Innovationsmanagements, das zur arbeitsteiligen Gestaltung und zur Koordination der Beteiligten in Produktinnovationsprozessen dient. Dabei sollen die Produktentwicklungszeiten verkürzt und gleichzeitig die Entwicklungskosten reduziert werden, so dass sich die Wettbewerbssituation des Unternehmens sowohl über eine kürzere Time to Market als auch aufgrund der günstigeren Kostensituation verbessert. Grundlegende Prinzipien des Simultaneous Engineering sind:

- *Parallelisierung*: Durch eine starke zeitliche Überlappung von Teilaufgaben lässt sich die Dauer einer Produktentwicklung gegenüber der herkömmlichen sequentiellen Vorgehensweise erheblich verkürzen.

- *Integration*: Durch die frühzeitige Einbeziehung und die Einrichtung von intensiven Kommunikationsmöglichkeiten zwischen sämtlichen an einem Produktinnovationsprojekt Beteiligten lassen sich die erforderlichen Abstimmungsvorgänge vereinfachen und zeitlich straffen. Die unterschiedlichen Anforderungen an ein neues Produkt können bereits frühzeitig aufeinander abgestimmt werden, so dass spätere Änderungen, die die Kosten erhöhen und die Entwicklungszeit verlängern würden, vermieden werden.

Als Instrumente kommen im Simultaneous Engineering vor allem Methoden des Qualitätsmanagements (vgl. Abschnitt 2.2.5) wie das Quality Function Deployment (QFD) als formalisierte Methode zur Abstimmung von Kundenbedürfnissen und entwicklungstechnischen

Anforderungen an ein neues Produkt, die auf die vorbeugende Vermeidung von Fehlern ausgerichtete Fehlermöglichkeits- und -einflussanalyse (FMEA) sowie als Konstruktionsmethode das Design for Manufacture and Assembly (DFMA) zur Anwendung.

Typischerweise wird ein Simultaneous Engineering-Projekt in einer temporär eingerichteten, funktionsübergreifenden Arbeitsgruppe durchgeführt, in der Konstrukteure, Produktionsmitarbeiter und Marketingexperten in angemessenem Verhältnis vertreten sind. Dadurch wird die direkte Kommunikation zwischen diesen Bereichen gefördert und somit sichergestellt, dass die entwickelten Produkte und Prozesse auch den Anforderungen aller Beteiligten entsprechen.

2.2.5   Qualitätsmanagement

2.2.5.1   Entwicklung des Qualitätsmanagements

Das *Qualitätsmanagement* befasst sich mit der systematischen Planung und Sicherstellung der Qualität nicht nur der Produkte, sondern auch der an der Herstellung der Produkte beteiligten Produktionsprozesse. Die Qualität der von einem Unternehmen am Markt angebotenen Produkte und Leistungen wurde bereits in Abschnitt 1.1.5 neben den Zeit- und Kostenzielen als eine für die Wettbewerbsfähigkeit wesentliche strategische Zielsetzung herausgearbeitet. Da die Kunden in den letzten Jahrzehnten immer qualitätsbewusster geworden sind, hat das Qualitätsziel zunehmend an Bedeutung gewonnen. Daher hat sich seit den 1950er Jahren das Qualitätsmanagement über mehrere Stufen hinweg bis zum Total Quality Management, einem ganzheitlichen Instrument der Unternehmensführung, entwickelt (vgl. Abb. 2.22).

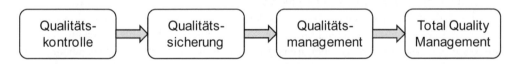

Abb. 2.22 *Entwicklung des Qualitätsmanagements*

- Bei der stark von technischen Aspekten dominierten *Qualitätskontrolle* wird das Ergebnis der Produktion im Anschluss an den Produktionsprozess auf seine Übereinstimmung mit den vorgegebenen Qualitätsanforderungen überprüft. Dabei kommen auf den einzelnen Produktionsprozess zugeschnittene Mess- und Prüfverfahren zum Einsatz. Treten Fehler auf, so werden diese durch zusätzliche Prozesse der Nacharbeit beseitigt, bis das Produkt die Qualitätsanforderungen erfüllt. Das Hauptziel dieser dem eigentlichen Produktionsprozess nachgeschalteten, reaktiven Strategie besteht darin, die Auslieferung fehlerhafter Produkte an den Kunden zu verhindern. Die Qualitätskontrolle ist mit hohen Kosten verbunden, da die Fehler erst spät erkannt werden und in zusätzlichen Arbeitsschritten aufwändig beseitigt werden müssen.

- Da eine vollständige Kontrolle der Endprodukte in der Regel nicht möglich ist, bedient sich die *Qualitätssicherung* statistischer Verfahren, um aus Stichproben auf die Qualität der gesamten Produktion zu schließen und auf diese Weise insgesamt ein vorgegebenes Qualitätsniveau zu gewährleisten. Werden hierbei Fehler festgestellt, so wird versucht, diese an ihrer Quelle zu beseitigen, indem der betroffene Produktionsprozess neu justiert oder anders organisiert wird. Im Mittelpunkt der Qualitätssicherung steht somit die Einhaltung von technischen Standards und Toleranzgrenzen bei den Produkten durch eine entsprechende Einstellung und Durchführung der Prozesse, d.h. der Ansatzpunkt zur Einhaltung der geforderten Produktqualität ist die Verbesserung der Prozessqualität. Diese Sichtweise wird auch auf vorgelagerte Wertschöpfungsstufen und Lieferanten ausgeweitet.

- Aufgrund der zunehmenden Bedeutung der Qualität als Wettbewerbsfaktor entwickelte sich das *Qualitätsmanagement* in den 1970er Jahren zu einer umfassenden Philosophie, die den Mitarbeiter in den Mittelpunkt stellt. Den Mitarbeitern in einer Produktionseinheit wird hierbei die Verantwortung für die Qualität der von ihnen hergestellten Produkte übertragen. In regelmäßig stattfindenden Qualitätszirkeln sollen Qualitätsprobleme aufgezeigt und gemeinsam Maßnahmen zu ihrer Behebung erarbeitet werden. Die wiederholte Untersuchung der Produktionsprozesse auf Qualitätsprobleme stellt einen kontinuierlichen Verbesserungsprozess (KVP) dar, durch den letztlich eine Null-Fehler-Produktion erreicht werden soll. Auch der Qualitätsbegriff selbst hat sich beim Übergang zum Qualitätsmanagement von einer eher technisch orientierten Qualitätsdefinition zu einer primär kundenorientierten Qualitätswahrnehmung gewandelt.

- Beim *Total Quality Management* (TQM) schließlich wird das Qualitätsbewusstsein auf allen internen und externen Wertschöpfungsstufen in die an der Produktion beteiligten Prozesse integriert. Dabei werden die Prinzipien der Prozessorientierung, der Mitarbeiterorientierung und der Kundenorientierung gleichgewichtig verfolgt: Die Prozessorientierung stellt auf das Denken in übergreifenden Zusammenhängen ab, d.h. die Mitarbeiter sollen sich der Folgen einer Handlung, insbesondere eines Fehlers, für die nachfolgenden Prozesse bewusst sein. Die Kundenorientierung sieht die Kundenbedürfnisse als obersten Maßstab für die Beurteilung der Qualität an, wobei die nachfolgenden Prozesse als interne Kunden den externen Kunden gleichgestellt werden. Die Mitarbeiterorientierung schließlich bedeutet die Verankerung des Qualitätsbewusstseins und der Qualitätsverantwortung in den Köpfen der Mitarbeiter, so dass an die Stelle einer Fremdkontrolle eine Selbstprüfung treten kann.

Qualität ist die Beschaffenheit eines Produkts bezüglich seiner Eignung, festgelegte oder vorausgesetzte Anforderungen zu erfüllen (vgl. nochmals Abschnitt 1.1.5). Dabei ist zwischen objektiv feststellbaren und subjektiv wahrgenommenen Qualitätsmerkmalen zu unterscheiden. Während die objektiv feststellbaren Qualitätsmerkmale nur durch technische Maßnahmen verändert werden können, lässt sich die von den Kunden subjektiv wahrgenommene Qualität auch durch Marketingaktivitäten beeinflussen. In einer strategischen Sichtweise sind die folgenden Dimensionen der Produktqualität – vor allem bei langlebigen Sachgütern –

von Bedeutung (vgl. Garvin 1987, S. 101ff.). Sie dienen gleichzeitig als Ansatzpunkte für qualitätsverbessernde Maßnahmen.

- *Leistung* (Performance): Diese Dimension umfasst die objektiv messbaren Leistungsmerkmale eines Produkts, anhand derer es sich eindeutig beschreiben lässt. Die Qualitätsbeurteilung hängt jedoch davon ab, wie die einzelnen Leistungsmerkmale von den Kunden gewichtet werden.

- *Zusatzfunktionen* (Features): Ergänzend zu den Leistungsmerkmalen geben die Zusatzfunktionen dem Kunden die Möglichkeit zur Individualisierung des Produkts. Hierzu zählen insbesondere Dienstleistungen, die eine Sachleistung ergänzen, z.B. Beratung, Service und Wartung.

- *Zuverlässigkeit* (Reliability): Diese Dimension beschreibt die Wahrscheinlichkeit, dass ein Produkt dauerhaft bestimmungsgemäß genutzt werden kann. Sie ist vor allem bei langlebigen Gütern von großer Bedeutung.

- *Konformität* (Conformance): Eine Mindestanforderung an die Qualität eines Produkts ist die Einhaltung der relevanten Normen, Regeln und Vereinbarungen.

- *Haltbarkeit* (Durability): Die Haltbarkeit eines Produkts bezieht sich auf die Zeitdauer, während der es bestimmungsgemäß genutzt werden kann, sie ist eng verknüpft mit der Zuverlässigkeit.

- *Reparaturfreundlichkeit* (Serviceability): Die Nutzungsdauer eines Produkts lässt sich prinzipiell durch Reparaturen verlängern. Dazu ist eine entsprechende Konstruktion sowie gegebenenfalls der Aufbau eines Kundendienstes durch den Hersteller erforderlich.

- *Aussehen* (Aesthetics): Die ästhetische Dimension der Wahrnehmung eines Produkts wird überwiegend subjektiv beurteilt.

- *Qualitätsimage* (Perceived Quality): Die ebenfalls stark subjektiv geprägte, vom Kunden wahrgenommene Qualität kann fehlendes Wissen hinsichtlich der anderen Qualitätsdimensionen ersetzen. Die Qualitätswahrnehmung wird durch Erfahrungen mit dem Produkt, aber auch durch Markennamen, Firmenimage und Werbung beeinflusst.

Werden die zuvor festgelegten Qualitätsanforderungen an ein Produkt nicht erfüllt, so liegt ein *Fehler* vor. Fehler lassen sich auf zwei Ursachen zurückführen:

- *Systematische Fehler* entstehen aufgrund von Abweichungen von der optimalen Prozessdurchführung, z.B. durch falsche Einstellungen an einer Maschine oder aufgrund von Abnutzungserscheinungen an den benutzten Werkzeugen. Sie lassen sich durch eine entsprechende Korrektur des Produktionsprozesses grundsätzlich beseitigen, so dass sie bei zukünftigen Prozessdurchführungen nicht mehr auftreten.

- *Zufällige Fehler* treten unsystematisch auf, d.h. ohne eindeutigen Zusammenhang mit der Art der Prozessdurchführung. Sie können auf vielen unterschiedlichen Ursachen beruhen und sind daher schwer zu lokalisieren; ihre Beseitigung erfordert häufig eine grundlegende Veränderung des Produktionsprozesses.

Sowohl die Nichterfüllung der gegebenen Qualitätsanforderungen als auch die Durchführung von qualitätssichernden Maßnahmen sind mit Kosten unterschiedlicher Art verbunden, die zusammenfassend als *Qualitätskosten* bezeichnet werden. In Abb. 2.23 ist angegeben, aus welchen Komponenten sich die Qualitätskosten zusammensetzen (vgl. Wildemann 2000, S. 14).

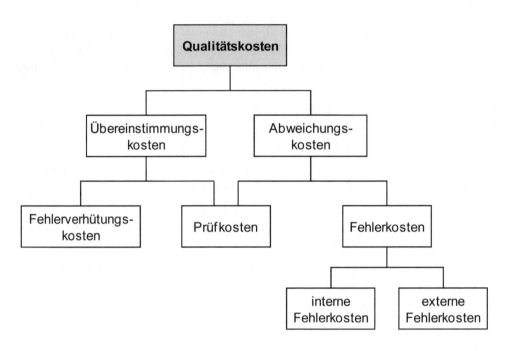

Abb. 2.23 *Qualitätskosten*

- Kosten, die zur Gewährleistung der gewünschten Produktqualität anfallen, werden als *Übereinstimmungskosten* bezeichnet. Hierzu zählt neben den Kosten der Fehlerverhütung, z.B. für Qualitätsschulungen, zur Verbesserung von Prozessen oder für Qualitätsaudits, auch der Teil der bei der Qualitätskontrolle anfallenden Prüfkosten, der sich auf nicht fehlerhafte Teile bezieht.

- Kosten, die aufgrund einer unzureichenden Qualität der Produkte entstehen, heißen *Abweichungskosten*, sie setzen sich aus den auf fehlerhafte Teile entfallenden Prüfkosten und den Fehlerkosten zusammen. Fehlerkosten fallen sowohl im Unternehmen selbst an, z.B. für Ausschuss, Nacharbeit und die Bearbeitung von Reklamationen, als auch unternehmensextern, z.B. für Garantieleistungen, Kulanzzahlungen oder die Befriedigung von Ansprüchen aus der Produkthaftung. Auch Preisnachlässe für Produkte von minderer Qualität (B-Sortierung) oder die Opportunitätskosten, die für den Verlust von Kunden und damit von Folgegeschäften anzusetzen sind, zählen zu den externen Fehlerkosten.

Im Laufe der Zeit hat sich im Qualitätswesen eine Entwicklung vollzogen, bei der präventive Maßnahmen zur Fehlerverhütung immer mehr an die Stelle von nachgeschalteten Maßnahmen zur Fehlerbeseitigung getreten sind. Dementsprechend haben die Abweichungskosten zunehmend an Bedeutung verloren, während die Übereinstimmungskosten in den Vordergrund getreten sind.

Mit der Vermeidung von Qualitätsfehlern und der Verringerung der daraus resultierenden Kosten beschäftigt sich auch das *Six Sigma-Konzept*, das erstmals Ende der 1980er Jahre bei Motorola angewendet wurde. Der Grundgedanke besteht darin, dass innerhalb eines Intervalls von 6·σ, d.h. dem 6-fachen der Standardabweichung der Normalverteilung eines vorgegebenen Zielwerts, keine Fehler auftreten sollen. Dies entspricht einer Fehlerhäufigkeit von weniger als 3,4 Fehlern je Million produzierter Teile oder Prozessdurchführungen. Auch wenn die meisten Unternehmen von diesem anspruchsvollen Ziel noch weit entfernt sind, gilt es, sich ihm durch kontinuierliche Verbesserungen im Qualitätswesen zumindest immer mehr anzunähern.

Im den folgenden Abschnitten werden die wichtigsten *Instrumente des Qualitätsmanagements* behandelt, einen Überblick gibt Abb. 2.24 (zu Qualitätstechniken vgl. auch Gogoll/Theden 1994, S. 338ff.). Da die japanische Industrie bereits sehr früh die strategische Bedeutung einer hohen Produktqualität erkannt hat, sind viele Instrumente des Qualitätsmanagements zuerst in Japan entwickelt und anschließend in die USA und nach Europa übertragen worden. Der Einsatzbereich dieser Instrumente geht zum Teil über den recht engen Bereich der Produktqualität hinaus und bezieht auch die Servicequalität mit ein.

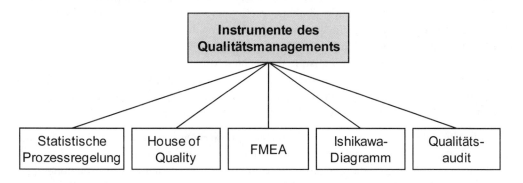

Abb. 2.24 *Instrumente des Qualitätsmanagements*

2.2.5.2 Statistische Prozessregelung

Die statistische Prozessregelung ist eine auf mathematisch-statistischen Grundlagen beruhende Qualitätstechnik, die vor allem bei standardisierten Produktionsprozessen in der Massenfertigung Anwendung findet. Voraussetzung für ihren Einsatz ist, dass der Produktionsprozess beherrscht wird. Dies ist der Fall, wenn sich die für die Qualität der Produkte relevanten Kenngrößen nur in engen Grenzen verändern (*Prozessfähigkeit*) und die Produkte im Mittel die gewünschte Qualität aufweisen (*Prozesssicherheit*).

Abb. 2.25 veranschaulicht die Begriffe der Prozessfähigkeit und Prozesssicherheit anhand eines einfachen Beispiels:

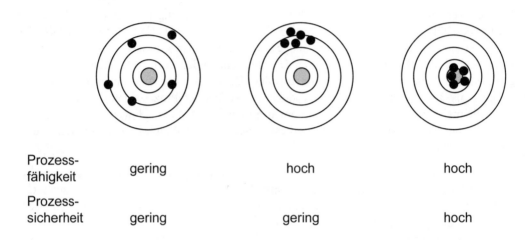

| Prozess-fähigkeit | gering | hoch | hoch |
| Prozess-sicherheit | gering | gering | hoch |

Abb. 2.25 *Prozessfähigkeit und Prozesssicherheit*

Es werden fünf Schüsse auf eine Zielscheibe abgegeben. In der links dargestellten Situation sind die Einschläge unregelmäßig über die Zielscheibe verteilt, d.h. Prozessfähigkeit und Prozesssicherheit sind gering. In der mittleren Situation liegen die Einschläge zwar dicht beieinander, d.h. die Prozessfähigkeit ist hoch, aber sie befinden sich an der falschen Stelle, so dass die Prozesssicherheit gering ist. In der rechten Situation erfolgen die Einschläge dicht beieinander und in der Mitte der Zielscheibe, so dass Prozessfähigkeit und Prozesssicherheit als hoch anzusehen sind. Grundsätzlich gilt, dass zuerst die Prozessfähigkeit sichergestellt werden muss, bevor die Prozesssicherheit verbessert werden kann.

Als Hilfsmittel der statistischen Prozessregelung kommen *Qualitätsregelkarten* zum Einsatz, die den Verlauf des untersuchten Produktionsprozesses über die Zeit anhand von ausgewählten Prüfmerkmalen, die stichprobenartig erhoben werden, darstellen und Informationen über systematische Entwicklungen sowie gegebenenfalls Hinweise auf erforderliche Eingriffe in den Prozess geben. Ein solcher Eingriff ist grundsätzlich nur dann erforderlich, wenn vorgegebene Toleranzen, die als obere bzw. untere Eingriffsgrenzen bezeichnet werden, über- bzw. unterschritten werden.

In Abb. 2.26 ist ein Beispiel für eine Qualitätsregelkarte angegeben. Die gemessenen Ausprägungen des Prüfmerkmals schwanken innerhalb der Eingriffsgrenzen um den Sollwert, wobei sich die Abweichungen nach oben und unten ungefähr ausgleichen. Einmal wird die obere Eingriffsgrenze überschritten, d.h. es tritt ein Fehler außerhalb der vorgegebenen Toleranzen auf, der eine Nachjustierung des Produktionsprozesses erfordern könnte. Mithilfe der Qualitätsregelkarten ist somit eine visuelle Kontrolle des Prozessverlaufs möglich.

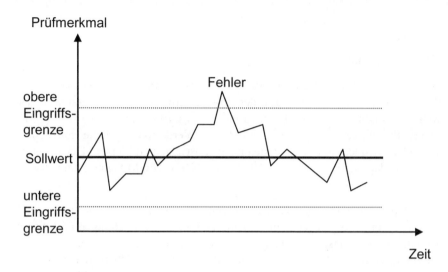

Abb. 2.26   *Qualitätsregelkarte*

Von großer Bedeutung bei der statistischen Prozessregelung ist die Bestimmung der Eingriffsgrenzen. Werden sie zu eng definiert, so muss der Prozess zu häufig unterbrochen werden; sind sie zu weit, so kann es trotz regelmäßiger Beobachtung des Prozesses zur Herstellung von Produkten mit unzureichender Qualität kommen. Üblicherweise werden die Eingriffsgrenzen so definiert, dass sie das Dreifache der bei der Verteilungsfunktion des Prüfmerkmals gehörigen Standardabweichung σ betragen. Wenn das Prüfmerkmal einer Normalverteilung unterliegt, so beträgt die Wahrscheinlichkeit, dass ein Messwert außerhalb dieser Grenzen liegt, 0,3%.

Um fehlerhafte Prozesse rechtzeitig zu erkennen, kann man zusätzlich eine Warngrenze innerhalb der Eingriffsgrenzen einführen. Eine Warngrenze in Höhe des Zweifachen der Standardabweichung ($2 \cdot \sigma$) wird bei einer Normalverteilung des Prüfmerkmals mit einer Wahrscheinlichkeit von 5% überschritten. Dementsprechend beträgt die Wahrscheinlichkeit, dass zwei aufeinander folgende Werte außerhalb der Warngrenzen liegen, 0,25% ($0,05 \cdot 0,05 = 0,0025$). Da dieses Ereignis ungefähr die gleiche Wahrscheinlichkeit aufweist wie ein Fehler außerhalb der Eingriffsgrenzen, wird es zum Anlass genommen, den Prozess nachzustellen, bevor ein Fehler aufgetreten ist.

Die einfache Prozessregelung, eine Variante der statistischen Prozessregelung, setzt diese Erkenntnisse in eine leicht zu überwachende Ampellogik um: Zwischen den Warngrenzen liegt der grüne Bereich, zwischen den Warn- und den Eingriffsgrenzen der gelbe Bereich, und außerhalb der Eingriffsgrenzen der rote Bereich. In regelmäßigen Zeitabständen wird aus dem Prozess eine Stichprobe im Umfang von zwei Teilen entnommen. Liegen die Werte des Prüfmerkmals bei beiden Teilen im grünen Bereich oder einmal im grünen und einmal im gelben Bereich, so kann der Prozess weiterlaufen. Liegen hingegen beide Werte im gelben Bereich oder mindestens ein Wert im roten Bereich, so wird die Maschine angehalten und der Prozess nachjustiert.

2.2.5.3   House of Quality

Beim House of Quality handelt es sich um ein strukturiertes Vorgehen zur systematischen Planung der Produktqualität, das in der Phase der Produktentwicklung eingesetzt wird. Der Einsatz des House of Quality erfolgt im Rahmen des *Quality Function Deployment* (QFD), um bereits bei der Produktgestaltung die nachfolgende Wertschöpfungskette ganzheitlich berücksichtigen und konsequent auf den Kundennutzen ausrichten zu können. Der Ursprung des Verfahrens liegt in Japan, wo es erstmals 1972 in der Werft von Mitsubishi Industries in Kobe eingesetzt wurde.

Quality Function Deployment verfolgt das Ziel, bereits bei der Konstruktion eines neuen Produkts die von den Kunden vorgegebenen subjektiven Qualitätsvorstellungen und die vor allem durch technische Qualitätsmerkmale gekennzeichnete objektive Qualität eines Produkts möglichst gut aufeinander abzustimmen. Durch die konsequente Übersetzung der „voice of the customer" in die „voice of the engineer" sollen auf der eine Seite die Planungs- und Entwicklungszeiten verkürzt und Planungsfehler vermieden werden, auf der anderen Seite sollen die Kundennähe verbessert und Wettbewerbsvorteile gegenüber den Konkurrenten erzielt werden.

Abb. 2.27 zeigt die Grundstruktur des House of Quality, durch die die nachfolgend genannten Schritte visualisiert werden, die im Rahmen des Quality Function Deployment durchzuführen sind.

1. Zunächst werden die Kundenanforderungen mithilfe von Umfragen, Marktforschungsuntersuchungen und Händlerhinweisen systematisch erfasst und strukturiert zusammengestellt. Dies erfolgt im linken Bereich des House of Quality. Die Anforderungen müssen vollständig, überschneidungsfrei und unverfälscht formuliert werden. Die Kundenanforderungen werden hinsichtlich ihrer Bedeutung gewichtet, z.B. durch paarweisen Vergleich oder Rangreihenverfahren, und nach primären, sekundären und tertiären Anforderungen geordnet.

2. Weiter werden die bereits am Markt vorhandenen Konkurrenzprodukte auf Basis derselben Kundenanforderungen bewertet. Falls es im Unternehmen selbst ein Vorgängerprodukt gibt, wird dieses in einem Stärken/Schwächen-Profil mit den Konkurrenzprodukten verglichen. Die Vergleichsdaten der Wettbewerber finden sich im unteren Bereich des House of Quality.

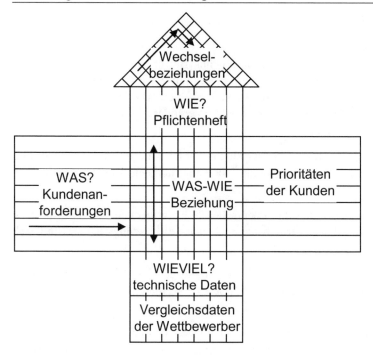

Abb. 2.27 *House of Quality*

3. Ebenfalls im unteren Bereich des House of Quality werden im nächsten Schritt die technischen Produkt- und Qualitätsmerkmale festgehalten, die zur Erfüllung der Kundenanforderungen erforderlich sind. Auch diese werden in primäre, sekundäre und tertiäre Merkmale eingeteilt. Die technischen Merkmale müssen operational formuliert werden, dürfen aber noch nicht auf eine bestimmte Lösung hinweisen.

4. Anschließend werden im „Dach" des House of Quality die Wechselwirkungen zwischen den verschiedenen technischen Qualitätsmerkmalen untersucht. Dabei erhält man Hinweise auf komplementäre Beziehungen, bei denen die Erfüllung eines Merkmals auch die Erfüllung eines anderen Merkmals unterstützt, sowie auf Zielkonflikte, bei denen ein Kompromiss gesucht werden muss.

5. Für jedes technische Qualitätsmerkmal wird die Optimierungsrichtung festgelegt. Es kann sich dabei um Minimierungsziele, Maximierungsziele oder die Vorgabe von Anspruchsniveaus in Form von Punkt- oder Bereichszielen handeln, die in einem Pflichtenheft festgehalten werden. Diese Informationen finden sich direkt unterhalb des Daches im House of Quality.

6. Im Zentrum des House of Quality befindet sich eine Beziehungsmatrix, in der die technischen und die kundenbezogenen Anforderungen einander gegenübergestellt werden. Für jedes einzelne „Zimmer" des Hauses wird überprüft, ob zwischen den zugehörigen

Merkmalen eine Beziehung besteht, und die Intensität der Beziehung mithilfe von Punkten oder Symbolen beurteilt.

7. Durch Multiplikation der in Schritt 1 vorgenommenen Bewertung mit dem in Schritt 6 ermittelten Punktwert und spaltenweise Addition dieser Werte wird die absolute und relative Bedeutung der technischen Qualitätsmerkmale ermittelt. Dieser Schritt liefert Anhaltspunkte dafür, bei welchen Qualitätsmerkmalen Veränderungen vorzunehmen sind, um den Kundennutzen zu erhöhen.

8. Die technischen Merkmale der Konkurrenzprodukte werden – gegebenenfalls wieder im Vergleich mit einem eigenen Vorläuferprodukt – bewertet und den Kundenbeurteilungen aus Schritt 2 gegenübergestellt.

9. Für jedes Qualitätsmerkmal werden die technischen Schwierigkeiten beurteilt, die eine Veränderung hinsichtlich der in Schritt 5 angegebenen Optimierungsrichtung mit sich bringt.

10. Abschließend werden für jedes Qualitätsmerkmal endgültige Zielwerte formuliert, in die letztlich die Kundenanforderungen, die Ergebnisse des Wettbewerbsvergleichs und die Einschätzung der technischen Schwierigkeiten eingehen.

Das House of Quality wird sukzessiv in den verschiedenen Phasen des Produktentwicklungsprozesses eingesetzt, um die Kundenanforderungen konsistent auf allen Ebenen bis hin zu konkreten Verfahrensanweisungen zu berücksichtigen. Zunächst wird ein Produktkonzept entwickelt, dann werden die einzelnen Baugruppen und Teile geplant, anschließend die zugehörigen Produktionsprozesse und schließlich detaillierte Arbeits- und Prüfanweisungen formuliert. Dabei dienen jeweils die Ergebnisse der vorherigen Phase als Ausgangspunkt des nächsten House of Quality.

Die wesentliche Bedeutung des House of Quality liegt darin, dass es eine einfache, aber systematische Analyse der Beziehungen zwischen Kundenanforderungen und technischer Umsetzbarkeit vornimmt, durch die sich zahlreiche Qualitätsprobleme bereits im Vorfeld der Produktion vermeiden lassen. Die Ergebnisse sind gut nachvollziehbar und geben wertvolle Hilfestellungen bei der Produktentwicklung. Von großer Bedeutung für den Erfolg der Methode ist die abteilungsübergreifende Zusammenarbeit der betroffenen Mitarbeiter aus Vertrieb und Produktion.

2.2.5.4   FMEA

Die *Failure mode and effects analysis* (Fehlermöglichkeits- und Einflussanalyse, FMEA) ist – ähnlich wie das House of Quality – eine Methode der präventiven Qualitätssicherung. Ihr Ziel ist die frühzeitige und systematische Vermeidung von Produktfehlern und der daraus resultierenden Qualitätsprobleme durch eine systematische Offenlegung und Beseitigung von potenziellen Fehlerquellen. Dadurch lässt sich nicht nur die vom Kunden wahrgenommene Produktqualität steigern, sondern auch das Risiko von imageschädigenden Rückrufaktionen (vgl. Abschnitt 2.2.6.3) verringern. Das Verfahren wird in erster Linie von Automobilherstellern und deren Lieferanten angewendet.

Ausgangspunkt der FMEA ist die Erkenntnis, dass die mit einem Fehler verbundenen Kosten, zu denen auch die Kosten der Suche nach der Fehlerursache und ihrer Beseitigung zählen, mit dem Fortschreiten der Wertschöpfung stark ansteigen. Tendenziell kostet ein Fehler, der in der Fertigung auftritt, zehnmal mehr als ein Fehler, der bereits bei der Konstruktion bemerkt wird. Ein Fehler, der erst beim Kunden auftritt, kostet wiederum zehnmal mehr als ein Fehler, der noch im eigenen Unternehmen beseitigt werden kann.

Die FMEA bewertet die potenziellen Fehler in den nachfolgend genannten Kategorien jeweils mit 1 bis 10 Punkten:

* Wahrscheinlichkeit, dass ein Fehler auftritt
* Auswirkungen des Fehlers
* Wahrscheinlichkeit, dass der Fehler den Kunden erreicht

Dabei erhalten unkritische Fehler niedrige und bedeutende Fehler hohe Bewertungen. Die in den drei Kategorien erzielten Punkte werden multiplikativ zu einer *Risikoprioritätszahl* verknüpft, die somit Werte zwischen 1 und 1.000 annehmen kann. Liegt diese Risikoprioritätszahl über 100, so sind Maßnahmen zur Vermeidung bzw. Beseitigung des Fehlers erforderlich. In einem weiteren Durchlauf der FMEA wird später überprüft, inwieweit die ursprüngliche Risikoprioritätszahl durch die ergriffenen Maßnahmen reduziert wurde.

Zur Durchführung der FMEA wird eine Arbeitsgruppe eingesetzt, in der Mitglieder aus verschiedenen Unternehmensbereichen vertreten sind. So ist gewährleistet, dass unterschiedliche Sichtweisen auf potenzielle Qualitätsprobleme aufeinander abgestimmt werden können. Das Vorgehen der FMEA wird durch ein standardisiertes Formblatt unterstützt. Im Einzelnen sind die folgenden Phasen bzw. Schritte zu durchlaufen:

Voranalyse:
1. Abgrenzung des zu betrachtenden Systems
2. Zusammenstellung möglicher Fehler
3. Beschreibung der möglichen Fehlerfolgen
4. Analyse der möglichen Fehlerursachen
5. Zusammenstellung von Maßnahmen zur Aufdeckung der Fehler und zur Beseitigung ihrer Auswirkungen

Risikobewertung:
6. Risiko des Auftretens eines Fehlers
7. Bedeutung des Fehlers
8. Wahrscheinlichkeit der rechtzeitigen Entdeckung des Fehlers
9. Produkt = Risikoprioritätszahl

Abstellmaßnahmen:
10. Erarbeiten von empfohlenen Abstellmaßnahmen
11. Festlegung von Verantwortlichkeiten und Zuständigkeiten

12. Auswahl von Maßnahmen, dabei Vorzug von fehlervermeidenden vor fehlerentdecken-
    den Maßnahmen
13. – 16. Wiederholung der Schritte 6 bis 9

Die FMEA lässt sich sukzessiv auf verschiedenen Ebenen – als System-FMEA, Konstrukti-
ons-FMEA oder Prozess-FMEA – einsetzen, wodurch kritische Schritte und Abläufe sinnvoll
miteinander verknüpft werden. Ihr konsequenter Einsatz kann erheblich dazu beitragen,
Fehler bei der Entwicklung, Fertigung und Nutzung von Produkten zu vermeiden und die
daraus resultierenden Kosten zu reduzieren.

Allerdings ist zu berücksichtigen, dass es sich bei der FMEA um eine qualitative Methode
handelt, die häufig nicht zu eindeutig nachvollziehbaren Ergebnissen führt. Insbesondere der
hohe Grad an Subjektivität bei der Vergabe der Bewertungspunkte in den Schritten 6) bis 9)
kann dazu führen, dass die Bedeutung eines bestimmten Fehlers von verschiedenen Mitglie-
dern der Arbeitsgruppe unterschiedlich eingeschätzt wird.

2.2.5.5   Ishikawa-Diagramm

Bei diesem nach seinem Erfinder Kaoru Ishikawa als Ishikawa-Diagramm bzw. nach seiner
grafischen Form als *Fischgräten-Diagramm* bezeichneten Instrument des Qualitätsmanagements handelt es sich um eine Methode zur Visualisierung der wesentlichen Auslöser von
Qualitätsproblemen. Die relevanten Einflussgrößen eines Prozesses werden strukturiert dargestellt, so dass die vorhandenen Ursache-Wirkungs-Beziehungen transparent werden und
als Ansatzpunkte für Verbesserungsmaßnahmen dienen können. Ein Beispiel für ein Ishikawa-Diagramm zur Analyse einer Liefertterminabweichung ist in Abb. 2.28 angegeben.

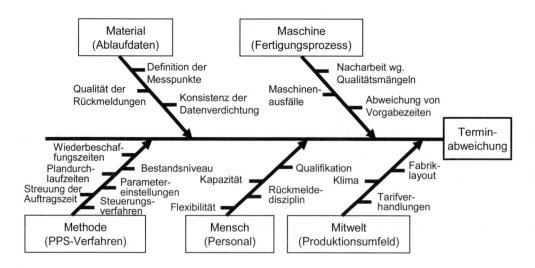

Abb. 2.28 *Ishikawa-Diagramm*

Ausgangspunkt des Verfahrens ist eine möglichst prägnante Formulierung des betrachteten Qualitätsproblems, das an das „Kopfende" des Fisches gesetzt wird. Anschließend werden die wesentlichen Einflussbereiche identifiziert, die auf das Qualitätsproblem einwirken. Die Ursachen von Qualitätsproblemen in der Produktion lassen sich in der Regel auf einen oder mehrere der fünf Bereiche Material, Maschinen, Methoden, Menschen und Mitwelt – diese werden auch als die „5 M" der Produktion bezeichnet – zurückführen. Im Beispiel von Abb. 2.28 wird der Bereich *Material* durch Ablaufdaten hinsichtlich des Materialflusses konkretisiert, der Bereich *Maschinen* durch Kennzahlen der benutzten Fertigungsprozesse, der Bereich *Methoden* durch Daten und Ergebnisse des eingesetzten Verfahrens zur Produktionsplanung und -steuerung, der Bereich *Menschen* durch Eigenschaften des Fertigungspersonals und der Bereich *Mitwelt* durch ausgewählte Einflussgrößen des Produktionsumfelds. Durch die Art der Darstellung wird der Einfluss dieser Stellgrößen auf den Liefertermin unmittelbar deutlich.

Der Einsatz von Ishikawa-Diagrammen erfolgt in interaktiven *Gruppensitzungen* der von den Problemen betroffenen Mitarbeiter. In einer Gruppendiskussion werden zunächst die dringlichsten Qualitätsprobleme in der Produktion herausgearbeitet. Anschließend wird von der Gruppe das für den vorliegenden Produktionsprozess relevante Schaubild entwickelt, wobei die wichtigsten Einflussgrößen in den 5M-Bereichen identifiziert werden. Schließlich wird systematisch nach Maßnahmen gesucht, um über die gezielte Beeinflussung von ausgewählten Stellgrößen einen möglichst großen Beitrag zur Reduktion der zuvor identifizierten Probleme zu leisten.

Der Vorteil von Ishikawa-Diagrammen liegt in ihrer Anschaulichkeit und der Möglichkeit, sie in interaktiven Gruppenprozessen zu nutzen. Ihr wesentlicher Nachteil besteht darin, dass die Diagramme bei komplexen Problemen recht schnell zu umfangreich und damit unübersichtlich werden. Weiter lassen sich zwar die einzelnen Einflussgrößen und ihre Wirkungen auf die Produktqualität systematisch zusammenstellen, nicht aber die Wechselwirkungen zwischen diesen Größen darstellen.

2.2.5.6   Qualitätsaudit

Ein *Qualitätsaudit* ist nach DIN ISO 8402 „... eine systematische und unabhängige Untersuchung, um festzustellen, ob die qualitätsbezogenen Tätigkeiten und die damit zusammenhängenden Ergebnisse den geplanten Anforderungen entsprechen ...". Ein Qualitätsaudit dient somit der Beurteilung der Wirksamkeit des Qualitätsmanagements. Weiter kann es im Sinne eines kontinuierlichen Verbesserungsprozesses aufzeigen, an welchen Stellen Korrektur- oder Verbesserungsmaßnahmen erforderlich sind.

Nach dem Gegenstand bzw. der Durchführung des Qualitätsaudits unterscheidet man grundsätzlich die folgenden Auditformen:

* Ein *Systemaudit* bezieht sich auf die Aufbau- und Ablauforganisation des Unternehmens. Ein *Verfahrensaudit* wird durchgeführt, um die Prozesse im Unternehmen auf ihre Zweckmäßigkeit und die Einhaltung von Normen zu überprüfen. Bei einem *Produktaudit*

werden die Produkte bzw. ihre Bauteile auf Übereinstimmung mit den Qualitätsvorgaben überprüft.

- Bei einem *internen Qualitätsaudit* wird das Qualitätsmanagement durch eigene Mitarbeiter überprüft. Bei einem *externen Audit* erfolgt die Überprüfung durch Außenstehende, entweder durch einen Großkunden (Lieferantenbewertung) oder durch neutrale Auditoren.

Mit der Normenreihe DIN ISO 9000:2005 liegt ein bewährtes, universell einsetzbares und produktunabhängiges Modell eines Qualitätsmanagementsystems vor, das – aufbauend auf einer 1987 vorgestellten Ursprungsversion – sich in wenigen Jahren international durchgesetzt hat und zur weltweit meistgenutzten ISO-Norm wurde. Die vier Kernnormen sind:

DIN ISO 9000:2005   Qualitätsmanagementsysteme Grundlagen und Begriffe

DIN ISO 9001:2005   Qualitätsmanagementsysteme Forderungen

DIN ISO 9004:2005   Qualitätsmanagementsysteme Leitfaden zur Leistungsverbesserung

DIN ISO 19011:2005 Auditleitfaden für Qualitäts- und Umweltmanagementsysteme

Hat das Unternehmen ein Qualitätsmanagementsystem nach der Normenreihe DIN ISO 9000:2005 eingeführt, so kann im Anschluss an eine erfolgreiche externe Auditierung durch eine autorisierte Stelle, z.B. den TÜV, ein *Qualitätszertifikat* erteilt werden, das in vielen Branchen bereits Voraussetzung für eine Lieferantenbeziehung ist. Das Zertifikat hat eine Gültigkeit von drei Jahren, danach ist ein Folgeaudit erforderlich.

Im Mittelpunkt der Normenreihe stehen schriftlich fixierte Verfahrensanweisungen zur Sicherstellung der Produkt- und Prozessqualität sowie eine umfangreiche Dokumentation in Form eines Qualitätshandbuchs. Die Verantwortung für die Qualität wird der Unternehmensleitung zugewiesen, die die Richtlinien der Qualitätspolitik formuliert und die Organisation des Qualitätsmanagements vorgibt. Weitere Elemente des Qualitätsmanagementsystems sind die Dokumentation von Qualitätsaufzeichnungen, die eine Rückverfolgung von fehlerhaften Produkten und Bauteilen bis zur Fehlerquelle erlauben, die Anwendung von Methoden der statistischen Qualitätskontrolle, die Ergänzung der externen durch interne Audits und die Schulung der Mitarbeiter.

Insgesamt stellt die Auditierung und Zertifizierung nach DIN ISO 9000:2005 einen Schritt zu einem höheren Qualitätsniveau und damit einen wichtigen Baustein im Rahmen des Total Quality Management dar, bringt aber auch zusätzliche Aufgaben und Dokumentationspflichten mit sich.

2.2.6   Umwelt- und Risikomanagement

Das Umwelt- und Risikomanagement zielt darauf ab, die mit der betrieblichen Tätigkeit verbundenen Risiken zu erkennen und bereits im Voraus zu vermeiden bzw. zu gestalten, anstatt eingetretene Schäden im Nachhinein zu begrenzen bzw. zu kompensieren. Dadurch lässt sich nicht nur das Image des Unternehmens in der Öffentlichkeit verbessern, sondern letztlich können auch Kosten reduziert werden. Ein aktives Umwelt- und Risikomanagement kann einen positiven Beitrag zur langfristigen Existenzsicherung des Unternehmens leisten und ist daher von strategischer Bedeutung.

Aufgrund des gestiegenen *Umwelt- und Risikobewusstseins* in der Bevölkerung auf der einen Seite und zunehmender Anforderungen an die Unternehmen durch die Gesetzgebung auf der anderen Seite hat das Umwelt- und Risikomanagement, das sich mit der Reduktion der durch die betriebliche Tätigkeit ausgelösten Umweltbelastungen und Störfälle sowie der damit verbundenen Risiken befasst, in den letzten beiden Jahrzehnten zunehmend an Bedeutung gewonnen. Im Folgenden werden zunächst die standardisierten Umweltmanagementsysteme EMAS und DIN ISO 14001 behandelt, anschließend wird auf die Bewältigung der mit der Durchführung von Produktionsprozessen verbundenen Risiken und die im Rahmen der Produkthaftung auftretenden produktbezogenen Risiken eingegangen.

2.2.6.1 Umweltmanagementsysteme

Als allgemeines Leitbild des *Umweltmanagements* gilt heute die Nachhaltigkeit der wirtschaftlichen Aktivitäten, die sowohl national als auch international in der öffentlichen und politischen Diskussion zunehmend an Bedeutung gewinnt. Der Begriff der Nachhaltigkeit bzw. des *Sustainable Development* wurde 1987 von der Brundtland-Kommission für Umwelt und Entwicklung geprägt und steht für „eine Entwicklung, welche den Bedürfnissen der gegenwärtig lebenden Menschen entspricht, ohne die Möglichkeiten zukünftiger Generationen zur Befriedigung ihrer Bedürfnisse zu gefährden." (vgl. Deutscher Bundestag 1997, S. 22) Das Bewusstsein für die Endlichkeit der natürlichen Ressourcen geht zurück in die 1970er Jahre, als im Bericht des Club of Rome erstmals die Grenzen des Wachstums im (fast) geschlossenen System Erde aufgezeigt wurden (vgl. Meadows et al. 1973).

Das Umweltmanagement ist eine *Querschnittsaufgabe*, die sich auf sämtliche betrieblichen Funktionsbereiche auswirkt. Es bedarf einer Verankerung in der Unternehmensleitung, deren Aufgabe es ist, die strategischen Ziele des Unternehmens und die Unternehmenspolitik zu formulieren. Hieraus werden für die nachgeordneten Planungsebenen und Bereiche Richtlinien und Arbeitsanweisungen abgeleitet. Einige Beispiele für die Integration von Umweltaspekten in betriebliche Funktionsbereiche sind im Folgenden angegeben:

- In die Organisation des Unternehmens sind *Betriebsbeauftragte* für den Umweltschutz, z.B. für die Bereiche Abfall, Gefahrgüter, Gewässerschutz oder Immissionsschutz, einzubeziehen.

- Das Controllingsystem des Unternehmens wird durch ein *Umweltcontrolling* ergänzt, das einerseits die Einhaltung der Umweltziele und andererseits die umweltbezogenen Stoff- und Energieströme, aber auch die damit verbundenen Geldströme überwacht.

- Die Produktgestaltung kann sich auf die Konzeption von *umweltverträglichen Produkten* konzentrieren, durch die vor allem umweltbewusste Kundensegmente angesprochen werden.

- Durch Maßnahmen zur Vermeidung von unnötigen Verpackungen und zur Verlängerung der Lebensdauer von Gebrauchsgütern lässt sich das durch das Unternehmen verursachte *Abfallaufkommen* deutlich reduzieren.

- Vorhandene Anlagen werden mit additiven Umweltschutzeinrichtungen nachgerüstet, um dadurch die *Emissionen* zu verringern. Neue Investitionen erfolgen vorrangig in Anlagen mit integriertem Umweltschutz, um so für die Zukunft die Entstehung von Emissionen zu reduzieren.

- Durch eine Umgestaltung der Produktionsprozesse lässt sich vielfach eine *Kreislaufführung* von Stoffen erreichen, die eine Annäherung der ökonomischen Prozesse an die Prinzipien der Ökologie bedeutet.

- Die Beschaffung berücksichtigt bereits bei der Auswahl der *Einsatzstoffe* deren Umweltverträglichkeit und versucht, umweltbelastende Materialien durch umweltverträglichere zu ersetzen.

- Die Logistik kann die mit dem Transport von Gütern verbundenen Emissionen durch eine bessere Auslastung der *Transportmittel* und einen teilweisen Umstieg auf umweltverträgliche Transportmittel reduzieren.

- Im *umweltbezogenen Rechnungswesen* werden die Kosten des Umweltschutzes und der Umweltbelastungen separat ausgewiesen und den Produkten eindeutig zugerechnet.

- Das Informationssystem des Unternehmens wird um ein *Umweltinformationssystem* erweitert.

In Umweltmanagementsystem werden derartige Maßnahmen koordiniert, um ihre Wirksamkeit zu erhöhen. In der betrieblichen Praxis werden derzeit zwei konkurrierende Umweltmanagementsysteme eingesetzt, die mit einer externen Auditierung und der Vergabe eines Umweltzertifikats verbunden sind:

- *EMAS* (Environmental management and audit scheme) beruht auf der 1993 verabschiedeten EG-Ökoaudit-Verordnung, sein Geltungsbereich ist somit auf die Europäische Union beschränkt. Ein Kennzeichen dieses Systems ist die an außenstehende Adressaten gerichtete Umwelterklärung, in der das Unternehmen seine Umweltpolitik, seine Umweltziele und seine betrieblichen Umweltwirkungen darstellt.

- Die weltweit geltende Norm *DIN ISO 14001* wurde 1996 eingeführt und weist zahlreiche Parallelen zu der in Abschnitt 2.2.5 behandelten Normenreihe DIN ISO 9000:2000 für das Qualitätsmanagement auf. Dieses System wird wegen seiner weltweiten Gültigkeit von vielen Unternehmen der EMAS vorgezogen.

Bei der im Jahr 2000 vorgenommenen Novellierung der EMAS-Verordnung erfolgte eine weitgehende Anpassung an die ISO-Norm, um den Unternehmen eine doppelte Zertifizierung zu ermöglichen. Unabhängig von der unterschiedlichen Ausgestaltung dieser beiden Regelwerke lassen sich einige grundlegende Elemente von Umweltmanagementsystemen identifizieren (vgl. Abb. 2.29). Von grundlegender Bedeutung ist die Konzeption als Regelkreis, mit dem eine kontinuierliche Verbesserung der Unternehmensprozesse durch wiederholte Durchführung der Abläufe beabsichtigt wird.

- Gegenstand der *Umweltpolitik* ist die Festlegung von Umweltzielen in Form von grundlegenden Vorstellungen und Handlungsleitlinien.

- Durch die Planung wird die Umweltpolitik in ein *Umweltprogramm* umgesetzt, das konkrete Maßnahmen zur Zielerreichung und die Zuordnung von Verantwortlichkeiten umfasst. Das Umweltprogramm wird in einem Umwelthandbuch dokumentiert. Grundlage der Planung von Maßnahmen ist die Erfassung der Stoff- und Energieströme des Unternehmens, verbunden mit einer Aufdeckung der bestehenden Schwachstellen.

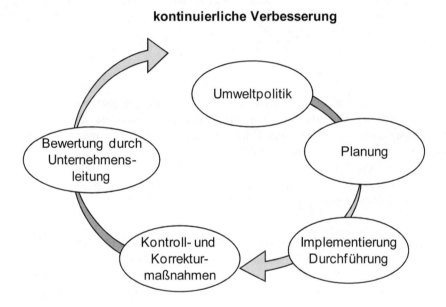

Abb. 2.29 *Umweltmanagementsystem*

- Bei der Implementierung und Durchführung des Umweltmanagements erfolgt eine *Dokumentation* der erforderlichen Abläufe sowie der Ergebnisse und eine entsprechende Schulung der Mitarbeiter.

- *Kontroll- und Korrekturmaßnahmen* sind sowohl für die Überprüfung der alltäglichen Arbeitsabläufe als auch im Rahmen der internen und externen Auditierung erforderlich. Es wird einerseits kontrolliert, ob die relevanten Vorschriften eingehalten werden, andererseits wird die Funktionsfähigkeit des Umweltmanagementsystems insgesamt überwacht.

- Die *Bewertung* des Umweltmanagements durch die Unternehmensleitung erfolgt in Form von regelmäßigen Management Reviews oder Audits. Falls es sich z.B. aufgrund von veränderten Umweltgesetzen oder von gesellschaftlichen Entwicklungen als erforderlich erweist, werden in dieser Phase Änderungen des Umweltmanagementsystems angestoßen.

Die Einführung eines Umweltmanagementsystems ist nicht nur Voraussetzung für die Erlangung eines Umweltzertifikats, das – ähnlich wie die Zertifizierung des Qualitätsmanagements – beim Aufbau von Lieferantenbeziehungen zunehmend verlangt wird, sondern führt auch über die systematische Kontrolle der Stoff- und Energieflüsse zu einer Verringerung der vom Unternehmen ausgehenden negativen Umweltwirkungen und damit letztlich zu einer Reduktion der mit diesen Umweltwirkungen verbundenen Kosten, z.B. Umweltabgaben, Entsorgungskosten, Abfallgebühren. Somit kommt es durch das Umweltmanagement häufig zu einer Verbesserung der Unternehmensleistung sowohl bei den ökologischen als auch bei den ökonomischen Zielen.

2.2.6.2   Prozessrisiken

Risiken entstehen aus der Ungewissheit hinsichtlich des Ergebnisses betrieblicher Abläufe. Insbesondere mit der Durchführung von Produktionsprozessen sind zahlreiche Schadens- und Haftungsrisiken sowohl aus dem Umweltbereich als auch aus anderen Bereichen verbunden. So können z.B. bei einer nachlässigen Fahrweise der Prozesse die vorgegebenen Grenzwerte aus dem Umweltschutz oder im Bereich der Arbeitssicherheit (MIK- bzw. MAK-Werte) überschritten werden. Die Aufgabe des Risikomanagements besteht darin, diese Risiken aufzuzeigen und so zu gestalten, dass sie die Existenz des Unternehmens nicht gefährden.

Generell lässt sich ein Risiko quantifizieren, indem man die erwartete Schadenshöhe mit der Eintrittswahrscheinlichkeit des Schadens multipliziert. Die Gesamtrisikolage des Unternehmens ergibt sich durch Aggregation der bestehenden Einzelrisiken. Diese Definition ist allerdings wenig operational, da in der Regel keine vollständigen Informationen hinsichtlich der benötigten Daten verfügbar sind.

Nach ihrem Eintritt und ihren Auswirkungen lassen sich zwei Arten von Risiken unterscheiden (vgl. auch Kistner/Steven 1991):

- *Systematische Prozessrisiken* resultieren aus während des regulären Ablaufs der Produktion auftretenden zeitweisen Überschreitungen von Vorgabewerten, die in der Regel geringfügig und daher tolerierbar sind. Ihre Ursache kann z.B. in unvermeidbaren Schwankungen bei der Prozessdurchführung, in Schwankungen bei der Qualität des Einsatzmaterials oder in Schwankungen bei der Produktionsmenge oder der Auftragszusammensetzung liegen. Sie sind durch eine geringe Schadenshöhe und eine relativ hohe Eintrittswahrscheinlichkeit gekennzeichnet.

- *Katastrophenrisiken* beruhen auf Störfällen, wie Explosionen, Bränden, Havarien und anderen Unfällen, oder auf Naturkatastrophen, wie Sturm, Hagel, Blitzschlag, und führen zu einer erheblichen, aber in der Regel nur kurzzeitigen Gefährdung von Arbeitnehmern, Anlagen und der natürlichen Umwelt sowie zu materiellen und immateriellen Folgeschäden innerhalb und außerhalb des Unternehmens. Störfälle werden in der Regel durch technisches oder menschliches Versagen verursacht. Neben dem materiellen Schaden sind sie vielfach mit einem langfristigen Imageschaden für das betroffene Unternehmen verbunden. Während die Schadenshöhe von Katastrophenschäden erheblich ist, ist ihre Wahrscheinlichkeit sehr gering.

Für das Management von Prozessrisiken kommen verschiedene Instrumente zum Einsatz:

- *Risikovermeidung und -verminderung*: Durch technische und organisatorische Maßnahmen im Bereich der Technologiewahl, der Standortwahl oder der Sicherheitstechnik lässt sich sowohl die Eintrittswahrscheinlichkeit als auch die voraussichtliche Höhe eines Schadens reduzieren. So tragen z.B. Unfallverhütungsvorschriften zur Vermeidung von Arbeitsunfällen bei, der Einsatz von feuerhemmenden Materialien und Sprinkleranlagen reduziert den bei einem Brand entstehenden Schaden.

- *Risikoausgleich*: Da es sich bei den mit der Produktion verbundenen Risiken zum großen Teil um Ereignisse handelt, die nicht vollständig miteinander korreliert sind, können sich ungünstige Entwicklungen in einem Bereich und günstige Entwicklungen in einem anderen Bereich gegenseitig kompensieren. Ein solcher interner Risikoausgleich erfolgt z.B. bei der Aufteilung der Produktion auf mehrere Werke, die nicht gleichzeitig von Katastrophenschäden betroffen werden, oder auch durch eine verteilte Lagerhaltung von Gefahrstoffen.

- *Risikoüberwälzung*: Durch den Abschluss von Versicherungsverträgen, die exakt definierte Schadensereignisse bis zu einer vereinbarten Summe gegen die regelmäßige Zahlung einer Versicherungsprämie absichern, wird das Risiko auf das Versicherungsunternehmen abgewälzt. Das Unternehmen ersetzt also das Risiko einer hohen Zahlung im Schadensfall, die mit geringer Wahrscheinlichkeit anfällt, durch die sichere Zahlung einer relativ geringen Prämie, die neben dem Erwartungswert des Schadens auch die Verwaltungskosten und die Gewinnspanne des Versicherungsunternehmens umfasst.

Die Wahrnehmung und Beurteilung eines Risikos hängt nicht nur von seiner Höhe ab, sondern auch von der – häufig individuell unterschiedlichen – *Risikobereitschaft* der potenziell Betroffenen. Da sich die mit modernen Technologien verbundenen Risiken nicht auf Null reduzieren lassen, muss das Risikomanagement auf die gesellschaftlich akzeptierten Restrisiken abstellen.

2.2.6.3   Produkthaftung

Als *Produkthaftung* bezeichnet man die Verpflichtung eines Unternehmens zum Eintreten für Mangelfolgeschäden, d.h. Personen-, Sach- oder Vermögensschäden, die aufgrund fehlerhafter Produkte beim Produktbenutzer auftreten. Die allgemeine Regelung zum Schadensersatz in § 823 BGB setzt ein *Verschulden* des Herstellers voraus. Kann der Hersteller nachweisen, dass er hinreichende Maßnahmen zur Gefahrenabwehr ergriffen hat, so liegt kein

Verschulden vor. Derartige Maßnahmen sind z.B. die Vermeidung von Konstruktions- und Fabrikationsfehlern und die vorbeugende Berücksichtigung von potenziellen Benutzerfehlern in der Gebrauchsanleitung des Produkts. Unterlässt der Verbraucher eine angemessene Sorgfalt bei der Verwendung des Produkts, liegt ebenfalls kein Verschulden des Herstellers vor.

Im Gegensatz zur Verschuldenshaftung des BGB stellt das 1990 konzipierte Produkthaftungsgesetz auf die *Gefährdungshaftung* ab. Der Hersteller haftet nunmehr auch für alle Schäden, die bei der privaten Nutzung eines Produkts infolge von Produktfehlern entstehen. Ein Produkt gilt als fehlerhaft, wenn es nicht den jeweils berechtigten Sicherheitserwartungen entspricht. Dies gilt auch für Fehler, die trotz großer Sorgfalt in den Phasen der Produktion, der Qualitätskontrolle und beim Vertrieb entstanden sind. Das Leitmotiv für diese Verschärfung der Produkthaftung ist die Stärkung des Verbraucherschutzes.

Da die aus der Produkthaftung resultierenden Zahlungsrisiken die Rentabilität und im Extremfall auch den Bestand eines Unternehmens gefährden können, ist durch *vorbeugende Maßnahmen*, die in allen Phasen der Wertschöpfung ansetzen können, für eine möglichst weitgehende Reduktion von Produktfehlern zu sorgen:

- Bereits bei der *Konstruktion* von Produkten ist darauf zu achten, dass eine sichere Verwendung gewährleistet ist bzw. absehbare Gefährdungen ausgeschlossen werden. So weisen z.B. Kappen von Schreibstiften Luftschlitze auf, damit Kinder bei versehentlichem Verschlucken nicht ersticken.

- Die *Beschaffung* kann durch Wareneingangskontrollen darauf achten, dass keine fehlerhaften Materialien in die Produktion gelangen, und dadurch das Risiko fehlerhafter Produkte reduzieren.

- In der *Fertigung* selbst lässt sich die Qualität der Produkte durch den Einsatz von Instrumenten des Qualitätsmanagements wie der statistischen Prozessregelung (vgl. Abschnitt 2.2.5.1) sicherstellen. Weiter können durch eine vollständige und nachvollziehbare Dokumentation des Produktionsgeschehens Haftungsansprüche aus der Verschuldenshaftung abgewehrt werden.

- Das *Marketing* sollte den Einsatz der Produkte regelmäßig beobachten und gegebenenfalls rechtzeitig eine Rückrufaktion einleiten. Durch den gezielten Einsatz von kommunikativen Maßnahmen in Form von verständlichen Gebrauchsanleitungen und Warnhinweisen wird die Sicherheit des Produkteinsatzes erhöht.

Die *Produktgestaltung* spielt eine besondere Rolle für die spätere Produktsicherheit. Dabei kommen folgende Prinzipien zum Einsatz:

- Nach dem *Redundanzprinzip* werden Komponenten, die besonders sicherheitsrelevante Funktionen übernehmen, so ausgelegt, dass auch bei teilweisem Ausfall der sichere Gebrauch des Produkts weiterhin möglich ist. Ein Beispiel ist der Einbau von zwei unabhängigen Bremssystemen in Fahrzeugen.

- Das *Fail-Safe-Prinzip* bedeutet den Einbau von zusätzlichen Sicherheitselementen, die das Produkt bei einem Störfall oder beim Ausfall einer kritischen Komponente in einen gefahrlosen Zustand überführen. Hierzu zählt z.B. der Einbau von Schutzschaltern in elektrischen Anlagen oder die bei einem Unfall erfolgende Kraftstoffabschaltung in Kraftfahrzeugen.

- Durch *eingebaute Produktsicherheit* lassen sich Gefahrensituationen vorausschauend vermeiden, z.B. durch Verwendung hitzebeständiger Zuleitungen bei elektrischen Haushaltsgeräten.

- Von großer Bedeutung für die Produktsicherheit ist die Orientierung an eindeutig definierten technischen Standards, die durch die Vergabe von entsprechenden *Prüfzeichen* (z.B. GS, VDE, CE) nachgewiesen wird.

Jedoch steigen tendenziell die Konstruktions- und Fertigungskosten an, wenn umfangreiche Maßnahmen zur Erhöhung der Produktsicherheit ergriffen werden. Daher gilt es, diese Kosten gegen die vermiedenen Haftungsrisiken und gegebenenfalls auch gegen die negativen Imageaspekte von fehlerhaften Produkten abzuwägen.

Ähnliche Überlegungen gelten für die Maßnahme des *Produktrückrufs*, die zum Einsatz kommt, wenn ein fehlerhaftes Produkt bereits in den Markt gelangt ist. Bei einigen Produkten, z.B. bei Arzneimitteln, ist der Hersteller ohne Rücksicht auf die Kosten zum Rückruf verpflichtet, wenn Probleme mit dem Produkt auftreten. So hat der im Jahr 2001 erfolgte Rückruf des cholesterinsenkenden Medikaments Lipobay, das zu mehreren Todesfällen geführt hatte, die wirtschaftliche Position des Herstellers Bayer AG erheblich geschwächt.

Ein freiwilliger Produktrückruf lohnt sich nur dann, wenn die Rückrufkosten geringer sind als die durch den Rückruf vermiedenen Haftungsrisiken. Der Produktrückruf kann offen oder verdeckt erfolgen. Bei einem offenen Produktrückruf werden die Kunden öffentlich aufgefordert, ihre Produkte zurückzugeben oder nachbessern zu lassen. Vor allem in der Automobilindustrie kommt es häufig zu umfangreichen offenen Rückrufaktionen. Manche Unternehmen – z.B. der Möbelhersteller IKEA – setzen den offenen Produktrückruf bewusst als Marketinginstrument ein, um der Öffentlichkeit ihre umfassende Wahrnehmung der Verantwortung für ihre Produkte zu demonstrieren. Bei einem verdeckten Produktrückruf hingegen wird der Fehler z.B. im Rahmen einer regelmäßigen Wartung beseitigt, so dass der Kunde dies in der Regel nicht bemerkt.

2.3 Taktisches Produktionsmanagement

Die Entscheidungen auf der *taktischen Planungsebene* des Produktionsmanagements sind durch einen mittelfristigen Planungshorizont gekennzeichnet, der in der Regel einem Saisonzyklus entspricht (vgl. nochmals Abschnitt 2.1.2). Es handelt sich dabei häufig um Entscheidungen, die auf Basis aggregierter Daten gefällt werden und daher in der anschließenden operativen Planung noch weiter detailliert werden müssen. Hauptaufgabe der taktischen Produktionsplanung ist die Planung des mittelfristig herzustellenden Produktionsprogramms nach Art, Menge und Termin sowie der dafür benötigten Kapazitäten. Obwohl diese beiden

Aufgaben aufgrund ihrer gegenseitigen Abhängigkeiten im Grunde nur gemeinsam gelöst werden können, werden sie in den folgenden beiden Abschnitten isoliert dargestellt, um zunächst die jeweiligen Problemstellungen eindeutig herauszuarbeiten. Abschnitt 2.3.1 befasst sich daher mit der Produktionsprogrammplanung im Rahmen vorgegebener Kapazitäten, während Abschnitt 2.3.2 die Kapazitätsplanung für ein vorliegendes Produktionsprogramm behandelt. Eine weitere taktische Entscheidung, mit der sich Abschnitt 2.3.3 befasst, ist die als Fließbandabstimmung bezeichnete Festlegung der Zuordnung von Einzelaufgaben zu Arbeitsstationen bei der Fließfertigung.

2.3.1   Produktionsprogrammplanung

Während die auf der strategischen Planungsebene angesiedelte Produktprogrammgestaltung die vom Unternehmen am Markt anzubietenden Produktarten festlegt (vgl. Abschnitt 2.2.4), besteht die Aufgabe der *Produktionsprogrammplanung* in der Bestimmung des während eines Planungszeitraums von ca. einem Jahr herzustellenden Produktionsprogramms nach Art, Menge und Termin. Als Zielsetzung wird dabei in der Regel die Maximierung des mit den hergestellten Produkten erzielbaren Gewinns oder Deckungsbeitrags verfolgt. Die Produktionsprogrammplanung beschränkt sich auf die Planung der Produktionsmengen der am Markt angebotenen Endprodukte, wobei diese teilweise sogar zu Produktgruppen aggregiert werden. Die Planung der zur Herstellung dieser Endproduktmengen auf den vorgelagerten Produktionsstufen erforderlichen Vor- und Zwischenprodukte erfolgt anschließend in der operativen Planung. Die Produktionstechnologie und die Kapazitäten der im Unternehmen vorhandenen Anlagen werden als konstant und bekannt vorausgesetzt.

Die Produktionsprogrammplanung ist an der Schnittstelle des Unternehmens zu seinen Kunden bzw. zu den relevanten Absatzmärkten angesiedelt. Die Planung des Produktionsprogramms muss sich demzufolge nicht nur an den produktionstechnischen und kapazitätsmäßigen Möglichkeiten des Unternehmens, sondern auch an den Wünschen und Bedürfnissen der Abnehmer orientieren. Ohne diese Interdependenzen zwischen Produktion und Absatz aus den Augen zu verlieren, konzentrieren sich die nachfolgenden Ausführungen auf die aus Sicht der Produktion relevanten Aspekte der Produktionsprogrammplanung.

Ausgangspunkt der Produktionsprogrammplanung sind die voraussichtlichen *Nachfragemengen* der vom Unternehmen am Markt angebotenen Produkte. Dabei handelt es sich einerseits um die Nachfrage nach Endprodukten und andererseits um den am Markt wirksamen Bedarf an Zwischenprodukten oder Bauteilen, die z.B. als Ersatzteile benötigt werden. Die für die Produktionsprogrammplanung relevanten Bedarfsmengen ergeben sich bei einem Unternehmen, das auftragsorientiert fertigt, anhand von bereits vorliegenden oder erwarteten *Kundenaufträgen*. Stellt das Unternehmen seine Produkte für einen anonymen Markt her, so sind für die Durchführung der Produktionsprogrammplanung auf Markterwartungen und Vergangenheitsdaten basierende *Nachfrageprognosen* erforderlich (vgl. zu Prognosemodellen Abschnitt 3.2.2).

Der *Planungshorizont* für die Produktionsprogrammplanung beträgt in der Regel ein Jahr bzw. einen Saisonzyklus, da sich nur so die Auswirkungen von Saisoneffekten – dies sind vor allem saisonale Nachfrageschwankungen, aber auch die saisonabhängige Verfügbarkeit von Einsatzstoffen z.B. in einigen Bereichen der Lebensmittelindustrie – in der Planung erfassen lassen. Die Einteilung des Planungszeitraums in Perioden kann gleichmäßig erfolgen, z.B. in Monate, für die dann jeweils die Nachfrage zu bestimmen ist. Da jedoch sowohl die verfügbaren Nachfragedaten als auch die sonstigen der Planung zugrunde liegenden Parameter für die nähere Zukunft weitaus besser prognostiziert werden können als für weiter entfernt liegende Perioden, ist vielfach auch eine heterogene Periodeneinteilung üblich, z.B. in sechs Perioden zu je einem Monat und zwei Quartale. Die Planung wird üblicherweise im Rahmen der rollierenden Planung (vgl. Abschnitt 2.1.2) aktualisiert und konkretisiert.

Zur Durchführung der Produktionsprogrammplanung sind die folgenden *Informationen* erforderlich: Neben den Bedarfsmengen der einzelnen Produkte in jeder Planungsperiode müssen die am Markt erzielbaren Preise sowie die variablen Stückkosten bekannt sein. Die Differenz aus dem Verkaufspreis und den variablen Kosten einer Produkteinheit bezeichnet man als Stückdeckungsbeitrag, da das Produkt mit jeder verkauften Einheit in dieser Höhe zur Abdeckung der im Unternehmen anfallenden Fixkosten beiträgt. Weiter müssen Informationen über die in den einzelnen Perioden zur Verfügung stehenden Kapazitäten vorliegen sowie die Produktionskoeffizienten der Produkte, die angeben, in welcher Höhe ein Produkt die jeweilige Kapazität in Anspruch nimmt.

Im Folgenden werden Entscheidungsregeln für die Produktionsprogrammplanung in drei aufeinander aufbauenden Fällen angegeben. Zunächst wird davon ausgegangen, dass sämtliche Kapazitäten in ausreichendem Umfang zur Verfügung stehen. Anschließend wird der Fall untersucht, dass bei der Planung genau ein Engpassbereich zu berücksichtigen ist. Schließlich wird der in der Realität am häufigsten auftretende Fall mehrerer knapper Kapazitäten betrachtet.

2.3.1.1   Kein Kapazitätsengpass

Im einfachsten Fall erfolgt die Produktionsprogrammplanung lediglich für die nächste Periode und geht von *unbegrenzten Kapazitäten* aus. Diese Situation kann z.B. in Zeiten einer wirtschaftlichen Rezession eintreten, wenn die Nachfrage so stark zurückgeht, dass die tatsächlich vorhandenen Kapazitätsgrenzen für die Planung nicht relevant sind. Die Entscheidungsregel zur Ermittlung des optimalen Produktionsprogramms lautet dann, dass alle Produkte mit positivem Stückdeckungsbeitrag in Höhe ihrer Nachfrage produziert werden.

In Tab. 2.3 ist ein Beispiel angegeben, bei dem ein Unternehmen sechs Produkte mit unterschiedlichen Absatzpreisen und variablen Stückkosten am Markt anbietet. Wie die in der letzten Spalte berechneten Stückdeckungsbeiträge zeigen, sollten die Produkte 2 und 4 aufgrund ihres negativen Deckungsbeitrags nicht produziert werden, die Produkte 1, 3, 5 und 6 hingegen sind in Höhe ihrer Nachfrage herzustellen. Der Verkauf dieser Produkte liefert dem Unternehmen einen Gesamtdeckungsbeitrag in Höhe von:

$$DB = 400 \cdot 20 + 300 \cdot 30 + 800 \cdot 6 + 250 \cdot 10 = 24.300 \, €$$

Tab. 2.3 *Produktionsprogrammplanung ohne Kapazitätsengpass*

Produkt	Preis	variable Stückkosten	Nachfrage	Stückdeckungs- beitrag
1	230,–	210,–	400	20,–
2	88,–	104,–	500	-16,–
3	150,–	120,–	300	30,–
4	125,–	165,–	100	-40,–
5	20,–	14,–	800	6,–
6	75,–	65,–	250	10,–

2.3.1.2   Ein Kapazitätsengpass

Treten bei der Produktionsprogrammplanung hingegen *Kapazitätsengpässe* auf, so reicht der Deckungsbeitrag als Entscheidungskriterium für die Vorteilhaftigkeit der Fertigung eines Produkts nicht mehr aus. In diesem Fall muss zusätzlich berücksichtigt werden, in welchem Umfang die einzelnen Produkte die knappen Kapazitäten in Anspruch nehmen. Zunächst wird der Fall betrachtet, dass genau ein Kapazitätsengpass vorliegt. Diese Situation tritt z.B. bei einstufiger Fertigung auf. Aufgrund der Engpasssituation können nicht alle Produkte mit positivem Stückdeckungsbeitrag in Höhe ihrer Nachfrage hergestellt werden. Um die Produkte zu bestimmen, deren Herstellung angesichts des Engpasses den Gesamtdeckungsbeitrag maximiert, berechnet man die *relativen Deckungsbeiträge* der einzelnen Produkte. Diese ergeben sich als Quotient aus ihrem Stückdeckungsbeitrag und dem Produktionskoeffizienten, der den Kapazitätsbedarf je Stück angibt:

$$\text{relativer Deckungsbeitrag} = \frac{\text{Stückdeckungsbeitrag}}{\text{Produktionskoeffizient}}$$

Das Produkt mit dem höchsten relativen Deckungsbeitrag liefert den größten Erfolgsbeitrag je Kapazitätseinheit, daher wird es als erstes in das Produktionsprogramm aufgenommen und in Höhe seiner Nachfrage hergestellt, falls der Engpass dafür ausreicht. Dann werden die anderen Produkte sukzessiv in der Reihenfolge ihrer relativen Deckungsbeiträge in das Produktionsprogramm aufgenommen, bis der Engpass ausgeschöpft ist. Der verbleibende Teil der Nachfrage kann nicht befriedigt werden.

In Tab. 2.4 ist das Beispiel aus Tab. 2.3 um die Produktionskoeffizienten bezüglich des relevanten Kapazitätsengpasses bei den Produkten, die einen positiven Deckungsbeitrag aufweisen, erweitert worden. Vergleicht man die absoluten und die relativen Deckungsbeiträge, so ergibt sich eine völlig unterschiedliche Reihung der Produkte: Produkt 5, das lediglich 6,– € Deckungsbeitrag je Stück liefert, hat aufgrund seines niedrigen Produktionskoeffizienten den höchsten relativen Deckungsbeitrag von ebenfalls 6,– €. Produkt 3 mit dem höchsten absoluten Deckungsbeitrag von 30,– € hingegen weist mit nur 3,– € den niedrigsten relativen Deckungsbeitrag auf, da es zehn Stunden der Engpasskapazität je Stück benötigt.

Tab. 2.4 *Produktionsprogrammplanung bei einem Engpass*

Produkt	Preis	variable Stückkosten	Nachfrage	Deckungs-beitrag	Produktions-koeffizient	relativer Deckungsbeitrag
1	230,–	210,–	400	20,–	5	4,–
3	150,–	120,–	300	30,–	10	3,–
5	20,–	14,–	800	6,–	1	6,–
6	75,–	65,–	250	10,–	2	5,–

Beträgt die Kapazität des Engpasses 2.500 Stunden, so wird zunächst Produkt 5 mit einer Produktionsmenge von 800 Stück eingeplant. Dafür werden 800 Stunden der Engpasskapazität benötigt, so dass 1.700 Stunden Restkapazität verbleiben. Den zweithöchsten relativen Deckungsbeitrag weist Produkt 6 mit 5,– € auf. Auch dieses wird in Höhe seiner Nachfrage von 250 Stück produziert, dadurch reduziert sich die Restkapazität um $2 \cdot 250 = 500$ auf 1.200 Stunden. Als nächstes wird Produkt 1 mit einem relativen Deckungsbeitrag von 4,– € berücksichtigt. Da es je Stück 5 Stunden der Engpasskapazität benötigt, kann es auf der Restkapazität nur mit 240 Stück hergestellt werden. Die verbleibende Nachfrage in Höhe von 60 Stück von Produkt 1 sowie die gesamte Nachfrage nach Produkt 3 kann wegen fehlender Kapazität nicht befriedigt werden. Der mit diesem Produktionsprogramm erzielte Gesamtdeckungsbeitrag beträgt:

$$DB = 240 \cdot 20 + 800 \cdot 6 + 250 \cdot 10 = 12.100 \, €$$

Durch den Engpass hat sich somit der Deckungsbeitrag gegenüber der Situation mit unbegrenzten Kapazitäten um mehr als die Hälfte reduziert. Die relativen Deckungsbeiträge lassen sich auch bei Entscheidungen über *Maßnahmen zur Kapazitätserhöhung* heranziehen (zur Kapazitätsplanung vgl. Abschnitt 2.3.2): Da im Beispiel durch die Erhöhung der Engpasskapazität um eine Stunde ein zusätzlicher Deckungsbeitrag von 4,– € erzielt werden kann, lohnt sich eine Ausdehnung der Kapazität – z.B. durch Überstunden oder Fremdvergae von Aufträgen – so lange, wie dies für weniger als 4,– € je Stunde möglich ist.

2.3.1.3 Mehrere Kapazitätsengpässe

Ist bei der Produktionsprogrammplanung nicht nur ein Engpass relevant, sondern sind *mehrere knappe Kapazitäten* gleichzeitig zu berücksichtigen, so liefern die relativen Deckungsbeiträge in der Regel keine eindeutige Rangfolge der Produkte. Daher ist der Einsatz von simultanen Planungsmethoden erforderlich. Die grundlegende Problemstellung der Produktionsplanung bei mehreren Engpässen und für mehrere Perioden lässt sich wie folgt als lineares Programm mit der Zielsetzung der Maximierung des Gesamtdeckungsbeitrags abbilden:

$i = 1,...,n$ – Laufindex für die im Unternehmen vorhandenen Anlagen

$j = 1,...,m$ – Laufindex für die zu planenden Produkte

$t = 1,...,T$ – Laufindex für die Perioden innerhalb des Planungshorizonts T

DB_{jt} – Deckungsbeitrag je Einheit von Produkt j in Periode t

kap_{it} – Kapazität von Anlage i in Periode t

a_{ij} – Produktionskoeffizient von Produkt j auf Anlage i, Kapazitätsinanspruchnahme von Anlage i je hergestellter Einheit von Produkt j

x_{jt} – Produktionsmenge von Produkt j in Periode t (Entscheidungsvariable)

Das *Grundmodell der Produktionsprogrammplanung* lautet in seiner einfachsten Version:

$$\max DB = \sum_{j=1}^{m} \sum_{t=1}^{T} DB_{jt} \cdot x_{jt} \tag{1}$$

u.d.N.: $$\sum_{j=1}^{m} a_{ij} \cdot x_{jt} \leq kap_{it} \qquad i = 1,...,n \quad t = 1,...,T \tag{2}$$

$$x_{jt} \geq 0 \qquad j = 1,...,m \quad t = 1,...,T \tag{3}$$

Die Zielfunktion (1) strebt die Maximierung des mit dem Produktionsprogramm während des Planungszeitraums erzielten Deckungsbeitrags an, der sich additiv aus den Deckungsbeiträgen sämtlicher Produkte in allen Perioden zusammensetzt.

Die Nebenbedingungen (2) stellen sicher, dass in jeder Periode die Kapazitätsnachfrage, die aus den eingeplanten Produktionsmengen resultiert, das vorhandene Kapazitätsangebot an jeder einzelnen Anlage nicht übersteigt. Die Kapazitätsnachfrage ergibt sich, indem man je Produkt den durch die geplante Produktion verursachten Kapazitätsbedarf auf einer Anlage als Produkt aus Produktionskoeffizient, d.h. Kapazitätsbedarf je Stück, und Produktionsmenge berechnet und diese über alle Produkte aufaddiert.

Um zu gewährleisten, dass nur ökonomisch sinnvolle Lösungen generiert werden, fordern die Nicht-Negativitätsbedingungen (3), dass die Produktionsmenge jedes Produkts in jeder Periode mindestens den Wert Null annimmt.

Für den Fall zweier Produkte und nur einer Planungsperiode lässt sich dieses Programm auch grafisch lösen. Dies wird durch das folgende *Beispiel* veranschaulicht:

Ein Unternehmen stellt zwei Produkte auf drei Maschinen her. Maschine 1 übernimmt das Zuschneiden der Teile und verfügt über eine Kapazität von 700 Stunden, je Einheit von Produkt 1 und Produkt 2 wird an dieser Maschine jeweils 1 Stunde benötigt. Maschine 2 führt die Vormontage der Teile durch und wird 2 Stunden je Einheit von Produkt 1 und 7 Stunden je Einheit von Produkt 2 in Anspruch genommen, ihre Kapazität beträgt 5.600 Stunden. Maschine 3 schließlich nimmt die Endmontage vor und wird bei einer Kapazität von 2.400 Stunden 3 Stunden je Einheit von Produkt 1 und 1 Stunde je Einheit von Produkt 2 in Anspruch genommen. Der Deckungsbeitrag von Produkt 1 beträgt 120 € je Einheit, der von Produkt 2 beläuft sich auf 50 € je Einheit. Das lineare Programm zu diesem Beispiel lautet:

$$Z = 120x_1 + 50x_2 \ \Rightarrow \ \text{max!}$$

u.d.N.: $x_1 + \ x_2 \leq \ \ 700$

$2x_1 + 7x_2 \leq 5.600$

$3x_1 + \ \ x_2 \leq 2.400$

$x_1 \geq 0$

$x_2 \geq 0$

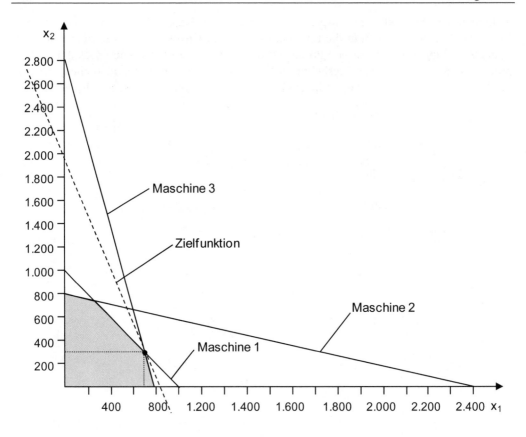

Abb. 2.30   *Grafische Lösung der Produktionsprogrammplanung*

In Abb. 2.30 ist die grafische Lösung des Problems angegeben. Der zulässige Bereich derjenigen Kombinationen an Produktionsmengen von Produkt 1 und Produkt 2, die sämtliche Restriktionen erfüllen, ist farblich hervorgehoben. Das optimale Produktionsprogramm liegt dort, wo die gestrichelt eingezeichnete Zielfunktion den zulässigen Bereich gerade tangiert, d.h. bei 700 Einheiten von Produkt 1 und 300 Einheiten von Produkt 2. Der damit erzielte Deckungsbeitrag beträgt 99.000 €. Die erste und dritte Maschine sind bei diesem Produktionsprogramm voll ausgelastet, während die zweite Maschine noch über eine nicht ausgenutzte Restkapazität verfügt.

Die grafische Lösung dieser Problemstellung zur Produktionsprogrammplanung dient vor allem der Veranschaulichung des Lösungsprinzips. Für praktische Zwecke ist dieses Vorgehen nicht nur zu umständlich und ungenau, sondern darüber hinaus gar nicht möglich, wenn die Planung mehr als zwei Produkte und eine Periode umfasst, d.h. wenn die Anzahl der Entscheidungsvariablen auf mehr als zwei ansteigt. Stattdessen lässt sich der Simplex-Algorithmus der linearen Programmierung anwenden, der bei entsprechender Programmierung in kurzer Rechenzeit eine optimale Lösung liefert. Darüber hinaus lassen sich lineare

Programme mithilfe von allgemein verfügbarer Standard-Software, z.B. mit dem *Microsoft Excel®-Solver*, schnell und komfortabel berechnen.

Der *Simplex-Algorithmus* ist ein iteratives Verfahren, das in endlich vielen Schritten eine optimale Lösung für ein lineares Programm liefert oder mit der Information endet, dass es keine solche gibt (zur Vorgehensweise vgl. z.B. Kistner 2003, S.14ff.). Der Algorithmus geht so vor, dass zunächst das Produkt, das den höchsten Deckungsbeitrag liefert, mit der innerhalb der vorhandenen Restriktionen maximal möglichen Menge zur Produktion vorgesehen wird. In den folgenden Restriktionen wird so lange, wie sich der Gesamtdeckungsbeitrag noch verbessern lässt, jeweils ein bislang nicht produziertes Produkt in die Lösung aufgenommen und dafür ein anderes, bereits produziertes Produkt ganz oder teilweise aus der Lösung entfernt. Die Umrechnung der Tableaus erfolgt, indem durch elementare Zeilenoperationen jeweils in der Spalte des in die Lösung aufzunehmenden Produkts ein Einheitsvektor erzeugt wird.

Im vorliegenden Fall wird zunächst Produkt 1 mit einer Produktionsmenge von 800 geplant und damit die dritte Maschine vollständig ausgelastet. In der zweiten Iteration wird zusätzlich Produkt 2 mit 300 Stück in das Produktionsprogramm aufgenommen und die Produktionsmenge von Produkt 1 um 100 Stück reduziert, dadurch wird auch die dritte Maschine vollständig ausgelastet. Da die Zielfunktionszeile keine negativen Werte mehr aufweist, erreicht der Algorithmus bereits mit der zweiten Iteration die optimale Lösung, vgl. Tab. 2.5.

Aus dem *Schlusstableau* lassen sich verschiedene Informationen ablesen: Da sich Einheitsvektoren in den Spalten x_1 und x_2 befinden, werden beide Produkte mit positiven Mengen hergestellt. In der Spalte b finden sich nicht nur Angaben zu den Produktionsmengen (700 Stück von Produkt 1 und 300 Stück von Produkt 2), sondern auch die Information, dass auf der zweiten Maschine 2.100 Stunden von den ursprünglichen 5.600 Stunden Kapazität nicht genutzt werden, denn die Schlupfvariable y_2 weist ebenfalls einen Einheitsvektor auf. In der Zielfunktionszeile des Schlusstableaus befinden sich neben dem maximal erzielbaren Deckungsbeitrag von 99.000 € auch die Dualvariablen, die die Opportunitätskosten bzw. Schattenpreise der Maschine angeben. Sie betragen 15 € für Maschine 1, 0 € für Maschine 2 und 35 € für Maschine 3 und sind so zu interpretieren, dass bei einer Verschärfung bzw. Lockerung der entsprechenden Restriktion um eine Stunde der Deckungsbeitrag um diesen Betrag sinkt bzw. ansteigt.

Tab. 2.5 *Vorgehen des Simplex-Algorithmus*

x_1	x_2	y_1	y_2	y_3	b	θ	
1	1	1	0	0	1.000	1.000	
2	7	0	1	0	5.600	2.800	Ausgangstableau
③	1	0	0	1	2.400	800	
-120	-50	0	0	0	0		
0	⓪,⑥⑦	1	0	-0,33	200	300	
0	6,33	0	1	-0,67	4.000	631,58	Tableau nach der 1.
1	0,33	0	0	0,33	800	2.400	Iteration
0	-10	0	0	40	96.000		
0	1	1,5	0	-0,5	300		
0	0	-9,5	1	2,5	2.100		Schlusstableau
1	0	-0,5	0	0,5	700		
0	0	15	0	35	99.000		

Weitergehende Informationen lassen sich durch auf dem Schlusstableau aufbauende *Sensitivitätsanalysen* erhalten, die darüber Auskunft geben, innerhalb welcher Grenzen die einzelnen Tableaukoeffizienten schwanken dürfen, ohne dass sich die Struktur der Lösung ändert, d.h. ohne dass Produkte, die in der optimalen Lösung nicht produziert werden, zulasten von zur Produktion vorgesehenen Produkten in die Lösung aufgenommen werden. Innerhalb dieser Grenzen verändern sich zwar die Produktionsmengen, jedoch nicht die Produktarten. Diese Angaben sind zusammen mit der optimalen Lösung ebenfalls im Excel®-Solver verfügbar.

Die Sensitivitätsanalyse der *Kapazitätsrestriktionen* gibt an, in welchen Grenzen die Ausgangskapazitäten maximal schwanken dürfen. Demnach bleibt die Lösung stabil, wenn sich die Kapazität der ersten Maschine höchstens um 200 Stunden verringert oder um 221,05 Stunden erhöht. Die Kapazität der zweiten Maschine darf sich um ihren nicht genutzten Anteil von 2.100 Stunden verringern und beliebig erhöhen, ohne dass ein Basiswechsel eintritt. Für die dritte Maschine führt eine maximale Reduktion um 840 Stunden und eine maximale Erhöhung um 600 Stunden zu keiner Veränderung der Lösungsstruktur.

Ähnliche Aussagen lassen sich auch für die *Zielfunktionskoeffizienten* herleiten. Hier ergibt die Sensitivitätsanalyse, dass der Deckungsbeitrag von Produkt 1 maximal um 70 € abnehmen und um 30 € zunehmen darf, der Deckungsbeitrag von Produkt 2 hingegen maximal um 10 € abnehmen und um 70 € zunehmen darf, ohne dass sich die Struktur der Lösung ändert.

Das oben angegebene Grundmodell der Produktionsprogrammplanung zeigt zwar die wesentlichen Zusammenhänge auf, bildet aber noch nicht die in der Realität vorliegende Situation ab. Für eine realistischere Modellierung der Produktionsprogrammplanung sind unter anderem die nachfolgenden *Erweiterungen* des Grundmodells erforderlich, durch die jedoch sowohl die Komplexität der Problemstellung als auch der Aufwand bei der Lösung der resultierenden Planungsaufgabe zum Teil erheblich ansteigt (vgl. Kistner/Steven 2001, S. 194ff.):

- Das Grundmodell geht implizit davon aus, dass sich die als optimal bestimmte Produktionsmenge auch am Markt absetzen lässt. Um den *Einfluss des Marktes* auf die Produktion abzubilden, sind zusätzliche Restriktionen für Mindest- und Höchstabsatzmengen in den einzelnen Perioden einzuführen.

- Um eine *Emanzipation* der Produktion von der Nachfrage zu ermöglichen, muss die Einplanung von Lagerbeständen möglich sein, durch die sich Produktionsmengen in andere Perioden übertragen lassen. Dadurch lässt sich die Produktionsglättung abbilden, d.h. eine Vorausproduktion in Zeiten geringer Nachfrage und die spätere Auflösung dieser Lagerbestände in Zeiten mit höherer Nachfrage.

- Da die *Lagerhaltung* in der Regel nicht in beliebigem Umfang in Anspruch genommen werden kann, sind ergänzend Lagerkapazitätsrestriktionen einzuführen.

- Falls der Lagerbestand in einer Periode nicht ausreicht, um die Nachfrage zu befriedigen, treten *Fehlmengen* auf, die dem Unternehmen entweder endgültig verloren gehen oder in der nächsten Periode nachgeliefert werden müssen. Auch das Auftreten und der jeweilige Umgang mit Fehlmengen sind im Modell abzubilden.

- Das Grundmodell betrachtet lediglich die einstufige Produktion. In der Realität herrschen jedoch *mehrstufige Produktionssituationen* vor, in denen die Endprodukte über mehrere Verfahrensstufen hinweg aus Rohmaterial, Einzelteilen und Baugruppen zusammengesetzt werden. Um diese Situation zu erfassen, ist nicht nur die Erweiterung des Modells um die zusätzlichen Produkte erforderlich, sondern es müssen auch Stücklistenbeziehungen eingeführt werden, die angeben, in welchen Mengen die Teile in die Produkte der jeweils nächsten Fertigungsstufe eingehen.

- Zusätzlich ist bei der mehrstufigen Produktion eine *Vorlaufverschiebung* vorzunehmen. Diese stellt sicher, dass mit der Produktion von Vorprodukten rechtzeitig begonnen wird, um die termingerechte Fertigstellung der Endprodukte zu gewährleisten.

- Falls Teile an mehreren Stellen benötigt werden, sind diese Bedarfsmengen auf jeder Produktionsstufe zu optimalen *Losgrößen* zusammenzufassen. Die dabei auftretenden Rüstvorgänge erfordern die Einführung von Binärvariablen, durch die jedoch die lineare Struktur des Grundmodells verloren geht. Das Modell geht in ein gemischt-ganzzahliges Programm über, dessen Lösung aufgrund der höheren Komplexität wesentlich aufwändiger ist.

- Bei den nicht selbst hergestellten Vorprodukten müssen rechtzeitige *Zulieferungen* erfolgen, d.h. es sind entsprechende Bestellmengen zu planen. Weiter ist der Ansatz von Materialkosten erforderlich, die z.B. im Fall von Mengenrabatten nicht notwendigerweise konstant sind. Auch die zu diskreten Zeitpunkten erfolgenden Zulieferungen werden durch Binärvariable abgebildet.

- Bei einigen Zwischenprodukten kann alternativ zur Eigenfertigung auch der *Fremdbezug* gewählt werden, um z.B. Kapazitätsengpässe zu überbrücken. Diese Alternativen sind mit ihren jeweiligen Kosten- und Kapazitätswirkungen in das Modell zu integrieren.

- Im Grundmodell wurden die Kapazitäten als konstant vorausgesetzt. Realitätsnäher ist es jedoch, auch Maßnahmen zur *Kapazitätsanpassung* wie Überstunden oder Kurzarbeit mit ihren jeweiligen Kosten in die Produktionsprogrammplanung einzubeziehen.

- Falls auf einer Anlage in einer Periode mehr als eine Produktart bearbeitet wird, tritt zusätzlich die Problemstellung der *Reihenfolgeplanung* auf, die – wie die Losgrößenplanung – nur durch den Einsatz von Binärvariablen modellierbar ist.

- Umgekehrt lässt sich ein Produkt häufig auf mehr als eine Weise herstellen, z.B. wenn mehrere Universalmaschinen für die Durchführung einer Bearbeitung in Betracht kommen. Um dies zu erfassen, müssen die Möglichkeiten der *Verfahrenswahl* durch entsprechende Restriktionen abgebildet werden. Da es sich hierbei um ein kombinatorisches Problem handelt, ist ebenfalls die Einführung von Binärvariablen erforderlich.

- In der Realität sind die *Deckungsbeiträge* der Produkte nicht als konstante Werte gegeben, sondern hängen auf der Produktionsseite von der Kostensituation und auf der Marktseite vom Verlauf der Preis-Absatz-Funktionen ab. Dementsprechend sind die Zielfunktionskoeffizienten des Grundmodells zu modifizieren. Dabei kann ebenfalls die lineare Struktur des Grundmodells verloren gehen, wenn die Zielfunktion nunmehr konvex oder abschnittsweise definiert ist.

- Auch die restlichen *Koeffizienten* des Programms sind in der Regel nicht deterministisch gegeben, sondern können Schwankungen unterliegen, die im Planungszeitpunkt noch nicht bekannt sind. So können die Produktionskoeffizienten in Abhängigkeit von der Fahrweise der Maschinen schwanken (intensitätsmäßige Anpassung, vgl. Abschnitt 1.4.5.3), die tatsächlich nutzbaren Kapazitäten können von an anderen Stellen getroffenen Entscheidungen abhängig sein. Stochastische Schwankungen von Koeffizienten lassen sich mithilfe des Chance Constrained Programming berücksichtigen.

- Die Annahme einer fest vorgegebenen, bekannten Nachfrage in jeder Periode kann ersetzt werden durch die Vorgabe einer Verteilungsfunktion, der die jeweilige Nachfrage folgt. Dadurch lassen sich sowohl unterschiedliche *Variabilitäten der Nachfrage* bei den einzelnen Produkten als auch der typischerweise zum Ende des Planungszeitraums schlechter werdende Informationsstand angemessen erfassen. Allerdings geht dadurch das deterministische lineare Programm über in ein stochastisches Programm, dessen Lösung wesentlich aufwändiger ist.

- Weiter sind in die Zielfunktion auch die *Kostenwirkungen* sämtlicher zuvor genannter Erweiterungen aufzunehmen, z.B. Bestellkosten, Lieferkosten, Rüstkosten, Lagerhaltungskosten und Fehlmengenkosten.

Führt man alle diese Erweiterungen in das Modell ein, so ist es zwar wesentlich realitätsnäher, aber aufgrund seiner Komplexität in der Regel nicht mehr in endlicher Rechenzeit lös-

bar. Ein weiteres Problem besteht darin, dass sich die vielfältigen, für eine realistische Abbildung des Planungsproblems erforderlichen Daten häufig nicht vollständig und mit hinreichender Genauigkeit bereitstellen lassen. Durch fehlspezifizierte Parameter verschlechtert
sich jedoch auch die Qualität der ermittelten Lösung.

Die übliche Vorgehensweise in der Produktionsplanung besteht daher darin, das Gesamtplanungsproblem hierarchisch zu strukturieren. Die Produktionsprogrammplanung wird mithilfe
des lediglich um die Lagerhaltung erweiterten Grundmodells auf der Ebene der Endprodukte,
d.h. in aggregierter Form, durchgeführt und die restlichen Entscheidungen werden auf nachfolgende, detailliertere Planungsebenen verlagert. Dies wird in Abschnitt 2.5 im Rahmen der
hierarchischen Produktionsplanung näher erläutert.

Die in diesem Abschnitt dargestellte aggregierte Produktionsprogrammplanung ist üblicherweise das Modul, das in den am Markt angebotenen *PPS-Systemen*, die in der Praxis als
Standard-Software zur Unterstützung der Produktionsplanung und -steuerung eingesetzt
werden, zuerst durchlaufen wird (vgl. Abschnitt 2.6).

2.3.2   Kapazitätsplanung

Die Aufgabe der *taktischen Kapazitätsplanung* ist die Bereitstellung der für die Herstellung
eines bestimmten Produktionsprogramms in den einzelnen Perioden eines mittelfristigen
Planungshorizonts benötigten Kapazitäten. Während im vorhergehenden Abschnitt das optimale Produktionsprogramm im Rahmen gegebener Kapazitäten geplant wurde, steht nunmehr die Bereitstellung der optimalen Kapazitäten für ein bestimmtes Produktionsprogramm
im Vordergrund.

Die *Kapazität* einer Anlage wurde bereits in Abschnitt 2.2.3.2 als deren maximale Leistungsabgabe in einer Periode definiert. Die Messung der Kapazität ist bei Herstellung nur einer
Produktart anhand der Produktionsmenge möglich, im Mehrproduktfall ist hingegen eine
Umrechnung der verschiedenen Produktionsmengen in eine einheitliche Dimension erforderlich. Diese Umrechnung kann mithilfe von Äquivalenzziffern, Arbeitsstunden oder Maschinenzeiten vorgenommen werden. Während sich die Kapazität einer einzelnen Anlage relativ
einfach bestimmen lässt, muss bei der Betrachtung der Kapazität des Gesamtbetriebs eine
Aggregation der Einzelkapazitäten unter Berücksichtigung der zwischen den verschiedenen
Anlagen bestehenden Interdependenzen erfolgen.

Die *Zielsetzung der Kapazitätsplanung* ist die Minimierung der Kosten, die mit der Kapazitätsbereitstellung und -nutzung verbunden sind. Bei einer konvexen, u-förmigen Stückkostenfunktion einer Anlage (vgl. Abschnitt 1.4.5.3) liegt der Kapazitätsnutzungsgrad, der zu
den minimalen variablen Stückkosten führt, unterhalb der technisch möglichen Maximalka-
pazität. Andererseits ist zu berücksichtigen, dass die mit der Anlage verbundenen Fixkosten
in dem Maße, in dem die verfügbare Kapazität nicht genutzt wird, als Leerkosten anfallen
und zusätzlich auf die Produktionsmenge verrechnet werden. Reicht hingegen die in einer
Periode verfügbare Kapazität nicht aus, um die geplante Produktionsmenge herzustellen, so
sind Maßnahmen der Kapazitätsanpassung zu ergreifen, die zu weiteren Kosten führen.

Auch die Problemstellung der Kapazitätsplanung lässt sich – ähnlich wie die Produktionsprogrammplanung – als ein *lineares Programm* formulieren. Zur Aufstellung des Grundmodells wird vereinfachend von einem konstanten Kostensatz je benötigter Kapazitätseinheit an
einer Anlage ausgegangen. Zu minimieren sind nun die Kosten der Kapazitätsbereitstellung
unter der Voraussetzung, dass mindestens das vorgegebene Produktionsprogramm hergestellt
wird. Dafür ist die in Abschnitt 2.3.1.3 eingeführte Notation folgendermaßen zu ergänzen:

c_{it} — Kosten je Kapazitätseinheit von Anlage i in Periode t

x_{jt} — Produktionsmenge von Produkt j in Periode t

b_{ji} — Bedarfskoeffizient von Produkt j auf Anlage i

kap_{it} — benötigte Kapazität von Anlage i in Periode t (Entscheidungsvariable)

Das zugehörige *Grundmodell der Kapazitätsplanung* lautet:

$$\min K = \sum_{i=1}^{n} \sum_{t=1}^{T} c_{it} \cdot kap_{it} \tag{1a}$$

u.d.N.: $\quad \sum_{i=1}^{n} b_{ji} \cdot kap_{it} \geq x_{jt} \qquad\qquad j = 1,...,m \quad t = 1,...,T \tag{2a}$

$\quad kap_{it} \geq 0 \qquad\qquad\qquad\qquad i = 1,...,n \quad t = 1,...,T \tag{3a}$

In der zu minimierenden Zielfunktion (1a) werden die Kosten der Kapazitätsnutzung berechnet, indem bei jeder Anlage die für die Produktion in Anspruch genommene Kapazität mit
dem Kostensatz je Kapazitätseinheit multipliziert und die Summe dieser Kapazitätskosten
über alle Anlagen gebildet wird.

Die Nebenbedingungen (2a) stellen sicher, dass bei jedem Produkt und für jede Periode die
Produktionsmenge mindestens der durch die Produktionsprogrammplanung vorgegebenen
Menge entspricht. Die auf einer Anlage herstellbare Produktionsmenge eines Produkts ergibt
sich, indem man den Bedarfskoeffizienten des Produkts mit der geplanten Anlagenkapazität
multipliziert. Durch Addition über sämtliche Anlagen erhält man die Gesamtproduktion des
Produkts in einer Periode. Die Bedarfskoeffizienten b_{ji} sind die Koeffizienten der Inversen
der Matrix der Produktionskoeffizienten aus dem Modell zur Produktionsprogrammplanung.
Notiert man die Restriktionen (2) in Vektorschreibweise, so gilt:

$$\underline{A} \cdot \underline{x} \leq \underline{kap}$$

$$\Leftrightarrow \underline{A}^{-1} \cdot \underline{A} \cdot \underline{x} \leq \underline{A}^{-1} \cdot \underline{kap}$$

$$\Leftrightarrow \underline{A}^{-1} \cdot \underline{kap} = \underline{B} \cdot \underline{kap} \geq \underline{x}$$

Auch bei diesem Programm sorgen die Nicht-Negativitätsbedingungen (3a) dafür, dass nur ökonomisch sinnvolle Lösungen, bei denen die Kapazitätsnutzung nicht kleiner als Null ist, gefunden werden.

Während das Grundmodell der Produktionsprogrammplanung (1) – (3) die Form eines speziellen Maximumproblems aufweist, ist das Modell zur Kapazitätsplanung (1a) – (3a) als spezielles Minimumproblem formuliert. Variablen und Beschränkungskoeffizienten haben ihre Rollen getauscht, die Koeffizientenmatrix wurde invertiert und der Restriktionstyp hat sich von „≤" zu „≥" verändert. Daher lässt sich feststellen, dass die beiden Probleme der Produktionsprogrammplanung und der Kapazitätsplanung zwar nicht dual zueinander im strengen Sinne der Dualitätstheorie der linearen Programmierung sind (vgl. Kistner 2003, S. 40ff.), aber zumindest eine gewisse Dualitätsstruktur aufweisen.

Aufgrund der erheblichen Interdependenzen zwischen den beiden Planungsproblemen auf der taktischen Planungsebene wäre eine simultane Lösung wünschenswert. In der Praxis herrscht jedoch die auch hier verwendete, sukzessive Vorgehensweise vor, die zunächst das Produktionsprogramm unter grober Berücksichtigung der Kapazitäten bestimmt und anschließend dafür sorgt, dass die für das Produktionsprogramm tatsächlich benötigten Kapazitäten bereitgestellt werden.

Ausgangspunkt der taktischen Kapazitätsplanung ist die periodenbezogene Gegenüberstellung von Kapazitätsnachfrage und Kapazitätsangebot in einem *Kapazitätsgebirge*, durch das die Kapazitätsüber- und -unterdeckungen in den einzelnen Perioden visualisiert werden. Die Kapazitätsnachfrage lässt sich aus der durch das geplante Produktionsprogramm erwarteten Kapazitätsinanspruchnahme ermitteln, als Kapazitätsangebot wird zunächst die Normalkapazität der Periode angesetzt. Diese kann von Periode zu Periode z.B. aufgrund von Urlaub, Krankheit oder einer unterschiedlichen Anzahl an verfügbaren Arbeitstagen schwanken. Abb. 2.31 zeigt die Schwankungen der monatlichen Arbeitstage im Jahr 2008, die zwischen 19 und 23 Tagen liegen und selbst ohne Berücksichtigung von Urlaubszeiten zu entsprechenden Kapazitätsschwankungen führen.

In Abb. 2.32 ist ein Beispiel für ein Kapazitätsgebirge angegeben, das sich aufgrund der termingerechten Einplanung von vorliegenden Aufträgen ergeben hat. In fünf der dort angegebenen neun Planungsperioden ist die als konstant angenommene Normalkapazität durch die eingeplanten Produktionsmengen nicht ausgeschöpft, so dass eine Kapazitätsüberdeckung vorliegt. In vier Perioden hingegen liegt eine Kapazitätsunterdeckung vor, d.h. die Normalkapazität wird durch die Kapazitätsanforderungen überschritten. Obwohl das gesamte Kapazitätsangebot während des Betrachtungszeitraums eindeutig größer ist als die gesamte Kapazitätsnachfrage, lassen sich im hier dargestellten Fall die bestehenden Unzulässigkeiten nicht durch ein einfaches Vorziehen der entsprechenden Mengen in frühere Perioden beseitigen, da die zusätzlich auftretenden Kapazitätsbedarfe zum größten Teil zeitlich früher liegen als die freien Kapazitäten.

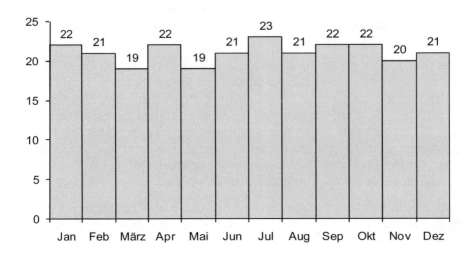

Abb. 2.31   *Arbeitstage im Jahr 2008*

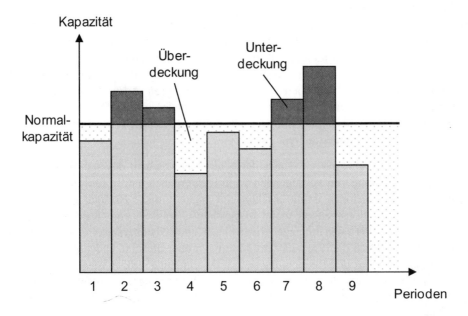

Abb. 2.32   *Kapazitätsgebirge*

Die im Kapazitätsgebirge festgestellten Kapazitätsüber- und -unterdeckungen sind durch geeignete Anpassungsmaßnahmen zu beseitigen. Die Planung derartiger Maßnahmen wird auch als *Kapazitätsabgleich* bezeichnet. Grundsätzlich bestehen zwei Ansatzpunkte für einen Kapazitätsabgleich: Zum einen kann versucht werden, die Kapazitätsnachfrage zu beeinflussen, zum anderen bestehen vielfältige Möglichkeiten zur Veränderung des Kapazitätsangebots. Zur Beseitigung einer Überkapazität kommen die Erhöhung der Kapazitätsnachfrage oder die Reduktion des Kapazitätsangebots zum Einsatz. Im Falle einer Kapazitätsunterdeckung ist umgekehrt die Kapazitätsnachfrage zu reduzieren oder das Kapazitätsangebot zu erhöhen (vgl. Zäpfel 1996, S. 190ff.). Einen Überblick über die verschiedenen Maßnahmen des Kapazitätsabgleichs gibt Abb. 2.33.

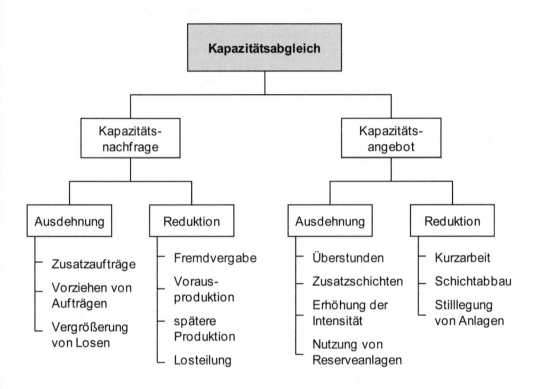

Abb. 2.33 *Maßnahmen des Kapazitätsabgleichs*

Bei der Entscheidung, auf welche Weise der Kapazitätsabgleich durchgeführt werden soll, sind die mit den einzelnen Maßnahmen verbundenen Kostenwirkungen zu berücksichtigen. In einer bestimmten Situation können durchaus mehrere der nachfolgend erläuterten Maßnahmen miteinander kombiniert werden.

Zunächst werden die an der *Kapazitätsnachfrage* ansetzenden Maßnahmen dargestellt. Soll eine Überkapazität durch *Ausdehnung der Kapazitätsnachfrage* beseitigt werden, so bedeutet das, dass der entsprechenden Periode zusätzliche Arbeitsinhalte zugewiesen werden müssen. Dafür kommen die folgenden Einzelmaßnahmen in Betracht:

- Das Unternehmen kann versuchen, zusätzliche Aufträge zu akquirieren, die in der überschüssigen Kapazität bearbeitet werden. Dabei ist zu prüfen, ob der bei den Zusatzaufträgen erzielbare Deckungsbeitrag ausreicht, um die zusätzlich anfallenden Kosten abzudecken.

- Weiter ist es möglich, Aufträge aus späteren Perioden – in denen eventuell sogar ein Kapazitätsengpass besteht – in die unausgelastete Periode vorzuziehen und die dabei hergestellten Produkte bis zu ihrem späteren Bedarfszeitpunkt zu lagern. Da die Lagerung zusätzliche Kosten verursacht, ist die Vorproduktion nur dann sinnvoll, wenn der Nutzen der größeren Flexibilität in den zukünftigen Perioden als höher angesehen wird.

- Ähnliches gilt für die Erhöhung der Produktionsmenge bei Produkten, die in der Periode bereits produziert werden. Auch diese Maßnahme führt zu einer Kapazitätsentlastung in späteren Perioden. Bezüglich der Kostenwirkungen ist zu berücksichtigen, dass dem Anstieg der Lagerhaltungskosten eine zeitliche Verschiebung oder sogar ein Wegfall der Auflagekosten des nächsten Loses gegenübersteht.

Auch die *Reduktion der Kapazitätsnachfrage* kann zur Beseitigung eines Kapazitätsengpasses eingesetzt werden. Hierbei wird ein Teil der der Periode zunächst zugewiesenen Arbeitsinhalte wieder aus der überlasteten Periode herausgenommen.

- Ist es nicht möglich, die gesamte Nachfragemenge im eigenen Unternehmen herzustellen, so kommt die Vergabe von (Teil-)Aufträgen an externe Unterlieferanten in Betracht. Hierbei ist sicherzustellen, dass diese Lieferanten dieselben Qualitätsstandards gewährleisten, wie sie im Unternehmen selbst gelten. Die Fremdvergabe eines Auftrags ist typischerweise mit höheren variablen Kosten verbunden als die Eigenfertigung (vgl. Abschnitt 3.2.1.1), daher ist zu prüfen, ob diese Kosten durch die mit den Produkten erzielten Deckungsbeiträge abgedeckt werden.

- Zur Reduktion der Kapazitätsnachfrage in einer bestimmten Periode kommt weiter die Verlagerung einiger Aufträge in frühere oder auch spätere Perioden, in denen die Kapazität nicht ausgelastet ist, in Betracht. Während die oben bereits angesprochene Vorausproduktion zu zusätzlichen Lagerhaltungskosten führt, kommt es bei einer späteren Produktion zu Lieferverzögerungen, die mit Konventionalstrafen oder Goodwill-Verlust auf Seiten der betroffenen Kunden verbunden sein können.

- Bei der Teilung eines Produktionsloses werden nicht ganze Aufträge, sondern Teillose auf der Zeitachse verschoben. Dabei wird ein Teil der ursprünglich eingeplanten Produktionsmenge in der betrachteten Periode produziert und ausgeliefert, während ein anderer Teil in einer früheren oder späteren Periode separat produziert wird. Hierbei tritt zusätzlich zu den oben bereits genannten Kostenwirkungen das Problem auf, dass für jedes Teillos ein erneuter Rüstvorgang erforderlich ist, durch den die Gesamtkapazität weiter reduziert wird.

Bei einer Anfang der 1990er Jahre durchgeführten empirischen Untersuchung zur Durchführung der Produktionsplanung und -steuerung in mittelständischen Unternehmen (vgl. Glaser/Geiger/Rohde 1992) ergaben sich die in Tab. 2.6 aufgeführten relativen Häufigkeiten der verschiedenen Maßnahmen zur Anpassung der Kapazitätsnachfrage.

Tab. 2.6 *Maßnahmen zur Anpassung der Kapazitätsnachfrage*

Maßnahme	Anteil
Verschiebung von Aufträgen	77,2%
Fremdvergabe	56,1%
Zusatzaufträge	47,4%
Veränderung von Losgrößen	5,3%

Vgl. Glaser/Geiger/Rohde 1992, S. 367.

Andere Maßnahmen zur Kapazitätsanpassung setzen am *Kapazitätsangebot* an. Alternativ zur Reduktion der Kapazitätsnachfrage kann bei unzureichenden Kapazitäten durch *Ausdehnung des Kapazitätsangebots* dafür gesorgt werden, dass in der betrachteten Periode mehr produziert werden kann. Die Maßnahmen zur Erhöhung des Kapazitätsangebots setzen an den drei von Gutenberg (1983) beschriebenen Anpassungsformen an:

- Da bei knapper Kapazität in der Regel nicht die maschinellen Anlagen, sondern die Arbeitskräfte den Engpassfaktor darstellen, führt eine *zeitliche Anpassung* des Arbeitskräfteangebots durch Überstunden oder durch den Übergang zum Zwei- bzw. Dreischichtbetrieb zu einer Erhöhung der Periodenkapazität. Da für Überstunden und Schichtarbeit in der Regel ein zusätzliches Entgelt zu zahlen ist, erhöhen sich die Produktionskosten.

- Verfügt das Unternehmen über noch nicht genutzte Reserveanlagen, so bedeutet deren zusätzliche Inbetriebnahme eine Kapazitätserhöhung mithilfe der *quantitativen Anpassung*. Diese Maßnahme kommt nur dann in Betracht, wenn einerseits genügend Personal zur Bedienung der zusätzlichen Maschinen zur Verfügung steht und andererseits deren Kapazität hinreichend ausgeschöpft wird. Zusätzliche Kosten entstehen für die Ingangsetzung der Anlagen, für den höheren Werkstoffverbrauch der meist veralteten Maschinen und gegebenenfalls als Leerkosten ihrer nicht genutzten Kapazität.

- Schließlich kann auch die *intensitätsmäßige Anpassung* genutzt werden, um die Produktionsmenge zu erhöhen. Bei einer Erhöhung der Produktionsgeschwindigkeit steigt die Produktionsmenge pro Zeiteinheit und damit auch der Periode. Die intensitätsmäßige Anpassung über die Optimalintensität hinaus ist typischerweise mit steigenden Stück- und Gesamtkosten verbunden (vgl. nochmals Abschnitt 1.4.5.3).

Eine zu große Periodenkapazität lässt sich durch verschiedene Maßnahmen zur *Kapazitätsreduktion* verringern:

- Umgekehrt zur Kapazitätserhöhung durch Überstunden und Zusatzschichten wird die Kapazität durch den Abbau von Überstunden bis hin zur Kurzarbeit und den Abbau von Schichtarbeit reduziert. Während sich durch Kurzarbeit die Personalkosten je Kapazitätseinheit erhöhen, ist der Abbau von zuvor erhöhter Kapazität mit einem Kostenrückgang verbunden.

- Bei einer erheblichen Überkapazität kommt schließlich sogar die zeitweise Stilllegung von einzelnen Maschinen in Betracht, um wenigstens den verbleibenden Teil der Anlagen mit voller Auslastung betreiben zu können. Solange diese Anlagen als Reserveaggregate für einen späteren Nachfrageanstieg vorgehalten werden, können die mit ihnen verbundenen Fixkosten nicht endgültig abgebaut werden.

Auch die Häufigkeit der Nutzung von angebotsbezogenen Kapazitätsanpassungsmaßnahmen wurde in der empirischen Untersuchung von Glaser/Geiger/Rohde erhoben. Die diesbezüglichen Ergebnisse sind in Tab. 2.7 dargestellt.

Tab. 2.7 *Maßnahmen zur Anpassung des Kapazitätsangebots*

Maßnahme	Anteil
Überstunden	77,2%
Zusatzschichten	56,1%
Nutzung von Reservemaschinen	22,8%
Kurzarbeit	52,6%
Schichtabbau	31,6%
Stilllegung von Maschinen	47,4%

Vgl. Glaser/Geiger/Rohde 1992, S. 366.

Die Kapazitätsplanung auf der taktischen Planungsebene dient einer ersten Abstimmung von Kapazitätsbedarf und Kapazitätsangebot. Dabei stehen mittelfristig wirkende Maßnahmen zur Reaktion auf Kapazitätsüber- und -unterdeckungen im Vordergrund. Eine detailliertere Kapazitätsplanung erfolgt auf der operativen Planungsebene im Rahmen der Ablaufplanung (vgl. Abschnitt 2.4.4).

2.3.3 Fließbandabstimmung

Die Problemstellung der *Fließbandabstimmung* gehört ebenfalls in den Bereich des taktischen Produktionsmanagements, da ihr Planungshorizont und damit die Auswirkungen ihrer Entscheidungen zwischen einigen Monaten und mehreren Jahren liegt. Die Fließbandabstimmung ist eng mit dem Fertigungstyp der als Fließfertigung organisierten mehrstufigen Massenfertigung verbunden (vgl. Abschnitt 1.3.2). Die Massenfertigung wird bei zahlreichen standardisierten Konsumgütern eingesetzt, da sie eine Produktion zu besonders geringen Stückkosten erlaubt. Bei der Massenfertigung werden dieselben Arbeitsoperationen an sehr vielen gleichartigen Werkstücken über einen längeren Zeitraum hinweg wiederholt durchgeführt.

Die *Fließfertigung* ist dadurch charakterisiert, dass Fertigungsanlagen eingesetzt werden, die auf die jeweiligen Verrichtungen spezialisiert sind und daher eine große Stückzahl pro Zeiteinheit herstellen können, d.h. eine hohe Produktivität aufweisen. Typischerweise erfolgt die Anordnung der Anlagen nach dem *Objektprinzip*. Dies bedeutet, dass der Materialfluss nach der herzustellenden Produktart ausgerichtet wird und sich an der Reihenfolge, in der die Anlagen für den Durchfluss der Werkstücke benötigt werden, orientiert. Die Aufgabenstellung der Fließbandabstimmung ist die Zuordnung der einzelnen Verrichtungen zu den verschiedenen Arbeitsstationen, in denen die Bearbeitungen vorgenommen werden.

Bei der Fließfertigung erfolgt die Verkettung der Arbeitsstationen durch ein automatisiertes Fördermittel, das als *Fließband* bezeichnet wird. Der Weitertransport erfolgt in einem einheitlichen zeitlichen Rhythmus, dem Arbeitstakt. An jeder Arbeitsstation steht eine bestimmte Taktzeit zur Verfügung, innerhalb derer die der Station zugewiesenen Verrichtungen durchgeführt werden müssen.

Aufgrund ihrer starken Spezialisierung weist die Fließfertigung nur eine *geringe Flexibilität* bei veränderten Produktionsanforderungen auf: Für einen Wechsel der Produktart ist daher in der Regel eine erneute Abstimmung des Fließbands erforderlich. So erfolgt z.B. in der Automobilindustrie ein Modellwechsel regelmäßig während der Werksferien im Sommer, damit eine Neuplanung der Anlagenanordnung und die Anpassung der Fertigungsanlagen an die neuen Aufgaben durchgeführt werden können. Die Fließfertigung wurde erstmals um 1910 bei der Automobilproduktion in den Ford-Werken in Detroit eingesetzt, um die Produktivitätsvorteile der Arbeitsteilung auszunutzen.

Die Zielsetzung bei der Fließbandabstimmung ist in der Regel kein Kostenziel, sondern ein *Zeitkriterium*, durch das die Kostenminimierung unterstützt wird. Das Ziel ist die Minimierung der Zeit, die ein Werkstück benötigt, um das gesamte Fließband zu durchlaufen. Diese Durchlaufzeit eines Werkstücks ergibt sich als Produkt aus der Anzahl der zu durchlaufenden Arbeitsstationen und der maximalen Verweildauer in einer Station, die der Fertigung als Taktzeit vorgegeben wird. Typischerweise wird bei der Fließbandabstimmung eine dieser beiden Größen vorgegeben und die andere minimiert. Daher sind die Minimierung der Taktzeit bei vorgegebener Stationenzahl und die Minimierung der Anzahl der Arbeitsstationen bei vorgegebener Taktzeit mögliche Zielsetzungen der Fließbandabstimmung.

Zusätzlich kann darauf geachtet werden, dass der erzeugte Durchlaufplan möglichst ausgeglichen ist, d.h. dass sich eventuell auftretende Leerzeiten möglichst gleichmäßig auf die einzelnen Arbeitsstationen verteilen, so dass sie dort jeweils einen Puffer gegen unvorhergesehene Verzögerungen bilden. Auch weitere Nebenziele, wie die Zuordnung bestimmter Arbeitsschritte zu speziellen Zonen (z.B. Kühlbereich, Reinluftzone), können bei der Abstimmung des Fließbands berücksichtigt werden.

Bevor die Zuweisung von Aufgaben an die Arbeitsstationen erfolgen kann, ist die Gesamtbearbeitungsaufgabe zunächst in *Arbeitselemente* zu zerlegen. Ein Arbeitselement ist eine Elementaroperation, die so weit isoliert ist, dass ihre weitere Aufteilung zusätzliche Kosten nach sich ziehen würde. Beispiele für Arbeitselemente sind die Herstellung einer Lötverbindung, das Verpacken oder die Qualitätskontrolle.

In Tab. 2.8 ist als Beispiel die Herstellung eines elektronischen Bauteils angegeben, die in 10 Arbeitselemente aufgeteilt ist (vgl. Letmathe 2000, S. 313ff.).

Tab. 2.8 *Arbeitselemente*

Arbeits-element	Beschreibung	Ausführ-rungszeit	Nachfolger
1	Platinengrundkörper einlegen	20 Sek.	{2}
2	Bohrungen vornehmen	120 Sek.	{3}
3	Ätzlösung auftragen und trocknen	140 Sek.	{4,5,6,7,8}
4	Widerstände löten	40 Sek.	{5}
5	Transistoren löten	70 Sek.	{9}
6	Kondensatoren löten	60 Sek.	{7}
7	Trägerchip löten	90 Sek.	{9}
8	Buchse anschrauben	80 Sek.	{9}
9	Platine mit Gehäuse verschrauben	70 Sek.	{10}
10	Produkt verpacken	120 Sek.	–

Bei der Zuweisung dieser Arbeitselemente zu den Arbeitsstationen sind die technologisch vorgegebenen *Reihenfolgebeziehungen* zu beachten. Da zwischen etlichen Arbeitselementen – auch im vorliegenden Beispiel – keine Vorrangbeziehungen bestehen, weist das Problem der Fließbandabstimmung in der Regel eine große Zahl von Freiheitsgraden auf. Die Fließbandabstimmung ist somit eine kombinatorische Aufgabe von hoher Komplexität.

Die bei der Fließbandabstimmung gegebene *Ausgangssituation* lässt sich wie folgt systematisieren. Gegeben bzw. zu bestimmen sind:

- Menge der Arbeitselemente, $AE = \{1,2,...,N\}$

- Ausführungszeiten t_i der Arbeitselemente, $i = 1,...,N$

- Taktzeit c: Die Obergrenze der Taktzeit ist die Summe der Durchführungszeiten aller Arbeitselemente, ihre Untergrenze entspricht der Dauer des längsten Arbeitselements.

- Menge der Arbeitsstationen, $AS = \{1,2,...,M\}$: Die Obergrenze für die Anzahl der Arbeitsstationen M entspricht der Anzahl der Arbeitselemente, ihre Untergrenze ist 1, denn im Extremfall könnten sämtliche Arbeitselemente nacheinander auf einer Arbeitsstation durchgeführt werden.

- Angaben über die einzuhaltenden technologischen Reihenfolgebeziehungen: Jedes Arbeitselement kann erst beginnen, wenn die direkt vorangehenden Arbeitselemente abgeschlossen sind. Diese Beziehungen können in Form eines gerichteten Netzwerks abgebildet werden, dessen Knoten den Arbeitselementen entsprechen, während die Pfeile die Vorrangrelationen abbilden. Abb. 2.34 zeigt einen solchen Vorranggraphen für das Beispiel aus Tab. 2.8. Als zusätzliche Information enthalten die Knoten in der unteren Hälfte die Angabe der Durchführungszeit des jeweiligen Arbeitselements.

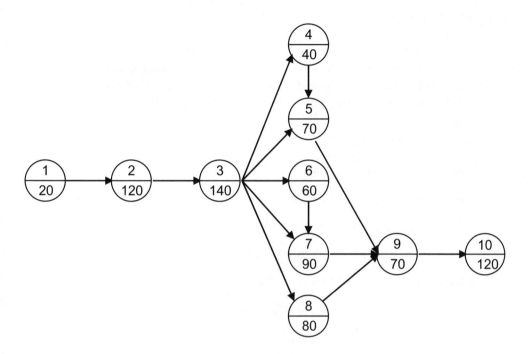

Abb. 2.34 *Vorranggraph zum Beispiel aus Tab. 2.8*

Zur Durchführung der Fließbandabstimmung stehen unterschiedliche *Lösungsverfahren* zur Verfügung. Als optimierende Verfahren lassen sich die gemischt-ganzzahlige Programmierung, die auf Entscheidungsbäumen basierende dynamische Optimierung und die begrenzte Enumeration mittels Branch-and-Bound-Verfahren einsetzen. Aufgrund der hohen Komplexität der der Fließbandabstimmung zugrunde liegenden Problemstellung sind diese optimierenden Verfahren in der Regel mit einem großen Rechenaufwand verbunden, der sich jedoch angesichts der zeitlichen Reichweite der Entscheidung durchaus lohnen kann.

Um die Vorgehensweise der Fließbandabstimmung zu veranschaulichen, wird nachfolgend das Verfahren von Helgeson und Birnie, das Anfang der 1960er Jahre entwickelt wurde, vorgestellt. Es handelt sich um eine einfache, leicht nachvollziehbare *Heuristik* zur Ermittlung zulässiger Ablaufpläne. Die Grundidee des Verfahrens besteht darin, die Arbeitselemente den Arbeitsstationen unter Berücksichtigung von bestehenden Vorrangrelationen mithilfe einer Prioritätsregel zuzuordnen.

Zur Bestimmung der Prioritäten werden die *Positionswerte* der Arbeitselemente verwendet. Der Positionswert eines Arbeitselements ergibt sich als Summe der Ausführungszeit des

Arbeitselements selbst und der Ausführungszeiten aller seiner (direkten und indirekten) Nachfolger:

$$PW_i = t_i + \sum_{j \in N'(i)} t_j$$

Der Positionswert gibt also die *Restbearbeitungszeit* an, die das Werkstück an einer bestimmten Stelle noch zu durchlaufen hat. Die Positionswerte lassen sich durch rekursive Berechnungen, ausgehend vom Endknoten, aus dem Vorranggraphen oder aus den in Tab. 2.8 angegebenen Vorrangrelationen ermitteln. Die Positionswerte für das Beispiel ergeben sich wie folgt:

$$PW_{10} = t_{10} = 120$$

$$PW_9 = t_9 + t_{10} = 70 + 120 = 190$$

$$PW_8 = t_8 + t_9 + t_{10} = 80 + 70 + 120 = 270$$

$$PW_7 = t_7 + t_9 + t_{10} = 90 + 70 + 120 = 280$$

$$PW_6 = t_6 + t_7 + t_9 + t_{10} = 60 + 90 + 70 + 120 = 340$$

$$PW_5 = t_5 + t_9 + t_{10} = 70 + 70 + 120 = 260$$

$$PW_4 = t_4 + t_5 + t_9 + t_{10} = 40 + 70 + 70 + 120 = 300$$

$$PW_3 = t_3 + t_4 + t_5 + t_6 + t_7 + t_8 + t_9 + t_{10}$$
$$= 140 + 40 + 70 + 60 + 90 + 80 + 70 + 120 = 670$$

$$PW_2 = t_2 + PW_3 = 120 + 670 = 790$$

$$PW_1 = t_1 + PW_2 = 20 + 790 = 810$$

Das Verfahren von Helgeson und Birnie umfasst die folgenden Schritte. Eine Darstellung des Verfahrens in Form eines *Ablaufplans* gibt Abb. 2.35 (vgl. Kistner/ Steven 2001, S. 131).

Schritt 0:   Initialisierung: Ermittlung der Positionswerte aller Arbeitselemente

Schritt 1:   Eröffnung einer Station; Stationszeit $= c$

Schritt 2:   Auswahl des Arbeitselements mit höchstem Positionswert, für das

a) kein Vorgänger vorhanden ist oder alle Vorgänger bereits zugeordnet sind,

b) die Stationszeit ausreicht.

Schritt 3:   Falls kein solches Arbeitselement existiert:

a) Alle Arbeitselemente sind zugeordnet. → STOPP

b) Es sind noch Arbeitselemente vorhanden. → Schritt 1

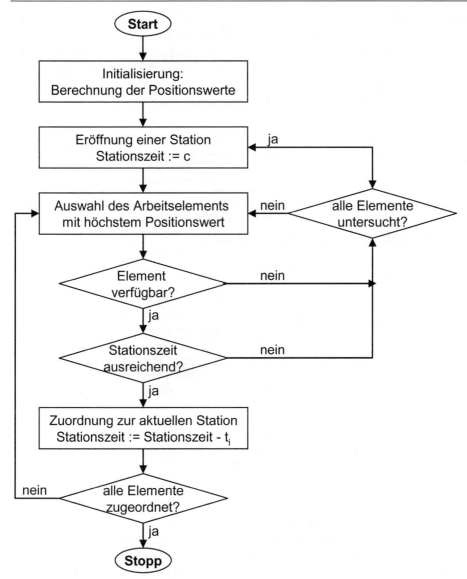

Abb. 2.35 *Verfahren von Helgeson und Birnie*

Schritt 4:   Falls ein Arbeitselement gefunden wurde, das 2a) und 2b) erfüllt:

Zuordnung dieses Arbeitselements zur aktuellen Station

Stationszeit := Stationszeit − Ausführungszeit des Arbeitselements

→ weiter mit Schritt 2

Die Taktzeit für das Beispiel aus Tab. 2.8 ist mit 150 Sekunden vorgegeben. Das Vorgehen des Algorithmus ist in Tab. 2.9 dargestellt. In der ersten Spalte ist der jeweilige Vorgang angegeben, d.h. die Eröffnung einer Station oder die Zuordnung eines Arbeitselements. Die zweite Spalte zeigt die Auswirkung des jeweiligen Vorgangs auf die an der jeweiligen Station noch verfügbare Stationszeit. In der dritten Spalte werden die im Anschluss an den Vorgang verfügbaren Arbeitselemente mit ihren Positionswerten aufgelistet.

Tab. 2.9 *Fließbandabstimmung mit dem Verfahren von Helgeson und Birnie*

Vorgang	Stationszeit	verfügbare Arbeitselemente
Eröffnung Station 1	150	1 (810)
Zuordnung Arbeitselement 1	150 – 20 = 130	2 (790)
Zuordnung Arbeitselement 2	130 – 120 = 10	3 (670)
Eröffnung Station 2	150	3 (670)
Zuordnung Arbeitselement 3	150 – 140 = 10	4 (300), 6 (340), 8 (270)
Eröffnung Station 3	150	4 (300), 6 (340), 8 (270)
Zuordnung Arbeitselement 6	150 – 60 = 90	4 (300), 7 (280), 8 (270)
Zuordnung Arbeitselement 4	90 – 40 = 50	5 (260), 7 (280), 8 (270)
Eröffnung Station 4	150	5 (260), 7 (280), 8 (270)
Zuordnung Arbeitselement 7	150 – 90 = 60	5 (260), 8 (270)
Eröffnung Station 5	150	5 (260), 8 (270)
Zuordnung Arbeitselement 8	150 – 80 = 70	5 (260)
Zuordnung Arbeitselement 5	70 – 70 = 0	9 (190)
Eröffnung Station 6	150	9 (190)
Zuordnung Arbeitselement 9	150 – 70 = 80	10 (120)
Eröffnung Station 7	150	---
Zuordnung Arbeitselement 10	150 – 120 = 30	

Bei Eröffnung der Station 1 ist nur das Arbeitselement 1 verfügbar, da es als einziges keinen Vorgänger hat. Nach dessen Zuordnung wird Arbeitselement 2 verfügbar, das sich ebenfalls in der ersten Station unterbringen lässt. Da die Reststationszeit nur noch 10 Sekunden beträgt und nicht für Arbeitselement 3 ausreicht, wird Station 2 eröffnet. Nach Zuordnung von Arbeitselement 3 weist diese ebenfalls eine Reststationszeit von nur noch 10 Sekunden auf, so dass sich auch hier kein weiteres Arbeitselement zuordnen lässt. Nunmehr sind die Arbeitselemente 4, 6 und 8 verfügbar. Auf Station 3 wird nach dem Kriterium des höchsten Positionswerts zunächst Arbeitselement 6, dann Arbeitselement 4 zugeordnet, bis die Reststationszeit von 50 Sekunden keine weitere Zuordnung mehr erlaubt. Auf Station 4 lässt sich nur Arbeitselement 7 zuweisen, da alle noch nicht zugeordneten Arbeitselemente mehr als die Reststationszeit von 60 Sekunden benötigen. Station 5 ist nach der Zuordnung der Arbeitselemente 8 und 5 voll ausgelastet. Station 6 erhält lediglich das Arbeitselement 9 zugeordnet, das nach der Fertigstellung aller seiner Vorgänger verfügbar wurde. Somit verbleibt Arbeitselement 10 mit der Ausführungszeit von 120 Sekunden für Station 7.

Der mit dem Verfahren von Helgeson und Birnie ermittelte Belegungsplan umfasst somit 7 Arbeitsstationen und führt zu einer Durchlaufzeit je Werkstück von 1.050 Sekunden. Die Auslastung der Arbeitsstationen ist sehr ungleichmäßig, denn die Leerzeiten schwanken zwischen 0 Sekunden bei Station 5 und 80 Sekunden bei Station 6.

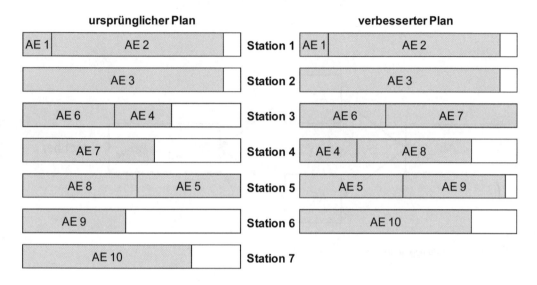

Abb. 2.36 *Ergebnis des Verfahrens von Helgeson und Birnie*

Da es sich bei dem Verfahren um eine Heuristik handelt, ist dieser Plan zwar zulässig, jedoch nicht unbedingt optimal. Im vorliegenden Beispiel lässt sich durch einfaches Umgruppieren von Arbeitselementen eine Verbesserung erzielen: Ordnet man der Station 3 nicht die Arbeitselemente 6 und 4, sondern 6 und 7 zu, so wird diese Station voll ausgelastet. Station 4 erhält die Arbeitselemente 4 und 8 und weist nun eine Leerzeit von 30 Sekunden auf. Auf Station 5 werden die Arbeitselemente 5 und 9 durchgeführt, es bleiben 10 Sekunden Leerzeit. Station 6 kann das Arbeitselement 10 übernehmen, und Station 7 kann somit eingespart werden. Der neue Plan kommt mit 6 Stationen aus, so dass die Durchlaufzeit eines Werkstücks nur noch 900 Sekunden beträgt. Da die Summe der verbleibenden Leerzeiten 90 Sekunden beträgt, ist nicht zu erwarten, dass sich angesichts der Taktzeit von 150 Sekunden noch eine weitere Station einsparen lässt. Die Leerzeiten schwanken nur noch zwischen 0 Sekunden bei Station 3 und 30 Sekunden bei den Stationen 4 und 6, so dass der neue Belegungsplan wesentlich ausgeglichener ist als der zuerst erstellte. In Abb. 2.36 sind die beiden Pläne einander gegenübergestellt.

Wenn die vorgegebene Taktzeit geringer ist als die längste Ausführungszeit eines Arbeitselements, so ist nur dann eine zulässige Lösung möglich, wenn die Bearbeitung dieses Arbeitselements auf zwei Stationen aufgeteilt wird, die abwechselnd Werkstücke aus der Linie empfangen, bearbeiten und an sie zurückgeben. Dieses Vorgehen wird in Abb. 2.37 veranschaulicht.

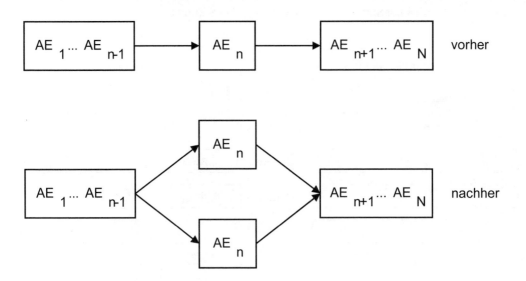

Abb. 2.37 *Aufspaltung von Arbeitselementen*

Das Verfahren von Helgeson und Birnie ist für die Zielsetzung der Minimierung der Stationenzahl bei vorgegebener Taktzeit formuliert. Er lässt sich allerdings auch zur Bestimmung der minimalen Taktzeit für eine bestimmte Stationenzahl einsetzen, indem man – ausgehend von einer zulässigen Lösung für diese Stationenzahl – die Berechnung mehrfach für immer kürzere Taktzeiten durchführt, bis die Stationenzahl erhöht werden muss. Bei mehreren bezüglich der Zielsetzung gleich guten Plänen lässt sich als zusätzliches Auswahlkriterium prüfen, ob die Verteilung der Arbeitselemente auf die Arbeitsstationen zu einer gleichmäßigen Auslastung führt.

Der wesentliche Vorteil des Verfahrens von Helgeson und Birnie besteht darin, dass es leicht nachvollziehbar und einfach programmierbar ist. Für kleine Aufgabenstellungen lässt es sich – wie das Beispiel zeigt – sogar von Hand durchführen. Es liefert schnell eine zulässige Lösung, die direkt umsetzbar ist. Als Nachteile sind die häufig auftretenden hohen Leerzeiten in einigen Arbeitsstationen zu nennen sowie das ungünstige Worst-Case-Verhalten des Verfahrens, das zu erheblichen Abweichungen vom (unbekannten) Optimum führen kann. Angesichts der mittelfristigen Reichweite der bei der Fließbandabstimmung zu treffenden Entscheidung stellt sich daher die Frage, ob nicht der höhere Zeit- und Rechenaufwand, der beim Einsatz optimierender Verfahren erforderlich ist, durch spätere Kosteneinsparungen mehr als kompensiert wird.

2.4 Operatives Produktionsmanagement

Die Aufgabe des operativen Produktionsmanagements besteht in der Verfeinerung und Umsetzung der auf der taktischen Planungsebene getroffenen Entscheidungen. Im Bereich der Materialwirtschaft (Abschnitt 2.4.1) werden die Materialmengen bestimmt, die für die Fertigung des von der taktischen Planung vorgegebenen Produktionsprogramms benötigt werden. Die Losgrößenplanung (Abschnitt 2.4.2) fasst diese Bedarfsmengen unter Abwägung gegenläufiger Kosteneinflüsse zu wirtschaftlichen Losgrößen zusammen. Beim Material Requirements Planning (Abschnitt 2.4.3) werden die verschiedenen materialwirtschaftlichen Teilplanungen miteinander verknüpft. Anschließend sind die Fertigungslose in der Ablaufplanung (Abschnitt 2.4.4) so auf die Fertigungsanlagen einzulasten, dass insgesamt ein zulässiger Arbeitsplan entsteht.

2.4.1 Materialwirtschaft

2.4.1.1 Grundbegriffe

Als *Material* bezeichnet man sämtliche Sachgüter, die in einem Unternehmen als Verbrauchsfaktoren in die Leistungserstellung eingehen oder dabei entstehen. Weitere Bezeichnungen für das in die Produktion eingehende Material sind Einsatzstoffe, Werkstoffe, Produktionsfaktoren oder auch Inputfaktoren. Das *Einsatzmaterial* lässt sich wie folgt klassifizieren (vgl. auch Abschnitt 1.2.1):

- *Rohstoffe* sind Materialien auf einer niedrigen Veredlungsstufe, die zum wesentlichen Bestandteil der Produkte werden, z.B. gewalztes Stahlblech in der Automobilindustrie.

- *Hilfsstoffe* gehen ebenfalls direkt in die Produkte ein, stellen jedoch nur einen untergeordneten Bestandteil dar, z.B. Schrauben, Lacke oder Dichtungen.

- *Betriebsstoffe* werden zum Betrieb der Produktionsanlagen benötigt. Sie werden zwar bei der Produktion verbraucht, werden aber nicht zum Bestandteil der Produkte. Zu den Betriebsstoffen zählen z.B. Schmiermittel, Werkzeuge oder Energieträger.

- *Vorprodukte* werden auch als Bauteile, Baugruppen, Zwischenprodukte oder Halbfabrikate bezeichnet. Es handelt sich um Materialien, die durch vorangegangene Produktionsprozesse bereits eine höhere Veredlungsstufe erreicht haben, aber noch keine für den Endverbraucher bestimmten Endprodukte darstellen. Sie können entweder von externen Lieferanten bezogen oder im Unternehmen selbst hergestellt werden. Selbst erzeugte Vorprodukte können in der eigenen Produktion eingesetzt oder an andere Unternehmen, zum Teil auch als Ersatzteile an Endkunden, geliefert werden.

Die *Materialwirtschaft* ist an der Schnittstelle des Unternehmens zu seinen Beschaffungsmärkten angesiedelt. Sie befasst sich in erster Linie mit der Steuerung und Kontrolle des betrieblichen Materialflusses. Der Bundesverband Materialwirtschaft und Einkauf (BME)

definiert die Materialwirtschaft als das alle Wertschöpfungsstufen umfassende Versorgungs-
system eines Unternehmens, das vom Lieferanten bis zum Endkunden reicht (vgl. Fieten
1986, S. 36).

Die *Zielsetzungen* der Materialwirtschaft umfassen eine technische und eine wirtschaftliche
Komponente: Aus *technischer Sicht* geht es um die Gewährleistung eines angemessenen
innerbetrieblichen Lieferservices, d.h. um die bedarfsgerechte Versorgung des Fertigungsbereichs mit den für die Produktion benötigten Materialien. Im Vordergrund steht dabei die
Bereitstellung des Materials

• in der richtigen Menge,

• in der richtigen Qualität,

• am richtigen Ort,

• zur richtigen Zeit (vgl. auch Abschnitt 3.1.2).

Das *ökonomische Ziel* der Materialwirtschaft ist die Minimierung der Kosten, die im Zusammenhang mit der Materialbereitstellung anfallen. Diese setzen sich zusammen aus den
Fixkosten des materialwirtschaftlichen Systems, z.B. für Gebäude sowie Lager- und Fördereinrichtungen, den Kosten der Materialhandhabung, z.B. Lieferkosten, Transportkosten oder
Umschlagkosten, und den vom Materialbestand abhängigen Lagerhaltungskosten. Letztere
fallen in erster Linie als Verzinsung des im Lagerbestand gebundenen Kapitals an. Gegebenenfalls sind zusätzlich Ausfallkosten aufgrund von nicht termingerechter Materialbereitstellung zu berücksichtigen. Diese werden auch als Fehlmengenkosten bezeichnet.

Zwischen den technischen und den ökonomischen Zielen der Materialwirtschaft tritt immer
dann ein *Zielkonflikt* auf, wenn sich eine Verbesserung des Lieferservices nur durch die In-
kaufnahme von höheren Kosten erreichen lässt (vgl. auch Abschnitt 3.2.2.5). Ein typisches
Beispiel ist die Verbesserung der Lieferfähigkeit aus einem Zwischenlager durch eine Erhöhung des Sicherheitslagerbestands, die jedoch zu einer Erhöhung der Kapitalbindung und
damit der Zinskosten führt. Auch die Beschleunigung von materialwirtschaftlichen Vorgängen, z.B. die Verkürzung der Lieferzeit durch eine Expresslieferung, ist in der Regel mit
höheren Kosten verbunden.

2.4.1.2   ABC-Analyse

Ein wichtiges Hilfsmittel der Materialwirtschaft ist die *ABC-Analyse*. Bei vielen materialwirtschaftlichen Prozessen – z.B. bei der Lieferantenauswahl, der Materialdisposition und
der Bestandsüberwachung – stellt sich die Frage, ob es sinnvoll ist, sie für sämtliche Materialien in identischer Weise durchzuführen. Bei einer genaueren Untersuchung der in der Fertigung benötigten Materialien stellt sich häufig heraus, dass der größte Teil der Materialbewe-
gungen, der Kosten und der materialwirtschaftlichen Entscheidungen durch relativ wenige
Artikel verursacht wird, die durch einen hohen Wert und einen schnellen Umschlag gekennzeichnet sind. Die ABC-Analyse wird eingesetzt, um diese Artikel, die demzufolge einen
erheblichen Beitrag zum Unternehmenserfolg leisten und besonders sorgfältig disponiert
werden sollten, zu identifizieren. Sie geht wie folgt vor:

Zunächst wird für jeden Artikel ermittelt, welche Menge im letzten Jahr verbraucht wurde. Durch Bewertung der Verbrauchsmenge mit dem Einkaufspreis erhält man den Jahresverbrauchswert des Artikels. Sämtliche untersuchten Artikel werden dann in der Reihenfolge ihrer Jahresverbrauchswerte angeordnet. Stellt man den Zusammenhang zwischen der kumulierten Anzahl der betrachteten Artikel und den kumulierten Jahresverbrauchswerten grafisch dar, so erhält man tendenziell den in Abb. 2.38 dargestellten Kurvenverlauf. Die dort angegebenen Werte sind als Erfahrungswerte der Praxis zu interpretieren.

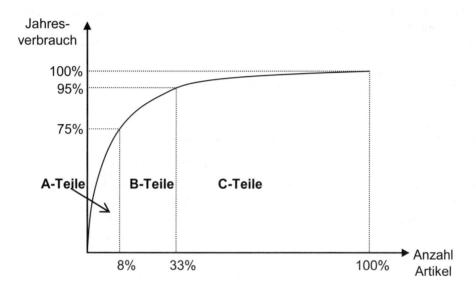

Abb. 2.38 *ABC-Analyse*

Empirische Untersuchungen in einer Reihe von Unternehmen haben ergeben, dass sich anhand der bewerteten Jahresverbrauchsmengen regelmäßig drei Gruppen von Artikeln identifizieren lassen:

- Zu den *A-Teilen* zählt man diejenigen Artikel, die den größten Beitrag zum Jahresverbrauchswert liefern und bei denen somit eine besonders sorgfältige Materialbedarfsplanung, z.B. mithilfe des Material Requirements Planning (vgl. Abschnitt 2.4.3), erforderlich ist. Erfahrungsgemäß sind dies ca. 8% der Artikel mit einem Verbrauchsanteil von zusammen ca. 75%. In der Automobilindustrie zählen zu den A-Teilen vor allem die verschiedenen Baugruppen, z.B. Sitze, Scheiben oder der Motorblock, die typischerweise genau in den für die laufende Fertigung benötigten Mengen beschafft werden.

- Die nächsten ca. 25% der Artikel, die zusammen mit weiteren ca. 20% zum Jahresverbrauchswert beitragen, werden als *B-Teile* klassifiziert. Da auch sie noch relativ hohe Erfolgswirkungen aufweisen, sollten sie zumindest fallweise wie die A-Teile disponiert werden. Teilweise werden B-Teile durchaus in größeren Mengen bevorratet, da die Kapitalbindung deutlich geringer als bei den A-Teilen ist. Zu den B-Teilen in der Automobil-industrie gehören z.B. fremdbezogene Bauteile wie Reifen und Batterien oder Vorpro-dukte wie Stahlblech.

• Schließlich lässt sich beobachten, dass der Großteil der in der Materialwirtschaft geführ-ten Artikel – aufgrund ihres geringen Werts pro Teil oder aufgrund niedriger Bedarfs-mengen – nur einen kleinen Anteil am Jahresverbrauch hat. Daher ist hier der Einsatz einfacher, verbrauchsgesteuerter Dispositionsverfahren (vgl. Abschnitt 2.4.2.3) vertret-bar, die nur wenig Aufwand verursachen, jedoch mit einer erhöhten Lagerhaltung einher-gehen. Diese als *C-Teile* bezeichneten Artikel haben insgesamt lediglich einen Ver-brauchsanteil von ca. 5%, obwohl sie ca. 67% der Materialarten umfassen. C-Teile in der Automobilindustrie sind z.B. Kleinteile wie Schrauben, Muttern, Kabel usw.

In Tab. 2.10 ist als Beispiel zur Durchführung einer ABC-Analyse ein Auszug aus dem Be-schaffungsprogramm einer Druckerei angegeben.

Tab. 2.10   *Beispiel zur ABC-Analyse*

Artikel-Nr.	Materialart	Beschaffungs-menge	Stück-preis [€]	Gesamt-preis [€]
4709	Papier	1.000.000 Blatt	0,02	20.000,00
4710	Folie	75 m	3,00	225,00
4711	Karton	50 m^2	7,60	380,00
4712	Reiniger	10 l	4,00	40,00
4713	Kartuschen Farbe	40 Stück	115,00	4.600,00
4714	Kartuschen S/W	120 Stück	80,00	9.600,00
4715	Leim	25 kg	24,00	600,00
4716	Schmieröl	4 l	2,50	10,00
4717	Heftklammern	100 Packungen	0,80	80,00
4718	Spiralbindungen	200 Stück	0,30	60,00
4719	Schneidmesser	3 Stück	125,00	375,00
4720	Packpapier	200 m	0,10	20,00

Zur Erstellung des ABC-Diagramms sind zunächst die Monatsbeschaffungswerte der einzel-nen Materialarten zu berechnen. Dafür werden die jeweiligen Beschaffungsmengen mit dem zugehörigen Preis je Einheit multipliziert. Anschließend werden die Materialarten nach ab-nehmenden Beschaffungswerten sortiert und die kumulierten Bedarfswerte berechnet (vgl. Tab. 2.11). Aus diesen Informationen lässt sich die grafische Darstellung in Abb. 2.39 ablei-ten. Sie zeigt für dieses Beispiel fast die idealtypische Einteilung in die drei oben genannten Bereiche der ABC-Analyse: Das Papier (eine von zwölf Materialarten, also 8%) bildet hier die Gruppe der A-Teile, sein Anteil am Gesamtverbrauch beträgt 55,6%. Farbkartuschen, Schwarz/Weiß-Kartuschen und Leim (drei von zwölf Materialarten, also weitere 25%) können als B-Teile gelten, ihr Verbrauchsanteil beträgt 39,4%. Die restlichen neun Materialarten mit einem Verbrauchsanteil von lediglich 5% sind als C-Teile anzusehen.

Tab. 2.11   Kumulierte Bedarfswerte

Artikel-Nr.	Materialart	Gesamt-preis [€]	kumulierter Bedarfswert
4709	Papier	20.000,00	20.000,00
4714	Kartuschen S/W	9.600,00	29.600,00
4713	Kartuschen Farbe	4.600,00	34.200,00
4715	Leim	600,00	34.800,00
4711	Karton	380,00	35.180,00
4719	Schneidmesser	375,00	35.555,00
4710	Folie	225,00	35.780,00
4717	Heftklammern	80,00	35.860,00
4718	Spiralbindungen	60,00	35.920,00
4712	Reiniger	40,00	35.960,00
4720	Packpapier	20,00	35.980,00
4716	Schmieröl	10,00	35.990,00

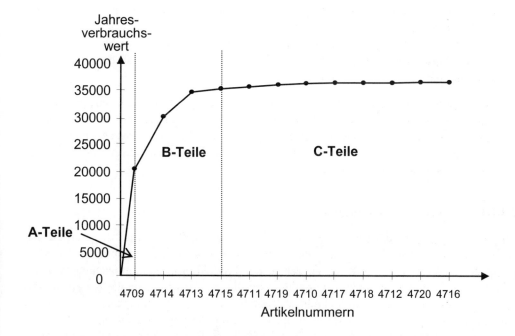

Abb. 2.39   ABC-Diagramm

Die Aufgabe einer ABC-Analyse besteht generell darin, durch die Klassifikation von Entscheidungseinheiten in drei sich deutlich voneinander unterscheidende Gruppen die Planungsanstrengungen auf diejenigen Bereiche zu konzentrieren, die ein besonders hohes Erfolgspotenzial aufweisen. Ähnliche Überlegungen gelten auch für andere Anwendungsgebiete innerhalb und außerhalb der Produktionswirtschaft, z.B.:

- Lieferantenbewertung
- Lagerplatzzuordnung (vgl. Abschnitt 3.2.3)
- Kundenbetreuung
- Bewertung von Absatzregionen
- Außendienststeuerung

Als Ergänzung der ABC-Analyse wird in der Materialwirtschaft häufig zusätzlich eine als *RSU-* bzw. *XYZ-Analyse* bezeichnete Klassifikation der Materialarten nach ihrem Verbrauchsmuster durchgeführt.

- In die Gruppe der *R-* bzw. *X-Teile* fallen die Artikel mit hohem und regelmäßigem Verbrauch. In der Automobilindustrie sind dies z.B. Benzintanks, Kofferraumabdeckungen oder Sicherheitsgurte, die in jedes Fahrzeug einer Modellreihe eingebaut werden. Für diese Teile lohnt sich die sorgfältige Lieferantenauswahl und der Abschluss einer langfristigen Vereinbarung mit dem Lieferanten. Aufgrund des gleichmäßigen Materialbedarfs bietet es sich häufig an, auf eine eigene Vorratshaltung zu verzichten und mit dem Lieferanten eine Just-in-Time-Anlieferung zu vereinbaren.

- *S-* bzw. *Y-Teile* weisen einen schwankenden und daher insgesamt geringeren Verbrauch auf. Dazu zählen Komponenten, die nur auf entsprechenden Kundenwunsch in ein Fahrzeug eingebaut werden, z.B. Klimaanlagen, Nebelscheinwerfer oder Freisprecheinrichtungen. Diese Teile sollten regelmäßig auf Vorrat bestellt werden, so dass der Lagerbestand für eine gewisse Zeit ausreicht.

- Die *U-* bzw. *Z-Teile* schließlich weisen ein unregelmäßiges Verbrauchsmuster mit insgesamt geringen Bedarfsmengen auf. Dies sind z.B. selten nachgefragte Sonderausstattungen wie eine spezielle Panzerung oder kugelsichere Scheiben. Für diese Teile ist eine Vorratshaltung in der Regel nicht lohnend, sie sollten vielmehr jeweils im Bedarfsfall von zuverlässigen Lieferanten bezogen werden.

2.4.1.3   Stücklistenauflösung

Eine weitere Aufgabe der Materialwirtschaft besteht darin, für jedes selbst gefertigte oder zugekaufte Teil die in den nächsten Perioden benötigte Menge zu bestimmen. Ausgangspunkt der *Materialbedarfsplanung* ist das in der Produktionsprogrammplanung (vgl. Abschnitt 2.3.1) ermittelte Produktionsprogramm für die nächsten Monate, das bei einem Massenfertiger, z.B. in der Lebensmittelindustrie, auf der Basis von Nachfrageprognosen und bei einem Auftragsfertiger, z.B. im Maschinenbau, aufgrund der von den Kunden erteilten Fertigungsaufträge bestimmt wird. Die dort festgelegten Bedarfsmengen an Produkten und extern nachgefragten Bauteilen bezeichnet man als den *Primärbedarf* einer Planungsperiode.

Dieses Produktionsprogramm wird mithilfe von Stücklisten in seine einzelnen Bestandteile aufgelöst, um die auch als Sekundärbedarf bezeichneten Bedarfsmengen der einzelnen Teile ermitteln zu können. Unter einer *Stückliste* versteht man die Zusammenstellung aller zur Fertigung eines Produkts benötigten Materialien, Teile und Baugruppen mit den zur Herstellung einer Einheit erforderlichen Mengen. Abb. 2.40 zeigt ein Beispiel für die Erzeugnisstruktur eines Endprodukts G, das auf drei Produktionsstufen aus insgesamt sechs verschiedenen Teilearten zusammengebaut wird. Teil C ist eine Baugruppe, die ihrerseits aus den Teilen A und B besteht, Teil F besteht aus Baugruppe C und Teil E.

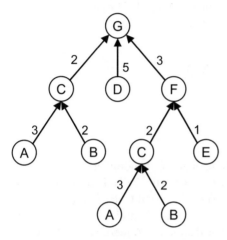

Abb. 2.40 *Erzeugnisstruktur*

Die Bewertungen an den Kanten des Graphen in Abb. 2.40 sind Bedarfskoeffizienten, die angeben, wie viele Einheiten des Teils auf einer unteren Produktionsstufe je Einheit des übergeordneten Teils erforderlich sind.

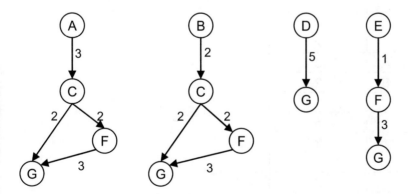

Abb. 2.41 *Teileverwendungsnachweis*

Wählt man den umgekehrten Blickwinkel, so erhält man einen *Teileverwendungsnachweis*, der angibt, mit welchen Mengen ein Teil in andere Teile eingeht. Die gegebene Erzeugnisstruktur lässt sich, wie in Abb. 2.41 gezeigt, in Teileverwendungsnachweise für die vier elementaren Teile A, B, D und E aufspalten (vgl. Kurbel 1998, S. 67f.).

Die in Abb. 2.40 angegebene Erzeugnisstruktur dient als Basis für die nachfolgende Beschreibung der verschiedenen Typen von Stücklisten.

- In einer *Mengenstückliste* werden die Bestandteile eines Produkts ohne Berücksichtigung von strukturellen Beziehungen lediglich mit ihren Gesamtmengen zusammengestellt. Sie enthält daher keine Informationen über die Zusammensetzung der Produkte. Abb. 2.42 gibt die Mengenstückliste für das Beispiel in Abb. 2.40 an.

Teil	G	F	E	D	C	B	A
Menge	1	3	3	5	8	16	24

Abb. 2.42 *Mengenstückliste*

- In einer *Strukturstückliste* werden die Bestandteile und die benötigten Mengen eines Produkts entsprechend seinem Aufbau stufenweise dargestellt. Falls Teile mehrfach in das Produkt eingehen – wie es im Beispiel für die Teile A, B und C der Fall ist –, enthält die Strukturstückliste somit redundante Informationen. Für umfangreiche Erzeugnisstrukturen wird sie schnell unübersichtlich, auch ist der Aufwand zur Änderung sämtlicher betroffener Stücklisten bei einer Änderung im Produktionsprogramm sehr hoch. Abb. 2.43 zeigt die Strukturstückliste des Beispiels, wobei die unterschiedlichen Produktionsstufen durch Einrückungen verdeutlicht werden.

				Einbaumenge
G				1
	F			3
		C		2
			A	3
			B	2
		E		1
	D			5
	C			2
		A		3
		B		2

Abb. 2.43 *Strukturstückliste*

- Bei einer *Baukastenstückliste* werden für jedes Produkt oder Teil die direkten Bestandteile und deren Mengen angegeben. Falls sich ein Bauteil wiederum aus anderen Teilen zusammensetzt, wird dies durch eine entsprechende Markierung angezeigt. Daraus ergibt sich eine sehr effiziente Darstellung, die sich leicht ändern und ergänzen lässt. Baukastenstücklisten lassen sich für zahlreiche Planungsaufgaben einsetzen und werden häufig in Produktionsplanungs- und -steuerungssystemen (vgl. Abschnitt 2.6) verwendet. In Abb. 2.44 ist die Baukastenstückliste für das Beispiel aus Abb. 2.40 angegeben.

Produkt	Teil	Menge	Stückliste
G	F	3	Ja
	D	5	Nein
	C	2	Ja
F	E	1	Nein
	C	2	Ja
C	B	2	Nein
	A	3	Nein

Abb. 2.44 *Baukastenstückliste*

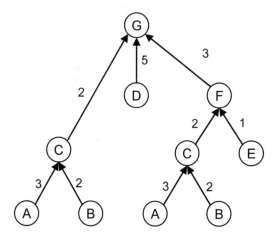

Abb. 2.45 *Erzeugnisstruktur nach Dispositionsstufen*

Alternativ zu der an Produktionsstufen orientierten Darstellung in Abb. 2.40, bei der die Teile in Abhängigkeit von der Anzahl der bis zum Endprodukt zu durchlaufenden Bearbeitungsstufen angeordnet werden, lässt sich eine Erzeugnisstruktur auch nach *Dispositionsstufen* abbilden, so dass sich gleiche Teile, die typischerweise gemeinsam hergestellt oder be stellt werden, auf einer Stufe befinden. Abb. 2.45 zeigt die Erzeugnisstruktur aus Abb. 2.40 in einer Dispositionsstufendarstellung. Auch die Strukturstückliste aus Abb. 2.43 lässt sich nach Dispositions- anstelle von Produktionsstufen darstellen.

Die *Stücklistenauflösung*, d.h. die Bestimmung der für ein gegebenes Produktionsprogramm insgesamt benötigten Mengen der verschiedenen Teile, kann entweder sukzessiv durch Abarbeitung der Mengenbeziehungen in der Stückliste erfolgen oder simultan durch Lösung eines linearen Gleichungssystems, in dem die Lieferbeziehungen zwischen den Produktionsstufen abgebildet werden.

1. Sukzessive Stücklistenauflösung

Bei der sukzessiven Stücklistenauflösung erhält man den Sekundärbedarf eines Teils, indem man die Bedarfsmengen y_j der Teile auf der nachfolgenden Produktionsstufe mit den zugehörigen Inputkoeffizienten a_{ij} multipliziert und diese aufaddiert. Liegt die Stückliste bereits als Mengenstückliste vor, so sind die dort angegebenen Einbaumengen je Produkteinheit lediglich mit dem Endproduktbedarf zu multiplizieren.

$$y_i = \sum_{j \in N(i)} a_{ij} \cdot y_j$$

Wenn man – ausgehend von den Endprodukten – die gesamte Erzeugnisstruktur auf diese Weise abarbeitet, so erhält man bei nicht-zyklischer Produktion die Gesamtbedarfsmengen für alle Teile. Sollen z.B. bei der Erzeugnisstruktur in Abb. 2.40 12 Einheiten von Endprodukt G hergestellt werden, so ergeben sich auf den untergeordneten Produktionsstufen die folgenden Bedarfsmengen:

$$y_F = a_{FG} \cdot y_G = 3 \cdot 12 = 36$$

$$y_E = a_{EF} \cdot y_F = 1 \cdot 36 = 36$$

$$y_D = a_{DG} \cdot y_G = 5 \cdot 12 = 60$$

$$y_C = a_{CG} \cdot y_G + a_{CF} \cdot y_F = 2 \cdot 12 + 2 \cdot 36 = 96$$

$$y_B = a_{BC} \cdot y_C = 2 \cdot 96 = 192$$

$$y_A = a_{AC} \cdot y_C = 3 \cdot 96 = 288$$

Wird ein Teil nicht nur innerhalb der Produktion benötigt, sondern zusätzlich am Markt z.B. als Ersatzteil nachgefragt, so ist diese externe Nachfrage zu dem internen Bedarf der anderen Produktionsstellen zu addieren.

2. Simultane Stücklistenauflösung

Die simultane Stücklistenauflösung eignet sich auch für zyklische Produktionsstrukturen, wie sie z.B. in der chemischen Industrie auftreten. Für jede Produktionsstelle ist eine Gleichung zu formulieren, in der ihr Gesamtbedarf als Summe aus externem Bedarf x_i zur Befriedigung von Marktnachfrage und internem Bedarf zur Versorgung anderer Produktionsstellen angegeben wird:

$$y_i = \sum_{j=1}^{n} a_{ij} \cdot y_j + x_i \qquad\qquad i = 1,...,n$$

Bei insgesamt n Produktionsstellen erhält man n derartige Gleichungen, die sich wie folgt zu einem *Gleichungssystem* in Vektorschreibweise zusammenfassen lassen:

$$\begin{pmatrix} y_1 \\ y_2 \\ \vdots \\ y_n \end{pmatrix} = \begin{pmatrix} a_{11} & a_{12} & \cdots & a_{1n} \\ a_{21} & a_{22} & \cdots & a_{2n} \\ \vdots & \vdots & \ddots & \vdots \\ a_{n1} & a_{n2} & \cdots & a_{nn} \end{pmatrix} \cdot \begin{pmatrix} y_1 \\ y_2 \\ \vdots \\ y_n \end{pmatrix} + \begin{pmatrix} x_1 \\ x_2 \\ \vdots \\ x_n \end{pmatrix}$$

bzw. $\quad \underline{y} = \underline{A} \cdot \underline{y} + \underline{x}$

Löst man dieses Gleichungssystem nach $\underline{y}$ auf, so ergibt sich formal:

$$\underline{x} = (\underline{E} - \underline{A}) \cdot \underline{y}$$

$$\Leftrightarrow \quad \underline{y} = (\underline{E} - \underline{A})^{-1} \cdot \underline{x} = \underline{G} \cdot \underline{x}$$

Die Matrix $\underline{G}$ wird auch als Gesamtbedarfsmatrix bezeichnet. Ihre Koeffizienten geben an, wie hoch der gesamte Bedarf von Teil i je produzierter Einheit von Teil j ist. Voraussetzung für eine eindeutige Lösung des Gleichungssystems ist, dass die dort angegebene Inverse existiert und zu einer nicht-negativen Gesamtbedarfsmatrix führt. Für zyklenfreie Produktionsstrukturen führen die sukzessive und die simultane Stücklistenauflösung zum gleichen Ergebnis. Für das in Abb. 2.40 angegebene Beispiel ergibt sich das folgende Gleichungssystem:

$$\begin{pmatrix} y_1 \\ y_2 \\ y_3 \\ y_4 \\ y_5 \\ y_6 \\ y_7 \end{pmatrix} = \begin{pmatrix} 0 & 0 & 3 & 0 & 0 & 0 & 0 \\ 0 & 0 & 2 & 0 & 0 & 0 & 0 \\ 0 & 0 & 0 & 0 & 0 & 2 & 2 \\ 0 & 0 & 0 & 0 & 0 & 0 & 5 \\ 0 & 0 & 0 & 0 & 0 & 1 & 0 \\ 0 & 0 & 0 & 0 & 0 & 0 & 3 \\ 0 & 0 & 0 & 0 & 0 & 0 & 0 \end{pmatrix} \cdot \begin{pmatrix} y_1 \\ y_2 \\ y_3 \\ y_4 \\ y_5 \\ y_6 \\ y_7 \end{pmatrix} + \begin{pmatrix} 0 \\ 0 \\ 0 \\ 0 \\ 0 \\ 0 \\ 12 \end{pmatrix}$$

Die Gesamtbedarfsmengen für eine geplante Endproduktmenge von 12 lassen sich dann wie folgt berechnen:

$$
\begin{pmatrix} y_1 \\ y_2 \\ y_3 \\ y_4 \\ y_5 \\ y_6 \\ y_7 \end{pmatrix} = \begin{pmatrix} 1 & 0 & 3 & 0 & 0 & 6 & 24 \\ 0 & 1 & 2 & 0 & 0 & 4 & 16 \\ 0 & 0 & 1 & 0 & 0 & 2 & 8 \\ 0 & 0 & 0 & 1 & 0 & 0 & 5 \\ 0 & 0 & 0 & 0 & 1 & 1 & 3 \\ 0 & 0 & 0 & 0 & 0 & 1 & 3 \\ 0 & 0 & 0 & 0 & 0 & 0 & 1 \end{pmatrix} \cdot \begin{pmatrix} 0 \\ 0 \\ 0 \\ 0 \\ 0 \\ 0 \\ 12 \end{pmatrix} = \begin{pmatrix} 288 \\ 192 \\ 96 \\ 60 \\ 36 \\ 36 \\ 12 \end{pmatrix}
$$

Da es sich in Abb. 2.40 um eine zyklenfreie Produktionsstruktur handelt, führen für das angegebene Beispiel beide Verfahren der Stücklistenauflösung zu identischen Ergebnissen.

Um die Fertigung jeweils mit den korrekten Stücklisten versorgen zu können, kommen in der Praxis computergestützte *Stücklistengeneratoren* zur Anwendung, die auf den dargestellten Verfahren zur Stücklistenauflösung basieren und die Bedarfsmengen aus den vorliegenden Auftrags- oder Konstruktionsunterlagen herleiten.

Bei der kundenorientierten Fertigung treten die Produkte in der Regel in vielfältigen *Varianten* auf, die durch veränderte Ausführungen einer im Wesentlichen gleich bleibenden Erzeugnisstruktur entstehen. Man unterscheidet Mussvarianten und Kannvarianten. Während bei einer *Mussvariante* das Bauteil in einer der zur Verfügung stehenden Versionen eingebaut werden muss, z.B. ist beim Kraftfahrzeug die Auswahl zwischen mehreren Motorisierungen erforderlich, ist die Verwendung einer *Kannvariante* optional, z.B. der Einbau einer Klimaanlage. Das Angebot von zahlreichen Varianten erhöht zwar die Flexibilität des Unternehmens gegenüber Kundenwünschen, die zusätzlich zu berücksichtigenden Teile und Wege durch die Fertigung führen jedoch gleichzeitig zu einem Anstieg der Komplexität der Produktion sowie der Produktionsplanung. Es gilt daher, zum einen die Zahl der möglichen Varianten nur so weit zu erhöhen, wie dies mit einem zusätzlichen Deckungsbeitrag verbunden ist, zum anderen die Handhabung der Varianten durch Maßnahmen des Komplexitätsmanagements zu vereinfachen.

Zur Abbildung der Variantenfertigung für die Stücklistenauflösung stehen verschiedene Ausprägungen von *Variantenstücklisten* zur Verfügung, die eine übersichtliche Darstellung der für die verschiedenen Varianten eines Produkts benötigten Materialien ermöglichen.

- Die *Komplexstückliste* ist die von der Darstellung her einfachste Form der Variantenstückliste. Hierbei werden sämtliche Varianten eines Bauteils direkt in der Stückliste angegeben.

- Als *Gleichteilestückliste* bezeichnet man den Teil der Erzeugnisstruktur, der die für alle Varianten zwingend erforderlichen Bauteile enthält, während die auftragsabhängigen Komponenten bei Bedarf hinzugefügt werden.

- Bei der *Plus-Minus-Stückliste* wird eine Variante als Basisprodukt definiert und die Stücklisten für die anderen Varianten durch das Hinzufügen von Teilen (Plusteile) oder das Weglassen von Teilen (Minusteile) generiert.

- In einer *Mehrfachstückliste* werden zunächst alle möglichen Varianten grundsätzlich aufgeführt. Zur Beschreibung eines bestimmten Produkts werden dann die relevanten Komponenten mit der Mengenangabe Eins und die restlichen mit Null gekennzeichnet.

Der Einsatzbereich der zuvor behandelten Stücklisten beschränkt sich auf die Fertigungsindustrie. Im Bereich der Prozessindustrie – also z.B. der Chemie- und Pharmaindustrie – werden die Funktionen der Stücklisten und Arbeitspläne von *Rezepturen* übernommen, die die zur Herstellung eines Produkts erforderlichen Arbeitsabläufe und die benötigten Zutaten beschreiben. Typisch für die Prozessindustrie sind zyklische Produktionsstrukturen und die gleichzeitige Erzeugung mehrerer Produkte im Rahmen der Kuppelproduktion, so dass das simultane Verfahren der Materialbedarfsermittlung Anwendung finden muss.

2.4.2 Losgrößenplanung

2.4.2.1 Lagerhaltung und Losgröße

Ausgangssituation für die *Losgrößenplanung* ist ein mehrstufiger Produktions- bzw. Wertschöpfungsprozess, der auch die der Fertigung vor- bzw. nachgelagerten Aktivitäten Beschaffung und Absatz umfasst (vgl. Abb. 2.46).

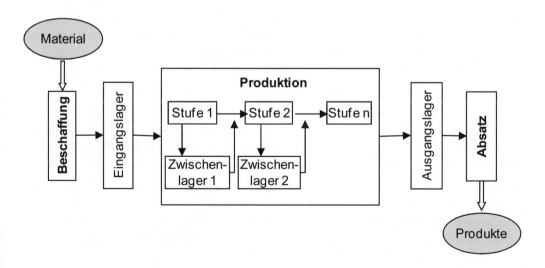

Abb. 2.46 *Lagerhaltung im Wertschöpfungsprozess*

Die Planung von Losgrößen wird sowohl für fremd bezogene als auch für selbst gefertigte Materialien vorgenommen. Als *Los* bezeichnet man die Menge eines Materials, die beim Fremdbezug gemeinsam bei einem Lieferanten bestellt wird (Bestellfall) oder bei Eigenfertigung auf einer Anlage ohne Stillstand oder Unterbrechung durch andere Produkte hergestellt wird (Produktionsfall). Man spricht in diesem Zusammenhang auch von Bestelllosgrößen und Produktionslosgrößen.

Eine Zusammenfassung von Materialmengen zu einem Los ist immer dann erforderlich, wenn Prozesse auf aufeinander folgenden Wertschöpfungsstufen nicht perfekt aufeinander abgestimmt sind, d.h. wenn die Abgangsrate der vorangehenden Wertschöpfungsstufe und die Abfertigungsrate der nachfolgenden Wertschöpfungsstufe voneinander abweichen. Daraus resultiert gleichzeitig die Notwendigkeit der *Lagerhaltung* zwischen diesen beiden Wertschöpfungsstufen. Beispiele für derartige Situationen sind:

- Ein Fertigungsmaterial wird monatlich bestellt, in ein *Eingangslager* aufgenommen und über den Monat verteilt in der Produktion eingesetzt. Durch das Konzept der Just-in-Time-Zulieferung lassen sich zwar die Bestände im Eingangslager im Idealfall bis auf Null reduzieren, jedoch wird dabei die Lagerhaltung häufig lediglich auf den Lieferanten verlagert.

- Eine Maschine produziert ein Bauteil, das nicht sofort zur folgenden Bearbeitungsstation weitertransportiert, sondern auf einer Palette gesammelt wird. Wenn die Palette, die in diesem Fall die Funktion eines Zwischenlagers hat, voll ist, werden die Teile zur Weiterbearbeitung auf der nächsten Produktionsstufe transportiert. *Zwischenlager* dienen auch zur Pufferung von zeitkritischen Prozessen sowie als Sicherheitsbestände zur Aufrechterhaltung der Produktion.

- Für ein Regionallager oder einen bestimmten Kunden vorgesehene Endprodukte werden nach ihrer Fertigstellung in einem *Ausgangslager* gesammelt und dann gemeinsam per LKW ausgeliefert. Weiter trägt das Ausgangslager dazu bei, dass trotz saisonaler Nachfrageschwankungen mit einer relativ gleichmäßigen Produktionsrate gefertigt werden kann.

Da durch die Lagerhaltung *Kapitalbindung im Umlaufvermögen* stattfindet, ist mithilfe der Losgrößenplanung dafür zu sorgen, dass die Lagerbestände auf einen wirtschaftlich sinnvollen Umfang beschränkt bleiben. Im Zusammenhang mit der Losgrößenplanung sind folgende Kostenkategorien entscheidungsrelevant:

- *Fixkosten des Lagers* fallen für die Einrichtung und die laufende Unterhaltung eines Lagers an. Dazu zählen z.B. Mieten bzw. Abschreibungen für die Lagerräume und auf die Lagereinrichtung, Heiz- und Energiekosten des Lagers oder der feste Lohn des Lagerverwalters. Für die hier untersuchte Entscheidung über den Umfang eines einzulagernden Loses sind diese Kosten jedoch irrelevant.

- *Losfixe Kosten* sind Kosten, die einmal je Los anfallen, z.B. Liefergebühren, Kosten der Maschineneinrichtung, Verwaltungskosten, Kosten der Einlagerung. Sie werden bei von außen bezogenen Materialien als Bestellkosten und bei selbst hergestellten Teilen als

Rüstkosten bezeichnet. Je größer die Lose sind, desto seltener sind bei gegebener Bedarfsmenge Bestellungen bzw. Umrüstungen erforderlich. Daher geht von den losfixen Kosten eine Tendenz zu möglichst großen Losen aus.

- *Variable Lagerhaltungskosten* steigen in Abhängigkeit von der gelagerten Menge und der Dauer der Lagerung an. Hierzu gehören in erster Linie die Zinsen auf das im Lagerbestand gebundene Kapital, aber auch von der Lagermenge abhängige Versicherungskosten sowie durch Schwund und Verderb entstehende Kosten. Von den variablen Lagerhaltungskosten geht somit eine Tendenz zu möglichst kleinen Losen aus.

- *Fehlmengenkosten* werden angesetzt, wenn es aufgrund eines zu geringen Lagerbestands zur Lieferunfähigkeit bzw. zu Stockungen im Materialfluss kommt. Neben Konventionalstrafen zählen zu den Fehlmengenkosten auch Opportunitätskosten wie der Goodwill-Verlust bei den Kunden und die entgangenen Erträge aufgrund der Abwanderung von Kunden. Fehlmengen bei Zwischenprodukten sind mit den durch den Produktionsausfall entstehenden Kosten zu bewerten. Hohe Sicherheitslagerbestände bieten zwar einen gewissen Schutz vor Fehlmengen, jedoch werden die Fehlmengenkosten durch den Umfang eines Loses nur indirekt beeinflusst.

Die *Gesamtkosten*, die mit einer bestimmten Losgröße verbunden sind, erhält man durch Addition der Kosten, die in den für die Entscheidung relevanten Kostenkategorien anfallen. Abb. 2.47 zeigt, wie sich die Gesamtkosten aus den auf das einzelne Stück entfallenden Rüstkosten, die mit zunehmender Losgröße zurückgehen, und den mit der Losgröße ansteigenden Lagerhaltungskosten zusammensetzen.

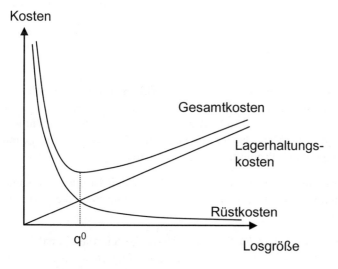

Abb. 2.47 *Kosten der Lagerhaltung*

Die optimale, d.h. kostenminimale Losgröße q_0 ergibt sich in der Abbildung als Minimum der konvexen Gesamtkostenfunktion. Dieses Minimum der Gesamtkosten stimmt im hier dargestellten einfachsten Fall mit dem Schnittpunkt der beiden einzelnen Kostenfunktionen überein.

2.4.2.2 Losgrößenmodelle

Losgrößenmodelle dienen dazu, optimale Losgrößen jeweils im Rahmen bestimmter Annahmen herzuleiten. Das *klassische Losgrößenmodell* wurde Anfang des 20. Jahrhunderts von Harris (1913) und Andler (1929) formuliert. Es erfreut sich noch heute vor allem in der Praxis großer Beliebtheit. Das Modell geht von folgenden, zum Teil recht restriktiven Annahmen aus:

- Es wird ein Produkt in einem Lager betrachtet, dessen Kapazität unbeschränkt ist.

- Fehlmengen sind nicht zugelassen.

- Der Lagerabgang erfolgt kontinuierlich mit einer konstanten Rate d, die in Stück pro Zeiteinheit angegeben wird.

- Das Lager wird durch Bestellung und Anlieferung der Losgröße q oder durch Produktion mit der konstanten Rate $x > d$ aufgefüllt. Dabei ist keine Lieferzeit zu berücksichtigen.

- Je Los fallen losfixe Kosten in Höhe von c_R an.

- Die variablen Lagerhaltungskosten je Stück und Periode betragen c_L.

Die Reichweite T eines Loses erhält man als Quotienten aus der Losgröße q und der Nachfragerate d:

$$T = \frac{q}{d}$$

Aufgrund dieser Annahmen erhält man einen kontinuierlichen, sich zyklisch wiederholenden Verlauf des Lagerbestands, wie er in Abb. 2.48 und Abb. 2.49 dargestellt ist. In Abb. 2.48 ist der beim Eingangslager auftretende Bestellfall, d.h. der Lagerzugang durch Bestellung in diskreten Zeitpunkten, dargestellt, in Abb. 2.49 der vor allem für Zwischenlager relevante Produktionsfall, bei dem das Lager durch Produktion aufgefüllt wird.

Charakteristisch für den Lagerbestand im klassischen Losgrößenmodell ist die so genannte „Sägezahnkurve", die umso steiler verläuft, je höher die Nachfragerate bzw. die Differenz aus Produktions- und Nachfragerate ist.

Die Kosten eines Loses setzen sich im *Bestellfall* aus den Bestellkosten, die einmal je Los anfallen, und den direkt von der Losgröße abhängenden variablen Lagerhaltungskosten zusammen. Da – wie aus Abb. 2.48 zu ersehen ist – im Mittel die Hälfte der bestellten Menge während des Zeitraums T gelagert wird, betragen die Kosten eines Loses:

Losgröße

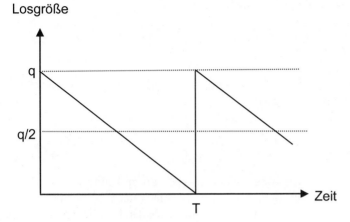

Abb. 2.48   *Lagerbestandsentwicklung im Bestellfall*

Losgröße

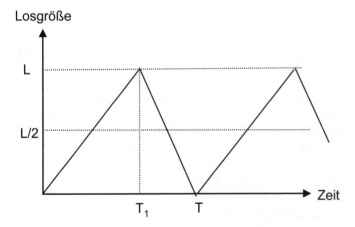

Abb. 2.49   *Lagerbestandsentwicklung im Produktionsfall*

$$K(q) = c_R + \frac{1}{2} q \cdot T \cdot c_L$$

Da in dieser Beziehung sowohl die Losgröße q als auch die Reichweite des Loses T unbekannt sind, geht man zu den Kosten pro Zeiteinheit über und substituiert T durch die zuvor angegebene Beziehung $T = q/d$:

$$k(q) - \frac{K(q)}{T} - \frac{c_R}{T} + \frac{1}{2} q \cdot c_L - c_R \cdot \frac{d}{q} + \frac{1}{2} \cdot q \cdot c_L$$

Die notwendige Bedingung für ein Optimum lautet:

$$\frac{d\,k(q)}{d\,q} = -\frac{c_R \cdot d}{q^2} + \frac{1}{2} \cdot c_L \overset{!}{=} 0$$

Durch Auflösen dieser Bedingung erhält man die optimale Losgröße, wobei nur die positive Wurzel eine ökonomisch sinnvolle Lösung ist:

$$q^0 = \sqrt{\frac{2\,c_R \cdot d}{c_L}}$$

Das folgende *Beispiel* soll die Vorgehensweise des klassischen Losgrößenmodells verdeutlichen: Der jährliche Bedarf bei einem von einem externen Lieferanten bezogenen Bauteil beträgt 3.000 Stück zu je 10 €. Pro Lieferung fallen bestellfixe Kosten in Höhe von 150 € an. Die Lagerhaltungskosten werden als Verzinsung des im Lager gebundenen Kapitals berechnet. Bei einem relevanten Zinssatz von 9% ergibt sich ein Lagerhaltungskostensatz von 0,9 € pro Stück und Jahr. Durch Einsetzen dieser Werte in die Lösungsformel des klassischen Losgrößenmodells erhält man als optimale Lösung:

$$q^0 = \sqrt{\frac{2 \cdot 150 \cdot 3000}{0{,}9}} = 1.000$$

Somit sollte das Unternehmen jedes Jahr drei Bestellungen in Höhe von jeweils 1.000 Stück tätigen, um seinen Materialbedarf zu minimalen Kosten zu decken.

Erfolgt der Lagerzugang nicht durch Anlieferung, sondern durch Produktion mit einer konstanten Produktionsrate $x > d$, so muss das Intervall T zerlegt werden in ein Teilintervall $[0; T_1]$, in dem die Produktion erfolgt und der Lagerbestand mit der Rate $x - d$ aufgebaut wird, und ein Teilintervall $[T_1; T]$, in dem lediglich Material vom Lager entnommen wird (vgl. nochmals Abb. 2.49). Daher beträgt der maximale Lagerbestand L im *Produktionsfall* nicht q, sondern $q - d \cdot T_1$; der durchschnittliche Lagerbestand $L/2$ beläuft sich somit auf $1/2(q - d \cdot T_1)$. Da die im Teilintervall T_1 produzierte Menge ausreichen muss, um die während des Gesamtintervalls nachgefragte Menge zu befriedigen, gilt:

$$q = T_1 \cdot x \qquad \Leftrightarrow \qquad T_1 = \frac{q}{x}$$

Bei der Auflage eines Loses fallen einmalig Rüstkosten c_R für das Einrichten der Maschine an. Die Kosten eines Loses belaufen sich im Produktionsfall auf:

$$K(q) = c_R + \frac{1}{2} \cdot (q - d \cdot T_1) \cdot T \cdot c_L = c_R + \frac{1}{2} \cdot q \cdot \left(1 - \frac{d}{x}\right) \cdot T \cdot c_L$$

Die zum Bestellfall analoge Herleitung führt zu der folgenden Formel für die optimale Losgröße im Produktionsfall des klassischen Losgrößenmodells:

$$q^0 = \sqrt{\frac{2\,c_R \cdot d}{c_L\left(1 - \dfrac{d}{x}\right)}}$$

Wie ein Vergleich der beiden Lösungsformeln zeigt, geht die Formel für den Produktionsfall für eine unendlich große Produktionsrate – wie sie bei Lagerzugang durch Anlieferung gegeben ist – in den Bestellfall über. Somit ist der Bestellfall ein Spezialfall des allgemeineren Produktionsfalls.

Das klassische Losgrößenmodell wird aus theoretischer Sicht stark kritisiert, da seine Annahmen – insbesondere die als konstant angenommene Nachfragerate – im Grunde nur einen sehr engen Einsatzbereich zulassen. Andererseits zeigen *Sensitivitätsanalysen*, dass die Lösung des Modells und insbesondere die damit verbundenen Kosten kaum auf Parameterveränderungen reagieren, d.h. auch wenn die Annahmen nicht exakt erfüllt sind, liefert es brauchbare Ergebnisse. Wie sich auch an Abb. 2.47 erkennen lässt, verläuft die Gesamtkostenfunktion in einer recht großen Umgebung um die optimale Losgröße relativ flach, so dass z.B. betriebsbedingte Abweichungen von der berechneten Lösung in der Regel zu keinem erheblichen Kostenanstieg führen. Diese Robustheit und die leichte Verständlichkeit von Modell und Herleitung sind die Ursache dafür, dass das klassische Losgrößenmodell in der Praxis großen Anklang findet und in vielen Unternehmen eingesetzt wird. Es wird auch häufig als Modul zur Losgrößenbestimmung in computergestützten PPS-Systemen verwendet (vgl. Abschnitt 2.6).

Durch eine Reihe von *Modifikationen* lässt sich der Einsatzbereich des klassischen Losgrößenmodells über die recht engen Prämissen des Grundmodells hinaus erweitern. So gibt es insbesondere Formulierungen für folgende Fälle:

- Fehlmengen
- Rabatte
- Lieferfristen
- mehrere Produkte
- beschränkte Lagerkapazitäten

In der produktionswirtschaftlichen Literatur wird eine Fülle von *weiteren Losgrößenmodellen* beschrieben, die für unterschiedliche Produktionssituationen entwickelt wurden und von mehr oder weniger realitätsnahen Annahmen ausgehen (vgl. z.B. Recker 2000, Tempelmeier 2006). Grundsätzlich gilt, dass mit zunehmender Realitätsnähe die Komplexität eines Modells und der zu seiner Lösung erforderliche Rechenaufwand ansteigen. Im Folgenden wird ein Überblick gegeben, nach welchen Kriterien Losgrößenmodelle klassifiziert werden können. Als Orientierungspunkt ist jeweils angegeben, welche Ausprägung eines Kriteriums beim klassischen Losgrößenmodell gegeben ist.

- Im Hinblick auf die *Erfassung des Zeitablaufs* lassen sich kontinuierliche Modelle, zu denen auch das klassische Losgrößenmodell gehört, und diskrete Modelle unterscheiden, bei denen die Nachfrage zu einzelnen Zeitpunkten auftritt bzw. Perioden zugeordnet wird. Bei diskreten Modellen können die einzelnen Perioden entweder gleich lang oder mit unterschiedlicher Länge modelliert werden.

- Von großer Bedeutung ist die Abbildung des *Nachfrageprozesses* im Hinblick auf seine Variabilität und die Gewissheit. Bezüglich der Variabilität der Nachfrage unterscheidet man Modelle mit konstanter Nachfrage – wie das klassische Losgrößenmodell – und Modelle, die den realistischeren Fall einer im Zeitablauf schwankenden Nachfrage abbilden. In Bezug auf die Gewissheit der Nachfrage ergeben sich deterministische Modelle, die – wie das klassische Losgrößenmodell – exakt eintreffende Nachfrageprognosen unterstellen, und stochastische Modelle, die von einer bestimmten Verteilungsfunktion für die Nachfrage ausgehen.

- Ein weiteres Kriterium ist die Berücksichtigung von *Kapazitätsgrenzen*, die in der Produktion oder für die Lagerhaltung auftreten können. In unkapazitierten Losgrößenmodellen wie dem klassischen Losgrößenmodell werden Kapazitätsgrenzen vernachlässigt, während sie in kapazitierten Modellen explizit erfasst werden.

- Nach der Anzahl der im Modell betrachteten *Produktarten* lassen sich Einproduktmodelle wie das klassische Losgrößenmodell von Mehrproduktmodellen unterscheiden, die explizit die produktionstechnischen Interdependenzen zwischen mehreren Produkten berücksichtigen.

- Die Anzahl der erfassten *Produktionsstufen* führt zu einer Unterscheidung in einstufige Modelle, zu denen das klassische Losgrößenmodell zählt, und mehrstufige Modelle, die zusätzlich die Produktionsstruktur und die daraus resultierenden Beziehungen zwischen den Losen auf den verschiedenen Produktionsstufen berücksichtigen.

Der Realität würde ein Modell für die mehrstufige Mehrproduktfertigung bei beschränkten Kapazitäten mit einem stochastisch schwankenden, kontinuierlich ablaufenden Nachfrageprozess am besten entsprechen. Aufgrund ihres Umfangs und ihrer Komplexität lassen sich derartige Modelle jedoch zur Zeit weder mit optimierenden Algorithmen noch mit heuristischen Lösungsverfahren bewältigen. Die meisten in der Theorie diskutierten und in der Praxis eingesetzten Losgrößenmodelle nehmen daher mehr oder weniger weitgehende Vereinfachungen vor.

2.4.2.3   Verbrauchsgesteuerte Dispositionsverfahren

Vielfach wird die Losgrößenplanung in der Praxis nicht modellgestützt, sondern mithilfe von einfachen, am beobachtbaren Materialverbrauch ausgerichteten Entscheidungsregeln durchgeführt. Derartige Heuristiken streben zwar keine optimale, aber eine möglichst gute Lösung an, die ohne großen Rechenaufwand erreicht werden soll. Die *verbrauchsgesteuerten Dispositionsverfahren* projizieren die in der Vergangenheit beobachteten Bedarfsmengen eines Artikels in die Zukunft und leiten daraus Bestellmengen und Bestelltermine als Parameter für das künftige Bestellverhalten des Unternehmens her.

| Bestell-menge | Bestelltermin | |
	fest	variabel
fest	kein Entscheidungs-problem	(s,q)-Politik: Bestellpunkt- Losgrößen-Verfahren
variabel	(t,S)-Politik: Bestellrhythmus- Bestellgrenzen- Verfahren	(s,S)-Politik: Bestellpunkt- Bestellgrenzen- Verfahren

Abb. 2.50 *Verbrauchsgesteuerte Dispositionsverfahren*

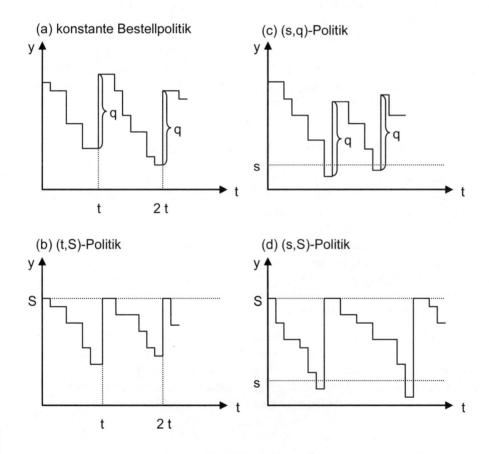

Abb. 2.51 *Lagerbestandsverlauf bei den verbrauchsgesteuerten Dispositionsverfahren*

Die nachfolgend dargestellten Verfahren unterscheiden sich dahingehend, ob die Bestellmengen bzw. die Bestelltermine fest vorgegeben oder variabel sind. Abb. 2.50 gibt einen systematischen Überblick über die verbrauchsgesteuerten Dispositionsverfahren, in Abb. 2.51 sind die zugehörigen Lagerbestandsverläufe dargestellt.

- Sind sowohl die Bestellmengen als auch die Bestelltermine durch hierarchisch übergeordnete Entscheidungen festgelegt worden, so gibt es auf der operativen Planungsebene keinen Entscheidungsspielraum. Die zugehörige Bestellpolitik ist im Zeitablauf völlig konstant, denn es wird – unabhängig vom tatsächlichen Bedarfsverlauf – zu festen Terminen jeweils eine bestimmte Menge bestellt. Der tatsächliche Lagerbestand schwankt, wie in Abb. 2.51(a) angegeben, in Abhängigkeit von der zu diskreten Zeitpunkten auftretenden Nachfrage.

- Bei der (t,S)-Politik wird der Bestellrhythmus durch feste Zeitpunkte im Abstand von jeweils t Zeiteinheiten vorgegeben, in denen das Lager auf einen ebenfalls vorher festgelegten Höchstbestand S aufgefüllt wird. Dieser Höchstbestand kann z.B. der begrenzten Lagerkapazität für den Artikel entsprechen. Bei schwankender Nachfrage ergibt sich dadurch, wie in Abb. 2.51(b) gezeigt, eine variable Bestellmenge, denn bei höherem Verbrauch während einer Periode wird bei der nächsten Bestellung dementsprechend mehr nachbestellt. Ein Beispiel für ein solches Bestellverhalten ist die einmal jährlich erfolgende Auffüllung des Heizölvorrats, bei der jeweils der Tank bis zu einer bestimmten Marke gefüllt und dadurch gerade die im Vorjahr verbrauchte Menge wieder ergänzt wird.

- Umgekehrt liegt bei der (s,q)-Politik die Bestellmenge q fest, sie kann z.B. als optimale Losgröße mithilfe des oben dargestellten klassischen Losgrößenmodells bestimmt werden. Eine Bestellung in Höhe von q wird jeweils dann ausgelöst, wenn der als kritische Untergrenze angesehene Lagerbestand s, der auch als Bestellpunkt bezeichnet wird, erreicht ist. Typischerweise wird s so gewählt, dass der noch vorhandene Bestand ausreicht, um die Nachfrage während der Lieferfrist zu befriedigen. Bei diesem Bestellverhalten variieren die Termine, zu denen bestellt wird, in Abhängigkeit von der Nachfrage (vgl. Abb. 2.51(c)). Je höher die Nachfrage ist, desto eher wird der Bestellpunkt erreicht und eine Lagerauffüllung veranlasst. Eine (s,q)-Politik wird z.B. im Handel eingesetzt, wenn die Nachbestellung eines Artikels bedarfsorientiert erfolgt und jeweils bestimmte Gebindegrößen (eine Palette, 100 Stück usw.) geordert werden müssen.

- Bei der in Abb. 2.51(d) dargestellten (s,S)-Politik sind sowohl die Bestellmengen als auch die Bestelltermine variabel. Bei Erreichen des Bestellpunkts s wird eine Bestellung getätigt, die das Lager wieder bis zur Bestellgrenze S auffüllt. Ein Beispiel für eine (s,S)-Politik ist das Bestellverhalten eines Tankstellenpächters: Wenn in einem Tank ein bestimmter Meldebestand erreicht ist, wird eine Lieferung angefordert, durch die er wieder bis zur Obergrenze aufgefüllt wird. Die jeweilige Liefermenge schwankt in Abhängigkeit von der Nachfrage während der Lieferfrist, der Abstand zwischen zwei Bestellungen hängt von der Nachfrage im Verbrauchsintervall ab.

Die Höhe der Parameter t, q, s und S ist von entscheidender Bedeutung für die Arbeitsweise und für die Ergebnisse, die sich mit den verbrauchsgesteuerten Dispositionsverfahren erzielen lassen. Diese Parameterwerte werden entweder aufgrund von Erfahrungswerten festgesetzt oder mithilfe von geeigneten Modellen bestimmt, z.B. kann zur Bestimmung von q bzw. t das klassische Losgrößenmodell eingesetzt werden.

2.4.3 Material Requirements Planning

Die Aufgabe des *Material Requirements Planning* besteht darin, für jedes Teil die innerhalb eines vorgegebenen Planungszeitraums für das vorgesehene Produktionsprogramm benötigte Menge sowie den Zeitpunkt zu ermitteln, zu dem die Produktion des Teils spätestens beginnen muss, um die termingerechte Durchführung der Produktion auf den nachfolgenden Stufen zu ermöglichen. Dabei werden sukzessiv die in Abb. 2.52 dargestellten Schritte durchlaufen, in denen die auf die in den vorhergehenden Abschnitten behandelten Planungsverfahren des operativen Produktionsmanagements eingesetzt werden.

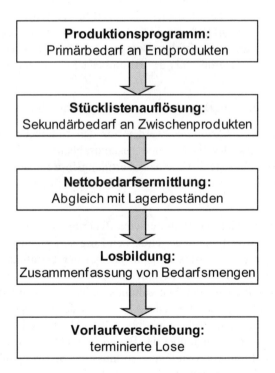

Abb. 2.52 *Ablauf des Material Requirements Planning*

- Ausgangspunkt der Planung ist das *Produktionsprogramm* für die nächsten Monate, das bei einem Unternehmen mit Massenfertigung, z.B. in der Lebensmittelindustrie, anhand von Nachfrageprognosen erstellt wird (vgl. auch Abschnitt 3.2.2). Bei der Auftragsfertigung, wie sie z.B. im Maschinenbau vorliegt, wird das Produktionsprogramm hingegen auf der Basis der vorliegenden Kundenaufträge bestimmt. Auch Mischformen, bei denen das Produktionsprogramm teilweise durch Prognosen und teilweise durch Aufträge determiniert wird, treten häufig auf. Die so ermittelten Bedarfsmengen von für den Markt bestimmten Produkten bezeichnet man auch als den Primärbedarf.

- Anschließend wird das Produktionsprogramm – wie in Abschnitt 2.4.1.3 dargestellt – mithilfe von Stücklisten in seine einzelnen Bestandteile aufgelöst. Zur Unterstützung der *Stücklistenauflösung* kommen z.B. Stücklistengeneratoren zum Einsatz. Als Ergebnis der Stücklistenauflösung erhält man die benötigten Mengen für sämtliche auf den verschiedenen Produktionsstufen benötigten Teile. Diese Bedarfsmengen bezeichnet man als Sekundärbedarfe, da sie nicht aus Marktanforderungen, sondern aus dem Produktionsprogramm abgeleitet werden. Die Sekundärbedarfsmengen liegen zunächst noch als Bruttobedarfsmengen vor, die nicht notwendig mit den tatsächlich zu produzierenden Mengen – den Nettobedarfen – übereinstimmen müssen.

- Die *Nettobedarfsmengen* erhält man, indem man im nächsten Schritt den Bruttobedarf um den verfügbaren Lagerbestand reduziert. Der verfügbare Lagerbestand wiederum ergibt sich aus dem physisch vorhandenen Lagerbestand, indem man den Sicherheitsbestand, der für unvorhersehbare Bedarfsschwankungen am Lager bleiben soll, abzieht. Ist der verfügbare Lagerbestand größer als der Bruttobedarf der ersten Periode, so beträgt der Nettobedarf Null.

  Nettobedarf = max {0, Bruttobedarf – Lagerbestand + Sicherheitsbestand}

- Bei der anschließenden *Losbildung* werden aus den Nettobedarfsmengen unter Abwägung von Bestell- bzw. Rüstkosten und bestandsabhängigen Lagerhaltungskosten Bestellmengen für fremdbezogene Teile bzw. Fertigungslose für selbst erzeugte Teile hergeleitet. Dabei kann eines der in Abschnitt 2.4.2.2 vorgestellten Losgrößenverfahren eingesetzt werden.

- Als letzter Schritt des Material Requirements Planning erfolgt die *Vorlaufverschiebung*. Dabei werden die Startzeitpunkte der einzelnen Lose so festgelegt, dass die Endprodukte termingerecht ausgeliefert werden können. Da bei der Losbildung häufig aus Kostengründen Bedarfsmengen mehrerer Perioden zu einem Los zusammengefasst werden, ist bei der Vorlaufverschiebung der Startzeitpunkt eines Loses auf der Zeitachse so weit nach vorn zu verschieben, dass bei jeder Materialart der früheste Bedarf abgedeckt werden kann. Bei der Erzeugnisstruktur in Abb. 2.40 geht das Teil C nicht nur direkt in das Endprodukt G ein, sondern auch über das Bauteil F. Geht man von einer Produktionszeit von einer Woche je Produktionsstufe aus, so muss der Startzeitpunkt des Loses von Teil C drei Wochen vor dem geplanten Liefertermin des Endprodukts liegen.

Das Ergebnis des Material Requirements Planning sind terminierte Lose für alle Produkte und Teile, die entweder an die Ablaufplanung als nachfolgende Planungsstufe (vgl. Abschnitt 2.4.4) oder als Produktionsplan direkt an die Fertigung weitergegeben werden. Typischerweise kommt das Material Requirements Planning als materialwirtschaftliches Modul innerhalb eines umfassenden Produktionsplanungs- und -steuerungssystems zum Einsatz, wie sie in Abschnitt 2.6 dargestellt werden.

2.4.4 Ablaufplanung

2.4.4.1 Problemstellung

Die *Ablauf-* bzw. *Reihenfolgeplanung* ist ebenfalls auf der operativen Ebene des Produktionsmanagements angesiedelt. Sie findet im Anschluss an die Losgrößenplanung, bei der der Umfang der einzelnen Fertigungsaufträge bestimmt wurde, statt und stellt die letzte Stufe der Produktionsplanung unmittelbar vor der Freigabe der Fertigungsaufträge und ihrer Einlastung in den Fertigungsbereich dar. Die Aufgabe der Ablaufplanung besteht darin, im Rahmen der verfügbaren Kapazitäten die Reihenfolgen der verschiedenen Fertigungsaufträge auf den einzelnen Maschinen und damit auch die exakten Bearbeitungstermine festzulegen und dabei ein bestimmtes Ziel zu optimieren.

Die Problemstellung der Reihenfolgeplanung tritt immer dann auf, wenn mehrere Produkte bzw. Aufträge um knappe Maschinenkapazitäten konkurrieren. Sie ist somit sowohl bei der auftragsorientierten Einzelfertigung als auch bei der teilweise marktorientierten Sorten- und Serienfertigung relevant, die beide dadurch gekennzeichnet sind, dass die Fertigung von verschiedenen Teilen oder Varianten alternierend auf jeweils für die nächste Bearbeitung umzurüstenden Mehrzweckmaschinen erfolgt. Lediglich bei der als Fließfertigung organisierten Massenfertigung mit ihren stark spezialisierten, auf eine bestimmte Produktart ausgerichteten Fertigungsanlagen ist keine operative Reihenfolgeplanung erforderlich, stattdessen wird hier die auf der taktischen Planungsebene angesiedelte Fließbandabstimmung durchgeführt, die eine längerfristig gültige Zuordnung von Arbeitsschritten zu Maschinen vornimmt (vgl. Abschnitt 2.3.3).

Die *Problemstellung* der Reihenfolgeplanung lässt sich anhand der folgenden Merkmale näher beschreiben (vgl. Domschke et al. 1997):

- Anzahl der Fertigungsstufen
- Anzahl und Charakteristika der Maschinen je Fertigungsstufe
- Anzahl und Ähnlichkeit der Aufträge im Fertigungssystem
- Charakteristika der Aufträge, z.B. Bearbeitungszeiten, Rüstvorgänge, Teilbarkeit, Unterbrechbarkeit, Nachlaufzeiten, Liefertermine
- zusätzliche Ressourcenbeschränkungen, z.B. Maschinenkapazitäten, Lagerkapazitäten, Arbeitszeiten, Materialverfügbarkeit

Die Reihenfolgeplanung wird auch als Maschinenbelegungsplanung oder als Ablaufplanung im engeren Sinn bezeichnet, da sie die konkreten Abläufe in der Produktion zeitlich fixiert. Im englischen Sprachraum ist die Bezeichnung „sequencing and scheduling" üblich. Bei der Reihenfolgeplanung sind die folgenden *Rahmenbedingungen* einzuhalten:

- Jeder Auftrag muss in einer vorgegebenen, auftragsspezifischen Reihenfolge, der *Maschinenfolge*, über die verschiedenen Maschinen geführt werden, die zu seiner Bearbeitung erforderlich sind.

- Die durch Kundenaufträge oder interne Bedarfe vorgegebenen *Fertigstellungstermine* der Aufträge dürfen nicht überschritten werden.

- Bei allen Maschinen sind in jeder Periode die bestehenden *Kapazitätsrestriktionen* einzuhalten.

- Der zu generierende Maschinenbelegungsplan muss *zulässig* sein. Dies bedeutet, dass zu keinem Zeitpunkt eine Maschine durch mehr als einen Auftrag belegt sein oder sich ein Auftrag auf mehr als einer Maschine befinden darf.

In Abhängigkeit vom Fertigungstyp lassen sich zwei Varianten der Reihenfolgeplanung unterscheiden:

- Bei der *Reihenfertigung*, die vor allem zur Herstellung von verschiedenen Varianten eines Produkttyps in der Großserienfertigung eingesetzt wird, durchlaufen sämtliche Aufträge die Maschinen in derselben Reihenfolge. Die Aufträge unterscheiden sich lediglich hinsichtlich der Bearbeitungszeiten, die sie auf den einzelnen Maschinen benötigen. Diese Problemstellung wird auch als *Flow Shop* bezeichnet.

- Bei der *Werkstattfertigung* hingegen, die eine viel größere Flexibilität hinsichtlich des Produktspektrums aufweist und daher für die Einzel- und Kleinserienfertigung eingesetzt wird, unterscheiden sich zusätzlich zu den Bearbeitungszeiten auch die Reihenfolgen, in denen die Aufträge die verschiedenen Maschinen durchlaufen sollen. Dieser Fall wird als *Job Shop* bezeichnet und ist sowohl für die Planung als auch für die Produktionsdurchführung wesentlich komplexer als der Flow Shop.

Die *Zielsetzung* der Reihenfolgeplanung leitet sich aus dem generellen Ziel des Produktionsbereichs – der Minimierung der relevanten Kosten – ab. Durch die Reihenfolge der Auftragsbearbeitung sind insbesondere die folgenden Kostengrößen beeinflussbar:

- Bei der Einlastung eines Auftrags auf einer Maschine sind in der Regel Einstell- und Umrüstvorgänge erforderlich, die einen Teil der Maschinenkapazität beanspruchen und mit Rüstkosten bewertet werden können. Hängen die *Rüstkosten* stark von der Reihenfolge der Bearbeitung der Aufträge ab, so liefert die Minimierung dieser reihenfolgeabhängigen Rüstkosten ein sinnvolles Ziel der Reihenfolgeplanung.

- Fallen bei verspäteter Lieferung eines Auftrags *Verzugskosten* oder mit dem Kunden vereinbarte Vertragsstrafen an, so kann sich die Reihenfolgeplanung an der Minimierung dieser Kosten orientieren, zu denen auch die Opportunitätskosten für den durch den Lieferverzug eintretenden Goodwill-Verlust gerechnet werden sollten.

- Da bei jedem Bearbeitungsschritt eine zusätzliche Wertschöpfung stattfindet und sich somit das in einem Werkstück gebundene Kapital erhöht, kommt auch die Minimierung der mit dieser Kapitalbindung verbundenen *Zinskosten* als Zielsetzung der Reihenfolgeplanung in Betracht. Da jedoch die Kapitalbindung bereits mit der Einlagerung des Materials beginnt und somit von der Bearbeitungsreihenfolge weitgehend unabhängig ist, kommt diesem Ziel keine große Bedeutung zu.

Generell lässt sich feststellen, dass der Anteil der durch die Reihenfolgeplanung beeinflussbaren Kosten an den Gesamtkosten der Produktion recht gering ist. Daher werden bei der Reihenfolgeplanung bevorzugt *Zeitziele* verfolgt, die implizit zur Erfüllung der genannten Kostenziele beitragen, durch die sich der Ablauf der Produktion jedoch weitaus besser steuern lässt als durch die Kostenkriterien. Häufig verwendete Zeitziele der Reihenfolgeplanung sind:

- Minimierung der *Durchlaufzeit*: Die Durchlaufzeit eines Auftrags ist die Summe der auf den verschiedenen Maschinen erforderlichen Bearbeitungszeiten zuzüglich der durch die Planung beeinflussbaren Rüst-, Transport- und Wartezeiten. Diese zusätzlichen, unproduktiven Zeiten machen in Ablaufplänen häufig bis zu 80% der Durchlaufzeit aus. Durch die Minimierung der Durchlaufzeiten wird das Ziel verfolgt, die im Planungszeitpunkt anstehenden Aufträge möglichst schnell abzuarbeiten, damit das Fertigungssystem wieder für andere Aufgaben zur Verfügung steht. Die längste Durchlaufzeit wird auch als Zykluszeit bezeichnet, sie gibt den Zeitpunkt an, zu dem das Fertigungssystem den Auftragsbestand komplett abgearbeitet hat.

- Minimierung der *Belegungszeit*: Analog zur Durchlaufzeit lässt sich für jede Maschine ihre Belegungszeit definieren. Diese setzt sich zusammen aus den Bearbeitungszeiten der vorgesehenen Aufträge und den durch die Planung bestimmten Leerzeiten, in denen sie auf den jeweils nächsten ihr zugewiesenen Auftrag wartet. Da die Bearbeitungszeiten durch die Planung nicht beeinflusst werden können, ist die Minimierung der Belegungszeit äquivalent zur Minimierung der Leerzeiten. Die Minimierung der Belegungs- bzw. Leerzeiten unterstützt gleichzeitig eine möglichst hohe Auslastung der Maschinenkapazitäten.

- Die Minimierung der *Abweichungen vom Liefertermin* bzw. der *Verspätungen* strebt eine möglichst exakte Einhaltung der vorgegebenen bzw. mit den Kunden vereinbarten Termine an. Während bei verspäteter Fertigstellung mit Strafkosten oder ähnlichen Sanktionen von Seiten des Kunden zu rechnen ist, fallen bei vorzeitiger Fertigstellung eines Auftrags unnötige Lagerhaltung und damit Zinsen auf das in den Beständen gebundene Kapital an.

Zwischen den genannten Zielen bestehen zum Teil komplementäre, zum Teil konfliktäre Zielbeziehungen. Insbesondere besteht der nach Gutenberg (1983, S. 216) als *Dilemma der Ablaufplanung* bezeichnete Zielkonflikt zwischen der Minimierung der Durchlaufzeit des Materials und der Maximierung der Kapazitätsauslastung bzw. der Minimierung der Leerzeiten an den Maschinen. Steht die Kapazitätsauslastung als Ziel im Vordergrund, so werden von der Produktionsplanung möglichst viele Aufträge angenommen und eingelastet, sobald eine Maschine freie Kapazität aufweist, ohne jedoch darauf zu achten, ob ein reibungsloser Durchlauf dieser Aufträge durch die gesamte Fertigung möglich ist. Damit wird zwar an den meisten Arbeitsplätzen fast ständig gearbeitet, jedoch warten viele Aufträge vor den ausgelasteten Maschinen auf ihre Fertigstellung, so dass ihre Durchlaufzeit weit über der technisch erforderlichen liegt.

Zur Lösung des Problems der Reihenfolgeplanung stehen verschiedene optimierende und heuristische *Verfahren* zur Verfügung. Die optimierenden Verfahren der Reihenfolgeplanung, z.B. das gemischt-ganzzahlige Modell von Manne, graphentheoretische Verfahren oder die auf vollständiger Enumeration basierenden Branch-and-Bound-Verfahren, stoßen aufgrund der kombinatorischen Komplexität des Ausgangsproblems bei realistischen Problemgrößen schnell an die Grenzen der Rechenbarkeit.

Die *Problemkomplexität* der Reihenfolgeplanung ergibt sich aus der Vielzahl der zu untersuchenden Lösungsalternativen: Wenn zu einem gegebenen Zeitpunkt n Aufträge um eine Maschine konkurrieren, so bestehen $n!$ unterschiedliche Möglichkeiten, ihre Reihenfolge auf dieser Maschine festzulegen. Wenn darüber hinaus jeder Auftrag auf jeder von m Maschinen bearbeitet werden muss, erhöht sich die Zahl der theoretisch möglichen Ablaufpläne auf $(n!)^m$. Selbst wenn man berücksichtigt, dass ein Teil davon aufgrund der technologisch vorgegebenen Maschinenfolgen nicht relevant ist, erhält man ein kombinatorisches Problem von erheblichem Ausmaß.

Daher wird in der Praxis verschiedenen *Heuristiken* zur Reihenfolgeplanung der Vorzug gegeben, die in kurzer Zeit eine zufrieden stellende und umsetzbare Lösung liefern. Die in der Praxis bekanntesten Verfahren zur Reihenfolgeplanung sind die nachfolgend behandelten Gantt-Diagramme und die Prioritätsregeln.

2.4.4.2   Gantt-Diagramme

Die *Gantt-Technik* ist ein visuelles Hilfsmittel zur Erzeugung und Darstellung von Reihenfolgeplänen. Ursprünglich wurde sie manuell auf Steckbrettern bzw. Plantafeln durchgeführt, heute stehen dafür leistungsfähige Software-Programme zur Verfügung, die auch im Rahmen von *elektronischen Leitständen* eingesetzt werden.

Auf der vertikalen Achse des Gantt-Diagramms werden die Maschinen und auf der horizontalen Achse die Zeit abgetragen. Für jeden an einem Auftrag vorzunehmenden Bearbeitungsvorgang wird eine Steckkarte, deren Breite seiner Bearbeitungszeit entspricht, so eingeordnet, dass die Maschinenfolgen aller Aufträge eingehalten werden, sich keine Steckkarten in einer Zeile überlappen und keine Steckkarten des gleichen Auftrags zu einem Zeitpunkt übereinander angeordnet sind. Durch geschickte Anordnung der Steckkarten und nachträgliche Verbesserungen eines zulässigen, vorläufigen Reihenfolgeplans lassen sich mit dieser Methode schnell relativ gute Pläne konstruieren.

In Tab. 2.12 ist ein *Beispiel* mit vier Aufträgen angegeben, die auf drei Maschinen A, B und C eingelastet werden sollen. Auftrag 1 soll die Maschinen in der Reihenfolge A – C – B durchlaufen, wobei er 1 Zeiteinheit auf Maschine A, 2 Zeiteinheiten auf Maschine C und 6 Zeiteinheiten auf Maschine B bearbeitet wird. Auftrag 2 erfordert 3 Zeiteinheiten auf Maschine A, 3 Zeiteinheiten auf Maschine B und 6 Zeiteinheiten auf Maschine C. Zur Bearbeitung von Auftrag 3 sind 2 Zeiteinheiten auf Maschine B, 6 Zeiteinheiten auf Maschine A und

4 Zeiteinheiten auf Maschine C erforderlich. Auftrag 4 schließlich wird 1 Zeiteinheit auf Maschine B, 1 Zeiteinheit auf Maschine C und 2 Zeiteinheiten auf Maschine A bearbeitet.

Tab. 2.12   Auftragsdaten

Auftrag	Maschinenfolgen Bearbeitungszeiten		
1	A	C	B
	1	2	6
2	A	B	C
	3	3	6
3	B	A	C
	2	6	4
4	B	C	A
	1	1	2

Abb. 2.53 zeigt einen möglichen Maschinenbelegungsplan für dieses Beispiel als Gantt-Diagramm. Diese Lösung lässt sich wie folgt beurteilen:

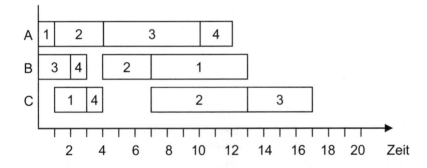

Abb. 2.53   Reihenfolgeplan für das Beispiel

Auftrag 1 muss zwischen seiner zweiten und dritten Bearbeitung 4 Zeiteinheiten warten, seine Durchlaufzeit beträgt 13 Zeiteinheiten. Auftrag 2 wartet vor der ersten Bearbeitung 1 Zeiteinheit und läuft anschließend glatt durch, seine Durchlaufzeit beträgt ebenfalls 13 Zeiteinheiten. Auftrag 3 wartet vor der zweiten und vor der dritten Bearbeitung und kommt auf eine Durchlaufzeit von 17 Zeiteinheiten. Auftrag 4 wartet vor der ersten und vor der dritten Bearbeitung und benötigt eine Durchlaufzeit von 12 Zeiteinheiten. Die Summe der Durchlaufzeiten beträgt 55 Zeiteinheiten. Die längste Durchlaufzeit von 17 Zeiteinheiten bei Auftrag 3 definiert die Zykluszeit, nach der das Fertigungssystem für neue Aufträge zur Verfügung steht.

Auf der Maschine A beträgt die Belegungszeit 12 Zeiteinheiten, sie ist lückenlos belegt, d.h. es fallen keine Leerzeiten an. Die Belegungszeit von Maschine B beträgt 13 Zeiteinheiten, davon ist 1 Zeiteinheit Leerzeit. Maschine C weist eine Belegungszeit von 17 Zeiteinheiten auf, wovon 13 Zeiteinheiten auf Bearbeitungszeiten und 4 Zeiteinheiten auf Leerzeiten entfallen. Als Summe der Belegungszeiten ergeben sich 42 Zeiteinheiten, die Summe der Leerzeiten beträgt 5 Zeiteinheiten.

Abb. 2.54 zeigt einen weiteren zulässigen Reihenfolgeplan für das Beispiel in Tab. 2.12, der sich durch Umstellen einiger Bearbeitungen ergibt. Hier haben die Aufträge 1, 2 und 4 jeweils eine Durchlaufzeit von 12 Zeiteinheiten und Auftrag 3 ist nach 16 Zeiteinheiten beendet. Die Summe der Durchlaufzeiten beträgt nunmehr 52 Zeiteinheiten, weiter hat sich die auch hier durch Auftrag 3 determinierte Zykluszeit auf 16 Zeiteinheiten verkürzt.

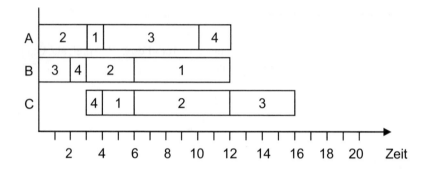

Abb. 2.54 *Alternativer Reihenfolgeplan*

Die Belegungszeit von Maschine A beträgt unverändert 12 Zeiteinheiten, bei Maschine B ist sie um 1 Zeiteinheit auf 12 Zeiteinheiten und bei Maschine C ebenfalls um 1 Zeiteinheit auf 16 Zeiteinheiten zurückgegangen. Damit ist die Gesamtbelegungszeit von 42 Zeiteinheiten auf 40 Zeiteinheiten zurückgegangen, die gesamte Leerzeit beträgt nur noch 3 Zeiteinheiten.

Es lässt sich festhalten, dass der zweite Plan bei den Kriterien Gesamtdurchlaufzeit, Zykluszeit und Gesamtbelegungszeit bzw. Leerzeit besser abschneidet als der erste. Damit dominiert der zweite Plan den ersten, denn er verbessert sowohl die Kapazitätsnutzung und die Verfügbarkeit des Fertigungssystems als auch die Durchlaufzeit. Dies erlaubt jedoch noch keine Aussage hinsichtlich der Optimalität dieses Reihenfolgeplans, denn es könnte weitere Pläne geben, die bezüglich einzelner oder auch aller Zielsetzungen noch bessere Ergebnisse liefern.

Die Gantt-Methode hat sich in der Praxis als ein wertvolles Hilfsmittel erwiesen, mit dem sich – gegebenenfalls mit Computerunterstützung – schnell und einfach zulässige Reihenfolgepläne erstellen lassen. Die Vorgehensweise leuchtet unmittelbar ein und die Ergebnisse können aus der grafischen Darstellung direkt abgelesen werden. Ein besonderer *Vorteil* ist die große Flexibilität des Verfahrens, da ohne großen Zusatzaufwand neu hinzukommende

Aufträge in einen bereits bestehenden Plan eingelastet werden können. Auch ein kontinuierliches Fortschreiben der Planung im Zeitablauf ist möglich.

Der wesentliche *Nachteil* der Gantt-Methode liegt in der intuitiven Vorgehensweise bei der Planerstellung. Da die Zuordnung der Bearbeitungen und der Aufbau des Plans durch kein Zielkriterium gesteuert werden, kann der Grad der Zielerreichung sehr unterschiedlich ausfallen. Ob ein Reihenfolgeplan bezüglich eines Zielkriteriums optimal ist, lässt sich – wie auch das Beispiel zeigt – nicht feststellen.

2.4.4.3 Prioritätsregeln

Soll nicht der Ablaufplan für das gesamte Fertigungssystem simultan bestimmt werden, so bietet sich der Einsatz einer anderen heuristischen Vorgehensweise, der *Prioritätsregeln*, an. Durch Prioritätsregeln lässt sich die Reihenfolge der Aufträge an jeweils einer Maschine steuern, d.h. das komplexe Gesamtproblem der Reihenfolgeplanung wird in einfachere, separat zu lösende Teilprobleme aufgespalten. Den Aufträgen wird mithilfe bestimmter Kriterien eine Priorität zugewiesen, anhand derer sie in eine Warteschlange vor der Maschine eingereiht und sukzessiv abgearbeitet werden. Die daraus resultierenden Entscheidungsregeln sind sehr einfach, daher sind Prioritätsregeln häufig in den Modulen zur Reihenfolgeplanung bei den marktgängigen PPS-Systemen implementiert. Zu den am häufigsten eingesetzten Prioritätsregeln gehören die folgenden:

- Die KOZ-Regel orientiert sich an der *kürzesten Operationszeit*. Sie gibt dem Auftrag in der Warteschlange die höchste Priorität, dessen Bearbeitungszeit auf der Maschine am kürzesten ist. Da die Maschine schnell wieder für andere Bearbeitungen zur Verfügung steht, lassen sich mit dieser Regel eine gute Kapazitätsauslastung und kurze Durchlaufzeiten erzielen. Wenn sich die Bearbeitungszeiten der Aufträge allerdings stark unterscheiden, kann es zur wiederholten Zurückstellung von Aufträgen mit langer Bearbeitungszeit kommen, so dass die Einhaltung ihres Liefertermins gefährdet ist.

- Bei der KRB-Regel (*kürzeste Restbearbeitungszeit*) erhält der Auftrag die höchste Priorität, bei dem die Summe der noch ausstehenden Bearbeitungszeiten am geringsten ist. Dadurch werden vor allem bereits weit fortgeschrittene Aufträge beschleunigt.

- Nach der *Schlupfzeit-Regel* erhält der Auftrag mit der geringsten Differenz zwischen der Zeit bis zum Liefertermin und den ausstehenden Bearbeitungszeiten die höchste Priorität. Ein Vorteil dieser Regel ist, dass die Priorität eines Auftrags mit fortschreitender Zeit ansteigt. Durch die vorrangige Ausrichtung am Liefertermin erreicht diese Regel eine gute Termineinhaltung, dem stehen jedoch häufig hohe Durchlaufzeiten gegenüber.

- Am einfachsten zu handhaben ist die an der Warteschlangendisziplin orientierte FCFS-Regel (*first come first served*), da die Prioritäten nicht bei jedem hinzukommenden Auftrag neu berechnet werden müssen, sondern sich ausschließlich an der Reihenfolge ihres Eintreffens an der Maschine orientieren. Je länger ein Auftrag bereits auf Bearbeitung wartet, desto höher ist seine Priorität.

Der *Vorteil* der Reihenfolgeplanung mit Prioritätsregeln besteht darin, dass sie sich einfach und meist ohne komplizierte Berechnungen anwenden lassen. Weiter eignen sie sich für den Einsatz in einem dynamischen Fertigungssystem, in dem sich durch Abfertigung und Eintreffen von Aufträgen der Auftragsbestand und damit auch die Prioritäten ständig ändern. Typisch für die Praxis ist z.B., dass bis zu 30% der Aufträge als Eilaufträge beschleunigt durch die Fertigung geleitet werden müssen.

Ein großer *Nachteil* der Prioritätsregelsteuerung ist der Effekt, dass sich – je nach verwendeter Regel – jeweils die Aufträge mit einer ungünstigen Charakteristik vor den Maschinen stauen. So werden bei Anwendung der KOZ-Regel Aufträge mit langer Bearbeitungszeit auf der betrachteten Maschine tendenziell benachteiligt, während bei der KRB-Regel Aufträge mit einem insgesamt großen Bearbeitungsumfang an ihren ersten Maschinen lange warten müssen. Dieser Effekt lässt sich zwar durch die Kombination von Prioritätsregeln reduzieren, jedoch geht dadurch die Eindeutigkeit und Einfachheit des Verfahrens verloren.

Aufgrund der myopischen, d.h. kurzsichtigen Sichtweise, die aus der Konzentration auf die Warteschlange vor einer Maschine resultiert, werden die Auswirkungen einer Einlastungsentscheidung auf die Belegung an anderen Maschinen vernachlässigt. Weiter tendieren die meisten Prioritätsregeln dazu, auf freie Maschinen sofort Aufträge einzulasten, ohne zu berücksichtigen, ob diese ungehindert die weiteren Maschinen ihrer Maschinenfolge durchlaufen können. Dadurch treten häufig Stauungen und Wartezeiten vor Engpassmaschinen auf, so dass sich die Durchlaufzeiten erhöhen und die Kapazitätsauslastung der anderen Maschinen verschlechtert.

2.4.4.4   Weitere Verfahren der Ablaufplanung

Zur Bewältigung der Problemstellung der Reihenfolgeplanung sind weitere Verfahren entwickelt worden, deren Einsatzbereich allerdings zum Teil weit über die hier beschriebene Einlastung von Aufträgen auf Maschinen hinausreicht:

- **Belastungsorientierte Auftragsfreigabe**

Die belastungsorientierte Auftragsfreigabe (vgl. Wiendahl 1987) versucht, die Nachteile der jede Maschine separat betrachtenden Prioritätsregelsteuerung zu vermeiden, indem der vor einem Arbeitssystem auf Bearbeitung wartende Auftragsbestand durch eine Belastungsschranke nach oben begrenzt wird. Ausgangspunkt des Verfahrens war der empirische Befund, dass bei zunehmender Einlastung von Aufträgen auf ein Fertigungssystem dessen Leistung unterproportional zunimmt, der Auftragsbestand und damit die Durchlaufzeit der Aufträge hingegen überproportional ansteigen. Zur Lösung dieses Problems wird eine zweistufige Heuristik vorgeschlagen:

Zunächst werden aus der Menge der verfügbaren Aufträge die dringlichen Aufträge bestimmt, deren Plandurchlaufzeit so groß ist, dass mit ihrer Bearbeitung bis zu einem vorgegebenen Vorgriffshorizont begonnen werden muss, um sie rechtzeitig zu ihrem Liefertermin fertig zu stellen. Diese dringlichen Aufträge werden im zweiten Schritt der Heuristik in der

Reihenfolge ihrer Planbeginntermine freigegeben, d.h. in die Warteschlangen der von ihnen benötigten Maschinen eingereiht. Dabei dürfen nur solche Aufträge eingelastet werden, für die keine der benötigten Maschinen aufgrund von bereits eingeplanten Belastungen ihre Belastungsschranke überschreitet. Hierdurch lässt sich verhindern, dass sich die Aufträge vor einigen Maschinen stauen und so die durchschnittlichen Durchlaufzeiten erhöhen. Bei der Freigabe eines Auftrags werden die Belastungskonten der von ihm benötigten Maschinen um die zugehörige Direktbelastung erhöht, die sich als Produkt aus der Bearbeitungsdauer des Auftrags auf der Maschine und der Wahrscheinlichkeit, dass der Auftrag sie in der Planungsperiode erreicht, errechnet.

Die Regeln der belastungsorientierten Auftragsfreigabe wirken der bei den einfachen Prioritätsregeln zu beobachtenden Sogwirkung freier Kapazitäten entgegen, bei der zur Auslastung dieser Maschinen Aufträge vorzeitig freigegeben werden, die dann letztlich zu früh die Engpassbereiche belasten. Durch die Vorgabe der Belastungsschranke als Sollgröße für den Arbeitsbestand vor den Maschinen werden gleichzeitig eine gleichmäßige Kapazitätsauslastung und die Vermeidung von Leerzeiten angestrebt. Die belastungsorientierte Auftragsfreigabe beruht auf einsichtigen Kennzahlen und Prioritätsregeln, sie lässt sich einfach implementieren und in bestehende Planungssysteme integrieren. Ihre Wirksamkeit hängt wesentlich von der adäquaten Einstellung der beiden Parameter Vorgriffshorizont und Belastungsschranke ab, für deren Festlegung die Heuristik jedoch keinerlei Anhaltspunkte liefert. Ein weiterer Kritikpunkt ist, dass das Verfahren insofern myopisch ist, als nur die unmittelbar erkennbaren Auswirkungen der Freigabe eines Auftrags berücksichtigt werden, nicht jedoch deren weitere Auswirkungen in künftigen Perioden. So kann z.B. ein Auftrag mit einem späten Planbeginntermin in einer Periode mit geringer Kapazitätsauslastung als nicht dringlich abgewiesen werden und dadurch in einer späteren Periode mit Kapazitätsengpässen, in der er dann aufgrund seiner Dringlichkeit zwingend bearbeitet werden muss, zu einer zusätzlichen Belastung führen.

- **Optimized Production Technology**

Die Grundidee des von Goldratt (1988) entwickelten Verfahrens OPT (Optimized Production Technology) ist die bereits von Gutenberg (1951) als Ausgleichsgesetz der Planung formulierte Konzentration auf die Fertigungsbereiche, deren Kapazität einen Engpass darstellt und damit den möglichen Durchsatz des Gesamtsystems begrenzt. Zunächst wird anhand einer vorläufigen Belegungsplanung die Maschine bestimmt, die bei der derzeitigen Belastungssituation den Kapazitätsengpass bildet. Dieser Engpass kann von Planungslauf zu Planungslauf in Abhängigkeit von der Auftragszusammensetzung wechseln. Um keine Engpasskapazität zu verschwenden, wird auf dieser Maschine eine möglichst lückenlose Belegung vorgenommen. Zusätzlich wird dafür gesorgt, dass keine Kapazität für Wartung oder durch Maschinenausfall verloren geht, indem vorbeugende Wartungs- und Instandhaltungsmaßnahmen vorgenommen werden. Anschließend wird für die nachfolgenden Produktionsstufen eine Vorwärtsterminierung und für die vorgelagerten Produktionsstufen eine Rückwärtsterminierung vorgenommen. Falls dabei Unzulässigkeiten auftreten, müssen entweder die Planung oder die Kapazitäten entsprechend angepasst werden. Dabei sind auch mehrfache Iterationen möglich. Von großer Bedeutung für den Erfolg von OPT ist neben der Umsetzung der Ergebnisse des Algorithmus die Sensibilisierung der Mitarbeiter für die Engpassproblematik, um eine vorzeitige Einlastung von Aufträgen, deren zügiger Durchlauf nicht sichergestellt ist, auf kurzzeitig freie Nicht-Engpassmaschinen zu verhindern.

- **Kanban**

Kanban ist eine ursprünglich von dem japanischen Automobilhersteller Toyota entwickelte Heuristik zur dezentralen Steuerung des Materialflusses bei mehrstufiger Fertigung mit einfacher Produktionsstruktur. Es nimmt eine innerbetriebliche Umsetzung des Just-in-Time-Prinzips vor und dient damit der Vermeidung unnötiger Lagerbestände. Kennzeichnend für das Verfahren ist das Supermarktprinzip: Im Gegensatz zu herkömmlichen PPS-Systemen, bei denen Bauteile von den vorgelagerten Stellen aufgrund zentraler Planvorgaben bis zum Montagezeitpunkt anzuliefern sind (Bringpflicht), müssen die nachgelagerten Stellen hier die benötigten Teile rechtzeitig bei den vorgelagerten Stellen anfordern (Holpflicht). Die Lieferung erfolgt unmittelbar aus einem Pufferlager; mit der Entnahme wird ein Produktionsauftrag an die liefernde Stelle erteilt, das Lager wieder aufzufüllen. Zentral vorgegeben werden lediglich Fertigungsaufträge für die Endprodukte und deren Einlastungstermine auf der letzten Produktionsstufe.

Die organisatorische Umsetzung dieses Prinzips erfolgt mithilfe von Kanban-Karten und Kanban-Behältern. Die Kanban-Karten dienen der Steuerung und Kontrolle des Materialflusses zwischen zwei aufeinander folgenden Produktionsstufen: Sie dienen einerseits als Informationsträger zur Identifizierung der Materialien und Bauteile, andererseits geben sie die Berechtigung zur Materialentnahme und lösen einen Fertigungsauftrag aus. Kanban-Behälter steuern den Materialfluss zwischen zwei benachbarten Produktionsstufen. Für jedes Zwischenprodukt ist ein Behältertyp mit einem bestimmten Fassungsvermögen vorgesehen, das der in diesem Regelkreis zu fertigenden Losgröße entspricht. Bei der Materialentnahme wird ein leerer Behälter gegen einen vollen Behälter aus dem Pufferlager ausgetauscht, die vorgelagerte Produktionsstufe muss den leeren Behälter wieder auffüllen.

Ein Kanban-System kann nur funktionieren, wenn kontinuierliche Abläufe und wiederkehrende Produktionssequenzen vorliegen, d.h. bei Massen- und Großserienfertigung. Für die erfolgreiche Umsetzung von Kanban sind eine Reihe von Voraussetzungen zu erfüllen – z.B. ausgeglichene Leistungsquerschnitte, konvergierender Materialfluss, hohe Zuverlässigkeit der Produktionsprozesse, Flexibilität der Arbeitnehmer – die zum Teil eine Übertragung des Konzepts in westliche Unternehmen erschweren.

2.5   Hierarchische Produktionsplanung

Seit Mitte der 1970er Jahre stoßen hierarchische Ansätze der Produktionsplanung auf großes Interesse. Der Ansatzpunkt des hierarchischen Konzepts zur Produktionsplanung besteht darin, das komplexe Gesamtplanungsproblem so in hierarchisch angeordnete Teilprobleme aufzuspalten, dass einerseits diese mit einfachen, effizienten Methoden und Algorithmen gelöst werden können, andererseits durch Abstimmung der Partiallösungen eine zufriedenstellende und konsistente Lösung des Gesamtproblems in Form eines zulässigen und möglichst guten Produktionsplans ermöglicht wird (vgl. Steven 1994). In Bezug auf die in Abschnitt 2.1.3 behandelten Planungskonzeptionen nimmt die hierarchische Produktionsplanung eine Zwischenstellung zwischen Partial- und Totalmodellen bzw. zwischen der Sukzessiv- und der Simultanplanung ein. Im Folgenden werden zunächst in Abschnitt 2.5.1 die wesentlichen Elemente der hierarchischen Produktionsplanung herausgearbeitet. Anschließend wird auf die Umsetzung des hierarchischen Planungskonzepts bei der Reihenfertigung (Abschnitt 2.5.2), bei der Werkstattfertigung (Abschnitt 2.5.3) und bei der Gruppenfertigung (Abschnitt 2.5.4) eingegangen.

2.5.1   Elemente der hierarchischen Produktionsplanung

Bei der *hierarchischen Produktionsplanung* erfolgt eine an der Struktur des Planungsproblems und den vorhandenen organisatorischen Zuständigkeiten orientierte Zerlegung der umfangreichen Gesamtplanungsaufgabe im Produktionsbereich in eindeutig abgegrenzte Teilaufgaben, die separat mit jeweils geeigneten Methoden gelöst werden. Die hierarchische Produktionsplanung greift dabei auf verschiedene Problemvereinfachungsverfahren als Elemente zurück, durch deren sinnvolles und zweckorientiertes Zusammenwirken sich das komplexe Gesamtproblem der taktisch-operativen Produktionsplanung angemessen lösen lässt (vgl. Kistner/Switalski 1989).

2.5.1.1   Hierarchisierung

Als Hierarchisierung bezeichnet man die Aufteilung einer umfangreichen Planungsaufgabe auf mehrere hierarchisch angeordnete Planungsebenen. Ihr Ziel ist die Reduktion der Problemkomplexität sowie die Erleichterung der Lösungsfindung. Ein hierarchisches System ist insbesondere gekennzeichnet durch:

- *vertikale Anordnung* der Planungsebenen, die durch die Festlegung von Über-/Unterordnungsbeziehungen entsteht

- Recht der oberen Ebene, *Vorgaben* zu setzen, die das Entscheidungsfeld der untergeordneten Ebenen einschränken

- *Erfolgsabhängigkeit* der oberen Ebene von den Ergebnissen, die die unteren Ebenen im Rahmen der von ihr gesetzten Vorgaben erzielen

Die Grundstruktur eines hierarchischen Systems umfasst zwei Planungsebenen, sie ist in Abb. 2.55 dargestellt (vgl. Schneeweiß 1999, S. 29). Beliebig strukturierte Systeme können unter Verwendung dieser Grundstruktur als Baustein aufgebaut werden.

Eine Verbindung der Planungsebenen ist in jedem Fall von oben nach unten vorhanden, indem ein Teil der Ergebnisse der oberen Ebene als Vorgaben in die Planung der unteren Ebene eingeht, die daraus die Anweisungen an das reale Produktionssystem ableitet. Darüber hinaus können die Ebenen von unten nach oben durch direkte oder indirekte Rückkopplungen verbunden sein. In hierarchischen Planungsmodellen finden sich regelmäßig zwei – gegebenenfalls weiter untergliederte – Planungsebenen, deren Bezeichnung von dem jeweils vorherrschenden Aspekt abhängt, unter dem die Hierarchisierung erfolgt:

• Steht bei der Hierarchisierung die Abstraktion und *Aggregation* von Daten im Vordergrund, so wird die obere Ebene als aggregierte und die untere als detaillierte Planung bezeichnet. Jede Modellebene beschreibt das Systemverhalten vollständig, aber auf verschiedenem Abstraktionsniveau.

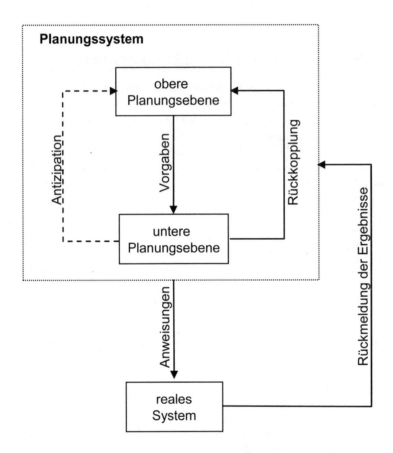

Abb. 2.55 *Grundstruktur eines hierarchischen Systems*

• Ist die *zeitliche Reichweite* der Planung von großer Bedeutung, so spricht man von mittelfristiger Planung auf der oberen bzw. von kurzfristiger Planung auf der unteren Ebene. Die Hierarchisierung nutzt die vorhandene zeitliche Struktur des Planungsproblems aus, indem sie eine partielle Aufschiebung von Entscheidungen vornimmt: Grundsatzentscheidungen für den längeren Planungshorizont der mittelfristigen Ebene werden sofort getroffen, ihre Konkretisierung durch Planungsdetails erfolgt in der kurzfristigen Planung jeweils bei Bedarf bzw. bei Verfügbarkeit der notwendigen Informationen.

- Steht der *Umfang der Entscheidungen* im Vordergrund, so unterscheidet man die taktische und die operative Planungsebene. Die taktische Planung umfasst die grobe Festlegung von Produktions- und Bestellmengen sowie Lieferterminen, die operative Planung legt im Rahmen dieser Vorgaben die exakte Durchführung der Produktion fest.

2.5.1.2   Dekomposition

Der Anwendungsbereich der Dekomposition sind Probleme, die sich in interdependente Teilprobleme zerlegen lassen und bei denen eine direkte Ermittlung der Gesamtlösung nicht erfolgen kann oder zu aufwändig ist. Dies ist der Fall, wenn Lösungsverfahren für das Gesamtproblem nicht existieren oder nicht anwendbar sind, z.B. wegen der Problemkomplexität oder bei Konvergenzproblemen. Die Problemstellung der Produktionsplanung lässt sich nach den folgenden Kriterien in Teilbereiche aufspalten:

- Nach dem *Umfang der Entscheidungen* unterscheidet man die taktische und die operative Planungsebene. Auf der taktischen Ebene werden periodenweise Entscheidungen über Bestell- und Produktionsmengen getroffen, die operative Planung legt im Rahmen dieser Vorgaben die exakte Durchführung der Produktion fest, sie nimmt insbesondere eine zeitpunktgenaue Zuordnung von Arbeitsvorgängen und Materialmengen zu Maschinen vor.

- Nach *ablauforganisatorischen Prinzipien* kann eine Dekomposition des Fertigungsbereichs in weitgehend autonome Werkstätten, Fertigungsinseln und Produktionsstraßen erfolgen. Diese Bereiche planen ihre internen Abläufe weitgehend selbstständig, während ihre Koordination und die Zuordnung von Fertigungsaufträgen auf einer übergeordneten Ebene erfolgt.

- Eine *marktorientierte Aufteilung* der Produktionsplanungsaufgabe führt zu einer separaten Planung für verschiedene Produktgruppen, d.h. Gruppen von Erzeugnissen, die weitgehende fertigungstechnische Gemeinsamkeiten aufweisen.

Diese verschiedenen Möglichkeiten der Dekomposition schließen einander nicht aus, sondern können ergänzend eingesetzt werden. So erfolgt die Fertigung einer Produktgruppe häufig auf speziellen Fertigungsanlagen, z.B. flexiblen Fertigungssystemen. Die Feinplanung der Abläufe innerhalb jedes einzelnen Fertigungssystems wird auf der operativen Ebene, die Abstimmung der verschiedenen Anlagen untereinander auf der taktischen Planungsebene vorgenommen.

2.5.1.3   Aggregation

Die Aggregation ist ein Verfahren zur Problemvereinfachung durch eine problemadäquate Verdichtung von Daten und Entscheidungsvariablen. Sie bewirkt eine Reduktion des Datenbedarfs, der Modellkomplexität und der Unsicherheit, insbesondere auf den oberen Entscheidungsebenen. Im Rahmen der hierarchischen Produktionsplanung führt sie zur Entlastung der oberen Entscheidungsebene von irrelevanten Detailinformationen. Weitere Vorteile sind die Verringerung der Kosten und des Zeitaufwands für die Datenbeschaffung und -pflege sowie eine leichtere Lösbarkeit des Modells aufgrund seines geringeren Umfangs. Ein solches überschaubares Modell lässt sich insbesondere in interaktiven Entscheidungsunterstützungssystemen zum schnellen Durchrechnen alternativer Szenarien einsetzen.

In der Produktionsplanung kann die Aggregation nach zeitlichen oder sachlichen Kriterien erfolgen. Bei der zeitlichen Aggregation wird auf den oberen Planungsebenen ein gröberes Periodenraster verwendet, indem jeweils mehrere Teilperioden zu einer Planungsperiode des aggregierten Modells zusammengefasst werden. Eine sachliche Aggregation erfolgt bezüglich der Produkte zu Produktgruppen oder der Kapazitäten zu Maschinengruppen. Ansatzpunkte für die Aggregation von Produkten sind z.B. eine weitgehend gleiche Maschinenfolge, gemeinsame Rüstvorgänge, ein ähnlicher Bedarf an Rohstoffen und Kapazitäten und eine ähnliche saisonale Nachfrageentwicklung. Um über einen adäquaten Disaggregationsalgorithmus den Rückschluss von der Lösung des aggregierten Problems auf die detaillierten Ergebnisse zu ermöglichen, muss die Aggregation über alle Bereiche hinweg konsistent durchgeführt werden. Eine sinnvolle Aggregation eines Planungsproblems muss sich weiter an den folgenden Prinzipien orientieren:

- Je höher die *hierarchische Stellung* einer Planungsebene ist, desto stärker werden die Daten und Entscheidungsvariablen aggregiert. In zeitlicher Hinsicht bedeutet dies einen längeren Planungshorizont und ein gröberes Periodenraster, in sachlicher Hinsicht ein größeres Entscheidungsfeld mit geringerem Detaillierungsgrad.

- Die Aggregation muss sich an den *betrieblichen Strukturen* orientieren, d.h. bereits vorhandene Entscheidungseinheiten zu Planungseinheiten zusammenfassen, um eine ausreichende Akzeptanz des Planungsmodells zu erreichen.

- Weiter muss sich die Aggregation an der *Lösbarkeit* der entstehenden Teilprobleme orientieren, um anschließende Disaggregationsfehler zu vermeiden und eine einfache Modifikation von Lösungen im anschließenden Koordinationsprozess zu ermöglichen.

2.5.1.4   Koordination

Die Koordination der Planungsebenen erfolgt bei der hierarchischen Produktionsplanung grundsätzlich von oben nach unten, d.h. durch Vorgaben. In Abhängigkeit vom Grad der Interaktion zwischen den Planungsebenen lassen sich die folgenden Koordinationsmechanismen unterscheiden (vgl. nochmals Abb. 2.55):

- Bei strikter Top Down-Kopplung *ohne Abstimmung* werden keinerlei zusätzliche Koordinationsmaßnahmen ergriffen.

- Bei der *pretialen Lenkung* versucht die obere Ebene, die kostenmäßigen Auswirkungen ihrer aggregierten Entscheidungen möglichst gut zu antizipieren und ihre Verrechnungspreise dementsprechend als Steuerungsparameter einzusetzen.

- Durch die Einführung von *Schlupf* bei den Größen, die erst auf der detaillierten Ebene exakt bestimmt werden, lässt sich der zulässige Lösungsraum der aggregierten Planung beschränken und der Spielraum bei der Disaggregation entsprechend erweitern.

- Eine Koordination kann auch durch einfache Modelle über das *Verhalten* der unteren Ebenen erfolgen, in denen sinnvolle Annahmen über deren Reaktion auf alternative Vorgaben der übergeordneten Ebene gemacht werden.

- Eine sehr flexible Methode ist die Koordination durch regelmäßig tagende *Entscheidungsgremien*, die die Planungsvorschläge der einzelnen Bereiche durch gegenseitige Abstimmung zu einem zulässigen Gesamtplan zusammenfassen.

- Eher formal konzipiert ist die Methode der gegenseitigen Abstimmung von Planungsebenen durch einfache oder mehrfache *Rückkopplungen*, bis eine hinreichende Konsistenz der Planungsergebnisse erreicht ist.

Von besonderer Bedeutung ist die Abstimmung der Planungsebenen im Rahmen der rollierenden Planung, wobei die unterschiedliche Fristigkeit der Teilpläne auf den verschiedenen Ebenen berücksichtigt werden muss. Bei rollierender Planung (vgl. Abschnitt 2.1.2) liefert die erste Teilperiode der oberen Planungsebene eine feste Planvorgabe für die untere Ebene, die auf dieser – wiederum mit rollierender Planung, aber bei feinerem Zeitraster – disaggregiert wird. Eventuell auftretende Unzulässigkeiten werden an die obere Ebene gemeldet, können aber erst bei der Planrevision in der nächsten Periode berücksichtigt werden. Der Rest des Planungshorizonts der oberen Ebene dient lediglich der Eventualplanung und der zeitlichen Abstimmung der Planung. Die Bedeutung der rollierenden Planung besteht vor allem darin, dass an die Daten umso geringere Qualitätsanforderungen gestellt werden, je weiter die jeweilige Periode in der Zukunft liegt. Durch die regelmäßige Aktualisierung der Daten und der sich daraus ergebenden Pläne werden stochastische Einflüsse sowie die Folgen von Schätzfehlern gering gehalten. Weiter erfolgt eine gewisse Rückkopplung, indem die Ausgangssituation der Planung der kommenden Periode durch die Ergebnisse, die mit den Vorgaben der letzten Periode erzielt werden konnten, beeinflusst wird.

2.5.2 Hierarchische Produktionsplanung bei Reihenfertigung

Das früheste Anwendungsgebiet der hierarchischen Produktionsplanung liegt in der als Reihenfertigung organisierten *Massen- und Großserienfertigung*. Charakteristisch für diesen Fertigungstyp ist, dass die Produktion verschiedener, in der Regel verwandter Produktarten in jeweils mehreren Varianten auf zeitlich ungebundenen Produktionssystemen erfolgt, deren kapazitative Auslegung und räumliche Anordnung sich an den Bedürfnissen der Produkte orientiert (vgl. Hoitsch 1993, S. 243ff.). Die zeitliche Koordination aufeinanderfolgender Bearbeitungsstufen, deren Produktionsgeschwindigkeiten üblicherweise nicht vollständig aufeinander abgestimmt sind, erfolgt mithilfe von Pufferlagerbeständen. Die Reihenfertigung weist im Vergleich zur Werkstatt- bzw. Gruppenfertigung, die in den nachfolgenden Abschnitten behandelt werden, eine weitaus geringere Komplexität des Planungsproblems auf, da Umrüst- und Reihenfolgeentscheidungen relativ selten auftreten und daher lediglich von untergeordneter Bedeutung sind.

Für die bei der Reihenfertigung auftretende Problemstellung wurden zahlreiche – meist zwei- oder dreistufige – hierarchische Planungsansätze formuliert, die auf der oberen Planungsebene eine aggregierte Produktionsmengenplanung und auf der unteren Planungsebene eine detaillierte Losgrößen- und Lagerhaltungsplanung durchführen. Als *Grundmodell* der hierarchischen Produktionsplanung gilt der Ansatz von Hax/Meal (1975), der auf einer Fallstudie bei einem Hersteller von Autoreifen basiert. Die strategische Produktionsplanung wird als abgeschlossen vorausgesetzt, auf der taktischen Ebene findet die aggregierte Grobplanung des Produktionsprogramms statt und auf der operativen Ebene eine detailliertere Planung, in deren Rahmen die endgültigen Losgrößen der einzelnen Produkte bestimmt werden.

Die Abgrenzung der Planungsebenen erfolgt anhand von gemeinsamen Eigenschaften der Produkte, vor allem hinsichtlich der relevanten Kosten. Ein Beispiel für eine solche Produktstruktur mit neun Artikeln, fünf Produktfamilien und zwei Produktgruppen ist in Abb. 2.56 angegeben (vgl. Steven 1994, S. 64).

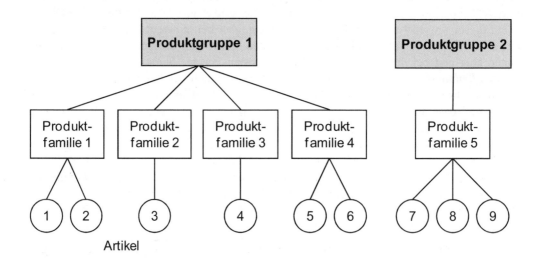

Abb. 2.56 *Produktstruktur im Grundmodell der hierarchischen Produktionsplanung*

- Auf der untersten Planungsebene werden die Losgrößen der einzelnen *Artikel*, d.h. der an die Kunden verkauften Enderzeugnisse, für die folgende Planungsperiode bestimmt. Die Artikel unterscheiden sich teilweise nur in Details wie Farbe, Größe, Verpackung usw. voneinander.

- *Produktfamilien* bestehen aus Artikeln, die – abgesehen von geringfügigen Umrüstoperationen – gemeinsam gefertigt werden, so dass die relevanten Rüstkosten und -zeiten nur einmal je Produktfamilie anfallen. Auf der mittleren Planungsebene werden die Produktionsmengen der Produktfamilien für die anstehende Planungsperiode ermittelt, die als Vorgaben in die Planung der untersten Ebene eingehen.

- Auf der obersten Planungsebene wird die aggregierte Produktionsprogrammplanung durchgeführt. Dazu werden jeweils die Produktfamilien mit gleichen oder ähnlichen saisonalen Nachfrageverläufen, Produktionskoeffizienten sowie Produktions- und Lagerhaltungskosten zu einer *Produktgruppe* zusammengefasst.

Die Planung wird auf der Produktgruppenebene mit *rollierendem Horizont* durchgeführt, d.h. nach der Umsetzung der Ergebnisse der ersten Planungsperiode werden die Daten aktualisiert, der Planungshorizont wird um eine Periode hinausgeschoben und die nächste Periode detailliert geplant. Dabei fließen die Ergebnisse der abgelaufenen Periode in die Ausgangssituation der bevorstehenden Planung ein, so dass eine indirekte Rückkopplung über die rollierende Planung erfolgt. Der Informationsfluss im Grundmodell der hierarchischen Produktionsplanung erfolgt somit in erster Linie von oben nach unten, er ist in Abb. 2.57 dargestellt.

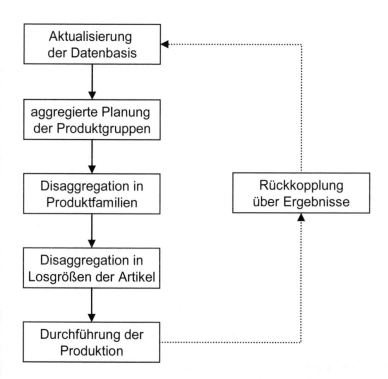

Abb. 2.57 *Informationsfluss im Grundmodell der hierarchischen Produktionsplanung*

Die *Zielsetzung* des Grundmodells ist die Minimierung der im Rahmen des Produktionsablaufs anfallenden Kosten, die sich aus Produktions- und Lagerhaltungskosten, Löhnen und Rüstkosten zusammensetzen. Während die auf der obersten Planungsebene durchgeführte aggregierte Planung über den gesamten Planungshorizont von einem Jahr bzw. einem Saisonzyklus erfolgt, werden lediglich die Entscheidungen für die zur Durchführung anstehende erste Planungsperiode in Produktionsmengen für die Produktfamilien und anschließend für die einzelnen Artikel disaggregiert. Die weiteren Ergebnisse des aggregierten Planungsmodells haben lediglich den Charakter von Eventualentscheidungen.

2.5.2.1 Planung der Produktgruppen

Die Aufgabe der Produktgruppenplanung ist die Bestimmung von aggregierten Produktionsmengen über den gesamten Planungshorizont, so dass die relevanten Kosten minimiert werden. Als Planungshorizont wird ein Jahr angenommen, das in zwölf Perioden zu je einem Monat eingeteilt wird. Bei der Indizierung der Perioden ist zu berücksichtigen, dass Produktionsmengen, die in einer bestimmten Periode eingeplant werden, erst nach einer Vorlaufzeit für die Durchführung der Produktion zur Befriedigung der Nachfrage zur Verfügung stehen. Dabei ist das folgende lineare Programm zu lösen:

$$\min Z_{PG} = \sum_{t=1}^{T}\left[\sum_{i=1}^{I}\left(CP_{it}\cdot X_{it}+CL_{i,t+V}\cdot L_{i,t+V}\right)+CN_t\cdot N_t+C\ddot{U}_t\cdot\ddot{U}_t\right]$$

u.d.N.: $\quad X_{it}+L_{i,t+V-1}-L_{i,t+V}=D_{i,t+V}$ $\hspace{3cm} i=1,...,I;\ t=1,...,T$

$\quad L_{iV}\equiv 0$ $\hspace{6cm} i=1,...,I$

$\quad \displaystyle\sum_{i=1}^{I}c_i\cdot X_{it}-N_t-\ddot{U}_t=0$ $\hspace{4cm} t=1,...,T$

$\quad N_t\leq N_t^{\max}$ $\hspace{6cm} t=1,...,T$

$\quad \ddot{U}_t\leq\ddot{U}_t^{\max}$ $\hspace{6cm} t=1,...,T$

$\quad X_{it},L_{i,t+V}\geq 0$ $\hspace{4.5cm} i=1,...,I;\ t=1,...,T$

$\quad N_t,\ddot{U}_t\geq 0$ $\hspace{6cm} t=1,...,T$

mit: $\ X_{it}$ $\quad$ – $\quad$ Produktionsmenge von Produktgruppe i in Periode t

$\quad L_{i,t+V}$ $\quad$ – $\quad$ Lagerbestand der Produktgruppe i am Ende der Periode $t + V$

$\quad N_t$ $\quad$ – $\quad$ benötigte Normalarbeitszeit in Periode t

$\quad \ddot{U}_t$ $\quad$ – $\quad$ benötigte Überstunden in Periode t

$\quad i=1,...,I$ $\quad$ – $\quad$ Anzahl der Produktgruppen

$\quad t=1,...,T$ $\quad$ – $\quad$ Anzahl der Planperioden

$\quad V$ $\quad$ – $\quad$ Länge der Produktionsvorlaufzeit

CP_{it} – Stückkosten der Produktgruppe i in Periode t (ohne Lohnkosten)

CL_{it} – Lagerstückkosten der Produktgruppe i in Periode t

CN_t – Kosten pro Normalarbeitsstunde in Periode t

$C\ddot{U}_t$ – Kosten je Überstunde in Periode t

c_i – Produktionskoeffizient der Produktgruppe i

N_t^{max} – verfügbare Kapazität an Normalarbeitszeit in Periode t

$\ddot{U}_t^{max}$ – verfügbare Überstundenkapazität in Periode t

$D_{i,t+V}$ – effektive Nachfrage nach Produktgruppe i in Periode t

Die Zielfunktion Z_{PG} dieses Programms minimiert die Summe aus Produktionskosten, Lagerhaltungskosten und Lohnkosten. Durch die Nebenbedingungen wird sichergestellt, dass die effektive Nachfrage nach jeder Produktgruppe befriedigt wird, dass die verfügbaren Kapazitäten an Normalarbeitszeit und Überstunden nicht überschritten werden und dass die Nichtnegativitätsbedingungen eingehalten werden. Bei dieser Modellierung stellt die Arbeitszeit die einzige knappe Ressource dar. Das bedeutet, dass Engpässe auf den Maschinen entweder nicht relevant sind oder dass von ihnen abstrahiert wird.

Die Verwendung der linearen Programmierung auf dieser Planungsebene bietet den Vorteil, dass zum einen aus den Dualvariablen der optimalen Lösung Informationen über Knappheitsrelationen gewonnen werden können, zum anderen besteht die Möglichkeit, durch den Einsatz von Sensitivitätsanalysen Toleranzgrenzen für die Parameter zu ermitteln und damit die Unsicherheit von Daten zumindest implizit zu berücksichtigen.

2.5.2.2   Planung der Produktfamilien

Auf der *Produktfamilienebene* erfolgt die Disaggregation der im Produktgruppenproblem bestimmten Produktionsmengen für die erste Planungsperiode. Da diese Disaggregation für jede Produktgruppe separat vorgenommen werden kann, ergibt sich eine erhebliche Reduktion der Modellkomplexität. Dies ist ein wesentlicher Vorteil des hierarchischen Planungsansatzes. Im Produktfamilienproblem sind die Rüstkosten als letzter, noch nicht bestimmter Kostenfaktor zu minimieren. Die Verlagerung dieser Kostenentscheidung auf eine gesonderte Planungsebene dient dazu, Ganzzahligkeiten im Produktgruppenproblem zu vermeiden, und bedeutet somit eine weitere Vereinfachung des Gesamtproblems in Bezug auf Umfang und Rechenaufwand.

Die Lösung des Produktfamilienproblems erfolgt auf zwei Stufen: Zunächst werden diejenigen Produktfamilien bestimmt, die in der aktuellen Periode produziert werden müssen, da ihr Lagerbestand nicht ausreicht, um die Nachfrage zu befriedigen. Die Produktfamilien j aus Produktgruppe i, deren Lagerreichweite (Runout Time) ROT_j kleiner als 1 ist, werden in der Indexmenge J^i zusammengefasst.

$$ROT_j = \frac{AI_j - L_j^{min}}{D_j}$$

mit: AI_j –   verfügbarer Lagerbestand (Available Inventory) von Produktfamilie j

L_j^{min} –   Sicherheitsbestand von Produktfamilie j

D_j –   Nachfrage nach Produktfamilie j

Anschließend erfolgt die Disaggregation der der Produktgruppe i für die Periode zugewiesenen Produktionsmenge X_i^* mithilfe eines iterativen Algorithmus, der auf einem kontinuierlichen konvexen Rucksackproblem basiert.

$$\min Z_{PF} = \sum_{j \in J^i} \frac{CU_j \cdot D_j}{Y_j}$$

u.d.N.: $\sum_{j \in J^i} Y_j = X_i^*$

$$Y_j^{min} \leq Y_j \leq Y_j^{max} \qquad\qquad\qquad\qquad j \in J^i$$

mit: CU_j –   Rüstkosten der Produktfamilie j

D_j –   prognostizierte Nachfrage der Produktfamilie j

Y_j –   Produktionsmenge von Produktfamilie j

Y_j^{min} –   Untergrenze der Produktionsmenge von Produktfamilie j

Y_j^{max} –   Obergrenze der Produktionsmenge von Produktfamilie j

Die Formulierung der Zielfunktion Z_{PF} des Produktfamilienproblems bedeutet, dass die Auflagehäufigkeit jeder Produktfamilie mit ihren Rüstkosten gewichtet wird, d.h. je höher die Rüstkosten einer Produktfamilie sind, desto größer muss die Produktionsmenge in Bezug auf die Nachfrage sein, um den Ausdruck zu minimieren. Die erste Restriktion stellt als Gleichheitsrestriktion die konsistente Kopplung von Produktgruppen- und Produktfamilienebene sicher. Die Disaggregation ist genau dann konsistent, wenn die Summe der geplanten Produktionsmengen der Produktfamilien gerade der für die zugehörige Produktgruppe insgesamt vorgesehenen Menge entspricht. Die zweite Restriktion verlangt, dass alle Produktionsmengen zwischen ökonomisch sinnvoll festgesetzten Unter- und Obergrenzen liegen, die sich z.B. als Sicherheitsbestand bzw. als Lagerkapazität ergeben.

2.5.2.3 Planung der Artikel

Auf der letzten Planungsebene werden die im Produktfamilienproblem bestimmten Produktionsmengen auf die zur jeweiligen Produktfamilie gehörenden *Endprodukte* verteilt. Auch hier gilt, dass die Entscheidungen für die einzelnen Produktfamilien unabhängig voneinander getroffen werden können, so dass sich eine weitere Vereinfachung des Gesamtproblems ergibt. Da sämtliche relevanten Kosten bereits auf den beiden vorher durchlaufenen Ebenen determiniert wurden, führt jede Disaggregation zu denselben Gesamtkosten. Es gilt daher, eine möglichst günstige Ausgangssituation für künftige Planungsdurchläufe zu schaffen, indem die Lagerreichweiten aller Artikel in einer Produktfamilie einander so weit wie möglich angenähert werden. So lässt sich vermeiden, dass wegen der Knappheit eines einzelnen Artikels die Rüstkosten für die vorzeitige Auflegung der gesamten Produktfamilie anfallen.

Um eine konsistente Disaggregation zu gewährleisten, wird – ähnlich wie im Produktfamilienproblem – für jede Produktfamilie ein kontinuierliches konvexes Rucksackproblem formuliert:

$$\min Z_{Art} = \frac{1}{2} \sum_{k \in K^j} \left[\frac{Y_j^* + \sum_{k \in K^j}\left(AI_k - L_k^{\min}\right)}{\sum_{k \in K^j} \sum_{t=1}^{V+1} D_{kt}} - \frac{Z_k + AI_k - L_k^{\min}}{\sum_{t=1}^{V+1} D_{kt}} \right]^2$$

u.d.N.:
$$\sum_{k \in K^J} Z_k = Y_j^*$$

$$Z_k \le L_k^{\max} - AI_k$$

$$Z_k \ge \max\left\{ 0; \sum_{t=1}^{V+1} D_{kt} - AI_k + L_k^{\min} \right\}$$

mit: Z_k –   Produktionsmenge von Artikel k

   AI_k –   verfügbarer Lagerbestand von Artikel k

   $L_k^{\min}$ –   Sicherheitslagerbestand von Artikel k

   $L_k^{\max}$ –   Lagerkapazität für Artikel k

   D_{kt} –   prognostizierte Nachfrage nach Artikel k in Periode t

   K^j –   Indexmenge der Artikel in Produktfamilie j

   Y_j^* –   Produktionsmenge, die auf die Artikel in Produktfamilie j zu verteilen ist

In der Zielfunktion Z_{Art} wird die quadrierte Summe der Abweichungen von durchschnittlicher Lagerreichweite der Produktfamilie j und individueller Lagerreichweite jedes Artikels minimiert. Dadurch wird eine weitgehende Annäherung der individuellen Reichweiten erreicht. Die Berechnung der Lagerreichweiten erfolgt allerdings unter der impliziten Voraussetzung, dass sich die Nachfrage in den Folgeperioden genauso wie in der betrachteten Zeitspanne entwickelt.

Die erste Restriktion stellt die Konsistenz der Lösung des Artikelproblems mit den Vorgaben aus dem Produktfamilienproblem sicher. Die beiden folgenden Restriktionen geben die durch die Lagerkapazität determinierte Produktionsobergrenze eines Artikels an bzw. die Untergrenze, die sicherstellt, dass die Produktion mindestens der effektiven Nachfrage während der Produktionsvorlaufzeit und in der aktuellen Planungsperiode entspricht.

Auch zur Lösung des Artikelproblems gibt es einen iterativen Algorithmus, der analog zu dem des Produktfamilienproblems aufgebaut ist und in endlich vielen Iterationen eine optimale Lösung ermittelt. Die Ergebnisse des Artikelproblems sind die endgültigen Losgrößen für die Planungsperiode, die an die Produktionsdurchführung weitergegeben werden. Mit der vollständigen Disaggregation der aus dem Produktgruppenproblem stammenden Produktionsvorgaben ist ein Durchlauf der hierarchischen Produktionsplanung abgeschlossen. Die sich bei der Umsetzung des Plans ergebenden Lagermengen und gegebenenfalls auch Fehlmengen werden als Rückkopplung bei der Aktualisierung der Datenbasis für die nächste Planungsperiode berücksichtigt und beeinflussen dadurch die weitere Planung (vgl. nochmals Abb. 2.56).

Da die im Grundmodell der hierarchischen Produktionsplanung zugrunde gelegte Produktstruktur bei losweiser Fertigung häufig anzutreffen ist, reicht der *Einsatzbereich* des Ansatzes weit über den einzelnen Anwendungsfall hinaus. Stadtler (1988) gibt einen Überblick über weitere Anwendungen des Ansatzes. Der Ansatz ist insoweit flexibel, als die Anzahl der betrachteten Aggregationsstufen der Situation angepasst werden kann, so kann z.B. die Produktfamilien- oder die Artikelebene weggelassen oder eine zusätzliche Ebene eingefügt werden.

Die Planung erfolgt deterministisch, auf der Basis prognostizierter Nachfragemengen. Als Schutz gegen unvorhergesehene Nachfrageschwankungen innerhalb der Planungsperiode dienen vor allem die auf der Artikelebene gehaltenen Sicherheitslagerbestände, die gegebenenfalls in der folgenden Periode wieder aufgefüllt werden müssen. Auch wenn auf jeder Planungsebene optimierende Algorithmen für die jeweiligen Teilprobleme eingesetzt werden, handelt es sich beim Ansatz insgesamt um eine *Heuristik*, so dass die ermittelten Entscheidungen in der Regel suboptimal sind.

2.5.3   Hierarchische Produktionsplanung bei Werkstattfertigung

Während bei der Massen- und Großserienfertigung als Fertigungstyp die Reihenfertigung mit großen Losen und weitgehend identischen Materialflüssen vorherrscht, kommt bei der auftragsorientierten *Einzel- und Kleinserienfertigung* häufig die Werkstattfertigung zum Einsatz. Bei der Werkstattfertigung werden Maschinen und Arbeitsplätze mit gleichartigen Funktionen zu einer Werkstatt als produktionstechnischer Einheit zusammengefasst. Der Weg eines Auftrags durch die Produktion wird einerseits durch die erforderlichen Verrichtungen, andererseits durch die Standorte der zu durchlaufenden Werkstätten determiniert. Soweit für eine Verrichtung mehrere Anlagen zur Verfügung stehen, gibt es erhebliche Freiheitsgrade bezüglich des Materialflusses. Aufgrund der starken Kundenorientierung der Produktion werden viele verschiedene Produkte in meist nur geringen Stückzahlen hergestellt. Da die Planungssituation bei der Werkstattfertigung somit durch einen häufigen Wechsel der Fertigungsaufgaben und Konkurrenz der Aufträge um die vorhandenen Fertigungskapazitäten gekennzeichnet ist, weist die Produktionsplanung einen wesentlich höheren Komplexitätsgrad auf als bei der Reihenfertigung.

Ein Ansatz zur hierarchischen Produktionsplanung bei Werkstattfertigung wird von Steven (1994, S. 141ff.) vorgeschlagen. Den Ausgangspunkt bildet ein als Produktionsmengenmodell formuliertes *monolithisches Totalmodell* zur taktisch-operativen Produktionsplanung, das die Produktionsprogrammplanung sowie Losgrößen- und Reihenfolgeentscheidungen für eine mehrstufige Produktionsstruktur umfasst und als gemischt-ganzzahliges lineares Programm formuliert ist. Zielsetzung ist die Minimierung der relevanten Kosten, die sich aus Produktionskosten, Lagerhaltungskosten für Produkte und Zukaufteile, Rüstkosten und Kosten für die Veränderung des Arbeitskräftebestands zusammensetzen. Bei der Modellierung ist eine große Anzahl an Binärvariablen erforderlich, um die Struktur des zeitlichen Ablaufs sowie die bei jedem Produktwechsel erforderlichen Umrüstvorgänge angemessen abbilden zu können. Die Periodenlänge ist auf die Abbildung von Reihenfolgeentscheidungen in der operativen Planung abzustimmen und darf somit höchstens einen Tag betragen.

Aufgrund der großen Zahl an zu berücksichtigenden Artikeln, des feinen Periodenrasters sowie der aus den Ganzzahligkeiten resultierenden numerischen Komplexität ist ein solches Totalmodell nicht exakt lösbar. Es kann jedoch mithilfe der in Abschnitt 2.5.1 genannten Elemente der hierarchischen Produktionsplanung vereinfacht werden. Dabei geht man anhand der in Abb. 2.58 dargestellten Schritte vor:

1. Elimination der Ganzzahligkeiten

Die ganzzahligen Variablen, die für die Komplexität des Totalmodells in erster Linie verantwortlich sind, lassen sich durch folgende Überlegungen eliminieren:

- Im ersten Schritt wird von der Reihenfolgeproblematik in der Ablaufplanung abstrahiert. Das bedeutet, dass die reihenfolgeabhängigen Rüstkosten und Rüstzeiten durch konstante Werte ersetzt werden, die sich z.B. durch die Bildung von Durchschnittswerten aus den Werten bei den tatsächlich vorkommenden Produktwechseln ermitteln lassen.

- Im nächsten Schritt verzichtet man völlig auf die explizite Erfassung von Rüstvorgängen. Die zugehörigen Kosten und Kapazitätsminderungen werden stattdessen durch den Ansatz von entsprechenden Fixkosten in der Zielfunktion bzw. durch Kapazitätsabschläge in den Restriktionen berücksichtigt.

- Da sich auch dieses vereinfachte Modell noch als zu komplex erweist, werden im letzten Schritt auch die verbliebenen Ganzzahligkeiten entfernt, so dass es sich auf ein mit Standardsoftware lösbares lineares Programm reduziert. Dadurch wird allerdings der operative Bereich, der die Feinplanung mit der Aufteilung der Produktionszeit auf die Produkte vornimmt, vollständig abgekoppelt.

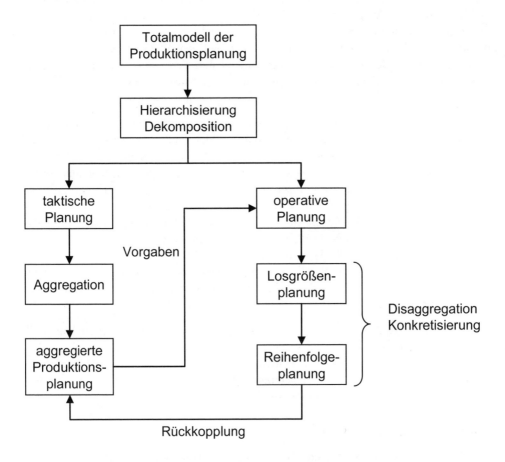

Abb. 2.58   *Ablauf der hierarchischen Produktionsplanung*

Durch diese schrittweise Elimination der mit den Rüstvorgängen verknüpften Ganzzahligkeiten erfolgt eine Dekomposition des Totalmodells in eine taktische und eine operative Planungsebene. Dies hat den Vorteil, dass beide Bereiche in Bezug auf Modelltyp und Zeitraster besser problemadäquat abgebildet werden können. Gleichzeitig wird eine hierarchische Struktur zwischen den Teilbereichen eingeführt: Die im vereinfachten Totalmodell ermittelten taktischen Entscheidungen gehen als Vorgaben in die operative Planung ein.

2. Aggregation von Produkten und Perioden

Die Entscheidungen auf der taktischen Planungsebene lassen sich gut durch ein lineares Programm zur aggregierten Produktionsprogrammplanung abbilden (vgl. Abschnitt 2.3.1). Zur Reduktion der Problemgröße, aber auch des Datenbedarfs wird eine Aggregation bezüglich der Produkte und Perioden vorgenommen.

- Die Aggregation der Produkte setzt voraus, dass sich Gruppen identifizieren lassen, die in sich weitgehend homogen sind, sich untereinander jedoch deutlich unterscheiden. Bei der vorliegenden Produktstruktur bietet es sich an, die Produktgruppen anhand von Endprodukten als Repräsentanten zu bilden. Dabei werden die Zwischenprodukte und Zukaufteile jeweils der Produktgruppe zugeordnet, in der ihr Anteil am größten ist.

- Die Aggregation der Planungsperioden zu umfassenderen Einheiten ist weitgehend unproblematisch. Die Zusammenfassung von Einzelperioden kann entweder gleichmäßig erfolgen oder zunächst ein feineres und für spätere Entscheidungen ein gröberes Zeitraster vorsehen, indem z.B. die ersten drei Monate einzeln geplant werden und anschließend eine quartalsweise Planung erfolgt.

Dadurch ergibt sich ein einfach zu lösendes lineares Programm zur Produktionsprogrammplanung. Dieses Modell wird in monatlichen Abständen für einen mittelfristigen Horizont von ungefähr einem Jahr gelöst, lediglich die Produktionsentscheidungen für die erste Periode werden – wie im Grundmodell von Hax und Meal – im Rahmen der rollierenden Planung an die operative Planung weitergegeben.

3. Ausgestaltung der operativen Planung

Da die taktische Planungsebene der operativen Planung hierarchisch übergeordnet ist, gehen die aggregierten Produktionsmengen für die erste Periode dort als Vorgaben ein. In der operativen Planung erfolgt die Disaggregation und zeitliche Konkretisierung der aggregierten Produktionsvorgaben für die erste Planungsperiode, d.h. die Bestimmung von Seriengrößen und Seriensequenzen, die wegen der bestehenden Interdependenzen im Idealfall simultan erfolgen sollte. Da es jedoch wenig sinnvoll ist, in einem Totalmodell für die operative Planungsebene wieder auf die zuvor genannten Komplexitätsprobleme zu stoßen, werden sukzessiv zunächst die Losgrößen und anschließend ihre Bearbeitungsreihenfolgen bestimmt. Zur Lösung der beiden Teilprobleme werden jeweils geeignete Algorithmen des Operations Research, die sich durch einfachen Aufbau und schnelle Lösbarkeit auszeichnen, eingesetzt.

- In der *Losgrößenplanung* muss die einer Produktgruppe zugewiesene aggregierte Produktionsmenge auf die zugehörigen Zwischen- und Endprodukte disaggregiert werden. Es handelt sich dabei um ein mehrstufiges kapazitiertes Losgrößenproblem, das in einstufige Losgrößenprobleme zerlegt wird. Diese werden mit einfachen Losgrößenmodellen, z.B. dem klassischen Losgrößenmodell (vgl. Abschnitt 2.4.2.2) oder dynamischen Losgrößenheuristiken, separat gelöst.

- Die Aufgabe der *Reihenfolgeplanung* besteht in der Einlastung der Produktionslose auf die Maschinen. Wenn die Losgrößenplanung in einer Planungsperiode die Fertigung mehrerer Produkte auf einer Produktionsstufe vorsieht, muss ihre Reihenfolge bestimmt und durch Abstimmung der Produktionstermine ein überschneidungsfreier Maschinenbelegungsplan ermittelt werden. Zur Lösung des Problems lassen sich Heuristiken einsetzen, die durch sukzessive Einlastung von verfügbaren Arbeitsschritten auf freie Maschinen Pläne erzeugen, bei denen keine Bearbeitung vorgezogen werden kann, ohne eine andere Operation zurückzustellen. Bei der Auswahl aus den vor einer Maschine wartenden Aufträgen können Prioritätsregeln zum Einsatz kommen (vgl. Abschnitt 2.4.4).

4. Abstimmung der Planungsebenen

Durch die Aufteilung der Planung auf insgesamt drei Planungsebenen wird das Gesamtproblem nicht mehr simultan, sondern sukzessiv gelöst. Aufgrund dieser Aufspaltung ist das Erreichen einer zulässigen Gesamtlösung nicht mehr garantiert. Um die daraus resultierende Suboptimalität der Ergebnisse gering zu halten, ist eine Koordination der Planungsebenen erforderlich, die die zwischen ihnen bestehenden Interdependenzen angemessen berücksichtigt. Dafür lassen sich prinzipiell die in Abschnitt 2.5.1.4 genannten Kopplungsmechanismen einsetzen.

- Die konzeptionell einfachste Methode zur Abstimmung von Planungsebenen ist die Kopplung durch strikte *Vorgaben* aus der aggregierten Planung für die operative Planung, wie sie z.B. im Grundmodell von Hax und Meal realisiert ist. Da bei der Werkstattfertigung jedoch wesentlich häufiger als bei der Reihenfertigung mit kurzfristigen Datenänderungen und daraus resultierender Unzulässigkeit der Planung gerechnet werden muss, ist dieses Verfahren als problematisch anzusehen. Weiter wird die taktische Planungsebene über die Umsetzbarkeit ihrer Vorgaben, aus der auch Lerneffekte für zukünftige Planungen resultieren können, allenfalls im Rahmen der rollierenden Planung informiert.

- Die Planung lässt sich erheblich verbessern, wenn die aggregierte Planungsebene die Auswirkungen ihrer Entscheidungen auf die detaillierte Ebene möglichst exakt zu berücksichtigen versucht. Dafür kommen die Antizipation der Kosten, die aufgrund der aggregierten Planungsvorgaben auf der operativen Ebene entstehen, die Einführung von zusätzlichem Handlungsspielraum für die operative Planung durch den Ansatz von Schlupfgrößen in der aggregierten Planung oder die explizite Abbildung der Auswirkungen der aggregierten Planung auf die operative Ebene mithilfe stochastischer Modelle in Betracht.

- Die weitestgehende Abstimmung zwischen Planungsebenen liegt vor, wenn einfache oder mehrfache Rückkopplungen zwischen aggregierter und detaillierter Planung stattfinden, bis die Pläne hinreichend konsistent sind, um in Handlungen umgesetzt zu werden. Der Vorteil gegenseitiger Abstimmung liegt darin, dass letztlich die Konsistenz der Teilpläne erreicht wird. Reibungsverluste zwischen den Ebenen und Verschwendung von Ressourcen lassen sich weitgehend vermeiden, die Gesamtkosten der Plandurchführung können gegenüber der unvollständigen Abstimmung erheblich gesenkt werden. Andererseits erfordert das mehrmalige Durchlaufen von aggregierter und detaillierter Planung einen solchen Zeit- und Rechenaufwand, dass im Extremfall die Ergebnisse bei ihrem Vorliegen nicht mehr aktuell sind. Dies lässt sich vermeiden, wenn die Abstimmung mithilfe von regelmäßig tagenden Planungskomitees erfolgt, die die Vorschläge der Ebenen beurteilen und gegebenenfalls erforderliche Planänderungen veranlassen. Auf diese Weise lässt sich eine dem Einzelfall angemessene Abstimmung oft besser erreichen als durch formale Methoden.

2.5.4 Hierarchische Produktionsplanung bei Gruppenfertigung

Bei der Gruppenfertigung erfolgt eine räumliche Zusammenfassung von Fertigungsanlagen, auf denen die Komplettbearbeitung von bestimmten Produkten bzw. Baugruppen erfolgt. Dadurch werden gegenüber der Werkstattfertigung die zwischen den Fertigungseinheiten bestehenden sachlichen Interdependenzen, insbesondere zeitliche Abhängigkeiten, Transportvorgänge und Informationsflüsse, erheblich reduziert. Die Gruppenfertigung erlaubt es, die Vorteile der Werkstattfertigung – hohe Flexibilität und geringe Störanfälligkeit – mit der hohen Produktivität der Reihen- und Fließfertigung gleichzeitig zu realisieren. Sie kommt bei verschiedenen Ausprägungen der *Serienfertigung* zum Einsatz, um vor allem der Forderung der Märkte nach immer individuelleren Produkten nachkommen zu können.

Durch *Fertigungssegmentierung* entstehen weitgehend selbstständige Einheiten, die sich als Fabriken in der Fabrik ansehen lassen und auf denen in teilautonomer Gruppenarbeit bestimmte Produkte komplett gefertigt werden. In jedem Fertigungssegment erfolgt eine objektorientierte Zusammenfassung von Maschinen. Fertigungssegmente können als Fertigungsinseln, aber auch als flexible Fertigungszellen, -systeme oder als flexible Transferstraßen ausgestaltet sein, auch Werkstattbereiche können auftreten.

Die *Bildung der Teilefamilien* basiert auf fertigungstechnischen Ähnlichkeiten insbesondere bei Form und Gestalt, Materialbedarf, erforderlichen Bearbeitungen, Wegen durch die Fertigung, Nachfragestrukturen und Losgrößen. Sie baut auf der produktgestalterischen Konzeption des Baukastenprinzips auf, bei dem eine große Anzahl von Produktvarianten auf der Basis von wenigen Einzelteilen und Baugruppen hergestellt werden kann (vgl. Abschnitt 2.2.4). Diese Definition ähnelt stark dem Konzept der Produktgruppe im Grundmodell von Hax und Meal zur hierarchischen Produktionsplanung. Bei einer mehrstufigen Fertigung führt die Anwendung dieser Aggregationsvorschrift auf jeder Fertigungsstufe zu einem modularen Bauteilekonzept.

Ein Beispiel für eine allgemeine Struktur der Fertigung nach dem Gruppenprinzip ist in Abb. 2.59 dargestellt (vgl. Steven 1994, S. 226).

Ein Vorschlag für die Ausgestaltung der hierarchischen Produktionsplanung bei Gruppenfertigung findet sich bei Kistner et al. (1992). Dabei wird davon ausgegangen, dass die generelle Zuordnung, welche Bauteile und Produkte in welchen Fertigungssegmenten bearbeitet werden sollen, bereits auf der übergeordneten strategischen Planungsebene erfolgt ist. Somit verbleiben als Planungsaufgaben die aggregierte Produktionsprogrammplanung, die Materialbedarfsplanung, die Termin- und Kapazitätsplanung, die Reihenfolgeplanung und die Auftragsverwaltung und -kontrolle. Abb. 2.60 zeigt einen typischen Aufbau einer dezentralen hierarchischen Produktionsplanung für die Gruppenfertigung. Die Planung erfolgt zunächst zentral für den gesamten Fertigungsbereich, anschließend dezentral innerhalb der einzelnen Fertigungssegmente.

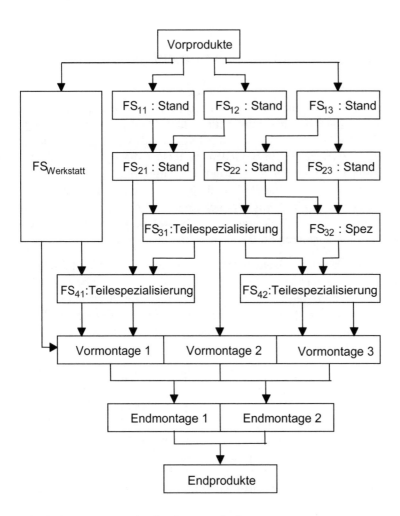

Abb. 2.59   *Fertigungsstruktur bei Gruppentechnologie*

- Die Aufgabe der *Zentralplanung* ist eine Grobplanung auf aggregiertem Niveau, d.h. eine aggregierte Produktionsprogrammplanung und Komponentenbedarfsplanung sowie eine grobe Kapazitätsplanung. Das Ergebnis dieser Planung sind Fertigungsaufträge für die verschiedenen Baugruppen, die den Fertigungssegmenten zugewiesen werden. Dadurch erfolgt gleichzeitig eine Koordination der Teilbereiche, die im Rahmen dieser Vorgaben ihre Entscheidungen selbstständig treffen.

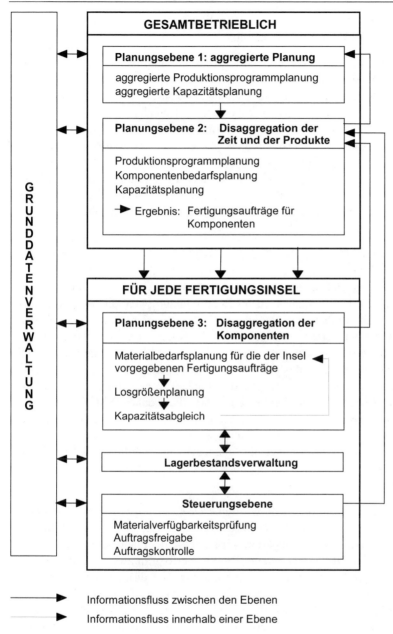

Abb. 2.60 *Ablauf der hierarchischen Produktionsplanung bei Gruppenfertigung*

- Zu den *dezentralen Entscheidungen* auf der Ebene der Fertigungssegmente zählen die kurzfristige Ablaufplanung mit den Teilaufgaben Materialbedarfsplanung, Losgrößenplanung, exakte Kapazitätsplanung sowie die Produktionssteuerung. Wie in hierarchischen

Produktionsplanungssystemen üblich, werden für die einzelnen Entscheidungsprobleme adäquate Heuristiken und Algorithmen eingesetzt.

Wie aus Abbildung 2.60 weiter hervorgeht, besteht das Gesamtplanungssystem aus drei Planungsebenen und einer Steuerungsebene, die sich bezüglich des Aggregationsgrads der Daten, der Länge von Planungsperioden und Planungshorizonten sowie der Planungsfrequenz unterscheiden. Jede Ebene hat Zugriff auf die zentrale Datenbank, so dass ein einheitlicher Informationsstand gewährleistet ist. Die Abstimmung der Planungsebenen erfolgt durch ein System von *abgestuften Rückkopplungen*: Die erfolgreiche Umsetzung der Planvorgaben wird an die direkt übergeordnete Ebene zurückgemeldet. Sollten sich die Vorgaben als undurchführbar erweisen, so ist eine Planrevision erforderlich. Die entsprechende Rückmeldung erfolgt daher jeweils an die Ebene, in deren Kompetenzbereich die anstehende Änderung fällt. Die Modellierung der einzelnen Planungsebenen kann wie folgt vorgenommen werden:

- Die Aufgabe der obersten Planungsebene ist eine monatlich erfolgende, *aggregierte Produktionsplanung*, die für einen mittelfristigen Planungshorizont von einem Jahr durchgeführt wird. Dabei erfolgt eine erste Abstimmung des Produktionsprogramms mit den verfügbaren Kapazitäten. Die Planung wird für Endproduktgruppen, d.h. die Zusammenfassung von Endproduktfamilien mit ähnlichem Nachfrageverlauf, ähnlichem Komponentenbedarf und ähnlicher Kostenstruktur, auf der Basis der erwarteten Nachfrage vorgenommen. Auch die Fertigungssegmente werden auf dieser Ebene als Aggregat betrachtet, es wird lediglich überprüft, ob das geplante Produktionsprogramm mit der insgesamt verfügbaren Kapazität realisierbar ist. Aufgrund des hohen Aggregationsgrads sind noch keine Auflage- und Reihenfolgeentscheidungen erforderlich, daher lässt sich diese Planungsebene problemadäquat als *lineares Programm* mit der Zielsetzung der Deckungsbeitragsmaximierung formulieren. Dabei ist auch eine Zusammenführung mit anderen Planungsbereichen, z.B. der Absatz- oder der Finanzplanung, möglich. Als Ergebnis erhält man ein monatliches Produktionsprogramm auf Produktgruppenebene, das grob mit dem Kapazitätsangebot abgestimmt ist.

- Auf der zweiten zentralen Planungsebene wird eine *Disaggregation* dieses Produktionsprogramms bezüglich der Zeit und der Produkte vorgenommen. Der Planungshorizont verkürzt sich auf die maximale Produktionsvorlaufzeit, die Planungsperiode umfasst nunmehr eine Woche. Die Disaggregation der Produkte erfolgt in zwei Richtungen: Zum einen werden die Endproduktgruppen in *Endproduktfamilien* disaggregiert. Diese sind dadurch gekennzeichnet, dass die in ihnen zusammengefassten Produkte den gleichen Weg durch den Fertigungsbereich zurücklegen, d.h. dass sie sich aus Bauteilen zusammensetzen, die in denselben Fertigungssegmenten hergestellt werden. Zum anderen wird für jede Endproduktfamilie nicht nur die Produktionsmenge bestimmt, sondern diese gleichzeitig unter Beachtung vorhandener Lagerbestände in Komponentenbedarfsmengen aufgelöst.

Auch hier erfolgt eine vorläufige Kapazitätsplanung: Das voraussichtliche Kapazitätsangebot wird entweder aus Erfahrungswerten der Vergangenheit abgeschätzt oder auf der strategischen Planungsebene für jedes Fertigungssegment mithilfe von Simulations-

oder Warteschlangenmodellen ermittelt; die Kapazitätsinanspruchnahme wird durch die durchschnittlichen Produktionskoeffizienten der Bauteile innerhalb einer Komponentengruppe approximiert. Diese Planungsebene lässt sich ebenfalls als *lineares Programm* modellieren. Da die Produktionsmengen der Endprodukte bereits auf der vorhergehenden Ebene festgelegt wurden, tritt an die Stelle der Deckungsbeitragsmaximierung hier als Zielsetzung die Minimierung der entscheidungsrelevanten Kosten. Als Ergebnis werden terminierte Fertigungsaufträge für Bauteile an die einzelnen Fertigungssegmente weitergegeben. Damit ist die Zentralplanung beendet, die exakte Einlastung dieser Fertigungsaufträge erfolgt eigenverantwortlich auf der Ebene der Fertigungssegmente.

- Die dritte Planungsebene befasst sich mit der *detaillierten Produktionsplanung* innerhalb eines einzelnen Fertigungssegments im Rahmen der zuvor erstellten Fertigungsaufträge für Bauteile. Dazu werden die Bauteile in ihre Bestandteile disaggregiert, der exakte Teilebedarf wird ermittelt und eine Materialbedarfsplanung auf Teileebene durchgeführt. Weiter werden Losgrößen für die einzelnen Teile berechnet und den Maschinen innerhalb des Fertigungssegments unter Berücksichtigung der verfügbaren Kapazität zugewiesen. Für die genannten Aufgaben werden geeignete heuristische Lösungsverfahren eingesetzt. Da die Planung lediglich für den überschaubaren Bereich eines einzelnen Fertigungssegments erfolgt, können zumindest für Teilprobleme auch optimierende Verfahren des Operations Research zum Einsatz kommen. Das Ergebnis dieser Planungsebene sind terminierte Aufträge für Teile und Komponenten, die zunächst der Lagerbestandsverwaltung gemeldet werden.

- Die Aufgabe der vierten und letzten Ebene ist schließlich die operative Produktionssteuerung der einzelnen Fertigungssegmente. Zunächst wird durch Abgleich mit der Lagerbestandsverwaltung überprüft, ob alle benötigten Materialien in hinreichender Menge verfügbar sind. Dann werden die Fertigungsaufträge gemäß ihrer Dringlichkeit, die sich aus den Bedarfsmeldungen der im Materialfluss nachgelagerten Fertigungssegmente ergibt, auf die Maschinen eingelastet. Auf diese Weise wird der Materialfluss zwischen den Fertigungsstufen durch ein Hol-Prinzip koordiniert. Die Auftragskontrolle bzw. Abstimmung von Produktionssteuerung und Produktionsplanung erfolgt über die Lagerbestandsverwaltung, indem einerseits fertig gestellte Aufträge von den Fertigungssegmenten dort gemeldet und ausgebucht werden, andererseits über eine Kontrolle der Fertigstellungstermine gegebenenfalls eine Mahnung an die in Lieferverzug geratenen Fertigungssegmente veranlasst wird.

Falls im Planungsprozess Unzulässigkeiten auftreten, so sind diese grundsätzlich zunächst innerhalb der betroffenen Planungsebene zu beseitigen. Erst bei größeren Problemen, die außerhalb des Entscheidungsspielraums der Planungsebene liegen, darf eine Rückmeldung an die hierarchisch übergeordnete Ebene erfolgen und damit eine Planrevision angestoßen werden.

Die hier vorgenommene Modellierung eines hierarchischen Planungssystems für die Fertigung nach dem Gruppenprinzip zeigt in Verbindung mit den vorherigen Ansätzen den weiten Einsatzbereich der hierarchischen Produktionsplanung auf und stellt damit ein weiteres Beispiel für die große Flexibilität des Planungskonzepts dar. Der hierarchische Planungsansatz ist nicht nur in zahlreichen Fallstudien in die Praxis umgesetzt worden, sondern bildet auch die Grundlage für die neueren der in Abschnitt 2.6 behandelten Produktionsplanungs- und -steuerungssysteme.

2.6   PPS-Systeme

In der betrieblichen Praxis werden zur Lösung der im Rahmen des taktisch-operativen Produktionsmanagements anfallenden Planungsaufgaben überwiegend kommerzielle *Produktionsplanungs- und -steuerungssysteme* (PPS-Systeme) als Standardsoftware eingesetzt. Abschnitt 2.6.1 gibt einen Überblick über die Ursprünge und die historische Entwicklung der PPS-Systeme. In Abschnitt 2.6.2 werden der Aufbau sowie die Arbeitsweise der klassischen PPS-Systeme nach dem MRP II-Konzept dargestellt, Abschnitt 2.6.3 befasst sich mit deren Weiterentwicklung zu ERP-Systemen. Abschnitt 2.6.4 schließlich geht auf die aktuelle Weiterentwicklung der PPS-Systeme zu Advanced Planning Systems (APS) ein.

2.6.1   Entwicklung der PPS-Systeme

Unter einem *PPS-System* versteht man ein umfassendes, computergestütztes Informations-, Dispositions- und Steuerungssystem, das auf einer zentralen Datenbank aufbaut und die Abstimmung von Entscheidungen im Bereich der mittelfristig-taktischen Produktionsplanung bis hin zur kurzfristig-operativen Produktionssteuerung und Auftragskontrolle unterstützt (vgl. Kistner/Steven 2001, S. 253). Dabei sind Einzelaufgaben von der Produktionsprogrammplanung über die Material-, Zeit- und Kapazitätswirtschaft bis hin zur konkreten Einlastung und Überwachung von Fertigungsaufträgen unter Berücksichtigung der zwischen diesen Teilbereichen bestehenden Interdependenzen zu bewältigen.

Die Aufgabe eines PPS-Systems besteht somit in der DV-technischen Unterstützung von Planungs- und Koordinationsproblemen bei der Produktionsplanung und -steuerung. Die *Ursprünge* der Entwicklung derartiger Systeme liegen bereits Anfang der 1960er Jahre, aufbauend auf der kommerziellen Nutzung der Datenverarbeitung im Bereich der Materialwirtschaft. Als eines der ersten PPS-Systeme wurde damals das Programm PICS (Production Information and Control System) von IBM auf den Markt gebracht, das später zu COPICS (Communication Oriented Production Information and Control System) erweitert wurde. Inzwischen ist der Markt für PPS-Systeme fast unüberschaubar; ständig treten neue Anbieter mit unterschiedlichem Leistungsumfang und neue Produktnamen auf. In einer Marktstudie von Fandel et al. (1997) werden insgesamt 210 Software-Produkte für die Produktionsplanung und -steuerung untersucht.

Ein Ausgangspunkt der PPS-Entwicklung liegt in der *Stücklistenauflösung* (vgl. Abschnitt 2.4.1.3). Insbesondere bei der Einzel- und Serienfertigung mit ihrem breiten Sortiment und ihrer großen Variantenzahl zeigte sich schon früh, dass die Verwaltung der zahlreichen unterschiedlichen Stücklisten ebenso wie die rechenintensiven Verfahren zur Stücklistenauflösung den Einsatz von EDV-Anlagen erforderten. Auch die Prognose von Primärbedarfsmengen wurde durch computergestützte Verfahren wesentlich vereinfacht.

Eine zweite Wurzel der PPS-Systeme bildet die *Auftragsverwaltung*, in der ebenfalls regelmäßig große Datenmengen anfallen. Die engen Verbindungen, die zwischen der Programmplanung, der Terminplanung und der Auftragsverwaltung bestehen, legten es nahe, die in diesen Bereichen anfallenden Daten in einer gemeinsamen Datenbank zu verwalten. Wegen der großen Bedeutung der Kenntnis der Bestände in den End- und Zwischenproduktlagern war auch die Einbeziehung der Lagerbestandsverwaltung eine logische Konsequenz der Integration von Auftragsverwaltung und Programmplanung. Auf einer weiteren Stufe der PPS-Entwicklung wurden schließlich auch die Aufgaben der Ablaufplanung und der Fertigungssteuerung und -kontrolle mit in die Systeme einbezogen.

Wichtige Stufen in der Entwicklung von PPS-Systemen waren die Konzepte des Material Requirements Planning (MRP) und des Manufacturing Resource Planning (MRP II).

- Im Mittelpunkt von MRP (vgl. hierzu Abschnitt 2.4.3) steht die Ableitung von terminierten Fertigungslosen, die mithilfe der Stücklistenauflösung auf der Basis der prognostizierten Primärbedarfsmengen erfolgt.

- Beim Übergang zu MRP II wird zusätzlich berücksichtigt, inwiefern die geplanten Lose auf den verfügbaren Kapazitäten realisiert werden können und damit die Materialbedarfsplanung um die Termin- und Kapazitätsplanung erweitert.

Sowohl MRP als auch MRP II sind sukzessive Planungsansätze, bei denen mehrere hierarchisch angeordnete Planungsebenen nacheinander durchlaufen werden. Die Ergebnisse einer Planungsebene gehen als Vorgaben in die jeweils nachfolgende Planungsebene ein. Das MRP II-Konzept gilt als Basis der so genannten klassischen PPS-Systeme. Auf dieser Grundstruktur, die in Abschnitt 2.6.2 näher erläutert wird, basieren noch heute zahlreiche in den Unternehmen eingesetzte PPS-Systeme.

Während sich die frühen PPS-Systeme im Wesentlichen an der funktionalen Aufteilung des Unternehmens in die Bereiche Materialwirtschaft, Fertigung, Vertrieb, Rechnungswesen usw. orientieren, steht bei der Weiterentwicklung zu *Enterprise Resource Planning* (ERP-) Systemen, die in den 1990er Jahren erfolgte, eine ganzheitliche, auf umfassende Geschäftsprozesse ausgerichtete Sichtweise im Vordergrund. Wie der Name bereits andeutet, werden beim ERP-Konzept im Idealfall sämtliche für die betriebliche Wertschöpfung erforderlichen Ressourcen explizit in die Planung einbezogen. Ein ERP-System nimmt eine Integration verschiedener Funktionen, Aufgaben und Daten innerhalb eines umfassenden Informationssystems vor. Es erlaubt die Automatisierung von Planungsabläufen und die Standardisierung von Geschäftsprozessen. In Abschnitt 2.6.3 wird das R/3®-System von SAP als bekanntester Vertreter der ERP-Systeme behandelt.

Da in vielen Unternehmen die verteilte Leistungserstellung in Zuliefernetzwerken eine immer größere Bedeutung einnimmt, richtet sich die derzeit letzte Entwicklung von Software zur Produktionsplanung und -steuerung an den Bedürfnissen des Supply Chain Managements (vgl. Abschnitt 3.5) aus. Software-Systeme zur Unterstützung und Koordination von über mehrere Partnerunternehmen verteilten Planungs- und Steuerungsaufgaben werden als Advanced Planning Systems (APS) bezeichnet und in Abschnitt 2.6.4 behandelt.

Abb. 2.61 stellt die Abfolge der verschiedenen Generationen von PPS-Systemen dar und zeigt deren jeweilige Charakteristika auf.

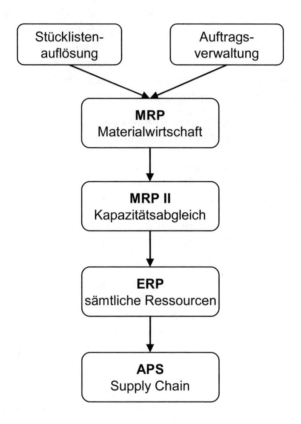

Abb. 2.61 *PPS-Generationen*

2.6.2   Klassische PPS-Systeme

Die auch heute noch weit verbreiteten, als Standard-Software angebotenen *klassischen PPS-Systeme* nach der MRP II-Logik basieren auf einem sukzessiven, modularen Planungskonzept, das sämtliche Teilbereiche der Produktionsplanung und -steuerung abdeckt. Sie setzen sich aus weitgehend unabhängigen Teilsystemen für die verschiedenen Planungsaufgaben zusammen, z.B. für die Kundenauftragsverwaltung, die Lagerbestandsverwaltung, die Produktionsprogrammplanung, die Materialbedarfsplanung, die Terminplanung usw.

Die Lösung eines Teilproblems dient jeweils als Vorgabe für das nachfolgende Modul. Bei dieser *Top-Down-Vorgehensweise* werden die einzelnen Planungsbereiche nacheinander durchlaufen. Dabei nimmt tendenziell der Detaillierungsgrad zu und der Planungshorizont ab. Rückkopplungsinformationen dienen hauptsächlich der Aktualisierung der Daten für den nächsten Planungslauf im Rahmen einer rollierenden Planung.

Von großer Bedeutung für die Funktionsweise der klassischen PPS-Systeme ist die Datenintegration. Daten und Entscheidungen der verschiedenen Teilbereiche werden in einer *zentralen Datenbank* gespeichert und über geeignete Schnittstellen den anderen Teilbereichen zugänglich gemacht. Im Einzelnen sind dort Strukturdaten hinsichtlich der Aufträge, der Produkte, der Maschinen und der Kunden und Lieferanten sowie die zugehörigen Bestands- und Bewegungsdaten der Produktion enthalten. Aktualisierungen der Daten erfolgen aufgrund von Planungen und Aktionen der einzelnen Teilbereiche sowie aufgrund von relevanten Veränderungen in der Unternehmensumwelt. Die Kommunikation zwischen den verschiedenen Modulen findet im Wesentlichen als Informationsaustausch mithilfe dieser gemeinsamen Datenbank statt.

Abb. 2.62 gibt einen Überblick über den Aufbau und die Funktionsweise eines klassischen PPS-Systems.

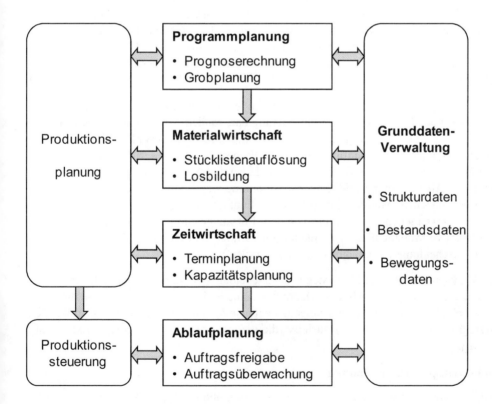

Abb. 2.62 *Grundstruktur eines klassischen PPS-Systems*

Man unterscheidet grob die beiden Teilbereiche der Produktionsplanung und der Produktionssteuerung. Üblicherweise werden der *Produktionsplanung* die folgenden Module zugeordnet: Der Anstoß der Planung erfolgt durch die Programmplanung, die das Produktionsprogramm auf aggregierter Ebene aufgrund von Aufträgen oder Nachfrageprognosen zunächst grob festlegt. Anschließend folgen die Materialwirtschaft mit der Stücklistenverwaltung und der Losgrößenbestimmung sowie die Zeitwirtschaft mit einer vorläufigen Durchlaufterminierung und dem Kapazitätsabgleich. Die sich an die Produktionsplanung anschließende *Produktionssteuerung* umfasst die operativen Aufgaben der Ablaufplanung mit der Auftragsfreigabe und der Auftragsüberwachung sowie die Qualitätskontrolle.

Vielfach bieten PPS-Systeme im Rahmen ihrer *Modulstruktur* alternative Bausteine für die einzelnen Planungsaufgaben an, durch deren individuelle Kombination, Erweiterung und Aktualisierung sie auf die jeweiligen Kundenanforderungen abgestimmt werden können. Dadurch ergibt sich ein breites Einsatzspektrum für unterschiedliche Fertigungsstrukturen. Weiter besteht durch diesen flexiblen Aufbau die Möglichkeit, das System zu einem späteren Zeitpunkt an veränderte Anforderungen anzupassen, indem die entsprechenden Module ausgetauscht oder aktualisiert werden.

Die grundlegende Planungsphilosophie der PPS-Systeme ist eine *Sukzessivplanung*, bei der die vorgelagerten Teilbereiche ihre Pläne den nachgelagerten Bereichen als Daten vorgeben, ihrerseits bei der Planung jedoch lediglich bestimmte Strukturdaten der nachgelagerten Bereiche berücksichtigen. Explizite Rückkopplungen über Unzulässigkeiten oder die mit den Vorgaben erzielbaren Ergebnisse sind in der Regel nicht vorgesehen. Dadurch werden wesentliche Interdependenzen zwischen Planungsebenen, Produktionsstufen und Aufträgen vernachlässigt.

Insgesamt stellen PPS-Systeme – entgegen ihrem Anspruch – somit keine optimierenden Entscheidungsmodelle für die Produktionsplanung dar, sondern sind als *Heuristiken* anzusehen, die lediglich eine effiziente Datenverwaltung implementieren. Damit sind die von ihnen ermittelten Lösungen zwangsläufig suboptimal. Es besteht zwar die Möglichkeit, optimierende Modelle des Operations Research – z.B. Lagerhaltungsmodelle, graphentheoretische Verfahren zur Ablaufplanung oder lineare Programme zur Produktionsprogrammplanung – innerhalb der einzelnen Module einzusetzen, die Funktionsweise eines PPS-Systems insgesamt ist jedoch weitgehend unabhängig von dem Einsatz bestimmter Modelle. Vielfach sind bereits alternative Modelle und Heuristiken implementiert und können wahlweise zur Erzeugung von Entscheidungsvorschlägen eingesetzt werden.

Die am Markt angebotenen PPS-Systeme unterscheiden sich stark hinsichtlich der Anzahl und der Differenzierung ihrer Module. Dadurch ist eine individuelle Anpassung an die jeweiligen betrieblichen Bedürfnisse und Gegebenheiten möglich. Im Allgemeinen umfasst ein PPS-System jedoch die folgenden Bausteine, die dem in Abb. 2.61 wiedergegebenen Ablauf entsprechen:

- **Produktionsprogrammplanung**

In der Produktionsprogrammplanung werden die Arten und die Mengen der in den nächsten Planungsperioden herzustellenden Endprodukte festgelegt (vgl. Abschnitt 2.3.1). Bei auftragsorientierter Fertigung wird dieses Modul durch den Eingang von Kundenaufträgen angestoßen, die von der Auftragsverwaltung übermittelt werden. Bei der Fertigung für einen anonymen Markt hingegen beruht die Produktionsprogrammplanung auf Absatzprognosen. In der Praxis finden sich meist Mischformen dieser beiden Fertigungstypen, daher sind in vielen PPS-Systemen auch Module zur Absatzprognose integriert. Die geplanten Endproduktmengen werden als Solldaten an die Auftragsverwaltung und an die Materialwirtschaft weitergegeben.

- **Materialwirtschaft**

Das Produktionsprogramm dient als Ausgangspunkt der Materialwirtschaft, in deren Rahmen zunächst eine Stücklistenauflösung durchgeführt wird, um den Bruttobedarf an Rohstoffen, Fremdteilen und Zwischenprodukten zu ermitteln. Nach einem Abgleich mit den vorhandenen Lagerbeständen und der Reservierung der verfügbaren Bestände für bestimmte Aufträge werden Einkaufs- bzw. Fertigungsaufträge für den nicht aus dem Lager zu befriedigenden Nettobedarf sowie gegebenenfalls zur Aufstockung der Lagerbestände erteilt. Dabei werden die Nettobedarfsmengen zu wirtschaftlichen Losgrößen zusammengefasst. Diese Lose werden als bindende Vorgaben an die Termin- und Kapazitätsplanung bzw. bei Zukaufteilen an den Einkauf weitergeleitet; die geplanten Zu- und Abgänge von Materialien werden ebenfalls als Sollwerte an die Lagerbestandsführung gemeldet.

- **Zeitwirtschaft**

Im Rahmen der Zeitwirtschaft erfolgt die Planung von Zeitfenstern für die Fertigungstermine sowie die Reservierung der dafür benötigten Kapazitäten. Dazu werden die Fertigungsaufträge zunächst auf allen betroffenen Produktionsstufen vorläufig eingelastet. Um sicherzustellen, dass die auf den Vorstufen herzustellenden Teile auch verfügbar sind, wenn sie auf einer nachgelagerten Stufe benötigt werden, wird eine aus der Fertigungszeit abgeleitete Vorlaufverschiebung für die Produktion der Zwischenprodukte durchgeführt. Weiter erfolgt bei der Kapazitätsplanung für jede Fertigungsstufe ein Kapazitätsabgleich. Hierbei stellt sich das Problem, dass die für eine exakte Terminplanung benötigten Durchlaufzeiten der Fertigungsaufträge nicht bekannt sind, weil sich deren Warte- und Liegezeiten im Produktions- und Transportsystem erst ergeben, wenn die sich anschließende Ablaufplanung abgeschlossen ist. Aufgrund der in PPS-Systemen üblichen sukzessiven Vorgehensweise muss daher in der Regel auf Durchschnittswerte der Vergangenheit zurückgegriffen werden. Ein ähnliches Problem ergibt sich bei der Bestimmung der effektiv verfügbaren Kapazitäten, weil die Leerzeiten der Maschinen ebenfalls erst nach Abschluss der Maschinenbelegungsplanung bekannt sind.

- **Ablaufplanung**

Als Ergebnis der Termin- und Kapazitätsplanung werden die Fertigungsaufträge freigegeben und im Rahmen der sich anschließenden Ablaufplanung endgültig in das Fertigungssystem eingelastet. Da die Ablaufplanung äußerst empfindlich auf Datenänderungen – z.B. hinsichtlich des Anwesenheitsgrads der Belegschaft, der Verfügbarkeit von Maschinen etc. – reagiert, erfolgt die Einlastung der Fertigungsaufträge meist recht kurzfristig. In vielen PPS-Systemen ist sie sogar vollständig aus dem Planungssystem ausgegliedert und wird aufgrund von Vorgaben aus der Kapazitäts- und Terminplanung dezentral auf der Meisterebene, z.B. mithilfe von elektronischen Leitständen, durchgeführt. Die bei der Ablaufplanung erstellten Maschinenbelegungspläne werden als Vorgaben an den Fertigungsbereich weitergeleitet und dort abgearbeitet. Im Rahmen der Auftragsüberwachung werden der Planvollzug sowie eventuelle Unzulässigkeiten an die Ablaufplanung zurückgemeldet; dies führt gegebenenfalls zu Änderungen bei der Maschinenbelegung in künftigen Perioden. Der Abschluss von Fertigungsaufträgen wird ebenfalls an die Lagerbestandsführung gemeldet, so dass dort ein Vergleich von Soll- und Ist-Mengen durchgeführt werden kann.

Neben den sukzessiv zu durchlaufenden Modulen, die dem Ablauf der Produktionsplanung und -steuerung dienen, verfügen die PPS-Systeme in der Regel über die beiden nachfolgend dargestellten zentralen Module, die eine wesentliche Rolle bei der Abstimmung der Einzelplanungen spielen:

- **Auftragsverwaltung**

Die Kundenaufträge bzw. Absatzprognosen werden zunächst mit den verfügbaren Lagerbeständen an Endprodukten abgeglichen. Soweit die Nachfrage aus dem Lagerbestand befriedigt werden soll, müssen die entsprechenden Mengen reserviert werden, um ihre anderweitige Verwendung zu verhindern. Die verbleibenden Kundenaufträge und die gewünschte Vorratsproduktion von End- und Zwischenprodukten, die für künftigen Bedarf auf Lager genommen werden sollen, ergeben die Bedarfsmengen der Planperiode. Charakteristisch ist, dass bei dieser Planung weder ein exakter Kapazitätsabgleich durchgeführt wird noch eine genaue Terminplanung erfolgt. Die in der Programmplanung geplanten Zu- und Abgänge von Endprodukten werden als Soll-Daten an die Lagerbestandsführung weitergegeben und dort mit den bei Beendigung der Aufträge eingehenden Ist-Daten aus der Fertigung abgeglichen.

- **Lagerbestandsführung**

Im Rahmen eines PPS-Systems kommt der im Bereich der Datenverwaltung angesiedelten Lagerbestandsführung eine zentrale Rolle bei der Koordination der verschiedenen Teilbereiche zu: Einerseits liefert sie der Programmplanung und der Materialbedarfsermittlung Informationen über die verfügbaren Lagerbestände an Rohstoffen, Bauteilen und Endprodukten, die diese zur Berechnung der Nettobedarfsmengen benötigen. Zum anderen erhält sie von diesen Modulen Informationen über die geplanten Zu- und Abgänge von Rohstoffen, Zwischen- und Endprodukten, vergleicht diese Soll-Bestandsveränderungen mit den tatsächlichen Lagerzu- und -abgängen und stößt bei Abweichungen Planrevisionen an. Schließlich meldet sie den Versand von Kundenaufträgen an die Auftragsverwaltung und ermöglicht dieser dadurch die Überwachung der Ausführung von Kundenaufträgen.

Aufgrund der breiten Verfügbarkeit von Standard-Software haben sich PPS-Systeme in der Praxis weitgehend durchgesetzt. Sie leisten eine unverzichtbare Hilfestellung bei der Bewältigung der Komplexität und Datenvielfalt im Fertigungsbereich. Vielfach bieten PPS-

Systeme im Rahmen ihrer Modulstruktur alternative Bausteine an, durch deren individuelle Kombination, Erweiterung und Aktualisierung sie auf die jeweiligen Kundenanforderungen abgestimmt werden können. Dadurch ergibt sich ein breites Einsatzspektrum für unterschiedliche Fertigungsstrukturen. Weiter besteht durch diesen flexiblen Aufbau die Möglichkeit, das System zu einem späteren Zeitpunkt an veränderte Anforderungen anzupassen, indem die entsprechenden Module ausgetauscht werden.

Allerdings sind die Unternehmen, die klassische PPS-Systeme einsetzen, vielfach mit deren Arbeitsweise und Ergebnissen unzufrieden. Die *Kritik* bezieht sich im Wesentlichen auf die sukzessive Vorgehensweise, die zu suboptimalen Lösungen führt und die zwischen den verschiedenen Planungsebenen, Produktionsstufen und Aufträgen bestehenden Interdependenzen nur unzureichend berücksichtigt. So werden z.B. bei der Mengen- und Terminplanung zunächst jegliche Engpässe im Fertigungssystem vernachlässigt; bei späterem Auftreten von Engpasssituationen wird jedoch keine konsistente Unterstützung angeboten, sondern lediglich eine ad-hoc-Umplanung vorgenommen. Auch Eilaufträge, die bei manchen Unternehmen bis zu 30% des Auftragsvolumens ausmachen, lassen sich oft bei der regulären Planung nicht berücksichtigen, sondern müssen manuell eingesteuert werden. Ein weiterer Kritikpunkt besteht darin, dass nicht nur die Vorgehensweise insgesamt heuristisch ist, sondern auch in den einzelnen Modulen weitgehend auf den Einsatz optimierender Verfahren verzichtet wird.

Aus *theoretischer Sicht* ist zu kritisieren, dass zur Lösung der verschiedenen Teilprobleme überwiegend einfache Heuristiken eingesetzt werden, die die produktionswirtschaftlichen Ziele allenfalls implizit berücksichtigen. Hinzu kommt die bereits angesprochene unzureichende Erfassung der zwischen den Teilproblemen bestehenden Interdependenzen, so dass die Ergebnisse in der Regel suboptimal sind. Diese gering ausgeprägte Abstimmung zwischen den Teilproblemen lässt sich damit begründen, dass die klassischen PPS-Systeme vor dem Hintergrund der noch recht leistungsschwachen Informationstechnik der 1970er Jahre entwickelt wurden.

2.6.3   ERP-Systeme

Ein in den 1990er Jahren entwickeltes PPS-Konzept, das die angesprochenen Nachteile zumindest zum Teil vermeidet, ist die Weiterentwicklung der klassischen PPS-Systeme zum *Enterprise Resource Planning* (ERP). Wie der Name bereits andeutet, steht hierbei eine ganzheitliche, auf funktionsübergreifende Geschäftsprozesse ausgerichtete Sichtweise im Vordergrund, bei der sämtliche für die betriebliche Planung relevanten Ressourcen explizit in die Planung einbezogen werden. Der Schwerpunkt von ERP liegt jedoch weiterhin eher auf der Unterstützung von Ausführungshandlungen im Produktionsbereich als auf der Entscheidungsunterstützung. Auch ERP-Systeme sind modular aufgebaut und arbeiten die Entscheidungsprobleme im Wesentlichen Top-Down ab. Die zwischen den verschiedenen Planungsbereichen bestehenden Interdependenzen werden bei ERP weitaus stärker als bei den klassischen PPS-Systemen explizit berücksichtigt.

Als Reaktion auf die Kritik, dass PPS-Systeme zwar eine sehr aufwändige Datenverwaltung und Informationsverarbeitung implementieren, jedoch kaum optimierende Algorithmen zur Lösung der Teilprobleme einsetzen, sind für einige der wichtigsten betriebswirtschaftlichen Aufgaben – auch über den eigentlichen Produktionsbereich hinaus – zum Teil recht anspruchsvolle *Lösungsverfahren* implementiert. So hat z.B. die SAP AG ihr weit verbreitetes Software-System R/3® um die Komponente APO (Advanced Planner and Optimizer) ergänzt, die in ausgewählten Modulen optimierende Verfahren und spezielle Heuristiken aus dem Operations Research verwendet. Dadurch lassen sich bei den produktionswirtschaftlichen Zielen teilweise erhebliche Verbesserungen erreichen.

Als einer der bekanntesten Vertreter der ERP-Systeme wird im Folgenden das R/3®-System der *SAP AG* in Walldorf näher vorgestellt (vgl. Gronau 2004). Das R/3®-System ist eine integrierte betriebswirtschaftliche Standardsoftware, deren Anwendungsbereich über die Produktionsplanung und -steuerung hinausreicht. Es orientiert sich an der ERP-Philosophie, dass alle Unternehmensbereiche in einem übergreifenden Gesamtkonzept berücksichtigt werden müssen. Die Einführung des Systems geht in das Jahr 1992 zurück, es löste seinen Vorgänger R/2 ab. Mit mehr als 60.000 weltweiten Installationen und einem Marktanteil von mehr als 30% ist das R/3®-System Weltmarktführer im Bereich der Standard-Systeme zur Produktionsplanung und -steuerung. Der Kundenkreis reicht in Deutschland von Großunternehmen wie Siemens und der Deutschen Telekom bis hin zu kleinen und mittelständischen Unternehmen. Vielfach wird das R/3®-System als *Industriestandard* angesehen, der auch als Basis für den Aufbau von überbetrieblichen Informationssystemen dient.

Eine wesentliche Komponente des Aufbaus von R/3® ist die dezentrale *Client/Server-Architektur* des Informationssystems, bei der die Datenbankebene, die Applikationsebene mit den Anwendungsprogrammen und die Präsentationsebene mit der Benutzeroberfläche auf unterschiedlichen Rechnern und sogar mit verschiedenen Betriebssystemen verwaltet werden können. Die Verbindung dieser Ebenen, die auch an unterschiedlichen Standorten angesiedelt sein können, erfolgt durch betriebsinterne Netzwerke (Local Area Network, LAN) oder auch über das Internet, das zwischen die Anwendungs- und die Präsentationsebene geschaltet werden kann.

Alle realen Objekte werden innerhalb von R/3® mithilfe der objektorientierten Programmierung als Geschäftsobjekte bzw. Business Objects abgebildet (vgl. auch Abschnitt 4.2.3). Das Grundprinzip der *objektorientierten Programmierung* besteht darin, dass Daten und Methoden in einem Objekt vereinigt und nicht – wie bei der herkömmlichen prozeduralen Programmierung – getrennt verwaltet werden. Ein Objekt ist eine eindeutig abgegrenzte Einheit, die durch ihren Namen, die Ausprägungen ihrer Attribute und durch Methoden bzw. Operationen gekennzeichnet ist. Ein Attribut weist einen bestimmten Datentyp auf und dient der Datenrepräsentation. Durch die einem Objekt zugeordneten Operationen können die Ausprägungen der Attribute verändert und damit der Zustand des Objekts beeinflusst werden. Weiter wird über sie der Zugriff auf die Daten eines Objekts geregelt, der nur über fest definierte Schnittstellen erfolgen darf. Ein Geschäftsobjekt „Material" ist z.B. durch die Attribute Artikelnummer, Bezeichnung, verschiedene technische Daten, Lagerort und Lagerbestand gekennzeichnet und kann durch Operationen wie die Buchung von Lagerzu- oder -abgängen und die Ermittlung von Brutto- oder Nettobedarfsmengen verändert werden.

R/3® ist wie seine Vorgänger im Bereich der klassischen PPS-Systeme modular aufgebaut. Für die wichtigsten betriebswirtschaftlichen Aufgaben sind Module implementiert, die gemeinsam oder auch separat arbeitsfähig sind. Abb. 2.63 gibt einen Überblick über die *Modulstruktur* von R/3®.

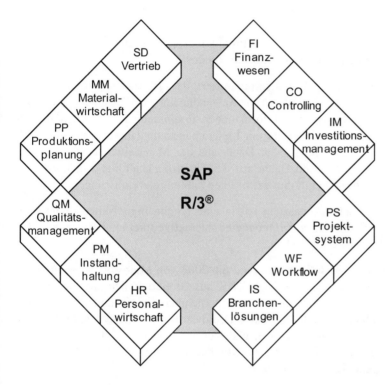

Abb. 2.63   *Modulstruktur von SAP R/3®*

Die in R/3® enthaltenen Module lassen sich verschiedenen betriebswirtschaftlichen Bereichen zuordnen:

(1)   Logistik
- Vertrieb (Sales and Distribution, SD)
- Materialwirtschaft (Materials Management, MM)
- Produktionsplanung (Production Planning, PP)
- Qualitätsmanagement (Quality Management, QM)
- Instandhaltung (Plant Maintenance, PM)

(2) Rechnungswesen
   - Finanzwesen (Financial Accounting, FI)
   - Controlling (CO)
   - Investitionsmanagement (Investment Management, IM)

(3) Projektsystem (Project System, PS)

(4) Personalwirtschaft (Human Resources, HR)

(5) Workflow (WF)

(6) Branchenlösungen (IS): z.B. PP-PI für die Produktionsplanung und -steuerung in der prozessorientierten Industrie oder IS-Oil für die Ölindustrie

Die *Datenverwaltung* ist modulübergreifend so organisiert, dass jeder Datensatz nur einmal gespeichert werden muss und in allen Modulen für Anwendungen zur Verfügung steht. Häufig sind die Datensätze so strukturiert, dass Informationen zusammengefasst werden, die aus verschiedenen Modulen stammen. So besteht ein Lieferantenstammdatensatz aus allgemeinen Daten, z.B. der Adresse des Lieferanten, Daten aus der Materialwirtschaft, z.B. den Lieferbedingungen des Lieferanten, und Daten aus der Finanzbuchhaltung, z.B. der Bankverbindung des Lieferanten oder den mit ihm getroffenen Zahlungsvereinbarungen.

Für die unternehmensindividuelle Anpassung sowie eine regelmäßige Aktualisierung des ERP-Systems bietet die SAP AG mit *mySAP.com* eine interaktive Internetplattform an, über die auch ein technischer Support erfolgen kann.

Weitere wichtige Anbieter von ERP-Systemen sind die 2002 von Microsoft übernommene, ursprünglich dänische Firma Navision, die Sage KHK aus Großbritannien, die niederländische Firma Baan, die beiden US-amerikanischen Unternehmen Oracle und SSA und die Ende 2003 fusionierten Anbieter PeopleSoft und J. D. Edwards (vgl. Gronau 2004, S. 13f.). Während SAP vor allem bei Großunternehmen und Konzernen der Marktführer ist, findet man in mittelständischen Unternehmen vielfach Individualsoftware oder Produkte von auf eine bestimmte Branche spezialisierten Anbietern.

Auch wenn die Planungsergebnisse von ERP-Systemen im Vergleich zu klassischen PPS-Systemen deutlich besser sind, weisen auch sie immer noch systemimmanente *Nachteile* und Schwächen auf (vgl. Krüger/Steven 2002, S. 8f.):

- Hauptziel der ERP-Systeme ist nach wie vor die Erstellung eines für die vorliegende Datenkonstellation zulässigen Plans. Eine Steuerung im Hinblick auf produktionswirtschaftlich relevante Kosten- oder Zeitziele ist hingegen kaum möglich.

- Die zahlreichen Interdependenzen zwischen Planungsebenen, Produktionsstufen und Aufträgen werden nach wie vor nur unzureichend berücksichtigt. Dies gilt z.B. für die Abstimmung zwischen der Produktions- und der Absatzplanung oder für die isolierte Bestimmung von Losgrößen.

- Weiter werden Mengenaspekte im Vergleich zu Termin- und Kapazitätsaspekten überbetont, die begrenzte Verfügbarkeit von Ressourcen wird während keiner Planungsphase systematisch berücksichtigt.

- Die zur Planung herangezogenen Durchlaufzeiten sind normalerweise Schätzwerte, die als Stammdaten in den Arbeitsplänen hinterlegt sind und als unabhängig von der aktuellen Ressourcenbelastung angenommen werden.

- Die sukzessive Vorgehensweise der ERP-Systeme stellt hohe Anforderungen an die Datenqualität und benötigt viel Zeit für einen Planungsdurchlauf. Häufig sind die Planungsergebnisse zum Zeitpunkt der Umsetzung nicht mehr aktuell, da kurzfristige Änderungen, z.B. durch Eilaufträge, nicht hinreichend berücksichtigt werden können.

2.6.4   Advanced Planning Systems

Da die ERP-Systeme bereits in einem einzelnen Unternehmen keine vollständig zufrieden stellenden Ergebnisse erzielen, gilt dies erst recht für die weitaus komplexere Produktionsplanung in Produktionsnetzwerken, wie sie insbesondere beim *Supply Chain Management* stattfindet. Als Supply Chain Management bezeichnet man die integrierte Planung, Steuerung und Kontrolle der Fertigung sowie der logistischen Prozesse, die in den an einer Wertschöpfungskette (Supply Chain) beteiligten Unternehmen auftreten (vgl. auch Abschnitt 3.5). Somit wird einerseits die Planung der Produktion mit der Logistik verknüpft, andererseits die Perspektive der Produktionsplanung und -steuerung von den innerbetrieblichen Abläufen eines Unternehmens auf den gesamten Prozess der Leistungserstellung erweitert.

ERP-Systeme sind grundsätzlich dafür ausgelegt, die Geschäftsprozesse lediglich eines Unternehmens abzubilden. Zwar lassen sich mehrere ERP-Systeme z.B. durch den Einsatz von Electronic Data Interchange (EDI) miteinander vernetzen, doch ist dies auf den einfachen Informationsaustausch in ausgewählten Beziehungen mit festgelegter Fließrichtung, z.B. zu einem bestimmten Lieferanten, beschränkt. Eine die gesamte Supply Chain übergreifende Planung und Steuerung lässt sich auf diese Weise nicht realisieren.

Zur Erfüllung derartiger Aufgaben wird seit Ende der 1990er Jahre ein spezieller Typ von Informationssystemen angeboten, der als *Advanced Planning Systems* (APS) oder auch als Supply Chain Management-Systeme (SCM-Systeme) bezeichnet wird. Auch wenn die APS von vornherein als Ergänzung zu den ERP-Systemen konzipiert wurden und Zugriff auf deren Datenbestände haben, erfolgte ihre Entwicklung weitgehend unabhängig. So konzentrierten sich die APS-Vorläufer zunächst auf die Unterstützung der Konfiguration von Supply Chains. Diese frühzeitige Ausrichtung auf die zwischenbetriebliche Integration hat wohl letztlich verhindert, dass auch die APS das suboptimale MRP-Konzept lediglich übernommen haben.

Ausgehend von der Konfiguration der Supply Chain weiteten die APS ihren Funktionsumfang unter Berücksichtigung leistungsstarker Planungsmodelle immer weiter aus und näherten sich damit dem Einsatzbereich der ERP-Systeme an. Mit der Verbreitung des Supply

Chain Management stieg die Nachfrage nach APS stark an. Derzeit lassen sich *Spezialanbieter* von Advanced Planning Systems, wie die Firma i2, von solchen Anbietern unterscheiden, die entweder als ERP-Anbieter einen APS-Spezialanbieter aufgekauft haben, wie Baan mit CAPS Logistics und J.D. Edwards mit Numetrix, oder die zu ihren bereits verfügbaren ERP-Lösungen eigenständig ein APS entwickelt haben, wie die SAP AG. Durch diese Entwicklung kam es zu einer weitgehenden Verschmelzung beider Systemtypen.

Wie bei den ERP-Systemen liegt auch den APS eine modulare Struktur zugrunde. Der Anwender kann diejenigen Module auswählen, die er für seine konkrete Problemstellung benötigt. Die *Supply Chain Planning Matrix* in Abb. 2.64 (vgl. Fleischmann/Meyr/Wagner 2000, S. 63) zeigt den typischen Aufbau eines APS, bei dem die einzelnen Module nach ihrem Bezug zu betrieblichen Funktionsbereichen sowie nach der Fristigkeit ihres Planungshorizonts angeordnet sind. Während der Materialfluss entsprechend der Wertschöpfung verläuft, liegt ein intensiver gegenseitiger Informationsaustausch zwischen den Modulen sowohl in horizontaler als auch in vertikaler Richtung vor.

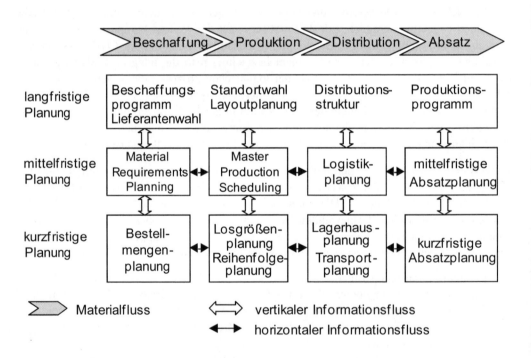

Abb. 2.64 *Supply Chain Planning Matrix*

- Im Mittelpunkt der auch als *Supply Chain Configuration* bezeichneten langfristigen Planung steht die strategisch ausgerichtete Planung der dem Materialfluss zugrunde liegenden Netzwerkstruktur. Hierfür werden unter anderem die aus der Standortplanung bekannten linearen Optimierungsmodelle eingesetzt, die mit Absatz- und Produktionsmengen, Kapazitäten, Durchlaufzeiten und Kostengrößen arbeiten, um Produktionsstandorte und Lagerbestände abbilden, planen und verteilen zu können. Weiter bieten APS Modellierungs- und Simulationsfunktionen zur Planung und Abbildung von Standorten und Beschaffungs- und Distributionswegen, die in einem Modul zur strategischen Netzwerkplanung zusammengefasst sind.

- Gegenstand des auf der taktischen Ebene angesiedelten *Supply Chain Planning* ist die mittelfristige Planung der Material- und Informationsflüsse, d.h. die Bedarfs-, Produktions-, Bestands-, Distributions- und Transportplanung für ein einzelnes Unternehmen oder für die gesamte Supply Chain. Hierfür werden im Wesentlichen die auch in den PPS-Systemen implementierten Verfahren zur Nachfrageprognose, zur Produktionsprogrammplanung, zur Materialbedarfsplanung und zur Zeit- und Kapazitätswirtschaft eingesetzt.

- Die Durchführung und Überwachung der konkreten Abläufe auf der operativen Ebene wird als *Supply Chain Execution* bezeichnet. Die hier anfallenden Aufgaben sind die kurzfristige Fertigungs- und Transportsteuerung, die Bestands- und Terminüberwachung sowie die fallweise Fremdvergabe von Teilleistungen bei Kapazitätsengpässen. Von besonderer Bedeutung ist die schnelle Reaktion auf Ereignisse und Zustandsänderungen, die sich durch die Verknüpfung der in den beteiligten Unternehmen angesiedelten Informationssysteme erreichen lässt. Weiter enthalten APS Module für das Monitoring der gesamten Supply Chain sowie für die Bestands- und Transportsteuerung und -überwachung.

Die durch das Supply Chain Management angestrebten Verbesserungen hinsichtlich geringerer Lagerbestände, kürzerer Auftragsdurchlaufzeiten, eines stetigeren Materialflusses und der effizienten Auslastung von Produktions-, Lager- und Transportkapazitäten lassen sich durch unterschiedliche *Maßnahmen* erreichen, die auf allen drei Ebenen ansetzen: Auf der Ebene der Konfiguration der Supply Chain lassen sich durch eine transparente Abbildung und Modellierung zusätzliche Potenziale erschließen. Im Planungsbereich können leistungsfähige Prognosesysteme oder die Koordination der Planungen über die verschiedenen Stufen der Supply Chain hinweg Vorteile bringen. Auch die Steuerung von Produktionsaufträgen und Transportvorgängen und die zugehörigen Kontrollfunktionen sind auf die Erfordernisse der Supply Chain abzustimmen.

Die Bezeichnung „Advanced Planning" verdeutlicht den Anspruch dieser Systeme, die Defizite der PPS- und ERP-Systeme zu beheben. Verbesserungen ergeben sich zum einen im Bereich der *Ausführungsunterstützung*: Die Ausdehnung der Systemreichweite auf mehrere Standorte, z.B. durch realitätsnahe Abbildung der Supply Chain sowie durch einen sowohl aufwärts- als auch abwärts gerichteten Informationsfluss erhöht die Transparenz der Planungsprozesse über die beteiligten Unternehmen hinweg deutlich.

Der Schwerpunkt der Advanced Planning Systems liegt eindeutig auf der *Entscheidungsunterstützung*. Durch Nutzung der Möglichkeiten der modernen Informationstechnik bieten sie nicht nur anspruchsvolle mathematische Lösungsalgorithmen, sondern auch eine restriktions- und engpassorientierte Planung sowie eine simultane Überprüfung der Einhaltung von Restriktionen und der Nutzung der vorhandenen Kapazitäten. Sie arbeiten mit großer Geschwindigkeit, die für die Planung notwendigen Daten werden im Arbeitsspeicher gehalten, so dass die Berücksichtigung von Änderungen, z.B. bei der Kapazitätsplanung, in Echtzeit erfolgen kann. Beschleunigend wirkt darüber hinaus die Verwendung von inkrementellen Planungsverfahren, die bei einer Veränderung von Planungsdaten Pläne fortschreiben und nicht wie bei den MRP II-basierten ERP-Systemen komplett neu erstellen.

Die derzeit verfügbaren APS weisen jedoch noch deutliche Verbesserungspotenziale auf: So ist das modulare Planungskonzept nicht in der Lage, eine optimale Gesamtlösung zu erzeugen. Es lassen sich lediglich bei Vorhandensein eines entsprechenden optimierenden Algorithmus lokale Optima für einzelne Teilprobleme generieren, die anschließend aufeinander abzustimmen sind. Der weiterhin erforderliche Einsatz von ergänzenden ERP-Systemen sowie die für den Einsatz von APS erforderlichen hierarchischen Organisationsstrukturen zeigen darüber hinaus, wie weit die Advanced Planning Systems noch vom Idealbild eines universalen Supply Chain Management-Systems entfernt sind.

2.7   Literaturempfehlungen zum Produktionsmanagement

Für eine vertiefte Auseinandersetzung mit dem Gebiet des Produktionsmanagements sollten die nachfolgend genannten Lehrbücher herangezogen werden:

Arnold, U.: Beschaffungsmanagement, Schäffer-Poeschel, Stuttgart, 2. Aufl. 1997

Domschke, W., Scholl, A., Voß, S.: Produktionsplanung, Springer, Berlin usw., 2. Aufl. 1997

Fandel, G., François, P., Gubitz, K.-M.: PPS- und integrierte betriebliche Softwaresysteme – Grundlagen, Methoden, Marktanalyse, Springer, Berlin usw., 2. Aufl 1997

Glaser, H., Geiger, W., Rohde, V.: PPS – Produktionsplanung und -steuerung, Gabler, Wiesbaden, 2. Aufl. 1992

Gronau, N.: Enterprise Resource Planning und Supply Chain Management, Oldenbourg, München/Wien 2004

Günther, H.-O., Tempelmeier, H.: Produktion und Logistik, Springer, Berlin usw., 6. Aufl. 2005

Hoitsch, H.-J.: Produktionswirtschaft, Vahlen, München, 2. Aufl. 1993

Kistner, K.-P., Steven, M.: Produktionsplanung, Physica, Heidelberg, 3. Aufl. 2001

Kurbel, K.: Produktionsplanung und -steuerung im Enterprise Resource Planning und Supply Chain Management, Oldenbourg, München/Wien, 6. Aufl. 2005

Steven, M.: Hierarchische Produktionsplanung, Physica, Heidelberg, 2. Aufl. 1994

Tempelmeier, G.: Material-Logistik, Springer, Berlin usw., 6. Aufl. 2006

Zäpfel, G.: Strategisches Produktions-Management, Oldenbourg, München/Wien, 2. Aufl. 2000

Zäpfel, G.: Grundzüge des Produktions- und Logistikmanagement, Oldenbourg, München/Wien 2001

3 Produktionslogistik

3.1 Bedeutung der Logistik

3.1.1 Logistikbegriff

Der Ursprung des Begriffs „Logistik" liegt im militärischen Bereich. Dort versteht man darunter den Transport, die Unterbringung und die Versorgung der Truppen sowie den Transport, die Lagerung und die Instandhaltung von Gütern zum Zweck der bedarfsgerechten *Truppenversorgung*. Nach dem 2. Weltkrieg wurden die in diesem Zusammenhang gewonnenen Erkenntnisse und Methoden unter der Bezeichnung Unternehmenslogistik (business logistics) auf den wirtschaftlichen Bereich übertragen und anhand der dort auftretenden Problemstellungen im Bereich der Distribution und der Materialwirtschaft weiterentwickelt. Die Wurzeln der Logistik liegen innerhalb der Betriebswirtschaftslehre zum einen im Bereich der Materialwirtschaft, zum anderen in der Verkehrsbetriebslehre.

Es lassen sich in der Literatur verschiedene Sichtweisen der Logistik feststellen, die teilweise auch ihre bisherigen *Entwicklungsstufen* widerspiegeln:

- Im ingenieurwissenschaftlichen Bereich dominiert eine *technikorientierte Darstellung* der Logistik, deren Schwerpunkt auf der Planung und konkreten Ausgestaltung von Lager-, Förder-, Handhabungs- und Produktionssystemen für die verschiedenen Anforderungen der Praxis liegt (vgl. stellvertretend für diese Richtung Jünemann/Schmidt 1999, Koether 2006).

- Eine stark *modellorientierte Sichtweise* der Logistik vertreten Domschke und Drexl, die sich in einem dreiteiligen Lehrbuch zur Logistik auf OR-Algorithmen für Transportprobleme, Probleme der Tourenplanung und Probleme der Standortplanung konzentrieren und diese mit mathematisch anspruchsvollen, formalen Methoden darstellen (vgl. Domschke 1997, 2007, Domschke/Drexl 1996).

- Die amerikanische Logistikgesellschaft *Council of Logistics Management* definiert: „Logistics ... is ... the process of planning, implementing, and controlling the efficient, cost effective flow and storage of raw materials, in-process inventory, finished goods, and related information from point of origin to point of consumption for the purpose of conforming to customer requirements."

- In der betriebswirtschaftlichen Literatur findet sich vielfach eine *flussorientierte Logistiksicht*. Ihr Schwerpunkt liegt auf der Durchführung von raum-zeitlichen Gütertransformationen und den unterstützenden Prozessen und Dienstleistungen. Dabei stehen die funktionalen Aspekte der einzelnen Transformationsprozesse im Vordergrund (vgl. z.B. Pfohl 2004, Weber/Kummer 1998, S. 9ff.).

- Inhaltlich und methodisch über die Flussorientierung hinaus geht die *Koordinationssicht* der Logistik, die auf die Abstimmung und Integration der an verschiedenen Stellen des Wertschöpfungsprozesses auftretenden Material- und Informationsflüsse abstellt (vgl. z.B. Weber/Kummer 1998, S. 14ff., Klaus 1998, S. 66ff.). Diese Koordinationsaufgabe ist nicht auf ein Unternehmen beschränkt, sondern kann – z.B. in der Erweiterung zum Supply Chain Management – die gesamte Lieferkette, in die das Unternehmen eingebunden ist, umfassen.

- Schließlich lässt sich die Logistik als eine *prozessorientierte Führungslehre* auffassen, die sich nicht mehr nur mit der Handhabung konkreter Material- und Informationsflüsse befasst. Ihre Aufgabe besteht vielmehr darin, das der operativen Ebene übergeordnete Führungs- und Ausführungssystem eines Unternehmens in enger gegenseitiger Abstimmung konsequent flussorientiert auszugestalten (vgl. z.B. Weber/Kummer 1998, S. 21ff., Isermann 1998, S. 24).

Im Folgenden wird auf der flussorientierten Sichtweise aufgebaut und unter *Logistik* die integrierte Planung, Gestaltung, Abwicklung und Kontrolle des gesamten physischen Materialflusses und des dazugehörigen Informationsflusses von den Lieferanten in das Unternehmen hinein, innerhalb des Unternehmens, vom Unternehmen zu seinen Kunden sowie der damit verbundenen Entsorgungsprozesse verstanden. Diese Sicht erstreckt sich auch auf die Koordination der verschiedenen Quellen und Senken, die innerhalb einer komplexen, unternehmensübergreifenden Wertschöpfungskette auftreten.

Während die Logistik in den USA bereits in den 1950er Jahren aufgrund steigender *Transportkosten* sowie im Zusammenhang mit der zunehmenden Markt- bzw. Kundenorientierung der Unternehmen an Bedeutung gewann, geschah dies in der deutschsprachigen Betriebswirtschaftslehre erst seit den 1970er Jahren. Eine beschleunigte Weiterentwicklung des logistischen Denkens lässt sich in den 1980er und 1990er Jahren feststellen, als mit dem Supply Chain Management (vgl. Abschnitt 3.5) die unternehmensübergreifende Koordination von Materialflüssen in den Mittelpunkt rückte. In vielen Unternehmen kommt der Logistik ein zunehmender Stellenwert zu. In diesem Zusammenhang wird das 21. Jahrhundert auch als das „Jahrhundert der Logistik" bezeichnet (vgl. Pfohl 2001, S. 189ff.). Dieser Bedeutungszuwachs beruht auf mehreren Entwicklungen:

- Im Rahmen des zunehmenden *Wettbewerbs* erwarten die Kunden von den Unternehmen auf zahlreichen Märkten neben hervorragenden, auf ihre individuellen Bedürfnisse zugeschnittenen Produkten auch einen immer besseren Lieferservice.

- Weiter verstärkt sich die Notwendigkeit, durch *Kostensenkungen* zur Verbesserung des betrieblichen Ergebnisses beizutragen, wobei die Logistik mit einem branchenabhängigen Kostenanteil von bis zu 25% einen viel versprechenden Ansatzpunkt bietet.

- Schließlich lässt sich sowohl in der Gesamtwirtschaft als auch global eine immer noch weiter zunehmende *Arbeitsteilung* feststellen, durch die nicht nur zusätzliche Verkehrsflüsse entstehen, sondern auch logistische Aufgaben auf spezialisierte Dienstleistungsunternehmen ausgelagert werden.

3.1.2   Ziele der Logistik

Das Sachziel der Logistik ist das *Serviceziel*. Es besteht in der Sicherstellung der bedarfsgerechten Verfügbarkeit von logistischen Objekten zum Zweck der Befriedigung der Bedürfnisse von internen oder externen Kunden und lässt sich durch die so genannten 4 R's als
Kriterien veranschaulichen (vgl. Pfohl 1996, S. 12): Das *richtige Gut* (in Bezug auf seine
Sorte und Menge) soll im *richtigen Zustand*, d.h. der gewünschten Qualität, *zur richtigen
Zeit* und *am richtigen Ort* bereitgestellt werden (vgl. hierzu den Güterbegriff bei Debreu
1976, S. 37). Sollte ein Gut bei einer dieser Dimensionen nicht die gewünschte Ausprägung
aufweisen, so kann es durch eine der in Abschnitt 3.1.3 beschriebenen logistischen Transformationen, d.h. durch einen Transport-, Umschlag- oder Lagerungsvorgang, in den Sollzustand überführt werden.

Als monetäres Ziel bzw. Formalziel der Logistik wird die Minimierung der mit der Güterbe-
reitstellung verbundenen *Logistikkosten* verfolgt. Diese setzen sich aus einer Vielzahl von
Kostengrößen zusammen, über die in verschiedenen Verantwortungsbereichen der Produktionslogistik entschieden wird, z.B.:

- Beschaffungskosten
- Fehlmengenkosten
- Lagerhaltungskosten
- Transportkosten
- Materialflusskosten
- Distributionskosten
- Entsorgungskosten

Die *Kostenminimierung* steht häufig im Zielkonflikt mit dem oben genannten Serviceziel,
z.B. wenn eine Kostensenkung über die Verringerung der Lagerbestände oder eine Reduktion der Anzahl der angebotenen Produktvarianten erreicht werden soll. Eine häufig gewählte
Kompromisslösung zur Auflösung dieses Zielkonflikts besteht darin, dass die Logistikkosten
minimiert werden (Extremierungsziel) unter der Bedingung, dass ein vorgegebener Servicegrad zumindest erreicht wird (Satisfizierungsziel).

Daneben sind bei der Durchführung logistischer Prozesse *soziale Ziele* wie der Gesundheits-
und Arbeitsschutz oder die Arbeitszufriedenheit von Bedeutung. Auch *ökologische Ziele*
werden bei der Gestaltung logistischer Abläufe nicht nur im Bereich der Entsorgungslogistik
immer stärker berücksichtigt.

Um die Erreichung dieser vielfältigen Zielsetzungen durch konsistentes Handeln auf sämtli-
chen Stufen des betrieblichen Leistungsprozesses sicherzustellen, lässt sich das Ziel der
Logistik auf der operativen Ebene als *Optimierung des physischen Materialflusses* durch
Koordination aller relevanten Abläufe formulieren. Auf der strategischen Ebene wird dies
unterstützt durch die flussorientierte Ausgestaltung des gesamten Leistungsbereichs eines
Unternehmens.

Generell lässt sich das *logistische Denken* durch die folgenden Komponenten charakterisieren (vgl. Pfohl 1996, S. 20ff.):

1. Systemdenken

Die Betrachtungsweise der Logistik ist vom systemtheoretischen Standpunkt ganzheitlich, d.h. sie betrifft das Logistiksystem als Ganzes. Dies bedeutet zunächst, dass die logistischen Funktionen und Objekte in einer einheitlichen Terminologie beschrieben werden, um die Zusammenhänge zwischen verschiedenen Teilsystemen adäquat abbilden zu können. Weiter muss die Modellbildung für Logistiksysteme unter Beachtung aller relevanten Interdependenzen erfolgen, um sämtliche Auswirkungen einer logistikbezogenen Entscheidung erfassen und dadurch letztendlich einen besseren Kundenservice bieten zu können. Dies erfordert weiter, suboptimale Insellösungen zu vermeiden bzw. zu einem ganzheitlichen Logistiksystem zu vernetzen, das in der Lage ist, Synergieeffekte zwischen verschiedenen Teilbereichen aufzudecken und zu realisieren.

So ist z.B. bei isolierter Betrachtung der Transportkosten die Luftfracht für die meisten Güter aufgrund ihres geringen Verhältnisses von Wert und Volumen eine zu teure Beförderungsart. Bei Betrachtung des Gesamtsystems kann sich jedoch der Lufttransport als die kostengünstigste Variante erweisen, wenn die dadurch mögliche Lieferterminverkürzung von den Kunden entsprechend honoriert wird oder wenn sich dadurch ein Lagerstandort innerhalb der Lieferkette vermeiden lässt.

2. Servicedenken

Bereits oben wurde das Serviceziel als ein wesentliches Ziel der Logistik herausgestellt. Unter Service versteht man in diesem Zusammenhang logistische Dienstleistungen, die vom Unternehmen vielfach als Ergänzung zu seinen Sachleistungen angeboten werden und als zusätzliches Differenzierungsmerkmal im Wettbewerb immer mehr an Bedeutung gewinnen. Auf der Beschaffungsseite des Unternehmens spricht man vom Versorgungsservice, auf der Absatzseite vom Lieferservice, die beide für die bedarfsgerechte Bereitstellung der jeweiligen Güter sorgen müssen. Da in einer Kunden-Lieferanten-Beziehung der Versorgungsservice des Kunden durch den Lieferservice des Lieferanten determiniert wird, steht letzterer häufig im Mittelpunkt logistischer Betrachtungen. Der Lieferservice lässt sich durch die in Abb. 3.1 angegebenen Kriterien charakterisieren:

- Die *Lieferzeit* entspricht der Zeit von der Auftragserteilung bis zum Wareneingang beim Kunden und umfasst die Komponenten Auftragsbearbeitungszeit beim Lieferanten, Zeit für die Zusammenstellung des Auftrags, Transportzeit und Zeit für die Einlagerung der Ware beim Kunden. Bei Einzelanfertigungen, die eine individuelle Produktentwicklung erfordern, zählt zusätzlich die Entwicklungszeit zur Lieferzeit.

- Die *Lieferzuverlässigkeit* gibt an, inwieweit die Lieferungen eines Lieferanten zu den vereinbarten Lieferterminen eingehen bzw. inwieweit der Lieferant auch bei kurzfristigen Bestellungen lieferbereit ist.

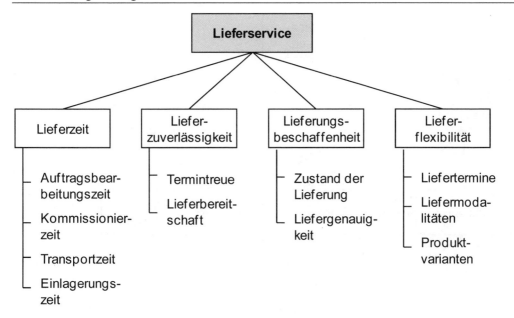

Abb. 3.1 *Komponenten des Lieferservice*

- Die *Lieferungsbeschaffenheit* bezieht sich darauf, in welchem Zustand die Lieferung am Bedarfsort ankommt und inwieweit die Lieferung nach Art und Qualität der gelieferten Waren der Bestellung entspricht.

- Von großer Bedeutung ist weiter die *Lieferflexibilität* als ein Maß für die Bereitschaft des Lieferanten, auf individuelle Kundenwünsche sowohl bei der Produktgestaltung als auch bei den Lieferterminen einzugehen.

3. Gesamtkostendenken

Die oben als Hauptziel der Logistik genannte Kostenminimierung bezieht sich nicht auf die isolierte Minimierung einer bestimmten Kostenart, sondern auf die Minimierung der im Gesamtsystem anfallenden Kosten. Dies bedeutet bei gegenläufigen Kostenverläufen, dass zur Erzielung einer Gesamtkostenreduktion durchaus an einzelnen Stellen im System Kostenerhöhungen auftreten dürfen, wenn diese durch größere Kostensenkungen an anderer Stelle überkompensiert werden. Daher sind bei einer Entscheidung im Logistikbereich regelmäßig sämtliche relevanten Kostengrößen angemessen zu berücksichtigen. Derartige Interdependenzen bestehen – teils in Form von Zielharmonien, teils als Zielkonflikte – insbesondere zwischen den in Abb. 3.2 dargestellten Kostenkomponenten:

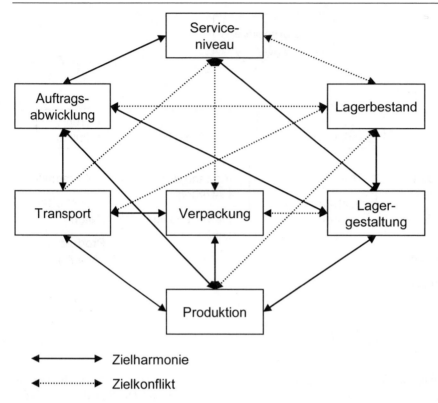

Abb. 3.2   *Interdependenzen bei den Logistikkosten (in Anlehnung an Pfohl 1996, S. 31)*

- Eine Senkung der *Transportkosten* aufgrund der Zusammenfassung von Einzellieferungen bewirkt zwar eine Vereinfachung bei der Produktion, der Verpackung und der Auftragsabwicklung, bringt jedoch auch ein Ansteigen des Lagerbestands und damit der Lagerhaltungskosten sowie ein schlechteres Serviceniveau mit sich.

- Bei einer Verringerung des Lagerbestands sinken zwar die *Lagerhaltungskosten* sowie aufgrund des geringeren Platzbedarfs auch die Kosten im Bereich der Lagergestaltung, jedoch sind damit gleichzeitig ein geringeres Serviceniveau, höhere Auftragsabwicklungs- und Transportkosten sowie größere Schwankungen bei den Produktionsmengen verbunden.

- Eine Kostenreduktion aufgrund von Einsparungen bei den *Verpackungen* lässt zwar die Produktions- und Transportkosten sinken, jedoch können gleichzeitig die Anforderungen an die Lagergestaltung steigen und das Serviceniveau aufgrund von Transportschäden zurückgehen.

4. Effizienzdenken

Effizienz bedeutet die Orientierung am ökonomischen Prinzip, d.h. die Vermeidung der Verschwendung knapper Ressourcen bei der Leistungserstellung (vgl. Abschnitt 1.1.6). So kann man durch die Zusammenfassung von logistischen Objekten zu umfassenderen Einheiten oder auch durch die Bündelung von Tätigkeiten, die zuvor an mehreren Stellen im Logistiksystem separat verrichtet wurden, bei einem einzigen Logistikdienstleister Rationalisierungspotenziale ausnutzen und dadurch gleichzeitig die Effizienz des Gesamtsystems erhöhen und die Kosten senken.

Diese vier Komponenten des logistischen Denkens sind eng miteinander verknüpft; erst ihre gemeinsame Betrachtung erschließt die charakteristischen Zielsetzungen der logistischen Leistungserstellung.

3.1.3   Logistikobjekte und -prozesse

Objekte der Logistik sind auf der physischen Ebene in der Regel *Sachgüter*, d.h. alle materiellen Güter, an denen logistische Zustandstransformationen vorzunehmen sind. Hierzu zählen insbesondere das Fertigungsmaterial, Roh-, Hilfs- und Betriebsstoffe, Zuliefer- und Ersatzteile, Handelswaren, Halb- und Fertigerzeugnisse sowie Retouren, Verpackungen, Abfälle und Rückstände, für deren ordnungsmäßige Beseitigung oder Rückführung in das Wirtschaftssystem ein Unternehmen verantwortlich ist. Zwar können auch *Personen* als Logistikobjekte auftreten, doch ist dies nur aus der Sicht von Verkehrsbetrieben, Reiseveranstaltern und ähnlichen Unternehmen interessant und wird daher im Folgenden vernachlässigt.

Auf der immateriellen Ebene gehören auch *Informationen*, die die physischen Objekte und die an ihnen vorzunehmenden Transformationen beschreiben, sowie die logistischen Dienstleistungen zu den Objekten der Logistik. Der logistische Informationsfluss dient der Planung, Steuerung und Kontrolle des Güterflusses. Informationen können zum einen dem Materialfluss entgegengesetzt sein, zum anderen parallel zum Materialfluss verlaufen. Weiter lassen sich die logistischen Informationen in die in Abb. 3.3 genannten Kategorien einteilen:

	parallel	entgegengesetzt
	zum Materialfluss	
vorauseilend	Lieferavis	Bestellung
begleitend	Positionsmeldung	–
nacheilend	Rechnung	Reklamation

Abb. 3.3 *Logistische Informationen*

- Dem Güterfluss *vorauseilende Informationen* sorgen dafür, dass sich die betroffenen Stellen in der Lieferkette rechtzeitig auf das Eintreffen der Güter vorbereiten können. Zu dieser Kategorie gehören z.B. eine Bestellung oder ein Lieferavis.

- Den Güterfluss *begleitende Informationen* dienen dazu, die jeweiligen logistischen Prozesse auszulösen, den Weg der Güter durch das logistische Netzwerk zu verfolgen und gegebenenfalls Maßnahmen zur Beschleunigung oder Verzögerung von Vorgängen zu treffen. Beispiele sind Informationen über den Abgang oder Eingang von Transporten sowie über die aktuelle Position eines Transports.

- Dem Güterfluss *nacheilende Informationen* sind für die Auswertung und die nachträgliche Kontrolle des Güterflusses erforderlich. Sie können in der gleichen Richtung wie der zugrunde liegende Güterfluss auftreten, wie z.B. eine Rechnung, oder dem Güterfluss entgegengerichtet sein, wie Rückmeldungen über die Abwicklung, den Lieferservice oder auch Reklamationen.

Tendenziell haben die dem Güterfluss vorauseilenden Informationen die größte Bedeutung für die logistische Koordination, weisen jedoch die schlechteste Verfügbarkeit auf. Umgekehrt sind dem Güterfluss nacheilende Informationen zwar in großer Menge und problemlos verfügbar, haben jedoch nur noch eine geringe Bedeutung für die Durchführung der Koordination.

	Lagerung	Transport	Umschlag		
			Bündelung Verteilung	Sortierung Mischung	Verpackung
Zeitänderung	X				
Raumänderung		X			
Mengenänderung			X		
Sortenänderung				X	
Änderung der Umschlageigenschaften			(X)		X

Abb. 3.4   *Logistikprozesse und Gütertransformationen (in Anlehnung an Pfohl 2004, S. 8)*

Durch logistische Prozesse werden Transformationen verschiedener Art an den materiellen Logistikobjekten bewirkt. Typische *logistische Prozesse* sind die Lagerung, der Transport, die Bündelung, die Verteilung, die Handhabung (Handling), das Umladen, das Palettieren, das Verpacken, das Etikettieren, das Kommissionieren oder das Sortieren und Mischen von Gütern. Diese Tätigkeiten lassen sich in Abhängigkeit von der Güterart und ihren logistischen Eigenschaften und Anforderungen sehr unterschiedlich ausgestalten. So erfordern z.B.

Schüttgüter ein anderes Verpackungssystem als Stückgüter, Einzelanfertigungen werden anders verteilt als Massengüter, im Lebensmittelbereich werden besondere hygienische Anforderungen gestellt, Frisch- oder Tiefkühlware benötigt andere Transportsysteme als Trockenware. Die wesentlichen logistischen Prozesse mit den durch sie bewirkten Gütertransformationen sind in Abb. 3.4 dargestellt.

- *Lagerung*: Durch einen Lagerungsprozess wird der Zeitpunkt der Verfügbarkeit eines Logistikobjekts auf der Zeitachse nach hinten verschoben, d.h. es findet eine zeitliche Transformation statt.

- *Transport*: Bei einem Transportvorgang wird eine Ortsveränderung des Logistikobjekts vorgenommen, d.h. seine räumliche Verfügbarkeit wird von dem Ausgangspunkt zum Endpunkt des Transports verlagert.

- *Bündelung bzw. Verteilung*: Bei der Bündelung werden meist gleichartige, aber auch verschiedene Logistikobjekte zu einer logistischen Einheit zusammengefasst, bei der Verteilung wird hingegen eine komplexere logistische Einheit in einzelne Logistikobjekte aufgelöst. Die hierbei erfolgende Transformation ist eine Änderung der Menge der zu handhabenden logistischen Einheiten.

- *Sortierung bzw. Mischung*: Durch die Sortierung findet eine Sortenänderung des Logistikobjekts statt, indem vermischt auftretende Einheiten nach den jeweils relevanten Eigenschaften sortiert werden, beim Mischen werden umgekehrt sortenreine Logistikobjekte zusammengefügt.

- *Verpackung*: Beim Verpacken wird ein Logistikobjekt, das Packgut, durch das Umhüllen mit Packstoffen so verändert, dass es für die nachfolgenden logistischen Prozesse günstigere Umschlageigenschaften aufweist.

Letztlich lassen sich sämtliche logistischen Tätigkeiten auf die in Abb. 3.5 dargestellten so genannten *TUL-Prozesse* Transport, Umschlag und Lagerung als Grundstrukturen zurückführen, aus denen sich durch Verknüpfungen beliebige logistische Ketten zusammensetzen lassen. Unter Umschlagvorgängen werden alle logistischen Prozesse verstanden, die Transport- und Lagervorgänge miteinander verbinden.

Während die Lagerung lediglich eine Zeitänderung und der Transport eine Ortsveränderung des Logistikobjekts und damit eine Veränderung seiner Verfügbarkeit bewirken, können bei den beiden *Umschlagprozessen* der Auflösung und der Konzentration mehrere logistische Transformationen gleichzeitig durchgeführt werden. So kann die Auflösung einer logistischen Einheit aus dem Auspacken, d.h. einer Veränderung der Umschlageigenschaften, dem Sortieren des Inhalts, durch das eine Sortenänderung bewirkt wird, und dem Verteilen auf Ladungsträger für verschiedene Bedarfsorte, d.h. einer zusätzlichen Mengenänderung, bestehen.

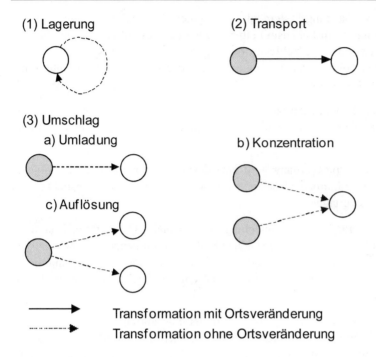

(1) Lagerung

(2) Transport

(3) Umschlag
   a) Umladung

   b) Konzentration

   c) Auflösung

Transformation mit Ortsveränderung
Transformation ohne Ortsveränderung

Abb. 3.5   *Logistische Grundprozesse*

3.1.4   Logistiksysteme

Gegenstand der Logistik ist die Analyse von Abläufen innerhalb von logistischen Systemen. In systemtheoretischer Sichtweise besteht ein Logistiksystem aus einer Menge von Elementen – in diesem Fall Logistikobjekten –, die durch spezifische Beziehungen – in diesem Fall Logistikprozesse – miteinander verknüpft sind. Die wichtigsten Beziehungen innerhalb eines Logistiksystems sind Transformationsbeziehungen, Fließbeziehungen und Lagerbeziehungen.

In Abb. 3.6 ist dargestellt, wie sich *Logistiksysteme* auf verschiedenen Betrachtungsebenen abgrenzen lassen. Auf einer ersten Ebene unterscheidet man zwischen Systemen der Mikrologistik und der Makrologistik.

Als *Mikrologistik* bezeichnet man einzelwirtschaftliche Logistiksysteme, die innerhalb von bzw. zwischen Unternehmen auftretende Materialflüsse umfassen. Ein Beispiel für ein innerbetriebliches Logistiksystem ist ein fahrerloses Transportsystem, das die Materialversorgung innerhalb einer Montagehalle übernimmt. Zwischenbetriebliche Logistiksysteme verknüpfen auf verschiedenen Wertschöpfungsstufen angesiedelte Unternehmen miteinander. Je nach der Intensität der Zusammenarbeit zwischen den beteiligten Unternehmen können sie sehr unterschiedlich ausgestaltet sein, von der einmaligen Auslieferung eines Auftrags durch eine Spedition bis hin zur Just-in-Sequence-Anlieferung von Baugruppen durch Systemlieferanten in der Automobilindustrie sowie zu intensiven Beziehungen zwischen den Partnern in einer Supply Chain.

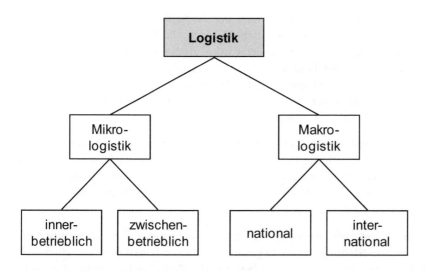

Abb. 3.6   *Abgrenzung von Logistiksystemen*

Die *Makrologistik* beschäftigt sich mit der Gestaltung gesamtwirtschaftlicher Güterflusssysteme, z.B. der Bereitstellung der verkehrstechnischen Infrastruktur in einer Region. Die Makrologistik ist entweder auf nationaler Ebene angesiedelt, wo sie sich z.B. mit dem Bau und der Unterhaltung von Fernstraßen- oder Eisenbahnnetzen befasst, oder sie bezieht sich auf zwischenstaatliche Vorgänge wie den Bau eines Tunnels oder einer Brücke zwischen zwei Staaten oder auf internationale Vereinbarungen über den Flug- und Seeverkehr. Die Makrologistik ist zwar als Voraussetzung für die logistischen Prozesse der Unternehmen von großer Bedeutung, jedoch nicht selbst Gegenstand betriebswirtschaftlicher Entscheidungen und wird daher im Folgenden nicht weiter betrachtet.

3.1.5   Teilbereiche der Logistik

Die Entwicklung der Logistik erfolgte problemorientiert über die nachfolgenden Entwicklungsstufen:

- Den ersten Schwerpunkt der betriebswirtschaftlich ausgerichteten Logistik bildete die Absatz- bzw. *Distributionslogistik*, da die Bedeutung des Lieferservice zunächst an der Schnittstelle des Unternehmens zum Absatzmarkt als wichtiger Wettbewerbsfaktor erkannt wurde.

- Zuerst für die Automobilindustrie mit ihren komplexen Beschaffungsstrukturen, später auch für andere Industriebereiche gewann dann die auf die Materialversorgung des Unternehmens ausgerichtete *Beschaffungslogistik* – diese wird auch als Versorgungslogistik bezeichnet – an Bedeutung.

- Konsequenterweise schloss sich die Gestaltung der *Fertigungslogistik* – auch die Bezeichnung Produktionslogistik ist gebräuchlich, die hier allerdings als Oberbegriff für sämtliche logistischen Teilbereiche verwendet wird – als weiterer wesentlicher Aufgabenbereich der Logistik an. Die Fertigungslogistik befasst sich mit der Gestaltung des zwischen Beschaffung und Distribution angesiedelten innerbetrieblichen Materialflusses. Häufig werden die Beschaffungs- und die Fertigungslogistik unter dem Begriff *Materiallogistik* zusammengefasst (vgl. z.B. Tempelmeier 2006).

- In den 1990er Jahren wurde schließlich aufgrund der zunehmenden gesetzlichen Regelungen im Umweltschutzbereich die *Entsorgungslogistik*, die auch als Reverse Logistics bezeichnet wird, etabliert. Diese befasst sich mit der Verwertung und Beseitigung von Rückständen aus Produktion und Konsum, d.h. mit entgegen der Richtung der Wertschöpfung verlaufenden Materialflüssen.

Von ebenso großer Bedeutung wie die Steuerung der in den genannten Bereichen auftretenden Materialflüsse ist die Gestaltung der sie begleitenden Informationsflüsse. Die güterwirtschaftliche Verknüpfung der verschiedenen Teilbereiche der Produktionslogistik ist in Abb. 3.7 dargestellt.

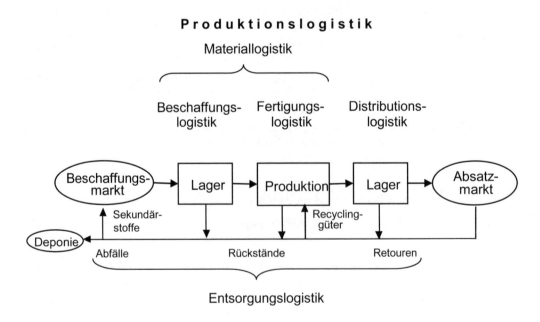

Abb. 3.7   *Teilbereiche der Produktionslogistik*

Es ist offensichtlich, dass der Stellenwert der genannten Teilbereiche der Logistik stark von dem Tätigkeitsfeld eines Unternehmens abhängt. Während in Industrieunternehmen typischerweise alle vier Teilbereiche, wenn auch mit branchenabhängig unterschiedlicher Gewichtung, benötigt werden, entfällt beim Handel, der die Waren ohne wesentliche Veränderung weiterverkauft, die Fertigungslogistik. Bei reinen Dienstleistungsunternehmen kann wegen der Immaterialität ihrer Leistungen auch auf die Distributionslogistik verzichtet werden (vgl. Abb. 3.8).

	Beschaffungs-logistik	Fertigungs-logistik	Distributions-logistik	Entsorgungs-logistik
Industrie	X	X	X	X
Handel	X		X	X
Dienstleistungs-unternehmen	X			X

Abb. 3.8   *Bedeutung der logistischen Funktionen*

Trotz der Notwendigkeit, den Material- und Informationsfluss über die gesamte Wertschöpfungskette hinweg durch eine adäquate Abstimmung und Verknüpfung der verschiedenen logistischen Teilbereiche konsistent zu integrieren, werden diese aus methodischen Gründen in den nachfolgenden Abschnitten weitgehend separat behandelt, auf wichtige Interdependenzen wird an entsprechender Stelle eingegangen. Dabei werden die folgenden Schwerpunkte gesetzt:

* Gegenstand von Abschnitt 3.2 ist die *Beschaffungslogistik*, in deren Rahmen auf Beschaffungsstrukturen, auf verschiedene Modelle zur Bedarfsprognose, auf die Lager- und Fördertechnik, auf die Gestaltung von Lagersystemen sowie auf das logistische Bestandsmanagement eingegangen wird.

* Im Mittelpunkt von Abschnitt 3.3 steht die *Fertigungslogistik* mit den Aufgaben der Layout-Planung, der Gestaltung von innerbetrieblichen Transportsystemen und Fertigungssystemen sowie den Just-in-Time-Konzepten.

* Abschnitt 3.4 befasst sich mit der *Distributionslogistik*, speziell mit der Transport- und Tourenplanung, mit außerbetrieblichen Verkehrssystemen, mit der Gestaltung von Distributionssystemen in Bezug auf die Distributionsstruktur, das Transportsystem und die Verpackungen sowie mit der Citylogistik und den logistischen Dienstleistungen.

- Gegenstand von Abschnitt 3.5 ist das *Supply Chain Management*, das sich mit der Gestaltung und Optimierung von unternehmensübergreifenden Wertschöpfungsketten beschäftigt.

- In Abschnitt 3.6 wird auf die speziellen Aufgaben im Bereich *Reverse Logistics* eingegangen. Neben der Entsorgungslogistik im engeren Sinn, die sich mit der Sammlung, dem Transport, der Behandlung, Verwertung und Deponierung von Rückständen befasst, zählen dazu auch die Retourenlogistik und die Ersatzteillogistik.

3.2   Beschaffungslogistik

Die *Beschaffung* steht am Anfang der innerbetrieblichen logistischen Kette und stellt die Schnittstelle des Unternehmens zu seinen Beschaffungsmärkten dar. Die Aufgabe der Beschaffung besteht in der bedarfsgerechten Versorgung des Unternehmens mit den von den nachfolgenden Produktionsstufen benötigten Verbrauchsfaktoren, d.h. mit Roh-, Hilfs- und Betriebsstoffen, aber auch mit fremdbezogenen Zwischenprodukten und Bauteilen oder Baugruppen. Der Gegenstand der Beschaffungslogistik ist demzufolge die Planung, Steuerung und Kontrolle der Vorgänge bei der Bedarfsermittlung, der Bestellabwicklung, der Warenannahme, der Einlagerung, Lagerung und Auslagerung sowie der Bereitstellung von Materialien für den Fertigungsbereich. Durch Entwicklungen wie die Globalisierung der Beschaffungsmärkte, die Konzentration der Unternehmen auf ihre Kernkompetenzen und die Bildung von unternehmensübergreifenden Wertschöpfungsketten kommt der Beschaffungslogistik sowohl auf der strategischen als auch auf der taktisch-operativen Ebene eine steigende Bedeutung zu.

In Abschnitt 3.2.1 wird zunächst auf die Gestaltung der Beschaffungsstrukturen eines Unternehmens eingegangen. Abschnitt 3.2.2 behandelt Verfahren zur Prognose des Materialbedarfs. Da die Lagerung des beschafften Materials einen wesentlichen Teilbereich der Beschaffungslogistik bildet, befassen sich Abschnitt 3.2.3 mit der Lager- und Fördertechnik, Abschnitt 3.2.4 mit der Gestaltung von Lagersystemen und Abschnitt 3.2.5 mit dem Management der in den Lagern zu haltenden Bestände.

3.2.1   Beschaffungsstrukturen

Die Gestaltung der Beschaffungsstrukturen eines Unternehmens ist auf der strategischen Ebene angesiedelt, sie umfasst folgende Aspekte: Es ist zunächst eine Entscheidung über die optimale *Fertigungstiefe* zu treffen, die den Wertschöpfungsanteil des eigenen Unternehmens angibt. Dabei ist auch die Struktur des Logistiknetzwerks zu bestimmen. Ferner wird im Rahmen der *Beschaffungsstrategie* das Sourcing-Konzept festgelegt, das sich mit der Nutzung unterschiedlicher Beschaffungsquellen befasst.

3.2.1.1   Make-or-Buy-Entscheidung

Im Zuge der zunehmenden Tendenz zur Verlagerung von Teilen der Wertschöpfung, die nicht zum Kernbereich eines Unternehmens zählen, auf externe Lieferanten stehen viele Unternehmen vor der Frage, ob ein bestimmtes Material selbst gefertigt oder am Markt bezogen werden sollte. Diese Entscheidung über die Fertigungstiefe baut auf der als *Make-or-Buy-Entscheidung* bekannten Abwägung der Kostenstrukturen bei den Alternativen Eigenfertigung oder Fremdbezug auf, weist aber auch weitere, nicht exakt quantifizierbare Kriterien auf.

Die der Make-or-Buy-Entscheidung zugrunde liegende Problemstellung hat die Struktur einer *Break-Even-Analyse*: Typischerweise fallen bei der Eigenfertigung eines Produkts zum einen kurzfristig nicht abbaubare Fixkosten für die Maschinen, die Werkshalle usw. an, zum anderen direkt von der Produktionsmenge abhängige variable Kosten für das benötigte Material, die Arbeitsstunden usw. Beim Fremdbezug hingegen verlangt der Lieferant einen Preis, der alle seine Kosten abdeckt und der daher in der Regel über den variablen Stückkosten bei Eigenfertigung liegt. Es lässt sich also eine kritische Bedarfsmenge ermitteln, bis zu der der Fremdbezug kostengünstiger ist; erst bei Überschreiten dieser Menge reichen die Einsparungen aus der Differenz von Bezugspreis und variablen Stückkosten aus, um den bei der Eigenfertigung zu berücksichtigenden Fixkostenblock zu kompensieren. In Tab. 3.1 ist ein Beispiel für eine Make-or-Buy-Entscheidung bezüglich eines Bauteils angegeben.

Tab. 3.1   Daten zur Make-or-Buy-Entscheidung

	Fixkosten pro Jahr	variable Stückkosten
Eigenfertigung	10.000 €	20 €
Fremdbezug	–	30 €

Für die angegebenen Daten lassen sich die jährlichen Kosten in Abhängigkeit von der Bedarfsmenge x wie folgt darstellen:

Kosten der Eigenfertigung: $K_E = 100.000 + 20x$

Kosten des Fremdbezugs: $K_F = 30x$

Die kritische Bedarfsmenge, bei der beide Alternativen zu den gleichen Kosten führen, ergibt sich als Schnittpunkt dieser beiden Funktionen:

$$100.000 + 20x = 30x$$

$$x^* = 10.000$$

In diesem Beispiel ist also für eine Jahresbedarfsmenge unterhalb von 10.000 Stück der Fremdbezug günstiger, ab 10.000 Stück lohnt sich die Eigenfertigung des Bauteils. In Abb. 3.9 ist diese Entscheidungssituation grafisch dargestellt. Die durch Fettdruck hervorgehobene

Linie ist die Funktion, die jeder Bedarfsmenge die minimalen Kosten und die zugehörige Entscheidung zuordnet.

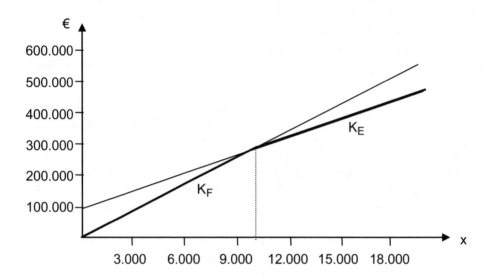

Abb. 3.9   *Make-or-Buy-Entscheidung*

Da mit der Eigenfertigung Fixkosten verbunden sind, die nicht kurzfristig abgebaut werden können, handelt es sich beim Aufbau einer Eigenfertigung um eine mittel- bis langfristige Entscheidung, die nur dann getroffen werden sollte, wenn die erwartete Bedarfsmenge deutlich und dauerhaft über der kritischen Menge liegt. Umgekehrt ist bei bereits vorhandenen Fertigungsanlagen und für geringe Bedarfsmengen der Fremdbezug nur dann tatsächlich kostengünstiger, wenn es gelingt, bei einer Stilllegung der Anlage auch deren Fixkosten abzubauen.

Weiter ist zu beachten, dass sich die Lösung in Abhängigkeit von zukünftigen Veränderungen bei den der Entscheidung zugrunde gelegten Kostensätzen ändern kann. Zur Entscheidungsunterstützung lassen sich in derartigen Fällen *Sensitivitätsanalysen* heranziehen, die die Auswirkungen der Veränderung von Parametern eines Entscheidungsproblems auf die optimale Lösung untersuchen. Ist im oben angegebenen Fall z.B. zu erwarten, dass aufgrund von Lerneffekten (vgl. Abschnitt 2.2.1.3) die variablen Stückkosten des Bauteils bei der Eigenfertigung von 20 € auf 17,50 € sinken werden, so liegt die kritische Menge nur noch bei 8.000 Stück.

Über diese Kostenbetrachtung hinaus spielen bei der Make-or-Buy-Entscheidung weitere, *nicht-monetäre Aspekte* eine Rolle, die ebenfalls angemessen berücksichtigt werden müssen:

• Zu den Vorteilen der *Eigenfertigung* zählen die Vermeidung langer Lieferfristen, die Sicherstellung der Versorgung, die Vereinfachung der Transaktionen, die Unabhängigkeit von Lieferanten und die Gewährleistung der Einhaltung von unternehmensinternen Qualitätsnormen. Falls die vorhandenen Produktionskapazitäten noch nicht ausgelastet sind, kann die Eigenfertigung eines Bauteils auch zur Verbesserung der Kapazitätsauslastung beitragen.

- Der *Fremdbezug* hingegen führt zu geringerer Kapitalbindung und ermöglicht aufgrund der kurzen Bindungsdauer eine größere Flexibilität, falls das Material bei einer späteren Veränderung des Produktionsprogramms nicht mehr benötigt wird. Somit werden die mit dem Aufbau einer eigenen Fertigung verbundenen Risiken auf den Lieferanten verlagert. Weiter lässt sich die Komplexität der eigenen Fertigungsorganisation reduzieren. Wenn die vorhandenen Produktionskapazitäten voll ausgelastet sind, kann der Fremdbezug von Teilen darüber hinaus kurzfristig zur Überbrückung von Kapazitätsengpässen und bei längerfristiger Betrachtung als verlängerte Werkbank dienen.

3.2.1.2   Outsourcing

In den letzten beiden Jahrzehnten hat sich der Schwerpunkt der Fertigungstiefenbetrachtung in Richtung *Outsourcing* verschoben, d.h. zur langfristig ausgerichteten Verlagerung von Teilen der eigenen Wertschöpfung auf Zulieferer. Der Begriff Outsourcing leitet sich von „Outside Resource Using" her und bedeutet, dass die außerhalb der direkten Eingriffsmöglichkeiten des Unternehmens stattfindende Fertigung der Lieferanten nunmehr als ein Teil der dem Unternehmen zur Verfügung stehenden Ressourcen betrachtet wird. Dies impliziert eine zunehmende Bedeutung sowohl der außer- als auch der innerbetrieblichen logistischen Prozesse, die erforderlich sind, um trotz der Verlagerung bestimmter Bereiche der Fertigung nach außen den gewünschten Servicegrad bei der Materialversorgung der eigenen Fertigung, aber auch für die Endkunden sicherzustellen.

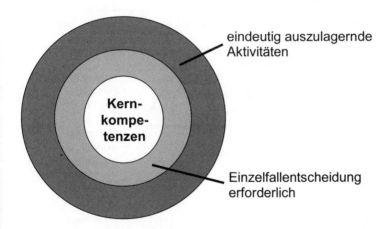

Abb. 3.10   *Outsourcing-Entscheidung*

Grundsätzlich sollte ein Unternehmen nur solche Bereiche der eigenen Wertschöpfung aus-
lagern, bei denen es keine Kernkompetenzen aufweist, damit die am Markt angebotenen
Produkte von den Kunden nach wie vor als unternehmensspezifisch wahrgenommen werden.
In der Regel werden zunächst solche Bauteile und Prozesse aus der eigenen Fertigung ausgelagert, die nur eine geringe Verwandtschaft mit dem Kerngeschäft aufweisen und in standardisierter Form am Beschaffungsmarkt bezogen werden können. Für diejenigen Bereiche, die
zwischen den eindeutigen Kernkompetenzen und den kernfernen Aktivitäten angesiedelt
sind, ist jeweils unter Berücksichtigung von Transaktions- und Koordinationskosten abzuwägen, ob sie beim Unternehmen verbleiben oder ausgelagert werden sollen (vgl. Abb.
3.10).

Besonders weit fortgeschritten ist das Outsourcing in der Automobilindustrie. Dort beträgt
die Fertigungstiefe, d.h. der eigene Wertschöpfungsanteil des Unternehmens, nur noch 30-
40%, bei japanischen Automobilherstellern sogar unter 30%. So hat z.B. die DaimlerChrys-
ler AG die Fertigungstiefe für die Marke Mercedes von 49,5% im Jahr 1985 auf 45,3% im
Jahr 1990 und auf 39,0% im Jahr 1995 reduziert (vgl. Arnold 1997, S. 14).

Mit dem Outsourcing verbunden ist der Aufbau von teils recht umfangreichen, hierarchisch
strukturierten Logistiknetzwerken. Abb. 3.11 zeigt den typischen Aufbau einer *Zulieferpy-
ramide* in der Automobilindustrie.

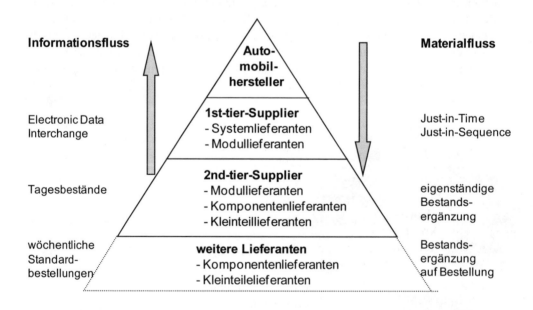

Abb. 3.11   *Zulieferstruktur in der Automobilindustrie*

• Auf der ersten Ebene direkt unterhalb des Automobilherstellers befinden sich die besonders wichtigen Lieferanten, die auch als *1st-tier-Supplier* bezeichnet werden. Diese sind

häufig in unmittelbarer räumlicher Nähe zum Werk des Automobilherstellers angesiedelt, teilweise sogar direkt auf dem Werksgelände. Der Materialfluss zwischen ihnen und dem Automobilhersteller ist in der Regel als Just-in-Time-Zulieferung organisiert, die vielfach sogar Just-in-Sequence stattfindet, d.h. die Teile werden in genau der Reihenfolge angeliefert, in der sie in die bereits in die Fertigungslinie eingesteuerten Fahrzeuge eingebaut werden. Der zugehörige Informationsfluss wird mithilfe von Electronic Data Interchange (EDI)-Systemen abgewickelt. Die 1st-tier-Supplier liefern komplette Baugruppen wie z.B. das Fahrwerk, die Sitzgruppe oder die Frontpartie eines Fahrzeugs. Während Modullieferanten lediglich Montageleistungen erbringen, sind Systemlieferanten zusätzlich in die Entwicklung der Teile einbezogen.

- Die 2nd-tier-Supplier auf der nächsten Ebene sind Modul- und Komponentenlieferanten, die einfachere Module wie z.B. Stoßdämpfer, Kabelbäume und Scheinwerfer oder einzelne Komponenten wie Bremsscheiben, Achsen und Batterien zum Teil direkt an den Automobilhersteller, zum Teil an die 1st-tier-Supplier liefern. Sie erhalten ihre Bedarfszahlen auf Tagesbasis direkt vom Automobilhersteller, ergänzt um Bestandsangaben der 1st-tier-Supplier, und führen eine eigenständige Bestandsergänzung durch.

- Die unterhalb der 2nd-tier-Supplier angesiedelten *weiteren Lieferanten* gehören aus Sicht des Automobilherstellers nicht mehr zu seinem Logistiknetzwerk. Sie liefern einfache Komponenten sowie Kleinteile wie Schrauben, Dichtungsringe, Blech- und Stanzteile an die auf den oberen Ebenen angesiedelten Unternehmen. Der Informationsaustausch erfolgt seltener, z.B. in Form von wöchentlichen Standardbestellungen, der Materialfluss ist durch regelmäßige Bestandsergänzungen gekennzeichnet.

Die durch das Outsourcing erzielten Reduktionen bei den Koordinations- und Transaktionskosten lassen sich nicht beliebig fortführen. Daher sind in letzter Zeit als *Insourcing* bezeichnete Tendenzen erkennbar, die Wertschöpfungstiefe zu erhöhen und zuvor ausgelagerte Wertschöpfungsteile wieder in das eigene Unternehmen zu integrieren. So hat z.B. die Porsche AG im Rahmen einer Reorganisation ihre zuvor reduzierte Fertigungstiefe zwischen 1985 und 1995 von 37,6% auf 45,3% erhöht (vgl. Arnold 1997, S. 14).

3.2.1.3   Sourcing-Konzepte

Im Rahmen der *Beschaffungsstrategie* eines Unternehmens wird festgelegt, welcher Anteil des benötigten Materials von welchen Lieferanten, auf welchen Wegen und zu welchen Zeitpunkten beschafft werden soll. Durch die geeignete Ausgestaltung der in Abb. 3.12 dargestellten Komponenten wird das *Sourcing-Konzept* eines Unternehmens für eine bestimmte Materialart festgelegt (vgl. Arnold 1997, S. 93ff.).

Zunächst ist als Vorentscheidung die oben behandelte Frage nach der optimalen Wertschöpfungstiefe zu stellen. Ist die grundsätzliche Entscheidung für das Outsourcing der Herstellung eines Artikels gefallen, so muss anschließend das geeignete Sourcing-Konzept anhand der nachfolgenden Komponenten ausgestaltet werden:

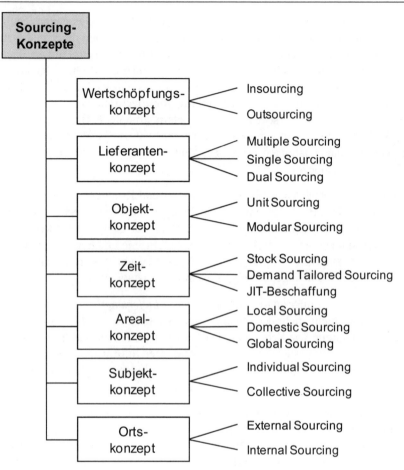

Abb. 3.12   *Sourcing-Konzepte*

1. Lieferantenkonzept

Das *Lieferantenkonzept* legt die Anzahl der Lieferanten bzw. Bezugsquellen fest, von denen ein Material bezogen wird.

- Unter *Multiple Sourcing* versteht man die traditionelle Beschaffung bei mehreren Lieferanten, auf die die benötigte Gesamtmenge mehr oder weniger gleichmäßig aufgeteilt wird. Da sich hierdurch die Beschaffungsrisiken verringern lassen, wird Multiple Sourcing vor allem für A- und B-Teile angewendet, deren Verfügbarkeit für das Unternehmen von besonders großer Bedeutung ist.

- Beim *Single Sourcing* hingegen wird der gesamte Bedarf bei einem Lieferanten bestellt. Dadurch lassen sich Kostenvorteile z.B. aufgrund von Rabatten erzielen. Diese Strategie wird traditionell für die Beschaffung von B- und C-Teilen eingesetzt. Aber auch bei A-

Teilen kann sie bei Kooperationen im Rahmen von Wertschöpfungspartnerschaften Verwendung finden, wenn eine vertrauensvolle Zusammenarbeit stattfindet und die vorhandene logistische und datentechnische Infrastruktur zügige und sichere Lieferungen gewährleistet.

- Als *Dual Sourcing* bezeichnet man eine Beschaffungsstrategie, bei der der Bedarf einer Materialart grundsätzlich bei einem Hauptlieferanten bestellt wird und lediglich für zusätzliche Bedarfsspitzen oder unvorhergesehene Eilbedarfe auf andere Lieferanten zurückgegriffen wird.

2. Objektkonzept

Im Rahmen des *Objektkonzepts* steht die Komplexität des zu beschaffenden Materials im Vordergrund. Es lassen sich das Unit Sourcing und das Modular Sourcing unterscheiden.

- Bei der traditionellen Variante des *Unit Sourcing* werden sämtliche benötigten Teile separat beschafft und in einer kaskadenförmigen Wertschöpfungskette im eigenen Unternehmen zum Endprodukt zusammengebaut (vgl. Abb. 3.13). Dabei weisen die einzelnen Teile typischerweise nur eine geringe Komplexität auf, die Fertigungstiefe des Unternehmens ist recht hoch.

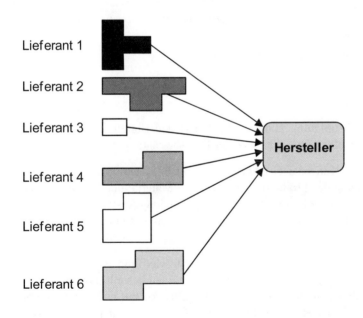

Abb. 3.13 *Unit Sourcing*

- Beim Modular Sourcing hingegen werden von den Lieferanten komplette Baugruppen als Module einbaufertig angeliefert (vgl. Abb. 3.14). Dadurch wird die Anzahl der Lieferanten reduziert und es fallen nur wenige kostenintensive Beschaffungsvorgänge an. Weiter verringert sich die Komplexität der internen Abläufe, der Materialfluss wird übersichtlicher und schlanker, das Materialsortiment und auch der Lagerbestand werden reduziert. Die geringere Fertigungstiefe führt zu einer Verkürzung der Durchlaufzeiten. Auf der anderen Seite steigt die Abhängigkeit von den Lieferanten und es besteht die Gefahr, dass Kernkompetenzen aufgegeben werden und Fertigungs-Know-how verloren geht.

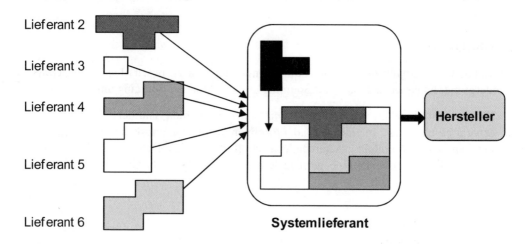

Abb. 3.14   *Unit Sourcing und Modular Sourcing (vgl. Weber/Kummer 1998, S. 172)*

3. Zeitkonzept

Beim *Zeitkonzept* wird die Abstimmung von Materialbedarf und Belieferung gestaltet und damit gleichzeitig eine Entscheidung über die Höhe der Lagerbestände getroffen.

- Das Ziel des traditionellen Konzepts des *Stock Sourcing* bzw. der Vorratsbeschaffung besteht darin, die Versorgung des Produktionsbereichs mit Material durch Lagerbestände sicherzustellen. Da diese Strategie mit hohen Kapitalbindungskosten verbunden ist, kommt sie in erster Linie für C-Teile sowie für Materialien mit extremen Versorgungsrisiken in Betracht.

- Beim *Demand Tailored Sourcing* bzw. der fallweisen Beschaffung wird das Material jeweils bei Bedarf in der benötigten Menge bei den Lieferanten bestellt. Da diese Strategie in der Regel höhere Preise sowie ein größeres Ausfallrisiko mit sich bringt, kommt sie nur für selten benötigte Materialien, wie Spezialstahl im Maschinenbau, zum Einsatz.

- Die am Just-in-Time-Prinzip ausgerichtete *JIT-Beschaffung* strebt die Reduzierung der Vorratshaltung und der Durchlaufzeiten durch eine bedarfsgerechte Anlieferung des Materials an den jeweiligen Bedarfsort an. Hierbei wird zwischen Abnehmer und Lieferant ein Rahmenvertrag abgeschlossen, in dem die jährliche Abnahmemenge für einen längerfristigen Zeitraum festgelegt ist. Es erfolgt eine Bedarfsvorschau für die nächsten ein bis zwei Jahre, die halbjährlich rollierend aktualisiert wird. Der Lieferant ist verpflichtet, die zuvor periodisch konkretisierten Materialmengen jeweils kurzfristig auf Abruf anzuliefern. Dabei sind tägliche oder mehrmals tägliche Belieferungen durchaus üblich. Die Lieferabrufe erfolgen so, dass das Material beim Abnehmer direkt in der Fertigung eingesetzt werden kann. Daher kann eine eigene Zwischenlagerung des Abnehmers weitgehend entfallen; allenfalls kleine Sicherheitslager werden an den einzelnen Arbeitsplätzen vorgehalten.

Durch die JIT-Beschaffung lassen sich die Lagerbestände in der gesamten logistischen Kette und damit auch die Lagerhaltungskosten und die Durchlaufzeiten reduzieren. Häufig wird durch die JIT-Beschaffung die Lagerhaltung weitgehend auf den Lieferanten abgewälzt, der allerdings – in Abhängigkeit von seiner Marktmacht – versuchen wird, die damit verbundenen Kosten in seine Kalkulation und damit in seine Preisgestaltung einfließen zu lassen. Die JIT-Beschaffung wird vor allem in der Automobilindustrie in großem Umfang eingesetzt. Hierfür ist nicht nur eine langfristig angelegte, vertrauensvolle Zusammenarbeit zwischen den Beteiligten erforderlich, sondern auch eine hohe Präzision bei der Lieferung und eine Absicherung durch Konventionalstrafen. Weiter wird ein leistungsfähiges Informationssystem vorausgesetzt.

4. Arealkonzept

Das *Arealkonzept* legt die geografische Lage und die Größe des Marktraums fest, auf dem die Beschaffung erfolgen soll. Man unterscheidet zwischen Local, Domestic und Global Sourcing.

- Durch *Local Sourcing*, bei dem sich die Beschaffungsquellen in räumlicher Nähe des Unternehmens befinden, lässt sich wegen der geringen Entfernungen eine große Versorgungssicherheit gewährleisten. Local Sourcing findet sich zum einen häufig bei historisch gewachsenen Lieferbeziehungen, zum anderen bei der JIT-Beschaffung.

- Als *Domestic Sourcing* werden auf das Inland beschränkte Beschaffungsaktivitäten bezeichnet. Aufgrund des größeren Aktionsradius stehen mehr potenzielle Beschaffungsquellen als beim Local Sourcing zur Verfügung, jedoch werden die aus einer grenzüberschreitenden Beschaffung resultierenden Risiken vermieden.

- Aufgrund der sich im Internet bietenden Informationsmöglichkeiten, der zunehmenden Öffnung von Märkten und der Internationalisierung zahlreicher Unternehmensaktivitäten hat sich im Beschaffungsbereich das *Global Sourcing* durchgesetzt, bei dem auf weltweit verteilte Beschaffungsquellen zugegriffen wird. Durch den nunmehr wesentlich größeren Aktionsradius lassen sich Preisvorteile und andere Wettbewerbsvorteile erzielen, jedoch erhöhen sich in der Regel die Kosten der Anbahnung und Überwachung von Transaktionen. Weiter steigt mit zunehmender Entfernung zwischen Lieferant und Abnehmer aufgrund der längeren Transportwege und -zeiten der erforderliche Lagerbestand tendenziell an. Vielfach sind Investitionen in spezielle Behälter und Lagereinrichtungen erforderlich. Zusätzliche Risiken bestehen hinsichtlich der Sicherstellung der Versorgung, aufgrund von Währungsschwankungen sowie im Zusammenhang mit fremden kulturellen Umgebungen. Häufig wird Global Sourcing im Rahmen einer umfassenden Internationalisierungsstrategie eingeführt, damit das Unternehmen auf wichtigen Auslandsmärkten nicht nur auf der Absatz-, sondern auch auf der Beschaffungsseite präsent ist. Voraussetzung für eine erfolgreiche Internationalisierungsstrategie sind der Aufbau einer adäquaten logistischen und datentechnischen Infrastruktur, ein hinreichendes Wissen über die neuen Märkte und das Vorliegen von politischer Stabilität sowie von Handels- und Rechtssicherheit auf der institutionellen Seite.

5. Subjektkonzept

Im Rahmen des *Subjektkonzepts* wird die Struktur der beschaffenden Organisation bzw. der Grad der Kooperation im Beschaffungsbereich festgelegt. Die beiden Ausprägungen sind das Individual und das Collective Sourcing.

- Führt ein Unternehmen seine Beschaffungsaktivitäten eigenständig am Markt durch, so spricht man von *Individual Sourcing*. Diese traditionelle Form der Beschaffungsorganisation bringt eine weitgehende Unabhängigkeit mit sich.

- Als *Collective Sourcing* hingegen wird die Kooperation von Unternehmen im Beschaffungsbereich bezeichnet. Dabei lässt sich durch die Bündelung der einzelnen Einkaufsvolumina gegenüber den Lieferanten eine Marktmacht aufbauen, die zu Zugeständnissen bei Preisen und Lieferkonditionen führt. Die Koordination der Beschaffungsaktivitäten wird entweder durch eines der beteiligten Unternehmen übernommen oder auf ein spezialisiertes Dienstleistungsunternehmen übertragen. Dadurch entstehen für die Beteiligten zusätzliche Effizienzvorteile. Während solche Einkaufskooperationen im Handel weit verbreitet sind, herrscht diesbezüglich in der Industrie noch große Zurückhaltung.

6. Ortskonzept

Das *Ortskonzept* bezieht sich auf den Ort, an dem die Wertschöpfung des Lieferanten erfolgt, und den damit zusammenhängenden Grad der Integration zwischen Lieferant und Abnehmer. Hierbei werden External und Internal Sourcing unterschieden.

- Bei der traditionellen Form des *External Sourcing* sind Lieferant und Abnehmer räumlich voneinander getrennt, d.h. der Lieferant erbringt seine Wertschöpfung in seiner eigenen Produktionsstätte und liefert das Material anschließend aus.

- *Internal Sourcing* liegt hingegen vor, wenn sich der Lieferant in unmittelbarer räumlicher Nähe seines (Haupt-)Abnehmers ansiedelt. Dadurch lassen sich die Produktions- und Logistikaktivitäten der beiden Unternehmen wesentlich besser aufeinander abstimmen als bei einer räumlichen Trennung. Die Ausprägungen des Internal Sourcing können von der Ansiedlung im selben Industriepark bis hin zur Erbringung der Leistung innerhalb der Räumlichkeiten des Abnehmers (factory within a factory) gehen. Mit einer solchen engen Zusammenarbeit sind gleichzeitig starke gegenseitige Abhängigkeiten verbunden.

Durch die für den jeweiligen Zweck am besten geeignete Kombination der genannten Komponenten ergibt sich das konkrete Sourcing-Konzept eines Unternehmens, das von Materialart zu Materialart unterschiedlich ausgestaltet sein kann. So empfiehlt sich für Materialien mit geringer Komplexität und geringem Wert, z.B. für einfache Standardbauteile, die Kombination von Multiple, Unit, Stock, Global, Collective und External Sourcing. Für hochgradig komplexe und hochwertige Materialien hingegen ist eher eine Kombination von Single, Modular, JIT, Local, Individual und Internal Sourcing anzuraten.

Die konkrete Ausgestaltung von Sourcing-Konzepten lässt sich anhand von zwei Beispielen veranschaulichen. Als erstes Beispiel für ein Sourcing-Konzept wird ein Spritzteil untersucht, das bei einem Hersteller von industriellen Sicherheitsschaltgeräten für Produktionsmaschinen benötigt wird. Es handelt sich um den Gehäusedeckel eines Sicherheits-Positionsschalters, der unbedruckt angeliefert wird und vor dem Einbau mithilfe eines Tamponierverfahrens bedruckt und mit einem Dichtring versehen wird. Dieses Teil kann vom Hersteller selbst gefertigt werden, wird jedoch aus Kostengründen aus China bezogen. Das zugehörige Sourcing-Konzept ist in Abb. 3.15 als morphologischer Kasten dargestellt und umfasst folgende Komponenten:

Lieferantenkonzept	Multiple Sourcing		Single Sourcing	
Objektkonzept	Unit Sourcing		Modular Sourcing	
Zeitkonzept	Stock Sourcing	Demand Tailored Sourcing	Just-in-Time	
Arealkonzept	Local Sourcing	Domestic Sourcing		Global Sourcing
Subjektkonzept	Individual Sourcing		Collective Sourcing	
Wertschöpfungskonzept	External Sourcing		Internal Sourcing	

Abb. 3.15   Sourcing-Konzept für ein Spritzteil

- Bezüglich des Lieferantenkonzepts liegt Single Sourcing vor, da das Teil nur von einem einzigen chinesischen Lieferanten bezogen wird.

- Das Objektkonzept ist Unit Sourcing, denn der Gehäusedeckel wird als unvollständiges Einzelteil geliefert und vom Unternehmen selbst weiterbearbeitet.

- Als Zeitkonzept wird Stock Sourcing eingesetzt, denn aufgrund der großen Distanz zwischen China und Deutschland und der damit verbundenen geringen Lieferfrequenz muss ein Lagerbestand vorgehalten werden.

- Das Arealkonzept ist aufgrund der großen Distanz zwischen Lieferant und Abnehmer als Global Sourcing zu klassifizieren.

- Als Subjektkonzept kommt Individual Sourcing zum Einsatz, da der Gehäusedeckel vom Lieferanten in der vorliegenden Form speziell für diesen Abnehmer gefertigt wird.

- Als Wertschöpfungskonzept wird External Sourcing eingesetzt, da die Wertschöpfung von Lieferant und Abnehmer räumlich getrennt stattfindet.

Als zweites Beispiel wird das Sourcing-Konzept einer *Großbäckerei* betrachtet, deren Produktionsprogramm in täglich frisch herzustellendem Brot besteht. Das Beschaffungsprogramm umfasst in erster Linie Rohstoffe wie Weizen- und Roggenmehl, Hefe, Nüsse usw., aber auch vorgefertigte Produkte wie Backmischungen oder Verpackungen kommen zum Einsatz. Da für verschiedene Materialien unterschiedliche Sourcing-Varianten genutzt werden, sind in dem morphologischen Kasten in Abb. 3.16 teilweise mehrere Ausprägungen einer Komponente hervorgehoben.

Lieferantenkonzept	Multiple Sourcing		Single Sourcing	
Objektkonzept	Unit Sourcing		Modular Sourcing	
Zeitkonzept	Stock Sourcing	Demand Tailored Sourcing	Just-in-Time	
Arealkonzept	Local Sourcing	Domestic Sourcing		Global Sourcing
Subjektkonzept	Individual Sourcing		Collective Sourcing	
Wertschöpfungskonzept	External Sourcing		Internal Sourcing	

Abb. 3.16 *Sourcing-Konzept einer Großbäckerei*

- Bezüglich des Lieferantenkonzepts liegt Multiple Sourcing vor, wenn ein Rohstoff von mehreren Lieferanten gleichzeitig oder alternativ bezogen wird, und Single Sourcing für diejenigen Rohstoffe, bei denen es nur einen Lieferanten gibt.

- Das Objektkonzept ist Unit Sourcing, wenn die Produktion aus elementaren Zutaten selbst vorgenommen wird. Bei Verwendung von Backmischungen hingegen liegt Modular Sourcing vor.

- Als Zeitkonzept wird Stock Sourcing z.B. für Verpackungsmaterial eingesetzt, das für zwei bis drei Wochen im Voraus gelagert wird. Bei täglich verwendeten Rohstoffen wie Mehl findet eine tägliche Belieferung auf Basis einer dem Just-in-Time-Konzept ähnlichen Rahmenvereinbarung statt, die Lagerauffüllung erfolgt gemäß einer (s,S)-Politik.

- Das Arealkonzept konzentriert sich auf das Local Sourcing, die meisten Lieferanten haben keine weiten Wege zurückzulegen.

- Als Subjektkonzept kommt zu über 90% das Individual Sourcing zum Einsatz, lediglich für in geringen Mengen benötigte Zutaten wie Nüsse und Rosinen findet ein Zusammenschluss mit Wettbewerbern zwecks Erzielung von Preisvorteilen statt.

- Als Wertschöpfungskonzept wird ausschließlich External Sourcing eingesetzt.

3.2.2   Prognoseverfahren

Die Prognose der auf den verschiedenen Produktionsstufen zukünftig benötigten Materialmengen ist eine wichtige Aufgabe der Beschaffungslogistik. In den folgenden Abschnitten
werden zunächst die grundlegenden Bedarfsverläufe und anschließend verschiedene Prognoseverfahren dargestellt.

3.2.2.1   Bedarfsverläufe

Bedarfsprognosen dienen nicht nur der direkten oder indirekten Ermittlung von Beschaffungsmengen, sondern sind auch eine wesentliche Grundlage für verschiedene Planungsaufgaben im taktischen und operativen Produktionsmanagement. Von der Qualität der Bedarfsprognosen hängen unter anderem die Lagerbestände und damit auch die Lagerhaltungskosten
bei Vor-, Zwischen- und Endprodukten, die Lieferfähigkeit und der vom Kunden wahrgenommene Servicegrad sowie die Kapazitätsauslastung im Produktions- und im Logistikbereich ab.

Die im Folgenden dargestellten Prognoseverfahren beruhen auf *Zeitreihen*, d.h. auf Beobachtungen des Bedarfsverlaufs in der Vergangenheit, aus denen sie auf der Basis bestimmter
Modellannahmen Aussagen über zukünftige Bedarfsmengen herleiten. Dabei erfolgt eine
deterministische Informationsverarbeitung für den eigentlich stochastischen Nachfrageprozess. Während bei einer *univariaten Prognose* ausschließlich die Daten in der Zeitreihe verwendet werden, treten bei *multivariaten Prognosen* zusätzliche Informationen hinzu, die in
einem kausalen Zusammenhang mit der Bedarfsentwicklung stehen, z.B. hinsichtlich des
Konjunkturverlaufs, des Lebenszyklus des Produkts oder der Marktentwicklung.

Die Prognose der Bedarfsmenge einer Materialart erfolgt entweder direkt auf der Basis von
beobachteten Verbrauchsmengen (verbrauchsgesteuerte Materialbedarfsermittlung, vgl. auch
Abschnitt 2.4.2.3) oder indirekt durch Ableitung der Bedarfsmenge aus den Stücklisten der
Produkte, in die das Material eingeht (programmgesteuerte Materialbedarfsermittlung, vgl.
auch Abschnitt 2.4.1). Während sich das Produktionsprogramm bei auftragsorientierter Fertigung aus den vorliegenden Kundenaufträgen ableiten lässt, sind bei marktorientierter Fertigung Prognosen für die erwarteten Absatzmengen der Endprodukte erforderlich, um auf
deren Basis die Bedarfsmengen der Vor- und Zwischenprodukte ermitteln zu können.

Zur Auswahl des für den jeweiligen Bedarfsverlauf adäquaten Prognosemodells ist zunächst
eine *Voranalyse* der Zeitreihe erforderlich, bei der diese in eine glatte Komponente g_t, die
den tendenziellen Verlauf der Zeitreihe angibt, sowie eine Restkomponente bzw. Störgröße
s_t zerlegt wird. Diese Störgröße wird üblicherweise als standardnormalverteilt angenommen, so dass sich die Störeffekte im Mittel ausgleichen. Der Schätzwert für den Bedarf $\hat{d}_t$
der Periode t wird berechnet, indem die glatte Komponente und die Störgröße entweder additiv oder multiplikativ verknüpft werden.

$$\hat{d}_t = g_t + s_t$$

$$\hat{d}_t = g_t \cdot s_t$$

Grundsätzlich kann der Verlauf der glatten Komponente einem der drei folgenden, in Abb. 3.17 dargestellten Bedarfsmuster unterliegen:

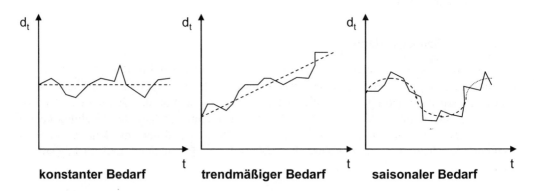

Abb. 3.17 *Bedarfsmuster*

- Bei einem *konstanten Bedarfsverlauf* ist der Bedarf jeder Periode im Mittel gleich hoch, d.h. die Bedarfswerte schwanken um einen langfristig konstanten Mittelwert. Aufgrund des Einflusses der Störgröße kommt es zu unregelmäßigen Schwankungen des tatsächlichen Bedarfs um diesen Mittelwert, auf die das Unternehmen insbesondere durch Vorhalten eines Sicherheitsbestands reagieren kann. Ein solcher Bedarfsverlauf liegt z.B. bei Grundnahrungsmitteln vor. Das zugehörige Prognosemodell lautet:

$$g_t = a \qquad\qquad \text{mit: } a > 0$$

- Ein *trendmäßiger Bedarfsverlauf* bedeutet, dass der Bedarf langfristig ansteigt oder fällt. Auch wenn ein solcher Trend prinzipiell linear oder nichtlinear sein kann, geht man vielfach von einem linearen Trend aus, da sich die zugehörige Funktion numerisch leichter schätzen lässt. Ein Beispiel für einen langfristig ansteigenden Bedarfsverlauf ist der Weltenergieverbrauch; langfristig fallender Bedarf liegt aufgrund der derzeitigen Bevölkerungsentwicklung in Deutschland für Produkte des Baby- und Kinderbedarfs vor. Zur Prognose von trendmäßigem Bedarfsverlauf sind zwei Parameter erforderlich, wobei $b > 0$ zu einem steigenden und $b < 0$ zu einem fallenden Trend führt:

$$g_t = a + b \cdot t$$

Häufig bereitet es Probleme, einen Trend rechtzeitig zu erkennen und nicht mit zufälligen Bedarfsschwankungen zu verwechseln. Weiter muss man bei Annahme eines linearen Trends regelmäßig überprüfen, ob eine Trendänderung vorliegt, die eine Anpassung der Schätzparameter erfordert.

- *Saisonabhängiger Bedarf* liegt vor, wenn sich in der Zeitreihe periodisch wiederkehrende Bedarfsspitzen und -täler erkennen lassen. Dabei können – in Abhängigkeit vom jeweiligen Artikel – die Perioden recht unterschiedliche Längen aufweisen. So unterliegen z.B. Sportausrüstungen, die zu bestimmten Jahreszeiten benötigt werden, einem jährlichen Zyklus, die Nachfrage nach Zeitschriften steigt und fällt in Abhängigkeit von ihrem Erscheinungsturnus, der Absatz von Fisch ist typischerweise freitags und in der Fastenzeit am höchsten, bei frischen Brötchen liegt ein täglicher Zyklus mit einer Nachfragespitze am frühen Vormittag vor. Zur Prognose von saisonalem Bedarf ist ein trigonometrischer Ansatz erforderlich, z.B.:

$$g_t = a + c \cdot \sin(\omega\, t)$$

Selbstverständlich können diese drei Grundmuster des Bedarfsverlaufs auch kombiniert auftreten, häufig überlagern sich ein trendförmiger und ein saisonaler Verlauf. Weitere Bedarfsverläufe, die sich allerdings einer systematischen Prognose entziehen, sind der *erratische* bzw. *chaotische Bedarf*, bei dem keine Regelmäßigkeiten erkennbar sind, und der *sporadische Bedarf*, der nur in einzelnen Perioden auftritt.

Bei der Bedarfsprognose geht man so vor, dass man zunächst versucht, den zugrunde liegenden Bedarfsverlauf anhand einer grafischen oder numerischen Analyse der Zeitreihe zu erkennen, und den dafür geeigneten Modelltyp auswählt. Anschließend werden die jeweils relevanten Parameter des Modells aus der Zeitreihe bestimmt, mit deren Hilfe der im Zeitpunkt $t+1$ erwartete Bedarf auf der Basis von L Vergangenheitswerten bestimmt werden kann.

Für die Qualität der Prognose spielt nicht nur die Spezifikation der Schätzfunktion, sondern auch die Anzahl dieser zu berücksichtigenden *Vergangenheitswerte* eine große Rolle: Wählt man das L zu groß, so sind die Prognosen zwar sehr stabil, d.h. einzelne Ausreißer in den Daten haben keinen großen Einfluss auf den Prognosewert, aber auch recht inflexibel, denn das Modell ist nicht in der Lage, aktuelle Entwicklungen zu erkennen und angemessen zu berücksichtigen. Umgekehrt tritt bei einer weniger umfangreichen Datenbasis das Problem auf, dass die Prognose tendenziell kurzsichtig ist und stark durch Ausreißer beeinflusst wird. In der Praxis sind – in Abhängigkeit von bestehenden Saisonalitäten – Prognosen auf der Basis von Werten aus den letzten ein bis zwei Jahren üblich. Kürzere Zeiträume bieten sich an, wenn die Vergangenheit nur als wenig repräsentativ angesehen wird.

Im Folgenden werden die gebräuchlichsten Prognoseverfahren behandelt, die auch in den von der Praxis eingesetzten computergestützten Produktionsplanungs- und -steuerungssystemen (vgl. Abschnitt 2.6) implementiert sind. Einen Überblick über diese Verfahren gibt Abb. 3.18. Während sich die Verfahren auf Basis der Mittelwertrechnung und die exponentielle Glättung 1. Ordnung lediglich für konstante Bedarfsverläufe eignen, kommen die Regressionsrechnungen und die exponentielle Glättung 2. Ordnung auch für den trendmäßigen Bedarfsverlauf in Betracht.

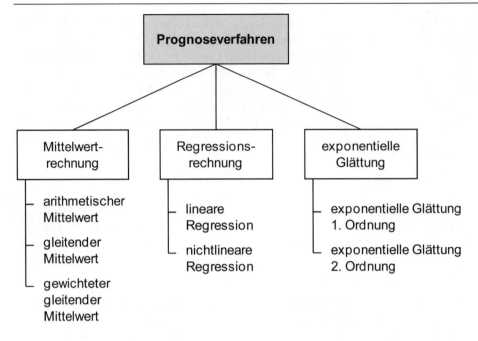

Abb. 3.18 *Prognoseverfahren*

3.2.2.2   Prognose auf Basis der Mittelwertrechnung

Bei der Mittelwertrechnung, die bei konstantem Bedarfsverlauf zum Einsatz kommt, wird für die Prognose des künftigen Bedarfs der Mittelwert der in der Vergangenheit aufgetretenen Bedarfswerte gebildet. Die verschiedenen Varianten der Mittelwertrechnung unterscheiden sich dahingehend, wie viele Vergangenheitswerte berücksichtigt werden und inwiefern eine Gewichtung dieser Werte erfolgt.

- Die einfachste Form der Mittelwertrechnung ist der *arithmetische Mittelwert* über sämtliche Vergangenheitswerte. Die Prognose des kommenden Bedarfswerts $\hat{d}_{t+1}$ erfolgt somit nach folgender Schätzfunktion:

$$\hat{d}_{t+1} = \frac{1}{t} \sum_{\tau=1}^{t} d_\tau$$

Da hierbei die Periodenzahl im Zeitablauf immer weiter anwächst, hat sich dieses Verfahren als wenig praktikabel erwiesen.

- Bei der Prognose mithilfe *gleitender Mittelwerte* erfolgt die Schätzung des kommenden Bedarfswerts als arithmetisches Mittel der letzten L Vergangenheitswerte. Das bedeutet, dass von Periode zu Periode jeweils der älteste Bedarfswert weggelassen und der zuletzt beobachtete zur Zeitreihe hinzugefügt wird. Die zugehörige Schätzfunktion lautet:

$$\hat{d}_{t+1} = \frac{1}{L} \sum_{\tau=t-L+1}^{t} d_\tau$$

- Die Prognose auf der Basis von *gewichteten gleitenden Mittelwerten* greift ebenfalls auf die letzten L Vergangenheitswerte zurück, erlaubt aber zusätzlich eine individuelle Gewichtung der einzelnen Perioden. Dadurch kann der Planer bestimmten, als besonders charakteristisch angesehenen Perioden ein höheres Gewicht geben. Üblicherweise werden den jüngeren Bedarfswerten die höchsten und den älteren Werten die geringsten Gewichte zugewiesen, um dadurch besser auf die aktuelle Bedarfsentwicklung reagieren zu können. Die Schätzung erfolgt nach folgender Schätzfunktion:

$$\hat{d}_{t+1} = \sum_{\tau=t-L+1}^{t} \alpha_\tau \cdot d_\tau \qquad \text{mit:} \qquad \alpha_\tau \geq 0 \qquad \tau = t - L + 1, ..., t$$

$$\sum_{\tau=t-L+1}^{t} \alpha_\tau = 1$$

Das Vorgehen der drei auf der Mittelwertrechnung basierenden Prognoseverfahren wird an dem nachfolgenden Beispiel verdeutlicht. Gegeben sind Bedarfswerte für insgesamt acht Perioden, davon liegen die ersten vier Werte von Anfang an vor und die restlichen Werte werden im Laufe der Zeit beobachtet.

$$d_1 = 90 \qquad d_2 = 88 \qquad d_3 = 93 \qquad d_4 = 98$$
$$d_5 = 97 \qquad d_6 = 95 \qquad d_7 = 96 \qquad d_8 = 92$$

Für die gleitende Mittelwertbildung sollen jeweils die letzten vier Vergangenheitswerte herangezogen werden, die Gewichte zur Ermittlung der gewichteten gleitenden Mittelwerte betragen:

$$\alpha_{t-3} = 0,1 \qquad \alpha_{t-2} = 0,2 \qquad \alpha_{t-1} = 0,3 \qquad \alpha_t = 0,4$$

Tab. 3.2 *Nachfrageprognosen bei Mittelwertrechnung*

Periode	arithmetisches Mittel	gleitendes Mittel	gewichtetes gleitendes Mittel
5	92,3	92,3	93,7
6	93,2	94,0	95,6
7	93,5	95,8	96,0
8	93,9	96,5	96,1
9	93,6	95,0	94,3

Tab. 3.2 zeigt, wie sich die Prognosewerte der drei Verfahren für die Perioden 5 bis 8 voneinander unterscheiden.

Während die Prognose nach dem Verfahren des arithmetischen Mittelwerts die geringste Schwankung aufweist, nehmen die mithilfe des gewichteten gleitenden Mittelwerts bestimmten Prognosewerte jeweils die beste Anpassung an die zuletzt hinzugekommene Bedarfsinformation vor.

3.2.2.3   Prognose auf Basis der Regressionsrechnung

Das Einsatzgebiet der Regressionsrechnung sind trendmäßige Bedarfsverläufe. Während bei der *linearen Regression* anhand der vorliegenden Bedarfswerte eine Ausgleichsgerade ermittelt wird, kommen bei der *nichtlinearen Regression* quadratische, hyperbolische, exponentielle oder trigonometrische Schätzverfahren zum Einsatz. Werden mehrere Wertereihen gleichzeitig geschätzt, liegt eine multiple Regression vor. Die folgenden Ausführungen beschränken sich auf die Darstellung des Grundmodells der linearen Regression.

Die Grundidee der linearen Regressionsrechnung besteht darin, dass die in der Zeitreihe zusammengefassten Bedarfswerte durch eine lineare Funktion in Abhängigkeit von der Zeit abgebildet werden können. Zur Ermittlung einer solchen *Geradengleichung* sind der Absolutwert a und der Steigungsparameter b der Ausgleichsgerade so zu bestimmen, dass die Summe der quadrierten Abweichungen von Bedarfswerten und berechneten Werten minimal wird.

$$S(a,b) = \sum_{t=1}^{L} (d_t - a - b \cdot t)^2 \;\Rightarrow\; \min!$$

Notwendige Bedingung für ein solches Minimum ist, dass die Ableitungen erster Ordnung nach den gesuchten Werten a und b den Wert Null annehmen:

$$\frac{\partial S(a,b)}{\partial a} = -2 \cdot \sum_{t=1}^{L} (d_t - a - b \cdot t) \overset{!}{=} 0$$

$$\frac{\partial S(a,b)}{\partial b} = -2 \cdot \sum_{t=1}^{L} (d_t - a - b \cdot t) \cdot t \overset{!}{=} 0$$

Durch Umformen und Auflösen erhält man die folgenden Bestimmungsgleichungen für die beiden Parameter der Geradengleichung:

$$b = \frac{L \cdot \sum_{t=1}^{L} d_t \cdot t - \sum_{t=1}^{L} t \cdot \sum_{t=1}^{L} d_t}{L \cdot \sum_{t=1}^{L} t^2 - \left(\sum_{t=1}^{L} t\right)^2}$$

$$a = \frac{1}{L} \cdot \left(\sum_{t=1}^{L} d_t - b \cdot \sum_{t=1}^{L} t \right)$$

Anhand des folgenden Beispiels, bei dem Bedarfswerte für 9 Perioden vorliegen, wird zum einen grafisch, zum anderen numerisch gezeigt, wie sich die Ausgleichsgerade und damit auch der Prognosewert für die zehnte Periode ermitteln lässt.

$d_1 = 15$	$d_2 = 13$	$d_3 = 16$
$d_4 = 18$	$d_5 = 19$	$d_6 = 17$
$d_7 = 22$	$d_8 = 20$	$d_9 = 25$

In Abb. 3.19 sind die einzelnen Bedarfswerte sowie die mittels linearer Regression ermittelte Ausgleichsgerade grafisch dargestellt.

Nachfrage

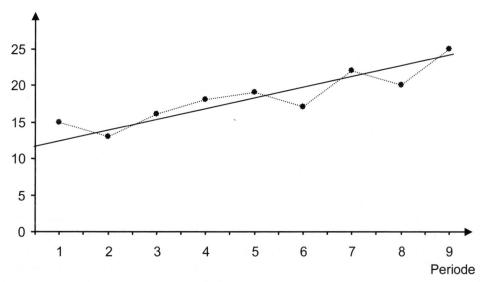

Abb. 3.19 *Regressionsgerade*

Da die Bedarfsprognose auf Basis der letzten neun Bedarfswerte erfolgen soll, gilt $L = 9$. Weiter lassen sich die zur Ermittlung der Geradenparameter benötigten Zwischenergebnisse wie folgt berechnen:

$$\sum_{t=1}^{9} t = 45 \qquad\qquad \sum_{t=1}^{9} t^2 = 285$$

$$\sum_{t=1}^{9} d_t = 165 \qquad\qquad \sum_{t=1}^{9} t \cdot d_t = 897$$

Damit ergeben sich durch Einsetzen in die zuvor hergeleiteten Formeln die folgenden Werte für b bzw. a:

$$b = \frac{9 \cdot 897 - 45 \cdot 165}{9 \cdot 285 - 45^2} = 1{,}2$$

$$a = \frac{1}{9} \cdot (165 - 1{,}2 \cdot 45) = 12{,}\overline{3}$$

Die *Regressionsgerade*, mit der sich der Vorhersagewert für den Bedarf in Periode $t+1$ bestimmen lässt, lautet somit:

$$\hat{d}_{t+1} = 12{,}\overline{3} + 1{,}2 \cdot (t+1)$$

Daraus ergibt sich als Prognosewert für den Bedarf in der zehnten Periode:

$$\hat{d}_{10} = 12{,}\overline{3} + 1{,}2 \cdot 10 = 24{,}\overline{3}$$

Da die Berechnung von Regressionsgeraden mithilfe von Tabellenkalkulationsprogrammen schnell und einfach erfolgen kann, stellt die lineare Regressionsrechnung ein wertvolles Hilfsmittel dar, das sich in der Praxis großer Beliebtheit erfreut.

3.2.2.4   Exponentielle Glättung

Die Verfahren der exponentiellen Glättung benutzen die Abweichungen zwischen prognostizierten und eingetretenen Bedarfswerten zur Verbesserung der künftigen Prognosen.

Die *exponentielle Glättung 1. Ordnung* wird bei konstantem Bedarfsverlauf eingesetzt. Dabei werden – ähnlich wie bei der arithmetischen Mittelwertrechnung – sämtliche bereits realisierten Bedarfswerte bei der Prognose berücksichtigt. Allerdings findet eine Gewichtung mit exponentiell abnehmenden Gewichtungsfaktoren statt, so dass der Einfluss von weiter zurückliegenden Werten sehr schnell abnimmt. Im Gegensatz zur Berechnung gewichteter Mittelwerte, bei der jedes Gewicht separat zu bestimmen ist, wird bei der exponentiellen Glättung lediglich der Glättungsparameter $\alpha \in [0, 1]$ als Gewicht des letzten beobachteten Bedarfswerts vorgegeben. Die Bedarfsprognose für die Periode $t+1$ wird dann wie folgt ermittelt:

$$\hat{d}_{t+1} = \hat{d}_t + \alpha \cdot (d_t - \hat{d}_t) = \alpha \cdot d_t + (1 - \alpha) \cdot \hat{d}_t$$

Es handelt sich hierbei um eine lineare Differenzengleichung erster Ordnung, die sich durch *Rekursion* in eine gewichtete Summe sämtlicher Bedarfswerte umformen lässt. Das auf der ersten Bedarfsprognose basierende Restglied konvergiert mit zunehmender Periodenzahl sehr schnell gegen Null.

$$\hat{d}_{t+1} = \alpha \cdot \sum_{\tau=1}^{t-1} (1-\alpha)^{\tau} \cdot d_{t-1} + (1-\alpha)^{t} \cdot \hat{d}_{1}$$

Ein auf der exponentiellen Glättung beruhendes Prognosesystem berücksichtigt bei der nächsten Prognose jeweils die in der Vergangenheit aufgetretenen Prognosefehler, wobei der Parameter α angibt, wie ernst die Fehler genommen werden. Wählt man ein hohes α, so erfolgt eine recht schnelle Anpassung der Bedarfsprognose an eine veränderte Nachfragestruktur, allerdings haben auch Ausreißerwerte und Zufallseinflüsse einen großen Einfluss auf die Prognose. Bei einem geringen Wert für α reagiert die Prognose eher träge auf Veränderungen der Bedarfssituation, es werden lediglich solche Schwankungen erkannt, die auch langfristig Bestand haben. Eine übliche Empfehlung für die Praxis lautet, im Normalfall mit einem geringen α im Bereich zwischen 0,1 und 0,3 zu arbeiten, diesen Wert jedoch bei offensichtlichem Auftreten eines Strukturbruchs solange zu erhöhen, bis sich die Prognosewerte an das neue Bedarfsniveau angepasst haben. Die exponentielle Glättung 1. Ordnung wird in ca. 80% der Unternehmen zur Prognose von konstantem Bedarf eingesetzt und stellt damit das gebräuchlichste computergestützte Verfahren der Bedarfsprognose dar.

Die *exponentielle Glättung 2. Ordnung* nimmt eine nochmalige Glättung der bereits ermittelten Abweichungen zwischen Bedarfsprognose und tatsächlich aufgetretenem Bedarf vor, sie eignet sich daher – wie die lineare Regressionsrechnung – auch zur Prognose von Bedarfsverläufen mit linearem Trend. Die Vorhersage des Bedarfswerts für die Periode $t+1$ erfolgt mittels nachfolgender Gleichung:

$$\hat{d}_{t+1} = 2S_t^1 - S_t^2 + \frac{\alpha}{1-\alpha} \cdot \left(S_t^1 - S_t^2\right)$$

mit: $S_t^1 = \alpha \cdot d_t + (1-\alpha) \cdot S_{t-1}^1$

$$S_t^2 = \alpha S_t^1 + (1-\alpha) \cdot S_{t-1}^2$$

Weitere Varianten der exponentiellen Glättung sind die *exponentielle Glättung höherer Ordnung*, durch die eine noch bessere Anpassung an den tatsächlichen Bedarfsverlauf erfolgt, und die *exponentielle Glättung mit Saisonfaktoren*, die sich auch für den Einsatz bei saisonalem Bedarfsverlauf eignet.

3.2.2.5   Prognosefehler und Servicegrad

Wenn der tatsächlich realisierte Bedarfswert von der Bedarfsprognose abweicht, liegt ein *Prognosefehler* vor. Da der tatsächliche Bedarfsverlauf in der Regel stochastisch ist, sind Prognosefehler letztlich auch bei sorgfältigster Datenbereitstellung und anspruchsvollen Prognoseverfahren unvermeidlich. Prognosefehler lassen sich auf unterschiedliche Art messen, die bekanntesten Fehlermaße sind die *mittlere quadratische Abweichung* σ, die z.B. bei einer Normalverteilung des Bedarfsverlaufs der Standardabweichung entspricht, und die *mittlere absolute Abweichung MAD.* Sie werden – jeweils für die letzten L Wertepaare aus Bedarfswert und Prognosewert – wie folgt berechnet:

$$\sigma = \sqrt{\frac{1}{L} \cdot \sum_{\tau=t-L+1}^{t} \left(d_\tau - \hat{d}_\tau\right)}$$

$$MAD = \frac{1}{L} \cdot \sum_{\tau=t-L+1}^{t} \left| d_\tau - \hat{d}_\tau \right|$$

Wenn die Bevorratung entsprechend der Bedarfsprognose erfolgt, so kommt es aufgrund von Prognosefehlern zu überhöhten Lagerbeständen oder zu Fehlmengen, wobei letztere in der Regel aufgrund von vielfältigen Folgewirkungen in der Produktion sowie bei den Abnehmern die höheren Zusatzkosten bewirken. Als Maßnahme zur Vermeidung von Fehlmengen werden vielfach *Sicherheitsbestände* gehalten. Diese ermöglichen es, trotz der Unsicherheit hinsichtlich des tatsächlichen Bedarfs die Verfügbarkeit des Materials bzw. die Lieferbereitschaft sicherzustellen und damit einen vorgegebenen Servicegrad einzuhalten (vgl. Abschnitt 3.2.2.4).

Der *Servicegrad* ist ein wichtiges Merkmal, das z.B. zur Lieferantenbewertung dient und bei der Lieferantenwahl herangezogen wird. In der Literatur finden sich zahlreiche unterschiedliche Definitionen für Servicegrade, die letztlich alle auf die Lieferfähigkeit des Unternehmens abstellen. In der Praxis verbreitet ist die Verwendung des α- bzw. β-Servicegrads, die sich in Bezug auf das betrachtete Fehlmengenereignis unterscheiden (vgl. z.B. Günther/Tempelmeier 2005, S. 255f.).

- Der α-Servicegrad gibt die Wahrscheinlichkeit an, dass sämtliche in einer Periode auftretenden Nachfragen auch befriedigt werden können. Eine Näherungsformel lautet:

$$\alpha = \frac{\text{Anzahl befriedigter Nachfrageereignisse}}{\text{Gesamtzahl Nachfrageereignisse}} \cdot 100$$

Damit gibt $(1-\alpha)$ die relative Häufigkeit des Auftretens von Fehlmengenereignissen an, ohne jedoch den Umfang der Fehlmengen zu berücksichtigen. Hierzu ein Beispiel: In der ersten Woche eines Monats werden von 20 Aufträgen 18 erfüllt, in der zweiten Woche sämtliche 22 Aufträge, in der dritten Woche 21 von 24 Aufträgen und in der vierten Woche 25 von 26 Aufträgen. Somit können insgesamt 86 von 92 Aufträgen erfüllt werden, das entspricht einem α-Servicegrad von 93,5%.

- Beim *β-Servicegrad* hingegen ist nicht nur das Auftreten, sondern auch der Umfang einer Fehlmenge von Bedeutung. Er ist definiert als Anteil der in einer Periode befriedigten Nachfragemenge an der gesamten Nachfragemenge.

$$\beta = \frac{\text{befriedigte Nachfragemenge einer Periode}}{\text{Gesamtnachfragemenge einer Periode}} \cdot 100$$

Als Beispiel seien die in Tab. 3.3 angegebenen Werte für die Nachfrage und den verfügbaren Lagerbestand eines Artikels angenommen.

Tab. 3.3 *Beispiel zum β-Servicegrad*

Woche	Nachfrage	Lagerbestand
1	900	1.300
2	2.000	1.900
3	700	550
4	1.100	1.500
5	1.500	1.450

Es tritt in der zweiten Woche eine Fehlmenge von 100 Stück auf, in der dritten Woche sind es 150 Stück und in der fünften Woche 50 Stück, die Gesamtnachfrage während der betrachteten Zeit beträgt 6.200 Stück. Somit beträgt die gesamte Fehlmenge 300 Stück bzw. die befriedigte Nachfrage 5.900 Stück. Daraus ergibt sich ein β-Servicegrad in Höhe von 95,1%.

Wenn die Absicherung gegen Fehlmengen bzw. ein hoher Servicegrad durch das Halten eines *Sicherheitsbestands* erreicht werden soll, so ist zu berücksichtigen, dass dieser mit dem Servicegrad überproportional ansteigen muss. Abb. 3.20 zeigt diesen Zusammenhang für den Fall einer normalverteilten Nachfrage.

So wird ein Servicegrad von 50% eingehalten, wenn ein Lagerbestand in Höhe des Mittelwerts der Nachfrage $\bar{x}$ gehalten wird. Ein Lagerbestand von $\bar{x} + \sigma$ stellt sicher, dass nur in 15,9% der Fälle eine höhere Nachfrage auftritt, d.h. der Servicegrad beträgt 84,13%. Dementsprechend führt ein Lagerbestand in Höhe von $\bar{x} + 2\sigma$ zu einem Servicegrad von 97,72%, und $\bar{x} + 3\sigma$ gewährleisten die Lieferfähigkeit in 99,87% der Fälle (vgl. Hoitsch 1993, S. 417). Der für andere Werte des gewünschten Servicegrads erforderliche Lagerbestand lässt sich entsprechend ermitteln. So gilt bei einem Mittelwert $\bar{x} = 500$ und einer Standardabweichung von $\sigma = 125$ der folgende Zusammenhang von gewünschtem Servicegrad und zugehörigem Lagerbestand:

Servicegrad 90% $\Rightarrow$ Lagerbestand 660,2 Stück

Servicegrad 95% $\Rightarrow$ Lagerbestand 705,6 Stück

Servicegrad 98% $\Rightarrow$ Lagerbestand 756,7 Stück

Servicegrad 99% $\Rightarrow$ Lagerbestand 790,8 Stück

Da mit dem Sicherheitsbestand auch die Lagerhaltungskosten überproportional ansteigen, ist ein Servicegrad von oder nahe 100% nur mit prohibitiv hohen Lagerhaltungskosten erreichbar (vgl. Abb. 3.21).

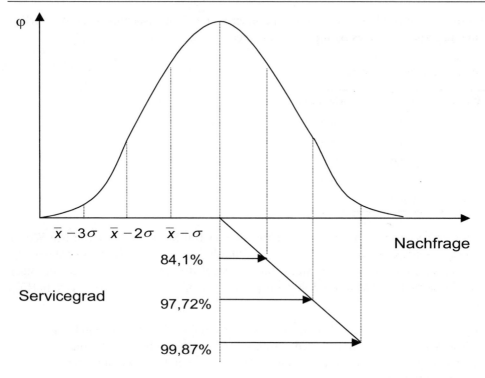

Abb. 3.20   *Servicegrad und Sicherheitsbestand*

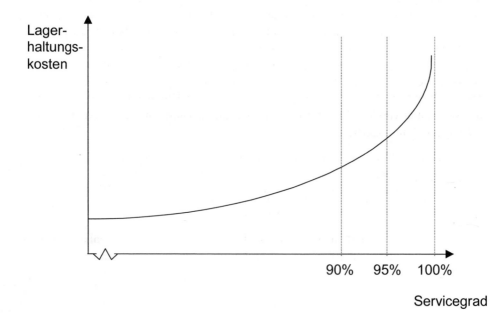

Abb. 3.21   *Lagerhaltungskosten und Servicegrad*

Der optimale Sicherheitsbestand liegt dort, wo der durch eine zusätzlich gelagerte Einheit bewirkte Anstieg der Lagerhaltungskosten und der Rückgang der Fehlmengenkosten sich ausgleichen, und muss für den Einzelfall bestimmt werden. In der Praxis werden vielfach Servicegrade um 95% als ausreichend angesehen.

3.2.3 Lagersysteme

Unter einem Lager versteht man in physischer Sichtweise einen Ort, an dem Material bis zu seiner geplanten Verwendung aufbewahrt wird. Aus logistischer Sicht stellen Lager *Knoten* in einem logistischen Netzwerk dar und übernehmen eine Schlüsselfunktion bei der Durchführung von zahlreichen logistischen Prozessen. Es sind Entscheidungen über die Anzahl und die räumliche Verteilung der Lagerstandorte, über die Organisation und Ausstattung der einzelnen Lager und über ihre verkehrstechnische Verknüpfung zu treffen. Im Einzelnen lassen sich einem Lager die folgenden produktionswirtschaftlich relevanten Funktionen zuordnen (vgl. auch Kistner/Steven 2001, S. 31f.):

- Die *Ausgleichsfunktion* des Lagers dient der Überbrückung von zeitlichen Diskrepanzen zwischen Zugang und Abgang der Lagerobjekte. Sie kommt vor allem bei saisonalen Schwankungen von Lagerzugang oder -abgang zum Tragen und sorgt für eine zeitliche Abstimmung von Anlieferung und Produktion bzw. Produktion und Absatz.

- Bei der *Pufferfunktion* des Lagers steht der mengenmäßige Ausgleich von Lagerzu- und -abgang im Vordergrund, sie sorgt für die wirtschaftliche Abstimmung von unterschiedlich dimensionierten Güterströmen.

- Die *Sicherungsfunktion* des Lagers dient der Absicherung gegen unvorhersehbare Schwankungen bei Lagerzu- oder -abgang. Mithilfe eines Sicherheitsbestands (vgl. Abschnitt 3.1.2) können derartige Schwankungen aufgefangen werden, ohne den Betriebsablauf zu beeinträchtigen.

- Eine *Veredlungsfunktion* des Lagers liegt vor, wenn die Lagerung ein Bestandteil des Produktionsprozesses ist, d.h. wenn durch Alterung, Gärung oder Trocknung während der Lagerung der Wert der Lagerobjekte erhöht wird.

- Die *Umschlagfunktion* des Lagers ist aus logistischer Sicht besonders relevant. Sie besteht zum einen darin, dass Lagerobjekte beim Wechsel des Transportmittels zwischengelagert werden. Zum anderen zählen hierzu auch die Konzentration von Lagerobjekten aus verschiedenen Quellen beim Lagerzugang sowie die Auflösung eines Lagerbestands für verschiedene Bedarfsorte beim Lagerabgang.

Entsprechend ihrer *vorrangigen Aufgabe* lassen sich Lager klassifizieren in Vorratslager, die die Produktion mit Material versorgen und saisongebundene Halbfertig- und Endprodukte aufnehmen, Umschlaglager, die den Übergang zwischen verschiedenen Transportmitteln unterstützen, Eingangslager, bei denen die Konzentration von Warenströmen im Vordergrund steht, und Ausgangslager, deren Hauptleistung die Auflösung von Produktmengen ist.

Gegenstand der Lagerung sind die *Lagerobjekte*, die in einem Lager vorgehalten werden. Nach ihrem Aggregatzustand lassen sich feste, flüssige und gasförmige Güter unterscheiden, die jeweils unterschiedliche Anforderungen an die Lagerhaltung stellen. Abb. 3.22 gibt einen Überblick über die wesentlichen Güterkategorien und die Möglichkeiten ihrer Lagerung (vgl. Koether 2006, S. 63).

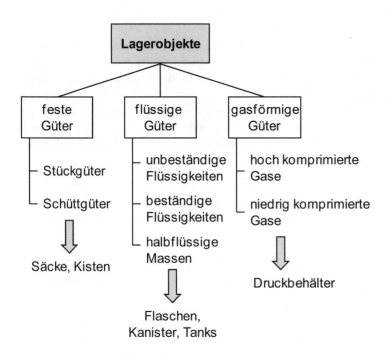

Abb. 3.22 *Lagerobjekte*

- *Feste Güter* können als Stückgüter oder als Schüttgüter auftreten. Aus Sicht der Logistik sind *Stückgüter*, die eine stabile Außenhülle aufweisen und sich daher einfach handhaben lassen, der Idealfall. Alle anderen Güter müssen entweder durch eine geeignete Verpackung in Stückgüter transformiert oder in speziellen logistischen Einrichtungen transportiert und gelagert werden. So lassen sich Schüttgüter wie z.B. Baustoffe, die ebenfalls zu den festen Gütern zählen, durch das Abfüllen in Säcke oder Kisten wie Stückgüter behandeln.

- Flüssige Güter lassen sich unterteilen in unbeständige Flüssigkeiten, z.B. Lösungsmittel, beständige Flüssigkeiten, z.B. Öle, und halbflüssige Massen, wie Gele oder Pasten. Für ihre Lagerung und ihren Transport werden sie in der Regel in Flaschen, Kanister oder Tanks abgefüllt. Alternativ ist auch die Beförderung von Flüssigkeiten in Rohrleitungen möglich.

- Die Lagerung von *gasförmigen Gütern*, die als hoch oder niedrig komprimierte Gase auftreten können, erfolgt in der Regel in Druckbehältern wie Tanks oder Flaschen.

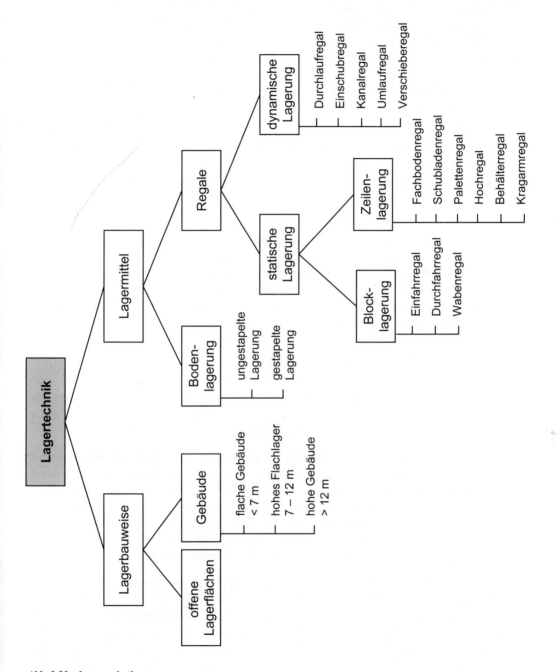

Abb. 3.23 *Lagertechnik*

Die für ein bestimmtes Lagerobjekt erforderliche *Lagertechnik* hängt von der jeweiligen Ausprägung der folgenden Eigenschaften ab: Das Volumen eines Lagerobjekts stellt Anforderungen an die Abmessungen des Lagerraums, sein Gewicht an die Tragfähigkeit der Lagerfläche. Die Form des Lagerobjekts, z.B. flach, quaderförmig oder rund, hat Einfluss auf seine Handhabungseigenschaften. Weiter können bestimmte Lagerobjekte besondere Anforderungen an die Lagertechnik stellen, z.B. Sicherheitsvorkehrungen bei Gefahrstoffen, Kühlung bei verderblichen Lebensmitteln, kontrollierten Zugang bei besonders wertvollen Gütern. Einen Überblick über die in Bezug auf die Lagertechnik zu treffenden Entscheidungen gibt Abb. 3.23.

Bei der *Lagerbauweise* lassen sich die Lagerung auf offenen Lagerflächen im Freien, die für unempfindliche Güter wie z.B. Stahlbrammen zum Einsatz kommt, und die Lagerung in einem Lagergebäude unterscheiden. Bei Höhen ab ca. 10 m spricht man von einem Hochregallager, das häufig als eigenständiger Baukörper realisiert wird und für das eine spezielle Lager- und Fördertechnik benötigt wird.

Als *Lagermittel* kommen die Bodenlagerung oder die Lagerung in Regalen in Betracht. Die einfachste Form der *Bodenlagerung* ist die Flächenlagerung, bei der die Lagerobjekte nebeneinander auf dem Boden abgestellt werden. Sie verbraucht allerdings viel Lagerfläche und wird daher vor allem für große und schwere Lagerobjekte, z.B. für Maschinen, gewählt. Weiter besteht – vor allem bei einheitlichen quaderförmigen Lagerobjekten, z.B. bei Kisten – bei der Bodenlagerung die Möglichkeit der Stapelung, durch die sich Lagerfläche einsparen lässt. Der Nachteil der gestapelten Lagerung besteht darin, dass kein freier Zugriff auf beliebige Lagereinheiten mehr möglich ist.

Eine *Lagerung in Regalen* ist bei empfindlichen oder schlecht stapelbaren Lagerobjekten zwingend erforderlich, wird jedoch auch bei anderen Gütern häufig angewandt. Hier unterscheidet man die statische Lagerung, bei der die einzelne Lagereinheit während der Dauer der Lagerung an dem ihr zugewiesenen Lagerplatz verbleibt, und die dynamische Lagerung, bei der eine Bewegung von Lagereinheiten möglich ist.

- Die *statische Lagerung* erfolgt entweder als Block- oder als Zeilenlagerung, die jeweils in verschiedenen, in Abb. 3.23 angegebenen Ausprägungen auftreten können. Während ein Blocklager eine gute Raumausnutzung erzielt, aber keinen direkten Zugriff auf jedes einzelne Lagerobjekt erlaubt, bietet das Zeilenlager zwar direkte Zugriffsmöglichkeiten, weist jedoch aufgrund der zusätzlich erforderlichen Bedienkanäle eine wesentlich schlechtere Raumausnutzung aus. Der unterschiedliche Platzbedarf von Block- bzw. Zeilenregal für eine identische Anzahl von Lagerobjekten wird in Abb. 3.24 veranschaulicht.

  Die wichtigsten Lagertypen für die Zeilenlagerung sind das Fachbodenregal, bei dem die Lagereinheiten auf einen Regalboden gestellt werden, das Schubladenregal, bei dem standardisierte Behälter mit den Lagerobjekten in das Regal eingeschoben werden, das Palettenregal, bei dem Paletten oder Gitterboxen als Lagerhilfsmittel auf Traversen aufgesetzt werden, und das Kragarmregal, in dem vor allem lange Güter, z.B. Eisenstangen, direkt auf Armen ohne vordere Abstützung gelagert werden. Während das Fachbodenregal die größte Flexibilität hinsichtlich der in Frage kommenden Lagerobjekte bietet, tritt hierbei ein erheblicher Materialbedarf für die Regalböden auf.

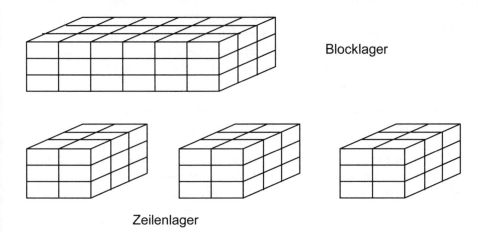

Blocklager

Zeilenlager

Abb. 3.24 *Block- und Zeilenlagerung*

- Bei der *dynamischen Lagerung* kommen unterschiedliche Entnahmeregeln zum Einsatz: In einem Durchlaufregal erfolgt die Lagerung in einem Kanal, in dem von der einen Seite beschickt und von der anderen entnommen wird. Somit werden jeweils die ältesten Lagerobjekte zuerst entnommen, wodurch tendenziell die Überalterung des Lagerbestands vermieden wird. Umgekehrt werden bei einem Einschubregal die neuen Lagerobjekte am Anfang des Kanals eingestellt, so dass die älteren nach hinten geschoben werden. Da auch die Entnahme von vorn erfolgt, werden hierbei die jüngsten Lagerobjekte zuerst entnommen. Bei einem Umlaufregal befinden sich die Lagerobjekte in einem ständigen Umlauf (z.B. Paternoster), so dass jederzeit eine Entnahme möglich ist, bei einem Verschieberegal werden die Lagerobjekte zusammen mit dem Lagergestell horizontal (z.B. Apothekerschrank) oder vertikal bewegt.

Um den in der Regel begrenzten Lagerraum möglichst gut auszunutzen, stellt sich die Frage, wie die Zuordnung von Lagerobjekten zu freien Lagerplätzen erfolgen soll. Die verschiedenen Möglichkeiten der Lagerplatzzuordnung sind in Abb. 3.25 dargestellt.

- Bei der *festen Lagerplatzzuordnung* wird jeder Artikelart ein bestimmter Lagerbereich zugewiesen, in den alle Lagereinheiten dieses Artikels eingestellt werden. Diese Einlagerungsstrategie erfordert keinerlei technischen Aufwand, bietet die größte Zugriffssicherheit selbst bei einem Verlust der Lagerbestandsdatei und erlaubt auf einfache Weise die organisatorische Trennung verschiedener Warengruppen im Lager. Allerdings ist sie auch mit einem sehr hohen Bedarf an Lagerkapazität verbunden und bietet aufgrund der tendenziell langen Wege bei der Ein- und Auslagerung nur eine geringe Umschlagleistung.

Diese Nachteile lassen sich mit den verschiedenen Strategien der gemeinsamen Lagerplatzzuordnung vermeiden.

- Die *Querverteilung* dient vor allem der Sicherstellung der Versorgung. Dabei werden mehrere Lagereinheiten einer Artikelart über verschiedene Lagerbereiche verteilt, um auch bei Blockierung eines Ganges oder bei Ausfall eines Regalfahrzeugs jederzeit Zugriff auf diesen Artikel zu haben. Diese Einlagerungsstrategie erfordert eine räumliche und organisatorische Trennung der verschiedenen Bereiche und die rechnergesteuerte Verwaltung der vergebenen Lagerplätze.

- Als *Zonenlagerung* bezeichnet man eine Einlagerungsstrategie, bei der es für jede Artikelart eine bestimmte Zone gibt. Innerhalb der Zone findet eine feste oder eine freie Platzzuordnung statt. Eine Zonenlagerung ist entweder aufgrund von sachlichen Anforderungen der Lagergüter erforderlich (z.B. Tragfähigkeit der Lagereinrichtungen, Kühlung, Sicherheitslager) oder sie wird bewusst durchgeführt, um verschiedene Warengruppen voneinander zu trennen oder um die Umschlagleistung des Lagers zu erhöhen. Dabei werden z.B. diejenigen Artikel, die mittels einer ABC-Analyse (vgl. Abschnitt 2.4.1.2) als Schnelldreher identifiziert wurden, in einem Bereich mit kurzen Zugriffswegen gelagert, während zu den nur selten benötigten Artikeln weitere Wege zurückzulegen sind. Auf diese Art ist weiter eine organisatorische Trennung von Artikeln, die nur kurz im Lager verbleiben sollen, von solchen mit einer längeren Verweildauer möglich.

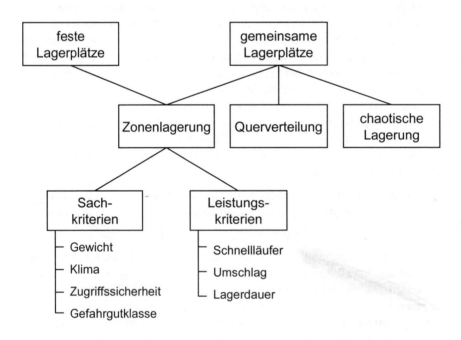

Abb. 3.25 *Lagerplatzzuordnung*

- Bei der *chaotischen Lagerung* erfolgt eine völlig freie Lagerplatzzuordnung: Die Lagerobjekte werden an einer beliebigen freien Stelle eingelagert, um eine bessere Ausnutzung der Lagerkapazität zu erreichen. Bei gemeinsamer Nutzung des Lagerraums durch mehrere Artikelarten muss nicht mehr für jede separat, sondern lediglich für alle gemeinsam eine – insgesamt deutlich geringere – Kapazitätsreserve vorgehalten werden. Die Einlagerung sowie der spätere Zugriff auf die Lagerobjekte erfordern eine sorgfältige Freifach- und Lagerbestandsverwaltung. Ergänzend können bei der Lagerplatzzuordnung weitere Kriterien wie die Umschlaghäufigkeit eines Artikels herangezogen werden, um die Umschlagleistung des Lagers zu steigern. Dazu trägt auch die Strategie bei, das als nächstes auszulagernde Lagerobjekt in der Nähe des letzten Einlagerfaches auszuwählen, um unnötige Wege der Fördermittel zu vermeiden.

Zu den Aufgaben eines Lagersystems zählt neben der Lagerung vielfach auch das *Kommissionieren*, d.h. das Zusammenstellen der für einen Produktions- oder Kundenauftrag benötigten Teile. Aufgrund der starken Heterogenität sowohl der Aufträge als auch der Teile wird das Kommissionieren in kleinen und mittelgroßen Lagersystemen in der Regel manuell durchgeführt, erst bei einem erheblichen Kommissionieraufkommen, wie es z.B. bei Versandhäusern vorliegt, lohnt sich der Einsatz von Kommissionierrobotern oder Kommissionierautomaten. Ein weiteres Argument für das manuelle Kommissionieren ist die Stoßempfindlichkeit der zu kommissionierenden Artikel. Dabei lassen sich zwei Kommissionierprinzipien unterscheiden:

- Bei der Kommissionierung nach dem Prinzip *„Mann zur Ware"* bewegt sich der Kommissionierer – ggf. mithilfe eines geeigneten Fahrzeugs – im Lagerbereich und entnimmt die für einen Auftrag benötigten Artikel den entsprechenden Lagerfächern. Der Vorteil dieses Vorgehens ist, dass mehrere Kommissioniervorgänge von verschiedenen Mitarbeitern parallel durchgeführt werden können und keine aufwändige Lagertechnik erforderlich ist. Allerdings lässt sich bei jedem Durchlauf durch das Lager lediglich ein Auftrag kommissionieren, so dass insgesamt lange Wegstrecken zurückgelegt werden müssen. Häufig ist die ergonomische Beanspruchung der Lagermitarbeiter sehr hoch.

- Die Kommissionierung nach dem Prinzip „Ware zum Mann" ist stärker automatisiert. Die für einen Auftrag benötigten Behälter werden automatisch in eine Vorzone des eigentlichen Lagers gebracht, wo der Kommissionierer ihnen die für den Auftrag erforderlichen Teile entnimmt, und anschließend wieder zurückgebracht. Auf diese Weise lassen sich sehr hohe Kommissionierleistungen erzielen. Das Wegfallen weiter Wege und eine spezielle Gestaltung der Kommissionierarbeitsplätze reduzieren die ergonomische Beanspruchung der Mitarbeiter.

Eine weitere wichtige Entscheidung bei der Gestaltung von Lagersystemen ist die Auswahl der *Lagerstandorte* (vgl. Pfohl 2004, S. 124ff.). Während sich der Standort eines Vorratslagers in der Regel an den Erfordernissen der nachfolgenden Produktion ausrichtet, wird der Standort eines Ausgangslagers stärker durch logistische Überlegungen beeinflusst. Wesentliche Standortfaktoren sind dabei die Nähe zum Absatzgebiet, die absolute Höhe und die räumliche Verteilung der Nachfrage, der Anschluss eines Standorts an das Versorgungsgebiet mittels geeigneter Verkehrsverbindungen, die ausreichende Verfügbarkeit geeigneter

Arbeitskräfte sowie die Höhe der Transportkosten. Auch die am Standort relevanten behördlichen Auflagen sowie die Möglichkeit einer späteren Erweiterung des Lagers spielen eine große Rolle. Eine falsche Standortwahl gehört zu den häufigsten und kostspieligsten Fehlern bei der Einrichtung eines Lagers (zur Standortwahl vgl. Abschnitt 2.2.2).

Eng verbunden mit der Standortwahl ist die Entscheidung über den *(De-)Zentralisationsgrad* eines Lagers. Während eine dezentrale Lagerhaltung aufgrund der größeren Kundennähe eine schnelle Belieferung und damit einen guten Kundenservice ermöglicht, bestehen die Vorteile einer zentralen Lagerung in geringeren Kosten. Diese resultieren zum einen aus der Möglichkeit, angesichts der größeren Lager- und Umschlagmengen die Lager- und Umschlagtechnik, die Bestandsführung und die Zugriffssteuerung stärker zu automatisieren, zum anderen lassen sich die Bestände und damit auch der Platzbedarf und die Kapitalbindung im Lager reduzieren, da sich in einem zentralen Lager die Bedarfsschwankungen der verschiedenen Versorgungsbereiche zumindest teilweise kompensieren.

Als Näherungsformel für die Abschätzung der durch Zentralisation des Lagers möglichen Bestandsreduktion wird die $\sqrt{n}$ -Formel herangezogen, nach der bei der Zusammenlegung von n Lagerstandorten der zur Aufrechterhaltung des gewünschten Servicegrads erforderliche Sicherheitsbestand vom n-fachen auf das $\sqrt{n}$ -fache des Bestands eines einzelnen Lagerstandorts absinkt. Werden z.B. vier Lagerstandorte zusammengezogen, so wird statt des vierfachen nur noch der doppelte Bestand eines einzelnen Lagers als Sicherheitsbestand benötigt (vgl. Ihde 2001, S. 317).

3.2.4   Bestandsmanagement

Die Lagerung wird – soweit sie nicht wie z.B. bei Reifungsprozessen explizit ein Bestandteil der Produktion ist – vielfach als ein nicht wertschöpfender Prozess angesehen. Erfahrungsgemäß machen Lagerbestände bei produzierenden Unternehmen durchschnittlich 34% des Umlaufvermögens aus und verursachen über die damit einhergehende Kapitalbindung erhebliche Zins- bzw. Opportunitätskosten. Generell werden mit überhöhten Lagerbeständen in der betrieblichen Wertschöpfungskette die folgenden *negativen Auswirkungen* verbunden (vgl. Kistner/Steven 1991, S. 14ff.):

- Lagerbestände *binden Kapital*, das an anderer Stelle produktiv eingesetzt werden könnte. Jede Reduktion von überhöhten Lagerbeständen setzt somit Kapital für zusätzliche Anlageinvestitionen frei und trägt dadurch zur Verbesserung der Rentabilität des Unternehmens bei.

- Lagerbestände erhöhen die Durchlaufzeiten der Aufträge um die Zeit, die die Zwischenprodukte auf den verschiedenen Produktionsstufen im Zwischenlager liegen und auf ihre nächste Bearbeitung warten, sie können daher zur *Verlängerung der Lieferfristen* führen. Wenn jedes Teil exakt zum Bedarfszeitpunkt auf der nachfolgenden Produktionsstufe eintreffen würde, ließen sich die Durchlaufzeiten auf das theoretische Minimum, nämlich die Summe der Bearbeitungszeiten eines Auftrags, reduzieren.

- Lagerbestände verringern die *Flexibilität* des Unternehmens, sich schnell an veränderte Bedürfnisse der Abnehmer anzupassen. Bei einer Umstellung des Produktionsprogramms auf andere Produkte bedeuten verbleibende Bestände an nunmehr obsoleten Materialien „sunk costs" und reduzieren damit die Rentabilität.

- Lagerbestände können schließlich dazu benutzt werden, *Planungsfehler* zu verdecken (vgl. Abb. 3.26). So wirkt sich das Auftreten von z.B. Qualitätsmängeln, Engpässen, Maschinenausfällen, ineffizienten Arbeitsweisen, übermäßigem Abfall und Ausschuss oder auch einer mangelhaften Termineinhaltung weniger gravierend aus, wenn die auf der nächsten Produktionsstufe fehlenden Teile zunächst aus einem Lager entnommen werden können. Erst bei einer sukzessiven Reduktion des Lagerbestands zwischen zwei aufeinander folgenden Produktionsstufen werden derartige Probleme nach und nach offensichtlich. Somit lässt sich durch Lagerbestände der Produktionsfluss zwar kurzfristig aufrechterhalten, langfristig verhindern sie jedoch, dass Fehlerquellen nachhaltig beseitigt werden.

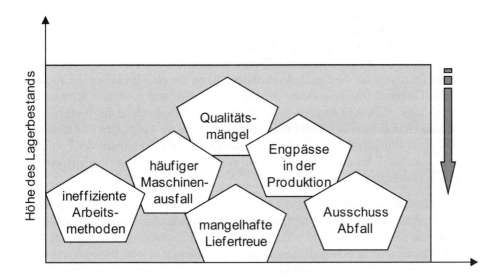

Abb. 3.26   *Verdeckung von Planungsfehlern durch Lagerbestände*

Als Instrument zur Vermeidung dieser negativen Wirkungen von Beständen wurde das *Just-in-Time-Konzept* entwickelt, das auf eine Bereitstellung des Materials auf allen Wertschöpfungsstufen genau zu dem Zeitpunkt, in dem es benötigt wird, abzielt. Dies bedeutet in letzter Konsequenz die Produktion und Lieferung von Losen der Größe eins und damit die vollständige Vermeidung von Lagerhaltung. Das Just-in-Time-Konzept tritt in zwei Varianten auf:

- Zwischenbetrieblich wird eine Reduktion des Materialbestands an Rohstoffen und Vorprodukten durch die *Zulieferung auf Abruf* erreicht. Die Just-in-Time-Zulieferung ist z.B. in der Automobilindustrie weit verbreitet (vgl. Abschnitt 3.2.1.3). Häufig wird sie ausgeweitet zu einer Just-in-Sequence-Anlieferung, bei der die Bauteile durch den Lieferanten bereits in der Reihenfolge, in der sie anschließend beim Automobilhersteller eingebaut werden sollen, vorsortiert angeliefert werden. Durch die Just-in-Time-Zulieferung lassen sich die Lagerbestände und damit die Lagerhaltungskosten in der gesamten Lieferkette zum Teil erheblich reduzieren. Es hängt von der Marktmacht und dem Verhandlungsgeschick der Partner ab, wie diese Gesamtersparnis auf die Beteiligten verteilt wird. Zuweilen bedeutet die Just-in-Time-Zulieferung allerdings lediglich eine Verlagerung der Lagerhaltung auf die Lieferanten, da diese die mit der Lieferunfähigkeit verbundenen Vertragsstrafen vermeiden wollen.

- Die innerbetriebliche Ausprägung des Just-in-Time-Konzepts ist die *Produktion auf Abruf*, die z.B. durch das in der japanischen Automobilindustrie entwickelte Kanban-Verfahren umgesetzt wird (vgl. Ohno 1993 und Abschnitt 2.4.4.4). Die Grundidee von Kanban ist die Holpflicht der einzelnen Produktionsstellen (Pull-Prinzip), die die von ihnen benötigten Teile rechtzeitig bei den im Materialfluss vorgelagerten Stellen anfordern müssen. Die Lieferung erfolgt aus einem Pufferlager, das von der vorgelagerten Stelle bei Erreichen eines Mindestbestands automatisch wieder aufgefüllt wird. Die Produktion auf Abruf erfordert in der Regel umfassende Veränderungen bei der Fertigungsorganisation. Neben einer Erhöhung der Fertigungskapazitäten, durch die die Flexibilität der Produktion, d.h. die Fähigkeit zur Anpassung an eine quantitativ und qualitativ schwankende Kundennachfrage verbessert werden soll, zählen dazu insbesondere die Reduktion der Rüstzeiten und damit auch der Rüstkosten, durch die kleinere Losgrößen und damit eine geringere Lagerhaltung erst wirtschaftlich werden. Die bei der Umsetzung der Produktion auf Abruf getätigten Investitionen bedeuten eine Substitution von Umlaufvermögen durch Anlagevermögen.

Das Just-in-Time-Konzept zielt grundsätzlich darauf ab, durch eine vollkommene Synchronisation aller Prozesse in der Wertschöpfungskette die Zwischenlagerbestände letztlich auf Null zu reduzieren. Dieses Ideal einer vollständigen Bestandsreduktion lässt sich jedoch aus verschiedenen Gründen nicht verwirklichen. Zum einen lässt sich zeigen, dass der Substitution von Umlauf- durch Anlagevermögen durchaus ökonomische Grenzen gesetzt sind (vgl. Kistner 1994, S. 125ff.), da den bei der Verringerung des Lagerbestands abnehmenden Grenzkosten der Lagerhaltung zunehmende Grenzkosten der erforderlichen Investitionen gegenüberstehen.

Zum anderen übernehmen Lagerbestände zum Teil wichtige Aufgaben im Wertschöpfungsprozess, so dass es gilt, die Bestandshöhe nicht zu minimieren, sondern zu optimieren. Es lassen sich folgende *Arten von Beständen* unterscheiden (vgl. Fleischmann 2003, S. 23f.):

- Der *Sicherheitsbestand* (safety stock) dient zur Vermeidung von Fehlmengensituationen bzw. zur Aufrechterhaltung eines hohen Servicegrads (vgl. Abschnitt 3.2.2.4). Er ist immer dann erforderlich, wenn bei positiver Wiederbeschaffungszeit Unsicherheit in Bezug auf die Höhe und die zeitliche Verteilung des Bedarfs bzw. die Planbarkeit des Lagerzugangs vorliegt. Er ist umso höher anzusetzen, je höher die Fehlmengenkosten sind und je größer die Variabilität der Nachfrage ist.

- Der *Losgrößenbestand* (cycle stock) ergibt sich aufgrund des losweisen Zuflusses oder Abflusses von Material bei der Fertigung, er schwankt – wie in Abschnitt 2.4.2.2 für das klassische Losgrößenmodell gezeigt wurde –zwischen einer losgrößenabhängigen Obergrenze und Null (vgl. Abb. 2.48 und 2.49). Die Bildung von Losgrößenbeständen resultiert entweder – wie bei der Bestimmung der optimalen Losgröße, die einen Ausgleich von Rüst- und Lagerhaltungskosten vornimmt – aus wirtschaftlichen Überlegungen oder aber aus technischen Gründen, d.h. wenn der Lagerzugang oder die Fertigung losweise erfolgen müssen.

- Als *Saisonbestand* (anticipation stock) bezeichnet man den Aufbau von Lagerbeständen zur Abdeckung einer absehbaren Bedarfsspitze. Dieser Bestand ist erforderlich, um eine Fehlmenge zu vermeiden, wenn der Bedarf eines Materials oder Produkts zeitweise größer ist als die maximale Kapazität des Zuflusses, d.h. des Lieferanten oder der eigenen Produktion. Doch der Aufbau eines Saisonbestands kann auch das Ergebnis einer wirtschaftlichen Überlegung sein: So erfolgt bei der Produktionsglättung eine Abwägung zwischen den Lagerhaltungskosten und den Kosten einer zeitlichen oder intensitätsmäßigen Anpassung der Fertigung an die (saisonal) schwankende Nachfrage.

- Weiter tritt Lagerbestand regelmäßig in Form von *Work in Process* (pipeline stock) auf. Dabei handelt es sich um diejenigen Materialmengen, die sich während der Durchführung von wertschöpfenden Produktions- und Transportprozessen im Fertigungsbereich befinden. Selbst wenn es gelingt, die Lagerhaltung zwischen aufeinander folgenden Prozessschritten vollständig zu vermeiden, lässt sich der Work-in-Process-Bestand nicht auf Null reduzieren.

- Zusätzlich zu den bereits genannten Bestandsarten kann ein *Spekulationsbestand* gehalten werden. Er entsteht durch den vorgezogenen Zufluss von Material, durch den einer Erhöhung der Beschaffungskosten ausgewichen oder der Wert des gelagerten Gutes gesteigert werden soll.

Da diese Bestandsarten auf unterschiedliche Ursachen zurückgehen, treten sie unabhängig voneinander auf, dennoch bewirken sie gemeinsam die Höhe des tatsächlichen Lagerbestands und damit der Lagerhaltungskosten. Die *Optimierung des Lagerbestands* darf nicht pauschal erfolgen, sondern muss die mit den einzelnen Bestandsarten verbundenen Anforderungen angemessen berücksichtigen. Durch die separate Analyse der Bestandsarten lassen sich Ansatzpunkte zur Bestandsreduktion besser identifizieren und die Auswirkungen von Bestandsveränderungen prognostizieren.

Die Unterscheidung der Bestandsarten ist insbesondere bei einer hierarchisch strukturierten Planung von Bedeutung, wie sie auch neueren PPS- und APS-Systemen zugrunde liegt (vgl. Abschnitt 2.6.3 und 2.6.4): Auf der taktischen, mittelfristigen Planungsebene (Master Production Scheduling) werden in der Regel die Saisonbestände geplant und der operativen, kurzfristigen Steuerungsebene vorgegeben. Der Sicherheitsbestand wird hier als fest vorgegeben betrachtet, für den Losgrößenbestand und Work in Process werden Näherungswerte angenommen. Die Steuerungsebene betrachtet alle Bestandsarten mit Ausnahme des Losgrößenbestands, den sie im Rahmen der Vorgaben der taktischen Planungsebene bestimmt, als vorgegeben, wobei sich Work in Process aufgrund des kürzeren Planungszeitraums nunmehr exakter abschätzen lässt als bei der mittelfristigen Planung.

Weiter ist durch die separate Betrachtung der Bestandsarten eine sachgerechte Zuweisung von *Verantwortung* für die Bestandhöhe möglich (vgl. Fleischmann 2003, S. 26f.). Da ein Lager häufig an der Schnittstelle zwischen zwei aufeinander folgenden Prozessen eingerichtet wird, bestehen vielfältige Interessen hinsichtlich der Höhe des Lagerbestands: So versucht bei einem Auslieferungslager der Produktionsbereich, der den Lagerzugang steuert, durch das Halten von Losgrößenbestand seine Rüstkosten und durch Saisonbestand seine Überstundenkosten zu senken. Die Distribution, die den Lagerabgang bewirkt, hat hingegen Interesse an einem hohen Sicherheitsbestand, um ihren Kunden einen guten Servicegrad zu liefern. Setzen beide Seiten ihre Interessen durch, resultiert ein insgesamt zu hoher Lagerbestand, dessen Kosten durch eine entsprechende Analyse verursachungsgerecht auf die auslösenden Entscheidungen verteilt werden müssten.

3.3 Fertigungslogistik

Die Fertigungslogistik ist im betrieblichen Wertefluss zwischen der Beschaffungslogistik und der Distributionslogistik angesiedelt. Ihre Aufgabe besteht in der Planung, Steuerung und Kontrolle der Materialbestände und -bewegungen innerhalb von und zwischen verschiedenen Fertigungsbereichen sowie in der Organisation der Fertigungsprozesse und der Anordnung von Fertigungssystemen unter logistischen Aspekten. Sowohl aufgrund der anhaltenden Tendenz zur Verkürzung von Produktlebenszyklen als auch der marktseitigen Forderung nach Reduktion der Liefer- und Durchlaufzeiten ist eine häufige Anpassung der logistischen Prozesse im Fertigungsbereich an veränderte Anforderungen erforderlich.

Abschnitt 3.3.1 befasst sich mit der Ausgestaltung von innerbetrieblichen Transportsystemen, die zur Aufrechterhaltung des Materialflusses erforderlich sind. Abschnitt 3.3.2 geht auf verschiedene Ausprägungen von Fertigungssystemen, insbesondere im Bereich der flexiblen Fertigung, ein. In Abschnitt 3.3.3 werden schließlich Modelle für die als Layoutplanung bezeichnete innerbetriebliche Standortplanung behandelt.

3.3.1 Innerbetriebliche Transportsysteme

Die Überbrückung von räumlichen Distanzen durch Transportprozesse ist eine wichtige logistische Leistung (vgl. Gudehus 2007a, S. 217ff.). *Innerbetriebliche Transportsysteme* bewirken den Materialfluss innerhalb des Unternehmens, insbesondere vom Wareneingang zum Lager, aus dem Lager in die Fertigung, von einer Produktionsstufe zur nächsten und von der Endmontage zum Versand. Dabei kommen in Abhängigkeit von der zu transportierenden Menge und der zu überbrückenden Entfernung recht unterschiedliche Fördermittel und Förderhilfsmittel zum Einsatz. Einen Überblick über die für den innerbetrieblichen Transport eingesetzten Fördermittel gibt Abb. 3.27.

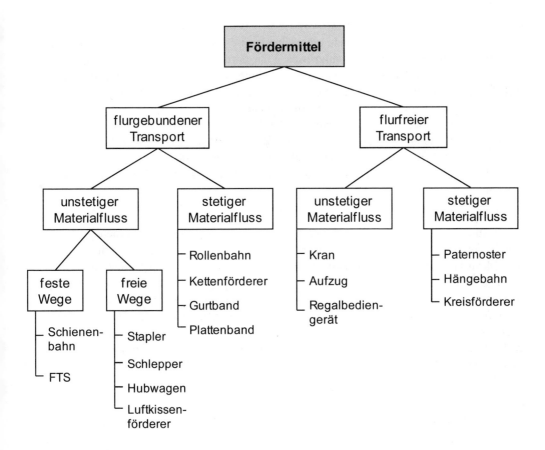

Abb. 3.27 *Fördermittel*

Flurgebundene Transportsysteme sind auf den Boden beschränkt und ermöglichen lediglich Transporte in der Ebene, *flurfreie Systeme* hingegen nutzen auch die vertikale Dimension aus und können dadurch die Verkehrswege am Boden entlasten. In beiden Kategorien lassen sich stetige und unstetige Fördermittel unterscheiden.

- *Unstetige Fördermittel* führen jeweils bei Bedarf einen Transport durch und sind damit sehr flexibel einsetzbar, sie dienen vor allem zur Bewältigung von schwankenden Transportanforderungen.

- *Stetige Fördermittel* hingegen verfügen über ein kontinuierlich bewegtes Transportmittel, das einen festgelegten Weg in regelmäßigen Zeitabständen abfährt. Sie ermöglichen die kontinuierliche Bewältigung eines großen Transportaufkommens, weisen jedoch nur eine geringe Flexibilität bezüglich der Transportmengen auf. Flexibilität im Hinblick auf die Transportwege lässt sich in begrenztem Umfang über Verzweigungen und Weichen im Wegenetz erreichen.

Die *flurgebundenen unstetigen Transportsysteme* werden vor allem bei der Einzelfertigung eingesetzt. Sie lassen sich nochmals unterscheiden in solche mit fest vorgegebenen Wegen, wie die Schienenbahn oder die fahrerlosen Transportsysteme (FTS), die auf optisch oder magnetisch gekennzeichneten Fahrwegen verkehren, und in Systeme, die beliebige Wege zurücklegen können, wie Stapler, Schlepper, Hubwagen und Luftkissenfahrzeuge. Feste Wege ermöglichen eine weitgehende Automatisierung der Transportvorgänge und damit erhebliche Personaleinsparungen, während die Transportmittel mit freier Wegewahl regelmäßig manuell bedient werden müssen. *Flurgebundene Transportsysteme mit stetigem Materialfluss* sind z.B. Rollenbahnen, Kettenbahnen, Gurtbänder oder Plattenbänder. Sie werden in der Fließ- und Reihenfertigung oder auch bei der automatisierten Kommissionierung eingesetzt.

Einen *flurfreien Transport mit unstetigem Materialfluss* erlauben z.B. Kräne, Aufzüge und Regalbediengeräte. Für Transporte innerhalb einer Fertigungshalle kommen Portal- bzw. Brückenkräne zum Einsatz, die in Längsrichtung der Halle verfahrbar sind, mittels der senkrecht dazu bewegten Laufkatze können beliebige Punkte in der Halle angesteuert werden. Diese Transportmittel können in der Regel große Lasten tragen, erlauben jedoch lediglich eine geringe Transportfrequenz und weisen damit eine niedrige Produktivität auf. Für den *flurfreien Transport mit stetigem Materialfluss* werden z.B. Paternoster, Hängebahnen oder Kreisförderer eingesetzt, die in regelmäßigen Abständen ein Transportgut befördern können. Während der Paternoster lediglich einen vertikalen Transport erlaubt, können die Wege von Hängebahnen oder Kreisförderern sowohl horizontale als auch vertikale Ortsveränderungen vorsehen.

Bei der Auswahl eines innerbetrieblichen Transportsystems müssen neben den bereits genannten Aspekten der Flexibilität und des Transportaufkommens auch die mit der Installation und dem Betrieb verbundenen Kosten berücksichtigt werden. Das vielseitigste und bei der Anschaffung kostengünstigste Transportmittel ist der *Gabelstapler*, der in sehr vielen Unternehmen zumindest für einen Teil der Transportaufgaben eingesetzt wird. Er kann jeden Punkt am Boden erreichen, innerhalb und außerhalb der Maschinenhalle eingesetzt werden und alle Lasten bewegen, die sich auf Paletten transportieren lassen. Allerdings ist mit dieser Flexibilität ein hoher Personaleinsatz verbunden, der zu entsprechend hohen laufenden Kosten führt. Weiterentwicklungen des Gabelstaplers sind der *Schubmaststapler*, der mithilfe eines ausfahrbaren Masts auch größere Höhen erreichen kann, und der *Hochregalstapler*, der die Lasten nicht frontal, sondern seitlich aufnimmt und damit auch mit einer geringeren Gangbreite zurechtkommt. Eine noch bessere Raumausnutzung im Lagerbereich ist mit *Regalbediengeräten* möglich, die vollautomatisch auf Schienen im Regalgang fahren und die Paletten seitlich mit einer Teleskopgabel einschieben. Diese sind allerdings mit erheblichen Investitionen verbunden.

Generell gilt, dass mit zunehmendem Automatisierungsgrad eines Transportsystems die Installationskosten tendenziell ansteigen. Daher lohnen sich Regalbediengeräte, Fließbänder oder fahrerlose Transportsysteme erst bei einem regelmäßigen und hohen Transportaufkommen. Generell gilt, dass die Kapazität des innerbetrieblichen Transportsystems auf die Spitzenbelastung ausgelegt sein muss, wenn es nicht zu zeitweiligen Stauungen im Materialfluss kommen soll. Die in einem Unternehmen erforderliche Transportkapazität und ihre Verteilung auf die verschiedenen Transportmittel hängen insbesondere von der zu transportierenden Menge, der zeitlichen Verteilung der Transportanforderungen und den zu überbrückenden Entfernungen ab.

Zum Transportsystem gehören neben den Fördermitteln die *Förderhilfsmittel*, die die Lagerung und den Transport von Gütern vereinfachen. Förderhilfsmittel begleiten das Fördergut in der Regel während des gesamten Materialflusses (vgl. Koether 2006, S. 98). Sie können mehrere Funktionen erfüllen:

- Im Vordergrund steht die *Erleichterung von Transport, Handling und Lagerung* des Förderguts. Durch Förderhilfsmittel werden die einzelnen Einheiten des Förderguts zusammengehalten. Bei durchgehender Verwendung eines Förderhilfsmittels während der gesamten logistischen Kette lassen sich Umladevorgänge einsparen, durch Verwendung standardisierter Förderhilfsmittel wird die Automatisierung des Materialflusses unterstützt.

- Weiter bietet das Förderhilfsmittel dem Fördergut Schutz vor klimatischen Einflüssen, vor Beschädigungen während des Transports sowie gegen Diebstahl.

- Schließlich kann das Förderhilfsmittel *Informationen* hinsichtlich des Förderguts aufnehmen, z.B. indem ein Etikett mit der Bezeichnung, der Menge und dem Abpackdatum als Barcode oder in Klarschrift angebracht wird.

Bei der Auswahl des für ein Fördergut geeigneten Förderhilfsmittels sind unter anderem die Kriterien Gewicht, Stapelfähigkeit, Flächen- und Raumnutzung, Handhabung und Sicherheit zu berücksichtigen. Eine grobe Unterscheidung nach der Größe des Förderguts führt zu einer Einteilung in Kleinteile, Mittelgut und Großgut, für die in Abb. 3.28 die jeweils geeigneten Förderhilfsmittel angegeben sind.

- Umschließende Förderhilfsmittel wie Kästen, Boxpaletten und Gitterboxpaletten sind vor allem für die Aufnahme von *Kleinteilen* wie Schrauben, Muffen oder Steckern geeignet. Standardbehälter für Kleinteile sind Kästen aus Metall oder Kunststoff, die meist in den Maßen 300 x 400 mm oder 400 x 600 mm eingesetzt werden.

- Für die verschiedenen Ausprägungen von *Mittelgütern*, z.B. Kartons, stehen als ebene Förderhilfsmittel insbesondere die unterschiedlichen Varianten der Palette zur Verfügung. Standardbehälter ist hier die Euro-Palette mit einer Grundfläche von 800 x 1200 mm oder – seltener – 1000 x 1200 mm, die durch zusätzliche Bügel oder Gitter ergänzt werden kann.

- Für *Großgut*, wie Lang-, Tafel- und Schwergut, kommen sonstige, oft individuell konzipierte Förderhilfsmittel zum Einsatz. Als Standardbehälter dient hier der Übersee-

Container (ISO-Container) mit einer Länge von 20 oder 40 ft, einer Breite von 8 ft und einer Höhe von 8-9 ft.

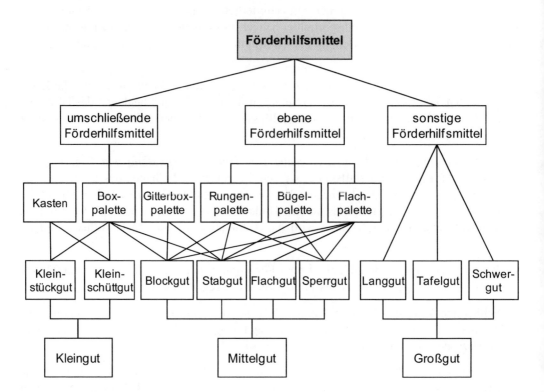

Abb. 3.28 *Förderhilfsmittel*

Der Vorteil der Abmessungen der für Klein- und Mittelgut verwendeten Standardbehälter besteht darin, dass sich die Grundflächen der Euro-Paletten mit den im Modulmaß konzipierten Kästen genau überdecken lassen, so dass eine maximale Flächenausnutzung möglich ist (vgl. Abb. 3.29). Hingegen lässt sich die Fläche bzw. der Raum in einem ISO-Container bei Beladung mit Euro-Paletten nicht vollständig ausnutzen, da die Abmessungen aus zwei nicht kompatiblen Standardisierungssystemen stammen.

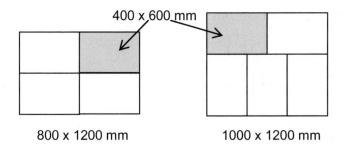

400 x 600 mm

800 x 1200 mm   1000 x 1200 mm

Abb. 3.29 *Ausnutzung der Euro-Palette durch Modulmaße*

Grundsätzlich lassen sich die in Abb. 3.30 dargestellten *Ebenen des Materialflusses* unterscheiden, die jeweils spezifische Anforderungen an die eingesetzten Transportsysteme stellen (vgl. Koether 2006, S. 16f.). Tendenziell nimmt mit ansteigender Ordnung des Materialflusses die Menge der beim einzelnen Transportvorgang zu befördernden Güter ab und die Häufigkeit der Transportvorgänge zu, so dass dementsprechend andere Fördermittel und Förderhilfsmittel eingesetzt werden.

Materialfluss erster Ordnung: zwischen Werken

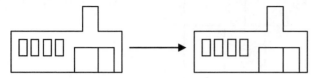

Materialfluss zweiter Ordnung: zwischen Abteilungen

Materialfluss dritter Ordnung: zwischen Arbeitsplätzen

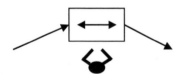

Abb. 3.30   *Ebenen des Materialflusses*

- Der *Materialfluss erster Ordnung* findet zwischen den verschiedenen Werken eines Unternehmens statt und wird häufig ähnlich wie der Materialfluss zwischen unabhängigen Unternehmen ausgestaltet (vgl. Abschnitt 3.4.2). Hierbei herrscht der Transport von tendenziell großen Transportlosen auf der Straße vor, es werden vorzugsweise LKW eingesetzt.

- Der *Materialfluss zweiter Ordnung* bezieht sich auf Transporte zwischen im Wertschöpfungsprozess aufeinander folgenden Abteilungen bzw. Funktionsbereichen innerhalb eines Werks. Dabei herrscht die diskrete, losweise Weitergabe von Material jeweils im Bedarfsfall vor. Als Transportmittel kommen die zuvor genannten innerbetrieblichen Transportsysteme zum Einsatz.

- Der *Materialfluss dritter Ordnung* verbindet verschiedene Arbeitsplätze innerhalb einer Abteilung oder eines Fertigungssystems miteinander. Er wird häufig als kontinuierliche Materialweitergabe z.B. mithilfe eines Fließbands ausgestaltet.

- Der *Materialfluss vierter Ordnung* schließlich umfasst die Versorgung des einzelnen Arbeitsplatzes mit Material sowie den Abtransport der bearbeiteten Werkstücke. Da hierbei manuelle Verrichtungen vorherrschen, kommt den Anforderungen der Ergonomie besondere Bedeutung zu.

3.3.2 Fertigungssysteme

3.3.2.1 Flexible Fertigung

Während die Auswahl der Fertigungsanlagen und die Ausgestaltung der auf ihnen durchzuführenden Fertigungsprozesse sowie die Planung des laufenden Anlageneinsatzes zu den Aufgaben des Produktionsmanagements gehören (vgl. Abschnitt 2.2.3 sowie 2.4.4), ist aus logistischer Sicht vor allem die Abstimmung der Anlagen auf die stark vom jeweiligen Fertigungstyp abhängigen Produktionsanforderungen von Interesse. Vor dem Hintergrund der zunehmenden Unsicherheit bezüglich künftiger Entwicklungen, des beschleunigten technischen Wandels und des verschärften Konkurrenzdrucks kommt der *Flexibilität* der Produktion, d.h. der Fähigkeit zur Anpassung an veränderte Produktionsanforderungen, eine immer größere Bedeutung zu. Man unterscheidet die *Produktflexibilität*, die im Eingehen auf unterschiedliche Kundenwünsche zum Ausdruck kommt, von der *Produktionsflexibilität*, die die Anpassungsfähigkeit an Mengenänderungen (quantitative Flexibilität), an veränderte Produkte oder Materialien (qualitative Flexibilität) oder an Terminänderungen (zeitliche Flexibilität) umfasst.

Die sich seit den 1980er Jahren von Japan über die USA nach Europa durchsetzenden, verschiedenen Ausprägungen der *flexiblen Fertigung* sind zwischen den beiden Extremtypen der Fertigungsorganisation, der am Verrichtungsprinzip ausgerichteten Werkstattfertigung und der nach dem Objektprinzip konzipierten Fließfertigung, angesiedelt.

Die *Werkstattfertigung* wird typischerweise bei der Einzel- und Kleinserienfertigung eingesetzt, bei der zahlreiche unterschiedliche Produkte auftragsgetrieben in jeweils geringen Stückzahlen produziert werden. Reine Einzelfertigung tritt eher selten auf, sie ist z.B. im Prototypen- und Sondermaschinenbau anzutreffen. Das wesentliche Kennzeichen der Werkstattfertigung ist die räumliche Zusammenfassung von funktionsgleichen oder -ähnlichen Maschinen in früher als Werkstätten bezeichneten Fertigungsbereichen, an deren Anordnung sich der Materialfluss orientieren muss. Die einzelnen Maschinen innerhalb eines Fertigungsbereichs weisen ein recht breites Bearbeitungsspektrum auf, so dass sich ihre Einsatzbereiche teilweise überlappen. Die Aufträge durchlaufen die Fertigungsbereiche jeweils in einer durch ihre spezifischen Anforderungen festgelegten Reihenfolge (Job Shop-Fertigung). Als Fördermittel werden vor allem flurgebundene, unstetige Transportmittel wie Stapler eingesetzt. Zwischen den einzelnen Bearbeitungen warten die Aufträge in der Regel in einem

Zwischenlager auf ihre nächste Bearbeitung. Abb. 3.31 zeigt den Weg dreier unterschiedlicher Aufträge durch eine Werkstattfertigung mit den Fertigungsbereichen Drehen, Hobeln, Fräsen, Schleifen und Bohren.

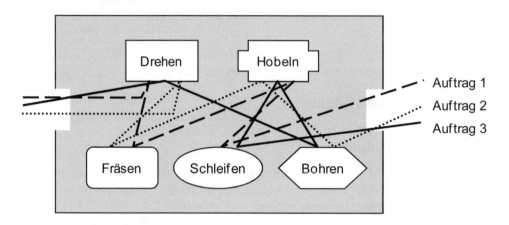

Abb. 3.31 *Werkstattfertigung*

Die *Vorteile der Werkstattfertigung* bestehen darin, dass sie eine große Flexibilität in Bezug auf Änderungen des Fertigungsprogramms aufweist und sich einfach an geänderte Fertigungsverfahren oder Ablaufreihenfolgen anpassen lässt. Aufgrund der sich überlappenden Einsatzbereiche der Maschinen innerhalb einer Werkstatt stellen Störungen wie der Ausfall einer Maschine kein großes Problem dar.

Jedoch weist die Werkstattfertigung auch einige gravierende *Nachteile* auf: Ihre Produktivität, gemessen als Produktionsmenge je Zeiteinheit, ist recht gering, da die Bearbeitung unterschiedlich spezifizierter Aufträge jeweils Umrüstungen an den Maschinen erfordert. Weiter führt das Durchlaufen der verschiedenen Fertigungsbereiche aufgrund der damit verbundenen langen Wege und der zugehörigen Transport- und Wartezeiten zu langen und stark schwankenden Durchlaufzeiten der Aufträge. Daraus resultieren hohe Bestände an unfertigen Erzeugnissen, die eine unproduktive Kapitalbindung im Umlaufvermögen bedeuten. Zur Durchführung der meist stark variierenden Bearbeitungen ist eine hohe Qualifikation der Arbeitskräfte erforderlich. Schließlich bringen die Vielfalt der Aufträge und ihre unterschiedlichen Wege durch die Fertigung hohe Anforderungen an die Produktionssteuerung mit sich und führen zu einer unbefriedigenden Transparenz der Abläufe.

Bei der *Fließfertigung* hingegen erfolgt die Anordnung der Fertigungsanlagen nach dem Objektprinzip, d.h. für die Fertigung eines bestimmten Produkts werden Spezialmaschinen angeschafft und räumlich und organisatorisch entsprechend den Bedürfnissen des Produkts angeordnet. Ihr Einsatzbereich ist die Massen- und Großserienfertigung, bei der relativ wenige Produkte bzw. Varianten für den anonymen Markt über einen längeren Zeitraum unverändert produziert werden. Maschinen, die für mehrere unterschiedliche Produkte benötigt werden, müssen mehrfach angeschafft und in die jeweiligen Fließlinien integriert werden. Bei der Auswahl der Maschinen werden deren Leistungsquerschnitte aufeinander abgestimmt, um eine möglichst gute Kapazitätsausnutzung zu erreichen. Die Verbindung der aufeinander folgenden Produktionsstufen einer Fließlinie erfolgt durch stetige, automatisierte Fördermittel, die die Werkstücke in einem festen Takt an den Maschinen vorbeiführen und keine Möglichkeit der Zwischenlagerung von Werkstücken aufweisen. Dadurch ist ein kontinuierlicher, reibungsloser Materialfluss möglich. Abb. 3.32 zeigt das Prinzip der Fließfertigung am Beispiel von drei Produktarten, die die gleichen Bearbeitungen erfordern wie die Aufträge im Beispiel zur Werkstattfertigung, jedoch jeweils auf spezialisierten Fertigungsanlagen hergestellt werden.

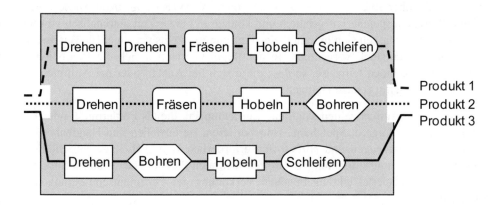

Abb. 3.32   *Fließfertigung*

Der *Vorteil* der Fließfertigung besteht in erster Linie in einer hohen Produktivität, die sich auf die starke Spezialisierung der Maschinen und Abläufe sowie die gute Kapazitätsauslastung zurückführen lässt. Der kontinuierliche Ablauf der Fertigung führt zu kurzen Durchlaufzeiten der einzelnen Werkstücke, geringen Zwischenlagerbeständen und einer nachhaltigen Stückkostendegression. Weitere Kostenvorteile gegenüber der Werkstattfertigung resultieren daraus, dass die Verrichtungen von gering qualifizierten Arbeitskräften nach einer kurzen Anlernphase durchgeführt werden können. Wie Abb. 3.32 weiter verdeutlicht, sind die Abläufe bei der Fließfertigung gut überschaubar.

Jedoch besteht der wesentliche Nachteil der Fließfertigung darin, dass sie nur eine geringe Flexibilität aufweist. Ein Wechsel der Produktart erfordert daher jeweils eine Umorganisation und Neuabstimmung des Fließbands (vgl. Abschnitt 2.3.3). Da beim Ausfall einer einzelnen Maschine die gesamte Fertigungslinie blockiert wird, ist die Störanfälligkeit der Fließfertigung als hoch anzusehen. Die mehrfache Beschaffung ähnlicher Maschinen für verschiedene Fertigungslinien führt zu Maschinenredundanz und erhöhten Fixkosten.

Die *flexible Fertigung* versucht, die Vorteile der Werkstatt- und der Fließfertigung zu kombinieren und somit gleichzeitig hohe Produktivität und Flexibilität bei geringer Störanfälligkeit zu erreichen. Ein wesentliches Kennzeichen der flexiblen Fertigung ist die *elektronische Steuerung* bzw. NC-Programmierung, die sowohl innerhalb der einzelnen Systemkomponenten eingesetzt wird als auch ihre Integration unterstützt. Die NC-Programmierung umfasst die Beschreibung sämtlicher Operationen, die an einem Werkstück auf seinem Weg vom Rohteil zum Fertigteil vorgenommen werden müssen. Dabei sind insbesondere die Bearbeitungsarten und ihre Reihenfolgen, die benötigten Maschinen und Werkzeuge und die erforderlichen Positionier- und Transportvorgänge zu programmieren.

Ein *flexibles Fertigungssystem* ist ein integriertes System aus Hard- und Software, das im Wesentlichen aus den folgenden drei interdependenten Komponenten besteht:

• Das *Bearbeitungssystem* umfasst zumindest eine, meist mehrere numerisch gesteuerte Maschinen, die über einen großen Satz verschiedener Werkzeuge verfügen. Diese werden in einem Werkzeugspeicher vorgehalten und können in kurzer Zeit automatisch gewechselt werden. Daher lassen sich innerhalb des Fertigungssystems verschiedene Bearbeitungen an einem Werkstück vornehmen. In der Regel überlappen sich die Bearbeitungsspektren der Maschinen teilweise, so dass diese sich bei Ausfall oder bei Auftreten von Engpässen gegenseitig ersetzen können.

• Zum *Materialflusssystem* zählen sämtliche Einrichtungen, die als Fördermittel oder Förderhilfsmittel zum Lagern, Speichern, Transportieren, Bereitstellen und Handhaben von Werkstücken, Werkzeugen und Hilfsstoffen erforderlich sind, z.B. Lagereinrichtungen, Fahrzeuge, Verkettungseinrichtungen, Greifer oder auch Paletten. Der Materialfluss wird durch die automatisierte, taktungebundene Verkettung der Fertigungseinrichtungen sichergestellt.

• Das *Informationssystem* hat die Aufgabe, sämtliche für den Fertigungsprozess relevanten Daten zu speichern, zu verwalten und zu verarbeiten. Es besteht aus Hardwarekomponenten wie Zentral- und Arbeitsplatzrechnern, Terminals, Leitungen und den benötigten Programmen als Software.

Mit der Entwicklung elektronisch gesteuerter Fertigungsanlagen für flexible Fertigungssysteme wurde auch eine *Automatisierung der Transportsysteme* erforderlich, um die Maschinen innerhalb eines Fertigungssystems effizient zu verknüpfen. Die Koordination von Bearbeitungs- und Materialflusssystem erfolgt mithilfe von dialogorientierten elektronischen Leitständen, die die Werkstücke in die Fertigung einsteuern, ihnen Transportmittel zuweisen, ihren Auftragsfortschritt verfolgen und jederzeit einen Überblick über den Zustand des Fertigungssystems ermöglichen.

Abb. 3.33 gibt einen Überblick über die wichtigsten Erscheinungsformen der flexiblen Fertigung, durch die sich Fertigungstypen zwischen den beiden Extremen der Werkstatt- und der Fließfertigung realisieren lassen (vgl. Switalski 1989, S. 259f.).

• Eine *flexible Fertigungszelle* ist die kleinste Einheit, die die Aufgaben eines flexiblen Fertigungssystems, die Komplettbearbeitung von wechselnden Werkstücken, übernimmt. Grundlage für ihre numerische Steuerung sind geometrische und technische Daten über Lage und Eigenschaften der Werkstücke. Diese stammen häufig aus Bereichen der C-

Techniken, vor allem dem CAD (Computer Aided Design). Bei integrierter Steuerung, wie sie z.B. im Rahmen des Computer Integrated Manufacturing erfolgt, werden die bei der Konstruktion erzeugten Daten direkt an die Fertigung weitergegeben, d.h. zur Programmierung der flexiblen Bearbeitungsmaschinen benutzt.

Die flexible Fertigungszelle besteht aus einer Dreh- oder Bearbeitungsmaschine, die in der Lage ist, nach den Anforderungen des NC-Programms das Werkstück zu positionieren und mit *wechselnden Werkzeugen* zu bearbeiten. Durch die Möglichkeit des automatisierten Werkzeugwechsels ist sie in der Lage, verschiedene, mehr oder weniger eng verwandte Produkte herzustellen. Die weitgehende Integration der Bearbeitungsvorgänge an einem Produkt oder Bauteil befreit die Fertigung von den Taktzwängen vor- oder nachgelagerter Stufen. Die Effizienz und damit die mögliche Produktionsmenge einer Fertigungszelle hängen u.a. von der Güte der Steuerung ab. Es findet in der Regel eine automatische Prozessüberwachung statt. Der *Einsatzbereich* flexibler Fertigungszellen liegt im Geräte-, Werkzeug- und Maschinenbau und deren Zulieferindustrien, d.h. in der Einzel- und Kleinserienfertigung, wo eine mittlere Anzahl von ca. 60 bis 250 unterschiedlichen Produkten hergestellt wird. Durch ihre geringe Spezialisierung weisen sie eine sehr hohe Flexibilität auf.

flexible Fertigungszelle	flexibles Fertigungssystem	flexible Fertigungslinie
Einzelmaschine ohne Verkettung	mehrere automatisierte Fertigungseinrichtungen mit Außenverkettung	mehrere automatisierte Fertigungseinrichtungen mit Innenverkettung
einstufige Bearbeitung	einstufige oder mehrstufige Bearbeitung	mehrstufige Bearbeitung
Maschinenbeschickung • Werkzeugmaschinen mit einem Pufferplatz • Werkzeugmaschinen mit Werkstückspeicherung • automatisierter Werkzeugwechsel	ungetakteter Transport automatisierter, ungerichteter Materialfluss für begrenztes Teilespektrum kein manuelles Rüsten erforderlich	getakteter Transport automatisierter, gerichteter Materialfluss Rüstung für begrenztes Teilespektrum im Systemstillstand möglich
mittlere Anzahl unterschiedlicher Erzeugnisse (60 – 250 Stück)	niedrige Anzahl unterschiedlicher Erzeugnisse (15 – 60 Stück)	sehr niedrige Anzahl unterschiedlicher Erzeugnisse (3 – 15 Stück)

Abb. 3.33 *Ausprägungen der flexiblen Fertigung*

• Ein *flexibles Fertigungssystem* besteht aus miteinander verbundenen Fertigungsinseln, Einzelmaschinen und manuellen Verrichtungsplätzen, denen jeweils unterschiedliche, zum Teil auch einander überlappende Fertigungsaufgaben zugeordnet sind. In einem flexiblen Fertigungssystem wird ein Werkstück komplett bearbeitet und dabei zwischen den einzelnen Stufen bzw. Komponenten automatisch weitertransportiert. Neben den eigentlichen Bearbeitungsvorgängen sind auch Lager- und Qualitätskontrollfunktionen in das System integriert.

Die *Steuerung der Abläufe* erfolgt auf zwei Ebenen: Die einzelnen NC-Maschinen und flexiblen Fertigungszellen arbeiten die ihnen zugeordneten Programme ab; der Anstoß hierzu und die Auswahl der relevanten Programme sowie die Versorgung mit Daten und die Koordination erfolgen durch einen übergeordneten Leitrechner. Dadurch kann eine schnelle und exakte Umstellung auf die jeweiligen Charakteristika der unterschiedlichen Werkstücke vorgenommen werden.

Eine flexible Reaktion auf Betriebsstörungen, z.B. Werkzeugausfälle oder die Blockierung von Transportwegen, wird in flexiblen Fertigungssystemen durch ein gewisses Ausmaß an Redundanz bei den Maschinen erreicht, d.h. dass jeweils Ausweichmaschinen zur Verfügung stehen, die mit der ausgefallenen Maschine zwar nicht identisch sind, deren Bearbeitungsspektren jedoch soweit überlappen, dass sie durch einen einfachen Funktionswechsel die gleichen Operationen vornehmen können. Der Einsatzbereich der flexiblen Fertigungssysteme liegt bei ca. 15 bis 60 unterschiedlichen Erzeugnisarten.

- Mit der Entwicklung *flexibler Fertigungslinien* wird eine Flexibilisierung der Fließfertigung angestrebt. Eine flexible Fertigungslinie besteht aus einer Gruppe von gleichen oder unterschiedlichen, numerisch gesteuerten Werkzeugmaschinen, die sich hinsichtlich ihrer Fertigungsverfahren ergänzen, so dass insgesamt ein großes Spektrum von Bearbeitungsvorgängen abgedeckt werden kann. Die Bearbeitung der Werkstücke erfolgt auf mehreren Produktionsstufen; dazu sind die Maschinen untereinander verkettet. Es findet ein automatischer, programmierbarer und taktgebundener Teiletransport mit begrenzt wahlfreiem Materialfluss statt. Das gemeinsame Werkstücktransportsystem besteht üblicherweise aus schienengebundenen oder auf andere Weise automatisch gesteuerten Fahrzeugen.

Der Unterschied zur konventionellen Fließfertigung besteht in der Einrichtung von Pufferlagern zwischen den Bearbeitungsstationen, durch die kurzfristige Störungen der Arbeitsabläufe überbrückt werden können, sowie in der Möglichkeit, einzelne Stationen beim Transport zu überspringen, so dass das zu bearbeitende Werkstückspektrum erweitert wird. Angewendet werden flexible Fertigungslinien vor allem für die automatisierte Komplettbearbeitung von Werkstücken bei der *Mittel- und Großserienfertigung*, je Linie können zwischen 3 und 15 Produktvarianten bearbeitet werden. Durch die räumliche, zeitliche und produktgruppenorientierte Zusammenfassung von Bearbeitungsoperationen werden die Durchlaufzeiten niedrig gehalten. Die Flexibilität ist bei einer flexiblen Fertigungslinie erheblich geringer als bei einer flexiblen Fertigungszelle oder einem flexiblen Fertigungssystem, jedoch höher als bei der traditionellen Fließfertigung. Je stärker sich die zu bearbeitenden Werkstücke ähneln, desto höher sind die Produktivität und die Kapazitätsausnutzung bei der flexiblen Fertigungslinie.

Abb. 3.34 zeigt zusammenfassend den Einsatzbereich der zuvor dargestellten Alternativen zur Fertigungsorganisation in Abhängigkeit von der Anzahl der vom Unternehmen angebotenen Produktvarianten sowie von der je Variante zu produzierenden Stückzahl. Dabei wird deutlich, dass es kein Fertigungssystem gibt, das sich für sämtliche Anforderungen eignet, sondern dass für jede Kombination der Kriterien die geeignete Organisationsform auszuwählen ist.

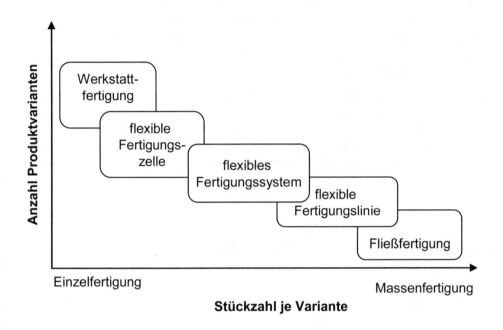

Abb. 3.34 *Einsatzbereiche von Fertigungssystemen*

Insbesondere bei den verschiedenen Ausprägungen der flexiblen Fertigung besteht eine starke Tendenz zur *Flussorientierung*, um über die Durchlaufzeiten der Produkte die Lieferzeiten zu verkürzen und damit den Wettbewerbsfaktor Kundenservice zu verbessern. Dabei gilt es vor allem, sowohl durch die Organisation als auch durch die Planung der Fertigung die ablaufbedingten Liegezeiten, die bis zu 80% der gesamten Durchlaufzeit ausmachen, und die daraus resultierenden Zwischenlagerbestände zu reduzieren.

3.3.2.2   Fertigungsorganisation

Aus logistischer Sicht ist insbesondere die organisatorische Gestaltung des *Materialflusses* innerhalb des Fertigungsbereichs von Bedeutung, der mithilfe der in Abschnitt 3.3.1 dargestellten Transportsysteme realisiert wird. In Bezug auf ein bestimmtes Fertigungssystem unterscheidet man die Innenverkettung und die Außenverkettung, die weitgehend unabhängig voneinander organisiert werden können:

- Als *Innenverkettung* bezeichnet man die innerhalb eines Fertigungssystems stattfindenden Transportvorgänge. Dies sind zum einen die vor, während und nach der Bearbeitung erforderlichen Transporte der Werkstücke zu, innerhalb und weg von den Maschinen, zum anderen die bei der Versorgung der Maschinen mit den benötigten Werkzeugen anfallenden Transportvorgänge.

- Die *Außenverkettung* hingegen umfasst die Werkstücktransporte zwischen verschiedenen Fertigungssystemen. Während bei der Innenverkettung in der Regel einzelne Werkstücke transportiert werden, finden bei der Außenverkettung vorwiegend losweise Transporte statt. Dabei kann der Umfang des Transportloses durchaus vom Umfang des entsprechenden Fertigungsloses abweichen.

Bei einer mehrstufigen Fertigung umfasst der Materialfluss im Anschluss an die Teilefertigung, bei der aus von außen bezogenen Vorprodukten (Bau-)Teile hergestellt werden, die beiden Bereiche der Vormontage und der Endmontage, die sich – in Abhängigkeit von der konkreten Organisation der Fertigung – gegebenenfalls noch weiter unterteilen lassen (vgl. Abb. 3.35). Dabei sind nicht in allen Unternehmen sämtliche genannten Fertigungsstufen auch tatsächlich realisiert.

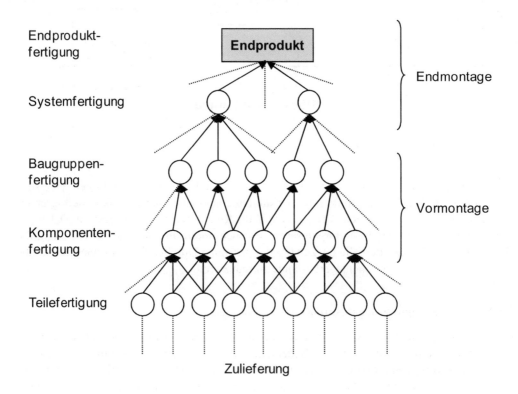

Abb. 3.35 *Materialfluss im Fertigungsbereich*

- Innerhalb der *Vormontage* werden die in der Teilefertigung hergestellten Teile auf den beiden anschließenden Fertigungsstufen, der Komponentenfertigung und der Baugruppenfertigung, jeweils zu größeren und komplexeren Funktionseinheiten zusammengesetzt.

- Bei der *Endmontage* werden die Baugruppen zu noch umfassenderen Systemen und schließlich zum Endprodukt zusammengeführt. Durch ein solches Baukastenprinzip (vgl. Abschnitt 2.2.4) ist es möglich, trotz einer standardisierten Fertigung auf den vorgelagerten Fertigungsstufen weitgehend individuelle Endprodukte herzustellen.

Auch wenn der Materialfluss einer solchen Montagefertigung im Wesentlichen eine konvergierende Struktur aufweist (vgl. hierzu Abschnitt 1.3.2), sind vor allem auf den frühen Produktionsstufen, auf denen die Ausrichtung der Teile auf das Endprodukt noch nicht so spezifisch ist, auch andere Materialflussbeziehungen möglich. Auf sämtlichen Fertigungsstufen werden nicht nur innerbetrieblich erzeugte Teile, Komponenten und Baugruppen verarbeitet, sondern bei Bedarf auch weitere Vorprodukte fremdbezogen. Die Entscheidung darüber, welche Teile der Fertigung selbst durchgeführt und welche auf Lieferanten verlagert werden sollen, ist in Abschnitt 3.2.1.1 behandelt worden.

Unter dem Aspekt der Ausrichtung der Produktion auf die Nachfrage (vgl. Abschnitt 1.3.3) unterscheidet man grundsätzlich die am anonymen Markt orientierte und durch Nachfrageprognosen angetriebene *Vorratsproduktion* (make to stock) und die kundenorientierte, auf konkrete Aufträge ausgerichtete *Auftragsproduktion* (make to order).

- Da bei der Vorratsproduktion die Bestände von Fertigungsstufe zu Fertigungsstufe und schließlich an den Markt weitergegeben werden, wird die ihr zugrunde liegende Logik auch als *Push-Prinzip* bezeichnet. Mithilfe der Vorratsproduktion lässt sich eine weitgehende Entkopplung der eigenen Produktion von Nachfrageschwankungen erreichen, so dass eine Fertigung von wirtschaftlichen Losgrößen bzw. eine optimale Kapazitätsauslastung möglich ist. Die Vorratsproduktion unterstützt somit eine Emanzipation der Produktion von der Nachfrage.

- Bei der Auftragsproduktion hingegen geht der Anstoß zur Fertigung eines bestimmten Produkts vom Kunden bzw. vom Markt aus. Die dadurch ausgelösten Bedarfsmengen werden nach dem *Pull-Prinzip* über die einzelnen Fertigungsstufen weitergegeben. Da die Fertigung auf allen Stufen in Abhängigkeit von der Marktnachfrage stark schwanken kann, wird dieses Vorgehen auch als Synchronisation von Produktion und Absatz bezeichnet.

In Tab. 3.4 sind die wesentlichen Charakteristika der Push-Strategie und der Pull-Strategie einander gegenübergestellt.

Tab. 3.4 *Push-Strategie und Pull-Strategie*

	Push-Strategie	**Pull-Strategie**
Zielsetzung	Produktivität	Flexibilität
Fokus	Kosten	Kunden
Herausforderung	Volumen	Komplexität
Wettbewerbsvorteil	Masse	Individualität

Im Zuge der als mass customization bezeichneten Tendenz zur Herstellung von weitgehend kundenindividuellen Produkten unter gleichzeitiger Ausnutzung der Skaleneffekte der Massenproduktion ist eine Vielzahl von Zwischenformen zwischen diesen beiden Produktionstypen entwickelt worden, die sich in erster Linie hinsichtlich des Zeitpunkts der Herausbildung eines kundenindividuellen Produkts unterscheiden (vgl. Abb. 3.36). Diesen Punkt im Produktionsablauf, an dem die Produktkomponenten nicht mehr beliebig verwendbar sind, sondern einem bestimmten Kundenauftrag zugeordnet werden, bezeichnet man auch als den *Order Penetration Point*.

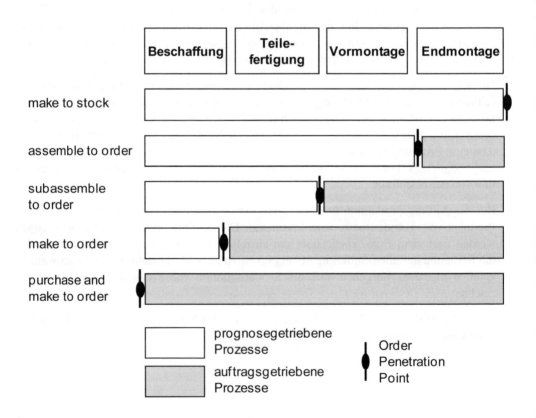

Abb. 3.36 *Order Penetration Point*

- Bei der *make to stock-Produktion* ist die gesamte Wertschöpfungskette prognosegetrieben. Die Produktion erfolgt anhand von Nachfrageprognosen auf ein Endproduktlager, aus dem die später eingehenden Kundenaufträge befriedigt werden können. Dieser Produktionstyp sollte nur bei standardisierten Produkten, die voraussichtlich noch längere Zeit am Markt nachgefragt werden, eingesetzt werden, da andernfalls das Obsoleszenzrisiko, dass vorhandene Lagerbestände nicht mehr absetzbar sind, zu groß wäre.

- Bei der Ausprägung *assemble to order* geht man so vor, dass lediglich die Endmontage auftragsbezogen erfolgt, sämtliche ihr vorgelagerten Prozesse hingegen nach wie vor prognosegesteuert sind. Das bedeutet, dass die Endmontage auf standardisierte Komponenten und Baugruppen zugreifen kann, aus denen dann kundenindividuelle Endprodukte hergestellt werden.

- Noch einen Schritt weiter geht *subassemble to order*, da hierbei auch die Vormontage erst nach Auftragseingang erfolgt. Sie greift dabei auf Lagerbestände vorgefertigter, standardisierter Bauteile zu, die in der nach wie vor prognosegetriebenen Teilefertigung hergestellt werden.

- Mit *make to order* bezeichnet man die klassische Auftragsfertigung, bei der sämtliche innerhalb des eigenen Unternehmens ablaufenden Fertigungsschritte auftragsbezogen durchgeführt werden. Lediglich die Beschaffung der von den Zulieferern bezogenen Zukaufteile erfolgt prognosegetrieben. Durch die zugehörigen Lagerbestände erfolgt eine Entkopplung der eigenen Wertschöpfungskette von denen der Zulieferer.

- Der Grundgedanke der auftragsgetriebenen Fertigung lässt sich jedoch auch über das eigene Unternehmen hinaus ausdehnen, indem zusätzlich die Bestellungen der Zukaufteile erst nach Auftragseingang erfolgen. Dieses Vorgehen wird auch als *purchase and make to order* bezeichnet und erlaubt ein noch besseres Eingehen auf individuelle Kundenwünsche. Es setzt allerdings eine intensive Kooperation und schnelle Kommunikationsmöglichkeiten zwischen den beteiligten Wertschöpfungspartnern voraus, wie sie z.B. im Rahmen des Supply Chain Managements (vgl. Abschnitt 3.5) realisiert werden.

Je mehr Produktionsstufen auftragsbezogen durchgeführt werden, desto besser ist ein Eingehen auf individuelle Kundenwünsche möglich und desto geringer kann der auf den verschiedenen Wertschöpfungsstufen gehaltene Lagerbestand sein. Jedoch verlängert sich die Lieferzeit tendenziell in dem Maße, wie Fertigungsschritte erst nach Auftragseingang durchgeführt werden können. Weiter ist die Pull-Strategie häufig mit höheren Fertigungskosten verbunden, die gegen die Einsparungen bei der Lagerhaltung und die zusätzlichen Erlöse aufgrund der stärkeren Kundenorientierung abgewogen werden müssen. Die Ausdehnung der auftragsbezogenen Produktion kann daher nicht grundsätzlich empfohlen werden, sondern sollte nur soweit erfolgen, wie es als wirtschaftlich sinnvoll erscheint.

3.3.3   Layoutplanung

Als Layoutplanung bezeichnet man die *innerbetriebliche Standortplanung*, deren Problemstellung in der Anordnung von Fertigungsbereichen auf einem Werksgelände, von einzelnen Fertigungsanlagen innerhalb einer gegebenen Fabrikhalle sowie in der Konzeption der diese verbindenden Verkehrswege besteht. Es handelt sich somit um eine Aufgabe mit mittel- bis langfristigen Auswirkungen, die im Bereich der Aufbauorganisation angesiedelt und bei sämtlichen Ausprägungen der Fertigungsorganisation – bei der Fließfertigung ebenso wie bei der Werkstattfertigung – durchzuführen ist. Bei der Layoutplanung gilt es, die Voraussetzungen für effiziente und kostengünstige Abläufe bei der späteren Durchführung der Fertigungsvorgänge zu schaffen.

Die *Ausgangssituation* der Layoutplanung lässt sich allgemein wie folgt beschreiben (vgl. Günther/Tempelmeier 2005, S. 84ff.): Auf einer bestimmten Fläche soll eine gegebene Menge von Anordnungsobjekten platziert werden. Die zwischen den einzelnen Anordnungsobjekten bestehenden Materialflussbeziehungen – insbesondere die Transportmengen – sind bekannt. Als Zielsetzung der Layoutplanung bietet es sich an, den Transportaufwand zu minimieren. Dieser wird entweder nicht-monetär als Produkt der zwischen jeweils zwei Anordnungsobjekten zu transportierenden Menge mit der zugehörigen Transportstrecke oder monetär durch zusätzliche Bewertung der Transportstrecken mit ihren Transportkosten gemessen. Falls verschiedene Transportstrecken mit unterschiedlichen Transportkostensätzen verbunden sind, können diese beiden Zielsetzungen zu voneinander abweichenden optimalen Lösungen führen. Beide Zielsetzungen unterstützen tendenziell die Verkürzung der Transportzeiten und damit auch der Durchlaufzeiten des Materials durch die Fertigung.

Im einfachsten Fall sind die möglichen Standorte der Anordnungsobjekte auf der Fläche sämtlich gleich groß. Sie können z.B. als Raster von Planquadraten gegeben sein, zwischen denen Verkehrswege vorgesehen sind. Je nachdem, auf welche Weise die Distanzen zwischen zwei Planquadraten überwunden werden sollen, kommen zur Bestimmung der Entfernung zwischen zwei Standorten unterschiedliche Messverfahren bzw. *Metriken* zum Einsatz (vgl. Abb. 3.37, in Anlehnung an Günther/Tempelmeier 2005, S. 86):

- Findet der Transport mit flurgebundenen Fördermitteln auf dem Hallenboden statt, so werden die Entfernungen *rechtwinklig* gemessen (Cityblock-Metrik), da die zwischen den Standorten bestehenden Fahrstraßen zu benutzen sind.

- Beim Einsatz von flurungebundenen Fördermitteln, z.B. Hängeförderern, kann die Entfernung zwischen zwei Standorten hingegen als *Luftlinienentfernung* (Euklidische Metrik) gemessen werden.

Im allgemeinen Fall kann jedes beliebige Anordnungsobjekt auf jeden beliebigen Standort gesetzt werden. Jedoch sind in der Realität häufig zusätzliche Restriktionen bezüglich der zulässigen Standorte, z.B. in Form von Reihenfolge- oder Nachbarschaftsbeziehungen oder als zwingende Zuordnung eines Anordnungsobjekts zu einem bestimmten Bereich, zu berücksichtigen.

Die Problemstellung der Layoutplanung lässt sich mithilfe der ganzzahligen Programmierung als ein *quadratisches Zuordnungsproblem* formulieren. Dabei wird von zusätzlichen Restriktionen und variierenden Transportkostensätzen abgesehen.

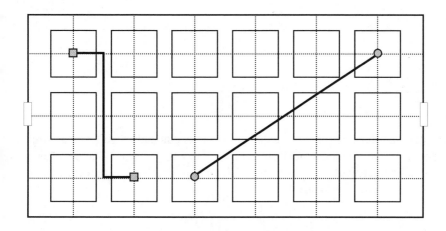

Abb. 3.37 *Entfernungsmessung bei Planquadraten*

Es seien:

$i, j = 1,...,I$ – Anzahl der Anordnungsobjekte

$k, l = 1,...,J$ – Anzahl der möglichen Standorte, $J \geq I$

m_{ij} – Transportmenge von Anordnungsobjekt i nach Anordnungsobjekt j

d_{kl} – Entfernung zwischen Standort k und Standort l

c – einheitlicher Transportkostensatz je Mengen- und Entfernungseinheit

c_{ij} – entfernungsabhängiger Transportkostensatz zwischen Anordnungsobjekt i und Anordnungsobjekt j

$$u_{ik} = \begin{cases} 1 & \text{falls Anordnungsobjekt } i \text{ am Standort } k \text{ platziert wird} \\ 0 & \text{sonst} \end{cases}$$

Die *Zielfunktion* des Optimierungsproblems ist so formuliert, dass die Summe der variablen Transportkosten zwischen den Anordnungsobjekten minimiert wird. Dabei wird der variable Transportkostensatz c_{ij} zwischen Anordnungsobjekt i, das dem Standort k zugewiesen wird, und Anordnungsobjekt j, das den Standort l erhält, ermittelt, indem der konstante Transport-kostensatz c mit der Entfernung zwischen den beiden Standorten multipliziert wird. Der entsprechende Term geht genau dann in die Summe ein, wenn die beiden zu dieser Zuordnung gehörigen Binärvariablen u_{ik} und u_{jl} den Wert eins annehmen.

$$\min K = \sum_{i=1}^{I} \sum_{j=1}^{J} c_{ij} \cdot m_{ij} \qquad \text{mit:} \qquad c_{ij} = c \cdot d_{kl} \cdot u_{ik} \cdot u_{jl}$$

$$= \sum_{\substack{i=1}}^{I} \sum_{\substack{j=1 \\ j \neq i}}^{I} \sum_{\substack{k=1 \\ l \neq k}}^{J} \sum_{\substack{l=1}}^{J} c \cdot d_{kl} \cdot u_{ik} \cdot u_{jl} \cdot m_{ij}$$

Die *Restriktionen* des Zuordnungsproblems stellen sicher, dass eine zulässige Lösung ermit-telt wird, d.h. dass jedes Anordnungsobjekt nur einmal platziert und jeder Standort genau bzw. höchstens einmal belegt wird. Die Problemvariablen u_{ik} sind Binärvariablen, d.h. sie können nur die Werte Null oder Eins annehmen.

$$\sum_{i=1}^{I} u_{ik} = 1 \qquad\qquad k = 1, ..., J$$

(bzw. $\quad \displaystyle\sum_{i=1}^{I} u_{ik} \leq 1 \qquad\qquad k = 1, ..., J \qquad$ für $J > I$)

$$\sum_{k=1}^{J} u_{ik} = 1 \qquad\qquad i = 1, ..., I$$

$$u_{ik} \in \{0;1\} \qquad\qquad i = 1, ..., I; \; j = 1, ..., J$$

Die vorliegende Problemformulierung erfasst die Grundstruktur des Problems in eleganter Form. Die Bezeichnung als quadratisches Zuordnungsproblem kommt daher, dass in der Zielfunktion zwei Entscheidungsvariablen multiplikativ miteinander verknüpft sind. Obwohl das Modell von praktisch relevanten, zusätzlichen Restriktionen abstrahiert, ist eine exakte Lösung für realistische Größenordnungen aus Gründen der Problemkomplexität häufig nicht möglich. Daher wird bei der Lösung derartiger Probleme in der Regel auf *Heuristiken* aus-gewichen. Dies können entweder heuristische Verfahren zur Lösung des quadratischen Zu-ordnungsproblems – z.B. Schnittebenenverfahren oder Verfahren der begrenzten Enumerati-on – sein oder spezielle Heuristiken für die Layoutplanung, die systematisch zulässige Zu-ordnungen von Anordnungsobjekten zu Standorten entwickeln und nach endlich vielen Itera-tionen zu einer halbwegs kostengünstigen Lösung gelangen.

Eine solche spezielle Heuristik ist das *Zweieraustauschverfahren*, das – ausgehend von einer zulässigen Ausgangslösung – in jeder Iteration sämtliche möglichen Vertauschungen der Standorte von jeweils zwei Anordnungsobjekten auf ihr Kostensenkungspotenzial hin unter-sucht, bis keine weitere Verbesserung der Lösung mehr möglich ist. Da bei diesem Verfahren in jeder Iteration $\dfrac{I(I-1)}{2}$ Vertauschungen bewertet werden müssen, fällt zwar auch hier ein hoher Rechenaufwand an, jedoch ist die Komplexität der Rechenoperationen gering. Zur Durchführung der Berechnungen bietet sich der Einsatz von Tabellenkalkulationsprogrammen an.

Der *Algorithmus* des Zweieraustauschverfahrens lässt sich wie folgt darstellen:

Schritt 0: Bestimmung einer zulässigen Ausgangslösung und der zugehörigen Kosten

Schritt 1: Berechnung der sich durch die Vertauschung der Standorte von Anordnungsobjekt i und Anordnungsobjekt j ergebenden Kostendifferenz $\Delta K(i,j)$ für alle Paare (i,j)

Schritt 2: Bestimmung des Austauschs, der zur größten Kostensenkung führt

$$(i^*,j^*)=(i,j)\,\big|\,\big[\min\{\Delta K(i,j)\,|\,\Delta K(i,j)<0\}\big]$$

kein solches (i,j) gefunden $\rightarrow$ Stopp

sonst: Vertauschung der Standorte der Anordnungsobjekte i^* und j^*

weiter mit Schritt 1

Die Vorgehensweise des Zweieraustauschverfahrens wird anhand des folgenden *Beispiels* veranschaulicht, bei dem vier Anordnungsobjekte möglichst kostengünstig auf vier Standorten anzuordnen sind. Die *Entfernungsmatrix* in Tab. 3.5 gibt die zwischen zwei Standorten zurückzulegenden Entfernungen an. Da diese unabhängig von der Richtung des Transports sind, handelt es sich um eine symmetrische Matrix mit Nullen auf der Hauptdiagonalen.

Tab. 3.5 *Entfernungsmatrix*

von nach	Ort 1	Ort 2	Ort 3	Ort 4
Ort 1	0	40	60	80
Ort 2	40	0	50	100
Ort 3	60	50	0	10
Ort 4	80	100	10	0

Tab. 3.6 enthält die *Transportmengenmatrix*, die angibt, welche Materialflussbeziehungen zwischen jeweils zwei Anordnungsobjekten bestehen. Da die zwischen zwei Anordnungsobjekten zu transportierenden Mengen durchaus von der Richtung des Transports abhängen, ist dies keine symmetrische Matrix.

Tab. 3.6   *Transportmengenmatrix*

von nach	AO 1	AO 2	AO 3	AO 4
AO 1	0	5	5	10
AO 2	2	0	10	0
AO 3	2	20	0	1
AO 4	4	1	0	0

Als *Startlösung* wird die triviale Zuordnung gewählt, bei der Anordnungsobjekt 1 dem Standort 1 zugeordnet wird, Anordnungsobjekt 2 dem Standort 2 usw. Bei einem konstanten Transportkostensatz in Höhe von $c = 2$ führt diese Startlösung zu Kosten in Höhe von 6.860. Nun ist zu prüfen, welche Vertauschung von jeweils zwei Anordnungsobjekten zu der größten Kostensenkung führt, dabei sind $n(n-1)/2$ Berechnungen durchzuführen. In Tab. 3.7 sind die sich dabei ergebenden Kostenveränderungen zusammengestellt.

Tab. 3.7   *Kostenveränderungen der 1. Iteration*

k	l	Kostenveränderung
1	2	-80
1	3	-1.560
1	4	-2.100
2	3	-3.180
2	4	-2.120
3	4	780

Außer dem Austausch der Anordnungsobjekte 3 und 4, der mit einem Kostenanstieg verbunden ist, führen sämtliche Vertauschungen zu einer Kostensenkung. Die größte Kostensenkung in Höhe von 3.180 ergibt sich beim Austausch der Anordnungsobjekte 2 und 3. Die Zuordnung nach der ersten Iteration lautet somit:

> Anordnungsobjekt 1 auf Standort 1
> Anordnungsobjekt 3 auf Standort 2
> Anordnungsobjekt 2 auf Standort 3
> Anordnungsobjekt 4 auf Standort 4

Die zugehörigen Kosten betragen 3.680. In der zweiten Iteration werden nun wiederum die mit sämtlichen möglichen Vertauschungen jeweils zweier Anordnungsobjekte verbundenen Kostenveränderungen bestimmt. Diese sind in Tab. 3.8 angegeben.

Tab. 3.8 *Kostenveränderungen der 2. Iteration*

k	l	Kostenveränderung
1	2	360
1	3	1.180
1	4	-2.100
2	3	3.180
2	4	1.680
3	4	160

Nunmehr führen sämtliche Vertauschungen mit Ausnahme des Austauschs der Anordnungsobjekte auf den Standorten 1 und 4 zu einem Kostenanstieg. Durch diesen – bereits bei der ersten Iteration als vorteilhaft erkannten – Austausch lassen sich die Kosten nochmals um 2.100 auf nunmehr 1.580 senken. Die Zuordnung nach der zweiten Iteration ergibt sich als:

Anordnungsobjekt 4 auf Standort 1

Anordnungsobjekt 3 auf Standort 2

Anordnungsobjekt 2 auf Standort 3

Anordnungsobjekt 1 auf Standort 4

Wie die Berechnung der Kostenveränderungen in der dritten Iteration in Tab. 3.9 zeigt, sind nunmehr sämtliche möglichen Vertauschungen von jeweils zwei Anordnungsobjekten mit einem Kostenanstieg verbunden. Die bei der zweiten Iteration ermittelte Lösung mit einem Transportvolumen von 790 und den zugehörigen Kosten von 1.580 ist somit die beste, die sich aus der angenommenen Startlösung mit dem Zweieraustauschverfahren ermitteln lässt. Allerdings ist keine Aussage darüber möglich, ob diese Lösung optimal ist und wie weit sie gegebenenfalls vom Optimum entfernt ist.

Tab. 3.9 *Kostenveränderungen der 3. Iteration*

k	l	Kostenveränderung
1	2	1.180
1	3	3.020
1	4	2.100
2	3	3.180
2	4	2.960
3	4	420

Bei der überschaubaren Problemstellung des vorliegenden Beispiels lässt sich die Qualität der mit der Heuristik ermittelten Lösung überprüfen, indem sämtliche möglichen Reihenfolgen ermittelt und deren Kosten berechnet werden. Diese *vollständige Enumeration* der *I*! Anordnungsalternativen ergibt, dass die zuvor gefundene Lösung gleichzeitig die optimale Lösung ist. Bei größeren Problemen kann die Heuristik jedoch häufig nur suboptimale Lösungen ermitteln, da sie lediglich die Auswirkungen der Vertauschung von jeweils zwei Anordnungsobjekten untersucht und somit mögliche Kostensenkungen bei komplexeren Vertauschungen außer Acht lässt.

Abb. 3.38 zeigt ein Beispiel für das in einem *Automobilwerk* auf der Ebene der Fertigungsbereiche realisierte Fertigungslayout. Innerhalb der einzelnen Bereiche sind weitere Entscheidungen über die jeweilige Anordnung der Fertigungsanlagen und -einrichtungen zu treffen.

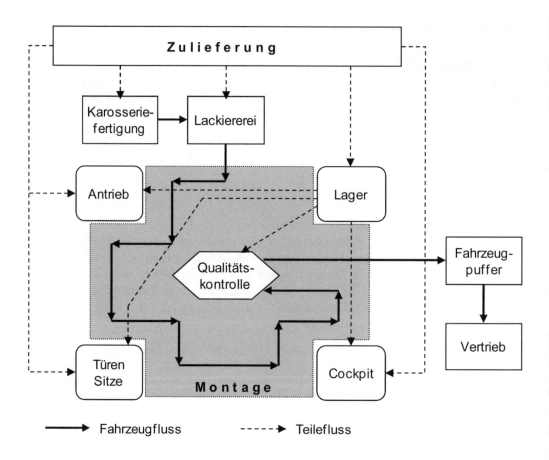

Abb. 3.38   *Fertigungslayout in einem Automobilwerk*

Der Materialfluss der Fahrzeuge durchläuft die Fertigungsbereiche Karosseriefertigung, Lackierung und Montage. Auf dem Montageband werden in die vormontierten und lackierten Karosserien zunächst der Antrieb, dann die Türen und Sitze und schließlich das Cockpit eingebaut. Das Montageband ist so in der Fertigungshalle angeordnet, dass die einzelnen Montagebereiche gut mit Teilen beliefert werden können und trotzdem insgesamt nur ein geringer Platzbedarf entsteht. In der Mitte des vom Montageband eingenommenen Areals ist ein Bereich zur Qualitätskontrolle und eventuellen Nacharbeit von als fehlerhaft erkannten

Fahrzeugen eingerichtet, so dass jeder Montagebereich auf kurzem Weg erreicht werden kann. Die fertigen und qualitativ einwandfreien Fahrzeuge werden über einen Fahrzeugpuffer an den Vertrieb ausgeliefert und von dort den Kunden übergeben. Die von externen Lieferanten beschafften Materialien und Bauteile werden nur teilweise auf Lager genommen und von dort in die Fertigung eingesteuert, zum größten Teil jedoch Just in Time direkt in die entsprechenden Fertigungsbereiche geliefert.

3.4 Distributionslogistik

Die Distributionslogistik verbindet den Fertigungsbereich mit den Absatzmärkten. Sie umfasst sämtliche Abläufe, die zur Verteilung der hergestellten Produkte an die Kunden erforderlich sind, insbesondere die Lager- und Transportvorgänge von Waren zum Endabnehmer und die damit verbundenen Informations-, Steuerungs- und Kontrolltätigkeiten. Die Aufgabe der Distribution besteht in der Organisation und Abwicklung der physischen Warenströme und der sie begleitenden Informationsströme in den Dimensionen Raum und Zeit. Dabei wird eine bestandsarme, reaktionsschnelle, sichere und kostengünstige Versorgung der Märkte mit den jeweiligen Gütern angestrebt. Der Lieferservice als für die Wettbewerbsposition eines Unternehmens wichtige logistische Sekundärleistung (vgl. Abschnitt 3.1.2) wird wesentlich durch die Abläufe in der Distribution determiniert.

Abschnitt 3.4.1 befasst sich zunächst mit dem für die Distributionslogistik wesentlichen Begriff der Lieferkette. Abschnitt 3.4.2 geht auf außerbetriebliche Verkehrssysteme ein, die eine wichtige Rahmenbedingung für die Distributionslogistik darstellen. Anschließend werden in Abschnitt 3.4.3 quantitative Modelle für die Durchführung der Transport- und der Tourenplanung behandelt. Abschnitt 3.4.4 befasst sich mit der Gestaltung von Distributionssystemen, Abschnitt 3.4.5 mit den Möglichkeiten der für die Distribution erforderlichen Verpackung der Waren. Gegenstand von Abschnitt 3.4.6 sind schließlich logistische Dienstleistungen, die vor allem im Bereich der Distributionslogistik eine große Rolle spielen.

3.4.1 Lieferketten

Als *Liefer-* bzw. *Transportkette* bezeichnet man nach DIN 30780 eine Folge von technisch und organisatorisch miteinander verknüpften Vorgängen, bei denen Personen oder Güter von einer Quelle zu einem Ziel bewegt werden. In der Distributionslogistik stehen die Gütertransporte zwischen einem Unternehmen und seinen Kunden im Vordergrund. Entsprechend der Flussorientierung der Logistik ist grundsätzlich der *direkte Güterfluss* zwischen dem Ausgangspunkt und dem Empfangspunkt als Idealfall anzusehen. Da die direkte Belieferung jedes einzelnen Kunden jedoch in der Regel nicht wirtschaftlich ist, wird häufig eine *Bündelung* von Liefervorgängen vorgenommen. Dabei haben sich verschiedene Strukturen von ein- und mehrgliedrigen Lieferketten herausgebildet, aus denen im Einzelfall die vorteilhafteste auszuwählen ist (vgl. Abb. 3.39). Während bei einer *eingliedrigen Lieferkette* lediglich mehrere Transportaufträge zu einer Tour zusammengefasst werden, sind bei mehrgliedrigen Lieferketten zusätzliche Umschlagvorgänge erforderlich.

Bei den *mehrgliedrigen Lieferketten* unterscheidet man solche, bei denen während des gesamten, über mehrere Stationen und ggf. mithilfe mehrerer Verkehrsträger durchgeführten Transportvorgangs keine Auflösung der Ladeeinheiten erfolgt, von Lieferketten, bei denen einzelne Liefereinheiten separat umgeschlagen werden.

- Eine *Lieferkette ohne Auflösung* kann so organisiert sein, dass eine nicht selbstständig bewegliche Ladeeinheit – z.B. eine Palette, ein Container oder der Wechselaufbau eines LKW – umgeschlagen wird, oder es erfolgt beim so genannten Huckepackverkehr eine Kombination mehrerer Verkehrsträger in der Weise, dass ein kompletter LKW verladen wird (Huckepackverkehr im engeren Sinne, vor allem als Kombination von Straßen- und Schienenverkehr) oder aus eigener Kraft auf das andere Verkehrsmittel fährt (Roll on/Roll off, vor allem bei der Kombination von Straßen- und Schiffsverkehr).

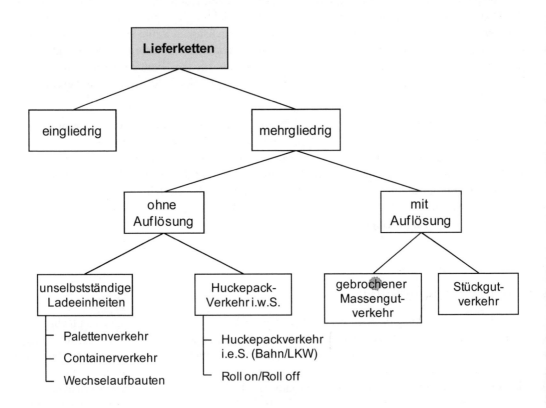

Abb. 3.39 *Lieferketten (in Anlehnung an Ihde 2001, S. 204)*

- Eine *Lieferkette mit Auflösung* liegt einerseits beim gebrochenen Massenverkehr vor, wenn größere Ladeeinheiten z.B. für verschiedene Empfänger bestimmt sind und daher ab einem bestimmten Punkt aufgelöst werden müssen. Andererseits zählt hierzu der klassische Stückgutverkehr, bei dem ein einzelnes Packstück über mehrere Stationen befördert wird.

Eine mehrgliedrige Lieferkette besteht typischerweise aus drei Phasen (vgl. Abb. 3.40):

- Als *Vorlauf* bezeichnet man die Bereitstellung der Transportgüter für den eigentlichen Transport. Es handelt sich dabei häufig um einen Flächenverkehr, bei dem Waren von verschiedenen Ausgangspunkten in einer Region an einem Sammelpunkt zusammengeführt werden.

- Der *Hauptlauf* dient der Überbrückung einer großen Distanz zwischen dem Sammelpunkt und einem in einer anderen Region gelegenen Verteilpunkt. Dies wird auch als Streckenverkehr bezeichnet.

- Der *Nachlauf* schließlich nimmt spiegelbildlich zum Vorlauf die Auslieferung der Transportgüter zu den in der Nähe des Verteilpunkts gelegenen Kunden bzw. Empfangspunkten vor, er ist ebenfalls als Flächenverkehr organisiert.

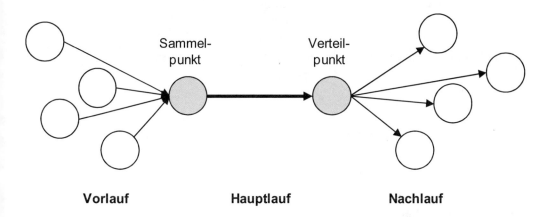

Abb. 3.40 *Phasen des Transports*

Während der Vor- und der Nachlauf wegen der erforderlichen Flächenabdeckung in der Regel mithilfe von LKW durchgeführt werden, finden für den Hauptlauf vielfach auch andere Verkehrsträger Verwendung (vgl. Abschnitt 3.4.2).

Mehrgliedrige Lieferketten kommen immer dann zum Einsatz, wenn die aus den zusätzlichen Umschlagvorgängen resultierenden zeitlichen und kostenmäßigen Nachteile durch die aus der Bündelung verschiedener Sendungen im Hauptlauf resultierenden Kostenvorteile überkompensiert werden.

Das Prinzip der Kostensenkung durch Bündelung bzw. *Konsolidierung* von Warenströmen wird bei folgenden Distributionskonzepten ausgenutzt:

- **Gebietsspediteure**

Durch den Einsatz des Gebietsspediteurkonzepts lassen sich der Nah- und der Fernverkehr weitgehend entkoppeln. Man unterscheidet lieferantenorientierte und abnehmerorientierte Gebietsspediteure, die als Dienstleister für die beteiligten Unternehmen tätig sind (vgl. Abb. 3.41). Ein lieferantenorientierter Gebietsspediteur sammelt bei den in einer Region ansässigen Lieferanten eines bestimmten Kunden die bestellten Waren ein und führt dann für die Gesamtlieferung den Transport über eine größere Entfernung durch. Umgekehrt nimmt ein abnehmerorientierter Gebietsspediteur zunächst den Transport einer großen Warenmenge eines bestimmten Lieferanten in eine Zielregion vor und führt anschließend die Verteilung an verschiedene Abnehmer durch. Dabei kommen im Nahverkehr, der den Vor- bzw. Nachlauf abdeckt, vorwiegend kleine Fahrzeuge und im Fernverkehr bzw. Hauptlauf gut ausgelastete große LKW zum Einsatz.

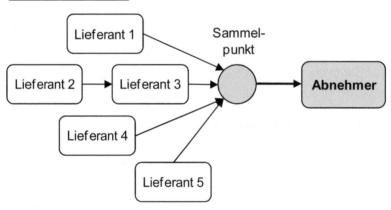

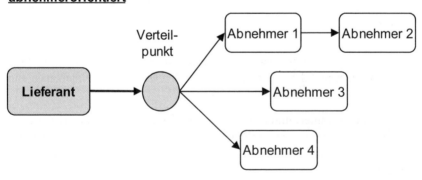

Abb. 3.41 *Gebietsspediteurkonzepte*

- **Hub and Spoke-Systeme**

Die logistische Verknüpfung von n Lieferorten und m Empfangsorten kann grundsätzlich so erfolgen, dass jeweils bei Bedarf ein Transport von einem Lieferort an einen Empfangsort durchgeführt wird. Das bedeutet allerdings, dass $n \cdot m$ Relationen vorzuhalten sind, auf denen jeweils nur recht geringe Gütermengen transportiert werden. Bei einem Hub and Spoke-System werden eine oder mehrere Clearingstellen (Hubs) zusätzlich eingerichtet, in denen die eingehenden Warenströme aufgelöst und für die Bedarfsstellen neu zusammengestellt werden.

Abb. 3.42 veranschaulicht den Unterschied zwischen der Direktbelieferung und einem Hub and Spoke-System. Als Clearingstellen kommen Güterverteilzentren, Warenumschlagplätze, Durchgangslager usw. in Betracht. Die Standorte der Clearingstellen sollten so gewählt werden, dass die im System anfallenden Transportleistungen möglichst weit reduziert werden können, ohne den Lieferservice zu stark zu beeinträchtigen. Der Betrieb einer Clearingstelle erfolgt bei unternehmensinternen Hub and Spoke-Systemen in der Regel durch das Unternehmen selbst. Es ist jedoch auch die gelegentliche oder regelmäßige Nutzung von Warenumschlagplätzen, die von einem Logistikdienstleister betrieben werden, gegen ein entsprechendes Entgelt möglich.

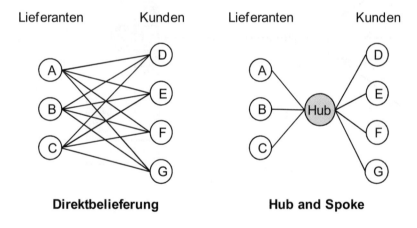

Direktbelieferung   **Hub and Spoke**

Abb. 3.42 *Direktbelieferung und Hub and Spoke-System*

Dieses Vorgehen hat den Vorteil, dass die Anzahl der erforderlichen Fahrten erheblich verringert wird und die Transportkapazitäten sowohl auf der Lieferanten- als auch auf der Empfängerseite wesentlich besser ausgenutzt werden. Auch hierbei gilt, dass die bei den Transportkosten erzielten Einsparungen den Zeitaufwand für die Konsolidierung und die Kosten der Clearingstelle überkompensieren müssen.

- **Cross Docking**

Als Cross Docking bezeichnet man eine vor allem im Handel verbreitete Methode zur Auflösung, Umgruppierung und anschließend erneuten Bündelung von Warenströmen, die eine
bedarfsgerechte, zügige und kostengünstige Belieferung von Filialen sicherstellt. Die Han-
delskette bestellt bei ihren Lieferanten den Gesamtbedarf der benötigten Artikel in großen
Losen. In einem Transit-Terminal werden die dort direkt von den Lieferanten angelieferten
Paletten aufgelöst und die Waren entsprechend den von den einzelnen Filialen eingegange-
nen Bestellungen umgruppiert (vgl. Abb. 3.43). Bei täglicher Belieferung ist eine erhebliche
Reduktion der in den Filialen gehaltenen Lagerbestände möglich. Durch Cross Docking
lassen sich gleichzeitig das Fluss- und das Just in Time-Prinzip umsetzen und dadurch optimale Bestellmengen auf der Lieferantenseite und niedrige Lagerbestände auf der Filialseite
erreichen.

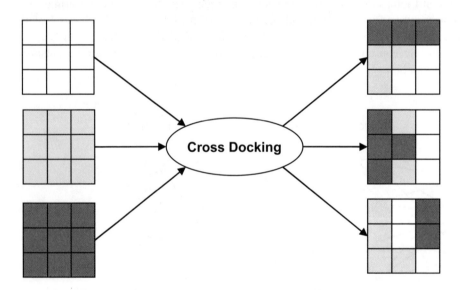

Abb. 3.43   *Cross Docking*

Ein bekanntes Beispiel einer mehrgliedrigen Logistikkette mit Konsolidierungspunkten ist
die Post- und Paketzustellung, bei der die an einem Tag in einer Region aufgegebenen Sendungen mit kleinen Fahrzeugen eingesammelt werden, in den Knotenpunkten nach Zielorten
umgruppiert und während der Nacht mit großen LKW oder Flugzeugen in die Zielregionen
befördert werden, wo sie am nächsten Tag wiederum von kleinen Fahrzeugen oder Zustellern
an die Empfänger verteilt werden.

3.4.2 Außerbetriebliche Verkehrssysteme

Zur Durchführung von Distributionsvorgängen ist die Nutzung von Fahrzeugen und Verkehrssystemen erforderlich. Während die Bereitstellung der in Abschnitt 3.3.1 behandelten innerbetrieblichen Transportsysteme zur Abwicklung von Transportvorgängen auf dem eigenen Werksgelände in die Verantwortung des einzelnen Unternehmens fällt, gehört die Sorge für die zur Makrologistik (vgl. Abschnitt 3.1.4) zählenden *außerbetrieblichen Verkehrssysteme* zu den Aufgaben des Staates. Für die Distributionslogistik ist die Kenntnis der zur Verfügung stehenden Verkehrswege, ihrer Kapazitäten und ihrer Kosten von Bedeutung, um die Auslieferung der Fertigerzeugnisse an die Kunden zu den vereinbarten Lieferterminen möglichst wirtschaftlich planen zu können. Zwar ist die Auswahl der für eine Transportaufgabe geeigneten Verkehrsmittel auch auf der Beschaffungsseite relevant, jedoch gehört diese Problemstellung eher zur Distributionslogistik des Lieferanten und muss daher nicht separat betrachtet werden.

Nach dem *Organisationsgrad* von Verkehrsleistungen lassen sich grundsätzlich Linienverkehre, die mit einer bestimmten Regelmäßigkeit angeboten werden, und jeweils auftragsbezogen durchgeführte Gelegenheitsverkehre unterscheiden. Während Linienverkehre vorwiegend von spezialisierten Logistikdienstleistern durchgeführt werden, sind Gelegenheitsverkehre der Regelfall bei vom Unternehmen selbst erbrachten Distributionsleistungen.

Von großer Bedeutung für den außerbetrieblichen Verkehr ist die durch makrologistische Entscheidungen geschaffene *Verkehrsinfrastruktur*. Darunter versteht man die in einer bestimmten Region vorhandenen Verkehrssysteme und deren Verknüpfungen, aus denen sich die raum-zeitlichen Erreichbarkeitsverhältnisse der einzelnen Standorte ableiten lassen (vgl. Ihde 2001, S. 58f., S. 113f.). Die Verkehrsinfrastruktur einer Region lässt sich insbesondere durch die folgenden Kennzahlen charakterisieren:

- Die *Dichte* eines Verkehrsnetzes beschreibt das Ausmaß der verkehrlichen Erschließung der jeweiligen Region. Sie ist definiert als Quotient aus der Länge der im Verkehrsnetz vorhandenen Strecken und der zugehörigen Fläche. Diese Kennzahl ist umso höher, je mehr Verkehrswege in der betrachteten Region vorhanden sind.

$$\text{Dichte} = \frac{km}{qkm}$$

- Als *Erschließung* einer Region bezeichnet man den Quotienten aus der effektiven, d.h. der tatsächlich zurückzulegenden Entfernung zwischen zwei Standorten und der Luftlinienentfernung. Je geringer dieser Quotient ausfällt, desto weniger Umwege sind erforderlich, d.h. desto besser ist die Region durch Verkehrswege erschlossen. Für Mitteleuropa liegt die Erschließung im Mittel bei Werten kleiner als 1,2, in dünn besiedelten Gebieten oder in Entwicklungsländern fällt der Wert deutlich höher aus.

$$\text{Erschließung} = \frac{\text{effektive Entfernung}}{\text{Luftlinienentfernung}}$$

- Die *Transportelastizität* η dient dazu, die Veränderung des Transportaufkommens T ins Verhältnis zur Veränderung des Bruttoinlandsprodukts *BIP* zu setzen.

$$\eta = \frac{\Delta T}{\Delta BIP} \cdot \frac{BIP}{T}$$

Nimmt die Transportelastizität einen Wert größer als eins an, so wächst das Transportaufkommen schneller als die Gesamtwirtschaft und umgekehrt. Grundsätzlich geht das Wirtschaftswachstum bei fortschreitender Entwicklung einer Volkswirtschaft mit einer immer geringeren Zunahme des Transportaufkommens und somit mit einer abnehmenden Transportelastizität einher. Während in den industrialisierten Staaten im 20. Jahrhundert tatsächlich über einen langen Zeitraum eine fallende Transportelastizität zu beobachten war, nimmt sie in den letzten Jahren aufgrund der stärkeren logistischen Verflechtungen, die z.B. auf einem höheren Grad an internationaler Arbeitsteilung beruhen, wieder zu.

Sowohl aus Sicht der Ersteller als auch der Nutzer von Verkehrssystemen ist die *Struktur eines Verkehrsnetzes* von großem Interesse, da von ihr sowohl die Transportkosten als auch die mit der Durchführung eines Transports verbundenen Wege und Zeiten abhängen. Abb. 3.44 zeigt zwei alternative Möglichkeiten zur Verknüpfung von drei gleich weit voneinander entfernten Standorten A, B und C durch Verkehrswege. Bei der links dargestellten Alternative ist jeder Standort mit jedem anderen direkt verbunden, bei Normierung der Entfernung zwischen zwei Standorten auf eins beträgt die gesamte Streckenlänge im Verkehrsnetz drei. Diese Struktur ist aufgrund der großen Streckenlänge mit hohen Einrichtungskosten, jedoch nur mit geringen Unterhaltungskosten verbunden und führt aus Sicht der Nutzer zu kurzen Wegen und Transportzeiten (vgl. auch Ihde 2001, S. 114).

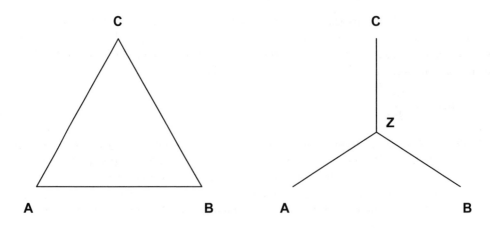

Abb. 3.44 *Alternative Netzstrukturen*

Bei der rechts dargestellten Alternative hingegen ist jeder Standort mit einem zentralen, in der Mitte liegenden Knotenpunkt Z verbunden. Die gesamte Streckenlänge im Verkehrsnetz beträgt nunmehr nur noch $\sqrt{3}$, für einen Transport zwischen zwei Standorten ist jedoch eine Strecke von $2/3 \cdot \sqrt{3} > 1$ zurückzulegen, d.h. die Transportzeiten verlängern sich entsprechend. Wegen der kürzeren Gesamtstrecke ist diese Struktur für den Netzbetreiber mit geringeren Einrichtungskosten verbunden, aufgrund der größeren Nutzungsintensität der Strecken stehen dem jedoch höhere Unterhaltungskosten gegenüber. Weiter kommt es bei gleichem Transportaufkommen zu einer höheren Verkehrsdichte und damit auch zu einer größeren Störanfälligkeit des Netzes.

Der *außerbetriebliche Transport* kann grundsätzlich als Land-, Luft- oder Wasserverkehr durchgeführt werden (vgl. Pfohl 2004, S. 167ff.). Die zu diesen Verkehrssystemen gehörenden Verkehrsträger und Verkehrsmittel sind in Abb. 3.45 dargestellt.

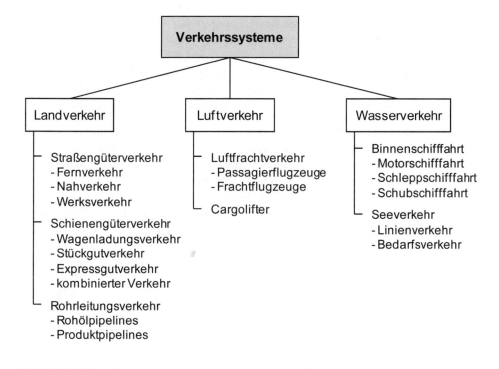

Abb. 3.45 *Verkehrssysteme*

Für den *Landverkehr* kommen die Transportwege Straße, Schiene und Rohrleitung in Betracht.

• Der *Straßengüterverkehr* lässt sich wiederum in den Fernverkehr, der in der Regel die Distanz zwischen der Fertigungs- und der Bedarfsregion überbrückt, den Nahverkehr, der die Belieferung der Kunden in einem bestimmten, regional abgegrenzten Bereich übernimmt, und den streng genommen zum innerbetrieblichen Transport zählenden Werksverkehr einteilen. Die Vorteile des Straßengüterverkehrs sind das dicht geknüpfte Straßennetz, auf dem sich praktisch jeder Zielort erreichen lässt, sowie die große Flexibilität bei der Wahl der Routen und der Durchführung der Transporte. Da kein Wechsel des Verkehrsmittels stattfinden muss, werden nur geringe Anforderungen an die Produktverpackung gestellt. Als Nachteile des Straßengüterverkehrs sind die geringen Transportmengen je Tour, die Begrenzung der Größe der Transportgüter und die beschränkte Reichweite von LKW zu nennen.

- Beim *Schienengüterverkehr* findet entweder der Transport ganzer Wagenladungen bzw. Container statt oder einzelne Packeinheiten werden im Stückgutverkehr bzw. bei eiligen Gütern im Expressgutverkehr transportiert. Der kombinierte Verkehr ist eine Spezialform des Schienengüterverkehrs, bei der der sich über eine große Distanz erstreckende Hauptlauf mit der Bahn erfolgt und der in der Ursprungs- bzw. Zielregion stattfindende Vor- und Nachlauf mittels LKW durchgeführt werden. Die Stärken des Schienenverkehrs liegen in der zügigen und kostengünstigen Bewältigung großer Transportmengen über weite Distanzen. Wegen der Bindung an Fahrpläne und der oft unzureichenden Flächenabdeckung wird auf kurzen Strecken allerdings meist der LKW als überlegen angesehen. Auch die aufgrund der erforderlichen Umladevorgänge höheren Anforderungen an die Verpackung der Transportgüter stellen einen Nachteil des Schienenverkehrs dar. Bei interkontinentalen Transporten ist die Bahn auf den eurasischen Bereich beschränkt.

- Über- oder unterirdisch verlaufende *Rohrleitungen* werden häufig als Rohöl- oder Erdgaspipelines zur Sicherstellung der Energieversorgung eingesetzt. Seltener sind Produktpipelines, in denen andere Flüssigkeiten oder Gase kontinuierlich transportiert werden. Ein Beispiel für eine außerbetriebliche Produktpipeline ist die im Bau befindliche Pipeline für Propylen, mit der die Chemieindustrie im Ruhrgebiet von Antwerpen bzw. Rotterdam aus mit ihrem wichtigsten Grundstoff versorgt werden soll. Im Vergleich zum Straßen- und Schienenverkehr hat der Rohrleitungsverkehr dennoch nur eine untergeordnete Bedeutung.

Der *Luftverkehr* wird als Luftfrachtverkehr durchgeführt. Warentransporte mittels Flugzeug werden entweder im Transportraum von Passagierflugzeugen oder mit speziellen Frachtflugzeugen durchgeführt. Die Anforderungen an die Produktverpackung sind gering. Der Luftverkehr ist allen anderen Verkehrsträgern hinsichtlich der Transportgeschwindigkeit überlegen und kommt vor allem dann zum Einsatz, wenn Transporte über große Entfernungen, vor allem interkontinental, mit kurzer Lieferzeit abgewickelt werden sollen. Da die Kosten der Luftfracht sehr hoch sind, ist dieser Transportweg in der Regel nur für hochwertige Güter mit geringem Gewicht bzw. Volumen wirtschaftlich. Ein weiterer Nachteil des Luftverkehrs ist in der oft ungünstigen Lage der Flughäfen in der Ursprungs- und Zielregion zu sehen, da die Transportzeiten durch den erforderlichen Vor- und Nachlauf per LKW wieder ansteigen. Für den Transport großer Gewichte bzw. Volumina über weite Strecken ist das Konzept des Cargolifters, einer Weiterentwicklung des mit Heliumgas gefüllten Zeppelins, entwickelt worden, das bislang allerdings noch nicht über das Versuchsstadium hinausgelangt ist.

Beim *Wasserverkehr* unterscheidet man die auf Flüssen und Kanälen stattfindende Binnen-schifffahrt und den Seeverkehr.

- Die *Binnenschifffahrt* ist auf das zusammenhängende Wasserstraßennetz einer bestimm-ten geografischen Region – d.h. die Flüsse und Kanäle – beschränkt, sie kann als Motor-schifffahrt, als Schleppschifffahrt oder als Schubschifffahrt durchgeführt werden.

- Beim *Seeverkehr*, der küstennah oder auch interkontinental durchgeführt werden kann, besteht die Wahl zwischen dem Linienverkehr, bei dem die Güter einem regelmäßig ver-kehrenden Schiff mitgegeben werden, und dem Bedarfsverkehr, bei dem ein Teil des Frachtraums oder ein ganzes Schiff gechartert wird.

Die Vorteile der Schifffahrt bestehen darin, dass sie auf einer Tour große Mengen bzw. Vo-lumina zu geringen Kosten befördern und auch transatlantische Transporte durchführen kann. Dem stehen als Nachteile die aufgrund geringer Transportgeschwindigkeiten sehr lange Transportdauer, die schlechte räumliche Verteilung insbesondere von Seehäfen und die hohen Anforderungen an die Produktverpackung gegenüber. Weiter kann es jahreszeitlich bedingt zur Sperrung der Wasserwege aufgrund von Niedrigwasser oder Vereisung kommen. Der Wasserverkehr ist – wie auch die Bahn und das Flugzeug – auf einen Vor- und Nachlauf per LKW angewiesen.

Wie die vorhergehenden Ausführungen gezeigt haben, unterscheiden sich die genannten Transportalternativen erheblich hinsichtlich der Kosten je Transporteinheit, der möglichen Transportmengen bzw. -volumina, der Transportdauer und -geschwindigkeit, der Flächenab-deckung und der Anforderungen an die Verpackung der Transportgüter. Da keine der Alter-nativen sich bei sämtlichen Kriterien als vorteilhaft erweist, ist im Einzelfall unter Berück-sichtigung der jeweiligen Beförderungssituation eine Auswahl vorzunehmen. Tab. 3.10 stellt die Beurteilung der Transportmittel nochmals zusammen.

Tab. 3.10 *Beurteilung verschiedener Transportmittel*

	LKW	Bahn	Flugzeug	Schiff
Transportkosten	mittel	gering - mittel	hoch	gering
Transportvolumen	gering	groß	mittel	sehr groß
Transportdauer	mittel	mittel	kurz	lang
Transportgeschwindigkeit	mittel	mittel	hoch	gering
Flächenabdeckung	sehr gut	gut	schlecht	schlecht
Verpackungsanforderungen	gering	mittel	gering	hoch

In der Praxis werden die verschiedenen Transportmittel häufig kombiniert eingesetzt. Zum einen wird der Vor- und Nachlauf zu bzw. von Bahnhöfen, Flughäfen oder Häfen in der Regel mit LKW durchgeführt, es sei denn, ein Unternehmen verfügt über einen eigenen Gleisanschluss, Flughafen oder See- bzw. Binnenhafen. Zum anderen hat sich eine Reihe von Systemen entwickelt, die verschiedene Transportmittel explizit miteinander kombinieren, um die Effizienz der Transporte zu verbessern (vgl. Abschnitt 3.4.1). Neben dem kombinierten Verkehr Schiene/Straße, bei dem die Transportgüter umgeladen werden müssen, wird von den Eisenbahnen der Huckepackverkehr angeboten, bei dem der gesamte LKW per Bahn befördert wird. Bei Einsatz von Containern lässt sich auch die Schifffahrt mit der Schiene oder der Straße kombinieren.

3.4.3   Transport- und Tourenplanung

Da die Gestaltung und Abwicklung von Distributionsprozessen mit erheblichen Kostenwirkungen verbunden ist, kommen zur optimalen Gestaltung dieser Prozesse vielfach Entscheidungsmodelle aus dem *Operations Research* zum Einsatz. Stellvertretend für zahlreiche andere Modelle werden in diesem Abschnitt Transportmodelle und Tourenplanungsmodelle behandelt. Während sich Transportmodelle mit der Versorgung von regionalen Auslieferungslagern aus mehreren Produktionsstandorten befassen, steht bei der Tourenplanung die Auslieferung der Produkte an die einzelnen Abnehmer im Vordergrund.

3.4.3.1   Transportmodelle

Dem *Transportmodell* liegt die folgende Problemstellung zugrunde: An mehreren Produktionsstätten (Quellen) werden bestimmte Mengen eines Produkts bereitgestellt, die an mehreren Bedarfsorten (Senken) benötigt werden. Es gilt nun, in Abhängigkeit von der vorliegenden Angebots- und Bedarfssituation die Produktionsmengen so auf die Bedarfsorte zu verteilen, dass die dabei anfallenden Transportleistungen bzw. die Transportkosten möglichst gering sind. Abb. 3.46 zeigt ein Beispiel für eine solche Situation. Ein Hersteller von Erfrischungsgetränken hat für den norddeutschen Raum Produktionsstätten in Bremen, Berlin und Bochum, die die in der Abbildung angegebenen Mengen (gemessen in Paletten) herstellen. Diese sollen die Auslieferungslager in Hamburg, Hildesheim, Herne und Halle, deren Bedarfsmengen ebenfalls angegeben sind, versorgen. Prinzipiell kann jeder Bedarfsort von jeder Produktionsstätte aus beliefert werden.

Das *klassische Transportmodell* lässt sich mithilfe der linearen Programmierung wie folgt formulieren:

$i = 1,...,I$ –   Produktionsstätten

$j = 1,...,J$ –   Bedarfsorte

x_{ij} –   Transportmenge von Produktionsstätte i nach Bedarfsort j

c_{ij} –   Transportkosten je Einheit von Produktionsstätte i nach Bedarfsort j

a_i –   Produktionsmenge in Produktionsstätte i

b_j –   Bedarfsmenge an Bedarfsort j

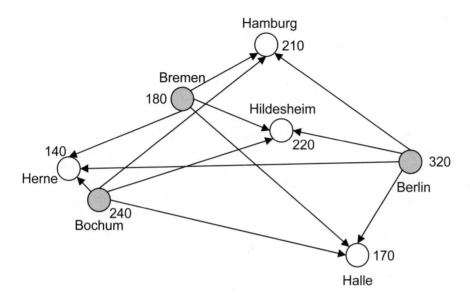

Abb. 3.46 *Beispiel zum Transportmodell*

Die Zielfunktion dient der Minimierung der im System anfallenden Transportkosten, die davon abhängen, welche Mengen von welcher Produktionsstätte zu welchem Bedarfsort transportiert werden:

$$\min Z = \sum_{i=1}^{I} \sum_{j=1}^{J} c_{ij} \cdot x_{ij}$$

Die Restriktionen stellen sicher, dass zum einen die in den Bedarfsorten auftretende Nachfrage vollständig befriedigt wird und zum anderen die in den Produktionsstätten hergestellten Mengen vollständig verteilt werden. Sämtliche Transportmengen x_{ij} müssen eine Nichtnegativitätsbedingung erfüllen.

u.d.N.: $\displaystyle\sum_{i=1}^{I} x_{ij} = b_j$ $\qquad\qquad j = 1,...,J$

$\displaystyle\sum_{j=1}^{J} x_{ij} = a_i$ $\qquad\qquad i = 1,...,I$

$x_{ij} \geq 0$ $\qquad\qquad i = 1,...,I; j = 1,...,J$

Weiter muss in der Grundversion des Transportmodells die in den Produktionsstätten hergestellte Menge vollständig auf die Bedarfsorte verteilt werden, da keine Lagerhaltung vorgesehen ist. Ist diese Bedingung bei einer realen Problemstellung nicht erfüllt, so kann man für das Modell zusätzlich eine fiktive Quelle oder Senke einführen, die gerade die überschüssige Bedarfsmenge liefert bzw. die überschüssige Produktionsmenge aufnimmt.

$$\sum_{i=1}^{I} a_i = \sum_{j=1}^{J} b_j$$

Dieses lineare Programm lässt sich entweder mithilfe des Simplex-Verfahrens oder mit speziell für das Transportproblem entwickelten *Heuristiken* lösen. Da keine ganzzahligen Variablen auftreten und die Zahl der Variablen in der Regel auch bei umfangreichen Problemstellungen überschaubar gering ist, ist eine exakte Berechnung der optimalen Lösung mit dem Simplex-Verfahren bei kurzer Rechenzeit möglich. Dennoch werden vielfach Heuristiken zur Lösung von Transportproblemen eingesetzt, da diese einen besseren Einblick in die Problemstruktur bieten. Im Folgenden wird eine Lösungsheuristik dargestellt, die aus einem Eröffnungsverfahren, das zur Generierung einer zulässigen Ausgangslösung dient, und einem iterativen Verbesserungsverfahren besteht (vgl. Kistner 2003, S. 208ff.).

In Tab. 3.11 sind die Entfernungen (in *km*) zwischen den verschiedenen Produktionsstätten und Auslieferungslagern für das Beispiel in Abb. 3.46 angegeben.

Tab. 3.11 *Entfernungen im Transportmodell*

nach von	Hamburg	Hildesheim	Herne	Halle
Bremen	120	150	240	340
Berlin	280	290	510	170
Bochum	350	270	10	460

Als Eröffnungsverfahren kommt die *Nordwest-Ecken-Regel* zur Anwendung, die schnell und einfach eine Ausgangslösung bestimmt, indem jeder Relation – ausgehend von der oberen linken (nordwestlichen) Zelle des in Tab. 3.12 angegebenen Ausgangstableaus – die maximal mögliche Transportmenge zugewiesen wird. Besteht anschließend ein Überschuss an Produktionsmenge, so verteilt man diesen in derselben Zeile, bei einem Nachfrageüberschuss deckt man diesen aus derselben Spalte ab. Die Pfeile in Tab. 3.12 zeigen die Vorgehensweise der Nordwest-Ecken-Regel an.

Somit werden die 180 in Bremen hergestellten Paletten nach Hamburg geliefert, die 320 Paletten aus Berlin werden auf die Bedarfsorte Hamburg (30 Paletten), Hildesheim (220 Paletten) und Herne (70 Paletten) aufgeteilt. Von den 240 in Bochum hergestellten Paletten werden 70 Paletten nach Herne und 170 Paletten nach Halle geliefert.

Die mit dem Eröffnungsverfahren gefundene Lösung ist zwar zulässig, jedoch in der Regel nicht kostenminimal. Um die bei einer vorliegenden Lösung anfallenden Kosten zu bestimmen, muss man die geplanten Transportmengen mit den zugehörigen Transportkosten multiplizieren. Nimmt man der Einfachheit halber an, dass jeder Entfernungskilometer Kosten in

Höhe von 1 € verursacht, so entspricht die Kostenmatrix der Entfernungsmatrix in Tab. 3.11 und die Ausgangslösung führt zu Kosten in Höhe von 208.400 €.

Tab. 3.12 *Ausgangstableau des Transportmodells*

nach von	Hamburg	Hildesheim	Herne	Halle	Σ Angebot
Bremen	180	0	0	0	180
Berlin	30	220	70	0	320
Bochum	0	0	70	170	240
Σ Bedarf	210	220	140	170	740

Als Verbesserungsverfahren kommt die *Stepping Stone-Methode* zum Einsatz. Diese berechnet in jeder Iteration die Opportunitätskosten der in der jeweils aktuellen Lösung nicht genutzten Relationen. Dazu wird – ausgehend von der betrachteten Relation – ein möglichst kleiner Zyklus konstruiert, der mit einer Horizontalbewegung beginnt, ausschließlich Relationen mit positiven Transportmengen berührt und wieder in der betrachteten Relation endet. Zur Bestimmung der Kostenwirkungen, die der Transport einer Mengeneinheit auf dieser Relation auslöst, werden die Kosten der nach einer Horizontalbewegung erreichten Relationen mit positivem Vorzeichen und die Kosten der nach einer Vertikalbewegung erreichten Relationen mit negativem Vorzeichen aufaddiert. Anschließend wird die Relation bestimmt, die das größte Kostensenkungspotenzial bietet. Um auf dieser Relation die größtmögliche Menge transportieren zu können, müssen die auf den anderen Relationen transportierten Mengen entsprechend reduziert werden.

In der Ausgangslösung gibt es sechs nicht genutzte Relationen. Die zugehörigen Kostensenkungspotenziale belaufen sich auf:

Bremen → Hildesheim: $120 - 280 + 290 - 150 = -20$ €

Bremen → Herne: $120 - 280 + 510 - 240 = 110$ €

Bremen → Halle: $120 - 280 + 170 - 340 = -330$ €

Berlin → Halle: $510 - 10 + 460 - 170 = 790$ €

Bochum → Hamburg: $10 - 510 + 280 - 350 = -570$ €

Bochum→ Hildesheim: $10 - 510 + 290 - 270 = -480$ €

Das größte Kostensenkungspotenzial in Höhe von 790 € je Mengeneinheit bietet die bislang nicht genutzte Relation von Berlin nach Halle. Die maximale Menge, die auf dieser Relation transportiert werden kann, sind die 70 Mengeneinheiten, die bislang von Berlin nach Herne transportiert wurden. Diese nunmehr in Herne fehlende Menge wird stattdessen aus Bochum geliefert, wo sie von der ursprünglich nach Halle gelieferten Menge abgezogen wird. Das Kostensenkungspotenzial von 790 € ergibt sich, weil jede von Berlin nach Herne gelieferte Mengeneinheit Kosten in Höhe von 510 € und jede von Bochum nach Halle gelieferte Mengeneinheit Kosten in Höhe von 460 €, also insgesamt 970 €, verursacht, die nun eingespart werden. Dem stehen 170 € bei der Lieferung einer Einheit von Berlin nach Halle und 10 € bei Lieferung einer Einheit von Bochum nach Herne gegenüber.

Tab. 3.13 zeigt das Tableau, das sich nach Durchführung der ersten Iteration ergibt. Die Gesamtkosten sinken beim Übergang zur neuen Lösung um $70 \cdot 790 = 55.300$ € auf 153.100 €.

Auch bei dieser Lösung gibt es wieder sechs nicht genutzte Relationen, die folgende Kostensenkungspotenziale bieten:

Bremen → Hildesheim: $120 - 280 + 290 - 150 = -20$ €

Bremen → Herne: $120 - 280 + 510 - 240 = 110$ €

Bremen → Halle: $120 - 280 + 170 - 340 = -330$ €

Berlin → Herne: $170 - 460 + 10 - 510 = -790$ €

Bochum → Hamburg: $460 - 170 + 280 - 350 = 220$ €

Bochum→ Hildesheim: $460 - 170 + 290 - 270 = 310$ €

Tab. 3.13 *Tableau nach der ersten Iteration*

nach von	Hamburg	Hildesheim	Herne	Halle	Σ Angebot
Bremen	180	0	0	0	180
Berlin	30	220	0	70	320
Bochum	0	0	140	100	240
Σ Bedarf	210	220	140	170	740

Das größte Kostensenkungspotenzial in Höhe von 310 € je Mengeneinheit besteht bei Nutzung der Relation von Bochum nach Hildesheim, auf der sich maximal 100 Mengeneinheiten transportieren lassen. Diese 100 Mengeneinheiten werden bei der Lieferung von Bochum nach Halle abgezogen und stattdessen aus Berlin nach Halle geliefert. Die Lieferung von Berlin nach Hildesheim wird entsprechend reduziert. Durch diese Veränderung sinken die Gesamtkosten in der zweiten Iteration um weitere 31.000 € auf 122.100 €. Tab. 3.14 zeigt das Tableau nach Durchführung der zweiten Iteration.

Eine erneute Berechnung der Kostensenkungspotenziale der sechs nunmehr nicht genutzten Relationen ergibt folgende Werte:

Bremen → Hildesheim: $120 - 280 + 290 - 150 = -20$ €

Bremen → Herne: $120 - 280 + 290 - 270 + 10 - 240 = -370$ €

Bremen → Halle: $120 - 280 + 170 - 340 = -330$ €

Berlin → Herne: $290 - 270 + 10 - 510 = -480$ €

Bochum → Hamburg: $270 - 290 + 170 - 460 = -310$ €

Bochum $\rightarrow$ Halle: $270 - 290 + 170 - 460 = -310$ €

Tab. 3.14 *Tableau nach der zweiten Iteration*

von \ nach	Hamburg	Hildesheim	Herne	Halle	Σ Angebot
Bremen	180	0	0	0	180
Berlin	30	120	0	170	320
Bochum	0	100	140	0	240
Σ Bedarf	210	220	140	170	740

Da sämtliche Kostensenkungspotenziale negativ sind, ist die nach der zweiten Iteration gefundene Lösung die beste, die sich mit dem vorliegenden Verfahren erreichen lässt. Die Kosten konnten gegenüber der Ausgangslösung um fast 42% gesenkt werden. Ein Vergleich mit der mithilfe des Simplex-Verfahrens ermittelten exakten Lösung zeigt, dass es sich bei dieser Lösung sogar um ein Optimum handelt. Auch wenn die intuitiv anschauliche Heuristik in dem vorliegenden Fall in der Lage ist, eine optimale Lösung zu generieren, darf dieses Ergebnis jedoch nicht verallgemeinert werden. Vor allem bei komplexeren Problemstellungen ist zu erwarten, dass die Heuristik bereits bei einer suboptimalen Lösung abbricht, da sich durch einfache Verschiebungen von Transportmengen keine Kostensenkungspotenziale mehr erzielen lassen.

3.4.3.2   Tourenplanung

Die *Tourenplanung* dient der Zusammenfassung von Lieferaufträgen zu Touren, die mit einem Auslieferungsfahrzeug abgefahren werden. Ein *Lieferauftrag* umfasst den Transport bestimmter Güter von einem Ausgangsort, in der Regel dem Güterhersteller, zu einem Zielort, der in der Regel beim Kunden liegt. Unter einer *Tour* versteht man die Zusammenfassung von Lieferaufträgen zu einer gemeinsamen Auslieferungsfahrt. Dabei wird das Ziel der Minimierung der gefahrenen Wege bzw. der Transportkosten verfolgt. Diese beiden Ziele sind nur dann äquivalent, wenn eine proportionale Beziehung zwischen der Fahrstrecke und den Transportkosten besteht.

In der Regel sind bei der Tourenplanung zusätzlich verschiedene *Restriktionen* zu berücksichtigen, z.B. Gewichts- oder Volumenbeschränkungen aufgrund der Eigenschaften der Fahrzeuge, Zeitbeschränkungen bezüglich der möglichen Dauer einer Tour sowie Zeitfenster, innerhalb derer die Belieferung einzelner Kunden erfolgen soll. Der Planungshorizont der Tourenplanung ist sehr kurz, häufig werden in Abhängigkeit von der Auftragslage täglich neue Touren zusammengestellt.

Grundsätzlich bestehen folgende Möglichkeiten, eine vorgegebene Menge an Aufträgen abzuarbeiten (vgl. Günther/Tempelmeier 2005, S. 273f.):

- *Einzelbelieferung*: Jeder Auftrag wird separat zu seinem Bestimmungsort transportiert. Da diese Vorgehensweise mit sehr hohen Kosten verbunden ist, lohnt sie sich nur bei ausreichender Beladung des Fahrzeugs oder bei sehr eiligen Aufträgen.

- *Gruppenbelieferung*: Die Aufträge mehrerer Abnehmer werden zu einer Auslieferungsfahrt zusammengefasst. Dadurch lässt sich sowohl eine bessere Auslastung des Fahrzeugs als auch eine Reduktion der zu fahrenden Strecken erreichen als bei der Einzelbelieferung. Allerdings tritt das Problem auf, dass die Aufträge auf der Tour in eine möglichst sinnvolle Reihenfolge gebracht werden müssen. Diese Problemstellung wird als Travelling Salesman Problem bezeichnet.

- *Tourenplanung*: Wenn das Auftragsvolumen größer ist als die Menge, die sich mit einem Fahrzeug bewältigen lässt, sind die Aufträge zu Touren zusammenzufassen und es ist wie bei der Gruppenbelieferung eine Reihenfolgeplanung für jede einzelne Tour vorzunehmen. Diese beiden Teilprobleme sind interdependent, denn einerseits kann die optimale Reihenfolge auf einer Tour erst bestimmt werden, wenn die Zuordnung von Aufträgen zu Touren erfolgt ist, andererseits hängt die Zuordnung der Aufträge von der sonstigen Zusammensetzung und der Reihenfolge der Tour ab.

Eine einfache Heuristik zur Tourenplanung, die häufig in der Praxis eingesetzt wird und auch in zahlreichen Softwarepaketen für die Logistik enthalten ist, ist das *Savings-Verfahren*, das gleichzeitig die Zusammenstellung von Aufträgen zu Touren und die Reihenfolgen innerhalb der Touren bestimmt. Bei diesem Verfahren werden – ausgehend von einer Einzelbelieferung jedes Kunden – sukzessiv nach dem Kriterium der größten Kosten- bzw. Streckenersparnis Aufträge zu Touren zusammengefasst. Dabei müssen die Kapazitätsrestriktionen der Fahrzeuge berücksichtigt werden. Das Verfahren endet, wenn sämtliche Aufträge einer Tour zugeordnet sind oder sich keine weiteren Einsparungspotenziale identifizieren lassen (vgl. hierzu Zimmermann 2005, S. 291ff.).

Das Vorgehen des Savings-Verfahrens wird an folgendem *Beispiel* veranschaulicht: Der Getränkehersteller aus dem beim Transportmodell verwendeten Beispiel versorgt das Ruhrgebiet aus seinem Auslieferungslager in Herne. Die Tourenplanung erfolgt tageweise, es stehen maximal vier Fahrzeuge mit einer Ladungskapazität von jeweils 30 *t* zur Verfügung. Abb. 3.47 zeigt die Verteilung der Empfangsorte im Zielgebiet.

Tab. 3.15 gibt die Entfernungen zwischen den einzelnen Orten an, in Tab. 3.16 sind die Auftragsdaten eines Tages zusammengestellt. Auf einer Palette befinden sich jeweils $3 \cdot 3 \cdot 2 = 18$ Getränkekisten mit einem Gesamtgewicht von 250 *kg*. Das Ziel der Tourenplanung besteht in der Minimierung der zur Abarbeitung der Aufträge zu fahrenden Strecken.

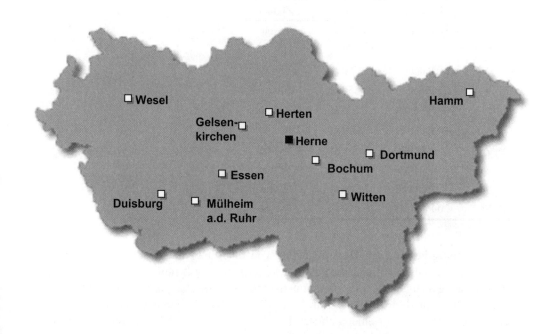

Abb. 3.47 *Empfangsorte im Ruhrgebiet*

Tab. 3.15 *Entfernungsmatrix*

	BO	DO	DU	E	GE	HAM	HER	HRT	MH	WES	WIT
Bochum		23	40	18	20	67	8	22	27	65	12
Dortmund	23		60	38	34	41	24	36	47	79	19
Duisburg	40	60		25	39	99	44	47	14	46	54
Essen	18	38	25		16	77	24	26	13	45	32
Gelsenkirchen	20	34	39	16		66	18	11	37	44	34
Hamm	67	41	99	77	66		55	62	88	105	58
Herne	8	24	44	24	18	55		14	32	58	18
Herten	22	36	47	26	11	62	14		38	52	30
Mühlheim	27	47	14	13	37	88	32	38		39	42
Wesel	65	79	46	45	44	105	58	52	39		74
Witten	12	19	54	32	34	58	18	30	42	74	

Tab. 3.16 *Aufträge für die Tourenplanung*

Auftrag	Umfang	Gewicht	Zielort
1	54 Paletten	13.500 *kg*	Essen
2	45 Paletten	11.250 *kg*	Hamm
3	55 Paletten	13.750 *kg*	Dortmund
4	25 Paletten	6.250 *kg*	Mülheim
5	30 Paletten	7.500 *kg*	Bochum
6	40 Paletten	10.000 *kg*	Gelsenkirchen
7	35 Paletten	8.750 *kg*	Herten
8	15 Paletten	3.750 *kg*	Witten
9	35 Paletten	8.750 *kg*	Duisburg
10	20 Paletten	5.000 *kg*	Wesel

Da der Auftragsbestand ein Gesamtgewicht von 88.500 *kg* aufweist, ist in jedem Fall der Einsatz von mindestens drei Fahrzeugen erforderlich. Es gilt nun, die Bedarfsorte zu möglichst kostengünstigen Touren zusammenzufassen. Die *Ausgangslösung* beim Savings-Verfahren besteht darin, jeden Auftrag als Einzellieferung durchzuführen. Das würde im vorliegenden Beispiel zu einer Fahrstrecke von insgesamt 590 *km* führen, da jeweils eine Fahrt von Herne zum Zielort und zurück erforderlich ist. Die Ausgangslösung ist in Tab. 3.17 dargestellt.

Tab. 3.17 *Ausgangslösung beim Savings-Verfahren*

Tour	Entfernung	Liefermenge
Herne – Bochum – Herne	16	7.500
Herne – Dortmund – Herne	48	13.750
Herne – Duisburg – Herne	88	8.750
Herne – Essen – Herne	48	13.500
Herne – Gelsenkirchen – Herne	36	10.000
Herne – Hamm – Herne	110	11.250
Herne – Herten – Herne	28	8.750
Herne – Mülheim – Herne	64	6.250
Herne – Wesel – Herne	116	5.000
Herne – Witten – Herne	36	3.750

Anschließend wird versucht, diese Ausgangslösung sukzessiv zu verbessern, indem in jedem Schritt zwei Lieferfahrten zu einer Tour zusammengelegt werden bzw. eine bereits eingerichtete Tour um einen zusätzlichen Ort erweitert wird. Durch das Zusammenfassen lassen sich eine Hinfahrt und eine Rückfahrt vom bzw. zum Zentrallager Z einsparen, jedoch ist zusätzlich eine direkte Fahrt zwischen den jeweiligen Orten erforderlich. Die durch eine direkte Fahrt zwischen den Orten i und j erzielbare Fahrstreckenreduktion beträgt:

$$K(Z,i) + K(Z,j) - K(i,j)$$

Zunächst werden sämtliche Einsparungspotenziale (Savings), die sich durch die Zusammenfassung jeweils zweier Lieferfahrten ergeben, berechnet. Dies erfordert bei n Lieferorten $n \cdot (n-1)/2$, im vorliegenden Fall also 45 Berechnungen. Die entsprechenden Werte für das Beispiel finden sich in Tab. 3.18. Falls mehrere Zusammenfassungen zu derselben Einsparung führen, befinden sie sich auch auf demselben Rangplatz und es wird eine Zufallsauswahl vorgenommen.

Tab. 3.18 Einsparungspotenziale beim Savings-Verfahren

	BO	DO	DU	E	GE	HA	HRT	MH	WS	WIT
BO	–	9	12	14	6	-4	0	13	1	14
DO		–	8	10	8	38	2	9	3	23
DU			–	43	23	0	11	62	56	8
E				–	26	2	12	43	37	10
GE					–	7	21	13	32	2
HA						–	7	-1	8	15
HRT							–	8	20	2
MH								–	51	8
WES									–	2
WIT										–

Anschließend werden diese Einsparungspotenziale nach abnehmenden Werten sortiert, um das weitere Vorgehen zu erleichtern. Tab. 3.19 zeigt die sortierten Savings für das Beispiel. Dabei wurden nur die 41 Werte mit positiven Savings in die Tabelle aufgenommen.

Ausgehend von der Einzelbelieferung, d.h. jeder Bedarfsort wird mit einer separaten Fahrt versorgt, wird nun in jedem Iterationsschritt die Relation mit der größten Streckenreduktion in eine Tour aufgenommen. Dabei ist zu beachten, dass nur solche Orte in eine Tour aufgenommen werden können, die ihr noch nicht zugeordnet wurden oder die bereits innerer Punkt einer anderen Tour sind. Die Touren können nur so lange vergrößert werden, bis ihre Transportkapazität ausgeschöpft ist. Dadurch, dass die zusätzlichen Orte an einer bestimmten Stelle in die Tour eingeplant werden, wird beim Savings-Verfahren die Reihenfolge innerhalb einer Tour implizit mitbestimmt.

Im vorliegenden Beispiel ergibt sich die größte Streckenreduktion von 62 *km* durch Zusammenfassen der Lieferungen zu den Orten Duisburg und Mülheim zu einer Tour. Die Beladung beträgt 15.000 *kg*, so dass noch weitere 15.000 *kg* Ladung zu dieser Tour hinzugefügt werden könnten. Die Gesamtfahrstrecke reduziert sich um 62 *km* auf 528 *km*. Tab. 3.20 zeigt die zugehörige Lösung.

Tab. 3.19 *Reihenfolge der Savings*

Rang	Relation	Savings	Rang	Relation	Savings
1	Duisburg – Mülheim	62	22	Dortmund – Essen	10
2	Duisburg – Wesel	56	22	Essen – Witten	10
3	Mülheim – Wesel	51	24	Bochum – Dortmund	9
4	Essen – Mülheim	43	24	Dortmund – Mülheim	9
4	Duisburg – Essen	43	26	Dortmund – Duisburg	8
6	Dortmund – Hamm	38	26	Dortmund – Gelsenkirchen	8
7	Essen – Wesel	37	26	Duisburg – Witten	8
8	Gelsenkirchen – Wesel	32	26	Hamm – Wesel	8
9	Essen – Gelsenkirchen	26	26	Herten – Mülheim	8
10	Duisburg – Gelsenkirchen	23	26	Mülheim – Witten	8
10	Dortmund – Witten	23	32	Gelsenkirchen – Hamm	7
12	Gelsenkirchen – Herten	21	32	Hamm – Herten	7
13	Herten – Wesel	20	34	Bochum – Gelsenkirchen	6
14	Hamm – Witten	15	35	Dortmund – Wesel	3
15	Bochum – Essen	14	36	Dortmund – Herten	2
15	Bochum – Witten	14	36	Essen – Hamm	2
17	Bochum – Mülheim	13	36	Gelsenkirchen – Witten	2
17	Gelsenkirchen – Mülheim	13	36	Herten – Witten	2
19	Bochum – Duisburg	12	36	Wesel – Witten	2
19	Essen – Herten	12	41	Bochum – Wesel	1
21	Duisburg – Herten	11			

Das größte Einsparungspotenzial unter den verbliebenen Strecken weist die Verbindung Duisburg – Wesel mit 56 *km* auf. Da das zusätzliche Gewicht von 5.000 *kg* noch auf die im ersten Schritt begonnene Tour passt, wird Wesel vor Duisburg in die Tour eingefügt. Die neue Gesamtfahrstrecke beträgt 472 *km*. Tab. 3.21 zeigt den Tourenplan nach der zweiten Iteration.

Die Strecke Mülheim – Wesel mit dem drittgrößten Einsparungspotenzial kommt nicht mehr in Betracht, da beide Orte sich bereits auf der Tour befinden. Die beiden in Tab. 3.19 nachfolgenden Strecken, Duisburg – Essen und Mülheim – Essen, können nicht zu der Tour hinzugefügt werden, da mit der Liefermenge nach Essen von 13.500 *kg* die Beladungsgrenze des LKW überschritten würde. Daher wird in der dritten Iteration eine weitere Tour eröffnet, die die Lieferungen nach Dortmund und Hamm zusammenfasst und die Gesamtfahrstrecke um weitere 38 *km* auf 434 *km* reduziert. Tab. 3.22 zeigt das Ergebnis der dritten Iteration.

Tab. 3.20 Lösung nach der ersten Iteration

Tour	Entfernung	Liefermenge
Herne – Bochum – Herne	16	7.500
Herne – Dortmund – Herne	48	13.750
Herne – Duisburg – Mülheim – Herne	90	15.000
Herne – Essen – Herne	48	13.500
Herne – Gelsenkirchen – Herne	36	10.000
Herne – Hamm – Herne	110	11.250
Herne – Herten – Herne	28	8.750
Herne – Wesel – Herne	116	5.000
Herne – Witten – Herne	36	3.750

Tab. 3.21 Lösung nach der zweiten Iteration

Tour	Entfernung	Liefermenge
Herne – Bochum – Herne	16	7.500
Herne – Dortmund – Herne	48	13.750
Herne – Wesel – Duisburg – Mülheim – Herne	150	20.000
Herne – Essen – Herne	48	13.500
Herne – Gelsenkirchen – Herne	36	10.000
Herne – Hamm – Herne	110	11.250
Herne – Herten – Herne	28	8.750
Herne – Witten – Herne	36	3.750

Tab. 3.22 Lösung nach der dritten Iteration

Tour	Entfernung	Liefermenge
Herne – Bochum – Herne	16	7.500
Herne – Dortmund – Hamm – Herne	120	25.000
Herne – Wesel – Duisburg – Mülheim – Herne	150	8.750
Herne – Essen – Herne	48	13.500
Herne – Gelsenkirchen – Herne	36	10.000
Herne – Herten – Herne	28	8.750
Herne – Witten – Herne	36	3.750

Bei der vierten Iteration wird die Fahrt nach Gelsenkirchen, die das nunmehr größte Einsparungspotenzial aufweist, vor Wesel in die zuerst begonnene Tour eingefügt. Damit ist der zugehörige LKW vollständig ausgelastet. Dies reduziert die Gesamtstrecke um weitere 32 *km* auf 402 *km*. Tab. 3.23 zeigt das Ergebnis der vierten Iteration.

Tab. 3.23 *Lösung nach der vierten Iteration*

Tour	Entfernung	Liefermenge
Herne – Bochum – Herne	16	7.500
Herne – Dortmund – Hamm – Herne	120	25.000
Herne – Gelsenkirchen – Wesel – Duisburg – Mülheim – Herne	154	30.000
Herne – Essen – Herne	48	13.500
Herne – Herten – Herne	28	8.750
Herne – Witten – Herne	36	3.750

Da die Orte Duisburg und Gelsenkirchen beide bereits einer Tour zugeordnet sind, wird in der fünften Iteration die zweite Tour um Witten, das vor Dortmund angefahren wird, erweitert. Die Beladung des LKW erhöht sich dadurch auf 28.750 *kg*, so dass für diese Tour keiner der weiteren Aufträge mehr in Betracht kommt. Die Gesamtstrecke beträgt noch 402 *km*. Tab. 3.24 zeigt das Ergebnis der fünften Iteration.

Tab. 3.24 *Lösung nach der fünften Iteration*

Tour	Entfernung	Liefermenge
Herne – Bochum – Herne	16	7.500
Herne – Witten – Dortmund – Hamm – Herne	133	28.750
Herne – Gelsenkirchen – Wesel – Duisburg – Mülheim – Herne	154	30.000
Herne – Essen – Herne	48	13.500
Herne – Herten – Herne	28	8.750

Tab. 3.25 *Lösung nach der sechsten Iteration*

Tour	Entfernung	Liefermenge
Herne – Bochum – Essen – Herne	50	21.000
Herne – Witten – Dortmund – Hamm – Herne	133	28.750
Herne – Gelsenkirchen – Wesel – Duisburg – Mülheim – Herne	154	30.000
Herne – Herten – Herne	28	8.750

Tab. 3.26 *Lösung nach der siebten Iteration*

Tour	Entfernung	Liefermenge
Herne – Bochum – Essen – Herten – Herne	66	29.750
Herne – Witten – Dortmund – Hamm – Herne	133	28.750
Herne – Gelsenkirchen – Wesel – Duisburg – Mülheim – Herne	154	30.000

In der sechsten Iteration werden die Fahrten nach Bochum und Essen zu einer Tour zusammengefasst, der in der siebten Iteration noch die Fahrt nach Herten hinzugefügt wird. Damit ist der LKW dieser dritten Tour mit 29.750 *kg* ebenfalls fast vollständig ausgelastet. Die Gesamtfahrstrecke beträgt nach der sechsten Iteration 365 *km* und nach der siebten Iteration 353 *km*. Durch das Savings-Verfahren ließ sich somit eine Streckenreduktion um 237 km bzw. 60% gegenüber der Einzelbelieferung erreichen. Tab. 3.25 und Tab. 3.26 zeigen die Ergebnisse nach der sechsten bzw. siebten Iteration.

Das Prinzip des Savings-Verfahrens ist in zahlreichen *Softwaresystemen* zur Tourenplanung implementiert. Derartige Systeme greifen inzwischen auf Datenbanken zurück, in denen jede Strecke mit ihrer Länge und ihrer durchschnittlichen Fahrzeit sowie ggf. den anfallenden Mautkosten gespeichert ist. Bei Ausstattung der Lieferfahrzeuge mit Mobilfunk und GPS lassen sich die letztlich zu fahrenden Routen auch dynamisch, d.h. in Abhängigkeit vom aktuellen Standort und von der jeweiligen Verkehrssituation, festlegen bzw. verändern.

Die beim Savings-Verfahren simultan gelösten Teilprobleme der Tourenplanung, das Zuordnungsproblem und das Rundreiseproblem, lassen sich auch sukzessiv abarbeiten. Eine exakte Abbildung des *Zuordnungsproblems* auf Basis der ganzzahligen linearen Programmierung ist im Folgenden angegeben.

$i = 1,...,n$ – Anzahl der Aufträge bzw. Kundenstandorte

$j = 1,...,m$ – Anzahl der Touren bzw. Fahrzeuge

x_{ij} – binäre Zuordnungsvariable, die nur dann den Wert 1 annimmt, wenn der Auftrag i dem Fahrzeug j zugeordnet wird

c_{ij} – Kosten der Belieferung von Standort i durch Fahrzeug j

kap_j – Kapazität des Fahrzeugs j

w_i – Kapazitätsinanspruchnahme durch den Auftrag i (Gewicht, Volumen usw.)

Die *Zielfunktion* stellt darauf ab, die bei der Belieferung insgesamt anfallenden Kosten zu minimieren. Aufgrund der Interdependenzen zwischen dem Zuordnungsproblem und dem Reihenfolgeproblem sind die Zielfunktionsparameter c_{ij} nicht im Voraus bekannt, sondern stehen erst dann fest, wenn die Reihenfolgen der Belieferung geplant sind.

$$\min Z = \sum_{i=1}^{n} \sum_{j=1}^{m} c_{ij} \cdot x_{ij}$$

u.d.N.: $\displaystyle\sum_{i=1}^{n} w_i \cdot x_{ij} \le kap_j$ \qquad\qquad $j = 1,...,m$

$$\sum_{j=1}^{m} x_{ij} = 1 \qquad\qquad i = 1,...,n$$

$$x_{ij} \in \{0, 1\} \qquad\qquad i = 1,...,n;\ \ j = 1,...,m$$

Die *erste Restriktion* besagt, dass bei keinem Fahrzeug die als Gewichts- oder Volumenbeschränkung gegebene Kapazitätsgrenze überschritten werden darf. Die *zweite Restriktion* stellt sicher, dass jeder Auftrag genau einem Fahrzeug zugeordnet wird. Die *Entscheidungsvariablen* x_{ij} sind Binärvariablen, die für jede Kombination von Auftrag und Fahrzeug definiert sind und den Wert 1 annehmen, wenn Auftrag i dem Fahrzeug j zugeordnet wird, sonst den Wert 0 aufweisen. Da die Anzahl der bei einer Tourenplanung anzufahrenden Standorte in der Regel nicht größer als zweistellig ist, lässt sich das angegebene Zuordnungsproblem mittels geeigneter Standardsoftware in annehmbarer Rechenzeit exakt lösen, falls die Zielfunktionsparameter bekannt sind.

Ist die Zusammenstellung einer Tour bereits erfolgt, so ist als zweites Teilproblem die Reihenfolge zu bestimmen, in der die einzelnen Zielorte angefahren werden sollen. Dabei wird die kürzeste Rundreise gesucht, bei der jeder Ort auf der Tour genau einmal angefahren wird und Ausgangspunkt und Ziel identisch sind. Diese Aufgabenstellung, die auf der Planung der Reihenfolge der Kundenbesuche durch einen Handelsvertreter basiert, wird daher auch als *Travelling Salesman Problem* bezeichnet. Sie lässt sich ebenfalls mithilfe der ganzzahligen linearen Programmierung als lineares Assignment Problem abbilden (vgl. z.B. Kistner 2003, S. 197ff.).

Es seien:

$i, j = 1,...,n$ – Anzahl der anzufahrenden Kundenstandorte

d_{ij} \qquad – Entfernung bzw. Kosten zwischen Standort i und Standort j

x_{ij} \qquad – Binärvariable; die den Wert 1 annimmt, wenn eine Fahrt von Standort i nach Standort j durchgeführt wird

$$\min Z = \sum_{i=1}^{n} \sum_{j=1}^{n} d_{ij} \cdot x_{ij}$$

Durch die Zielfunktion werden die auf der Tour insgesamt zurückgelegten Entfernungen bzw. die zugehörigen Kosten minimiert.

u.d.N.: $\displaystyle\sum_{i=1}^{n} x_{ij} = 1$ $\qquad\qquad j = 1,...,n$

$\displaystyle\sum_{j=1}^{n} x_{ij} = 1$ $\qquad\qquad i = 1,...,n$

$x_{ij} \in \{0, 1\}$ $\qquad\qquad i = 1,...,n;\ \ j = 1,...,n$

Die Nebenbedingungen stellen sicher, dass jeder Ort auf der Tour genau einmal Ausgangspunkt und einmal Ziel einer Fahrt ist. Wenn – wie im zuvor behandelten Beispiel – der Ausgangspunkt der Tour kein Kundenstandort ist, so ist er dennoch als Ausgangspunkt der ersten Fahrt und Ziel der letzten Fahrt in die Tour aufzunehmen. Die Binärvariablen x_{ij} nehmen genau dann den Wert 1 an, wenn eine direkte Fahrt von Standort i nach Standort j durchgeführt wird.

Wie bereits beim Zuordnungsproblem ausgeführt, nimmt auch dieses ganzzahlige lineare Programm für eine realistische Problemgröße Dimensionen an, die es durchaus erlauben, mit Standardsoftware eine optimale Lösung zu bestimmen. Allerdings kann das Problem auftreten, dass die gefundene Lösung aus mehreren unverbundenen Rundreisen, so genannten *Kurzzyklen*, besteht. Dies muss gegebenenfalls durch zusätzliche Restriktionen unterbunden werden.

Alternativ zur Abbildung als ganzzahliges lineares Programm lässt sich das Problem der Tourenplanung auch als *Netzwerk* darstellen und mithilfe graphentheoretischer Methoden lösen. Dabei werden die verschiedenen Standorte als Knoten abgebildet, die Strecken zwischen den Standorten als Kanten und – je nach Zielsetzung – die Entfernungen, Fahrzeiten oder Kosten der Strecken als Kantenbewertungen.

3.4.4 Distributionssysteme

Während Industriegüter meist direkt vom Hersteller an die Kunden ausgeliefert oder sogar mittels Baustellenfertigung beim Kunden erstellt werden, tritt bei standardisierten Konsumgütern das Problem der optimalen *Distributionsstruktur* auf, durch die eine bestandsarme, reaktionsschnelle und sichere Versorgung der verschiedenen regionalen Märkte erreicht werden soll.

Eine Grundsatzentscheidung hinsichtlich des Distributionssystems betrifft seinen *Zentralisationsgrad* (vgl. Abschnitt 3.2.3). Die *zentrale Lagerhaltung* bietet den Vorteil, dass sich Bedarfsschwankungen in verschiedenen Regionen oder bei verschiedenen Produkten tendenziell ausgleichen. Daher reduziert sich der Lagerbestand gemäß der $\sqrt{n}$-Formel und dementsprechend auch die Kapitalbindung und der Platzbedarf für die Lagerung. Der wesentliche Vorteil einer *dezentralen Lagerung* besteht hingegen in der größeren Kundennähe, die eine schnellere Belieferung zu meist geringeren Transportkosten erlaubt. Daher empfiehlt sich eine zentrale Lagerhaltung vor allem dann, wenn das Unternehmen relativ wenige Kunden hat, die jeweils große Mengen bestellen. Dezentrale Lagerhaltung sollte hingegen zum Einsatz kommen, wenn vorwiegend Kleinaufträge von zahlreichen verschiedenen Abnehmern eingehen. Weitere Kriterien, die zugunsten einer zentralen bzw. dezentralen Lagerung sprechen, sind in Abb. 3.48 zusammengestellt.

Die *Gestaltung eines Distributionssystems* umfasst die Festlegung der vertikalen und der horizontalen Distributionsstruktur. Mit der vertikalen Distributionsstruktur wird die Anzahl der Distributionsstufen bestimmt, die horizontale Distributionsstruktur beschreibt die Anzahl und die räumliche Verteilung der Distributionsstandorte auf jeder Distributionsstufe sowie die als warehouse location problem bezeichnete Zuordnung, welches Absatzgebiet von welchem Lager aus beliefert werden soll. Wichtige Einflussgrößen bei der Entscheidung über die *horizontale Distributionsstruktur* sind der Abnehmerkreis, das Bestellverhalten der Kunden, die Lage der Produktionsstandorte, die an bzw. zwischen den einzelnen Standorten anfallenden Lagerhaltungs- bzw. Transportkosten sowie die Fixkosten, die mit dem Aufbau bzw. der Unterhaltung eines Standorts verbunden sind.

	zentrale Lagerhaltung	**dezentrale Lagerhaltung**
Sortiment	breit	schmal
Lieferzeit	lang	kurz
Wert der Produkte	hoch	gering
Konzentration der Produktionsstätten	eine Quelle	mehrere Quellen
Kundenstruktur	homogen wenige Großkunden	inhomogen viele kleine Kunden
nationale Spezifika	wenige	viele

Abb. 3.48 *Zentralisationsgrad der Lagerhaltung*

Bei der Gestaltung der *vertikalen Distributionsstruktur* kann grundsätzlich auf folgende Lagertypen zurückgegriffen werden:

- Ein *Werkslager* ist direkt bei einer Produktionsstätte angesiedelt. Es nimmt das vor Ort hergestellte Warensortiment auf und dient im Wesentlichen dem kurzfristigen Mengenausgleich, d.h. der Speicherung von Waren bis zum Erreichen von wirtschaftlichen Transportlosgrößen.

- Das *Zentrallager* ist die dem Werkslager direkt nachgeordnete Lagerstufe. Es dient der Belieferung eines relativ großen Gebiets mit dem gesamten Warensortiment. Bei einer zentralisierten Distribution erfolgt die Lieferung aus dem Zentrallager direkt an die Kunden, bei dezentraler Distribution an die nachgeordnete Lagerstufe. Üblicherweise sind in einem Distributionssystem nur wenige Standorte für Zentrallager vorgesehen.

• Ein *Regionallager* dient als Puffer zwischen der Produktion und dem Absatzmarkt in einer bestimmten Region. Dadurch entlastet es die Bestandshaltung der vor- und nachgelagerten Distributionsstufen und stellt eine schnelle Bedarfsbefriedigung sicher. Das Regionallager wird aus dem Werkslager oder dem Zentrallager beliefert und liefert seinerseits an Auslieferungslager oder an die Kunden. Häufig wird im Regionallager nur der Teil des Sortiments vorgehalten, der regelmäßig einen hohen Umschlag aufweist.

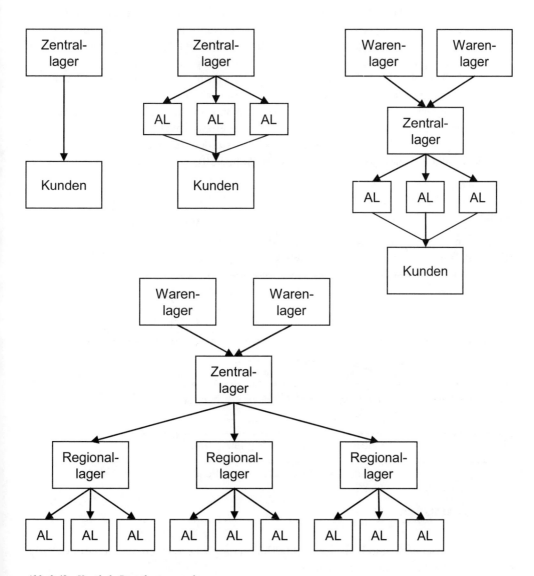

Abb. 3.49   *Vertikale Distributionsstrukturen*

- *Auslieferungslager* sind die letzte Stufe des werksbezogenen Distributionssystems, sie liefern an die Groß- oder Endkunden. Ihre Funktion besteht in der Vereinzelung der Waren in abnehmergerechte Mengen. Dazu sind sie dezentral über das gesamte Verkaufsgebiet verteilt und bestimmten Verkaufsbezirken zugeordnet. In der Regel werden nur die absatzstärksten Produkte über Auslieferungslager verteilt.

Abb. 3.49 zeigt verschiedene Möglichkeiten zur Gestaltung der vertikalen Distributionsstruktur. Angesichts der Tendenzen zur kundenorientierten Fertigung und zur Just in Time-Belieferung ist das vierstufige Distributionssystem allerdings als Ausnahme anzusehen.

Ein auf dem Just in Time-Prinzip aufbauendes neueres Distributionskonzept ist *Efficient Consumer Response* (ECR). Es wurde 1992 vom amerikanischen Food Marketing Institute als Projekt zur Verbesserung der Beziehungen von Industrie und Handel initiiert und zielt auf Effizienzsteigerung durch eine kooperativ angelegte Verknüpfung der Wertschöpfungsketten dieser beiden Bereiche ab. Während in der klassischen Distribution mehrere Lagerhaltungsstufen – teils beim Hersteller, teils beim Handel – zwischen der Produktion und dem Endverbraucher stehen, erfolgt bei Efficient Consumer Response im Idealfall eine direkte Belieferung des Einzelhandels mit den Just in Time produzierten Abverkaufsmengen der letzten Periode, d.h. die verschiedenen Lagerhaltungsstufen werden zu einem einzigen Lager mit stark reduziertem Bestand zusammengefasst (vgl. Abb. 3.50).

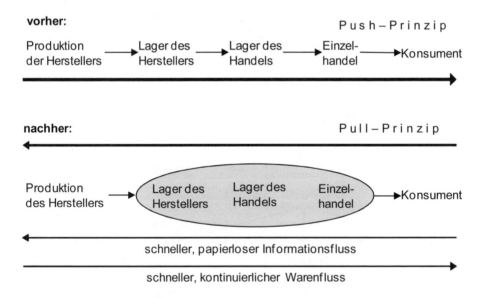

Abb. 3.50 *Efficient Consumer Response*

Um eine solche schnelle und bedarfsgerechte Belieferung zu erreichen, müssen die Beteiligten die folgenden *Voraussetzungen* schaffen:

- Die Steuerung des Warenflusses muss sich vom Push- zum *Pull-Prinzip* orientieren. Das heißt, dass nicht mehr der Händler seine nach einem zuvor festgelegten Produktionsplan hergestellten Waren durch das Lager des Handels in die Regale drückt, sondern dass sich die Produktion an dem z.B. mittels Scanner-Kassen ermittelten Kundenwunsch ausrichtet. Im Idealfall, der auch als *Vendor Managed Inventory* (VMI) bezeichnet wird, wird die gesamte Wertschöpfungskette durch die Auswertung der an der Ladenkasse registrierten Verkäufe gesteuert.

- Um Zeitverluste bei der Bearbeitung von Bestellungen zu vermeiden, ist eine enge *informationstechnische Verknüpfung* der beteiligten Unternehmen erforderlich, die einen schnellen, papierlosen Informationsfluss ermöglicht. Diese kann über den Austausch genormter Daten zwischen den Computersystemen der Partner bis hin zur Integration in ein einheitliches, unternehmensübergreifendes Informationssystem gehen. Hierfür müssen in der Regel Investitionen in neue Informationstechnologien, leistungsfähige Schnittstellen und die benötigte Software getätigt werden.

- Zur Sicherstellung eines schnellen, kontinuierlichen Warenflusses muss auch die *Logistikkette* optimiert werden. Dies bedeutet, dass nach dem Just in Time-Prinzip die Lagerbestände stark reduziert werden, um Kundenwünsche schneller erfüllen zu können (Quick Response). Weiter kann sich das Outsourcing von zuvor von den Beteiligten selbst erbrachten Logistikleistungen an spezialisierte Dienstleister als vorteilhaft erweisen.

- Grundvoraussetzung für den Erfolg von Efficient Consumer Response ist eine auf gegenseitigem Vertrauen basierende neue *Kooperationskultur*. Die beteiligten Unternehmen müssen bereit sein, eine langfristig angelegte Wertschöpfungspartnerschaft einzugehen und bislang als vertraulich angesehene unternehmensinterne Daten offen zu legen.

Insgesamt ergibt sich bei der Einführung von Efficient Consumer Response ein *Einsparpotenzial* von 5-10% der Logistikkosten, das die Beteiligten untereinander aufteilen können und das sich zusätzlich auch in Form geringerer Preise zum Nutzen der Kunden auswirken kann. Darüber hinaus wird durch eine schnellere und stärker an den Kundenwünschen orientierte Belieferung des Handels auch die für die Kundenzufriedenheit wichtige Servicequalität erhöht.

3.4.5 Verpackungen

Von großer Bedeutung für die Durchführung logistischer Prozesse, vor allem in der Distributionslogistik, ist die angemessene Verpackung der Logistikgüter (vgl. zum Folgenden insbesondere Isermann 1998). Als *Verpacken* bezeichnet man die teilweise oder vollständige Umhüllung von Gütern unter Einsatz von Packstoffen. *Packstoff* ist der Oberbegriff für Packmittel und Packhilfsmittel, die zusammen die Verpackung bilden. Als Packstoffe kommen vor allem Papier, Pappe in Form von Wellpappe oder Vollpappe, Kunststoffe, Metalle, Glas oder Holz in Betracht. *Packmittel* sind z.B. Becher, Dosen, Gläser, Tuben, Fässer, Säcke, Beutel, Flaschen, Schachteln, Kisten usw., die das Packgut so umschließen und zusammenhalten, dass es versand-, lager- und verkaufsfähig ist. Abb. 3.51 zeigt einige Beispiele für Packmittel aus Holz, Pappe und Kunststoff, die häufig zur Verpackung von lose verkauftem Obst und Gemüse eingesetzt werden. *Packhilfsmittel* sind z.B. Klebestreifen, Etiketten, Schutzpolster usw., die zum Verschließen, Öffnen, Sichern oder Kennzeichnen der Verpackung dienen. Das Ergebnis des Verpackens ist eine *Packung*, die aus dem Packgut und seiner Verpackung besteht.

Nach der Größe bzw. der logistischen Stellung der Verpackung lassen sich folgende Verpackungsarten unterscheiden:

- Die *Verkaufsverpackung* ist die kleinste Verpackungseinheit, die eine für den Endkunden bedarfsgerecht portionierte Menge des Packguts enthält. Sie wird vom Endkunden für den Transport und zur Aufbewahrung des Verkaufsguts bis zu dessen Verwendung genutzt.

- In einer *Sammel-* bzw. *Umverpackung* wird eine handelsübliche Anzahl von Verkaufsverpackungen, die der Mindestbestellmenge entspricht, gebündelt. In Selbstbedienungsgeschäften dient die Umverpackung häufig auch zur Warenpräsentation, d.h. die Ware wird in der aufgeschnittenen Umverpackung in das Regal gestellt.

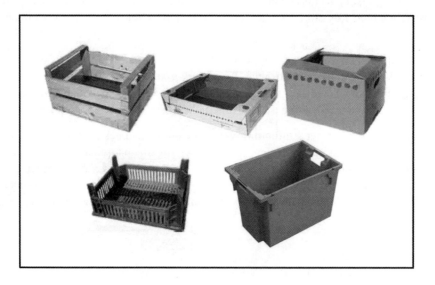

Abb. 3.51   *Packmittel*

- Die *Transportverpackung* dient dem Schutz des Packguts beim Transport. Sie ist so zu gestalten, dass die Handhabungs-, Lagerungs- und Beförderungsprozesse innerhalb der logistischen Kette möglichst rationell abgewickelt werden können. In einer Transportverpackung werden in der Regel mehrere Verkaufs- oder Umverpackungen zusammengefasst. Eine Sonderform der Transportverpackung ist die *Modulverpackung*, deren Abmessungen sich so von den Maßen der Euro-Palette ableiten lassen, dass eine lückenlose Abdeckung der Grundfläche und damit eine gute Raumausnutzung möglich ist (vgl. auch Abschnitt 3.3.1).

Weiter lassen sich Einweg- und Mehrwegverpackungen unterscheiden. Während *Einwegverpackungen* bereits nach einmaliger Nutzung entsorgt werden müssen (vgl. Abschnitt 3.6.2), können *Mehrwegverpackungen* ihre Verpackungsfunktion mehrfach erfüllen, in manchen Fällen sind bis zu 50 Umläufe möglich. Damit ein mehrfacher Einsatz eines Behälters möglich ist, muss dieser eine ausreichende Stabilität bzw. Haltbarkeit aufweisen, was in der Regel mit höheren Kosten als bei Einwegverpackungen verbunden ist. Darüber hinaus stellt der Einsatz von Mehrwegverpackungen höhere Anforderungen an die Logistik, da eine Verwaltung des Behälterkreislaufs sowie der Transport und die Lagerung von Leerbehältern erforderlich sind.

Aus verschiedenen Perspektiven werden vielfältige *Anforderungen* an die Verpackung gestellt, die bei der Gestaltung bzw. Auswahl einer Verpackungsart zu berücksichtigen sind:

1. Packgutbezogene Anforderungen

Aus der Perspektive des Packguts hat die Verpackung in erster Linie eine *Schutzfunktion*. Die Verpackung soll in folgenden Dimensionen Schutz bieten:

- *Quantitativer Schutz* des Packguts bedeutet, dass die Verpackung aufgrund ihrer Behälterfunktion und ggf. mithilfe ihrer Verschlusstechnik sicherstellt, dass beim Packgut kein Schwund durch Auslaufen oder Diffundierung in die Luft eintritt.

- Daneben schützt die Verpackung aufgrund des Materials und der Stärke des Packstoffs die *Qualität* des Packguts vor schädlichen klimatischen, chemischen, biotischen und anderen Einflüssen.

- Umgekehrt leistet die Verpackung einen Beitrag zum *Schutz der Umwelt* vor dem Packgut, was vor allem bei Chemikalien und anderen Gefahrgütern eine große Rolle spielt.

- Schließlich muss die Verpackung bei potenziell schädlichen Stoffen, z.B. Putz- oder Arzneimitteln, auch die Funktion der *Kindersicherung* übernehmen.

2. Anforderungen des Verpackungsprozesses

- Wird das Verpacken *manuell* durchgeführt, so ist dies mit keinen nennenswerten Einschränkungen hinsichtlich der Art der Verpackung verbunden. Es ist allenfalls darauf zu achten, die Verpackung so zu gestalten, dass eventuelle Rationalisierungspotenziale erschlossen werden.

- Bei einem *maschinellen Verpackungsprozess* hingegen bestehen zum Teil erhebliche Restriktionen in Bezug auf die Packstoffe, die Stärke des Verpackungsmaterials, die Abmessungen und die Verschlusssysteme.

3. Logistische Anforderungen

- Aus logistischer Sicht stehen die Möglichkeit des sicheren und rationellen Transports des Packguts sowie die *Rationalisierung* der Umschlagprozesse im Vordergrund der Anforderungen an die Verpackungsgestaltung. Dies lässt sich z.b. durch standardisierte Behälter, die in automatischen Fördereinrichtungen gehandelt werden können, erreichen.

- Die Verpackung soll weiter das Packgut während der logistischen Prozesse gegen *Diebstahl* und vor zu hohen *mechanischen Beanspruchungen* schützen. Dazu sind bei der Verpackungsgestaltung z.b. Staudruckberechnungen und Materialprüfungen vorzunehmen.

- Da das Gewicht der Verpackung die mögliche Zuladung des Packguts bei einem Fördermittel reduziert, ist auf ein *geringes Eigengewicht* (Tara) der Verpackung zu achten. Daneben spielt auch die *Raumausnutzung* im Fördermittel eine große Rolle, die z.b. tendenziell zu einer Bevorzugung von rechteckigen gegenüber runden Verpackungen führt (Tetra-Pack statt Flasche, Rechteck- statt Rundtrommel).

- Weiter hat die Verpackung eine Identifikationsfunktion. Durch eine gut sichtbare oder auch maschinell lesbare Angabe des Inhalts einer Verpackung werden Umschlag- und Kommissioniervorgänge erleichtert.

4. Anforderungen der Wertschöpfungspartner

Aus Sicht jedes einzelnen an der logistischen Kette Beteiligten soll die Verpackung dazu beitragen, dass sich die Gesamtleistung bzw. sein Anteil daran möglichst wirtschaftlich erbringen lässt. Dazu ist es wichtig, dass diejenigen Bestandteile der Verpackung, von denen die Kosten wesentlich abhängen, identifiziert werden. Anschließend kann versucht werden, diese *Kostentreiber* möglichst kostengünstig zu gestalten.

5. Akquisitorische Anforderungen

Aus der Perspektive des Marketings soll die Gestaltung der Verpackung den Aufbau von eindeutig wahrnehmbaren, von der Konkurrenz differenzierten *Produktpersönlichkeiten* erlauben und damit einen Beitrag zum Markterfolg des Produkts leisten. Dies lässt sich erreichen, indem die Verpackung durch eine auffallende Formgebung, Farbgestaltung oder Beschriftung explizit als Werbeträger eingesetzt wird. Diese Anforderungen stehen häufig in einem gewissen Zielkonflikt zu den logistischen Anforderungen und zum Ziel der Kostenreduktion, aber auch zu den umweltbezogenen Anforderungen.

6. Verwendungsbezogene Anforderungen

Aus Sicht des Produktverwenders steht eine möglichst *einfache Handhabung* der Verpackung bzw. des verpackten Produkts im Vordergrund. Dazu zählen ein einfacher und sicherer Öffnungsmechanismus, die Möglichkeit, die Verpackung zum Erhalt der Warenqualität wieder zu verschließen und die problemlose Entnahme des gesamten Produktinhalts. Umweltbewusste Produktverwender legen auch Wert auf die Wiederverwendbarkeit zumindest von aufwändig gestalteten Verpackungen, so dass für die zugehörigen Produkte Nachfüllverpackungen auf den Markt gebracht werden müssen.

7. Umweltanforderungen

Schließlich kommt auch von Seiten des Umweltschutzes eine Reihe von Anforderungen auf die Verpackungsgestaltung zu:

- Grundsatz einer umweltverträglichen Verpackung ist ein sparsamer Umgang mit den knappen natürlichen *Ressourcen*. Dies lässt sich insbesondere durch eine materialsparende Verpackungskonstruktion erreichen.

- Die *gesetzlichen Vorschriften* für den Bereich der Verpackungen – die Verpackungsverordnung und das Kreislaufwirtschafts- und Abfallgesetz – verpflichten die Hersteller und den Handel, Produktverpackungen von den Endverbrauchern zurückzunehmen, soweit kein Entsorgungs- und Verwertungssystem verfügbar ist. Diese Rücknahme und die Rückführung der in den Verpackungen enthaltenen Wertstoffe werden durch das Duale System Deutschland (DSD) organisiert. Um eine weitgehende Verwertung der Wertstoffe zu erreichen, ist es vorteilhaft, wenn Verpackungen nur aus einem oder wenigen Stoffen bestehen und diese eindeutig gekennzeichnet sind.

- Weitere Verbesserungen hinsichtlich der Umweltverträglichkeit von Verpackungen lassen sich erzielen, wenn *umweltverträgliche Stoffe* verwendet werden, auf unnötige Mehrfachverpackung verzichtet wird und bevorzugt Mehrwegverpackungen mit möglichst hoher Umlaufzahl eingesetzt werden. Ein gutes Beispiel für eine solche standardisierte, poolfähige Mehrwegverpackung sind Pfandflaschen und -kisten für Erfrischungsgetränke.

Gegenstand der *Verpackungsgestaltung* ist die Generierung, Bewertung und Auswahl von Verpackungsalternativen unter Berücksichtigung der zuvor genannten Anforderungen bzw. der daraus resultierenden Zielsetzungen. Dabei handelt es sich um ein schlecht strukturiertes Entscheidungsproblem bei mehrfachen, zum Teil konfliktären Zielen, die teilweise explizit verfolgt und teilweise in Form von Anspruchsniveaus formuliert werden. In der Regel existieren für ein bestimmtes Verpackungsproblem mehrere Lösungen, die sich nach der Art, Menge und Kombination der eingesetzten Packstoffe und durch die konstruktive und optische bzw. ästhetische Gestaltung der Packmittel unterscheiden. Dabei ist nicht nur die isolierte Lösung eines Teilproblems, sondern eine Abstimmung von Verkaufsverpackung, Umverpackung, Transportverpackung und Ladungsträgern im logistischen System vorzunehmen.

Weitere Planungsaufgaben im Zusammenhang mit Verpackungen sind die *Verschnittoptimierung* bei der Anfertigung der Verpackung, die zu einer Reduktion der Materialkosten führen soll, und die Generierung von *Stapelplänen* für Packstücke, die eine Verbesserung der Platzausnutzung bei Transport und Lagerung erreichen sollen.

3.4.6   Logistische Dienstleistungen

Logistische Prozesse sind aufgrund ihrer Immaterialität und ihres starken Kundenbezugs zu einem großen Teil als Dienstleistungen anzusehen (vgl. hierzu Abschnitt 1.6). Die in Abschnitt 3.1.3 dargestellten grundlegenden Logistikprozesse Transport, Umschlag und Lagerung sind typische *primäre logistische Dienstleistungen*. Abb. 3.52 zeigt den Dienstleistungscharakter von Logistikleistungen.

- Aus *input- bzw. potenzialorientierter Sicht* besteht die Vorkombination logistischer Dienstleistungen in der Bereitstellung einer bestimmten Infrastruktur und dem Angebot von auf diese Infrastruktur abgestimmten Leistungen. So stellt z.b. eine auf Kühltransporte spezialisierte Spedition ihre Fahrzeugflotte zur Durchführung von Transportleistungen bereit.

- In *prozessorientierter Sicht* steht die Durchführung von logistischen Tätigkeiten im Vordergrund. Bei der Endkombination wird das Logistikobjekt als externer Faktor mit weiteren internen Produktionsfaktoren kombiniert. Bei der Durchführung eines Kühltransports werden z.B. die Transportgüter mit Arbeitsleistungen des Spediteurs und Verbrauchsfaktoren wie Treibstoff kombiniert.

- Die *ergebnisorientierte Sicht* betont die Logistikleistung als Ergebnis der Durchführung eines Logistikprozesses. Diese Leistung besteht vor allem in der Veränderung der logistischen Verfügbarkeit des Logistikobjekts sowie in Serviceleistungen.

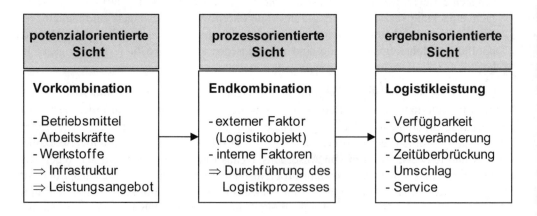

Abb. 3.52 *Logistik als Dienstleistung*

Neben die primären Logistikfunktionen tritt eine Reihe von *Zusatzleistungen* wie Verkaufsförderung, Regalservice, Inkassoaufgaben, Informationsservice, Kundendienst, Versicherungsangebote, Zollabfertigung und weitere Servicekomponenten, die einen wesentlichen Teil des wahrgenommenen Nutzens einer Logistikleistung ausmachen. Weiter werden vielfach Sachleistungen und logistische Dienstleistungen zu *Leistungsbündeln* verknüpft, z.B.

wenn ein Hersteller neben der Auslieferung seiner Produkte auch die Schulung der Mitarbeiter, die spätere Wartung und den Ersatzteilservice anbietet. Logistische Dienstleistungen und Leistungsbündel können somit als Instrumente zur Erhöhung des Kundennutzens und zur verstärkten Kundenbindung eingesetzt werden.

Logistische Dienstleistungen lassen sich durch die folgenden vier Dimensionen beschreiben:

- Der *Leistungsumfang* beschreibt die Art und das Ausmaß der vereinbarten Logistikdienstleistungen.

- Die *räumliche Dimension* wird durch die geografische Lage und die Größe von Quell- und Zielgebiet der logistischen Leistung bestimmt.

- Die *Anforderungen der Logistikobjekte* werden insbesondere durch Kriterien wie Volumen, Gewicht, Aggregatzustand und Empfindlichkeit determiniert.

- Für das *Serviceniveau* sind vor allem Kriterien wie die Geschwindigkeit und die Zuverlässigkeit von Bedeutung.

Grundsätzlich können logistische Leistungen von einem Unternehmen selbst erbracht oder an spezialisierte externe Dienstleister vergeben werden. Es handelt sich somit um eine *Make-or-Buy-Entscheidung* (vgl. Abschnitt 3.2.1.1), deren Ziel eine optimale Arbeitsteilung innerhalb einer logistischen Kette ist. Für eine Fremdvergabe von Logistikleistungen sprechen insbesondere folgende Argumente:

- Da der Logistikdienstleister im Gegensatz zu einem Produktionsunternehmen in Bezug auf die logistische Dienstleistung über die erforderlichen Kernkompetenzen verfügt, ist bei Auslagerung der Leistung eine höhere *Qualität* zu erwarten. Weiter weist er in der Regel ein breiteres Leistungsspektrum auf und kann daher flexibler auf veränderte Leistungsanforderungen reagieren.

- Da das Produktionsunternehmen bei Auslagerung keine Kapazitäten für die logistischen Dienstleistungen vorhalten muss, reduziert sich der Kapitalbedarf und die zugehörigen *Fixkosten* werden abgebaut bzw. flexibilisiert.

- Da sich der Logistikdienstleister auf seine spezifischen Leistungen konzentriert und spezialisiert, entstehen bei ihm effizienz- und größenbedingte *Skalen- und Kostenvorteile*, die er teilweise über seine Preise an die Nachfrager der Dienstleistungen weitergeben kann.

- Kostenvorteile entstehen weiterhin, wenn die Mitarbeiter, die die logistische Dienstleistung erbringen, beim Unternehmen selbst *tariflich* bedingt höher entlohnt werden müssten als beim Dienstleistungsunternehmen.

Bei der Auslagerung von Logistikleistungen lassen sich verschiedene *Entwicklungsstufen* unterscheiden:

- *Second Party Logistics* (2PL) bedeutet, dass die zur Überbrückung der Distanz zwischen Hersteller und Kunden erforderlichen Logistikleistungen von einem Transport- oder Speditionsunternehmen erbracht werden. Der Leistungsumfang beschränkt sich dabei in der Regel auf die klassischen TUL-Leistungen Transport, Umschlag und Lagerung und wird meist auftragsbezogen definiert.

- Bei *Third Party Logistics* (3PL) erbringt ein Logistikdienstleister zusätzliche logistische Dienstleistungen, die über das traditionelle Betätigungsfeld der TUL-Prozesse hinausgehen, z.B. Beratungsleistungen, Cross Docking, Sendungsverfolgung, Auswahl von Transportunternehmen für spezielle Anforderungen. Dies kann bis hin zur Übernahme der gesamten logistischen Abwicklung einschließlich der Betreuung der Endkunden gehen. Wesentlich ist die Reduktion von Schnittstellen und Ansprechpartnern, die durch die Konzentration auf einen Logistikdienstleiser erfolgt.

- Als *Fourth Party Logistics* (4PL) wird die Steuerung der gesamten Lieferkette eines Unternehmens bezeichnet, die neben der Distributionslogistik auch Beschaffungsaktivitäten umfasst. Der Fourth Party Logistics Provider hält in der Regel keine eigenen Transport- und Lagerkapazitäten vor, sondern wählt für die anstehenden Aufgaben die geeigneten Logistikleistungen aus einer Vielzahl geeigneter Dienstleistungsanbieter aus. Sein Aufgabenschwerpunkt liegt im Bereich der Logistikplanung und der Gestaltung von Geschäftsprozessen sowie bei der Modellierung logistischer Netzwerke. Ein 4PL Provider mit eigenen operativen Kapazitäten wird auch als Lead Logistics Provider (LLP) bezeichnet.

Da Speditionsleistungen nach wie vor den Kernbereich der logistischen Dienstleistungen darstellen, werden *Speditionen* und ihre Aktivitäten nachfolgend genauer betrachtet. Die Grundlagen des Speditionsgeschäfts sind in den §§ 453ff. des HGB geregelt. Danach verpflichtet ein Speditionsvertrag den Spediteur, die Versendung eines Gutes zu besorgen, und den Versender, dafür die vereinbarte Vergütung zu zahlen. Speditionen lassen sich wie in Abb. 3.53 dargestellt klassifizieren, wobei jeweils nur die wichtigsten Ausprägungen genannt werden.

Nach dem genutzten *Verkehrsträger* unterscheidet man Kraftwagenspeditionen, Luftfrachtspeditionen, Seefrachtspeditionen und Binnenschifffahrtsspeditionen. Aus *funktionsorientierter Sicht* ergibt sich eine Einteilung in die Durchführung von Sammelgutverkehren, von Kurier-, Express- und Paket-Diensten (KEP-Diensten)und die Distributionslagerei. In Bezug auf den *Standort* bzw. das regionale Tätigkeitsfeld liegt entweder eine Binnenumschlagsspedition oder eine Seefrachtspedition vor. Nach der Art der beförderten *Güter* differenziert man in Textilspeditionen, Lebensmittelspeditionen, Möbelspeditionen usw. Schließlich werden in Abhängigkeit von den bedienten *Relationen* Relationsspeditionen, die nur auf einer bestimmten Strecke fahren, Regionalspeditionen, die ein bestimmtes Gebiet abdecken, und internationale Speditionen unterschieden.

Das *Leistungsspektrum* von Speditionen lässt sich wie folgt beschreiben (vgl. Isermann 1998, S. 35ff; Ihde 2001, S. 229).

- Zu den *speditionellen Kernleistungen* gehören die Planung und Steuerung von Transportvorgängen, die Auswahl von Verkehrsträgern und -mitteln für die vorliegenden Transportaufträge, der Abschluss von Frachtverträgen und das Erstellen der Transportdokumente.

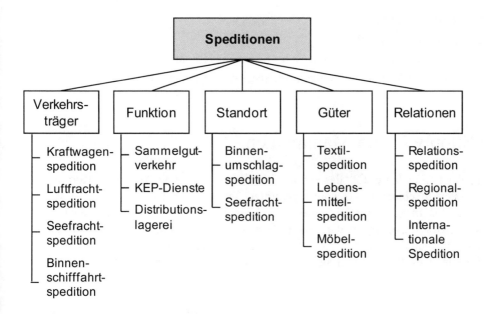

Abb. 3.53 *Klassifikation von Speditionen*

- Die *logistischen Kernleistungen* des Speditionsgeschäfts sind die klassischen logistischen Kernprozesse Transport, Umschlag und Lagerung.

- Diese werden ergänzt um *logistische Zusatzleistungen* wie die Sortierung, die Kommissionierung, das Verpacken oder die Kennzeichnung von Transportgütern.

- Daneben spielen logistische Informationsleistungen wie die Sendungsverfolgung, die Materialdisposition, die Lagerverwaltung, das Bestandsmanagement und die Auftragsabwicklung eine große Rolle.

- Schließlich bieten Speditionen eine Reihe von *nichtlogistischen Zusatzleistungen* an, durch die der dem Kunden gebotene Service vervollständigt wird. Hierzu zählen z.B. die Verzollung der Ware beim Grenzübertritt, die Versicherung des Warenwerts und teilweise sogar die Kreditierung des Verkaufserlöses während des Transports, die Übernahme von Montagetätigkeiten beim Kunden, der Regalservice im Handel, Kundendienstaktivitäten und Beratungsaktivitäten.

Alle diese Leistungen können als Einzelleistungen oder – wie oben bereits ausgeführt – als Leistungsbündel in standardisierter Form oder kundenindividuell angeboten werden, wobei eine starke Tendenz zur Individualisierung besteht. Die Bedeutung von Speditionen wird erkennbar, wenn man ihren Anteil am Gütertransport betrachtet. Die Einschaltquote von Speditionen beträgt:

80% im Straßengüterverkehr

98% im Luftfrachtverkehr

10% in der Binnenschifffahrt

20% des Nicht-Massengutaufkommens im Eisenbahnverkehr

70% des Nicht-Massengutaufkommens im Seeverkehr

3.5 Supply Chain Management

Seit Mitte der 1990er Jahre stößt das Supply Chain Management als Ansatz zur Koordination der Aktivitäten in einem Wertschöpfungsverbund auf zunehmendes Interesse in Wissenschaft und Praxis. In Abschnitt 3.5.1 werden die begrifflichen Grundlagen und die Ursprünge des Supply Chain Managements dargestellt. Abschnitt 3.5.2 befasst sich mit den verschiedenen Planungsebenen des Supply Chain Managements und Abschnitt 3.5.3 geht auf die wichtigsten Verfahren zur Planung und Steuerung von Supply Chains ein.

3.5.1 Begriff und Ursprung des Supply Chain Managements

Supply Chain Management ist ein umfassender Ansatz zur integrierten Planung, Steuerung und Kontrolle aller in einer Wertschöpfungskette auftretenden Prozesse sowie der zugehörigen Material-, Informations- und Finanzflüsse. Die wesentliche Aufgabe des Supply Chain Managements besteht in der unternehmensübergreifenden Planung, Steuerung und Kontrolle der Leistungserstellung sowie der logistischen Prozesse in einer mehrstufigen Wertschöpfungskette. Grundelement einer Supply Chain ist das in Abb. 3.54 dargestellte Supply Chain Operations Reference Model (*SCOR-Modell*), das vom Supply Chain Council (2000) als Standard formuliert wurde.

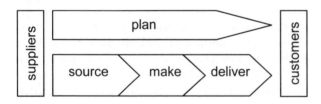

Abb. 3.54 *SCOR-Modell*

Zu beachten ist, dass sich beim Supply Chain Management die Begriffe „Lieferant" und „Kunde" nicht nur auf externe Partner, mit denen das betrachtete Unternehmen in marktlichen Austauschbeziehungen steht, beziehen, sondern auch andere Einheiten des eigenen Unternehmens, von denen eine betrachtete Einheit Material erhält oder an die sie Material liefert, bezeichnen können. Auch innerbetriebliche Beziehungen werden somit als Teil der Supply Chain angesehen und mit ähnlichen Methoden wie die externen Lieferbeziehungen geplant und gesteuert.

Auch wenn der Begriff Supply Chain Management einen linearen Aufbau der Wertschöpfungskette suggeriert, herrschen netzwerkartige Strukturen vor, durch die die Beschaffungs-, Produktions- und Absatzaktivitäten eines Unternehmens mit denen auf den vor- und nachgelagerten Wertschöpfungsstufen verknüpft werden. Die konkrete Struktur einer Supply Chain hängt unter anderem von den Produkten, von den Aktivitäten der beteiligten Kunden und Lieferanten, von der Machtverteilung zwischen den verschiedenen Unternehmen und von deren strategischen Erwägungen ab.

Ausgangspunkt der Entwicklung des Supply Chain Managemens ist die Wertschöpfung im eigenen Unternehmen. Bei der prozessorientierten Sichtweise der Unternehmensführung (vgl. Porter 1985) konzentriert sich die Betrachtung auf die in einer *Wertkette* (Value Chain) verknüpften unternehmensinternen Prozesse und ihren jeweiligen Beitrag zur Wertschöpfung (vgl. Abb. 3.55).

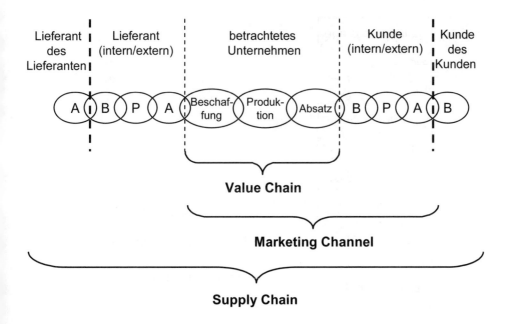

Abb. 3.55 *Entwicklung des Supply Chain Managements*

Erweitert man die Wertkette um die so genannten Downstream-Unternehmen, die die Produkte des Unternehmens für den Markt verfügbar machen, so erhält man das Konzept des

Marketing Channels. Im *Marketing Channel Management*, das in den 1960er Jahren im Vordergrund stand, werden die Verflechtungen zwischen produzierenden Unternehmen, Groß- und Einzelhändlern, weiteren Dienstleistern und Konsumenten untersucht.

Bezieht man schließlich zusätzlich die Wertschöpfung der dem Unternehmen vorgelagerten Upstream-Unternehmen in die Untersuchung ein, so wird die gesamte *Supply Chain* betrachtet. Mitglied der Supply Chain eines Unternehmens bzw. eines Prozesses sind sämtliche vor- und nachgelagerten Einheiten, die auf verschiedene Weise zu der Wertschöpfung des Unternehmens beitragen, z.B. Lieferanten, Teileproduzenten, logistische und andere Dienstleister sowie Groß-, Zwischen- und Einzelhändler (vgl. z.B. Zäpfel/Piekarz 1996). Letztlich ist jedes Unternehmen Mitglied in verschiedenen Supply Chains, so dass sich miteinander verknüpfte, netzwerkartige Strukturen ergeben, deren Planung und Steuerung hohe Anforderungen stellen.

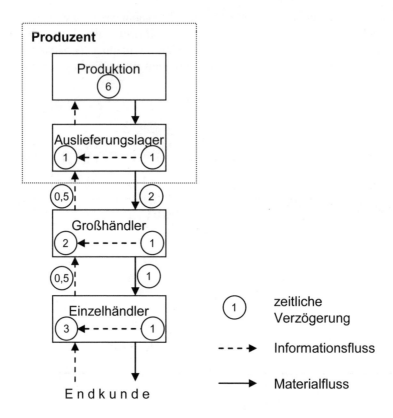

Abb. 3.56 *Forrester-Effekt*

Eine weitere Wurzel des Supply Chain Managements liegt im Bereich der *Industrial Dynamics* (vgl. Forrester 1972). Dieser Ansatz bildet wirtschaftliche Zusammenhänge in komplexen dynamischen Systemen in Form von kybernetischen Regelkreisen ab und untersucht ihr

Verhalten mithilfe von Simulationen. Insbesondere wurde von Forrester untersucht, wie sich die Produktionsraten in einer mehrstufigen Lieferkette auf eine schwankende Nachfrage nach Endprodukten abstimmen lassen, wenn zwischen den einzelnen Stufen Verzögerungen bei der Weitergabe von Informationen sowie bei der Fertigung der jeweiligen Produkte auftreten. Bereits in einer einfachen Lieferkette mit einem Hersteller, einem Auslieferungslager, einem Groß- und einem Einzelhändler kommt es, wie Abb. 3.56 zeigt, auch bei geringen Vorlauf- und Verarbeitungszeiten zu erheblichen Verzögerungen zwischen dem Eingang von Kundenaufträgen und ihrer Auslieferung.

Innerhalb seines Modells konnte Forrester nachweisen, dass schon kleine Schwankungen bei der Nachfrage nach Endprodukten zu erheblichen Schwankungen auf den vorgelagerten Wertschöpfungsstufen führen können und dass diese Schwankungen sogar von Stufe zu Stufe zunehmen. Dieser Effekt steigender Nachfrageschwankungen wird als *Forrester-Effekt* bzw. als *Bullwhip-Effekt* bezeichnet. Er beruht neben den zeitlichen Verzögerungen im Wesentlichen auf Sicherheitszuschlägen der Beteiligten, die diese aufgrund der schlechten Prognose- und Datenqualität vornehmen.

Das Supply Chain Management soll vor allem durch eine bessere Abstimmung zwischen den Beteiligten dazu beitragen, dass die Schwankungen der Bedarfsmengen innerhalb der Supply Chain abnehmen und dass die Zeit zwischen Auftragseingang und Auslieferung wesentlich verkürzt werden kann. Maßnahmen hierzu sind insbesondere der Zugriff auf gemeinsame Datenbestände, wie er z.B. beim Konzept des Efficient Consumer Response realisiert wird (vgl. Abschnitt 3.4.4), die Abstimmung von Anlieferungsterminen sowie die partnerschaftliche Kooperation bei Produktionsentscheidungen, z.B. die gemeinsame Festlegung von Fertigungs- und Transportlosgrößen. Um die Handhabung der in einer Supply Chain auftretenden großen Anzahl von Materialien effizient planen und steuern zu können, sind die verschiedenen Prozesse und Aktivitäten zeitlich eng zu koppeln und nach Möglichkeit am Just in Time-Prinzip auszurichten.

3.5.2 Ebenen des Supply Chain Managements

Die Gestaltungs-, Planungs- und Steuerungsaufgaben, die im Zusammenhang mit dem Supply Chain Managements zu bewältigen sind, lassen sich – wie in Abb. 3.57 dargestellt – drei hierarchisch angeordneten Ebenen zuordnen, auf denen die Festlegung der Struktur der Supply Chain, die Organisation der zugehörigen Prozesse und die verschiedenen Managementaufgaben angesiedelt sind (vgl. die Ausführungen in Abschnitt 2.6.4 sowie Steven 2005, S. 196ff.; Krüger 2004, S. 61).

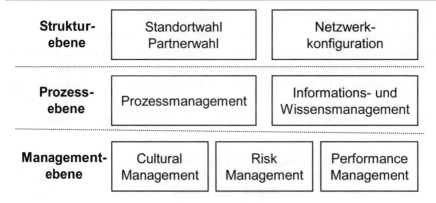

Struktur-ebene	Standortwahl Partnerwahl		Netzwerk-konfiguration	
Prozess-ebene	Prozessmanagement		Informations- und Wissensmanagement	
Management-ebene	Cultural Management	Risk Management	Performance Management	

Abb. 3.57 *Ebenen des Supply Chain Managements*

3.5.2.1   Entscheidungen auf der Strukturebene

Die *Strukturebene* des Supply Chain Managements wird auch als *Supply Chain Configuration* bezeichnet. Hier werden die Netzwerkpartner und ihre Standorte ausgewählt sowie die Strukturen der im Netzwerk vorgesehenen Produktions- und Logistikprozesse festgelegt. Die Konfigurationsaufgaben sind der strategischen Planungsebene zugeordnet, auf der die Auswahl und die Ausgestaltung der zukünftig im Logistiknetzwerk vorzunehmenden Transformations- und Transferaktivitäten vorgenommen wird. Grundsätzlich wird jede Wertschöpfungsaktivität einem Partner zugewiesen, der über *spezifische Kompetenzen* bei ihrer Durchführung verfügt bzw. sie zu einem besonders günstigen Preis anbieten kann.

Ausgangspunkt der *Partner- und Standortwahl* sind grundsätzliche Entscheidungen hinsichtlich der geplanten Verteilung der Wertschöpfungsaktivitäten auf verschiedene Regionen und der gewünschten Spezialisierung der Netzwerkaktivitäten, d.h. der Breite und Tiefe der Wertschöpfung an den einzelnen Standorten. Zur Planung der Netzwerkstruktur werden insbesondere die aus der klassischen Standortplanung (vgl. Abschnitt 2.2.2) bekannten Optimierungsmodelle und Heuristiken eingesetzt, die mit Absatz- und Produktionsmengen, Kapazitäten, Durchlauf- und Lieferzeiten sowie Kostengrößen arbeiten, um die Quellen und Senken innerhalb des Netzwerks abbilden, planen und verteilen zu können. Bei der Standortplanung sind weiter die jeweiligen Standortbedingungen, die zu überbrückenden Entfernungen und die wesentlichen Charakteristika der Logistikobjekte zu berücksichtigen. Planungsrelevante Eigenschaften sind vor allem die an einem Standort anfallenden Mengen an Logistikobjekten, deren Beschaffenheit, Verbrauchscharakteristika, Prognosemöglichkeiten, Liefer- bzw. Wiederbeschaffungszeiten und logistische Kennzahlen wie das Wert/Volumen-Verhältnis.

Je nach der Machtverteilung im Wertschöpfungsprozess erfolgt die Festlegung der *Netzwerkstruktur* durch mehrere Partner gemeinsam oder ausschließlich durch das fokale Unternehmen. Bei Logistiknetzwerken im Bereich der Automobilindustrie fungiert in der Regel der Automobilhersteller als *fokales Unternehmen*, das die Partner auf den vor- und nachgelagerten Wertschöpfungsstufen auswählt und deren Aktivitäten wesentlich beeinflusst. Beispiele finden sich bei den Kooperationen der Automobilhersteller Daimler-Chrysler und Volkswagen mit Zulieferern und Montagewerken in Südamerika.

Eng verbunden mit der Auswahl der Netzwerkpartner ist die *Verteilung der Wertschöpfungsaktivitäten* auf die jeweils kostengünstigsten Standorte und die Gestaltung der Verbindungen zwischen diesen Netzwerkknoten. Dabei müssen Transportrelationen festgelegt und für jede Relation die geeigneten Verkehrs- und Transportmittel ausgewählt werden. Bei der Überbrückung großer Entfernungen bietet es sich an, zusätzliche Knotenpunkte für Konsolidierungs-, Lagerhaltungs- und Umschlagaktivitäten einzurichten, um die verschiedenen Bereiche des Netzwerks teilweise zu entkoppeln. Bei der *Netzwerkkonfiguration* kommen verschiedene Gestaltungsprinzipien zur Anwendung:

- Durch die *Kompression* wird die Zahl der logistischen Knoten bzw. der Netzwerkakteure soweit wie möglich verringert, um die Durchsetzung des Flussprinzips im Netzwerk zu erleichtern und damit die Durchlaufzeiten des Materials und die Lagerbestände zu reduzieren. Damit verbunden sind Konsolidierungsaktivitäten, die dazu dienen, Logistikobjekte, die an verschiedenen Orten oder zu unterschiedlichen Zeitpunkten produziert oder benötigt werden, durch dasselbe Transportmittel zu befördern.

- Bei der *Segmentierung* wird die Supply Chain in weitgehend voneinander entkoppelte Abschnitte eingeteilt, für die unterschiedliche, den jeweiligen Anforderungen entsprechende Planungs- und Steuerungskonzepte implementiert werden. Durch die Segmentierung wird die Umsetzung des Flussprinzips innerhalb der Segmente unterstützt, so dass Lagerbestände lediglich an den Schnittstellen der Segmente erforderlich sind.

- Als *Postponement* bezeichnet man die Verzögerung von Produktions- oder Logistikaktivitäten, durch die Unsicherheiten und Risiken reduziert werden sollen. Postponement in Bezug auf Produktionsaktivitäten bedeutet, dass lediglich die Grundtypen der Produkte auf den ersten Wertschöpfungsstufen prognoseorientiert gefertigt werden, während die Herstellung kundenindividueller Produktvarianten erst bei Eingang konkreter Kundenaufträge erfolgt. Die Verzögerung von Logistikaktivitäten führt zum Verzicht auf dezentrale Lagerhaltung. Im Idealfall erfolgt die Auslieferung der Produkte direkt vom Produktionsstandort zum Kunden.

3.5.2.2   Entscheidungen auf der Prozessebene

Die Prozessebene umfasst die Planung der Material- und Informationsflüsse (*Supply Chain Planning*) sowie die Durchführung und Überwachung der konkreten Abläufe im Logistiknetzwerk (*Supply Chain Execution*). Als Prozess wird dabei ein inhaltlich abgeschlossener Vorgang bezeichnet, der aus mehreren Schritten bestehen kann. So könnte man für die grenzüberschreitende Logistik einen Prozess „Versand" definieren, der sich aus den Bestandteilen „Umschlag", „Seetransport" und „Verzollung" zusammensetzt. Das auf die physischen Abläufe ausgerichtete Prozessmanagement wird ergänzt durch das Wissens- und Informationsmanagement, das eine effiziente Informationsbereitstellung und -verarbeitung in den die Wertschöpfung begleitenden administrativen Prozessen ermöglicht.

Ziel des *Prozessmanagements* ist in erster Linie die Beherrschung der Komplexität der zwischen den Partnern ablaufenden Logistikaktivitäten, was insbesondere bei globalen Wertschöpfungsprozessen eine große Rolle spielt. Durch organisatorische, planerische und kontrollierende Aktivitäten ist ein effizienter unternehmensübergreifender Material- und Informationsfluss entlang der gesamten Supply Chain sicherzustellen. Dabei sind folgende Teilaufgaben zu erfüllen:

- *Prozessgestaltung*: Die Konzeption eines Prozesses besteht aus der Prozessanalyse, bei der eine Zerlegung von Vorgängen in standardisierte Einzelaktivitäten erfolgt, und der Prozesssynthese, die diese Einzelaktivitäten sinnvoll zu modular aufgebauten Prozessen zusammenfasst. Da komplexe Wertschöpfungsaktivitäten sowohl eine gewisse Stabilität als auch eine große Flexibilität der Prozesse erfordert, sind die Standardisierung und Modularisierung von Aktivitäten von großer Bedeutung. Für eine effiziente Planung und Abwicklung der logistischen Prozesse ist es zudem erforderlich, die im Logistiknetzwerk ablaufenden Transformations- und Transferaktivitäten in ihrer zeitlich und sachlich bestmöglichen Abfolge anzuordnen.

- *Ressourcenzuordnung*: Zur Durchführung eines Prozesses werden bestimmte logistische Ressourcen benötigt, z.B. Flächen, Transportmittel, Arbeitsmittel, Personal sowie die Logistikobjekte selbst, die in enger Abstimmung mit der Prozessgestaltung ermittelt und auf die Prozessausführung abgestimmt werden müssen. Insbesondere bei international verteilten Wertschöpfungsprozessen ist die Entscheidung zwischen See- und Luftfrachtverkehr zur Überbrückung interkontinentaler Distanzen von besonderer Bedeutung, die unter Berücksichtigung des Trade-off zwischen Kosten und Zeit getroffen werden muss.

- *Prozesssteuerung*: Die Koordination der Aktivitäten innerhalb eines Prozesses sowie die Abstimmung zwischen verschiedenen Prozessen erfordern netzwerkweit gültige Planungs- und Steuerungsregeln, durch die sich die bei der Durchführung von logistischen Aktivitäten auftretenden Zeit- und Ressourceninterdependenzen bewältigen lassen. Zum einen ist in Abstimmung mit der Strukturebene festzulegen, welche Aufgaben zentral bzw. dezentral durchgeführt werden sollen. Zum anderen umfasst die Prozesssteuerung die Zeitdisposition mit den Teilaufgaben der Durchlaufzeitermittlung, der Auftragskoordination entlang der Supply Chain und der Überwachung des Auftragsfortschritts sowie die Mengendisposition mit der Materialbedarfsplanung, der Nachschubplanung und dem globalen Bestandsmanagement.

Durch ein konsequentes Prozessmanagement lässt sich nicht nur die Planungsqualität erhöhen, sondern auch der Materialfluss im Netzwerk verstetigen, unsicherheitsbedingte Lagerbestände reduzieren und die Kapazitätsauslastung verbessern.

Die Aufgabe des *Informations- und Wissensmanagements* ist die adäquate Bereitstellung von Daten, Informationen und Wissen für alle an der Supply Chain beteiligten Unternehmen und Standorte, um die Durchführung der Produktions- und Logistikprozesse zu unterstützen und Ineffizienzen in den Abläufen zu beseitigen. Im Bereich der Informationsverarbeitung kommen folgende Maßnahmen zum Einsatz, um die effektive und effiziente Nutzung von Informationen im gesamten Netzwerk zu unterstützen und die aus der verteilten Wertschöpfung resultierenden Unsicherheiten zu begrenzen:

- Maßnahmen zur *Synchronisation* der Informationsverarbeitung unterstützen eine zeitliche und sachliche Abstimmung der an verschiedenen Orten ablaufenden Material- und Informationsflüsse.

- Eine *Automatisierung* der Informationsverarbeitung wird durch standardisierte Übertragungsprotokolle und internetbasierte Informationssysteme erreicht. Hierdurch lassen sich die Datenerfassung, der Datenaustausch sowie die Datenverarbeitung, -aufbereitung und -speicherung entlang einer Supply Chain vereinheitlichen und verbessern.

Im Rahmen des Supply Chain Managements kommen unterschiedliche Ausprägungen von *Informationssystemen* zum Einsatz:

- Die einfachste Architektur eines mehrere Standorte umfassenden Informationssystems für das Supply Chain Management ist die Verbindung von *standortspezifischen ERP-Systemen* mittels Electronic Data Interchange (EDI), um so Daten zu ausgewählten Transaktionen auszutauschen.

- *Advanced Planning Systems* sind modular aufgebaute, mit vielfältigen Funktionen zur Transaktions- und Entscheidungsunterstützung ausgestattete Informationssysteme, die eine standortübergreifende Planung und Steuerung von Prozessen erlauben, allerdings eine weitreichende Datenintegration erfordern (vgl. Abschnitt 2.6.4). Sie setzen eine zentrale Planungsinstanz voraus und eignen sich daher vor allem zur Abstimmung des hierarchisch strukturierten, engeren Netzwerkkerns.

- *Collaborative Planning Systems* verzichten auf die umfassende Offenlegung von Unternehmensdaten und unterstützen die Integration heterarchisch organisierter Netzwerke. Die einzelnen Module stellen standardisierte Workflows zur Verfügung, die verschiedene Szenarien unternehmensübergreifender Wertschöpfung abdecken.

- *Supply Chain Event Management Systeme* dienen der operativen Steuerung der Logistikprozesse. Sie umfassen Tracking and Tracing-Funktionen, Decision Support-Systeme und eine Front End-Komponente zur Aufbereitung und Auswertung von Statusmeldungen (vgl. Steven/Krüger 2004, S. 183-188).

Das *Wissensmanagement* befasst sich mit der zweckorientierten, theoriegeleiteten Kombination von Informationen und Erfahrungen (vgl. Bea 2000, S. 362f.). Es umfasst die drei Stufen der Wissensgenerierung, des Wissenstransfers und der Speicherung von Wissen, die angesichts der heterogenen Wissensverteilung in einer Supply Chain ein weites Anwendungsfeld finden. Vor allem die *Wissensgenerierung* ist von großer Bedeutung, um das auf die verschiedenen Wertschöpfungspartner verteilte Wissen auch an anderen Stellen in der Supply Chain verfügbar zu machen. Dabei ist zwischen explizitem und implizitem Wissen zu unterscheiden:

- *Explizites Wissen* besteht unabhängig von bestimmten Personen, z.B. in Form von Prozessbeschreibungen, Organisationsanweisungen oder Fahrplänen.

- *Implizites Wissen* hingegen befindet sich in den Köpfen einzelner Entscheidungsträger und steht damit nicht allgemein zur Verfügung, z.B. das Wissen eines Disponenten, welche Lieferanten besonders anfällig für Verspätungen sind.

3.5.2.3   Entscheidungen auf der Managementebene

Die *Managementebene* umfasst mit dem Cultural Management, dem Risk Management und dem Performance Management drei Bausteine, die für die Steuerung einer Supply Chain von besonderer Bedeutung sind.

Das *Cultural Management* ist vor allem dann von Bedeutung, wenn die an der Supply Chain beteiligten Partner aus verschiedenen Staaten und Kulturen stammen. Es umfasst alle Maßnahmen, die die kulturellen Unterschiede zwischen den Partnern ausgleichen. Derartige Probleme resultieren insbesondere aus Sprachbarrieren bzw. sprachlichen Differenzen, aus sozialen Unterschieden, die z.B. in unterschiedlichem Einkommen oder Lebensstandard zum Ausdruck kommen, aber auch aus unterschiedlichen Vorstellungen in ethischer oder moralischer Hinsicht, z.B. in Bezug auf die Einhaltung von Zusagen oder die Zulässigkeit von Schmiergeldzahlungen. Kulturelle Unterschiede können sowohl positive als auch negative Auswirkungen auf die Beziehungen in einer Supply Chain haben.

- *Positive Auswirkungen* resultieren z.B. aus kulturellen Synergieeffekten, die sich jedoch nur dann ergeben können, wenn die an einer Transaktion Beteiligten über eine hinreichende interkulturelle Kompetenz verfügen, d.h. über die Fähigkeit, mit einem Partner aus einem anderen Kulturkreis angemessen und effektiv zu interagieren.

- *Negative Auswirkungen* ergeben sich vor allem in den Bereichen der Kommunikation und der persönlichen Zusammenarbeit. Sie kommen z.B. in erschwerten Verhandlungen, Problemen bei der Konsensfindung, der Zunahme von Konfliktpotenzialen und dem Anstieg der Komplexität bei der Konfliktbewältigung zum Ausdruck.

Da das Supply Chain Management eine hohe Präzision bei der Planung und Ausführung der Produktions- und Logistikprozesse erfordert, ist ein einheitliches Verständnis über die zugrunde gelegten Zielgrößen, aber auch hinsichtlich der Zielerreichung von besonderer Bedeutung. Dies muss bei der Auswahl von Maßnahmen des Cultural Managements in den Phasen der Anbahnung, der Durchführung und der Weiterentwicklung einer Beziehung angemessen berücksichtigt werden.

Unsicherheiten über die Entwicklung wichtiger ökonomischer und politisch-administrativer Größen erfordern den Einsatz geeigneter Vorsichts- und Absicherungsmaßnahmen, die im *Risk Management* zusammengefasst werden. Das Supply Chain Management ist mit einer Vielzahl von spezifischen Risiken verbunden, die insbesondere bei Kooperationen mit weltweit verteilten, unabhängigen Unternehmen auftreten.

- *Interdependenzrisiken* resultieren aus der arbeitsteiligen Durchführung der Wertschöpfung. Diese können intern oder extern ausgelöst werden und sich aus Sicht eines Unternehmens auf der Abnehmer- oder der Zuliefererseite auswirken. Ein Beispiel für ein abnehmerseitiges Risiko ist ein Dispositionsfehler, auf der Zuliefererseite können z.B. Betriebsunterbrechungen auftreten.

- *Transferrisiken* sind Verlustgefahren, die sich aus dem Austausch von Material, Informationen und Finanzmitteln zwischen den verschiedenen Standorten einer Supply Chain ergeben. Dazu zählen insbesondere Transportrisiken, Datenübertragungsrisiken und Währungsrisiken. Sie steigen tendenziell an, wenn entlang der Supply Chain Zeit- und Mengenpuffer abgebaut werden.

- Als *Länderrisiken* bezeichnet man Gefahren, die typischerweise aus der Betätigung in anderen Staaten resultieren. Hierzu zählen Sicherheitsrisiken, die sich auf die Gesundheit oder die Freiheit der Mitarbeiter sowie auf die Sicherheit der Vermögenswerte des Unternehmens beziehen, Dispositionsrisiken, die aus Veränderungen der Wirtschafts- und Sozialgesetzgebung resultieren, z.B. Handelshemmnisse oder Einfuhr- und Ausfuhrbeschränkungen, und geld- und fiskalpolitische Risiken, die zu Vermögensschäden aufgrund von Inflation, Staatsverschuldung, Haushaltsdefiziten oder Zahlungsbilanzproblemen sowie einer restriktiven Veränderung der Besteuerung führen können.

Zur Bewältigung derartiger Risiken in Wertschöpfungsketten kommen verschiedene Instrumente zum Einsatz, die sich auf die Risikosteuerung, die Risikoverteilung, die Risikovermeidung und die Risikobegrenzung beziehen.

Das *Performance Management* schließlich dient der Überwachung, inwieweit die Partner in einer Supply Chain die übernommenen Aufgaben erfüllen und zur Umsetzung der vereinbarten Ziele und Maßnahmen beitragen. Diese Überwachung kann sich auf Leistungsziele, wie die Einhaltung von Zeit-, Qualitäts- und Flexibilitätsvereinbarungen, oder auf Kostenziele beziehen. Es werden verschiedene Instrumente des *Supply Chain Controllings* eingesetzt, insbesondere das Beziehungscontrolling, das Supply Chain Costing und spezifische Kennzahlen- und Berichtssysteme (vgl. Abschnitt 4.3.4). Im Idealfall lässt sich ein selbstregulierendes System einführen, das Vorgaben und Kennzahlen für die verschiedenen Leistungsebenen innerhalb der Supply Chain generiert, in einer interaktiven, diagnostischen Steuerungsfunktion Stichprobenkontrollen entnimmt und sich in periodischen Feedback-Schleifen an veränderte Systemzustände anpasst. Problematisch ist jedoch, dass ein solches einheitliches Controllingsystem nicht nur große Anforderungen an die Datenbereitstellung stellt, sondern häufig auch auf Ablehnung und Widerstände bei einzelnen Partnerunternehmen stößt.

3.5.3 Planungsverfahren für das Supply Chain Management

Wie bereits in Abschnitt 2.6.4 dargestellt wurde, lassen sich die beim Supply Chain Management auftretenden Planungsaufgaben im Wesentlichen drei *Planungsebenen* zuweisen:

- Die *langfristige Planung* umfasst die als Supply Chain Configuration bezeichnete strategisch ausgerichtete Planung und Konfiguration der dem Materialfluss zugrunde liegenden Netzwerkstruktur.

- Gegenstand des auf der taktischen Ebene angesiedelten Supply Chain Planning ist die *mittelfristige Planung* der Material- und Informationsflüsse.

- Die *kurzfristige Planung und Überwachung* der konkreten Abläufe auf der operativen Ebene wird als Supply Chain Execution bezeichnet.

Die Zuordnung von Planungsaufgaben zu den verschiedenen Planungsebenen des Supply Chain Managements sowie die dabei auftretenden Material- und Informationsflüsse lassen sich durch die bereits in Abb. 2.64 dargestellte *Supply Chain Planning Matrix* verdeutlichen.

Die beim Supply Chain Management auftretenden Planungsprobleme weisen eine *hierarchische* Struktur auf. Anstelle einer direkten Lösung des komplexen Gesamtproblems erfolgt eine Dekomposition in einfacher lösbare Teilprobleme, die über geeignete Schnittstellen miteinander verbunden werden (vgl. auch Abschnitt 2.5.1). Dadurch ist für die Teilprobleme des Supply Chain Managements der Einsatz von optimierenden Algorithmen oder von maßgeschneiderten Heuristiken aus dem Operations Research möglich.

Entsprechend der Vielfältigkeit der Ausprägungen von Supply Chains und der dabei anfallenden Planungsaufgaben kommen unterschiedliche Planungsmethoden und Informationssysteme zum Einsatz. Vielfach werden die bereits in den beteiligten Unternehmen implementierten PPS- und ERP-Systeme auch im Supply Chain Management eingesetzt, wobei allerdings die Kritikpunkte hinsichtlich deren Planungsmethodik und Ergebnisqualität verstärkt gelten.

Um die in der Supply Chain anfallenden Abwicklungs- und Planungsprozesse adäquat zu koordinieren und zu unterstützen, sind *integrierte Informationssysteme* erforderlich. Der Datenaustausch erfolgt vielfach auf Basis des Electronic Data Interchange (EDI) unter Verwendung verschiedener Kommunikationsstandards. Daneben gewinnt das Internet als Kommunikationsmedium zunehmend an Bedeutung. Logistische Informationen sind sehr datenintensiv, erfordern häufig einen permanenten Informationsfluss und müssen flexibel gestaltet sein. Dabei steigt die Komplexität mit der Ausdehnung der Supply Chain rasch an. Einige Softwarehäuser bieten bereits betriebswirtschaftliche Standardsoftware für die Problemstellungen des Supply Chain Managements an. Diese Software-Systeme lassen sich – wie in Abb. 3.58 dargestellt – nach den von ihnen abgedeckten Planungsebenen in drei Grundtypen einteilen:

- *Strategische Planungssysteme* dienen der Modellierung und Optimierung von überbetrieblichen Supply Chains und enthalten zusätzlich einige Planungswerkzeuge für die taktisch-operative Ebene. Sie werden vor allem in Großunternehmen eingesetzt.

- *Optimierungssysteme* für das Supply Chain Management unterstützen einzelne Funktionsbereiche, wie die Prognoserechnung oder die Maschinenbelegungsplanung. Ihr Einsatzbereich ist in der Regel auf einzelne Standorte begrenzt.

- Bei der *erweiterten ERP-Software* handelt es sich um Systeme, die die bestehende ERP-Software um Elemente für das Supply Chain Management ergänzen. Da in diesem Bereich die Anbieter von betriebswirtschaftlicher Standardsoftware tätig sind, kommt diesen

Systemen eine wachsende Bedeutung zu. Vielfach werden Kooperationen von ERP-Anbietern mit auf das Supply Chain Management spezialisierten Softwarehäusern eingegangen. Die SAP AG bietet das Programm APO (Advanced Planner and Optimizer) an, für das auf der Ausführungsebene das Logistics Execution System (LES) als für das Supply Chain Management spezifische Komponente verfügbar ist.

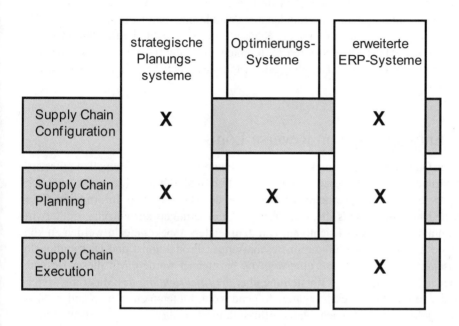

Abb. 3.58   *Typen von SCM-Software*

Neben diesen integrierten Systemen werden auch Einzellösungen angeboten, die Teilaufgaben aus einer oder mehreren Ebenen des Supply Chain Managements unterstützen. Hier existiert eine unübersichtliche Vielzahl von Programmen, die typischerweise von kleineren oder mittleren Softwarehäusern angeboten werden (vgl. hierzu Steven/Krüger/Tengler 2000, S. 17ff.).

3.6   Reverse Logistics

Gegenstand von Reverse Logistics bzw. der *Entsorgungslogistik im weiteren Sinne* sind solche Materialflüsse, die entgegengesetzt zu der klassischen, parallel zum Fluss der betrieblichen Wertschöpfung ausgerichteten Versorgungslogistik verlaufen. Die effiziente Gestaltung und das integrierte Management dieser Materialflüsse und der zugehörigen Informationsflüsse ist eine wesentliche Voraussetzung für die Schließung von Stoffkreisläufen und damit zur Unterstützung einer nachhaltigen Wirtschaftsweise (vgl. Steven/Tengler/Krüger 2003).

Zunächst wird in Abschnitt 3.6.1 ein Überblick über die Entwicklung und die grundsätzliche Bedeutung des Bereichs Reverse Logistics gegeben. Rückwärts gerichtete Materialflüsse treten in den drei anschließend behandelten Teilbereichen von Reverse Logistics auf: Die Entsorgungslogistik im engeren Sinne (Abschnitt 3.6.2) befasst sich mit der Rückführung, Behandlung und Beseitigung von Rückständen aus Produktions- und Konsumprozessen. Die Retourenlogistik (Abschnitt 3.6.3) ist für die Rückführung von nicht abgesetzten oder nicht benötigten Waren und Materialien zu ihren Lieferanten zuständig. Gegenstand der Behälterlogistik (Abschnitt 3.6.4) ist das Handling von Mehrwegbehältern in einer mehrstufigen Lieferkette.

3.6.1   Entwicklung von Reverse Logistics

Die Logistik als Querschnittsfunktion koordiniert und unterstützt die traditionellen güterwirtschaftlichen Grundfunktionen Beschaffung, Produktion und Absatz. Sie muss einerseits durchgängige bereichs- und unternehmensübergreifende Material- und Informationsflüsse sicherstellen und hat andererseits die spezifischen Anforderungen der einzelnen güterwirtschaftlichen Funktionen zu berücksichtigen. Um dem letzten Aspekt gerecht werden zu können, erfolgt eine funktionale Aufteilung in Beschaffungs-, Produktions- und Distributionslogistik, die zusammen auch als *Versorgungslogistik* bezeichnet werden. Mit dieser Bezeichnung verbindet sich eine eindeutige Vorstellung über die *Fließrichtung* des Materials, welche dem Ablauf der Wertschöpfungsaktivitäten folgend vom Lieferanten zum Kunden führt. Darüber hinaus können jedoch auch Materialflüsse auftreten, die diesem Wertschöpfungsprozess entgegengerichtet vom Kunden in Richtung des Lieferanten verlaufen (vgl. nochmals Abb. 3.7). Logistikaktivitäten, die im Zusammenhang mit solchen rückwärts gerichteten Materialflüssen stattfinden, werden unter dem Begriff *Reverse Logistics* zusammengefasst. Die Betriebswirtschaftslehre befasst sich seit Mitte der 1990er Jahre verstärkt mit Reverse Logistics und den in diesem Bereich bestehenden Kostensenkungspotenzialen. Dabei lassen sich zwei Auffassungen unterscheiden:

- Einerseits wird der Begriff Reverse Logistics in einer engen Auffassung synonym zur Entsorgungslogistik verwendet. *Entsorgung* als die vierte güterwirtschaftliche Teilfunktion bezeichnet die Gesamtheit aller Tätigkeiten und Maßnahmen zur kontrollierten Abgabe von Rückständen an die Umwelt. Ziel der Entsorgung ist primär die Vermeidung, sekundär die umweltschonende Verwertung oder, falls beides nicht möglich ist, die umweltgerechte Beseitigung von transformations-, transfer- oder konsumbedingten Rückständen. Im Sinne dieser Zielsetzungen übernimmt die *Entsorgungslogistik* alle mit der Entsorgung von Rückständen verbundenen raum-zeitlichen Transformationsaufgaben, einschließlich der Mengen- und Sortenänderung, um einen ökologisch und ökonomisch effizienten Rückfluss vom Entstehungsort der Rückstände zum Ort des Wieder- bzw. Weitereinsatzes oder der geordneten Beseitigung zu gewährleisten (vgl. Steven/Bruns 1998, S. 699).

- In einer umfassenderen Sichtweise wird der Begriff Reverse Logistics – ausgehend von der eigentlichen Wortbedeutung – für sämtliche Materialflüsse benutzt, die entgegengesetzt zur Richtung der Wertschöpfung verlaufen (vgl. Abb. 3.59). Reverse Logistics bezeichnet demnach das Teilgebiet der Logistik, das sich mit dem Management der Materialflüsse und zugehörigen Informationen befasst, die vom Kunden zum Lieferanten verlaufen, unabhängig davon, ob die aufwärtsgerichteten Materialflüsse primär ökologisch oder primär ökonomisch initiiert sind.

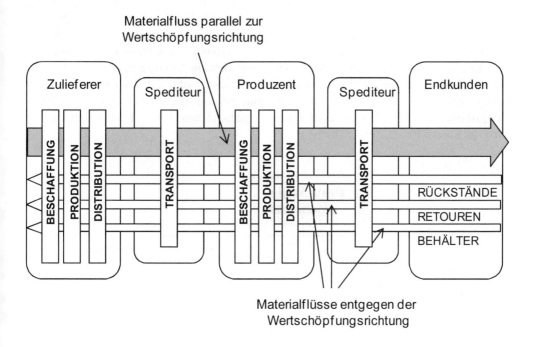

Abb. 3.59 *Materialflüsse der zwischenbetrieblichen Logistik*

- Primär *ökologisch bedingt* sind die Materialflüsse der Entsorgungslogistik im engeren Sinne, die zum Zweck der unmittelbaren Unterstützung der Entsorgungsfunktion durchgeführt werden und dabei in erster Linie gesetzlich vorgegebene oder freiwillig eingegangene Standards berücksichtigen. Bei der Verfolgung dieser ökologischen Ziele ist gleichzeitig eine nach ökonomischen Maßstäben vorteilhafte Lösung anzustreben.

- Als primär *ökonomisch bedingt* lassen sich dagegen Materialrückflüsse im Bereich der Retouren- und Behälterlogistik einstufen. Sie dienen vorrangig dazu, Kosten zu reduzieren oder den Kundenservice zu verbessern. Auch wenn diese Prozesse gleichzeitig zur Vermeidung von Rückständen beitragen können und damit auch der Entsorgung im weitesten Sinn zuzuordnen sind, ist dennoch eine separate Betrachtung geboten, da ihre Durchführung durchaus der Erreichung der ökologischen Zielsetzungen entgegenwirken kann und sie zudem andere Lösungsansätze benötigen als die vor allem durch die Beschaffenheit der Rückstände geprägte Entsorgungslogistik.

3.6.2   Entsorgungslogistik

Die geordnete *Entsorgung von Rückständen*, die als unerwünschte Kuppelprodukte wirtschaftlicher Aktivitäten entstehen, ist ein wesentlicher Auslöser von rückwärts gerichteten Materialflüssen. Derartige Rückstände entstehen auf sämtlichen Wertschöpfungsstufen. Bereits die Rohstoffgewinnung verursacht die Entstehung von Rückständen z.B. in Form von Abraum. Bei der Produktion fallen sowohl produktbedingte als auch produktionsbedingte Rückstände an, deren Umfang und Ausprägung von verschiedenen Faktoren, z.B. den verwendeten Rohstoffen, der Organisation der Produktionsabläufe und der Qualifikation des Personals, abhängig sind. Weiter fallen Rückstände bei logistischen Prozessen im Rahmen der Distribution an, z.B. Einwegpaletten, Kartonagen, Abdeckplanen, Transportkisten oder Säcke (vgl. Steven/Bruns 1997, S. 695ff.).

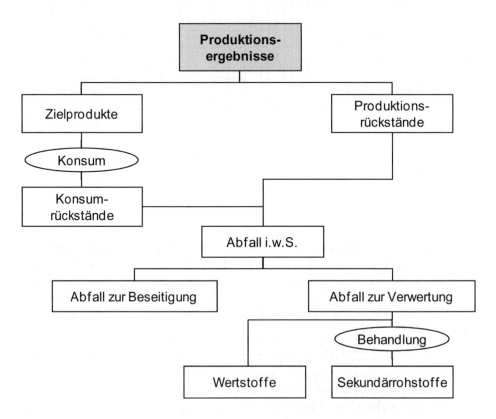

Abb. 3.60 *Entsorgungsobjekte*

Schärfere gesetzliche Regelungen, wie die Verpackungsverordnung und das Kreislaufwirt-schafts- und Abfallgesetz (KrW-/AbfG) von 1996, aber auch das gestiegene Umweltbewusst-sein bei Unternehmen und Verbrauchern, haben zu einem starken Anstieg entsorgungsbe-dingter Materialrückflüsse geführt (vgl. auch Steven 2007). *Objekte der Entsorgungslogistik* sind Abfälle im weiteren Sinn, d.h. Rückstände, die bei der Produktion oder durch den Kon-sum von Gütern anfallen. Diese lassen sich – wie in Abb. 3.60 dargestellt – nach ihrem Ent-sorgungsweg differenzieren in Abfälle im engeren Sinne bzw. Abfälle zur Beseitigung, für die kein sinnvoller Verwertungsweg zur Verfügung steht, und in Reststoffe bzw. Abfälle zur Verwertung, die aufgrund bestehender Verwertungsmöglichkeiten für ihren Besitzer oder für einen Dritten einen wirtschaftlichen Wert darstellen. Reststoffe, die unmittelbar in einem wirtschaftlichen Prozess verwendet werden können, werden auf der nächsten Differenzie-rungsebene als Wertstoffe bezeichnet, bei Reststoffen, die vor dem Wiedereinsatz eine Be-handlung durchlaufen müssen, handelt es sich um Sekundärrohstoffe.

Der Schwerpunkt der Entsorgungslogistik liegt neben der Gestaltung von Entsorgungssyste-men auf der Durchführung der in Abb. 3.61 dargestellten *entsorgungslogistischen Prozesse* Sammlung und Sortierung, Transport und Umschlag, Lagerung sowie Behandlung, die sich zum Teil sehr stark von den korrespondierenden Prozessen in der Versorgungslogistik unter-scheiden.

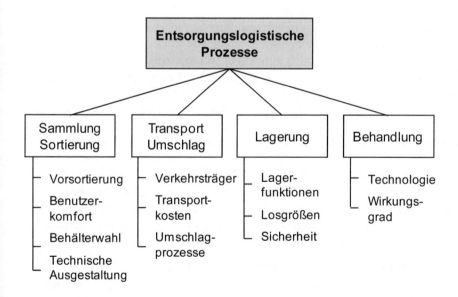

Abb. 3.61 *Entsorgungslogistische Prozesse*

3.6.2.1   Sammlung und Sortierung

Bei der *Sammlung* der Rückstände kommen verschiedene Ausgestaltungsformen in Betracht, die sich z.B. in Bezug auf den *Benutzerkomfort* unterscheiden. Während bei Holsystemen die Abholung der Rückstände von der Rückstandsquelle durch Sammelfahrzeuge erfolgt, wie z.B. bei der Sammlung von Hausmüll, muss sich bei Bringsystemen der Letztbesitzer des Rückstands um den Transport zu einer Sammelstelle kümmern. Bei kombinierten Hol-/ Bringsystemen kommt eine Mischung der beiden angesprochenen Reinformen zum Einsatz, die nach den jeweiligen Erfordernissen zusammengesetzt werden. Eine mögliche Ausgestaltung ist z.B. ein Containerdepot, das sich mehrere Anwohner zur Entsorgung ihres Hausmülls teilen.

Für jedes Sammelsystem sind entsprechende *Behälter* erforderlich, die sich einerseits in offene Behälter, z.B. Mulden, und geschlossene Behälter, z.B. Container, und andererseits in Einweg- und Mehrwegbehälter einteilen lassen. Sammelbehälter sollten nach Möglichkeit standardisiert und automatisch handhabbar sein, eine einfache Identifikation des Inhalts ermöglichen, sich anforderungsgerecht transportieren lassen und eine zeitweilige Nutzung als Zwischenlager erlauben. Die Behälter übernehmen neben der logistischen Funktion auch eine Informations- und Manipulationsfunktion. Sie sind ein wichtiger Bestandteil eines entsorgungslogistischen Systems und haben Wechselwirkungen zur Gestaltung der Transport-, Umschlag- und Lagersysteme.

Weiter unterscheidet man die Sammelsysteme nach ihrer *technischen Ausgestaltung*. Unter einer systemlosen Sammlung versteht man die Sammlung von Rückständen, die in der Regel sehr unterschiedliche Formen und Größen aufweisen, in unspezifischen Sammelbehältern, z.B. die Sperrmüllsammlung. Beim Umleerverfahren wird mit Behältern gearbeitet, die zu den Sammelfahrzeugen gebracht und darin entleert werden. Die leeren Behälter werden anschließend zur Aufnahme weiterer Rückstände an ihren Standplatz zurückgebracht, z.B. bei der Hausmüllsammlung. Im Unterschied dazu wird beim Wechselverfahren der volle Behälter vom Sammelfahrzeug mitgenommen und gegen einen leeren Behälter ausgetauscht, z.B. ein Bauschuttcontainer. Beim Einwegverfahren erfolgt die Sammlung der Reststoffe in Einwegbehältern, z.B. Kunststoffsäcken für Verpackungsabfälle. Schließlich gibt es noch Sonderverfahren wie die Absaugung bzw. pneumatische Sammlung und die Abschwemmung bzw. hydraulische Sammlung durch Rohrleitungen. Die Auswahl eines Sammelsystems ist von zahlreichen Faktoren, wie z.B. der Anzahl der Quellen, der Anfallmenge der Rückstände und der Länge der Transportwege, abhängig.

Die *Sortierung* der Rückstände dient dazu, sortenreine Stofffraktionen zu erhalten, die sich besser verwerten lassen. Wird sie vor der Sammlung durchgeführt, so liegt eine Einstoffsammlung vor, bei der nur eine bestimmte Rückstandsart eingesammelt wird, oder eine Einzelstoffsammlung, bei der mehrere Rückstandsarten in separaten Behältern erfasst werden. Bei der Mischstoffsammlung hingegen erfolgt die Sortierung erst anschließend in der Behandlungsanlage. Die Ausgestaltung der Sortierung, z.B. als manuelle Sortierung, Siebung, Rollgutscheidung, Magnetscheidung usw., hängt vor allem von den spezifischen Eigenschaften der Rückstände ab.

3.6.2.2 Transport und Umschlag

Für den *Transport*, der die Überbrückung der Distanz von der Quelle eines Rückstands zu seiner Senke zur Aufgabe hat, werden die Rückstände durch Umschlagvorgänge zu wirtschaftlichen Transporteinheiten zusammengefasst. Die Gestaltung von Transportsystemen im Entsorgungsbereich wird durch die Vielzahl an Rückstandsarten und die oft speziellen Anforderungen an die Transportbedingungen erschwert. Eine Nutzung der bereits im Versorgungsbereich vorhandenen Distributionsstrukturen für den Transport von Rückständen ist in der Regel nicht sinnvoll, da diese zum einen völlig anderen Anforderungen unterliegen, zum anderen auch nur selten paarige Transportbeziehungen existieren. Die Verkehrsträger Lkw, Bahn, Binnenschiff und Flugzeug können in Transportsystemen der Entsorgungslogistik in unterschiedlichem Ausmaß eingesetzt werden. Während sich für den Ferntransport aus Kostengründen die Bahn anbietet, bestehen für Sammeltransporte keine Alternativen zum Transport über die Straße. Die Binnenschifffahrt ist wegen ihrer Bindung an die Wasserwege nur in Ausnahmefällen einsetzbar, und auch die Luftfahrt spielt wegen ihrer hohen Transportkosten keine bedeutende Rolle. Im Vergleich zu Transporten der Versorgungslogistik tritt das Kriterium der Transportdauer hinter das Kostenkriterium zurück, da mit Rückständen keine nennenswerte Kapitalbindung verbunden und ihr Transport in der Regel zeitunkritischer Natur ist.

Die Gestaltung eines Transportsystems für Rückstände muss in engem Zusammenhang mit den erforderlichen Umschlagprozessen gesehen werden. Beim *Umschlag* werden die Rückstandsmengen mittels Zusammenfassung oder Auflösung im Rahmen von Verlade-, Umlade- und Entladeprozessen verändert. Durch Umschlagvorgänge lässt sich insbesondere die als Flächenverkehr durchgeführte und daher mit hohen Kosten verbundene Sammlung der Rückstände von dem Ferntransport zum Ort der Behandlung oder Beseitigung trennen. Rückstandsbezogene Umschlagvorgänge treten nicht nur beim Wechsel des Transportmittels, sondern auch bei der Zwischenlagerung von Rückständen in Behandlungs- und Beseitigungsanlagen sowie am Ort der Rückstandsentstehung auf.

3.6.2.3 Lagerung

Der Lagerung von Rückständen kommt in der Entsorgungslogistik ein hoher Stellenwert zu, da sie es ermöglicht, quantitative Schwankungen im Rückstandsfluss auszugleichen. Ihre Aufgabe besteht vor allem darin, die Rückstände zum richtigen Zeitpunkt für eine Verwertung oder Beseitigung zur Verfügung zu stellen. Von den klassischen Funktionen der Lagerhaltung ist somit die Pufferfunktion von besonderer Bedeutung, während die Sicherungs- und Ausgleichsfunktion, die Sortimentsfunktion und die Spekulationsfunktion kaum eine Rolle spielen. Die Lagerung radioaktiver Rückstände kann eine Veredelungsfunktion übernehmen, wenn während des Lagerungsprozesses ein deutliches Abklingen der Radioaktivität erfolgt. Die Veredelung besteht dabei in der Reduktion der vom Rückstand ausgehenden Gefahren.

Eine Lagerung von Rückständen findet an verschiedenen Stellen der entsorgungslogistischen Kette statt: Sie werden zunächst am Entstehungsort vom Zeitpunkt ihres Anfalls bis zum

Zeitpunkt des Abtransports zur Behandlungs- bzw. Beseitigungsanlage zwischengelagert. Dies geschieht vor allem, um wirtschaftliche, d.h. die Transportmittel auslastende Mengen zu erreichen. Weiter kann eine Lagerung in Umschlagstationen sowie im Bereich der Behandlungs- oder Beseitigungsanlagen erfolgen, um eine konstante bzw. planbare Auslastung dieser Anlagen zu gewährleisten. Aufgrund der geringen Kapitalbindung in Rückständen ist die Reduktion des Lagerbestands kein vorrangiges Ziel. Bei der Bestimmung des maximalen Lagerbestands bzw. der Bildung von Losgrößen für anschließende Transport- bzw. Verwertungsprozesse kommt daher den der Lagerung vor- und nachgelagerten Prozessen ein größeres Gewicht zu.

Weiter spielen ökologische Aspekte bei der Lagerung von Rückständen eine große Rolle. So muss sichergestellt werden, dass einerseits keine Umweltbelastung durch eine unkontrollierte Abgabe der Rückstände an die Umwelt erfolgen kann. Zum anderen müssen die Rückstände ihrerseits vor Umwelteinwirkungen wie Feuchtigkeit geschützt werden, um z.B. Umweltbelastungen zu vermeiden, die durch chemische Reaktionen der Einzelstoffe entstehen können.

3.6.2.4   Behandlung

Bevor verwertbare Rückstände wieder in den Wirtschaftsprozess übergehen können und somit der Kreislauf geschlossen wird, müssen sie vielfach einer *Behandlung* unterzogen werden. Bei der Behandlung von Rückständen werden Stoffumwandlungen durch physikalische, chemische, biologische oder thermische Einwirkungen durchgeführt, die oft auch Mengenänderungen zwischen der angelieferten Rückstandsmenge und der entstehenden Sekundärrohstoffmenge bewirken. Die Behandlungsverfahren hängen stark von der jeweiligen Rückstandsart ab, ihre Ausgestaltung beruht zum einen auf den technischen Möglichkeiten und zum anderen auf den einschlägigen umweltrechtlichen Vorschriften.

In Abhängigkeit von der Zusammensetzung der Rückstände, den technischen Möglichkeiten der Behandlung und dem Vorhandensein von Märkten für daraus gewonnene Produkte und Sekundärrohstoffe unterscheiden sich die Möglichkeiten der Verwendung bzw. Verwertung (vgl. Abb. 3.62). Von einer *Verwendung* wird gesprochen, wenn keine wesentlichen Änderungen an der Produktgestalt vorzunehmen sind, die Behandlung also auf einem hohen Wertniveau abläuft. Bei der Wiederverwendung erfolgt der Einsatz im ursprünglichen Prozess, bei der Weiterverwendung hingegen in einem anderen Prozess. Bei der *Verwertung* hingegen ist eine mehr oder weniger umfangreiche Überarbeitung bzw. Aufbereitung der Rückstände erforderlich. Analog zu den oben eingeführten Begriffen spricht man von Wiederverwertung, wenn sich der Sekundärrohstoff im Ursprungsprozess einsetzen lässt, und von Weiterverwertung, wenn der Einsatz in einem anderen Prozess erfolgt. Während der erneute Einsatz von gebrauchten Teilen eines Automobils, gegebenenfalls nach einer geringfügigen Überarbeitung, eine Verwendung darstellt, liegt bei Metallteilen, die nach Demontage des Autos in die Stahlerzeugung eingehen, eine Verwertung vor. Ist weder eine Verwendung noch eine Verwertung von Rückständen möglich, so sind sie geordnet zu beseitigen. Dies erfolgt in der Regel durch die Verbringung auf eine Mülldeponie.

	Einsatz in	
	Ursprungsprozess	anderen Prozess
ohne Überarbeitung	Wieder- verwendung	Weiter- verwendung
mit Überarbeitung	Wieder- verwertung	Weiter- verwertung

Abb. 3.62 *Möglichkeiten der Rückstandverwendung bzw. -verwertung*

Problematisch bei der Behandlung von Rückständen ist häufig das Fehlen von Märkten für die aus der Verwertung hervorgehenden Produkte. Dies lässt sich teilweise auf das negative Qualitätsimage zurückführen, das aufbereiteten Produkten anhängt und somit den erneuten Einsatz erschwert. Ein weiteres Problem besteht darin, dass zwischen dem Absatz der Ausgangsprodukte und dem Anfall der Rückstände oft eine mehrjährige Nutzungszeit liegt. Produkte und Bauteile, die aus einer Aufbereitung der Rückstände hervorgehen, sind daher oftmals technisch veraltet und für einen Einsatz in neuen Produkten ungeeignet.

In Abb. 3.63 sind – in Analogie zu den Prozessen der Versorgungslogistik in Abb. 3.4 – die entsorgungslogistischen Prozesse und die durch sie bewirkten Rückstandstransformationen zusammengestellt.

	Sortierung/ Sammlung	Transport	Umschlag	Lagerung	Behandlung
Zeitänderung				X	
Raumänderung		X			
Mengenänderung			X		
Sortenänderung	X				
Stoffänderung					X

Abb. 3.63 *Entsorgungslogistische Transformationen*

Bei der Sortierung und Sammlung erfolgt in erster Linie eine Sortenänderung der Rückstände. Der Transport bewirkt eine Raumänderung, der Umschlag führt zu einer Mengenänderung und die Lagerung dient der Überbrückung der Zeit, die bis zur Verwendung, Verwertung oder Beseitigung der Rückstände erforderlich ist. Die Behandlung schließlich führt zu Änderungen der stofflichen Zusammensetzung der Rückstände. Wie die Abbildung nochmals verdeutlicht, treten in der Entsorgungslogistik zu den Prozessen der traditionellen TUL-Logistik die Sortierung und Sammlung sowie die Behandlung als spezifisch entsorgungslogistische Prozesse hinzu.

Zur wirtschaftlichen Gestaltung entsorgungslogistischer Prozesse ist eine intensive Zusammenarbeit von sämtlichen Beteiligten erforderlich, die z.B. in Form von *Entsorgungsnetzwerken* erfolgen kann (vgl. Strebel/Schwarz 1998). Dabei werden – in Anlehnung an die natürliche Kreislaufwirtschaft – verschiedene Rückstandsströme so miteinander verknüpft, dass die in einem Unternehmen entstehenden Reststoffe in anderen Unternehmen als Sekundärrohstoffe eingesetzt werden können.

3.6.3   Retourenlogistik

Ein weiterer Materialrückfluss, der vom Kunden zum Lieferanten führt, wird in der Retourenlogistik betrachtet. Als *Retouren* werden solche Produkte bezeichnet, die vom Endkunden wegen mangelnder Qualität beanstandet oder vom Handel an den Hersteller zurückgegeben werden, weil sie nicht mehr gängig oder veraltet sind. Retouren spielen vor allem im traditionellen Versandhandel sowie im internetbasierten Handel (e-commerce) eine große Rolle.

Retouren entstehen, falls bei einer Lieferung gegen eine der *logistischen Zielsetzungen* verstoßen wird, dem Abnehmer das richtige Produkt (hinsichtlich Menge und Sorte), zur richtigen Zeit, am richtigen Ort, im richtigen Zustand bereitzustellen (vgl. Abschnitt 3.1.2). Durch Retouren wird der vom Kunden wahrgenommene Servicegrad des Unternehmens beeinträchtigt und ihre Abwicklung führt oft zu recht hohen Kosten. Im Einzelnen lassen sich Retouren auf folgende Ursachen zurückführen:

* Das Produkt entspricht nicht den *Anforderungen* bzw. *Erwartungen des Kunden*. Dies kann dadurch verursacht werden, dass die Informationspolitik des Unternehmens ihn unzureichend über die Produkteigenschaften aufgeklärt hat oder dass der Kunde – z.B. beim Versandhandel – ein falsches Produkt bestellt hat und von seinem gesetzlich zugesicherten Rückgaberecht Gebrauch macht. Im Sinne des Verbraucherschutzes steht es dem Kunden gemäß §§ 355 ff. BGB frei, ohne Angabe von Gründen innerhalb von zwei Wochen nach Erhalt des Produkts eine Rücksendung vorzunehmen, wenn der Warenwert mindestens 40 € beträgt.

* Auch *Auslieferungsprobleme* beim Unternehmen, wie die Lieferung falscher Produkte, verspätete Lieferungen, die Lieferung beschädigter Produkte oder Verpackungen sowie Doppellieferungen, können zu Retouren führen. Während die Lieferung falscher Produkte und Doppellieferungen ihre Ursache in der Regel in der Informationsverarbeitung des Lieferanten haben, lassen sich Verspätungen und Beschädigungen eher auf eine mangelhafte Leistungserstellung des Logistikdienstleisters zurückführen.

- Weiter müssen vertraglich *vereinbarte Retouren* im Rahmen der Retourenlogistik berücksichtigt werden, z.B. Fälle von Gewährleistung bzw. Kulanz oder die Rücknahme von nicht abgesetzter Saisonware.

Retouren gewinnen sowohl im Business-to-Business- als auch im Business-to-Consumer-Geschäft stark an Bedeutung. Eine steigende Anzahl an Produkten mit kurzen Produktlebenszyklen erschwert Verkaufsprognosen, so dass im gewerblichen Bereich häufig weitreichende Rückgaberegelungen vereinbart werden. So kommt es in den letzten Jahren im Buchhandel zu immer umfassenderen Rückgabemöglichkeiten, die zu ansteigenden Retouren führen. Im Endkundengeschäft kommt großzügigen Rückgabemöglichkeiten vor allem im traditionellen sowie im Internet-basierten Versandhandel eine große Bedeutung zu, da hier eine einfache Rückgabe einen zusätzlichen Kaufanreiz darstellt. Gerade Versandhandelsunternehmen stehen vor zum Teil erheblichen Rücklaufquoten, die eine adäquate Planung der Rückflüsse erfordern. In beiden Fällen – sowohl dem gewerblichen als auch dem Endkundenbereich – hat das Retourenmanagement somit eine strategische Bedeutung für den Geschäftserfolg.

Mögliche *Maßnahmen* zur Verbesserung der Performance im Bereich der Retourenlogistik liegen zum einen in der Retourenvermeidung und zum anderen in der Retourenoptimierung, die auf eine möglichst effiziente und kostengünstige Abwicklung der Retouren abstellt. Dabei ist der Retourenvermeidung der Vorrang einzuräumen, da Retouren, die gar nicht erst entstehen, auch keine zusätzlichen Kosten verursachen.

Die *Retourenvermeidung* stellt auf eine konsequente Ausrichtung der Prozesse zur Reduzierung der von unbegründeten bzw. nicht vereinbarten Retouren und der damit verbundenen zusätzlichen Kosten ab. Um Retouren aufgrund schlechter Informationspolitik zu vermeiden, sollte ein Unternehmen seinen Kunden ausreichendes und gutes Informationsmaterial anbieten. Vor allem das Internet bietet hier eine flexible Plattform, über die Kunden sich umfassend informieren können. Neuere Technologien ermöglichen z.B. dreidimensionale Darstellungen, die dem Kunden bereits im Vorfeld das Produkt näher bringen. Verbesserungen bei durch Qualitätsmängel verursachten Retouren sind z.B. in Form von Qualitätssicherungsmaßnahmen vor der Auslieferung möglich, die beschädigte oder qualitativ minderwertige Produkte gar nicht bis zum Kunden kommen lassen. Ansatzpunkt zur Vermeidung von Retouren aufgrund beschädigter Verpackungen oder Produkte sind die Verpackungsgestaltung und die Versandprozesse. Verbesserungsmaßnahmen in der Informationsverarbeitung und eindeutig definierte Logistikprozesse können dazu beitragen, dass es nicht zur Lieferung falscher Produkte oder zu Doppellieferungen kommt. Lieferzeitprobleme können durch ausgefeilte Informationssysteme, die dem Kunden bereits bei der Bestellung exakte Liefertermine angeben (available to promise), eingeschränkt werden.

Eine vollständige Vermeidung von Retouren ist kaum möglich, da die Möglichkeiten zur Rückgabe eines Produkts teilweise als Instrument zur Absatzförderung eingesetzt werden. Somit muss zusätzlich zu den Maßnahmen zur Retourenvermeidung eine *Retourenoptimierung* erfolgen, um die auftretenden Retouren möglichst effizient abzuwickeln und die sich aus ihnen ergebenden Servicepotenziale optimal auszunutzen. Dazu ist der gesamte Retourenprozess vom Kunden bis zum Unternehmen zu betrachten. Bereits beim Kunden oder – je nach Verkaufskonzept – Distributor müssen erste Schritte für eine sinnvolle Gestaltung der Retoure ansetzen. Versandhandelsunternehmen stellen dem Kunden in der Regel Rücksendeformulare zur Verfügung, die zum einen ein einfacheres Handling der Retoure im Rückfluss sicherstellen, zum anderen dem Kunden die Möglichkeit bieten, Gründe für die Rücksendung anzugeben. Erfolgt die Rücksendung indirekt über einen Distributor, so sollte das Personal, das die Retoure an das Unternehmen weiterleitet, angewiesen sein, die Gründe für die Retoure zu erfragen und zu vermerken. Derartige Informationen helfen dem Unternehmen maßgeblich bei der weiteren Behandlung der Retoure und können außerdem eingesetzt werden, um Probleme im Distributionsprozess aufzudecken und somit gezielt zur Vermeidung zukünftiger Retouren beitragen. Weiter kann aufgrund dieser Informationen beim Eingang der Retoure im Unternehmen eine Vorsortierung erfolgen und das Produkt somit schneller an die zuständige Stelle, wie z.B. Lager oder Reparatur, weitergeleitet werden.

Aufgrund des hohen Retourenanteils im *Versandhandel* haben große Versandunternehmen zentrale Lager zur Abwicklung von Retouren aufgebaut. Diese Lager enthalten die erforderliche Infrastruktur, um intakte Ware möglichst schnell wieder in den Distributionsprozess zu überführen und dadurch Kosten in Form von gebundenem Kapital zu vermeiden, Ware mit geringfügigen Mängeln Reparaturen zu unterziehen und ebenfalls wieder in den Distributionsprozess zu zurückzuführen und schließlich Ware mit eklatanten Mängeln endgültig aus dem bisherigen Verkaufsweg auszusortieren. Spezielle Artikel, die nur für einen kurzen Zeitraum angeboten werden können, wie z.B. saisonabhängige Mode, machen eine schnelle Bearbeitung von Retouren unumgänglich, da die Produkte ansonsten unverkäuflich werden. Daher müssen Retourenzentren über ausreichende Kapazitäten verfügen, damit es nicht zu Rückstauungen der Retouren und zu einer verzögerten Bearbeitung kommt, durch die sich die durch Retouren ausgelösten Kosten weiter erhöhen. Kann eine zurückgegebene Ware nicht mehr über die regulären Vertriebskanäle verwertet werden, so ist ein Ausweichen auf alternative Absatzmöglichkeiten erforderlich, z.B. die Kennzeichnung überzähliger Bücher als Mängelexemplare und ihr Verkauf über spezialisierte Buchhandlungen.

Wenn keine derartigen Verwertungsmöglichkeiten mehr bestehen, sind Retouren als Rückstände zu entsorgen und werden damit zu einem Objekt der Entsorgungslogistik im engeren Sinne. Dies stellt sowohl unter ökonomischen als auch unter ökologischen Aspekten die schlechteste Alternative dar.

Retouren bedeuten für ein Unternehmen nicht nur zusätzlichen Aufwand, sondern sind gleichzeitig eine wichtige *Informationsquelle*: Sie geben Auskunft über die Leistungsfähigkeit der eigenen Produktions- und Logistikprozesse, über die Qualität der Angebotspräsentation und über das Kaufverhalten der Kunden. Durch die systematische Erhebung von retourenbezogenen Informationen erhält das Unternehmen wichtige Hinweise auf veränderte Kundenanforderungen und auf Schwachstellen im Distributionsprozess. Die Erhebung von rückflussbezogenen Informationen erfolgt idealerweise mithilfe von elektronischen Datenerfassungssystemen, z.B. über Barcode- oder berührungslose Chipsysteme. Diese helfen, Retouren im weiteren Prozess zu identifizieren, sie ermöglichen eine schnelle Rückmeldung oder Rückvergütung an den Kunden und tragen somit zu einem verbesserten Kundenservice bei. Die dabei gewonnenen Informationen stellen einen Ansatzpunkt dar, um Verbesserungspotenziale in den logistischen Prozessen aufzudecken. Es ist sinnvoll, diese Informationen zentral zu sammeln und damit z.b. Expertensysteme aufzubauen, die den Mitarbeitern zur Verfügung stehen, um mögliche Kundenprobleme bereits am Telefon zu lösen, dem Kunden so einen besseren Kundenservice zu bieten und dadurch zukünftig unnötige Retouren zu vermeiden.

3.6.4   Behälterlogistik

Eine weitere Ursache von rückwärts gerichteten Materialflüssen ist die Verwendung von *Mehrwegverpackungen bzw. -behältern*. Diese können bei gleich bleibender Verpackungsqualität mehrfach für denselben Zweck eingesetzt werden. Für die Produktionslogistik relevante Mehrwegbehälter sind z.B. Paletten, Gitterboxen oder Container (vgl. nochmals Abschnitt 3.4.5). Während Einwegverpackungen mit der Entnahme des Packguts ihren Wert verlieren und somit die Rückführung dieser Behälter in den Bereich der Entsorgungslogistik im engeren Sinne fällt, muss die Rückführung von Mehrwegbehältern entgegen dem Fluss der ursprünglichen Logistikkette organisiert werden. Die mit dieser Rückführung verbundenen Logistikprozesse werden als *Behälterlogistik* bezeichnet.

In Deutschland genießen Mehrwegverpackungen für Konsumgüter aufgrund der ihnen zugesprochenen ökologischen Vorteile ein hohes Ansehen bei den Verbrauchern. Daneben haben Entwicklungen wie die wachsende zwischenbetriebliche Arbeitsteilung und die damit verbundene räumliche Ausdehnung von Behälterkreislaufsystemen für eine zunehmende Bedeutung dieser Verpackungsvariante gesorgt. Ihre *ökonomische und ökologische Vorteilhaftigkeit* hängt von einer Vielzahl von Faktoren ab:

- Offensichtlich ist, dass sich durch den Einsatz von Mehrwegverpackungen *Verpackungsrückstände* vermeiden und damit häufig auch *Verpackungskosten* einsparen lassen. Die ökonomische Vorteilhaftigkeit der Mehrwegverpackung hängt insbesondere von der Kostendifferenz zur Einwegverpackung, von der Anzahl der möglichen Umläufe im Verpackungskreislauf und von den zurückzulegenden Entfernungen ab.

- Weiter sind Mehrwegbehälter aufgrund ihrer stabileren Bauweise in der Regel besser in der Lage, die Schutz-, Lager-, Transport- oder Manipulationsfunktion der Logistik zu unterstützen.

- Im Gegensatz zu Einwegbehältersystemen, bei denen keine Säuberung erforderlich ist, müssen etwaige Verschmutzungen der Behälter bei Mehrwegsystemen durch eine *Reinigung* beseitigt werden, um den Qualitätsansprüchen von Versender und Empfänger nachzukommen oder um gesetzlich vorgeschriebene Hygienestandards, wie z.B. in der Lebensmittelindustrie, einzuhalten.

- Durch Beanspruchungen der Behälter vor allem bei Umschlagvorgängen innerhalb der Logistikkette können Verschleißerscheinungen auftreten, die eine Wiederverwendung als Packmittel unmöglich machen. Die Behälter sind daher nach Gebrauch einer *Überprüfung* zu unterziehen. Gegebenenfalls muss sich an diese eine *Reparatur* anschließen bzw sollten nicht weiter einsetzbare Behälter aussortiert werden. Die Anzahl der bei einer Behälterart möglichen Umläufe hängt unter anderem von dem eingesetzten Material ab und beeinflusst die Vorteilhaftigkeit erheblich.

- Ökonomisch nachteilig wirken sich *zusätzliche Kosten* für die Anschaffung, die Wartung, die Verwaltung und den Rücktransport der Mehrwegbehälter aus, da die leeren Behälter bei unpaarigen Materialflüssen separat zur liefernden Stelle transportiert werden müssen. Die beim Rücktransport auftretenden Umweltbelastungen können in Abhängigkeit von der zurückzulegenden Entfernung auch die ökologische Vorteilhaftigkeit negativ beeinflussen.

Aufgrund des wiederholten Einsatzes von Mehrwegbehältern sind in der Behälterlogistik neben den typischen entsorgungslogistischen Aktivitäten wie Sammlung, Sortierung, Transport und Lagerung *zusätzliche Aktivitäten* erforderlich. Insbesondere fallen die Reinigung, die Überprüfung und gegebenenfalls die Reparatur der Behälter an.

Zusätzlich ist eine *Behälterverwaltung* erforderlich, die die reibungslose Abwicklung des gesamten Mehrwegbehältersystems – bestehend aus Versendern, Empfängern und logistischen Dienstleistern – auch über die Grenze eines einzelnen Unternehmens hinweg sicherzustellen hat. Die grundlegende Aufgabe der Behälterverwaltung besteht darin, Angebot und Nachfrage nach Behältern im System effizient und kostengünstig auszugleichen. Dazu kommen als Maßnahmen z.B. die Erhöhung der Umlaufgeschwindigkeit der Behälter sowie die Verringerung von mehrwegbedingten Wartungs- und Transportaktivitäten in Betracht.

Zu den Aufgaben der Behälterverwaltung gehört insbesondere die Steuerung und Überwachung des *Behälterflusses* in der Logistikkette. So muss z.B. sichergestellt werden, dass auf Versenderseite stets eine ausreichende Anzahl von Behältern zur Verfügung steht. Außerdem ist der Rücktransport zu organisieren sowie eine Neubeschaffung von Behältern vorzunehmen, die aufgrund von Verschleiß aussortiert wurden oder durch Schwund aus dem Kreislauf gefallen sind.

Entscheidend für die Ausgestaltung des Mehrwegbehältersystems sind die Wahl einer Organisationsform und die Abwicklung des Behälterrückflusses. Die *Organisationsform* hängt in erster Linie von der Art der Mehrwegverpackung und von der Gestaltung der logistischen Kette ab:

- Bei speziell auf die Bedürfnisse eines Unternehmens zugeschnittenen Verpackungen und einer spezifischen Ausgestaltung der logistischen Abwicklung wird von einem *individuellen System* gesprochen. Derartige Systeme finden in der Regel nur unternehmensintern Einsatz, z.B. bei Filialbelieferungen des Handels.

- Erfolgt ein Einsatz von standardisierten, auf die Anforderungsprofile der beteiligten Unternehmen ausgelegten Behältern über die Unternehmensgrenze hinaus, so liegt ein *multilaterales System* vor. Die Koordination des Behälterflusses und die logistische Abwicklung werden systemintern durch eines oder mehrere der teilnehmenden Unternehmen vorgenommen.

- *Poolsysteme* zeichnen sich durch den Einsatz von standardisierten Behältern und eine zentrale logistische Abwicklung durch einen externen Dienstleister aus. Werden alle Leistungen durch den Dienstleister erbracht, kümmert sich dieser um die bedarfsgerechte Bereitstellung qualitätsgerechter, leerer Behälter beim Versender, holt entleerte Behälter beim Empfänger ab und führt diese – üblicherweise über ein Depot – wieder in den Kreislauf ein. In dienstleisterbetriebenen Poolsystemen spielt der Informationsfluss eine wichtige Rolle, damit Behälterbedarf und Behälterangebot aufeinander abgestimmt werden können.

Neben der Organisationsform kommt auch der Abwicklung des *Behälterrückflusses* eine große Bedeutung zu:

- Eine in der Praxis weit verbreitete Form der Abwicklung ist der *Zug-um-Zug-Tausch*, der z.B. bei Euro-Paletten zum Einsatz kommt. Auf jeder Stufe des Kreislaufsystems erfolgt bei der Übergabe eines vollen Behälters ein Austausch gegen einen leeren Behälter. Aufgrund des sofortigen Austauschs ist kein separater Rücktransport von leeren Behältern notwendig. Der Vorteil des Zug-um-Zug-Tauschs liegt in der extrem einfachen Abwicklung, die kein aufwändiges Informationssystem erfordert und die jederzeitige Aufnahme von neuen Teilnehmern ermöglicht. Allerdings leidet die Effizienz des Systems darunter, dass sämtliche Teilnehmer – Versender, Empfänger und Frachtführer – leere Behälter bevorraten müssen und dass das potenzielle Transportvolumen der Fahrzeuge durch den Transport der Leerbehälter eingeschränkt wird. Weiter kann das Problem auftreten, dass von einzelnen Teilnehmern defekte Behälter nicht aus dem System ausgesteuert, sondern an die nächste Stufe weitergegeben werden, um die Kosten für eine Neuanschaffung zu vermeiden.

- Eine weitere Möglichkeit, den Behälterrückfluss abzuwickeln, ist der *Direkttausch*. Hierbei wird ein Tausch von Voll- gegen Leergut ausschließlich beim Empfänger durchgeführt. Der Direkttausch tritt in zwei Varianten auf: Sofern der Rücktransport direkt nach Übergabe des Vollguts erfolgt, liegt Direkttausch *ohne Vorbehaltsfrist* vor. Werden Zeiträume festgelegt, nach deren Ablauf die Behälter spätestens dem Rückfluss zugeführt werden, handelt es sich um einen Direkttausch *mit Vorbehaltsfrist*. Die vereinbarten Zeiträume bieten den Vorteil, dass jeweils wirtschaftlich sinnvolle Mengen an leeren Behältern beim Empfänger gesammelt und erst dann zum Versender zurückgeführt werden. Insbesondere der Direkttausch mit Vorbehaltsfrist erfordert ein Informationssystem, das die zugehörigen Daten sammelt und die Fristen überwacht. Da die Rückführung der leeren Behälter jeweils zum ursprünglichen Versender erfolgt, sind teilweise erhebliche Strecken zu überbrücken.

- Die anspruchsvollste Form des Behälterrückflusses ist der *Saldoausgleich*. Bei diesem System werden sämtliche Behälterbestände und -bewegungen buchhalterisch erfasst und fallweise oder regelmäßig abgeglichen. Im Gegensatz zum Direkttausch muss der ursprüngliche Versender nicht gleichzeitig der Empfänger der zurückgeführten Behälter sein, da ein Ausgleich der Salden auch mit anderen Teilnehmern des Systems möglich ist. Ein Transport von leeren Behältern erfolgt bei Bedarf zu einem örtlich benachbarten

Systemteilnehmer. Die Behälterverwaltung kann zwar prinzipiell von einem ausgewählten Systemteilnehmer vorgenommen werden, wird aber üblicherweise auf einen spezialisierten Dienstleister verlagert, der auch das zugehörige Informationssystem aufbaut
und steuert.

Welche Abwicklung des Behälterrückflusses letztlich zur Anwendung kommt, hängt von
verschiedenen Faktoren, z.B. der räumlichen Verteilung der Systembeteiligten und der Wahl
der Organisationsform, ab. Innerhalb einer Logistikkette ist auch eine Kombination der Ab-
wicklungsformen möglich, z.B. Zug-um-Zug-Tausch zwischen Händler und Großhändler,
während zwischen Großhändler und Zulieferer die Abwicklung in Form des Direkttauschs
erfolgt.

Insbesondere von Dienstleistern betriebene Poolsysteme sehen sich zusätzlich mit dem Problem der Kostenverrechnung konfrontiert. Die Abrechnung erfolgt entweder über ein *Pfand*,
in das die Nutzungsgebühr für die bereitgestellten Behälter bereits eingerechnet ist, oder aber
über *Verbuchungssysteme*, bei denen den Systemnutzern die anfallenden Kosten verursa-
chungsgemäß zugerechnet werden können. Speziell beim Einsatz von Verbuchungssystemen
ist es für den Systembetreiber unerlässlich, zu jedem Zeitpunkt einen Überblick zu haben,
welche Behälter sich an welcher Stelle im Kreislauf befinden. Hierfür sind entsprechende
Informationssysteme erforderlich, die dem Dienstleister Informationen über Behälterbestände und -bewegungen liefern (vgl. Abb. 3.64).

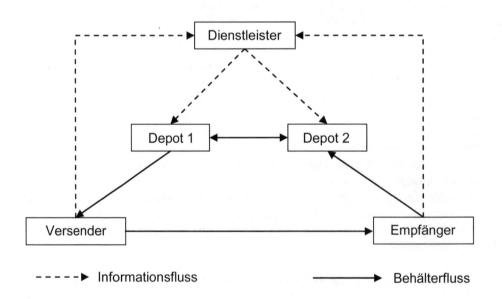

Abb. 3.64 *Informationsflüsse in Depotsystemen*

Die vom Versender an den Dienstleister gegebene Information über benötigte Behälter wird an ein Depot weitergegeben, das die Auslieferung der Behälter an den Versender übernimmt. Auf Empfängerseite muss der Dienstleister über das Eintreffen der leeren Behälter bzw. über die Notwendigkeit der Abholung informiert werden, die wiederum durch ein Depot durchgeführt wird. Gegebenenfalls kann der Dienstleister Ungleichgewichte in den Behälterbeständen der Depots durch den Transfer von Behältern zwischen den Depots ausgleichen. Um eine zügige und kostengünstige Abwicklung der Behälterflüsse zu erreichen und den Verwaltungsaufwand so gering wie möglich zu halten, ist eine weitgehend automatisierte Abwicklung der Buchungsvorgänge z.B. durch Barcodes oder etwa berührungslose Chipsysteme vorteilhaft.

3.7 Literaturempfehlungen zur Produktionslogistik

Für eine vertiefte Auseinandersetzung mit dem Gebiet der Produktionslogistik sollten die nachfolgend genannten Lehrbücher herangezogen werden:

Bichler, K., Krohn, R.: Beschaffungs- und Lagerwirtschaft, Gabler, Wiesbaden, 8. Aufl. 2001

Corsten, H., Gössinger, R.: Einführung in das Supply Chain Management, Oldenbourg, München/Wien 2001

Gudehus, T.: Logistik 1 – Grundlagen, Verfahren und Strategien, Springer, Berlin usw., 3. Aufl. 2007a

Gudehus, T.: Logistik 2 – Netzwerke, Systeme und Lieferketten, Springer, Berlin usw., 3. Aufl. 2007b

Günther, H.-O., Tempelmeier, H.: Produktion und Logistik, Springer, Berlin usw., 6. Aufl. 2005

Isermann, H.: Logistik – Gestaltung von Logistiksystemen, mi Verlag moderne industrie, Landsberg am Lech, 2. Aufl. 1998

Jünemann, R., Beyer, A.: Steuerung von Materialfluß- und Logistiksystemen (Materialfluss und Logistik, 1. Bd.), Springer, Berlin usw., 2. Aufl. 1998

Jünemann, R., Schmidt, T.: Materialflusssysteme (Materialfluss und Logistik, 2. Bd.), Springer, Berlin usw., 2. Aufl. 1999

Koether, R.: Technische Logistik, Hanser, München/Wien, 3. Aufl. 2006

Pfohl, H.-C.: Logistiksysteme, Springer, Berlin usw., 7. Aufl. 2004

Vahrenkamp, R.: Logistikmanagement, Oldenbourg, München/Wien, 4. Aufl. 2000

Weber, J., Kummer, S.: Logistikmanagement, Schäffer-Poeschel, Stuttgart, 2. Aufl. 1998

4 Produktionscontrolling

4.1 Bedeutung des Produktionscontrollings

4.1.1 Entwicklung des Produktionscontrollings

Die *Entstehung des Controllings* lässt sich bis in das 15. Jahrhundert zurückverfolgen, als an den Königshöfen in England und Frankreich erste Controllingaufgaben in Form der Überprüfung von Aufzeichnungen über den Geld- und Güterverkehr durchgeführt wurden (vgl. Horváth 2006, S. 30). Bis zum Ende des 19. Jahrhunderts war das Controlling auf staatliche Einsatzbereiche vorwiegend im angloamerikanischen Wirtschaftsraum beschränkt, erst seit den 1920er Jahren erfährt es zunehmende Verbreitung in privatwirtschaftlichen Unternehmen. In Deutschland kam das Controlling zunächst bei Tochterunternehmen von US-amerikanischen Konzernen zum Einsatz. Seit den 1970er Jahren erfährt es eine sehr schnelle und weite Verbreitung, verbunden mit einer eingehenden wissenschaftlichen Durchdringung.

Heute findet man in nahezu jedem größeren Unternehmen sowie in öffentlichen Verwaltungen einen Controller oder eine Controllingabteilung, allerdings mit teilweise recht unterschiedlichen Aufgabenspektren. So enthält ein 1962 vom Financial Executive Institute aufgestellter *Aufgabenkatalog* die folgenden Controllingtätigkeiten:

- Planung
- interne Berichterstattung und Information
- Bewertung und Beratung
- Steuerangelegenheiten
- Berichterstattung an staatliche Stellen
- Sicherung des Vermögens
- volkswirtschaftliche Untersuchungen

Auch in der Literatur existiert bis heute kein einheitliches *Controllingverständnis*, sondern es gibt vielmehr eine Reihe unterschiedlicher Controllingkonzeptionen, die von einer erweiterten Rechnungslegung bis hin zum strategischen Management reichen. Kern aller Controllingdefinitionen ist die Bedeutung des englischen Verbs „to control = steuern", so dass sich als grundlegende Controllingaufgabe die *Planung, Steuerung und Kontrolle* betrieblicher Tatbestände und Abläufe ergibt. Weiter besteht Konsens, dass das Controlling der Unterstützung der Unternehmensführung dient, indem es relevante Informationen bereitstellt und Entscheidungen vorbereitet bzw. Entscheidungsprozesse unterstützt. In funktionaler Sicht umfasst das Controlling die Bereitstellung von Methoden und Informationen für arbeitsteilig ablaufende Planungs-, Steuerungs- und Kontrollprozesse sowie die bereichsübergreifende Unterstützung und Koordination derartiger Prozesse.

In Deutschland lassen sich vier wesentliche *Entwicklungsstufen* des Controllings unterscheiden, deren Fokus auf dem jeweils für die Unternehmensführung relevanten Engpass liegt:

- In den 1970er Jahren war die Versorgung des Managements mit führungsrelevanten Informationen der Schwerpunkt des Controllings. Die daraus resultierende *informationsorientierte Controllingkonzeption* sieht das Controlling als eine zentrale Einrichtung der betrieblichen Informationswirtschaft an. Die Aufgabe des Controllings besteht hier in der Koordination der Bereitstellung und Erzeugung von Informationen mit dem Informationsbedarf der Unternehmensführung. Dazu ist zum einen die Implementierung eines adäquaten Informationssystems auf der Basis des betrieblichen Rechnungswesens erforderlich, zum anderen sind den Entscheidungsträgern in den verschiedenen Unternehmensbereichen jeweils die benötigten Informationen mit einem adäquaten Detaillierungsgrad bereitzustellen.

- Anschließend wurde in den frühen 1980er Jahren die Abstimmung zwischen dem Informationsversorgungs- und dem Planungs-, Steuerungs- und Kontrollsystem als wesentlicher Engpass angesehen. Die *planungsorientierte Controllingkonzeption* orientiert sich am systemtheoretischen Ansatz (vgl. Horváth 2006), der das Unternehmen als Regelkreis mit den Phasen Planung, Realisierung und Kontrolle ansieht. Durch das Controlling soll die Planung von Vorgabewerten für die Ausführungssysteme und die Identifikation von Soll/Ist-Abweichungen während sowie nach der Durchführung von operativen Prozessen unterstützt werden. Abb. 4.1 zeigt den Informationszusammenhang zwischen dem auf der operativen Ebene angesiedelten Ausführungssystem und dem strategischen Führungssystem, innerhalb dessen das Controlling die Koordination zwischen den Führungsteilsystemen Planung, Steuerung und Kontrolle sowie Informationsversorgung vornimmt.

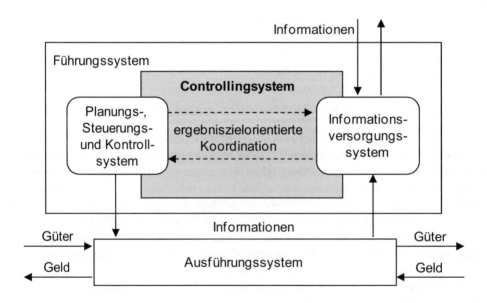

Abb. 4.1   *Planungsorientierte Controllingkonzeption*

- In den späten 1980er Jahren wurde der globale Wettbewerb der Unternehmen zur zentralen Herausforderung, der durch eine noch weiter gehende Koordination der Abläufe im Unternehmen begegnet werden sollte. Die *koordinationsorientierte Controllingkonzeption* (vgl. Küpper 1988) bezieht zusätzlich die Führungsteilsysteme Organisation und Personalführung ein, um die Erreichung der betrieblichen Ziele durch eine verbesserte Abstimmung zu unterstützen. Der Schwerpunkt liegt hier auf der Koordination der verschiedenen Führungsteilsysteme und ihrer Ausführungshandlungen.

- Der in den 1990er Jahren relevante Engpass ist die Rationalität der Unternehmensführung. Die *rationalitätsorientierte Controllingkonzeption* (vgl. Weber/Schäffer 2006) soll Rationalitätsengpässen, die sich auf begrenzte Fähigkeiten der betrieblichen Akteure zurückführen lassen, entgegenwirken, um Rationalitäts- und damit letztlich Effizienzverluste bei den Führungs- und Ausführungshandlungen zu vermeiden. Der Schwerpunkt und die Ausprägung des Controllingsystems hängen damit von den im Unternehmen bestehenden Rationalitätsdefiziten ab. Diese Konzeption führt die unterschiedlichen Sichtweisen des Controllings in Theorie und Praxis auf die Sicherstellung der Rationalität als eine gemeinsame Basis zurück.

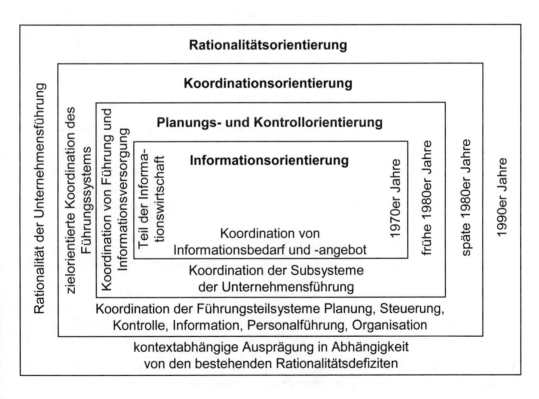

Abb. 4.2 *Entwicklung der Controllingkonzeptionen*

Abb. 4.2 zeigt den Zusammenhang und die Schwerpunkte der verschiedenen Controlling-konzeptionen nochmals zusammenfassend auf.

Auch wenn die grundlegenden Elemente und Instrumente des Controllings ursprünglich für Anwendungen im *finanzwirtschaftlichen Controlling* entwickelt wurden, sind diese im Zuge einer funktionalen Aufgliederung des Controllings auf verschiedene Spezialisierungen wie das Liquiditätscontrolling, das Investitionscontrolling, das Personalcontrolling usw. übertragen worden. Der Schwerpunkt des hier im Vordergrund stehenden *Produktionscontrollings* liegt auf der Planung, Steuerung und Kontrolle von Produktions- und Logistikprozessen. Während sich das finanzwirtschaftliche Controlling fast ausschließlich auf monetäre bzw. monetarisierbare Größen stützt, werden im Produktionscontrolling in der Regel zusätzlich nicht-monetäre, quantitative und auch qualitative Größen eingesetzt, um die relevanten Sachverhalte adäquat abzubilden.

4.1.2   Ziele und Aufgaben des Produktionscontrollings

Das *Oberziel* des Produktionscontrollings lässt sich aus den allgemeinen Zielen des Unter-nehmens bzw. der Produktionswirtschaft ableiten. In Abschnitt 1.1.5 wurden Kosten-, Zeit- und Qualitätsziele als strategische Unternehmensziele herausgearbeitet. Das Produktions-controlling muss durch vorlaufende, begleitende und nachgeschaltete Planungs-, Steuerungs- und Kontrollmaßnahmen die Durchführung der betrieblichen Leistungserstellung, d.h. der Produktions- und Logistikprozesse, unterstützen, um dadurch zur Erreichung dieser Ziele und letztlich zum Unternehmenserfolg beizutragen. Dazu bedient sich das Produktionscont-rolling bereichsspezifischer Steuerungsgrößen wie der Produktivität, der Wirtschaftlichkeit, der Flexibilität und der Rentabilität, die für den jeweiligen Steuerungszweck angepasst bzw. weiterentwickelt werden.

Aus diesen Zielsetzungen lassen sich die Objekte des Produktionscontrollings ableiten, d.h. die Sachverhalte, auf die sich die Controllingmaßnahmen beziehen und an denen sich die Controllinginstrumente ausrichten. Die *Controllingobjekte* lassen sich wie folgt klassifizie-ren:

- *Werte*: Das Produktionscontrolling befasst sich mit Vorgaben für Kosten, Erlöse, De-ckungsbeiträge und anderen Wertgrößen, die sich der Durchführung von Produktions- und Logistikprozessen zuordnen lassen.

- *Termine*: Gegenstand des Produktionscontrollings ist die zeitliche Struktur der Produkti-ons- und Logistikprozesse, die anhand von Lieferterminen, Produktionszeiten, Auftrags-fortschritten usw. gestaltet und überwacht wird.

- *Mengen*: Die Planung, Steuerung und Kontrolle von Beschaffungs-, Produktions- und Liefermengen sowie der Kapazitätsnutzung gehört ebenfalls zu den Aufgaben des Pro-duktionscontrollings.

- *Qualität*: Auch die Einhaltung von betriebsintern oder extern vorgegebenen Qualitäts-standards bei der Durchführung der Produktions- und Logistikprozesse (vgl. Abschnitt 2.2.5) fällt in den Zuständigkeitsbereich des Produktionscontrollings.

Die verschiedenen Controllingaufgaben lassen sich nach ihrer Fristigkeit und ihrem Entscheidungsumfang zwei deutlich abgrenzbaren *Planungsebenen* zuordnen, dem strategischen und dem operativen Controlling (vgl. auch Abb. 4.3). Im Gegensatz zum Produktionsmanagement, bei dem zwischen diesen beiden noch eine mittelfristige, taktische Planungsebene eingeführt wurde (vgl. Abschnitt 2.1.1), sind die Aufgaben des Produktionscontrollings stärker polarisiert, so dass hier eine Zweiteilung ausreicht.

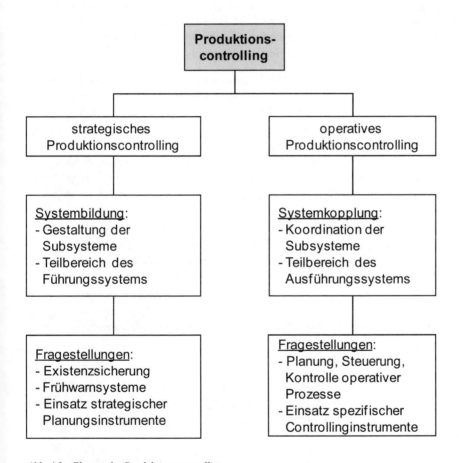

Abb. 4.3   *Ebenen des Produktionscontrollings*

- Das *strategische Produktionscontrolling* befasst sich mit der Führung des Produktionsbereichs und ist damit ein Teilbereich des langfristig ausgerichteten Führungssystems des Unternehmens. Gegenstand des strategischen Produktionscontrollings sind in erster Linie der Entwurf und die Implementation der zur Durchführung der Controllingaufgaben erforderlichen Produktionsplanungs-, -steuerungs- und -kontrollsysteme sowie eines Informationssystems für die Produktion, das die verschiedenen Bereiche miteinander verbindet. Weiter sind spezielle Koordinationsorgane und Regelungen zur Behandlung von Koordinationsproblemen im Produktionsbereich zu schaffen. Damit kommt dem strategischen Controlling eine *systembildende Funktion* zu, denn es gestaltet diese Subsysteme entsprechend den betrieblichen Anforderungen. Das strategische Controlling setzt unter anderem Frühwarnsysteme, Investitionsrechenverfahren und verschiedene strategische Planungs- und Koordinationsinstrumente ein, um seiner Aufgabe der Sicherstellung der Unternehmensexistenz durch Reaktion auf Umweltveränderungen und der Schaffung von Wettbewerbsvorteilen für das Unternehmen gerecht zu werden. Zu den Aufgabenbereichen des strategischen Produktionscontrollings zählen in Bezug auf die Produktionspotenziale insbesondere die Standortplanung und die Ressourcenplanung, in Bezug auf die Produktionsprozesse die Layoutplanung und die Technologieplanung und in Bezug auf die Produkte die Produktplanung und die Sortimentsplanung.

- Das *operative Produktionscontrolling* zählt hingegen zum Ausführungssystem des Unternehmens, es ist demzufolge eher kurzfristig ausgerichtet. Seine Aufgabe ist die Sicherung der Wirtschaftlichkeit beim Ablauf der Fertigungsprozesse; Schwerpunkte liegen z.B. in den Bereichen der Lagerhaltung, der Auftragsüberwachung, der Steuerung der Kapazitätsinanspruchnahme und der Beseitigung von Störungen. Dies lässt sich durch eine laufende Koordination der operativen Prozesse in den vom strategischen Produktionscontrolling gestalteten Subsystemen der Produktion und Logistik sowie der zugehörigen Planungs-, Steuerungs-, Kontroll- und Informationssysteme erreichen, durch die deren Informationszusammenhang sowie ihre einheitliche Ausrichtung an den Unternehmenszielen sichergestellt werden kann. Dies wird auch als die *systemkoppelnde Funktion* des operativen Controllings bezeichnet. Dazu bedient sich das operative Produktionscontrolling spezifischer Controllinginstrumente, die in Abschnitt 4.3 näher dargestellt werden. Die auf der operativen Ebene relevanten Controllingobjekte sind in Bezug auf die Produktionspotenziale vor allem Aufträge, Materialbedarfsmengen und Produktionsmengen, in Bezug auf die Produktionsprozesse die Einlastung und die zeitliche Abstimmung von Aufträgen und in Bezug auf die Produkte die konkret zu fertigenden Produktionsprogramme.

Als *Einzelaufgaben* des Produktionscontrollings lassen sich die Planung, Steuerung und Kontrolle sowie die Koordination und die Informationsversorgung identifizieren, deren Zusammenspiel in Abb. 4.4 dargestellt ist. Planung, Steuerung und Kontrolle bilden gemeinsam – in Anlehnung an die Terminologie Gutenbergs (1983) – den dispositiven Produktionsfaktor Unternehmensführung.

- Die *Planung* ist der Ausführung von Aktivitäten vorgelagert. Die Planungsaufgabe des Produktionscontrollings besteht darin, die Aufstellung von strategischen und operativen Plänen für den Gesamtbetrieb oder in verschiedenen betrieblichen Teilbereichen zu unterstützen. In Abhängigkeit von der Planungsebene kommen dabei unterschiedliche Planungsverfahren und Planungsrhythmen zur Anwendung.

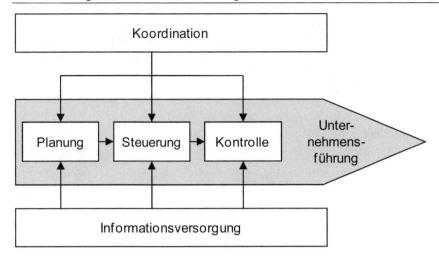

Abb. 4.4 *Zusammenhang der Controllingaufgaben*

- Die *Steuerung* findet parallel zur Durchführung der produktionswirtschaftlichen Aktivitäten statt. Im Rahmen der Steuerung gilt es zum einen, die Durchführung von kurz-, mittel- und langfristigen Plänen aufeinander abzustimmen, und zum anderen, die strategische Planung konsistent in operative Handlungen umzusetzen.

- Als *Kontrolle* bezeichnet man den Abgleich von Sollvorgaben aus der Planung mit den bei der Durchführung der Produktion erzielten Istwerten. Eine Kontrolle kann sowohl prozessbegleitend als auch nach der Durchführung von produktionswirtschaftlichen Prozessen erfolgen. Im ersten Fall liegt eine *Prozesskontrolle* vor, die sich vor allem auf die Einhaltung von bestehenden Regeln und die korrekte Durchführung der vorgesehenen Prozesse konzentriert. Bei der nachgeschalteten Kontrolle handelt es sich um eine *Ergebniskontrolle*, bei der überprüft wird, inwieweit die vorgegebenen Termin-, Mengen- und Qualitätsziele oder auch Ergebnisziele erreicht wurden. Konzentriert sich die Kontrolle auf monetäre Größen, so wird sie auch als *Wirtschaftlichkeitskontrolle* bezeichnet.

- Die den drei sukzessiv ablaufenden Teilaufgaben Planung, Steuerung und Kontrolle übergeordnete *Koordination* dient deren zeitlicher und sachlicher Abstimmung. Die Abstimmung bezieht sich sowohl auf Vorgänge innerhalb eines betrieblichen Teilbereichs als auch auf bereichsübergreifende Prozesse. Für die bereichsübergreifende Koordination sind adäquate Schnittstellen erforderlich, über die die Prozessverantwortlichen die relevanten Informationen austauschen können.

- Die Aufgabe der *Informationsversorgung* besteht in der Bereitstellung von auf den jeweiligen Informationsbedarf abgestimmten Planungs- und Steuerungsinformationen für sämtliche am Controllingsystem Beteiligten, d.h. sowohl für die Unternehmensführung als auch für die einzelnen betrieblichen Teilbereiche. Dabei ist die Unterstützung durch eine gemeinsame Daten- und Methodenbasis – ähnlich wie in den in Abschnitt 2.6 behandelten PPS-Systemen – von großer Bedeutung.

Im Zuge der Weiterentwicklung und Ausdifferenzierung des Produktionscontrollings sind für zahlreiche Problemstellungen spezielle Methoden entwickelt worden, die sich teilweise in der Literatur als eigenständige Controlling-Teilbereiche etabliert haben. Die wichtigsten dieser Teilbereiche sind im Folgenden – in alphabetischer Reihenfolge und ohne Anspruch auf Vollständigkeit – zusammengestellt:

- Anlagencontrolling
- Beschaffungscontrolling
- Bestandscontrolling
- Dienstleistungscontrolling
- Innovationscontrolling
- Investitionscontrolling
- Kostencontrolling
- Logistikcontrolling
- Projektcontrolling
- Prozesscontrolling
- Qualitätscontrolling
- Standortcontrolling
- Supply Chain Controlling
- Technologiecontrolling
- Umweltcontrolling

4.2 Kosten- und Erlösrechnung als Wurzel des Produktionscontrollings

Die theoretische Basis des Produktionscontrollings liegt in der *Produktions- und Kostentheorie*. Diese befasst sich schwerpunktmäßig mit Produktionsfunktionen als der Mengenkomponente und mit Erlös- und Kostenfunktionen als der Wertkomponente der betrieblichen Leistungserstellung (vgl. Abschnitt 1.4), auf deren Basis sich der betriebliche Erfolg ermitteln lässt. Im Folgenden wird zunächst in Abschnitt 4.2.1 der Aufbau und Ablauf der klassischen Kostenrechnung behandelt, anschließend werden in Abschnitt 4.2.2 verschiedene Ansätze zur Verrechnung der Gemeinkosten diskutiert.

4.2.1 Klassische Kostenrechnung

Die Kostenrechnung ist von großer Bedeutung für die Entwicklung des Produktionscontrollings. Organisatorisch ist sie ein Teilbereich des betrieblichen Rechnungswesens. Dieses gliedert sich in das *externe Rechnungswesen* mit den Teilbereichen Buchführung und Bilanzierung, das sich im Wesentlichen an außerhalb des Unternehmens stehende Interessengruppen wie die Anteilseigner und den Staat wendet, und das *interne Rechnungswesen* mit den Teilbereichen Kostenrechnung und Controlling, dessen hauptsächlicher Adressat die Unternehmensführung ist. Während jedes Unternehmen aufgrund der §§ 238ff. HGB dazu verpflichtet ist, ein den Grundsätzen ordnungsmäßiger Buchführung entsprechendes externes Rechnungswesen zu betreiben, dessen Ausgestaltung umfangreichen und strengen Reglementierungen unterliegt, ist die Einrichtung eines internen Rechnungswesens weitgehend freiwillig und weist erheblich höhere Freiheitsgrade bezüglich seiner Ausgestaltung auf. Daher wird ein Unternehmen bei der Einführung von Kostenrechnung und Controlling eine Kosten-Nutzen-Analyse vornehmen und nur diejenigen Teile des internen Rechnungswesens implementieren, deren erwarteter Nutzen größer ist als die dafür anfallenden Kosten.

Die *Aufgabe der Kostenrechnung* besteht in der quantitativen und wertmäßigen Abbildung der Güterflüsse innerhalb des Unternehmens, auf deren Basis sich die Wirtschaftlichkeit der Produkte und Abläufe überwachen lässt sowie eine Zurechnung der Kosten auf die Produkte und eine Kalkulation der betrieblichen Leistungen erfolgen kann (vgl. Haberstock 1987, S. 18f.). Die folgende Darstellung der klassischen Kostenrechnung beschränkt sich auf die für das Produktionscontrolling relevanten Zusammenhänge, ohne die einzelnen Verfahren im Detail zu beschreiben. Hierfür sei auf die einschlägige Literatur zur Kostenrechnung verwiesen, z.B. Coenenberg 2003, Hoitsch 2004, Weber 1997, Schweitzer/Küpper 2003, Fandel et al. 2004, Kloock et al. 2005, Plinke/Rese 2006.

Die Verrechnung von Kosten orientiert sich grundsätzlich am *Verursachungsprinzip*, nach dem jeder Leistung oder betrieblichen Einheit genau die Kosten zugeordnet werden sollen, die durch sie verursacht worden sind. Ist eine verursachungsgerechte Kostenverteilung nicht möglich, so kommen ergänzend das *Durchschnittsprinzip*, bei dem eine gleichmäßige Kostenverteilung anhand von Schlüsselgrößen erfolgt, oder das *Tragfähigkeitsprinzip*, das den Produkten die Kosten gemäß ihren Bruttogewinnen oder Deckungsbeiträgen zuordnet, zur Anwendung.

Die klassische Kostenrechnung besteht aus den aufeinander aufbauenden Stufen der Kostenarten-, Kostenstellen- und Kostenträgerrechnung, die im Anschluss an die Definition der wesentlichen Begriffe in den folgenden Abschnitten in Grundzügen dargestellt werden.

4.2.1.1 Kostenbegriff

Kosten lassen sich definieren als der bewertete Verzehr von Gütern und Dienstleistungen zur Erstellung der betrieblichen Leistungen in einer Abrechnungsperiode. Diese Definition weist vier Elemente auf, die zur Abgrenzung gegen verwandte Begriffe herangezogen werden können (vgl. Kistner/Steven 1997, S. 53):

- *Mengengerüst*: Kosten fallen dadurch an, dass im betrieblichen Leistungsprozess bestimmte Einsatzmengen an Produktionsfaktoren verbraucht werden.

- *Wertgerüst*: Durch die Bewertung des zunächst mengenmäßig erfassten Produktionsfaktoreinsatzes mit Preisen werden heterogene Mengengrößen in eine einheitliche Wertgröße überführt.

- *Leistungsbezug*: Kosten liegen nur dann vor, wenn der Faktoreinsatz in direktem Zusammenhang mit der Erstellung der betrieblichen Leistungen steht. Dieses Merkmal dient zur Abgrenzung der Kosten von betriebsfremden Aufwendungen.

- *Periodenbezug*: Kosten liegen weiter nur dann vor, wenn der Faktoreinsatz in der jeweiligen Abrechnungsperiode erfolgt. Hierdurch wird eine Abgrenzung der Kosten von periodenfremden Aufwendungen vorgenommen.

Zur *Bewertung* der Faktoreinsatzmengen können unterschiedliche theoretische Ansätze herangezogen werden:

- Auf den ersten Blick scheint es nahe liegend, entsprechend dem *pagatorischen Kostenbegriff* die beim Kauf der Produktionsfaktoren gezahlten Preise als Wertmaßstab heranzuziehen. Jedoch kann bei langfristig genutzten Einsatzfaktoren wie Maschinen die Anschaffung bereits weit zurückliegen, so dass die historischen Anschaffungskosten nicht mehr aussagekräftig sind. Weiter können im Zeitablauf schwankende Einstandspreise des Materials dazu führen, dass die für ein Produkt ausgewiesenen Kosten schwanken.

- Beim Ansatz von *Wiederbeschaffungspreisen* werden die Produktionsfaktoren unabhängig vom Zeitpunkt des Kaufs mit den jeweils aktuellen Marktpreisen bewertet. Dabei besteht ebenfalls das Problem schwankender Preise und damit Kosten.

- Zur Vermeidung derartiger Schwankungen kann auf *Durchschnittspreise* der Vergangenheit zurückgegriffen werden, denen es jedoch einerseits an Exaktheit und andererseits an Aktualität mangelt.

- Einsatzgüter, die nicht vom Markt bezogen, sondern im eigenen Unternehmen erstellt werden, z.B. selbst gefertigte Bauteile, werden mit *internen Verrechnungspreisen* bewertet, die im Rahmen der Kostenrechnung bestimmt werden müssen und deren innerbetriebliche Knappheit angeben.

- Aus theoretischer Sicht ist die Bewertung mit *Opportunitätskosten* zu befürworten. Diese entsprechen dem entgangenen Gewinn aus der besten nicht realisierten Verwendung eines Produktionsfaktors. Wird z.B. ein Bauteil, das auch als Ersatzteil verkauft werden könnte, in der Produktion eingesetzt, so ergeben sich Opportunitätskosten in Höhe des Gewinns, der beim Verkauf angefallen wäre. Umgekehrt entsprechen beim Verkauf des Bauteils die Opportunitätskosten dem Gewinn, der beim Einsatz in der Produktion erzielt würde. Da die Bestimmung der Opportunitätskosten oft große Probleme bereitet, wird in der Praxis meist auf die zuvor genannten Wertmaßstäbe zurückgegriffen.

Die *Kostenfunktion* beschreibt die Kosten in Abhängigkeit von der Menge der hergestellten Leistungen (vgl. auch Abschnitt 1.4.2):

$$K = K(x)$$

Grundsätzlich lassen sich folgende Bestandteile einer Kostenfunktion unterscheiden:

- *Fixkosten* sind entscheidungsunabhängige Kosten. Sie fallen auf der operativen Ebene unabhängig von der produzierten Menge allein für die Aufrechterhaltung der Betriebsbereitschaft an. Dazu zählen z.B. Gehälter, Versicherungen, Zinsen für langfristige Kredite, Miete, Pacht oder Leasingraten sowie Abschreibungen auf die Gebäude und Maschinen.

- *Variable Kosten* sind entscheidungsabhängige Kosten, die auf der operativen Ebene direkt mit der Produktionsmenge steigen oder fallen, z.B. Lohnkosten, Materialkosten, Energiekosten oder auch Logistikkosten.

- *Sprungfixe Kosten* verlaufen innerhalb eines bestimmten Bereichs konstant, steigen jedoch bei Überschreiten einer kritischen Menge sprunghaft an. Ein Beispiel sind die zusätzlichen Fixkosten, die bei Zuschaltung (quantitative Anpassung, vgl. Abschnitt 1.4.5.2) oder bei Anschaffung einer neuen Anlage zur Befriedigung von kurzfristig oder dauerhaft gestiegener Nachfrage anfallen.

Lässt man die sprungfixen Kosten außer Acht, so lässt sich die Kostenfunktion wie folgt konkretisieren:

$$K(x) = K_F + K_v(x)$$

Da die variablen Kosten direkt von der Produktionsmenge abhängen, ist ihr Verlauf genauer zu untersuchen. Dabei lassen sich die folgenden drei Grundtypen unterscheiden, die typischerweise bei bestimmten Produktionsfaktoren auftreten (vgl. Abb. 4.5):

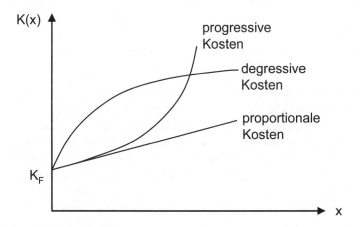

Abb. 4.5 *Verlauf der Kostenfunktion*

- Der einfachste Fall ist der *proportionale* bzw. *lineare Kostenverlauf*, bei dem jede hergestellte Einheit immer gleich viel kostet, d.h. es liegen konstante Grenzkosten vor. Der lineare Kostenverlauf ist typisch für Akkordlohn sowie für den Materialverbrauch.

- Ein *degressiver Kostenverlauf* liegt bei abnehmenden Grenzkosten vor. Hier kostet bei Ausdehnung der Produktion jedes zusätzlich produzierte Stück weniger als das vorherige. Dies entspricht einem konkaven Verlauf der Kostenfunktion. Dieser Kostenverlauf lässt sich z.B. mit Lerneffekten in der Produktion oder mit Mengenrabatten beim Materialeinkauf begründen.

- Bei einem *progressiven Kostenverlauf* sind die Grenzkosten zunehmend. Die Kostenfunktion steigt überproportional an, da die Produktion eines zusätzlichen Stücks immer teurer wird. Ein solcher Anstieg beruht z.B. auf erhöhtem Energieverbrauch bei Ausdehnung der Produktion durch intensitätsmäßige Anpassung (vgl. Abschnitt 1.4.5.3) oder auf zunehmendem Ausschuss aufgrund von Ermüdungserscheinungen bei längerer Produktionszeit.

Da bei der Herstellung eines Produkts typischerweise Produktionsfaktoren mit unterschiedlichen Kostenverläufen eingesetzt werden, deren Auswirkungen sich zum großen Teil gegenseitig kompensieren, geht man in der Kostenrechnung – auch aus Vereinfachungsgründen – häufig davon aus, dass insgesamt ein *linearer Kostenverlauf* mit konstanten Grenzkosten vorliegt.

Die im Zusammenhang mit der betrieblichen Leistungserstellung anfallenden Kosten lassen sich nach unterschiedlichen Kriterien klassifizieren.

- Stellt man darauf ab, inwieweit sich die Kosten durch eine *betriebliche Entscheidung*, z.B. auf der operativen Ebene die Entscheidung über die Höhe der Produktionsmenge, beeinflussen lassen, so erhält man die bereits oben eingeführte Einteilung in entscheidungsunabhängige *Fixkosten* und entscheidungsabhängige *variable Kosten*.

- Eine andere Einteilung orientiert sich an der *Art der Weiterverrechnung* der Kosten. Hierbei unterscheidet man *Einzelkosten*, die sich einem Produkt eindeutig zurechnen lassen, und *Gemeinkosten*, die in keinem direkten Zusammenhang mit der Herstellung eines Produkts stehen. Letztere werden zunächst anderen Abrechnungseinheiten – Kostenstellen oder Teilbetrieben – zugerechnet und im Zuge der Kostenverrechnung mittels geeigneter Schlüsselgrößen auf einzelne Produkte verteilt. Beispiele für Einzelkosten sind die Kosten des für ein Produkt eingesetzten Materials, der Verpackung und die direkt erfassten Fertigungslöhne. Als *Sondereinzelkosten der Fertigung bzw. des Vertriebs* bezeichnet man Kosten, die sich zwar nicht dem einzelnen Produkt, aber dem zugehörigen Auftrag eindeutig zurechnen lassen, z.B. Konstruktionskosten, Kosten für die Anfertigung von Spezialwerkzeugen oder auftragsspezifische Transportkosten. Gemeinkosten fallen z.B. in Form von Maschinenkosten, Energiekosten, Gehältern, Mieten und Verwaltungskosten an. Zur Vereinfachung der Kostenverrechnung erfasst man solche Kosten, die sich grundsätzlich als Einzelkosten erfassen lassen, aber nur eine geringe Höhe aufweisen, als *unechte Gemeinkosten*. Hierzu zählen die Kosten für Kleinmaterial oder für Putz- und Schmiermittel.

Abb. 4.6 zeigt den Zusammenhang zwischen diesen beiden Begriffspaaren: Fixkosten sind immer gleichzeitig Gemeinkosten. Einzelkosten sind immer variabel, ihre Zuordnung zu den Produkten ist somit unproblematisch. Die Problematik der Kostenverrechnung entsteht dadurch, dass ein – im Zuge der Automatisierung der Produktion zunehmender – Teil der Gemeinkosten variabel ist, d.h. mit der Produktionsmenge steigt oder fällt. Diese Kosten müssen auf den nachfolgend beschriebenen Stufen der Kostenrechnung den betrieblichen Leistungen verursachungsgerecht zugeordnet werden.

Kriterium

Entscheidungs- abhängigkeit	variable Kosten		Fixkosten
Zurechen- barkeit	Einzel- kosten	Gemeinkosten	

Abb. 4.6 *Kostenbegriffe*

4.2.1.2   Kostenartenrechnung

Die *Kostenartenrechnung* ist die erste Stufe einer regelmäßigen Kostenrechnung. Sie antwortet auf die Frage:

Welche Kosten sind angefallen?

Dazu nimmt sie eine systematische Erfassung aller im Laufe der Abrechnungsperiode bei der Leistungserstellung aufgetretenen Kosten und ihre Zuordnung zu verschiedenen Kostenarten vor, damit sie in der anschließenden Kostenstellen- und Kostenträgerrechnung weiterverrechnet werden können. Die Kosten werden aus den im externen Rechnungswesen erfassten Aufwendungen der Periode abgeleitet und in einem unternehmensspezifischen *Kostenartenplan* verbucht. Wesentliche Anforderungen an die Aufstellung eines Kostenartenplans sind die Grundsätze der Reinheit und der Einheitlichkeit, die eine schnelle und eindeutige Zuordnung der anfallenden Kostenbelege sicherstellen. Ein Beispiel für eine Gliederung der Kostenarten nach der Art der eingesetzten Produktionsfaktoren ist der Gemeinschaftskontenrahmen der Industrie, der die folgenden Kostenartengruppen aufweist:

- Materialeinzelkosten
- Materialgemeinkosten
- Kosten für Brennstoffe und Energie
- Lohn- und Gehaltskosten
- Sozialkosten und andere Personalkosten
- Instandhaltungskosten und Fremdleistungen

- Steuern, Gebühren, Beiträge
- Mieten, Verkehrs-, Büro- und Werbekosten
- Kalkulatorische Kosten
- Sondereinzelkosten

Bei jeder Kostenart ist zu untersuchen, ob bzw. inwieweit es sich um Einzel- oder Gemeinkosten handelt. Einzelkosten, die sich eindeutig einem Produkt zuordnen lassen, werden an
der Kostenstellenrechnung vorbei in die Kostenträgerrechnung weitergeleitet. Gemeinkosten
hingegen, bei denen keine solche direkte Zurechnung möglich ist, werden als *primäre Gemeinkosten* in die Kostenstellenrechnung übernommen und dort weiterverrechnet. Im Folgenden wird kurz auf die Verrechnung einiger wichtiger Kostenarten eingegangen.

- *Materialkosten* fallen für den Einsatz von Roh-, Hilfs- und Betriebsstoffen, Zukaufteilen
  sowie Verbrauchsmaterial in der Produktion an. Dabei lassen sich die Kosten des Materi-
  aleinsatzes in der Regel als Materialeinzelkosten den Produkten direkt zuordnen, während die bei der Beschaffung, der Lagerung und der Bereitstellung des Materials auftretenden Kosten als Materialgemeinkosten zu behandeln sind.

- Zu den *Personalkosten* zählen sämtliche Kosten, die unmittelbar oder mittelbar im Zusammenhang mit dem Einsatz von Arbeitskräften auftreten. Dazu gehören neben dem
  Arbeitsentgelt, das in Form von Löhnen, Gehältern, Zuschlägen (für Überstunden, Nacht-
  arbeit usw.) und Prämien gezahlt wird, die Personalnebenkosten wie der Arbeitgeberan-
  teil zur Sozialversicherung und zur Unfallversicherung sowie freiwillig erbrachte Sozial-
  leistungen. Die Personalnebenkosten können eine beträchtliche Höhe erreichen, in einigen Branchen kommen zum Arbeitsentgelt nochmals 70-80% an Personalnebenkosten
  hinzu. Die Personalkosten werden in der Lohnbuchhaltung mithilfe von Lohnscheinen,
  Akkordscheinen, Stempelkarten oder Gehaltslisten erfasst. Soweit es sich um Akkordlöhne oder um separat erfasste Zeitlöhne handelt, lassen sie sich den Produkten direkt als
  Lohneinzelkosten zurechnen; pauschal erfasste Zeitlöhne und Gehälter hingegen sind
  Fertigungsgemeinkosten, die auf der Kostenstelle verbucht werden, auf der sie angefallen
  sind.

- Als *Dienstleistungskosten* werden sämtliche Zahlungen für Leistungen bezeichnet, die
  von externen Personen oder Institutionen erbracht werden, z.B. Reparatur-, Wartungs-
  und Instandhaltungskosten, Fracht- und Transportkosten, Versicherungsprämien, Bank-
  gebühren, Gebühren für behördliche Leistungen, Beiträge zu Verbänden, Rechts- und
  Steuerberatungskosten, Kosten für Leistungen von Unternehmensberatungen oder Wer-
  beagenturen, Telekommunikationskosten, Portokosten. Dienstleistungskosten lassen sich
  anhand von Zahlungsbelegen oder Rechnungen erfassen, mit denen der Dienstleister seine Forderungen geltend macht. Ein großer Teil der Dienstleistungskosten sind Gemeinkosten, eine direkte Zurechnung auf Kostenträger ist z.B. bei den Transportkosten möglich, soweit sie als Sondereinzelkosten des Vertriebs erfasst werden.

- *Kalkulatorische Kosten* sind Kosten, denen in der Finanzbuchhaltung ein Aufwand in
  anderer Höhe gegenübersteht (Anderskosten) oder die dort überhaupt nicht erfasst werden, da sie nicht mit Auszahlungen verbunden sind (Zusatzkosten). Der Ansatz kalkulato-

rischer Kosten ist in der Finanzbuchhaltung verboten, in der Kostenrechnung jedoch erforderlich, um den bei der Leistungserstellung tatsächlich angefallenen Werteverzehr korrekt zu erfassen. Die wichtigsten kalkulatorischen Kostenarten sind kalkulatorische Abschreibungen, kalkulatorische Zinsen und kalkulatorische Wagniskosten, es handelt sich dabei in der Regel um Gemeinkosten.

4.2.1.3 Kostenstellenrechnung

Die *Kostenstellenrechnung* als zweite Stufe der klassischen Kostenrechnung hat die Aufgabe, die in einer Abrechnungsperiode angefallenen primären Gemeinkosten so auf die Kostenstellen zu verteilen, dass sich *Verrechnungssätze* für innerbetriebliche Leistungen und Kalkulationssätze für nach außen abgegebene Leistungen ermitteln lassen. Sie antwortet auf die Frage:

Wo sind die Kosten angefallen?

Grundlage der Kostenstellenrechnung ist die Einteilung des Betriebs in Kostenstellen. Unter einer *Kostenstelle* versteht man einen räumlich oder organisatorisch abgegrenzten betrieblichen Teilbereich, dem die Verantwortung für die dort entstehenden und eindeutig zurechenbaren Kosten übertragen wird. Voraussetzung für die Durchführung einer aussagekräftigen Kostenstellenrechnung ist – ähnlich wie bei der Kostenartenrechnung – die Aufstellung eines auf die betrieblichen Bedürfnisse abgestimmten *Kostenstellenplans*. Die Einteilung des Unternehmens in Kostenstellen sollte so erfolgen, dass keine Kompetenzüberschneidungen auftreten und sich jeweils Schlüsselgrößen ermitteln lassen, die die Kostenverursachung möglichst genau widerspiegeln. Im Prinzip ist eine beliebig detaillierte Gliederung bis hin zu einzelnen Arbeitsplätzen (Kostenplätzen) möglich, so dass eine sehr genaue Kostenkontrolle erfolgen kann, jedoch bildet die Wirtschaftlichkeit der Kostenrechnung eine Grenze für die Feinheit der Gliederung.

Üblicherweise werden in einem funktional gegliederten Industrieunternehmen die Kostenbereiche Material, Fertigung, Vertrieb und Verwaltung unterschieden, die jeweils weiter in einzelne Kostenstellen unterteilt werden. Nach der Art der Weiterverrechnung der einer Kostenstelle zugewiesenen Kosten unterscheidet man:

- *Haupt-* bzw. *Endkostenstellen* erbringen ihre Leistungen zum großen Teil für die am Markt verwertbaren Endprodukte, zum Teil auch in Form von innerbetrieblichen Leistungen. Die auf ihnen gesammelten Kosten werden in der Kostenträgerrechnung auf die Produkte abgerechnet.

- *Hilfs-* bzw. *Vorkostenstellen* erbringen ausschließlich innerbetriebliche Leistungen, die von anderen (Hilfs- oder Haupt-)Kostenstellen in Anspruch genommen werden. Diese innerbetrieblichen Leistungen werden im Rahmen der innerbetrieblichen Leistungsverrechnung bewertet und auf die Hauptkostenstellen abgerechnet.

Die Kostenstellenrechnung besteht aus zwei Schritten: Der erste Schritt ist die verursachungsgerechte Verteilung der aus der Kostenartenrechnung übernommenen *primären Ge meinkosten*, die für von außen bezogene Kostengüter anfallen, auf die Kostenstellen. Diejenigen primären Gemeinkosten, die sich eindeutig einer bestimmten Kostenstelle zuordnen lassen, werden als *Kostenstelleneinzelkosten* bezeichnet. Dazu zählen z.B. die in einer Abteilung angefallenen Zeitlöhne und Gehälter, die auf die Maschinen entfallenden kalkulatorischen Abschreibungen und Zinsen, Kosten für Reparaturen und Wartungen an den Maschinen sowie die dort eingesetzten Werkzeuge und Schmiermittel.

Weiter gibt es eine Reihe von Kostenarten, die für mehrere Kostenstellen gemeinsam anfallen, z.B. Gebäudekosten, Energiekosten, Verwaltungskosten. Um auch diese als *Kostenstellengemeinkosten* bezeichneten Kosten auf die Kostenstellen zu verteilen, ist eine Schlüsselung erforderlich, die die Inanspruchnahme der Kostengüter möglichst gut abbilden soll. Als *Schlüsselgrößen* werden Merkmale herangezogen, die sich gut messen lassen und im Idealfall in einem proportionalen Zusammenhang zur tatsächlichen Kostenverursachung stehen. Man unterscheidet *Zeitschlüssel*, z.B. Rüstzeiten oder Maschinenlaufzeiten, *Mengenschlüssel*, z.B. die Anzahl der Produkte oder der Mitarbeiter, und *Wertschlüssel*, z.B. der Wert des Lagerbestands oder die Lohnsumme. In der Regel sind für die Verteilung einer bestimmten Kostenart mehrere Schlüsselgrößen denkbar, die jeweils zu einer anderen Kostenverteilung führen. So lassen sich z.B. die Energiekosten anhand der den einzelnen Abteilungen zugewiesenen Fläche, aber auch nach der maximalen Leistungsaufnahme der jeweils installierten Maschinen verteilen. Daher muss die Auswahl der verwendeten Schlüsselgrößen im Einvernehmen mit den betroffenen Kostenstellen erfolgen.

Im zweiten Schritt der Kostenstellenrechnung, der *innerbetrieblichen Leistungsverrechnung*, werden die auch als *sekundäre Gemeinkosten* bezeichneten Kosten, die bei der Verteilung der primären Gemeinkosten den Hilfskostenstellen zugewiesen wurden, entsprechend den innerbetrieblichen Lieferbeziehungen auf die Hauptkostenstellen verrechnet. Diese Umlage erfolgt mithilfe von innerbetrieblichen Verrechnungspreisen, die im Rahmen der innerbetrieblichen Leistungsverrechnung ermittelt werden. Zur Durchführung der innerbetrieblichen Leistungsverrechnung stehen drei Verfahren zur Verfügung:

- Das *Anbauverfahren* geht von der stark vereinfachenden Annahme aus, dass keine innerbetrieblichen Lieferbeziehungen bestehen. Daher werden die primären Gemeinkosten der Hilfskostenstellen direkt auf die Hauptkostenstellen verrechnet, ein tatsächlich bestehender Leistungsaustausch zwischen den Kostenstellen wird vernachlässigt. Die mit diesem Verfahren ermittelten Verrechnungspreise weichen umso mehr von den tatsächlichen Werten ab, je stärker die vernachlässigten Lieferbeziehungen sind. Der Verrechnungspreis einer innerbetrieblichen Leistung wird ermittelt, indem man die der Kostenstelle zugeordneten primären Gemeinkosten durch die von ihr an die Hauptkostenstellen abgegebenen Leistungseinheiten dividiert:

$$\text{Verrechnungspreis} = \frac{\text{primäre Gemeinkosten}}{\text{Leistung an Hauptkostenstellen}}$$

Das Anbauverfahren ist ein grobes Näherungsverfahren, das in den meisten Fällen nur sehr ungenaue Verrechnungspreise liefert.

- Das *Stufenleiterverfahren* berechnet die innerbetrieblichen Verrechnungspreise sukzessiv, indem zunächst die Kostenstellen abgerechnet werden, die keine oder nur wenige Leistungen von anderen, noch nicht abgerechneten Kostenstellen empfangen. Bei der Ermittlung des Verrechnungspreises einer Kostenstelle werden die Leistungen der bereits abgerechneten Kostenstellen mit ihren innerbetrieblichen Verrechnungspreisen bewertet und zu den primären Gemeinkosten der Kostenstelle hinzugefügt, die von noch nicht abgerechneten Kostenstellen empfangenen Leistungen hingegen werden vernachlässigt. Daher sind die mit dem Stufenleiterverfahren ermittelten Verrechnungspreise umso genauer, je besser es gelingt, die Kostenstellen entsprechend dem Umfang der von ihnen empfangenen innerbetrieblichen Leistungen anzuordnen. Offensichtlich hängen die mit dem Stufenleiterverfahren ermittelten innerbetrieblichen Verrechnungspreise davon ab, in welcher Reihenfolge die Hilfskostenstellen abgerechnet werden. Da man bei komplexen innerbetrieblichen Lieferbeziehungen im Voraus nicht überblickt, in welcher Richtung der Leistungsaustausch den größeren Umfang hat, besteht die Gefahr, mit Verrechnungspreisen zu operieren, die weit von den exakten Werten entfernt sind.

- Einen exakten Lösungsweg zur Bestimmung innerbetrieblicher Verrechnungspreise für den allgemeinen Fall, dass ein gegenseitiger Leistungsaustausch zwischen den Hilfskostenstellen vorliegt, bietet das *Gleichungsverfahren*, das die Verrechnungspreise mithilfe eines linearen Gleichungssystems bestimmt. Die Lösung eines solchen linearen Gleichungssystems lässt sich mithilfe von Standardsoftware, z.B. Tabellenkalkulationsprogrammen, auch für eine große Zahl von Kostenstellen schnell und einfach ermitteln. Für jede abzurechnende Kostenstelle wird eine Gleichung nach dem Prinzip der exakten Kostenüberwälzung aufgestellt:

$$\sum \text{empfangene Leistungen} = \sum \text{abgegebene Leistungen}$$

Die von einer Kostenstelle empfangenen Leistungen sind zum einen die als primäre Gemeinkosten erfassten, von außen bezogenen Kostengüter, zum anderen die mit den noch unbekannten Verrechnungspreisen bewerteten innerbetrieblichen Leistungen, die sie in Anspruch genommen hat. Bewertet man die an andere Kostenstellen abgegebenen Leistungen mit dem ebenfalls noch unbekannten Verrechnungspreis der Kostenstelle, so muss sich der gleiche Betrag ergeben. Rechnet man sämtliche innerbetrieblichen Leistungen mithilfe dieser Verrechnungspreise ab, so erhält man eine verursachungsgerechte Verteilung der sekundären Gemeinkosten.

Zur übersichtlichen Darstellung der beiden Schritte der Kostenstellenrechnung – Verteilung der primären Gemeinkosten und innerbetriebliche Leistungsverrechnung – sowie zur Verknüpfung von Kostenstellen- und Kostenträgerrechnung lässt sich der *Betriebsabrechnungsbogen* einsetzen. Dabei handelt es sich um eine Tabelle, in der zeilenweise die Kostenarten und spaltenweise die Kostenstellen, sortiert nach Hilfs- und Hauptkostenstellen, aufgeführt sind und die entsprechenden Beträge eingetragen werden. Die Bearbeitung dieser Tabelle erfolgt mit den üblichen Tabellenkalkulationsprogrammen. Der prinzipielle Aufbau eines Betriebsabrechnungsbogens ist in Abb. 4.7 dargestellt.

Gemeinkostenarten		Verteilung	Betrag	Hilfskostenstellen					Hauptkostenstellen				
				1	2	3	4	5	1	2	3	4	
primäre Gemeinkosten	Kostenstellen-einzelkosten	direkt											Verteilung der Kostenarten auf Kostenstellen
	Summe												
	Kostenstellen-gemeinkosten	indirekt											Verteilung der Kostenarten auf Kostenstellen
	Summe												
	Summe Kostenarten												
sekundäre Gemeinkosten				→	→	→	→	→	→	→	→	→	innerbetriebliche Leistungs-verrechnung
					→	→	→	→	→	→	→	→	
						→	→	→	→	→	→	→	
							→	→	→	→	→	→	
								→	→	→	→	→	
Summe der Stellenkosten									X	X	X	X	
Kalkulationssätze													

Abb. 4.7   *Betriebsabrechnungsbogen*

Im oberen Teil des Betriebsabrechnungsbogens werden die primären Gemeinkosten auf die Kostenstellen verteilt, wobei zwischen den direkt zurechenbaren Kostenstelleneinzelkosten und den indirekt, d.h. über eine Schlüsselung zu verteilenden Kostenstellengemeinkosten unterschieden wird. Die anschließend auf den Kostenstellen ausgewiesenen Kosten stellen sekundäre Gemeinkosten dar, die für die Hilfskostenstellen im Rahmen der innerbetrieblichen Leistungsverrechnung entsprechend der Inanspruchnahme auf die Hauptkostenstellen umzulegen sind. Die nunmehr auf den Hauptkostenstellen gesammelten Kosten dienen als Grundlage für die Bildung von Kalkulationssätzen in der Kostenträgerrechnung sowie für die spätere Ermittlung von Unter- bzw. Überdeckungen bei einem kostenstellenbezogenen Soll/Ist-Vergleich.

4.2.1.4   Kostenträgerrechnung

Die Aufgabe der *Kostenträgerrechnung* besteht darin, die Herstellkosten bzw. Selbstkosten der im Unternehmen hergestellten Produkte zu kalkulieren. Sie antwortet auf die Frage:

Wofür sind die Kosten angefallen?

In der Kostenträgerrechnung werden die direkt aus der Kostenartenrechnung übernommenen Kostenträgereinzelkosten mit den über die Kostenstellenrechnung verrechneten und verursachungsgerecht auf die Kostenträger abgerechneten Gemeinkosten zusammengeführt. Die hierbei ermittelten Kosteninformationen werden zur Ermittlung von Preisuntergrenzen und zur Bewertung von Lagerbeständen an unfertigen und fertigen Erzeugnissen eingesetzt. Eine *Kalkulation* kann zu folgenden Zwecken erfolgen:

- Die *Vorkalkulation* dient der Abschätzung der voraussichtlichen Kosten eines Produkts, für das ein Angebot erstellt werden soll.

- Mithilfe der *Nachkalkulation* lässt sich im Nachhinein feststellen, welche Kosten ein Produkt verursacht und ob es einen positiven Deckungsbeitrag erwirtschaftet hat. Die Nachkalkulation ist der Haupteinsatzbereich der für die verschiedenen Fertigungstypen entwickelten Kalkulationsverfahren.

- Eine *Zwischenkalkulation* wird in erster Linie zur zwischenzeitlichen Erfolgsermittlung bei langen Fertigungsdauern vorgenommen.

Während die Divisionskalkulation und die Äquivalenzziffernrechnung mit der Massenfertigung bzw. der Sortenfertigung lediglich einen sehr begrenzten Einsatzbereich aufweisen, handelt es sich bei der nachfolgend dargestellten *Zuschlagskalkulation* mit ihren verschiedenen Varianten um ein allgemein verwendbares Kalkulationsverfahren, dessen Anwendungsschwerpunkt jedoch in der Einzel- und Serienfertigung liegt. Diese weist ein heterogenes Produktspektrum auf, wobei die verschiedenen Produkte die einzelnen Kostenstellen in oft sehr unterschiedlichem Umfang in Anspruch nehmen.

Die Zuschlagskalkulation kann sowohl auf Vollkosten- als auch auf Teilkostenbasis durchgeführt werden (vgl. Abschnitt 4.2.1.5). Ihr Grundgedanke besteht darin, die auf den Hauptkostenstellen gesammelten Gemeinkosten – unter Berücksichtigung des Verursachungsprinzips – anteilig auf die Einzelkosten eines Produkts aufzuschlagen, um die Produktkosten zu ermitteln. Das Kalkulationsschema der *summarischen Zuschlagskalkulation*, die die einfachste Form der Zuschlagskalkulation bildet, ist in Abb. 4.8 angegeben. Dabei wird unterstellt, dass ein proportionaler Zusammenhang zwischen der jeweiligen Zuschlagsbasis und der Kostenverursachung bzw. dem zuzurechnenden Anteil an den Gemeinkosten besteht.

Den Ausgangspunkt der Zuschlagskalkulation bilden die einem Produkt eindeutig zurechenbaren Materialeinzelkosten und Lohneinzelkosten. Auf die Materialeinzelkosten wird mittels eines einheitlichen Zuschlagssatzes, der als Verhältnis der in der Abrechnungsperiode angefallenen Materialgemeinkosten zu den gesamten Materialeinzelkosten ermittelt wird, ein Materialgemeinkostenzuschlag aufgeschlagen, um die *Materialkosten* des Produkts zu ermitteln. Analog wird zu den Lohneinzelkosten ein prozentualer Zuschlag für die Fertigungsgemeinkosten addiert. Berücksichtigt man zusätzlich die eventuell anfallenden Sondereinzelkosten der Fertigung, so erhält man die *Fertigungskosten* des Produkts. Die Summe aus Materialkosten und Fertigungskosten bezeichnet man als *Herstellkosten*, diese bilden z.B. den Wertansatz für Lagerbestände an selbst erstellten Zwischen- oder Endprodukten. Gleichzeitig dienen die Herstellkosten als Zuschlagsbasis für die Verrechnung von Verwaltungs- und Vertriebsgemeinkosten, deren Zuschlagssätze ebenfalls wie oben beschrieben gebildet werden. Die Summe aus Herstellkosten, anteiligen Verwaltungsgemeinkosten und Vertriebsgemeinkosten sowie Sondereinzelkosten des Vertriebs, z.B. den für einen Auftrag anfallenden Versandkosten, gibt die Selbstkosten des Produkts an, die häufig als Preisuntergrenze angesehen werden.

Zuschlagsbasis

Materialeinzelkosten
+ Materialgemeinkosten ⟶ Materialeinzelkosten

= **Materialkosten**

Lohneinzelkosten
+ Fertigungsgemeinkosten ⟶ Lohneinzelkosten
+ Sondereinzelkosten der Fertigung

= **Fertigungskosten**

Materialkosten
+ Fertigungskosten

= **Herstellkosten**
+ Verwaltungsgemeinkosten ⟶ Herstellkosten
+ Vertriebsgemeinkosten ⟶ Herstellkosten
+ Sondereinzelkosten des Vertriebs

= **Selbstkosten**

Abb. 4.8 *Zuschlagskalkulation*

Die Vorgehensweise der summarischen Zuschlagskalkulation wird durch das folgende *Beispiel* veranschaulicht: In einem Betrieb sind in der Abrechnungsperiode insgesamt Materialeinzelkosten in Höhe von 150.000 €, Materialgemeinkosten in Höhe von 30.000 €, Lohneinzelkosten in Höhe von 200.000 €, Fertigungsgemeinkosten in Höhe von 100.000 €, Verwaltungskosten in Höhe von 48.000 € und Vertriebskosten in Höhe von 24.000 € angefallen. Es soll ein Auftrag kalkuliert werden, dessen Materialeinzelkosten 70 € und dessen Lohneinzelkosten 150 € betragen. Sondereinzelkosten der Fertigung oder des Vertriebs sind nicht angefallen.

Aus dem Verhältnis von Materialgemeinkosten und den gesamten Materialeinzelkosten (30.000:150.000) ergibt sich ein Zuschlagssatz von 20%, der Zuschlagssatz für die Fertigungsgemeinkosten beträgt dementsprechend 50%. Somit sind auf die Materialeinzelkosten des Auftrags von 70 € zusätzliche 14 € Materialgemeinkosten aufzuschlagen, das führt zu Materialkosten von insgesamt 84 €. Zu den 150 € Lohneinzelkosten treten 75 € Fertigungsgemeinkosten hinzu, so dass die Fertigungskosten 225 € betragen. Die Herstellkosten des Auftrags als Summe aus Material- und Fertigungskosten betragen 309 €.

Die Zuschlagssätze für die Verwaltungs- und Vertriebskosten berechnen sich aus dem Verhältnis der Verwaltungs- bzw. Vertriebskosten zu den gesamten Herstellkosten. Die Verwaltungskosten betragen 48.000 €, die gesamten Herstellkosten als Summe aus Materialgemeinkosten, Materialeinzelkosten, Fertigungsgemeinkosten und Fertigungseinzelkosten liegen bei

480.000 €. Somit ergibt sich ein Verwaltungsgemeinkostenzuschlagssatz von 10%. Analog dazu beträgt der Vertriebsgemeinkostenzuschlagssatz 5%. Das bedeutet für den zu kalkulierenden Auftrag, dass ihm auf Basis seiner Herstellkosten von 309 € anteilige Verwaltungsgemeinkosten in Höhe von 30,90 € und anteilige Vertriebsgemeinkosten in Höhe von 15,45 € zugerechnet werden, so dass sich seine Selbstkosten auf insgesamt 355,35 € belaufen.

Je nach Problemstellung und Ziel der Kostenrechnung können verschiedene Varianten der Zuschlagskalkulation angewandt werden. In Abhängigkeit von der Komplexität der Fertigung unterscheidet man die *einstufige Zuschlagskalkulation*, die die verschiedenen Gemeinkostenarten jeweils in einem Block auf die Produkte verrechnet, und die *mehrstufige Zuschlagskalkulation*, die bei einer mehrstufigen Fertigung die Kosten für jede Produktionsstufe einzeln kalkuliert und dabei auch die in der Abrechnungsperiode auftretenden Veränderungen bei den Lagerbeständen der Zwischenprodukte berücksichtigt.

In Bezug auf die Genauigkeit der Verrechnung vor allem der Fertigungsgemeinkosten unterscheidet man folgende Varianten der Zuschlagskalkulation:

- Bei der oben vorgestellten *summarischen* bzw. *kumulativen Zuschlagskalkulation* werden die Gemeinkosten in recht groben Kostenblöcken erfasst. So werden die Fertigungsgemeinkosten in einer Summe und mithilfe eines einheitlichen Prozentsatzes auf die jeweiligen Einzelkosten aufgeschlagen. Dieses Verfahren ist zwar einfach, führt jedoch insbesondere bei komplexen Fertigungsstrukturen, bei denen verschiedene Produkte die Fertigungsanlagen in unterschiedlichem Umfang in Anspruch nehmen, nur zu einer ungenauen Kostenverteilung und verletzt damit das Verursachungsprinzip.

- Die *differenzierte* bzw. *elektive Zuschlagskalkulation* geht von einer feineren Gliederung der abzurechnenden Kostenstellen aus. Sie bildet für jede Fertigungsstelle einen separaten Fertigungsgemeinkostenzuschlagssatz, indem sie die in der jeweiligen Stelle angefallenen Fertigungseinzelkosten ins Verhältnis zu ihren Fertigungsgemeinkosten setzt. Dadurch kommt es zu einer wesentlich differenzierteren Kostenverteilung als beim summarischen Verfahren, die die tatsächliche Kostenverursachung besser widerspiegelt.

- Noch differenzierter geht die *Bezugsgrößenkalkulation* vor, die auch die Basis der Grenzplankostenrechnung bildet. Als Zuschlagsbasis – hier Bezugsgröße genannt – für die Verteilung der Fertigungsgemeinkosten kommen neben Wertgrößen auch Mengengrößen zur Anwendung, die in einem proportionalen Verhältnis zur Produktionsmenge stehen sollten. So können zur Ermittlung der Kostensätze z.B. Fertigungszeiten oder Maschinenzeiten als Bezugsgröße gewählt werden. Die Verwendung von Mengengrößen orientiert sich stärker an der Kostenverursachung, denn es werden externe Effekte – vor allem Preisschwankungen – ausgeschaltet, die bei Wertgrößen leicht auftreten und zu Verzerrungen führen können. Bei homogener Kostenverursachung reicht eine Bezugsgröße je Kostenstelle aus, während bei heterogener Kostenverursachung innerhalb einer Kostenstelle sogar mehrere unterschiedliche Bezugsgrößen Verwendung finden können. So lassen sich bei der Stundensatzkalkulation einer Fertigungsstelle die Fertigungslöhne in Abhängigkeit von den Fertigungszeiten und die Betriebsstoffkosten in Abhängigkeit von den Maschinenlaufzeiten kalkulieren.

Die Bezugsgrößenkalkulation ist ein allgemeines Kalkulationsverfahren, in dem die anderen Verfahren als Spezialfälle enthalten sind. Aufgrund der Verwendung proportionaler Zuschlagssätze geht sie von linearen Kostenverläufen aus. Je nach Erkenntnisinteresse lässt sie sich beliebig fein differenziert gestalten, so dass die tatsächliche Kostenverursachung recht exakt erfasst werden kann. Allerdings ist dabei – wie generell im internen Rechnungswesen – der Grundsatz zu beachten, dass der bei der Kostenrechnung betriebene Aufwand und ihr Nutzen in einem angemessenem Verhältnis stehen müssen.

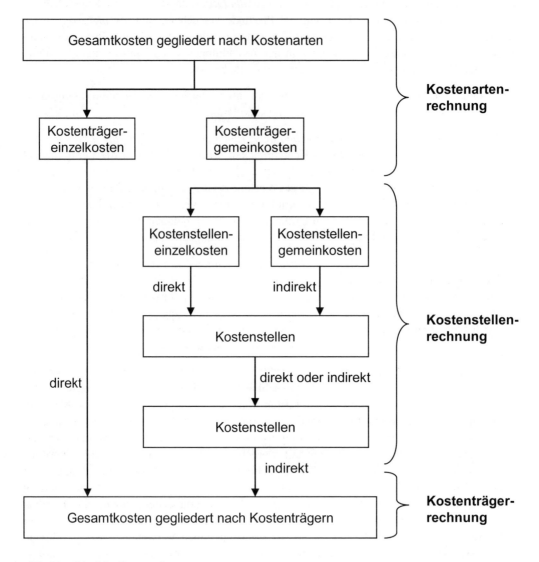

Abb. 4.9   *Ablauf der Kostenrechnung*

Abb. 4.9 gibt nochmals einen zusammenfassenden Überblick über den generellen Ablauf der Kostenrechnung und die auf den einzelnen Stufen vorgenommenen Verrechnungsschritte. Die Aufgabe der Kostenrechnung besteht letztendlich darin, die zunächst nach Kostenarten gegliederten Kosten so umzuverteilen, dass sich eine Gliederung nach Kostenträgern, d.h. nach Produkten, ergibt.

- Dazu werden zunächst in der *Kostenartenrechnung* die Kosten der von außen bezogenen Einsatzfaktoren nach Kostenarten erfasst und entweder als Einzelkosten der Produkte direkt in die Kostenträgerrechnung weitergeleitet oder als Gemeinkosten in die Kostenstellenrechnung gegeben.

- Als erster Schritt der *Kostenstellenrechnung* erfolgt eine Zurechnung dieser primären Gemeinkosten auf Kostenstellen als organisatorische Einheiten mit eigenständiger Kostenverantwortung. Kostenstelleneinzelkosten, z.B. Abschreibungen auf Maschinen oder Gehälter, lassen sich direkt einer Kostenstelle zuordnen, während Kostenstellengemeinkosten, z.B. Raumkosten oder Energiekosten, für mehrere Kostenstellen gemeinsam anfallen und über Schlüsselgrößen verteilt werden müssen. Das Ziel der Kostenstellenrechnung ist es, sämtliche Kosten auf den Hauptkostenstellen, die direkt zu der Herstellung der Kostenträger beitragen, zu sammeln. Dazu werden in der innerbetrieblichen Leistungsverrechnung als zweitem Schritt der Kostenstellenrechnung die Kosten der vorgelagerten Hilfskostenstellen entsprechend der Inanspruchnahme auf die Hauptkostenstellen verrechnet.

- In der *Kostenträgerrechnung* bzw. Kalkulation werden dann mithilfe eines geeigneten Kalkulationsverfahrens die Hauptkostenstellen auf die Produkte als Kostenträger abgerechnet und diese anteiligen Gemeinkosten mit den direkt abgerechneten Einzelkosten zu den Selbstkosten der Produkte zusammengeführt.

4.2.1.5 Kostenrechnungssysteme

Im Laufe der Zeit sind verschiedene Systeme der Kostenrechnung entwickelt worden, die sich vor allem hinsichtlich ihres Zeitbezugs sowie des Umfangs, in dem eine Verrechnung der anfallenden Kosten auf die Produkte erfolgt, unterscheiden. Nach dem *Zeitbezug* der Kosten unterscheidet man die Istkostenrechnung, die Normalkostenrechnung und die Plankostenrechnung.

- Die *Istkostenrechnung* ist vergangenheitsorientiert und verrechnet die in der Abrechnungsperiode tatsächlich angefallenen Kosten. Istkosten ergeben sich durch die Multiplikation von Istverbrauchsmengen mit Istpreisen.

- Die *Normalkostenrechnung* ist ebenfalls vergangenheitsorientiert, arbeitet jedoch mit festen Verrechnungspreisen anstelle von Istpreisen. Diese Verrechnungspreise werden meist als Durchschnittswerte der Vergangenheit ermittelt und mit den Istverbrauchsmengen der Abrechnungsperiode multipliziert.

- Die *Plankostenrechnung* ist zukunftsorientiert. Plankosten werden auf Basis geplanter Mengengrößen und geplanter Preise berechnet und bilden eine Kostenvorgabe für die Abrechnungsperiode. Damit dienen sie vor allem der späteren Kostenkontrolle, so dass sie für das Produktionscontrolling von besonderer Bedeutung sind.

Nach dem *Umfang der verrechneten Kosten* unterscheidet man die *Vollkostenrechnung*, bei der sämtliche in der Abrechnungsperiode angefallenen Kosten auf die Produkte verrechnet werden, und die *Teilkosten-* bzw. *Deckungsbeitragsrechnung*, die lediglich die variablen Kosten auf die Produkte verrechnet und die Fixkosten separat analysiert. Letztere wird auch als *Direct Costing* bezeichnet. Nach dem Verursachungsprinzip als dem grundlegenden Prinzip der Kostenrechnung sollen die Kosten jeweils dem Produkt angelastet werden, durch das sie verursacht worden sind. Während der Teilkostenrechnung das Verursachungsprinzip in seiner strengen Fassung zugrunde liegt, stellt die Vollkostenrechnung darauf ab, dass letztlich auch die Fixkosten durch die betriebliche Tätigkeit verursacht werden und daher den Produkten anzulasten sind.

Wie das folgende *Beispiel* zeigt, sind bei Verwendung der Vollkostenrechnung gravierende Fehlentscheidungen möglich, da sie zu wenig Einblick in die für die Entscheidung relevante Kostenstruktur gibt. In einer Textilfabrik werden Hemden, Hosen, Jacken, Mäntel und Pullover hergestellt. Dabei fallen je Abrechnungsperiode Fixkosten in Höhe von insgesamt 120.000 € an. In Tab. 4.1 sind die relevanten Daten der einzelnen Produkte – Absatzmengen, Stückerlöse (p) und die in der Kostenrechnung ermittelten Stückkosten (k) – sowie die Erfolgskalkulation bei Durchführung einer Vollkostenrechnung dargestellt.

Tab. 4.1 *Vollkostenkalkulation*

Produkt	Menge	Erlös	Stückkosten	p – k	Erfolg
Hemden	2.000	25 €	20 €	5 €	10.000 €
Hosen	1.500	50 €	40 €	10 €	15.000 €
Jacken	1.200	70 €	85 €	–15 €	–18.000 €
Mäntel	500	150 €	100 €	50 €	25.000 €
Pullover	1.000	45 €	40 €	5 €	5.000 €

Nach diesen Daten verursacht jede Jacke um 15 € höhere Kosten, als ihr Erlös beträgt, so dass das Unternehmen aus der Produktsparte Jacken einen Verlust von 18.000 € erwirtschaftet. Bei den anderen Produkten sind die Erlöse jeweils höher als die Stückkosten, so dass sich für die Hemden ein Erfolg von 10.000 € ergibt, für die Hosen von 15.000 €, für die Mäntel von 25.000 € und für die Pullover von 5.000 €. Der Gesamtgewinn in der Abrechnungsperiode beträgt somit 37.000 €. Als die Unternehmensleitung diese Zahlen sieht, beschließt sie, die Produktion des Verlustbringers Jacken aufzugeben und erwartet, dass der Gewinn aufgrund dieser Maßnahme auf 18.000 € steigt. Tatsächlich sinkt er jedoch um weitere 6.000 € auf 31.000 €. Die Ursache für dieses auf den ersten Blick überraschende Ergebnis liegt in der

Verwendung der Vollkostenrechnung, bei der auch die Fixkosten anteilig auf die Produkte verrechnet werden.

Tab. 4.2 zeigt, wie sich derselbe Gewinn in Höhe von 37.000 € aus Sicht der Teilkostenrechnung zusammensetzt.

Tab. 4.2 *Teilkostenkalkulation*

Produkt	Menge	Erlös	variable Stückkosten	$p - k_v$	Erfolg
Hemden	2.000	25 €	8 €	17 €	34.000 €
Hosen	1.500	50 €	24 €	26 €	39.000 €
Jacken	1.200	70 €	65 €	5 €	6.000 €
Mäntel	500	150 €	52 €	98 €	49.000 €
Pullover	1.000	45 €	16 €	29 €	29.000 €

Anstelle der Stückkosten auf Vollkostenbasis enthält die vierte Spalte jetzt die *variablen Stückkosten* (k_v), die sich ergeben, indem man die variablen Kosten eines Produkts durch seine Produktionsmenge dividiert. In der fünften Spalte ist nunmehr nicht der Stückgewinn, sondern der *Stückdeckungsbeitrag* angegeben, in der sechsten Spalte als Erfolg der Gesamtdeckungsbeitrag der einzelnen Produkte als Produkt aus Absatzmenge und Stückdeckungsbeitrag. Der Stückdeckungsbeitrag wird als Differenz aus dem Stückerlös *p* und den variablen Stückkosten k_v berechnet. Der Deckungsbeitrag ist der Betrag, den ein Produkt über seine variablen Kosten hinaus erwirtschaftet und der zur Abdeckung der im Unternehmen anfallenden Fixkosten verwendet werden kann. Im Beispiel betragen die Fixkosten insgesamt 120.000 €, so dass von der Summe der Deckungsbeiträge in Höhe von 157.000 € ein Gewinn von 37.000 €, d.h. in gleicher Höhe wie bei der Vollkostenrechnung, verbleibt.

Im Unterschied zur Vollkostenrechnung, bei der die Fixkosten willkürlich – in diesem Fall nach dem *Durchschnittsprinzip* zu je 1/5 – auf die fünf Produkte verteilt wurden, zeigt die Teilkostenrechnung die Quellen des Erfolgs eindeutig auf: Da alle fünf Produkte einen positiven Stückdeckungsbeitrag liefern, sollte keines aus dem Sortiment genommen werden. Die Verschlechterung des Ergebnisses bei der Vollkostenrechnung nach der Einstellung der Jackenproduktion resultiert daraus, dass die Fixkosten in unveränderter Höhe anfallen, jedoch der positive Deckungsbeitrag der Jacken in Höhe von 6.000 € verloren geht. Eine Elimination der Jacken aus dem Sortiment wäre nur dann sinnvoll, wenn sich innerhalb des gesamten Fixkostenblocks abbaufähige Fixkosten der Jackenproduktion von mehr als 18.000 € identifizieren ließen, denn dann würde der Gesamtdeckungsbeitrag dieser Produktart nicht ausreichen, um die ihr eindeutig zurechenbaren Fixkosten abzudecken.

Aus strategischer Sicht müsste bei einer Einstellung der Jackenproduktion allerdings zusätzlich berücksichtigt werden, dass sich z.B. der Absatz der Hosen verschlechtern könnte, wenn die Kunden keine passenden Jacken mehr kaufen können. Derartige *Absatzverbundenheiten* können dazu führen, dass selbst auf Basis der Teilkostenrechnung verlustbringende Produkte nicht aus dem Produktionsprogramm eliminiert werden.

4.2.2   Ansätze des Gemeinkostenmanagements

Wie das Beispiel zur Teilkostenrechnung gezeigt hat, liefert nur diese entscheidungsrelevante Kosteninformationen. Dabei ist es jedoch unbefriedigend, dass die Fixkosten lediglich in einem Block erfasst und von der Summe der Deckungsbeiträge abgezogen werden, um den Periodenerfolg zu berechnen. Die im Folgenden dargestellten Ansätze zum Gemeinkostenmanagement zeigen verschiedene Wege auf, den Fixkostenblock näher zu analysieren und ganz oder teilweise den Produkten bzw. anderen betrieblichen Entscheidungstatbeständen zuzurechnen, ohne dabei das Verursachungsprinzip zu verletzen.

4.2.2.1   Stufenweise Fixkostendeckungsrechnung

Der Ansatz der *stufenweisen Fixkostendeckungsrechnung* geht zurück auf Agthe (1959) sowie Kilger (1988). Der Grundgedanke besteht darin, den Fixkostenblock bzw. den Deckungsbeitrag nach verschiedenen, hierarchisch angeordneten Entscheidungsebenen aufzuspalten und den dort jeweils relevanten Abrechnungsobjekten verursachungsgerecht zuzuordnen.

Auf der bei der klassischen Kostenrechnung betrachteten operativen Entscheidungsebene steht die Entscheidung über die Produktionsmenge im Vordergrund. Sie ist somit das zentrale Abrechnungsobjekt, dem die Kosten zugerechnet werden. Bei der Teilkostenrechnung werden die von der Produktionsmenge abhängigen Kosten als variable Kosten und sämtliche nicht direkt davon abhängigen Kosten als entscheidungsirrelevanter Fixkostenblock angesehen. Betrachtet man hierarchisch übergeordnete *Entscheidungsebenen* und damit längere *Planungshorizonte*, so erweisen sich jeweils bestimmte Tatbestände als entscheidungsabhängig und die ihnen zugeordneten Anteile der Fixkosten als variabel. Grundsätzlich gilt: Je länger der Planungshorizont ist, desto geringer wird der Anteil der Fixkosten an den Gesamtkosten.

Das System der stufenweisen Fixkostendeckung unterscheidet folgende *Stufen* für die Gliederung der Fixkosten nach ihrer Entscheidungsrelevanz:

- Als *erzeugnisfixe Kosten* werden Kosten bezeichnet, die zwar in Bezug auf eine produzierte Einheit fix sind, jedoch einer Produktart bzw. einem Los zugerechnet werden können. Dies sind z.B. Rüstkosten, Entwicklungskosten oder die Abschreibungen für Spezialmaschinen zur Herstellung der Produktart.

- Auf der nächsten Entscheidungsebene sind die *erzeugnisgruppenfixen Kosten* angesiedelt. Diese sind fix in Bezug auf eine bestimmte Produktart, lassen sich jedoch einer Produktgruppe zurechnen. Hierzu zählen z.B. Raumkosten für die Fertigungshalle, in der die Produktgruppe hergestellt wird, oder die spezifischen Kosten des Vertriebssystems für ein Erzeugnis.

- *Kostenstellenfixe Kosten* lassen sich weder einer Produktart noch einer Produktgruppe zurechnen, sondern hängen mit dem Betrieb einer bestimmten Kostenstelle zusammen. Beispiele sind die Personalkosten der auf der Kostenstelle im Zeitlohn beschäftigten Mitarbeiter oder die Abschreibungen für die in der Kostenstelle betriebenen Mehrzweckmaschinen.

- Auf der nächsten Stufe stehen die *bereichsfixen Kosten*, die sich nicht einer einzelnen Kostenstelle, sondern lediglich einem umfassenderen Kostenstellenbereich zuordnen lassen. Hierzu zählen z.B. die Energiekosten oder die Kosten für die Versicherung eines Gebäudes, in dem die Kostenstellen untergebracht sind.

- Erst auf der letzten Stufe, die der strategischen Planung zugeordnet ist, werden die *unternehmensfixen Kosten* entscheidungsrelevant. Dies sind sämtliche Kosten, die nur dann wegfallen, wenn das Unternehmen stillgelegt und aufgelöst wird. Hierzu zählen insbesondere die Kosten, die im Zusammenhang mit der Geschäftsleitung anfallen.

Zur Veranschaulichung der Vorgehensweise der stufenweisen Fixkostendeckungsrechnung lassen sich die Fixkosten des Beispiels in Abschnitt 4.2.1.5 näher analysieren. Abb. 4.10 zeigt die Produktionsstruktur der Textilfabrik mit den Bereichen, denen sich die Fixkosten anteilig zurechnen lassen.

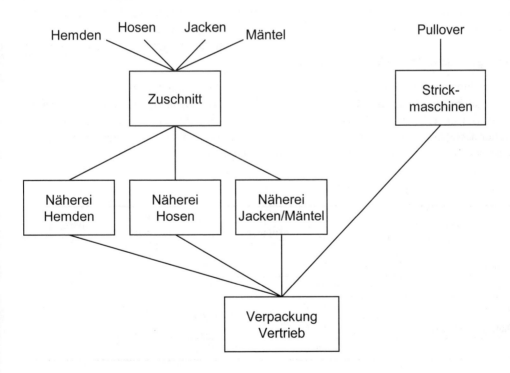

Abb. 4.10   Produktionsstruktur der Textilfabrik

Während Hemden, Hosen, Jacken und Mäntel erst eine gemeinsame Abteilung Zuschnitt und anschließend auf die jeweiligen Arbeitsabläufe spezialisierte Nähereien durchlaufen, werden die Pullover mithilfe von Strickmaschinen hergestellt, bevor alle Produktarten gemeinsam verpackt und in den Vertrieb gegeben werden. Aufgrund der Tatsache, dass Mäntel im Grunde lediglich längere Jacken, d.h. fertigungstechnisch eng verwandt sind, werden diese beiden Produktarten in derselben Näherei produziert.

Die Fixkosten in Höhe von 120.000 € verteilen sich wie folgt auf die verschiedenen Fertigungsbereiche:

Zuschnitt:	10.000 €
Näherei Hemden:	15.000 €
Näherei Hosen:	10.000 €
Näherei Jacken/Mäntel:	20.000 €
Strickmaschinen:	30.000 €
Verpackung/Vertrieb:	15.000 €
Unternehmensleitung:	20.000 €

Diese zusätzlichen Informationen lassen sich einsetzen, um die Erfolgssituation der fünf Produkte differenzierter zu beurteilen. Stellt man dem Deckungsbeitrag jedes Produkts bzw. jeder Gruppe fertigungstechnisch verwandter Produkte die eindeutig zurechenbaren Fixkosten gegenüber, so zeigt sich, dass der Deckungsbeitrag der Pullover in Höhe von 29.000 € nicht ausreicht, um die Fixkosten der der Pulloverherstellung eindeutig zurechenbaren Abteilung Strickmaschinen in Höhe von 30.000 € abzudecken. Der in der vierten Spalte von Tab. 4.3 ausgewiesene Restdeckungsbeitrag I ist mit -1.000 € negativ.

Darüber hinaus müssten die Pullover auch noch einen Anteil der für alle Produkte gemeinsam anfallenden Fixkosten für Verpackung und Vertrieb sowie der Unternehmensleitung tragen. Bei unveränderter Absatz- und Erlössituation sollte die Unternehmensleitung daher darüber nachdenken, die Herstellung von Pullovern einzustellen, um die Abteilung schließen, die Maschinen verkaufen und damit diese Fixkosten abbauen zu können.

Tab. 4.3 *Stufenweise Zuordnung der Fixkosten*

Produkt	Deckungs-beitrag	Produkt-fixkosten	Rest-DB I	Produkt-gruppen-fixkosten	Rest-DB II	Bereichs-/Unternehmens-fixkosten	Unternehmens-erfolg
Hemden	34.000 €	15.000 €	19.000 €	–	19.000 €		
Hosen	39.000 €	10.000 €	29.000 €	–	29.000 €		
Jacken	6.000 €	–	6.000 €	20.000 €	35.000 €	45.000 €	37.000 €
Mäntel	49.000 €	–	49.000 €				
Pullover	29.000 €	30.000 €	-1.000 €	–	-1.000 €		

Bei allen anderen Produkten reichen die Deckungsbeiträge aus, um die ihnen direkt zuzurechnenden Produktfixkosten und Produktgruppenfixkosten abzudecken, so dass sich auf Basis dieser Informationen keine weiteren Stilllegungsentscheidungen ableiten lassen. Sowohl der Restdeckungsbeitrag I als auch der Restdeckungsbeitrag II sind positiv.

Zieht man von der Summe der Restdeckungsbeiträge II die in der vorletzten Spalte von Tab. 4.3 ausgewiesenen Bereichs- bzw. Unternehmensfixkosten von 45.000 € ab, die sich nur allen Produktion gemeinsam zurechnen lassen, so ergibt sich in der letzten Spalte der bereits zuvor ermittelt Unternehmenserfolg in Höhe von 37.000 €.

4.2.2.2 Relative Einzelkosten- und Deckungsbeitragsrechnung

Einen anderen Weg zur verursachungsgerechten Verrechnung von variablen und fixen Gemeinkosten geht Riebel (1994) mit seiner *relativen Einzelkosten- und Deckungsbeitragsrechnung*. Seine Grundidee besteht darin, auf die in der klassischen Kostenrechnung erforderlichen Schlüsselungen zu verzichten, da sich sämtliche Kosten als Einzelkosten erfassen lassen, wenn man hinreichend differenzierte, hierarchisch gegliederte Bezugsgrößen bzw. Zurechnungsobjekte definiert. Diese Kosten bezeichnet er als *relative Einzelkosten*, da sie in Bezug auf ihr jeweiliges Zurechnungsobjekt entscheidungsabhängig sind, auch wenn sie in Bezug auf andere Zurechnungsobjekte als unbeeinflussbar erscheinen.

Die relativen Einzelkosten eines Zurechnungsobjekts fallen nur dann an, wenn eine bestimmte Entscheidung auf der entsprechenden Hierarchieebene getroffen wird. Das Ziel der Rechnung mit relativen Einzelkosten besteht darin, im Sinne einer entscheidungsorientierten Kostenrechnung jedem Zurechnungsobjekt die eindeutig durch dieses hervorgerufenen Kosten und Erlöse zuzuordnen (*Identitätsprinzip*).

Die Basis der Rechnung mit relativen Einzelkosten ist eine zweckneutrale *Grundrechnung*, in der sämtliche Kosten grundsätzlich als (relative) Einzelkosten erfasst werden. Diese Grundrechnung dient als Basis für unterschiedliche Auswertungen und Sonderrechnungen. Bei der Zuordnung der Kosten wird von einer Hierarchie von Zurechnungsobjekten bzw. Entscheidungen ausgegangen. Jede Kostengröße soll innerhalb dieser Hierarchie auf der niedrigsten Stufe zugeordnet werden, auf der dies nach dem Identitätsprinzip möglich ist. So können die in ein Produkt eingehenden Materialmengen als Einzelkosten eines hergestellten Stücks erfasst werden, die Rüstkosten eines Auftrags hingegen lassen sich nicht der Produkteinheit, sondern einem Fertigungslos als Zurechnungsobjekt zuordnen.

(Relative) Gemeinkosten sind in diesem Zusammenhang solche Kosten, die nach dem Identitätsprinzip Entscheidungsobjekten auf einer höheren Hierarchieebene als Einzelkosten zuzuordnen sind. Somit sind die Rüstkosten zwar relative Einzelkosten eines Fertigungsloses, jedoch Gemeinkosten einer Produkteinheit. Als unechte Gemeinkosten werden diejenigen Kosten verstanden, die zur Vereinfachung der Abrechnung bewusst auf einer höheren Hierarchieebene als der ihrer Verursachung entsprechenden erfasst werden.

Die Grundrechnung ist eine ähnlich wie der Betriebsabrechnungsbogen (vgl. Abb. 4.7) aufgebaute Tabelle, in deren Spalten die hierarchisch gegliederten Zurechnungsobjekte und in deren Zeilen die Kostenarten, die zu Kostenkategorien zusammengefasst werden, aufgelistet sind.

Zurechnungsobjekte sind in erster Linie Kostenträger und Kostenstellen, die nach den betrieblichen Erfordernissen zu Bezugsgrößenhierarchien zusammengefasst werden. Neben der Gruppierung von Produkten zu Produktgruppen kommen hier auch anlagenbezogene Bezugsgrößen wie Werkstätten, Betriebe und kundenbezogene Bezugsgrößen wie Kundengruppen, Kundenaufträge oder Kundenbesuche in Betracht.

Bezüglich der *Kostenkategorien* wird nach unterschiedlichen Kriterien gegliedert, zwischen denen keine eindeutige Rangordnung besteht (vgl. Riebel 1994, S. 150ff.). Der konkrete Aufbau einer Grundrechnung hängt davon ab, welches Gliederungskriterium als Ausgangspunkt gewählt wird. Einen Überblick über den Zusammenhang der Kostenkategorien gibt Abb. 4.11.

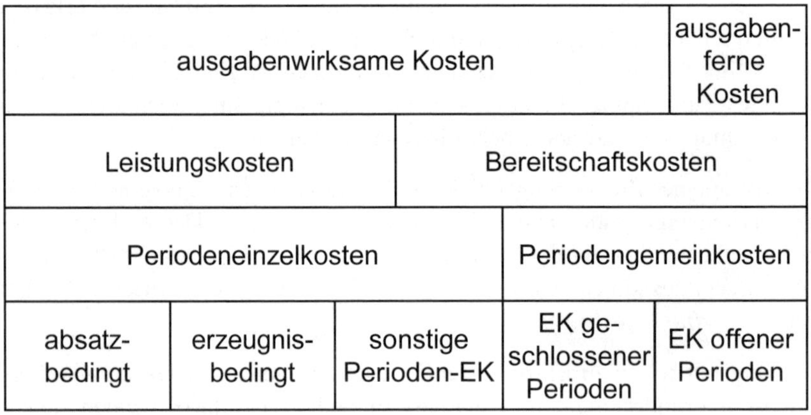

ausgabenwirksame Kosten			ausgaben- ferne Kosten
Leistungskosten		Bereitschaftskosten	
Periodeneinzelkosten		Periodengemeinkosten	
absatz- bedingt	erzeugnis- bedingt	sonstige Perioden-EK	EK ge- schlossener Perioden	EK offener Perioden

Abb. 4.11 *Kostenkategorien der Grundrechnung*

- Eine wichtige Einteilung ist die Unterscheidung nach dem Ausgabencharakter der Kosten in *ausgabenwirksame bzw. ausgabennahe Kosten*, die kurzfristig entscheidungsrelevant sind, z.B. Materialkosten, und *ausgabenferne Kosten* wie Abschreibungen und Rückstellungen.

- Weiter erfolgt nach den Kosteneinflussgrößen eine Gliederung in Leistungs- und Bereitschaftskosten, wobei die *Leistungskosten* mit der Leistungsabgabe des Unternehmens variieren, während die *Bereitschaftskosten* bei gegebenen Kapazitäten kurzfristig nicht veränderbar sind.

- Daneben besteht eine Einteilung nach der Zurechenbarkeit der Kosten auf bestimmte *Abrechnungsperioden*. Periodeneinzelkosten wie Monats-, Quartals- oder Jahreseinzelkosten können eindeutig einer bestimmten Periode zugerechnet werden, Periodengemeinkosten nicht.

- Die *Periodeneinzelkosten* werden nach sachlichen Kriterien weiter untergliedert in absatzbedingte Einzelkosten wie Verkaufsprovisionen, Verpackungs- und Logistikkosten, erzeugnisbedingte Einzelkosten wie Materialeinsatz, Energiekosten, Überstundenzuschläge, und sonstige, kurzfristig fixe Periodeneinzelkosten wie Fertigungslöhne, Gehälter, Steuern.

- Lassen sich Periodengemeinkosten einer bestimmten Anzahl von Perioden eindeutig zuordnen, so handelt es sich um *Einzelkosten geschlossener Perioden*. Dies sind z.B. Versicherungsbeiträge und andere jährliche Zahlungen, wenn die Kostenrechnung monatlich durchgeführt wird. Ist kein eindeutiger Periodenbezug feststellbar, liegen *Einzelkosten offener Perioden* vor, wie bei Kosten für Forschung und Entwicklung, Reparaturkosten oder Abschreibungen. Durch diese Einteilung wird jede willkürliche Periodisierung von Kosten vermieden.

Neben der kostenbezogenen Grundrechnung ist eine analog aufgebaute *Grundrechnung für Erlöse* zu führen, um schließlich die (relativen) Deckungsbeiträge der einzelnen Bezugsobjekte bestimmen zu können.

Die *Bedeutung* der relativen Einzelkosten- und Deckungsbeitragsrechnung besteht aus theoretischer Sicht darin, dass sie konsequent auf jegliche Schlüsselung von Kostengrößen verzichtet. Aufgrund der großen Komplexität des Systems und der damit verbundenen Anforderungen sowohl beim Aufbau als auch bei der Anwendung hat es in der Praxis jedoch keine große Beachtung gefunden.

4.2.2.3 Prozesskostenrechnung

Die *Prozesskostenrechnung* hat sich Ende der 1980er Jahre in den USA aus dem Activity Based Costing entwickelt (vgl. Cooper/Kaplan 1988). Ihr Ausgangspunkt ist die durch die zunehmende Rationalisierung der Produktion und die Automatisierung der Fertigungssysteme ausgelöste Verschiebung der Kostenstrukturen in Richtung eines steigenden Anteils der Fertigungsgemeinkosten, vor allem in Form von Abschreibungen und Zinsen, an den Gesamtkosten. Auch durch die Zunahme von nicht direkt zur Wertschöpfung beitragenden Dienstleistungen in der Fertigung, z.B. der Wartung und Instandhaltung der Maschinen, sowie in anderen Bereichen kommt es zu einem Gemeinkostenanstieg.

Dadurch ergeben sich bei Durchführung der traditionellen Zuschlagskalkulation, die die (Fertigungs-)Gemeinkosten anteilig auf Basis der (Fertigungs-)Einzelkosten verrechnet (vgl. Abschnitt 4.2.1.4), vielfach Zuschlagssätze von mehreren hundert bis tausend Prozent. Diese haben zur Folge, dass bereits geringe Schwankungen bei der Zuschlagsbasis, d.h. bei den (Fertigungs-)Einzelkosten, zu erheblichen Kostenausschlägen bei den Endprodukten führen. So würde eine neue Produktvariante, deren Herstellung zusätzliche 5 Minuten dauert und daher zusätzliche Fertigungseinzelkosten von 2 Euro verursacht, bei einem Zuschlagssatz von 400 % mit 8 Euro Fertigungsgemeinkosten belastet. Dies kann dazu führen, dass Produkte mit hohen Einzelkosten aufgrund von hohen und in der Regel nicht verursachungsgerechten Gemeinkostenzuschlägen als nicht lohnend erscheinen, obwohl sie durchaus positive Deckungsbeiträge erwirtschaften können. Tendenziell werden bei der Zuschlagskalkulation komplexe Produkte zu günstig und einfache Standardprodukte zu teuer kalkuliert. Letztlich wird dadurch die Kostenrechnung ihrer Informationsfunktion nicht mehr gerecht und liefert keine zuverlässigen Grundlagen für Produktions- und Preisentscheidungen.

Der *Grundgedanke der Prozesskostenrechnung* besteht darin, die Kosten nicht mehr auf Produkte, sondern auf die betrieblichen Aktivitäten bzw. Prozesse zu verrechnen, durch die die Produkte hergestellt werden. Durch die weitgehende Vermeidung der Schlüsselung von Gemeinkosten soll nicht nur eine verursachungsgerechtere Kostenzuweisung, sondern auch eine größere Transparenz bezüglich der Kostensituation erreicht werden, die sowohl eine innerbetriebliche Leistungsmessung als auch den Vergleich mit den Wettbewerbern erleichtert.

Als *Prozess* wird in diesem Zusammenhang eine zielgerichtete Folge von Tätigkeiten bezeichnet, die in einem logischen Zusammenhang stehen, einen eindeutigen Beginn sowie ein eindeutiges Ende aufweisen, einen bestimmten Input unter Nutzung bzw. Verbrauch von Ressourcen in einen vorgegebenen Output transformieren und einer bestimmten Person oder betrieblichen Einheit, dem *Prozesseigner*, zur verantwortlichen Erledigung zugewiesen werden. Für jeden Prozess lässt sich ein *Kostentreiber* als eine Bezugsgröße definieren, anhand derer ihm Kosten zugerechnet werden können.

Gegenstand der Prozesskostenrechnung sind vor allem repetitive Tätigkeiten mit geringem Entscheidungsspielraum, bei deren Durchführung in der Regel mehrere betriebliche Bereiche bzw. Kostenstellen arbeitsteilig zusammenwirken. Für diese Tätigkeiten ist eine einheitliche und eindeutige Erfassung des Mengengerüsts möglich. So nimmt ein bestimmter *Produktionsprozess* die Materialbeschaffung, die innerbetriebliche Logistik und die Fertigungsbereiche, in denen er bearbeitet wird, in charakteristischer Weise in Anspruch.

Bei der Einführung der Prozesskostenrechnung müssen zunächst in den verschiedenen betrieblichen Bereichen die relevanten Prozesse mit ihren Inputs und Outputs identifiziert werden. Ergebnis dieser Prozessanalyse ist das *Prozessmodell* des Unternehmens, das das Zusammenspiel der Unternehmensbereiche bei der Leistungserstellung beschreibt. Ein umfassendes Prozessmodell besteht aus den in Abb. 4.12 angegebenen, hierarchisch angeordneten Aggregationsebenen Aktivitäten, Teilprozesse und Hauptprozesse (vgl. Deimel et al. 2006, S. 330f.):

- Als *Aktivitäten* bezeichnet man eindeutig identifizierbare Tätigkeiten oder Vorgänge innerhalb eines Arbeitsablaufs, denen sich ein Zeit- und Ressourcenverbrauch zuordnen lässt und die sich nicht mehr weiter sinnvoll zerlegen lassen. Ein Beispiel für eine Aktivität ist die Montage einer Mengeneinheit eines Produkts auf einer Maschine, die 10 Minuten dauert, genau definierte Einbauteile benötigt und eine bestimmte Energiemenge verbraucht.

- *Teilprozesse* entstehen durch die Zusammenfassung von aufeinander folgenden bzw. logisch zusammenhängenden Aktivitäten innerhalb einer Kostenstelle. Ein Teilprozess führt zu einem für die Kostenstelle charakteristischen Ergebnis, das mengen- und wertmäßig erfasst werden kann. Ergänzt man den oben genannten Montagevorgang durch die vorgelagerte Aktivität der Materialbereitstellung und die nachgelagerte Aktivität der

Qualitätskontrolle, so erhält man den Teilprozess „Endmontage" der zugehörigen Kostenstelle.

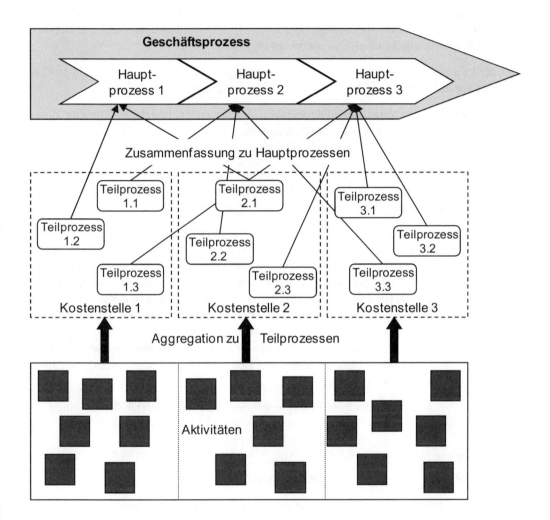

Abb. 4.12 *Geschäftsprozesshierarchie*

- Die Zusammenfassung von sachlich und logisch zusammengehörigen Teilprozessen über mehrere Kostenstellen hinweg führt zu *Hauptprozessen*. Das Kennzeichen eines Hauptprozesses ist, dass seine sämtlichen Aktivitäten von denselben Kostentreibern bestimmt werden. Über ihre Teilprozesse kann eine Kostenstelle an verschiedenen Hauptprozessen beteiligt sein. Da dem Teilprozess „Endmontage" eines Produkts in der Regel Beschaffungsvorgänge sowie mehrere Stufen der Teilefertigung vorausgehen, die in anderen Kostenstellen abgewickelt werden, sind die entsprechenden Teilprozesse zu einem

Hauptprozess „Produktfertigung" zusammenzufassen. Der zugehörige Kostentreiber ist die Produktionsmenge des Endprodukts.

- Durch die Zusammenfassung von aufeinander folgenden Hauptprozessen erhält man schließlich die *Geschäftsprozesse*, deren markt- und wettbewerbsorientierte Durchführung die Kernaufgabe eines Unternehmens ist.

Bei der Prozessanalyse nimmt man darüber hinaus eine Einteilung der Prozesse in zwei Kategorien vor, die sich in Bezug auf die Abrechnung wesentlich unterscheiden:

- Bei leistungsmengeninduzierten Prozessen (*lmi-Prozessen*) besteht ein direkter Zusammenhang zwischen der Anzahl der Prozessdurchführungen und der Höhe der Kosten, so dass sich die Kosten auch direkt den Prozessen zurechnen lassen.

- Den leistungsmengenneutralen Prozessen (*lmn-Prozessen*) lässt sich kein solches Mengengerüst zuordnen, so dass eine Verteilung der Kosten über Schlüssel erforderlich ist. Dies trifft vor allem auf leitende und unterstützende Tätigkeiten zu.

Für jeden leistungsmengeninduzierten Prozess lässt sich ein *Kostentreiber* bestimmen. Kostentreiber sind die Bezugsgrößen, anhand derer sich die Ergebnisse eines Prozesses erfassen und die durch den Prozess verursachten (Gemein-)Kosten verrechnen lassen. Die Abrechnung der an einem Prozess beteiligten Kostenstellen erfolgt anhand der Prozessmengen, d.h. der Häufigkeit, mit der der Prozess durchgeführt wird, und nicht wie in der Zuschlagskalkulation anhand von Wertgrößen. Bei der Festlegung der Kostentreiber ist darauf zu achten, dass sie sich proportional zur Ressourcenbeanspruchung des Prozesses verhalten, einfach zu bestimmen und leicht nachvollziehbar sind. Falls für eine Aktivität mehrere Kostentreiber in Betracht kommen, ist derjenige zu wählen, der sich auch für die weiteren Aktivitäten der Prozesse eignet, an denen sie beteiligt ist.

In Abb. 4.13 wird für verschiedene Prozesse aus dem Fertigungsbereich der jeweilige Kostentreiber angegeben.

Tätigkeit	Kostentreiber
Angebote einholen	Anzahl der angefragten Lieferanten
Bestellabwicklung	Anzahl der Bestellungen
Lagerhaltung	Anzahl der Lagerbewegungen
Arbeitsvorbereitung	Anzahl der Rüstvorgänge
Qualitätskontrolle	Anzahl der Stichproben
Wareneingangskontrolle	Anzahl der Lieferungen

Abb. 4.13   *Beispiele für Kostentreiber*

Da bei leistungsmengenneutralen Prozessen kein Kostentreiber existiert, muss hier wie in der traditionellen Kalkulation eine Umlage der angefallenen Kosten durch Schlüsselung erfolgen. Jedoch gelingt es bei der Prozesskostenrechnung in der Regel, den weitaus größten Teil der Kosten direkt den lmi-Prozessen zuzuordnen, so dass der über Schlüsselungen zu verteilende Kostenanteil wesentlich geringer ist als bei der klassischen Kostenrechnung. Durch diese weitgehende Vermeidung von Schlüsselungen lässt sich eine verursachungsgerechte Verteilung vor allem der Gemeinkosten der indirekt an der Leistungserstellung beteiligten Bereiche und damit eine weitaus größere Kostentransparenz erreichen.

Die Abrechnung der in einer Periode angefallenen Kosten wird bei der Prozesskostenrechnung wie folgt durchgeführt: Zunächst müssen die in einer Kostenstelle angefallenen Kosten mithilfe einer Prozesskostenstellenrechnung auf die Teilprozesse verteilt werden. Weiter werden für jeden lmi-Teilprozess die Prozessmengen bestimmt, d.h. das Mengengerüst der jeweiligen Kostentreiber. Dann wird für jeden einzelnen lmi-Prozess der *Prozesskostensatz* bestimmt, indem die Prozesskosten durch die Prozessmenge dividiert werden.

$$\text{lmi - Prozesskostensatz} = \frac{\text{Prozesskosten}}{\text{Prozessmenge}}$$

Anschließend erfolgt die Umlage der lmn-Kosten. Diese werden den lmi-Prozessen proportional anhand ihrer Prozesskosten zugerechnet. Der lmn-Umlagesatz eines Teilprozesses wird berechnet, indem sein lmi-Prozesskostensatz mit dem Verhältnis der lmn-Kosten zu den gesamten lmi-Kosten multipliziert wird.

$$\text{lmn - Umlagesatz} = \frac{\text{lmn - Kosten}}{\text{Gesamtkosten} - \text{lmn - Kosten}} \cdot \text{lmi - Prozesskostensatz}$$

Der gesamte Prozesskostensatz eines Teilprozesses ergibt sich dann als Summe aus dem lmi-Prozesskostensatz und dem lmn-Umlagesatz.

$$\text{Gesamtprozesskostensatz} = \text{lmi - Prozesskostensatz} + \text{lmn - Umlagesatz}$$

Die Kosten für eine Durchführung eines aus mehreren Teilprozessen bestehenden Hauptprozesses erhält man, indem man die zugehörigen Prozesskostensätze aufaddiert. Um z.B. die Kosten eines Auftrags zu berechnen, muss man die dabei auftretenden Teilprozessmengen x_i mit ihren Prozesskostensätzen q_i multiplizieren und über alle Teilprozesse $i = 1, ..., n$ aufaddieren.

$$\text{Auftragskosten} = \sum_{i=1}^{n} q_i \cdot x_i$$

Die Vorgehensweise der Prozesskostenrechnung wird anhand des *Beispiels* in Tab. 4.4 veranschaulicht (vgl. auch Coenenberg 2003, S. 219ff.). In einer Beschaffungsabteilung werden die lmi-Teilprozesse Angebotsbearbeitung, Bestellungsdurchführung, Materialeingangsprüfung sowie der lmn-Prozess Abteilungsleitung durchgeführt. Die lmi-Prozesskostensätze werden wie folgt berechnet:

Angebote bearbeiten: $\dfrac{290.000}{5.000} = 58,00\ €$

Bestellungen durchführen: $\dfrac{150.000}{1.000} = 150,00\ €$

Material prüfen: $\dfrac{60.000}{200} = 300,00\ €$

Tab. 4.4 *Beispiel zur Prozesskostenrechnung*

Prozess	Prozess-kosten	Prozess-mengen	lmi-Prozess-kostensatz	lmn-Umlagesatz	Gesamtprozess-kostensatz
Angebote bearbeiten	290.000,--	5.000	58,--	5,80	63,80
Bestellungen durchführen	150.000,--	1.000	150,--	15,00	165,00
Material prüfen	60.000,--	200	300,--	30,00	330,00
Abteilung leiten	50.000,--	---	---	---	---

Der Faktor für den lmn-Umlagesatz beträgt:

$$\frac{50.000}{550.000 - 50.000} = 0,1$$

Daraus ergeben sich lmn-Umlagesätze von 5,80 € für die Angebotsbearbeitung, 15,00 € für die Bestelldurchführung und 30,00 € für die Materialprüfung. Die Gesamtprozesskostensätze betragen dann 63,80 € für die Angebotsbearbeitung, 165,00 € für die Bestelldurchführung und 330,00 € für die Materialprüfung.

Für die Beschaffung eines Bauteils, für das zunächst 12 Angebote eingeholt wurden, dessen Bedarfsmenge dann bei zwei verschiedenen Lieferanten bestellt und bei dem bei einer Lieferung eine Eingangsprüfung durchgeführt wurde, werden somit die folgenden Prozesskosten verrechnet:

$$PK = 12 \cdot 63,80 + 2 \cdot 165 + 330 = 1.425,60\ €$$

Eine solche Verrechnung der Kosten auf die Produkte entsprechend ihrer Inanspruchnahme der verschiedenen Teilprozesse führt zu einer wesentlich verursachungsgerechteren Abrechnung als die pauschale Verteilung in der Zuschlagskalkulation. Produkte, für deren Beschaffung die einzelnen Teilprozesse häufiger durchgeführt werden, werden auch stärker mit Kosten belastet.

Die Prozesskostenrechnung kann die klassische Kostenrechnung nicht vollständig ersetzen, sondern bildet eine Ergänzung im Bereich der Verrechnung der variablen Gemeinkosten. Abb. 4.14 zeigt, wie diese beiden Kostenrechnungsansätze sinnvoll miteinander kombiniert werden können: Während die Einzelkosten nach wie vor direkt den Produkten zugerechnet und die fixen Gemeinkosten mithilfe der klassischen Schlüsselung abgerechnet werden, wird der Teil der Gemeinkosten, der sich den betrieblichen Prozessen zurechnen lässt, entweder direkt als lmi-Kosten oder indirekt als lmn-Kosten über die Prozesse auf die Produkte verrechnet.

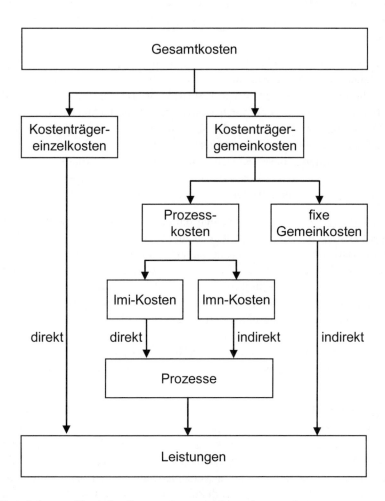

Abb. 4.14 *Verknüpfung von klassischer Kostenrechnung und Prozesskostenrechnung*

Durch die Anwendung der Prozesskostenrechnung treten im Vergleich mit der Zuschlagskalkulation die folgenden drei Effekte auf, die sich auch für die strategische Gestaltung des Produktionsprogramms nutzen lassen:

- Der *Allokationseffekt* besteht darin, dass die Zuordnung (Allokation) des größten Teils der Gemeinkosten auf die Leistungen mithilfe von prozessorientierten Kostentreibern erfolgt, die die Inanspruchnahme der jeweiligen Prozesse bzw. der zugehörigen Ressourcen abbilden. Dies steht im Gegensatz zu der Verwendung wertorientierter Zuschlagssätze, die dazu führt, dass z.B. maschinenintensive Produkte tendenziell durch lohnintensive Produkte quersubventioniert werden, indem Letzteren aufgrund der einheitlichen Zuschlagssätze ein überhöhter Anteil an Fertigungsgemeinkosten zugerechnet wird. Bei Beschaffungsvorgängen werden – wie oben gezeigt – die Materialgemeinkosten nicht als Zuschlag proportional zum Wert des beschafften Materials verteilt, sondern in Abhängigkeit von den Kosten und der Häufigkeit der Durchführung der im Beschaffungsbereich anfallenden Prozesse.

- Der *Komplexitätseffekt* berücksichtigt, wie sich die Komplexität bzw. die Variantenzahl eines Produkts auf seine Kosten auswirken. Da bei komplexen bzw. variantenreichen Produkten die indirekten Prozesse wie Konstruktion, Beschaffung oder Arbeitsvorbereitung häufiger in Anspruch genommen werden als bei einfachen Produkten, wird diesen bei der Prozesskostenrechnung über die Kostentreibermengen auch ein entsprechend höherer Anteil der zugehörigen Kosten zugerechnet. Bei der Zuschlagskalkulation hingegen erfolgt die Verrechnung dieser Kosten über einen für alle Produkte gleich hohen Zuschlag auf die Einzelkosten, so dass die Kosten der komplexen Produkte tendenziell zu niedrig und die der einfachen Produkte zu hoch ausgewiesen werden.

- Der *Degressionseffekt* beschreibt, wie sich die auf die einzelne Produkteinheit entfallenden Gemeinkosten in Abhängigkeit von der Produktionsmenge verhalten. Da der Prozesskostensatz einmal je Durchführung eines Prozesses verrechnet wird und somit unabhängig von der Menge der im Prozess bearbeiteten Einheiten ist, sinkt der auf die einzelne Einheit entfallende Anteil mit zunehmender Stückzahl. Dies gilt z.B. für die Beschaffungskosten je Stück, die mit dem Umfang der Bestellung sinken, für die Rüstkosten je Stück, die mit dem Umfang eines Fertigungsloses fallen, oder für die Vertriebskosten je Stück, die sich mit dem Umfang einer Sendung reduzieren. Auch hierbei steht die Prozesskostenrechnung im Gegensatz zur Zuschlagskalkulation, die unabhängig von der Stückzahl jede Einheit mit einem gleich hohen, vom Produktwert abhängigen Zuschlagssatz belastet.

Vor allem aufgrund des Komplexitäts- und des Degressionseffekts geht von der Prozesskostenrechnung ein Anreiz aus, die Produktionsprozesse und die Produkte zu vereinfachen und zu standardisieren, da durch die verursachungsgerechte Verrechnung der indirekten Kosten die Kostenwirkungen der Komplexität offensichtlich werden. Wenn es gelingt, die Teilevielfalt im Unternehmen zu reduzieren und an verschiedenen Stellen Standardteile anstelle von Spezialteilen zu verwenden oder die Produkte modular aus relativ wenigen Bauteilen zu fertigen, so lassen sich die zugehörigen Prozessmengen reduzieren und die Prozesskosten auf eine größere Stückzahl verteilen.

Weiter zeigt die Prozesskostenrechnung durch ihren kostenstellenübergreifenden Ansatz die zwischen den verschiedenen betrieblichen Funktionsbereichen bestehenden Abhängigkeiten sowie die bei einer besseren Abstimmung möglichen Kosteneinsparungen auf. In jedem Bereich wächst das Verantwortungsgefühl nicht nur für die selbst verursachten Kosten, sondern auch für die Folgekosten der eigenen Entscheidungen in anderen Bereichen. Eine diese Abhängigkeiten berücksichtigende Kostenplanung und -kontrolle ist insbesondere dann möglich, wenn jedem Prozess ein *Prozesseigner* zugeordnet wird, dessen Aufgabe es ist, seinen Prozess verantwortlich zu steuern.

Das Vorgehen der Prozesskostenrechnung gewährleistet eine weitgehend verursachungsgerechte Abrechnung der Gemeinkosten der indirekten Bereiche und damit eine größere *Gemeinkostentransparenz* als die traditionelle Zuschlagskalkulation. Auch Kostenabweichungen lassen sich besser erkennen und den Verantwortlichen zuordnen. Da es sich bei der Prozesskostenrechnung im Kern um eine Vollkostenrechnung handelt, werden den Produkten allerdings auch nicht entscheidungsrelevante Kosten zugerechnet, so dass Fehlentscheidungen hinsichtlich der Wirtschaftlichkeit einzelner Produkte nach wie vor auftreten können. In der Praxis ist die Prozesskostenrechnung inzwischen weit verbreitet. Sie wird vor allem zur Abrechnung von Dienstleistungen und anderen indirekten Bereichen mit großen Gemeinkostenanteilen eingesetzt.

4.2.3 Objektorientierte Kostenrechnung

Die klassische Kostenrechnung rechnet die anfallenden Kosten auf die erzeugten Produkte ab, die Prozesskostenrechnung nimmt eine Verrechnung auf betriebliche Prozesse vor. Bei beiden Kostenrechnungssystemen werden die Gemeinkosten bzw. die lmn-Kosten über Schlüsselgrößen verteilt, die die Kostenverursachung möglichst exakt wiedergeben sollen. Es handelt sich um relativ starre Systeme, die nicht in der Lage sind, flexibel auf die aktuellen Anforderungen an die Produktion zu reagieren und damit in bestimmten Situationen zu Fehlentscheidungen führen können.

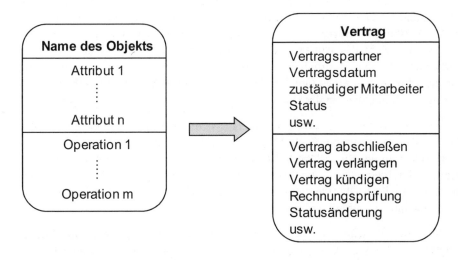

Abb. 4.15 Beispiel eines Objekts

Mit der *objektorientierten Kostenrechnung* (vgl. Steven/Letmathe 2000) wird ein Ansatz vorgeschlagen, der die relevanten Beziehungen zwischen kostenverursachenden Objekten flexibel erfasst und damit eine wesentlich verursachungsgerechtere Kostenverrechnung ermöglicht. Die konzeptionelle Grundlage dieses Ansatzes ist die Repräsentation der relevanten betrieblichen Strukturen mithilfe der objektorientierten Programmierung (vgl. Coad 1995).

Als *Objekt* wird in diesem Zusammenhang eine eindeutig abgegrenzte Einheit angesehen, die sich durch ihren Namen, die Ausprägungen bestimmter Attribute und spezifische Methoden bzw. Operationen charakterisieren lässt. Die Attribute dienen der Datenrepräsentation, über die Operationen wird der Zugriff auf ein Objekt geregelt. Abb. 4.15 veranschaulicht diese Notation am Beispiel eines Objekts vom Typ „Vertrag", das unter anderem die Attribute Vertragspartner, Vertragsdatum, zuständiger Mitarbeiter und Status sowie die Operationen Abschluss, Verlängerung, Kündigung, Rechnungsprüfung und Statusänderung aufweist.

Die folgenden *Eigenschaften* der objektorientierten Programmierung erlauben eine Modellierung der betrieblichen Prozesse, die zur Erreichung der mit der objektorientierten Kostenrechnung verfolgten Ziele beiträgt (vgl. auch Abb. 4.16):

* *Klassenbildung*: Objekte mit gleichen Attributen werden zu einer Klasse zusammengefasst, aus deren Grundmuster neue Objekte erzeugt werden können. So können in der Klasse „Verträge" sämtliche Vertragsbeziehungen eines Unternehmens erfasst werden, bei Bedarf kann sie um Unterklassen wie Lieferverträge und Wartungsverträge ergänzt werden. Dadurch lassen sich die der Klasse zugeordneten Attribute und Operationen mehrfach verwenden.

* *Vererbung*: Innerhalb einer Klasse werden Attribute und Operationen an die zugehörigen Unterklassen und Objekte vererbt. So wird für jedes Objekt der Klasse „Verträge" automatisch das Attribut „Vertragspartner" angelegt. Exemplare der Unterklasse „Wartungsverträge" erben sowohl das Attribut „Vertragspartner" als auch das in der Oberklasse nicht vorhandene Attribut „Wartungsgegenstand". Diese Vererbungsmechanismen gelten auch für die Operationen eines Objekts. Der wesentliche Effekt der Vererbung ist die Vermeidung von Redundanz in der Datenstruktur.

* *Polymorphismus*: Grundsätzlich erbt eine Unterklasse die Attribute und Operationen ihrer Oberklassen, doch können bei Bedarf weitere Attribute und Operationen hinzugefügt oder ererbte Operationen durch Überladen verändert werden, indem der Name der ererbten Operation durch eine Operation mit dem gleichen Namen auf der Ebene der Unterklasse ersetzt wird. So ist die Operation „Statusänderung" bei Lieferverträgen und Wartungsverträgen unterschiedlich definiert.

* *Kapselung*: Durch die Kapselung wird sichergestellt, dass die Änderung des Zustands eines Objekts nur durch exakt definierte Operationen erfolgen kann. So wird der Status eines Liefervertrags geändert, wenn ein Ereignis eintritt, das die Operation „Statusänderung" aufruft. Mögliche Ereignisse sind die Bestellung (Ereignis: Lieferung noch nicht fällig), die Überschreitung des Liefertermins (Ereignis: Lieferung fällig), die erfolgte Lieferung (Ereignis: Lieferung erfolgt) usw. Ein Ereignis wie die Anlieferung von Material

löst Operationen in verschiedenen Objekten aus, z.B. die Belegung von Lagerraum im Objekt „Eingangslager", die Bestandsänderung beim Objekt „Material" sowie die Statusänderung beim Objekt „Liefervertrag".

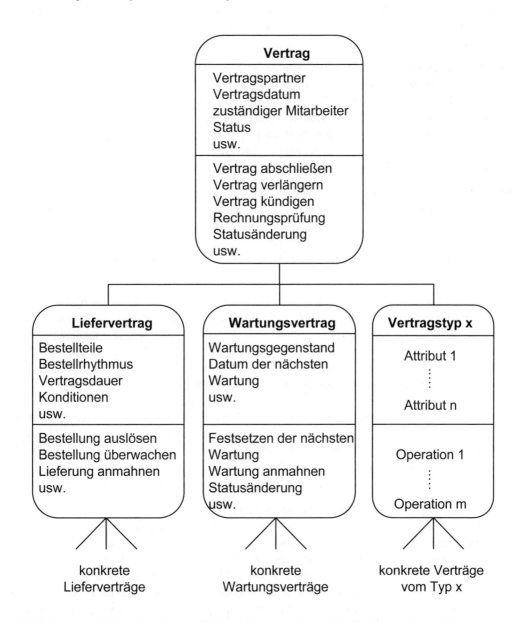

Abb. 4.16 *Klassenbildung, Vererbung und Polymorphismus am Beispiel der Oberklasse „Verträge"*

- *Modularisierung*: Um Konflikte zwischen den von verschiedenen Oberklassen ererbten Strukturen zu vermeiden, muss die Klassenbildung so erfolgen, dass die Klassenstruktur nachvollziehbar und verständlich ist, dass Schnittstellen eindeutig definiert sind, dass eine Dekomposition in überschaubare Teilprobleme möglich ist, dass verschiedene Module miteinander kombiniert werden können und dass kleinere Änderungen nur einzelne oder wenige Module betreffen.

Mithilfe der objektorientierten Programmierung lässt sich eine veränderte Sichtweise der betrieblichen Prozesse und ihrer Interdependenzen abbilden. Insbesondere lassen sich damit Kosten und Kostenwirkungen erfassen und verursachungsgerecht verrechnen, die in der klassischen Kostenrechnung weitgehend vernachlässigt werden. Beispiele dafür sind die aufgrund von Produktionsstörungen, fehlenden Teilen, Qualitätsmängeln, Ausschuss usw. entstehenden Kosten, die in der Regel als unechte Gemeinkosten mithilfe grober Schlüsselgrößen auf Produkte oder Prozesse verteilt werden.

Im Rahmen der objektorientierten Kostenrechnung wird eine Systematik für die Erfassung von Kostenwirkungen entwickelt, die sich am betrieblichen Wertefluss orientiert. Als *hierarchisch angeordnete Objekte der Kostenverrechnung* dienen die Produktionsfaktoren, die Produktionsprozesse und die mit ihnen hergestellten Produkte. Jedem Objekt werden die von ihm ausgelösten Kostenwirkungen zugerechnet, wobei auch mehrstufige Kausalketten auftreten können.

- *Faktorbezogene Kostenwirkungen* können unmittelbar einem Produktionsfaktor, d.h. einem Material, einer Maschine oder auch den Mitarbeitern, zugerechnet werden. Ein bestimmtes Material kann unterschiedliche Folgekosten verursachen, je nachdem, in welchem Produktionsprozess es eingesetzt wird bzw. in welches Produkt es eingeht. Eine faktorbezogene Kostenwirkung bei der Durchführung eines Produktionsprozesses tritt z.B. auf, wenn durch ein bestimmtes Material die Dauer des Prozesses oder dessen Störanfälligkeit erhöht werden. Als Beispiel für faktorbezogene Kostenwirkungen bei einem Produkt lässt sich ein zugekauftes Bauteil anführen, durch das höhere Kosten für spätere Garantie- bzw. Serviceleistungen zu erwarten sind. Es ist daher sinnvoll, die Produktionsfaktoren mit nach dem Einsatzzweck differenzierten Kostensätzen zu bewerten. Durch die Berücksichtigung der Folgekosten bzw. Kostenwirkungen von Produktionsfaktoren lassen sich Fehlplanungen bei der Faktorbeschaffung und beim Faktoreinsatz vermeiden.

- *Prozessbezogene Kostenwirkungen* treten beim Ablauf von Produktionsprozessen auf, wenn eine gegebene Kombination von Produktionsfaktoren in Abhängigkeit von der Prozessdurchführung unterschiedliche Kostenwirkungen verursacht. Dazu zählen alle Kostenwirkungen, die der Durchführung des gesamten Prozesses, nicht aber einem einzelnen Produktionsfaktor zugerechnet werden können. Mithilfe von prozessbezogenen Kostenwirkungen lassen sich die Kostensätze der Produktionsprozesse exakter kalkulieren, indem z.B. die Störanfälligkeit oder die Ausschussquote eines Prozesses berücksichtigt werden. Weiter sind die prozessbezogenen Kostenwirkungen des Produkts, an dessen Herstellung der betreffende Prozess beteiligt ist, zu beachten. Ein Beispiel hierfür sind Ausschusskosten für fehlerhafte Produkte. Es können verschiedene prozessbezogene

Kostensätze auftreten, wenn ein Prozess in Abhängigkeit von seiner Intensität oder vom hergestellten Produkt Kostenwirkungen in unterschiedlicher Höhe verursacht.

- *Produktbezogene Kostenwirkungen* können einem Produkt, nicht aber einem Produktionsprozess oder einem einzelnen Produktionsfaktor zugewiesen werden. Hierzu zählen zum einen alle Kosten, die auf die Konstruktion des Produkts zurückzuführen sind, z.B. aufgrund technischer Mängel zu erbringende Garantieleistungen. Weitere produktbezogene Kostenwirkungen entstehen durch die Qualitätskontrolle, die Verpackung, die Lagerung, die Distribution sowie aufgrund von Rücknahmeverpflichtungen für ausgediente Produkte. Differenzierte Kostensätze für ein Produkt können z.B. angesetzt werden, wenn unterschiedliche Distributionsentfernungen oder unterschiedliche rechtliche Bestimmungen bezüglich der in verschiedenen Absatzländern zu erbringenden Garantieleistungen vorliegen.

Mithilfe der Gestaltungsmöglichkeiten der objektorientierten Programmierung lassen sich auch Kostenwirkungen, die bislang im Gemeinkostenblock verborgen waren, differenziert erfassen. Über die genannten Beispiele hinaus lassen sich durch eine systematische Analyse der betrieblichen Gemeinkosten weitere Bereiche ermitteln, bei denen die anfallenden Kosten in einem direkten Verhältnis zu den eingesetzten Produktionsfaktoren, Produktionsprozessen und Produkten stehen. Durch die Aufdeckung derartiger Kausalketten, die zur Entstehung von Kostenwirkungen führen, kann man das Mengengerüst der Kosten und damit die Basis für die anschließend vorzunehmende Bewertung exakt ermitteln.

Zur mengenmäßigen Erfassung der Kostenwirkungen bietet es sich an, die Stammdatensätze der einzelnen Produktionsfaktoren, Prozesse und Produkte um entsprechende Informationen zu erweitern. Die Erfassung der Kostenwirkungen und die Ermittlung von Vorgaben für einzelne Kostenbereiche erfolgen mithilfe von Operationen, die sich aus den Attributen der einzelnen Objekte ergeben. Dies lässt sich anhand eines Beispiels zur Berechnung der Kostensätze von Arbeitskräften veranschaulichen: Ein Betrieb beschäftigt zwei Arbeitskräfte mit zusätzlicher Ausbildung in der Bedienung von CNC-Maschinen als Facharbeiter für die Herstellung von Getriebewellen. Beide Arbeitskräfte können an zwei unterschiedlichen Maschinentypen eingesetzt werden, zum einen an einer vollständig automatisierten CNC-Maschine, bei der nur bei Betriebsstörungen einzugreifen ist, und zum anderen an einer Maschine mit manueller Bedienung. Bei der letztgenannten Maschine tritt temporär Lärm auf, der durch die Bearbeitung von Werkstücken in einem anderen Bereich verursacht wird. Bei der CNC-Maschine wird hingegen von einer gleichmäßigen Lärmbelastung ausgegangen. Beide Arbeitskräfte erhalten einen leistungsunabhängigen Lohnsatz von 20 € je Stunde.

In einem traditionellen Kostenrechnungssystem würden sich die bei den beiden Arbeitskräften anfallenden Stückkosten je Getriebewelle nicht unterscheiden. Wie die Daten in Tab. 4.5 zeigen, variieren jedoch trotz der identischen Ausbildung die von den Arbeitskräften erzielte Produktivität und die Höhe der Ausschussrate in Abhängigkeit von ihren maschinenspezifischen Fertigkeiten und der Lärmbelastung.

Tab. 4.5 *Beispiel zur objektorientierten Kostenrechnung*

		CNC-Maschine	Maschine mit manueller Bedienung	
			ohne Lärmbelastung	mit Lärmbelastung
Produktionsrate	Arbeitskraft 1	100 Stück/h	30 Stück/h	30 Stück/h
	Arbeitskraft 2	120 Stück/h	25 Stück/h	20 Stück/h
Ausschussrate	Arbeitskraft 1	2%	4%	6%
	Arbeitskraft 2	4%	4%	4%

Die Materialkosten je Getriebewelle betragen 25 €. Der Maschinenkostensatz wird mit 340 € je Stunde für die CNC-Maschine und 100 € je Stunde für die Maschine mit manueller Bedienung angesetzt. Bei den fehlerhaften Werkstücken wird davon ausgegangen, dass weder Entsorgungskosten noch Verkaufserlöse anfallen. Mithilfe dieser Daten lassen sich die tatsächlichen Stückkostensätze der Getriebewellen in Abhängigkeit von der eingesetzten Arbeitskraft und Maschine sowie werksbezogenen Merkmalen – in diesem Fall der Lärmbelastung – bestimmen und z.B. als Prioritätsregel für den Einsatz der Arbeitskräfte auf den beiden Maschinen nutzen.

Tab. 4.6 *Kostenberechnung bei der objektorientierten Kostenrechnung*

Produktionsalternativen	Kosten je Stück Nettoproduktion in €
Produktion auf CNC-Maschine durch Arbeitskraft 1	$\left(25 + \dfrac{20 + 340}{100}\right) \cdot \dfrac{1}{0,98} = 29,18$
Produktion auf CNC-Maschine durch Arbeitskraft 2	$\left(25 + \dfrac{20 + 340}{120}\right) \cdot \dfrac{1}{0,96} = 29,17$
Produktion auf Maschine mit manueller Bedienung durch Arbeitskraft 1 ohne Lärmbelastung	$\left(25 + \dfrac{20 + 100}{30}\right) \cdot \dfrac{1}{0,96} = 30,21$
Produktion auf Maschine mit manueller Bedienung durch Arbeitskraft 2 ohne Lärmbelastung	$\left(25 + \dfrac{20 + 100}{25}\right) \cdot \dfrac{1}{0,96} = 31,04$
Produktion auf Maschine mit manueller Bedienung durch Arbeitskraft 1 mit Lärmbelastung	$\left(25 + \dfrac{20 + 100}{30}\right) \cdot \dfrac{1}{0,94} = 30,85$
Produktion auf Maschine mit manueller Bedienung durch Arbeitskraft 2 mit Lärmbelastung	$\left(25 + \dfrac{20 + 100}{20}\right) \cdot \dfrac{1}{0,96} = 32,29$

Für diesen Zweck sind die je Stück Bruttoproduktion anfallenden Kosten für das Material, die Maschine und die Arbeitskraft zu addieren und anschließend mit der prozentualen Mehrproduktion aufgrund des Ausschusses zu multiplizieren. Bei einer erwarteten Ausschussrate von z.B. 2% muss die Produktionsmenge um den Faktor 1/0,98 erhöht werden, um die gewünschte Menge liefern zu können. Tab. 4.6 enthält die Ergebnisse der Kalkulation der Kosten je Stück Nettoproduktion, die von den eingesetzten Maschinen und Arbeitskräften sowie der Lärmbelastung abhängen. Zwischen den verschiedenen Produktionsalternativen ergeben sich somit Kostenunterschiede von bis zu 11% für die gleiche Getriebewelle.

Mithilfe der objektorientierten Kostenrechnung lassen sich nicht nur kostenminimale Zuordnungen ermitteln, sondern auch die zugehörigen Kostenwirkungen berechnen, indem die Auswirkungen von werksbezogenen Merkmalen sowie von einsatzspezifischen Fertigkeiten der Arbeitskräfte auf die Produktivität und die Ausschussmengen ermittelt und kostenrechnerisch bewertet werden.

Ein weiterer Vorteil der objektorientierten Kostenrechnung ist die Möglichkeit, Kostensätze dynamisch an veränderte Sachverhalte anzupassen. Im Beispiel können sich die Ausschussraten im Zeitablauf aufgrund von Lern- bzw. Erfahrungskurveneffekten ändern. Führt dies zu einer veränderten Kostenstruktur, so ergeben sich über entsprechende Operationen automatisch geänderte Kostensätze und Prioritätsregeln für die Produktionsplanung.

Eine derart präzise Erfassung der Kosteneinflussgrößen der einzelnen Produktionsfaktoren, Produktionsprozesse und Produkte bringt zwar einen erheblichen Aufwand mit sich, hat aber den Vorteil, dass sich vorhandene *Kausalitäten* zwischen der Kostenverursachung und -entstehung systematisch aufdecken lassen. Bereits bei der Systemgestaltung kann eine Reihe von Verbesserungen und Kostensenkungen hinsichtlich des Einsatzes der Produktionsfaktoren, der Ausgestaltung der Prozesse und der hergestellten Produkte erzielt werden. In der Nutzungsphase ist es dann aufgrund der konkreten Ausprägungen der Attribute und Operationen möglich, die von einem Objekt tatsächlich ausgehenden Kostenwirkungen präzise zu erfassen und zu verrechnen.

Das Aufdecken von Kausalketten, die zur Entstehung bestimmter Kostenwirkungen führen, reicht aber noch nicht aus, um diese ihren Verursachern zuzurechnen; vielmehr müssen auch die damit einhergehenden Kosten ermittelt werden. Da die für diese Bewertung relevanten Kostensätze in der Regel nicht in Form von gegebenen Einstandspreisen vorliegen, sondern als interne Verrechnungspreise zu berechnen sind, ist ein indirektes Vorgehen erforderlich. Bei der Kostenermittlung muss eine Reihe von Aspekten berücksichtigt werden, die die Kostenrechnung sonst eher vernachlässigt:

- Soweit das Auftreten von Kostenwirkungen mit *Unsicherheit* behaftet ist, muss auf geeignete Schätzverfahren oder Mittelwerte zurückgegriffen werden. Dies gilt z.B. für Produktionsstörungen, für die erwartete Ausschussquote und für die Inanspruchnahme von Garantie- und Serviceleistungen. Dabei sind die unsicheren Kostenwirkungen so zu quantifizieren, dass eine Abschätzung ihrer Eintrittswahrscheinlichkeit und der voraussichtlichen Kostenhöhe möglich ist. Den Erwartungswert einer Kostenwirkung erhält man durch Multiplikation der Eintrittswahrscheinlichkeit mit der zugehörigen Kostenhöhe. Bei schwer kalkulierbaren oder großen Kostenwirkungen kann der so ermittelte Erwartungswert noch um einen Sicherheitszu- bzw. -abschlag korrigiert werden.

- Es können *zeitliche Verwerfungen* zwischen der Kostenverursachung, z.B. der Herstellung eines fehlerhaften Produkts, und der Kostenentstehung, in diesem Fall dem Erbringen einer Garantieleistung, auftreten. Werden diese nicht berücksichtigt, so erhält man falsche Kosteninformationen für den Einsatz von Produktionsfaktoren und Prozessen sowie für die Preiskalkulation der Produkte. Außerdem besteht die Gefahr, dass Kosten, die erst in einer späteren Periode zu Zahlungen führen, falsch periodisiert werden. Gegebenenfalls sind daher Kostenwirkungen, die erst später zahlungswirksam werden, entsprechend abgezinst zu erfassen.

- Die Höhe einer Kostenwirkung kann sich aufgrund von *schwankenden Kostensätzen* ändern, z.B. bei Preisschwankungen auf den Beschaffungsmärkten oder schwankenden Gebührensätzen für die Entsorgung von Rückständen. Daher ist es sinnvoll, zunächst den von einem Objekt ausgelösten Faktorverbrauch bzw. die von ihm verursachten Rückstände mengenmäßig zu erfassen und diese Mengendaten anschließend mit ihren jeweils aktuellen Kostensätzen zu bewerten.

In die Bestimmung der Kostensätze der einzelnen Objekte fließen die Kostensätze anderer Produktionsfaktoren, Prozesse und Produkte mit ein. Da diese sich ihrerseits in Abhängigkeit von bestimmten Parametern bzw. von der Qualität der eingesetzten Inputs verändern können, ist eine ständige Anpassung der Kostensätze an veränderte Rahmenbedingungen mithilfe geeigneter Operationen erforderlich. Daher ist es sinnvoll, die objektorientierte Kostenrechnung als *Plankostenrechnung* durchzuführen und Plankostensätze für die Produktionsfaktoren, Prozesse und Produkte zu ermitteln, in denen alle Kostenwirkungen erfasst werden, die bei normalem Betriebsverlauf zu erwarten sind.

Durch anschließende Soll/Ist-Vergleiche lassen sich nicht nur Kostenabweichungen ermitteln, sondern auch deren Ursachen eingehend analysieren: Für das geplante Produktionsprogramm einer Periode werden zunächst Sollverbrauchsmengen berechnet, indem die benötigten Produktionsfaktoren, Prozesse und Produkte mit ihren Einsatzkoeffizienten multipliziert werden. Durch Gegenüberstellung mit den Istverbrauchsmengen erhält man die mengenmäßigen Verbrauchsabweichungen, die sich auf Verfahrensabweichungen, Programmabweichungen, Qualitätsabweichungen, Produktionsstörungen oder sonstige Unwirtschaftlichkeiten zurückführen lassen.

Die Verrechnung der Kostenwirkungen soll gewährleisten, dass die angefallenen Kosten ihren tatsächlichen Verursachern, d.h. den Produktionsfaktoren, Prozessen und Produkten, so exakt wie möglich zugerechnet werden. Dazu sind die für die betrachteten Objekte relevanten Attribute und Operationen adäquat zu modellieren und zu verknüpfen. Bei der Verrechnung der Kostenwirkungen ist weiter darauf zu achten, dass diese nicht zusätzlich den Gemeinkosten zugeschlagen werden, d.h. *keine Doppelverrechnungen* auftreten. Daher wird ein Verrechnungssystem benötigt, das alle ermittelten Kostenwirkungen den tatsächlichen Verursachern zurechnet. Abb. 4.17 gibt einen Überblick über die Verrechnung von Kostenwirkungen im Rahmen der objektorientierten Kostenrechnung.

Im Vergleich zur Kostenverrechnung in traditionellen Kostenrechnungssystemen treten bei der objektorientierten Kostenrechnung insbesondere folgende Änderungen auf:

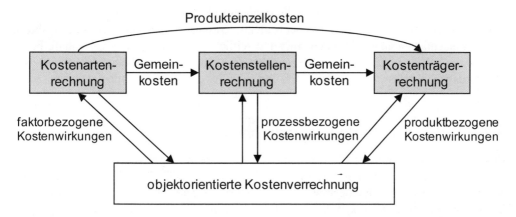

Abb. 4.17 *Verrechnung von Kostenwirkungen im Rahmen der objektorientierten Kostenrechnung*

- Produktionsfaktoren werden nicht nur mit ihren Anschaffungskosten bewertet, sondern es sind zusätzlich die Folgekosten des Faktoreinsatzes, wie Kosten für Ausschuss, Entsorgung und Garantie, zu berücksichtigen. Aus kostenrechnerischer Sicht sind diese Folgekosten wie Anschaffungsnebenkosten zu behandeln, die dadurch anfallen, dass ein Faktor in einem bestimmten Prozess oder zur Herstellung eines bestimmten Produkts eingesetzt wird. Bislang wurden diese Kosten fälschlicherweise als Gemeinkosten verrechnet. Auch die Verrechnungspreise der Produktionsprozesse und Produkte können auf diese Weise exakter bestimmt werden.

- In der klassischen Kostenrechnung erfolgt die Bewertung von Produktionsfaktoren, Prozessen und Produkten mit einheitlichen Kostensätzen. Durch die Differenzierung der Produktionsfaktoren nach ihren Einsatzgebieten, der Prozesse nach den Produkten, die damit hergestellt werden, und der Produkte nach Absatzgebieten oder Kundengruppen lassen sich unterschiedliche Verrechnungspreise ermitteln. Auch dies führt zu einer realistischeren Kostenbewertung im Sinne einer entscheidungsorientierten Kostenrechnung, nach der jedem Objekt alle von ihm ausgelösten Kosten zuzurechnen sind.

- Die objektorientierte Kostenrechnung weicht die in der traditionellen Kostenrechnung übliche Verrechnung der Kosten von den Kostenarten zu den Kostenstellen und Kostenträgern auf. Dies gilt insbesondere bei faktorbezogenen Kostenwirkungen, bei denen Prozesskosten einem Produktionsfaktor zugerechnet werden, da in diesem Fall ursprünglich als Kostenstellenkosten anfallende Kosten nunmehr einer Kostenart zugerechnet werden.

Insgesamt kommt es zu umfangreichen Verschiebungen in der Kostenstruktur eines Unternehmens. Aufgrund der realistischeren Bestimmung der Kostengrößen lassen sich Stoff- und Energieströme sowie der Betriebsmitteleinsatz besser planen und damit bislang ungenutzte Kostensenkungspotenziale gezielt ausschöpfen.

Eine derart präzise Erfassung und Zuordnung von Kostenwirkungen erfordert einen erheblichen Aufwand, der jedoch dadurch kompensiert wird, dass sich bei der Einführung der objektorientierten Kostenrechnung durch die systematische Aufdeckung von Kausalitäten zwischen Kostenverursachung und Kostenentstehung Kostensenkungspotenziale in erheblichem Umfang erschließen lassen. Um den Aufwand zeitlich zu verteilen, ist es vorteilhaft, bei der Einführung sukzessiv vorzugehen und zunächst die als besonders relevant angesehenen Kostenwirkungen zu erfassen, um später nach und nach Erweiterungen vorzunehmen.

4.2.4   Kostenwirkungsgradrechnung

Eine Weiterentwicklung der objektorientierten Kostenrechnung wird von Letmathe mit der *Kostenwirkungsgradrechnung* vorgestellt (vgl. Letmathe 2002, S. 187ff.). Es handelt sich dabei um ein Kostenrechnungssystem für dezentrale Organisationen, dessen wesentliches Ziel es ist, Ineffizienzen bzw. Verschwendung bei den Abläufen im gesamten Fertigungsbereich aufzudecken und zu eliminieren, indem jede Produktionsstelle neben den durch ihre Aktivitäten direkt ausgelösten Kostenwirkungen auch die indirekten, in anderen Produktionsstellen verursachten Kostenwirkungen angelastet erhält.

Ausgangspunkt der Entwicklung der Kostenwirkungsgradrechnung ist die Tatsache, dass die tatsächliche Leistung einer Produktionsstelle typischerweise weit unter der theoretisch möglichen liegt, ohne dass sich diese *Unwirtschaftlichkeiten* explizit in der Kostenrechnung abbilden lassen. Dazu gehören z.B. die Zeit- und Kapazitätsverluste, die aus einer unzureichenden Abstimmung von Produktionsstellen oder aus der unzureichenden Auslastung von Engpassmaschinen resultieren. Weiter führen Ausschussproduktion, unnötiger Verschnitt und unwirtschaftliche Prozessabläufe zur Verschwendung von Material und Energie sowie zu überhöhten Abfallmengen und Emissionen. Auch nicht prozessnotwendige Lagerbestände von Rohmaterial, Zwischen- und Endprodukten sowie Handelsware bedeuten letztlich Unwirtschaftlichkeiten, die zu überhöhten Kosten führen.

Das zentrale Konzept der Kostenwirkungsgradrechnung ist der *Kostenwirkungsgrad*, der eine Kennzahl für die Wirtschaftlichkeit einer Produktionsstelle darstellt. Der Kostenwirkungsgrad wird in Anlehnung an den bei technischen Anwendungen geläufigen *technischen Wirkungsgrad*, der den Grad der Energieausnutzung eines Prozesses angibt und zur Beurteilung der Leistung einer Anlage dient, definiert. Da eine vollständige Ausnutzung der in einen Prozess gegebenen Energie aufgrund der Hauptsätze der Thermodynamik nicht möglich ist, liegt der technische Wirkungsgrad regelmäßig unter 100%. Die vollständige Energieausnutzung ist eine Idealvorstellung, die man bei der Entwicklung neuer Prozesse so weit wie möglich zu verwirklichen versucht.

Die Idealvorstellung bei der Produktion besteht darin, diese zu den geringsten möglichen Kosten durchzuführen, den *Idealkosten*. Die Idealkosten ergeben sich bei einer Produktion ohne Verschwendung (in Form von Ausschuss, Nacharbeit, Abfall oder Zeitverlust aufgrund unproduktiver Warte- und Liegezeiten), indem man die zugehörigen Idealverbrauchsmengen r_i^{Ideal} der Einsatzfaktoren $i = 1,...,n$ mit ihren Planpreisen q_i^{Plan}, die innerhalb einer Planungsperiode unverändert bleiben, multipliziert:

$$K^{Ideal} = \sum_{i=1}^{n} r_i^{Ideal} \cdot q_i^{Plan}$$

Die Istkosten der tatsächlich durchgeführten Produktionsvorgänge erhält man als Produkt aus Ist-Verbrauchsmengen r_i^{Ist} und Planpreisen:

$$K^{Ist} = \sum_{i=1}^{n} r_i^{Ist} \cdot q_i^{Plan}$$

Der *Kostenwirkungsgrad* als zentrale Größe der Kostenwirkungsgradrechnung ist definiert als das Verhältnis der Idealkosten zu den Istkosten. Da sich die Idealkosten in der Regel nicht erreichen lassen, nimmt der Kostenwirkungsgrad *KW* Werte zwischen Null und Eins an.

$$0 \leq KW = \frac{K^{Ideal}}{K^{Ist}} \leq 1$$

Die Differenz zwischen den Istkosten und den Idealkosten gibt die von der Produktionsstelle durch ihre Prozessführung beeinflussbaren Kosten und damit das maximale Kostensenkungspotenzial an.

Das handlungsleitende Konstrukt der Kostenwirkungsgradrechnung ist somit die *Idealproduktion*, bei der sämtliche Vorgänge mit einem – in der Regel gar nicht erreichbaren – theoretischen Minimal- bzw. Idealwert angesetzt werden. Bei wertschöpfenden Vorgängen liegt der Idealwert auf dem bei optimaler Prozessführung erreichbaren Mindestniveau, z.B. ergibt sich der mindestens erforderliche Materialverbrauch aus den Stücklisten und dem geplanten Produktionsprogramm, bei nicht wertschöpfenden Vorgängen wie z.B. der Nacharbeit beträgt er Null. Der Idealwert dient als Benchmark, der die Messung der Leistung einer Produktionsstelle erlaubt und aufzeigt, wo sich Verbesserungspotenziale befinden. Diese Idealwerte lauten für die wichtigsten produktionswirtschaftlichen Sachverhalte:

- keine Materialverschwendung
- kein Abfall, kein Abwasser, keine Emissionen
- kein Ausschuss und keine Nacharbeit
- keine Prüf- und Überwachungsvorgänge
- keine Rüstzeiten
- keine Verschwendung von Fertigungszeit
- keine Leer- und Wartezeiten
- keine Lagerhaltung
- vollständige Einhaltung von Zusagen an interne und externe Kunden

Obwohl eine Produktion z.B. ohne jeglichen Abfall technisch nicht möglich ist – letztlich ist jede Produktion eine Kuppelproduktion von erwünschten und unerwünschten Produkten (vgl. Abschnitt 1.3.2) – ist es aus folgenden Gründen sinnvoll, den Idealwert von Null und nicht eine als realistisch angesehene Abfallmenge als Vorgabe zu verwenden: Unabhängig von der absoluten Höhe des Vorgabewerts führt jede Verringerung der Abfallmenge zu einer Annäherung an den Idealwert und damit zu einer Erhöhung des Kostenwirkungsgrads. Während das Erreichen eines realistischen Vorgabewerts jedoch signalisieren würde, dass nunmehr sämtliche Verbesserungspotenziale realisiert sind und er damit keine Anreizwirkung mehr entfaltet, stellt der unerreichbare Idealwert immer wieder eine Herausforderung dar, nach weiteren Möglichkeiten zur Verbesserung der Prozesse zu suchen. Ähnlich lässt sich in Bezug auf die anderen genannten Sachverhalte argumentieren.

Durch jede Abweichung von der Idealproduktion entstehen *Kostenwirkungsgradverluste*. Der Kostenwirkungsgradverlust *KWV* ist der Betrag, der zum idealen Kostenwirkungsgrad von eins fehlt, er nimmt somit ebenfalls Werte zwischen Null und Eins an. Ein Kostenwirkungsgradverlust lässt sich sowohl für einen einzelnen Entscheidungsbereich $j = 1,...,m$ als auch für die Produktionsstelle oder den Betrieb insgesamt berechnen, wobei sich der gesamte Kostenwirkungsgradverlust als Summe der Kostenwirkungsgradverluste sämtlicher Bereiche ergibt:

$$KWV = 1 - KW = 1 - \frac{K^{Ideal}}{K^{Ist}} = \frac{K^{Ist} - K^{Ideal}}{K^{Ist}} = \sum_{j=1}^{m} KWV_j$$

mit: $$KWV_j = \frac{K_j^{Ist} - K_j^{Ideal}}{K^{Ist}}$$

Die Berechnung von Kostenwirkungsgradverlusten lässt sich an dem folgenden *Beispiel* veranschaulichen. In Tab. 4.7 sind in der zweiten und dritten Spalte die Ideal- und die Istverbrauchswerte für einige Fertigungsbereiche angegeben. Durch Multiplikation mit den Planpreisen in der vierten Spalte erhält man die Idealkosten bzw. die Istkosten der einzelnen Bereiche in der fünften und sechsten Spalte. Die letzte Spalte enthält die Kostenwirkungsgradverluste der Bereiche, die sich zum gesamten Kostenwirkungsgradverlust von 0,6 aufsummieren.

Da die Istkosten in Höhe von 5.000 € um 3.000 € über den Idealkosten von 2.000 € liegen, beträgt der Kostenwirkungsgrad der Produktionsstelle:

$$KW = \frac{K^{Ideal}}{K^{Ist}} = \frac{2.000}{5.000} = 0,4$$

Der gesamte Kostenwirkungsgradverlust beträgt somit:

$$KWV = 1 - KW = 1 - 0,4 = 0,6$$

Da es sich beim Kostenwirkungsgrad um eine dimensionslose Zahl handelt, müssen sich die Verantwortlichen in der Produktionsstelle nicht mit den dahinter liegenden detaillierten Mengen- und Kostendaten auseinandersetzen. Die Kostenwirkungsgradverluste der einzelnen Bereiche zeigen auf, wo die Unwirtschaftlichkeiten und demzufolge auch die Verbesserungspotenziale liegen. Im Beispiel wird fast die Hälfte des gesamten Kostenwirkungsgradverlusts durch den Bereich Nacharbeit verursacht, der daher ein erster Ansatzpunkt zur Verbesserung der Wirtschaftlichkeit der Produktionsstelle sein sollte. Doch auch die anderen Kostenwirkungsgradverluste stellen für die Mitarbeiter einen Anreiz dar, ihr Ergebnis durch eine Reduktion der Istverbrauchsmengen weiter zu verbessern.

Tab. 4.7 *Beispiel zur Kostenwirkungsgradrechnung (vgl. Letmathe 2002, S. 193)*

Bereich	Idealverbrauch	Istverbrauch	Preis je Einheit	Idealkosten	Istkosten	KWV
Materialverbrauch	100 kg	150 kg	10,-	1.000,-	1.500,-	0,10
Fertigungszeiten	20 h	29 h	50,-	1.000,-	1.450,-	0,09
Abfall	0 kg	50 kg	2,-	0,-	100,-	0,02
Nacharbeit	0 h	20 h	60,-	0,-	1.200,-	0,24
Qualitätsprüfung	0 h	7 h	50,-	0,-	350,-	0,07
Rüstzeiten	0 h	5 h	80,-	0,-	400,-	0,08
Summe				2.000,-	5.000,-	0,60

Tab. 4.8 gibt für einige Beispiele an, durch welche Eigenschaften sich die Idealproduktion charakterisieren und wie sich der zugehörige Kostenwirkungsgradverlust erfassen lässt. Dies zeigt gleichzeitig Anhaltspunkte dafür, wie sich nicht wertschöpfende Vorgänge systematisch vermeiden lassen, um in Zukunft den Kostenwirkungsgrad zu erhöhen.

Tab. 4.8 *Erfassung von Kostenwirkungsgradverlusten*

Eigenschaft der Idealproduktion	Erfassung des Kostenwirkungsgradverlusts
keine Materialverschwendung	Abweichung von Idealstücklisten
keine Abfälle, Abwasser oder Emissionen	Erfassung aller unerwünschten Nebenprodukte
kein Ausschuss oder Nacharbeit	Erfassung von Ausschussmengen und Nacharbeitszeiten
keine Prüf- oder Überwachungsvorgänge	Messung der Prüf- und Überwachungszeiten
keine Rüstzeiten	Erfassung der erforderlichen Rüstzeiten
keine Verschwendung von Fertigungszeit	Abweichung von Ideal-Arbeitsanweisungen sowie Messung von Maschinen- und Personalausfallzeiten
keine Lagerhaltung	Erfassung von Lagermengen und -zeiten
Einhaltung von Zusagen an interne und externe Kunden	Erfassung von verspätet gelieferten Mengen und der Dauer der Lieferverzögerung

Abweichungen von der Idealproduktion bewirken in der Regel nicht nur direkte Kostenwirkungsgradverluste in der verantwortlichen Produktionsstelle, sondern zusätzlich *Folgewirkungsgradverluste* in anderen, mit diesen in Austauschbeziehungen stehenden Produktionsstellen. Das bedeutet, dass in einer Produktionsstelle festgestellte Unwirtschaftlichkeiten zumindest teilweise nicht in deren Verantwortungsbereich fallen, sondern sich auf eine ineffiziente Prozessdurchführung in vor- und nachgelagerten Produktionsstellen zurückführen lassen.

Um in solchen Fällen zu einer *verursachungsgerechten Aufteilung* des gesamten Kostenwirkungsgradverlusts zwischen den beteiligten Kostenstellen zu gelangen, ist es erforderlich, die zugrunde liegenden Ursache-Wirkungs-Zusammenhänge exakt zu analysieren. In Tab. 4.9 ist für einige Kostenwirkungsgradverluste angegeben, welche Folgewirkungsgradverluste durch diese ausgelöst werden können.

Tab. 4.9 *Folgewirkungsgradverluste*

Kostenwirkungsgradverlust	Folgewirkungsgradverlust
Materialverschwendung	Störungen des Produktionsflusses Abfall, Abwasser oder Emissionen Nicht-Einhaltung von Zusagen an interne und externe Kunden
Abfall, Abwasser, Emissionen	Verletzung von Vorgaben des Umweltrechts, die über behördliche Auflagen zu Produktionsmengenverlusten führen
Ausschuss und Nacharbeit	verschwendete Fertigungszeit für Ausschussproduktion Abfall, Abwasser oder Emissionen Nicht-Einhaltung von Zusagen an interne und externe Kunden Störungen des Produktionsflusses
verschwendete Fertigungszeit	Störungen des Produktionsflusses Nicht-Einhaltung von Zusagen an interne und externe Kunden
unterlassene Prüfung und Überwachung	Qualitätsprobleme in nachfolgenden Produktionsstellen Verschwendung von Fertigungszeit Abfall, Abwasser oder Emissionen Nicht-Einhaltung von Zusagen an interne und externe Kunden Störungen des Produktionsflusses
unzureichende Lagerhaltung	mangelnde Pufferung des Materialflusses ⇒ Verstärkung von Folgewirkungsgradverlusten durch Materialverschwendung, Ausschuss, Nacharbeit und Produktionsstörungen
Rüstzeit	Störungen des Produktionsflusses Nicht-Einhaltung von Zusagen an interne und externe Kunden

Die *Zurechnung* von Folgewirkungsgradverlusten sollte wegen des damit verbundenen Aufwands nicht zentral erfolgen, sondern auf der Ebene der jeweils betroffenen Produktionsstellen. Wenn jede Produktionsstelle das Ziel verfolgt, ihren Kostenwirkungsgrad zu maximieren, wird sie versuchen, solche Kosten, die bei ihr auftreten, jedoch durch Aktivitäten anderer Produktionsstellen verursacht worden sind, diesen als Folgewirkungsgradverluste anzulasten. Durch eine solche dezentrale Steuerung lässt sich das Ziel der Kostenverrechnung nach dem Verursachungsprinzip ohne großen Aufwand erreichen. Selbst wenn zwei Produktionsstellen sich nicht einigen können, wer für einen Kostenblock verantwortlich ist, kann dieser Konflikt insofern produktiv sein, als dass beide in Zukunft versuchen werden, den Anfall derartiger Kosten zu vermeiden.

Die Informationen aus der Kostenwirkungsgradrechnung lassen sich in Verbindung mit einem *kostenwirkungsgradbasierten Anreizsystem* nutzen, um das Entscheidungsverhalten der Mitarbeiter in den Produktionsstellen so zu beeinflussen, dass sie im Sinne der betrieblichen Zielsetzungen danach streben, die aufgezeigten Möglichkeiten zur Prozessverbesserung und die damit verbundenen Kostensenkungspotenziale zu realisieren. Ein solches Anreizsystem sollte nicht nur das Erreichen eines bestimmten Zustands anstreben, sondern kontinuierliche Verbesserungsprozesse in allen Bereichen fördern. Durch die Ausrichtung an der Idealproduktion besteht ein ständiger Ansporn, die Effizienz der Produktionsprozesse zu steigern. Nachgewiesene Kostenwirkungsgradsteigerungen sollten mit monetären Anreizen verbunden werden. Dabei lässt sich durchaus berücksichtigen, dass ohnehin aufgrund von Erfahrungskurveneffekten (vgl. Abschnitt 2.2.1.3) von den Mitarbeitern bei wiederholter Durchführung der Produktion eine bestimmte Mindestlernrate erwartet wird.

Die Ausgestaltung eines solchen Anreizsystems auf Grundlage von Informationen aus der Kostenwirkungsgradrechnung kann folgendermaßen vorgehen: Zunächst sind für mehrere Perioden im Voraus die aufgrund einer Mindestlernrate erwarteten *Basiskosten* festzulegen, die als Maßstab für eine Zusatzentlohnung dienen. Das Basiskostenniveau sollte im Einvernehmen mit den Mitarbeitern bestimmt werden, damit diese die Anforderungen als realistisch einschätzen und bereit sind, sich nach ihren Fähigkeiten anzustrengen.

Wenn es den Mitarbeitern aufgrund zusätzlicher Anstrengungen zur Beseitigung von Ineffizienzen gelingt, die vorgegebenen Basiskosten zu unterschreiten, erhalten sie eine bestimmte *Zusatzentlohnung*, die proportional mit den erreichten Einsparungen ansteigt. Liegen die realisierten Istkosten hingegen über den Basiskosten, so haben die Mitarbeiter nicht einmal die aufgrund der Erfahrungskurve erwarteten Kostensenkungen erreicht und werden mit einem – allerdings geringeren – Lohnabzug proportional zum Ausmaß der Kostenüberschreitung sanktioniert. Auf diese Weise haben die Mitarbeiter die Möglichkeit, an den von ihnen herbeigeführten Kostensenkungen zu partizipieren.

Bei Vorliegen einer Mindestlernrate in Höhe von $(1-r)$ lassen sich die Basiskosten der Periode t wie folgt berechnen:

$$k_t^{Basis} = \left(k_0^{Standard} - k^{Ideal}\right) \cdot (1-r)^t + k^{Ideal}$$

Auf dieser Basis ergibt sich die folgende Zusatzentlohnung Z_t für die Periode t, wobei α den Zusatzlohnsatz bei einer Unterschreitung der Basiskosten und β bei einer Überschreitung angibt:

$$
Z_t = \begin{cases} \alpha \cdot \left(k_t^{Basis} - k_t^{Ist}\right) & \text{für } k_t^{Basis} \geq k_t^{Ist} \\ \\ \beta \cdot \left(k_t^{Basis} - k_t^{Ist}\right) & \text{für } k_t^{Basis} < k_t^{Ist} \end{cases}
$$

mit: $\alpha > \beta$

Die *Vorteile* der Kostenwirkungsgradrechnung liegen auf mehreren Ebenen: Zum einen ist das System verständlich und einfach aufgebaut und lässt sich mit jeder traditionellen Kostenrechnung kombinieren. Der Kostenwirkungsgrad als Spitzenkennzahl ist anschaulich und leicht interpretierbar. Durch die Anlehnung an den technischen Wirkungsgrad lässt sich das Konzept auch Technikern und Ingenieuren plausibel machen. Zum anderen werden Abweichungen der Istkosten von den Idealkosten systematisch ermittelt und nach unterschiedlichen Kostenwirkungsgradverlusten aufgeschlüsselt. Durch diese Aufspaltung von Kostenwirkungsgradverlusten und die Berücksichtigung von Folgewirkungsgradverlusten wird eine differenzierte Kostenanalyse möglich, die dazu beiträgt, Verbesserungspotenziale aufzuzeigen und produktionsstelleninterne Entscheidungen bei dezentraler Organisation des Produktionsbereichs zu unterstützen.

4.3   Instrumente des Produktionscontrollings

Entsprechend der Aufgabe des Controllings, die Planung, Steuerung und Kontrolle des betrieblichen Geschehens zu unterstützen (vgl. Abschnitt 4.1.1), lassen sich die Controllinginstrumente in Planungsinstrumente, Koordinationsinstrumente und Kontrollinstrumente unterscheiden, die in den nachfolgenden drei Abschnitten behandelt werden. Während die Planung grundsätzlich vor der Durchführung der betrieblichen Prozesse stattfindet, erfolgt die Koordination vor allem prozessbegleitend und die Kontrolle ist der Prozessdurchführung zeitlich nachgelagert. Wegen der großen Bedeutung der Informationsversorgung für das Controlling befasst sich Abschnitt 4.3.4 eingehend mit verschiedenen Ausprägungen von Informationsinstrumenten zur Unterstützung der Controllingfunktionen.

4.3.1   Planungsinstrumente

Unter *Planung* versteht man die zielgerichtete, systematische Strukturierung von zukünftigen Handlungen und Sachverhalten im Sinne der Unternehmensziele. Eine regelmäßige Planung ist erforderlich, um sich immer wieder an veränderte Rahmenbedingungen anzupassen und dadurch die langfristige Wettbewerbsfähigkeit und letztlich die Unternehmensexistenz zu sichern. Abb. 4.18 zeigt die Einbindung der Planung in die verschiedenen Phasen des Entscheidungsprozesses.

Ausgehend von einer gründlichen Analyse der relevanten Märkte, der Unternehmenssituation und der sonstigen Umweltfaktoren werden zunächst die grundsätzlichen Ziele des Unternehmens definiert, an denen sich die Planung orientieren muss. Die Planung lässt sich nach ihrer zeitlichen und sachlichen Reichweite in die strategische Grundsatzplanung, die taktische Ausführungsplanung und die operative Maßnahmenplanung unterteilen. Im Anschluss an die Planung findet die Umsetzung der Maßnahmen und schließlich eine Kontrolle der erzielten Ergebnisse statt. Durch auf den verschiedenen Stufen dieses Entscheidungsprozesses ansetzende Rückkopplungen kann bei Unstimmigkeiten ein erneuter Durchlauf angestoßen werden.

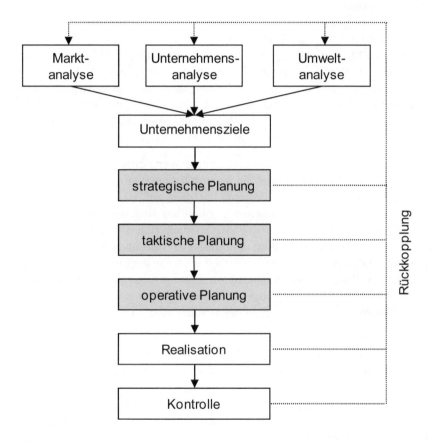

Abb. 4.18   *Planungsprozess*

Der gesamte Bereich der Unternehmensplanung lässt sich aufgabenbezogen in Planungen für verschiedene Teilbereiche gliedern. So unterscheidet man die Beschaffungsplanung, die Investitionsplanung, die Finanzplanung, die Absatzplanung, die Personalplanung usw. In Bezug auf das Produktionscontrolling ist die *Produktions- und Logistikplanung* von besonderer Bedeutung. Die zugehörigen Einzelaufgaben sind im Zusammenhang mit dem Produktionsmanagement bzw. der Produktionslogistik im zweiten und dritten Kapitel behandelt worden.

Auf sämtlichen Planungsebenen werden verschiedene Planungsmethoden eingesetzt, die teils quantitativer und teils qualitativer Art sind. Quantitative Planungsmethoden werden vielfach aus Verfahren des Operations Research abgeleitet. Man unterscheidet hierbei zwischen optimierenden Verfahren und Heuristiken, die in angemessener Zeit eine gute Lösung zu erreichen versuchen. Die für den Produktionsbereich wichtigsten Klassen von *OR-Verfahren* weisen die folgenden Einsatzbereiche auf (vgl. z.B. Ellinger et al. 2003, Kistner 2003, Berens et al. 2004, Corsten et al. 2005, Werners 2006):

- Die *lineare Optimierung* eignet sich zur Bestimmung von optimalen Lösungen in kontinuierlichen Lösungsräumen, wenn die Zielfunktion und sämtliche Restriktionen des Entscheidungsproblems als lineare Funktionen formuliert werden können. Das übliche Lösungsverfahren für lineare Programme ist der von Dantzig (1963) entwickelte Simplex-Algorithmus, der durch sukzessive Untersuchung der Ecken des Lösungspolyeders in endlich vielen Schritten eine optimale Lösung des Problems generiert. Zahlreiche produktionswirtschaftliche Probleme lassen sich zumindest approximativ mithilfe eines linearen Programms abbilden, z.B. die Produktionsprogrammplanung, die Kapazitätsplanung, die simultane Stücklistenauflösung und die Transportplanung.

- Dürfen einzelne Variablen lediglich ganzzahlige Werte annehmen, so geht die Kontinuität des Lösungsraums verloren und die *(gemischt-)ganzzahlige Optimierung* kommt zum Einsatz. Ganzzahligkeiten treten insbesondere dann auf, wenn Einsatzmengen oder Produktmengen nur in diskreten Einheiten Verwendung finden können, zur Abbildung von Entscheidungsalternativen kommen Binärvariablen zum Einsatz. Grundsätzlich lassen sich ganzzahlige Problemstellungen mithilfe einer vollständigen Enumeration lösen, jedoch ist dies aufgrund der Komplexitätstheorie in der Regel mit einem prohibitiven Rechenaufwand verbunden. Daher spielen zur Lösung ganzzahliger Programme geeignete Heuristiken eine große Rolle. Beispiele für gemischt-ganzzahlige Problemstellungen im Produktionsbereich sind die Fließbandabstimmung, die Reihenfolgeplanung, die Layoutplanung und die Tourenplanung.

- Wenn bei der Zielfunktion oder den Restriktionen eines Problems mindestens eine nichtlineare Funktion auftritt, kommen die Verfahren der *nichtlinearen* bzw. *konvexen Optimierung* zum Einsatz, für deren Lösung es keinen allgemein anwendbaren Lösungsalgorithmus wie bei der linearen Optimierung gibt. Einsatzbereiche der konvexen Optimierung sind z.B. die Rucksackprobleme in der hierarchischen Produktionsplanung, Packprobleme oder die Abbildung der intensitätsmäßigen Anpassung.

- Für mehrstufige oder mehrperiodige Entscheidungsprobleme, die sich in rekursiv lösbare Teilentscheidungen zerlegen lassen, kommt die *dynamische Optimierung* zum Einsatz. Auf der Basis des Bellman'schen Optimalitätsprinzips (vgl. Bellman 1957) werden zunächst in einer Rückwärtsrekursion sukzessiv immer umfassendere Eventualentscheidungen generiert, die anschließend auf der Basis gegebener Anfangswerte in einer Vorwärtsrechnung zu tatsächlichen Entscheidungen konkretisiert werden. Mehrperiodige Lagerhaltungsprobleme, Entscheidungen über den optimalen Ersatzzeitpunkt einer Anlage oder mehrstufige Probleme zur Ressourcenallokation sind Einsatzbereiche der dynamischen Optimierung in der Produktionswirtschaft.

- Graphentheoretische Verfahren wie die *Netzplantechnik* lassen sich zur Visualisierung und Strukturierung zahlreicher komplexer Problemstellungen im Produktions- und Logistikbereich einsetzen. Ein Graph besteht aus einer Menge von Knoten, durch die sich die Elemente des realen Systems abbilden lassen (z.B. Personen, Produkte, Maschinen, Orte, Ereignisse). Diese Knoten sind durch gerichtete oder ungerichtete Kanten verbunden, die den Beziehungen zwischen den Elementen entsprechen (z.B. Transporte, Bearbeitungen, Lieferungen, Anordnungen, Reihenfolgen, zeitliche Abhängigkeiten). Es stehen zahlreiche effiziente Lösungsverfahren zur Berechnung von Netzplänen zur Verfügung, mit denen sich Zeit- oder Kostengrößen minimieren oder kritische Pfade bestimmen lassen. Beispiele für die Anwendung der Netzplantechnik sind die Projektplanung, die Ablaufplanung, die Transportplanung oder die Reihenfolgeplanung.

- Die *Simulation* kommt für die Lösungssuche bei komplexen dynamischen oder stochastischen Problemen zum Einsatz. Ihr Grundgedanke besteht darin, nach festgelegten Regeln eine große Anzahl von zufälligen Lösungen zu generieren und dadurch eine umfangreiche Stichprobe alternativer Lösungen zu erhalten, aus denen dann die beste ausgewählt wird. Es handelt sich somit um kein optimierendes Lösungsverfahren, sondern um eine Heuristik. Zur Durchführung von Simulationen steht eine große Auswahl an Simulationssoftware zur Verfügung, die Unterstützung bei der Modellierung, der Generierung von Lösungen und der Auswertung der Ergebnisse bietet. Ein Beispiel für den Einsatz von Simulationen ist die Abbildung des Bullwhip-Effekts im Supply Chain Management mithilfe der Industrial Dynamics (vgl. Abschnitt 3.5.1). Weitere Anwendungsbereiche liegen in der Maschinenbelegungsplanung, der Auftragssteuerung sowie der Steuerung prozesstechnischer Anlagen.

- Eine weitere Gruppe von heuristischen Lösungsverfahren für produktionswirtschaftliche Probleme sind die *naturanalogen Verfahren*, die bei der Lösungsfindung bestimmte in der belebten oder unbelebten Natur auftretende Suchstrategien bzw. Organisationsprozesse imitieren. Dadurch soll dem bei vielen Heuristiken auftretenden Problem begegnet werden, dass der Algorithmus mangels Informationen über die Topologie des Lösungsraums beim Erreichen eines lokalen Optimums seine Suche vorzeitig abbricht. Genetische Algorithmen orientieren sich an den Mechanismen der Vererbung und Mutation bei der Fortpflanzung von Organismen und an den natürlichen Selektionsmechanismen, um nach vorgegebenen Kriterien die Fitness einer Lösung zu beurteilen. Die Verfahren des Simulated Annealing bilden bei der Beurteilung von Lösungen die Kristallbildung bei der Abkühlung von Schmelzen mithilfe einer problemspezifischen Kühlfunktion ab, wodurch sich die Überlebenschance einer schlechten Lösung stetig verringert. Anwendungsbereiche liegen z.B. bei der Anlagengestaltung (vgl. Schoebel 2007), der Standortplanung, der Maschinenbelegungsplanung und der Prozesssteuerung.

Die genannten Planungsverfahren gehen in der Regel davon aus, dass sämtliche Daten, die für die Lösung benötigt werden, exakt ermittelt werden können, d.h. der Informationsstand der *Sicherheit* vorliegt. In der Realität sind jedoch eher unsichere Informationen vorherrschend. Falls Angaben zur Wahrscheinlichkeitsverteilung der *unsicheren Daten* möglich sind, lassen sich stochastische Lösungsverfahren einsetzen, die jedoch einen erheblichen rechentechnischen Aufwand erfordern. Für *ungewisse Informationen*, bei denen nicht einmal Wahrscheinlichkeitsaussagen möglich sind, stehen kaum Lösungsverfahren zur Verfügung. Eine Möglichkeit, die Unsicherheit der Daten beim Einsatz deterministischer Planungsverfahren in angemessener Weise zu berücksichtigen, stellt die nachträgliche Untersuchung der ermittelten Lösung auf ihre Stabilität bei anderen Datenkonstellationen dar.

So gibt eine *Sensitivitätsanalyse* der optimalen Lösung eines linearen Programms darüber Auskunft, welchen Schwankungen die Parameter des Programms unterliegen dürfen, ohne dass sich die Struktur der Lösung ändert, d.h. ein Basiswechsel erforderlich wird. Weiter lässt sich ermitteln, in welcher Weise sich der Zielfunktionswert in Abhängigkeit von bestimmten Parameterwerten verändert. Noch einen Schritt weiter geht die *parametrische Programmierung*, die systematisch den vollständigen Verlauf der Zielfunktion in Abhängigkeit von beliebigen Parameterwerten ermittelt. Typische Beispiele für Parameter, die einer gewissen Unsicherheit unterliegen, sind Ausschussquoten, Plandurchlaufzeiten, Auslastungsgrade, verfügbare Personal- und Maschinenkapazitäten, Absatzmengen, Nutzungsdauern, Ein- und Auszahlungen sowie Zinssätze.

Im Anschluss an solche postoptimalen Analysen erfolgt eine Abschätzung, ob es sinnvoll ist, die zuvor ermittelte Entscheidung beizubehalten. Wird mit großer Wahrscheinlichkeit erwartet, dass ein kritischer Parameter seine Ober- oder Untergrenze über- bzw. unterschreitet, so sollte von vornherein die zu dem benachbarten Intervall gehörende Lösung implementiert werden.

Abb. 4.19 fasst das grundsätzliche *Vorgehen* beim Einsatz quantitativer Planungsmethoden nochmals zusammen. Ausgangspunkt der Planung ist regelmäßig ein reales Problem, das einen Entscheidungs- bzw. Handlungsbedarf auslöst. Bei der Analyse dieses Problems wird die Zielsetzung formuliert und die Entscheidungssituation in einem deskriptiven Modell möglichst exakt beschrieben. Auf dieser Basis erfolgt dann die Abbildung des Problems in einem mathematischen Modell. Nach der Beschaffung der benötigten Daten, die als Parameter in das Modell eingehen, wird das Modell mit einem geeigneten optimierenden oder heuristischen Algorithmus gelöst. Diese Lösung wird anschließend auf ihre Brauchbarkeit hin untersucht und schließlich in die Realität umgesetzt.

Neben den quantitativen Planungsverfahren, die immer dann zum Einsatz kommen, wenn sich die zu planenden Sachverhalte hinreichend gut quantifizieren lassen, existieren *qualitative Planungsmethoden* für schlechter strukturierte Entscheidungssituationen, in denen lediglich qualitative Informationen vorliegen. Tendenziell kommt die quantitative Planung eher auf der taktisch-operativen und die qualitative Planung vorwiegend auf der strategischen Planungsebene zum Einsatz.

Die *Nutzwertanalyse* wird zur Entscheidungsfindung bei multikriteriellen Problemstellungen eingesetzt, wenn sich zumindest ein Teil der Zielsetzungen lediglich auf qualitativem Niveau beschreiben lässt. Der Einsatz eines solchen *Scoring-Verfahrens* ist in Abschnitt 2.2.2 bereits in Zusammenhang mit der Standortplanung dargestellt worden. Grundsätzlich geht man wie folgt vor:

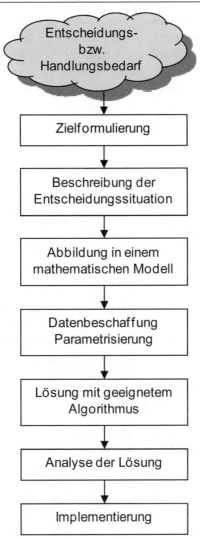

Abb. 4.19   *Vorgehen bei der quantitativen Planung*

- Zunächst müssen die zu berücksichtigenden *Zielkriterien* identifiziert und hinreichend operational formuliert werden. Dabei können sowohl quantitative als auch qualitative Zielkriterien auftreten. Wichtig ist, dass sämtliche für die anstehende Entscheidung relevanten Zielkriterien auch in das Verfahren einbezogen werden.

- Im zweiten Schritt wird eine *Gewichtung* der Zielkriterien vorgenommen. Üblicherweise werden die Gewichte so definiert, dass sie sich zu eins addieren. Da letztlich die Ergebnisse stark von der Zielgewichtung abhängen, ist dieser Schritt mit besonderer Sorgfalt durchzuführen.

- Anschließend erfolgt eine Bewertung der zur Auswahl stehenden Entscheidungsalternativen hinsichtlich jedes Kriteriums auf einer normierten Skala. Üblich sind zweipolige Skalen mit einer geraden oder ungeraden Anzahl von Schritten, bei denen hohe Skalenwerte einheitlich entweder für eine gute oder eine schlechte Zielerreichung stehen. Die Bewertungen der Alternativen bezeichnet man auch als *Teilnutzenwerte*.

- Multipliziert man die Teilnutzenwerte einer Entscheidungsalternative mit den jeweiligen Zielgewichten und addiert sie auf, so erhält man den *Gesamtnutzenwert* dieser Alternative.

- Die *Entscheidung* fällt für die Alternative, die den höchsten Gesamtnutzenwert erzielt hat.

Als *Beispiel* für die Durchführung einer Nutzwertanalyse wird die Anschaffung einer neuen Maschine betrachtet. Die für die Entscheidung relevanten Kriterien sind neben dem Anschaffungspreis der Maschine die erwarteten laufenden Kosten, die Kapazität, die Haltbarkeit bzw. Nutzungsdauer und der Aspekt der Flexibilität, der in der Möglichkeit, spätere Erweiterungen vorzunehmen, zum Ausdruck kommt.

Es stehen drei Maschinen zur Auswahl: Maschine A kostet 30.000 €, die laufenden Kosten betragen 5.000 € pro Jahr, die Kapazität liegt bei 10.000 Stück pro Jahr, die Nutzungsdauer ist mit 5 Jahren angegeben und die Flexibilität wird als hoch eingeschätzt. Maschine B weist einen Preis von 20.000 €, laufende Kosten von 4.000 €, eine Kapazität von 8.000 Stück, eine Nutzungsdauer von 6 Jahren und eine mittlere Flexibilität auf. Bei Maschine C liegen der Preis bei 50.000 €, die laufenden Kosten bei 6.000 €, die Kapazität bei 20.000 Stück, die Nutzungsdauer bei 10 Jahren und die Flexibilität ist nur gering.

Tab. 4.10 zeigt das Ergebnis einer Bewertung dieser drei Alternativen auf einer Skala von 0 bis 10, wobei eine hohe Punktzahl für eine als positiv empfundene Ausprägung des jeweiligen Kriteriums vergeben wird. So erhält Maschine A aufgrund ihres mittleren Preises eine Bewertung von 6 Punkten, die günstige Maschine B erhält 8 Punkte und die teure Maschine C 2 Punkte. Analog kommen die Bewertungen der drei Maschinen bezüglich der anderen Kriterien zustande. Sämtliche Entscheidungskriterien werden gleich gewichtet und erhalten somit einen Gewichtungsfaktor von 0,2. Demnach sollte die Entscheidung für die Maschine A fallen, da sie mit 6,4 den höchsten Gesamtnutzenwert aufweist. Maschine B hat mit 5,8 den nächstbesten und Maschine C mit 5,6 den schlechtesten Gesamtnutzenwert.

Ein wesentlicher *Kritikpunkt* an der Nutzwertanalyse ist ihre starke Anfälligkeit für *subjektive Einflüsse*. Sowohl die Gewichte der Zielkriterien als auch die Zuordnung der Teilnutzenwerte zu den Entscheidungsalternativen erfolgen durch den Entscheidungsträger und sind damit abhängig von seiner Einschätzung. Bereits leichte Verschiebungen zwischen den Gewichten oder eine andere Zuordnung der Teilnutzenwerte können die Entscheidung wesentlich beeinflussen.

Tab. 4.10 *Beispiel zur Nutzwertanalyse*

Kriterium	Gewicht	Bewertung für Maschine		
		A	B	C
Preis	0,2	6	8	2
laufende Kosten	0,2	5	4	6
Kapazität	0,2	6	5	9
Haltbarkeit	0,2	5	6	10
Flexibilität	0,2	10	5	2
Nutzwert		6,4	5,6	5,8

Verringert man im Beispiel das Gewicht des Kriteriums Preis auf 0,1 und erhöht das des Kriteriums Haltbarkeit auf 0,3, so erscheint Maschine C mit einem Gesamtnutzenwert von 6,6 als die beste, gefolgt von Maschine A mit 6,3 und Maschine B mit 5,4. Auch eine Konstellation, in der Maschine B den höchsten Gesamtnutzenwert aufweist, lässt sich erzeugen, indem man in der Ausgangssituation das Gewicht des Kriteriums Preis z.B. auf 0,35 erhöht und das des Kriteriums Flexibilität auf 0,15 reduziert.

Ähnliches gilt bezüglich der Zuordnung der Teilnutzenwerte, die vom Entscheidungsträger häufig nicht so trennscharf vorgenommen werden kann, wie dies die Tabelle suggeriert. Setzt man z.B. für den Preis von Maschine C statt 2 Punkten 4 Punkte an und bewertet die Kapazität von Maschine A mit 4 statt 6 Punkten, so erweist sich Maschine C mit einem Gesamtnutzenwert von 6,2 der Maschine A mit nur noch 6,0 als überlegen.

Weitere Kritikpunkte sind aus *entscheidungstheoretischer Sicht* vorzubringen:

- Bei der Addition der gewichteten Teilnutzenwerte wird unterstellt, dass der Erfüllungsgrad der verschiedenen Kriterien linear gegeneinander substituiert werden kann. Auch wenn die Kriterien durch die Gewichtung formal in eine einheitliche und damit kommensurable Größe transformiert worden sind, kann man jedoch nicht von einer solchen vollständigen *Substituierbarkeit* ausgehen.

- Weiter werden eventuelle *Interdependenzen* zwischen den verschiedenen Kriterien nicht berücksichtigt, sondern es wird unterstellt, dass diese sämtlich unabhängig voneinander sind. Im vorliegenden Beispiel besteht offensichtlich ein positiver Zusammenhang zwischen der Kapazität und den laufenden Kosten der Anlagen, der bei der Aggregation angemessen berücksichtigt werden müsste.

- Ein weiteres großes Problem besteht bei der Interpretation des Gesamtnutzenwerts. Dieser stellt eine dimensionslose Größe dar, deren absolute Höhe unter anderem von der verwendeten Skala abhängt. Dennoch tendieren Entscheidungsträger dazu, Gesamtnutzenwerte auch über völlig verschiedene Entscheidungssituationen hinweg zu vergleichen.

Ein weiteres qualitatives Planungsinstrument, das auf der strategischen Planungsebene eingesetzt wird, sind *Expertenbefragungen*, bei denen man durch ein strukturiertes Vorgehen das implizite Wissen der Experten für die anstehende Entscheidung zu nutzen versucht. Als Beispiel wird im Folgenden die *Delphi-Methode* dargestellt. Diese Methode wurde in den 1950er Jahren von der RAND Corporation entwickelt und hat seitdem vielfältige Anwendungen gefunden. Eine Delphi-Studie ermöglicht es, das Wissen mehrerer Experten gleichzeitig und anonym in den Entscheidungsprozess einfließen zu lassen und durch wiederholte Rückkopplungen einen Grundkonsens hinsichtlich der untersuchten Problemstellung zu erzielen.

Die ideale Gruppengröße liegt bei 10-18 Experten, die in der ersten Runde mit der Problemstellung in Form einer offenen Frage konfrontiert werden. Bei der Beantwortung der Frage sollen die Experten ihrer Kreativität in der Art eines Brainstorming freien Lauf lassen. Diese Antworten werden abgeglichen und zu – meist mehreren – alternativen Antworten auf die Problemstellung verdichtet, die in der zweiten Runde mit der Bitte, eine Beurteilung der einzelnen Alternativen vorzunehmen, denselben Experten vorgelegt werden. Für die dritte Runde werden die Antworten zu einer einzigen Antwort zusammengefasst und den Experten zur abschließenden Beurteilung übermittelt.

Typischerweise werden bei Delphi-Studien sehr hohe Teilnahme- und Rücklaufquoten zwischen 80 und 90% erreicht. Die erzielten Ergebnisse erweisen sich aufgrund des verdichteten Sachverstands der Experten als äußerst hilfreich bei der Beantwortung des Ausgangsproblems. Ein Beispiel für den Einsatz der Delphi-Methode ist eine im Jahr 2004 durchgeführte Expertenbefragung zur Klärung des Begriffs „Supply Chain Controlling" (vgl. Westhaus/ Seuring 2005).

Die *Szenario-Technik* ist für den Zweck von Langfristprognosen in Situationen, in denen sich eine einfache Trendextrapolation als unzureichend erweist, entwickelt worden. Ihr Ziel ist es, alternative zukünftige Szenarien als Konsequenzen verschiedener absehbarer Ereignisabfolgen und Umweltentwicklungen zu generieren. Unter einem Szenario versteht man in diesem Zusammenhang die Beschreibung einer zukünftigen Situation und des Entwicklungspfads, der zu dieser Situation führt.

Abb. 4.20 zeigt die wesentlichen Zusammenhänge auf: Durch sämtliche möglichen Szenarien wird ein so genannter *Szenariotrichter* aufgespannt, dessen Rand durch die Extremszenarien determiniert wird. Dieser Trichter ist umso länger, je weiter in die Zukunft die Prognosen reichen, und seine Öffnung ist umso größer, je vielfältiger und dynamischer die erwarteten Entwicklungen sind. Extrapoliert man die gegenwärtige Situation in die Zukunft, so erhält man das Trendszenario, das in der Mitte des Trichters liegt. Durch bestimmte Entscheidungen in der Ausgangssituation lässt sich das Szenario A auf dem eingezeichneten Entwicklungspfad erreichen. Kommt es auf diesem Pfad zu einem störenden Umwelteinfluss, so ändert die zukünftige Entwicklung ihre Richtung und das geplante Ergebnis ist gefährdet. Daher sind beim Erkennen des Störeinflusses zusätzliche Maßnahmen erforderlich, die die Entwicklung wieder in die gewünschte Richtung bringen. Dennoch ist auch bei Vornahme eines entsprechenden Eingriffs in der Regel nur noch ein Ergebnis B, das unterhalb von A liegt, erreichbar.

Der Wert der Szenario-Technik wird darin gesehen, dass die Unsicherheit der Zukunft bewusst strukturiert wird. Dadurch wird das Denken in Alternativen gefördert, das sich mit möglichen Situationen und Entwicklungen auseinandersetzt, um frühzeitig zukünftige Problemfelder zu erkennen und entsprechende Maßnahmen zu ergreifen. In vielen Großunternehmen werden Szenarien zur Unterstützung der strategischen Planung eingesetzt.

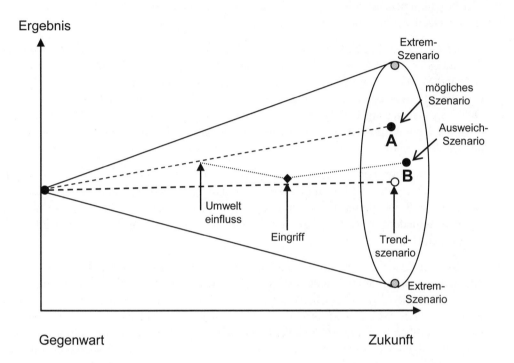

Abb. 4.20 *Szenario-Technik*

4.3.2   Koordinationsinstrumente

Unter der *Koordination* versteht man sämtliche Maßnahmen und Prozesse zur Abstimmung von arbeitsteiligen Einheiten innerhalb eines Unternehmens im Hinblick auf die Erfüllung einer gemeinsamen Aufgabe oder das Erreichen eines gemeinsamen, vorgegebenen Ziels. Das Ziel des Produktionscontrollings besteht in der Führung des Produktionsbereichs im Hinblick auf die produktionswirtschaftlichen Ziele. Es sind zahlreiche Koordinationsinstrumente entwickelt worden, die diese Aufgabe auf unterschiedliche Weise wahrnehmen. Der Entwurf und die Implementation von geeigneten Koordinationsverfahren stellen eine strukturbildende Gestaltungsleistung des Produktionscontrollings dar, die Durchführung der Koordination ist eine systemkoppelnde Aktivität. Im Anschluss an einige grundsätzliche

Überlegungen zur Bedeutung der Koordination in Abschnitt 4.3.2.1 befassen sich die nachfolgenden Abschnitte mit Verrechnungspreisen, der Budgetierung und Anreizsystemen als den für das Produktionscontrolling wichtigsten Koordinationsinstrumenten.

4.3.2.1   Bedeutung der Koordination

Der im Produktionsbereich bestehende *Koordinationsbedarf* lässt sich im Wesentlichen auf folgende Ursachen zurückführen (vgl. auch Steven 2001, S. 965ff.):

- Sobald eine wirtschaftliche Einheit eine bestimmte Größe überschreitet, werden die zu verrichtenden Tätigkeiten so vielfältig und komplex, dass die *Arbeitsteilung* in Form von Art- und Mengenteilung zum Einsatz kommt. Dadurch entstehen verschiedene Teilbereiche, die mit unterschiedlichen Aufgaben im Rahmen der Gesamtaufgabe betraut werden. Diese Spezialisierung bewirkt eine erhebliche Erhöhung der Produktivität, die sich jedoch nur dann ausnutzen lässt, wenn die Aktivitäten der Teilbereiche hinreichend aufeinander abgestimmt werden.

- Da der Produktionsbereich als Ganzes zum Erreichen der *Unternehmensziele* beitragen soll (vgl. Abschnitt 1.1.5), ist durch die Koordination sicherzustellen, dass sich alle Teilbereiche im Sinne dieser Zielsetzung verhalten. Diese Aufgabe wird noch erschwert, wenn verschiedene Aufgabenträger heterogene, womöglich sogar zum Gesamtziel konfliktäre Einzelziele verfolgen.

- Die Verteilung der Gesamtaufgabe auf mehrere spezialisierte Teilbereiche bewirkt zwar eine Komplexitätsreduktion innerhalb jeder Einheit, jedoch entstehen zwischen den Einheiten *Interdependenzen* verschiedener Art, die eine Koordination erfordern. Zum einen gibt es *zeitliche Interdependenzen*, die auf Vorgänger-Nachfolger-Beziehungen von Aktivitäten beruhen bzw. die Abhängigkeit zwischen den Entscheidungsspielräumen an aufeinander folgenden Zeitpunkten beschreiben. Zum anderen bestehen *sachliche Interdependenzen* aufgrund von anderweitigen Abhängigkeiten zwischen Aktivitäten oder Teilbereichen. Letztere können in folgenden Ausprägungen auftreten (vgl. Laux/Liermann 2005, S. 196):

    - *Restriktionsverbund*: Die in einem Teilbereich möglichen Aktivitäten hängen aufgrund gemeinsam benötigter, knapper Ressourcen von der Durchführung der Aktivitäten der anderen Teilbereiche ab. Zum Beispiel hängt bei einer Wechselproduktion die mögliche Menge, mit der ein Zusatzauftrag produziert werden kann, davon ab, inwieweit die Maschinenkapazitäten bereits durch fest eingelastete Aufträge verplant sind.

    - *Ergebnisverbund*: Das Gesamtergebnis resultiert aus den Aktivitäten sämtlicher Teilbereiche, wobei positive oder negative Synergieeffekte auftreten können. So ist die Wirkung der Einführung eines umfassenden Qualitätsmanagements wesentlich größer als die Summe der Wirkungen von einzeln durchgeführten Maßnahmen zur Qualitätsverbesserung.

- *Risikoverbund*: Die Ergebnisse der einzelnen Teilbereiche sind stochastisch voneinander abhängig. Aufgrund dieser Korrelation kann sich das Gesamtrisiko reduzieren oder auch erhöhen. So kann man durch die Beschaffungsstruktur des Multiple Sourcing, d.h. die Verteilung einer Gesamtbedarfsmenge auf verschiedene Lieferanten (vgl. Abschnitt 3.2.1.3), das Versorgungsrisiko senken.

- *Bewertungsverbund*: Die Bewertung der Ergebnisse eines Teilbereichs hängt nicht nur von diesen selbst, sondern auch von den Ergebnissen mindestens eines anderen Teilbereichs ab. Eine solche Beziehung besteht z.b. zwischen hierarchisch angeordneten Teilbereichen (vgl. Abschnitt 2.5.1.1).

Weiter können *Verhaltensinterdependenzen* von Bedeutung sein, bei denen das Verhalten der Entscheidungsträger in einem Teilbereich durch die Aktivitäten in den anderen Teilbereichen beeinflusst wird. Die dabei auftretenden Zielkonflikte zwischen den Entscheidungsträgern, die Bedeutung asymmetrischer Informationsverteilung und die Möglichkeit, durch Delegation von Entscheidungen und Verantwortung zur Zielerreichung beizutragen, werden im Rahmen der *Principal-Agent-Theorie* untersucht (vgl. Jensen/ Meckling 1976).

Durch den für eine bestimmte Problemstellung gewählten Koordinationsmechanismus ist sicherzustellen, dass derartige Interdependenzen bei der Abstimmung der Teilbereiche umso stärker berücksichtigt werden, je größer ihr erwarteter Beitrag zur Erreichung der Unternehmensziele ist.

Im Laufe der Zeit sind vielfältige *Koordinationsinstrumente* vorgeschlagen worden, aus denen in Abhängigkeit von der vorliegenden Situation eine Auswahl zu treffen ist. Abb. 4.21 gibt einen Überblick über die wichtigsten Koordinationsmechanismen.

Markt				Hierarchie

- Marktpreise
- Planpreise
- Verrechnungs-
  preise
	- Verträge
	- Verhandlungen
	- Zielverein-
	  barungen
		- Prämien/Anreize
		- Unternehmens-
		  kultur
		- gemeinsame
		  Werte
		- Selbstorgani-
		  sation
			- Budgets
			- Kennzahlen
				- Anweisungen
				- Regeln
				- Pläne
				- Programme
				- Sollwerte

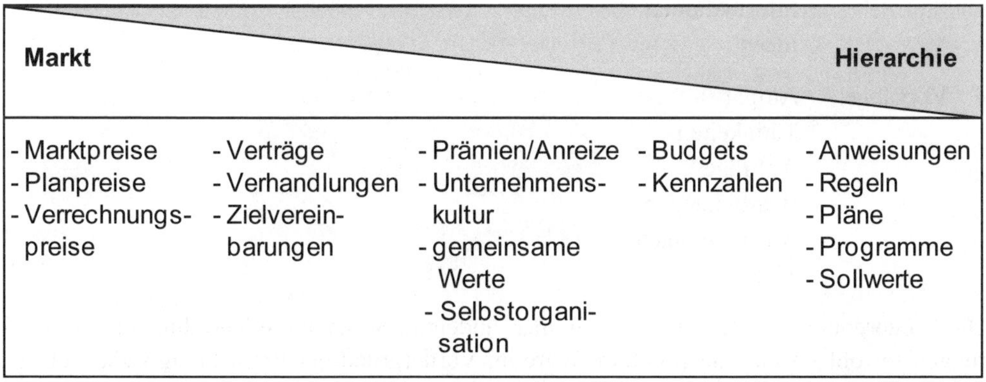

Abb. 4.21 Koordinationsmechanismen

Grundsätzlich wird dabei unterschieden zwischen marktorientierten Koordinationsinstrumenten, die sich am *Preismechanismus* orientieren – hierzu zählen neben Marktpreisen auch

Planpreise und Verrechnungspreise –, und hierarchischen Koordinationsinstrumenten, die im Wesentlichen auf der *Anweisungsbefugnis* des Unternehmers bzw. des Vorgesetzten beruhen. Neben Anweisungen zählen Regeln, Pläne, Programme und die Vorgabe von Sollwerten zu den hierarchischen Koordinationsinstrumenten.

Zwischen diesen beiden extremen Koordinationsmechanismen hat sich eine Vielzahl von *Mischformen* herausgebildet, die versuchen, die Effizienz des Marktes und die Transparenz der Hierarchie miteinander zu verbinden. Sie basieren auf mehr oder weniger starken Anreizwirkungen. Während Budgets und Kennzahlen recht nahe bei der hierarchischen Koordination angesiedelt sind und Verträge, Verhandlungen und Zielvereinbarungen einen starken Marktcharakter aufweisen, sind Prämien bzw. Anreize, die Unternehmenskultur, gemeinsame Werte und die Selbstorganisation in der Mitte einzuordnen.

Gegenstand der Koordination sind Objekte verschiedener Art, die dementsprechend unterschiedliche Koordinationsmechanismen erfordern. Sie lassen sich den drei Kategorien Personen, Sachmittel und Vorgänge zuordnen. Im Folgenden sind zu jeder Kategorie einige Beispiele für Koordinationsobjekte angegeben:

- Personen: Stelleninhaber
               Instanzen
               Abteilungen
               Gruppen
               Unternehmen

- Sachmittel: Material
               Maschinen
               Kapazitäten
               Lieferungen
               Informationen
               Ideen

- Vorgänge: Aufgaben
               Tätigkeiten
               Aufträge
               Bearbeitungen
               Anstrengungen
               Ziele

Diese Zuordnung ist allerdings nicht immer eindeutig. So kann die Koordination von Lieferungen sowohl – wenn die gelieferte Ware im Vordergrund der Betrachtung steht – der Kategorie Sachmittel als auch – bei einer prozessualen Sichtweise – den Vorgängen zugerechnet werden. In Abb. 4.22 ist dargestellt, wie sich die oben genannten Beispiele für Koordinationsobjekte den drei genannten Kategorien unter Berücksichtigung derartiger Überschneidungen zuordnen lassen.

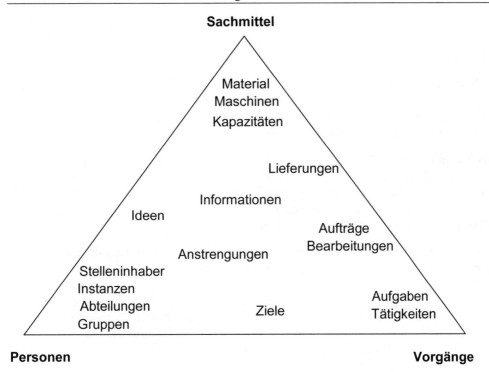

Sachmittel

Material
Maschinen
Kapazitäten

Lieferungen

Informationen

Ideen

Aufträge
Bearbeitungen

Anstrengungen

Stelleninhaber
Instanzen
Abteilungen
Gruppen

Ziele

Aufgaben
Tätigkeiten

Personen   **Vorgänge**

Abb. 4.22   *Objekte der Koordination*

Der Einsatz von Koordinationsinstrumenten hängt unter anderem von der Art, dem Aggregationsgrad und der Relation der zu koordinierenden Objekte ab. Für jedes Koordinationsobjekt sind bestimmte Koordinationsmechanismen mehr, andere hingegen weniger geeignet: So wie man z.B. einem Auftrag keine Anweisung geben kann, lassen sich andererseits Abteilungen nicht durch Ablaufplanungsverfahren in eine zeitliche Reihenfolge bringen.

Als *Koordinationsorgane* werden diejenigen Instanzen bezeichnet, die die Koordination vornehmen. Für die Koordination von Personen können insbesondere folgende *Organe* eingesetzt werden:

- Abteilungsleiter
- Projektmanager
- Controller
- Moderatoren
- Broker
- Einigungsstellen
- Stäbe
- Gremien
- Kommissionen

- Ausschüsse
- Konferenzen
- Teams

Die Koordination von Sachmitteln oder Vorgängen erfolgt nicht direkt durch derartige Organe, sondern vordergründig durch unpersönliche Koordinationsmechanismen wie Pläne, Programme, Sollvorgaben, Regeln oder Anweisungen, deren Ausführung durch die genannten oder andere Organe sichergestellt werden muss.

Auch hier gilt, dass der Einsatz eines bestimmten Koordinationsorgans und die Art des gewählten Koordinationsinstruments voneinander abhängen. So kommen für die Durchsetzung eines zentral erstellten Plans zwar Abteilungsleiter, aber keine Ausschüsse in Betracht. Für die Umsetzung von Gruppenentscheidungen hingegen sind Abteilungsleiter eher ungeeignet, hier kommen vielmehr Moderatoren oder Teams zum Einsatz.

Nun gilt es, die verschiedenen Koordinationsinstrumente sinnvoll zu klassifizieren, um Unterstützung bei der Auswahl der in einer bestimmten Situation optimalen Koordinationsform zu geben. Im Folgenden werden die jeweils relevanten Koordinationsinstrumente in Abhängigkeit von den *Dimensionen einer Koordinationssituation* und ihren Ausprägungen diskutiert. Abb. 4.23 gibt einen Überblick über die sich daraus ergebenden Formen der Koordination. Die genannten Dimensionen beschreiben das Koordinationsproblem unter verschiedenen Aspekten, sind dabei aber nicht überschneidungsfrei.

- In Bezug auf die *Richtung der Koordination* unterscheidet man die Koordination in zeitlicher und sachlicher Hinsicht. Unter der zeitlichen Koordination versteht man die Abstimmung der Reihenfolge verschiedener Planungs- oder Ausführungsschritte. Auf der lang-, mittel- und kurzfristigen Planungsebene kommen unterschiedliche Koordinationsverfahren zum Einsatz, die die flexible, die rollierende oder die Anschlussplanung unterstützen. Die sachliche Koordination bezieht sich auf die Abstimmung von interdependenten Teilbereichen in einem bestimmten Zeitpunkt, z.B. von Absatz-, Produktions- und Finanzplanung. Beide Koordinationsformen schließen sich nicht aus, sondern ergänzen einander, denn auf jeder zeitlichen Planungsebene ist gleichzeitig eine sachliche Abstimmung erforderlich.

- Nach dem *Verhältnis der Koordinationsobjekte* ergeben sich als extreme Ausprägungen die vertikale und die horizontale Koordination, aus denen sich eine Vielzahl von Zwischenformen ableiten lässt. Mit der vertikalen Koordination ist ein hierarchischer Aufbau des Unternehmens verbunden, innerhalb dessen eine Abstimmung mit den einer Einheit über- und untergeordneten Einheiten erforderlich ist. Diese kann entweder Top-Down, Bottom-Up oder im Gegenstromverfahren erfolgen. Bei der *Top-Down* Vorgehensweise werden die Aktionen der untergeordneten Einheiten sukzessiv aus den Planungen der höheren Ebenen abgeleitet. Typische Koordinationsmechanismen hierbei sind Anweisungen, Vorgaben und generelle Regeln, die den untergeordneten Einheiten nur geringe Entscheidungsspielräume lassen. Beim *Bottom-Up* Verfahren werden die Planungen der unteren Einheiten sukzessiv zur Gesamtplanung zusammengefasst, und beim *Gegenstromverfahren* findet eine iterative, gegenseitige Anpassung der Pläne statt (vgl. auch Abschnitt 4.3.2.3). Je mehr Spielraum den einzelnen Einheiten im Unternehmen für ihre Planungen und Aktionen gelassen wird, desto stärker bewegt sich der Koordinationsmechanismus auf die horizontale Koordination zu, die eine weitgehend isolierte Planung innerhalb von gleichberechtigten Einheiten bedeutet, zwischen denen im Gesamtzusammenhang des Unternehmens funktionale Interdependenzen bestehen. Die horizontale Koordination basiert auf Mechanismen wie Vertrauen, gemeinsamen Werten und Zielvorstellungen; sie wird nicht nur unternehmensintern, sondern auch bei überbetrieblichen Kooperationen, z.B. in Unternehmensnetzwerken, eingesetzt.

Dimension	Ausprägungen	
Richtung der Koordination	zeitliche Koordination	sachliche Koordination
Verhältnis der Koordinationsobjekte	vertikale Koordination (Hierarchie)	horizontale Koordination (Netzwerk)
Adressat der Koordination	personenorientierte Koordination	aufgabenorientierte Koordination (Technokratie)
Reihenfolge der Entscheidungen	sukzessive Koordination	simultane Koordination
Autonomie der Entscheidungsträger	Fremdkoordination (Zentralisation)	Selbstkoordination (Dezentralisation)
Organisationsbereich	Koordination von Planungsträgern (Aufbauorganisation)	Koordination von Planungsprozessen (Ablauforganisation)
Führungsebene	Primärkoordination	Sekundärkoordination

Abb. 4.23 *Formen der Koordination*

- Nach dem *Adressaten* eines Koordinationsinstruments unterscheidet man die personenorientierte und die sach- oder aufgabenorientierte (technokratische) Koordination. Bei der personenorientierten Koordination werden Instrumente eingesetzt, die auf der unmittelbaren Kommunikation von Aufgabenträgern beruhen, z.B. (Selbst-)Abstimmung, Verhandlungen, Zielvereinbarungen oder Weisungen. Bei der technokratischen Koordination sind Personen zwar auch in die Weitergabe und Ausführung von Entscheidungen involviert, jedoch nicht als Entscheidungsträger von Bedeutung. Es werden vielmehr unpersönliche, standardisierte Koordinationsinstrumente wie Pläne, Programme, Preise oder Kennzahlen und Budgets eingesetzt, die die Rolle von persönlichen Weisungen bei der Steuerung der Aufgabenerfüllung übernehmen und gleichzeitig der Erfolgskontrolle dienen können.

- Bezüglich der *Reihenfolge*, in der die Planungen stattfinden bzw. die Entscheidungen getroffen werden, unterscheidet man die simultane und die sukzessive Koordination. Simultane Entscheidungen in allen Teilbereichen des Unternehmens lassen sich nur in einem monolithischen Totalmodell treffen, dessen praktische Unlösbarkeit und theoretische Unzulänglichkeit hinlänglich nachgewiesen wurden; sie stellen lediglich einen theoretischen Grenzfall dar. In der Realität wird die Koordination daher immer mehr oder weniger stark sukzessiv organisiert und erfolgt mithilfe von Partialmodellen für die einzelnen Teilbereiche; dabei kommen sowohl personenorientierte als auch aufgabenorientierte Koordinationsinstrumente zum Einsatz. Gleichzeitige Entscheidungen treten auch bei der sukzessiven Koordination auf, sie werden entweder innerhalb einer hierarchischen Struktur von den derselben Instanz untergeordneten Einheiten im Rahmen ihrer Entscheidungsspielräume getroffen oder bei der horizontalen Koordination von gleichberechtigten Einheiten, wobei anschließend eine Abstimmung der Planungen erforderlich ist.

- Der Zentralisationsgrad der Koordination ist ein Indiz für die *Autonomie der Entscheidungsträger*: Bei zentraler Koordination gehen die wesentlichen Entscheidungen von einer obersten Instanz aus und werden auf den unteren Ebenen lediglich in sachlicher und zeitlicher Hinsicht detailliert. Da der Entscheidungsspielraum der unteren Ebenen nur gering ist, spricht man auch von Fremdkoordination. Im Gegensatz dazu steht die Selbstkoordination, die eher bei horizontal angeordneten Entscheidungseinheiten, z.B. in Netzwerken, zur Anwendung kommt. Hierbei treffen die einzelnen Einheiten weitgehend autonome Entscheidungen, die je nach der inneren Struktur der Einheit entweder Einzel- oder Gruppenentscheidungen sind.

- Eine weitere Einteilung von Koordinationsinstrumenten bezieht sich auf den betroffenen *Organisationsbereich*. Im Rahmen der Aufbauorganisation erfolgt vor allem eine Koordination von Planungsträgern durch die Vorgabe von Strukturen und geeigneten Koordinationsmechanismen, z.B. Weisungsbefugnissen, der hierarchischen Anordnung von Stellen, Berichtspflichten und Kontrollmechanismen. Bei der Ablauforganisation steht die Koordination von Planungsprozessen, d.h. die Strukturierung von Abläufen in Zeit und Raum, im Vordergrund. Als Koordinationsinstrumente kommen hierfür die Parallelisierung oder Entkoppelung von Aktivitäten, die Einführung von Routinen und die Vorgabe von Prioritäten in Betracht.

- In Abhängigkeit von der *Führungsebene*, auf der die Koordination angesiedelt ist, lassen sich die Primär- und die Sekundärkoordination unterscheiden. Unter der Primärkoordination versteht man die Abstimmung von arbeitsteiligen Handlungen auf der operativen Ebene, die vor allem auf das Sachziel des Unternehmens hin ausgerichtet sind. Die Sekundärkoordination hingegen bezieht sich auf die Abstimmung von Führungshandlungen der übergeordneten Ebenen im Hinblick auf das Formalziel; sie ist damit die Voraussetzung für eine sinnvolle Primärkoordination.

4.3.2.2 Verrechnungspreise

Während in Marktpreisen, die sich aufgrund von Angebot und Nachfrage der Marktakteure bilden, die gesamtwirtschaftliche Knappheit von Gütern und Leistungen zum Ausdruck kommt, spiegeln *Verrechnungspreise* als Wertansätze für innerbetriebliche Leistungen deren interne Knappheit wider. Durch den Einsatz von Verrechnungspreisen als Koordinationsinstrument lässt sich der Leistungsaustausch zwischen den betrieblichen Einheiten steuern.

Diese von Schmalenbach als *pretiale Lenkung* bezeichnete Vorgehensweise ist vor allem in dezentral organisierten Unternehmen von großer Bedeutung, deren Profit Centers, Cost Centers oder Fertigungssegmente als weitgehend eigenständige wirtschaftliche Einheiten agieren und Leistungen an andere Bereiche zum Verrechnungspreis abgeben bzw. Leistungen von anderen Bereichen zum Verrechnungspreis beziehen. In diesem Zusammenhang wird vielfach auch die Bezeichnung *Transferpreis* verwendet.

Der Preismechanismus ist in der Lage, Ressourcen und Aktivitäten in deren wirtschaftlichste Verwendung zu lenken. Daher werden Verrechnungspreise auch als *Lenkpreise* bezeichnet. Je höher der (Verrechnungs-)Preis einer Leistung ist, desto größer ist der Anreiz, möglichst viel von dieser Leistung zu erstellen. Mithilfe der Höhe von Verrechnungspreisen kann somit eine Steuerung des Verhaltens der Unternehmensbereiche erfolgen.

Weiter ermöglichen Verrechnungspreise bei Leistungen, die sich sowohl innerbetrieblich erstellen als auch am Markt beziehen lassen, eine Beurteilung der *Effizienz* der betrieblichen Aktivitäten: Liegt der Verrechnungspreis oberhalb des Marktpreises, so ist der Markt offensichtlich in der Lage, die Leistung kostengünstiger zu erstellen, und es sollte über ein Outsourcing nachgedacht werden (vgl. Abschnitt 3.2.1.2). Ist der Verrechnungspreis hingegen niedriger als der Marktpreis, so ist die innerbetriebliche Leistungserstellung überlegen, die hierarchische Koordination erfolgt effizienter als die marktliche.

Bei der *Gestaltung* von Verrechnungspreisen ist nicht nur deren absolute Höhe festzulegen, sondern auch der Zeitraum, für den sie Gültigkeit besitzen sollen. Weiter muss bestimmt werden, auf welche Art und Weise die Verrechnungspreise ermittelt werden und wer dafür zuständig ist.

Die verschiedenen *Funktionen* von Verrechnungspreisen lassen sich wie folgt systematisieren (vgl. Coenenberg 2003, S. 524ff.):

- Verrechnungspreise dienen der *Abrechnung* der betrieblichen Einheiten. Hierzu zählen zum einen die Ermittlung von Inventurwerten für die Bilanzierung von Zwischen- und Fertigprodukten, die Nachkalkulation der betrieblichen Leistungen und die Ermittlung von Preisuntergrenzen, zum anderen die Berechnung des Bereichserfolgs. Durch einen entsprechenden Ansatz von Verrechnungspreisen lassen sich die ausgewiesenen Erfolge zwischen den betrieblichen Einheiten verschieben. Daher setzen die Finanzbehörden strenge Grenzen bezüglich der zulässigen Spannbreite von Verrechnungspreisen, die zwischen Konzernunternehmen angesetzt werden.

- Durch Verrechnungspreise lässt sich feststellen, inwieweit die einzelnen betrieblichen Einheiten zum Gesamterfolg des Unternehmens beigetragen haben, denn die mit Verrechnungspreisen bewerteten innerbetrieblichen Leistungen stellen Erträge des liefernden Bereichs und Kosten des beziehenden Bereichs dar. Durch diese *Erfolgsermittlung* werden Kostentransparenz und Kostenbewusstsein erhöht, am Erfolg anknüpfende Entlohnungssysteme erhöhen die Motivation der Entscheidungsträger.

- Daneben finden Verrechnungspreise bei verschiedenen *Planungsaufgaben* Verwendung. Sie werden als Entscheidungsgrundlage bei der Vorkalkulation sowie bei der Preisfindung für neue Produkte oder Aufträge eingesetzt und unterstützen die in Abschnitt 3.2.1.1 angesprochene Entscheidung zwischen Eigenfertigung und Fremdbezug.

- Wenn die Verrechnungspreise den betrieblichen Einheiten bereits am Periodenanfang mitgeteilt werden, haben diese wie bei der Normalkostenrechnung eine verlässliche *Entscheidungsgrundlage*, auf deren Basis sie ihre Dispositionen treffen können.

- Im Zusammenhang mit der Koordinationsaufgabe des Controllings ist die *Lenkungsfunktion* der Verrechnungspreise von besonderer Bedeutung. Durch die Verrechnungspreise sollen knappe innerbetriebliche Ressourcen, insbesondere Personal und Maschinenkapazitäten, einer im Sinne der Gesamtzielsetzung optimalen Verwendung zugeführt werden, indem ein innerbetrieblicher Marktmechanismus installiert wird. Weiter lassen sich Kostenwirkungen, die durch die Entscheidungen eines Bereichs in anderen Bereichen ausgelöst werden, durch einen entsprechenden Ansatz der Verrechnungspreise bei dem verursachenden Bereich internalisieren.

Zwischen der Erfolgsermittlungsfunktion und der Lenkungsfunktion von Verrechnungspreisen besteht ein *Zielkonflikt*, wenn die aus Sicht eines Teilbereichs optimalen Aktivitäten nicht zur Erreichung der Gesamtzielsetzung führen. Um solche negativen Synergien zu vermeiden, ist die Bestimmung der Höhe der Verrechnungspreise von großer Bedeutung.

Bei der Ermittlung der Verrechnungspreise lassen sich marktorientierte, kostenorientierte und knappheitsorientierte Ansätze unterscheiden. Abb. 4.24 gibt einen Überblick über die verschiedenen Typen von Verrechnungspreisen und ihre Entstehung.

- *Marktorientierte Verrechnungspreise* kommen für Leistungen in Betracht, die nicht nur innerbetrieblich ausgetauscht werden, sondern auch von außen bezogen bzw. an externe Abnehmer verkauft werden können. Die Existenz eines externen Beschaffungs- bzw. Absatzmarktes für die Leistung ist daher eine Voraussetzung für die Verwendung marktorientierter Verrechnungspreise. Durch marktorientierte Verrechnungspreise wird auch innerbetrieblich eine Marktsituation geschaffen. Aus Sicht des liefernden Unternehmens ist eine Leistung mit Opportunitätskosten in Höhe des entgangenen Erfolgs bei Nicht-Durchführung des Geschäfts zu bewerten. Daher ergibt sich die Höhe der marktorientierten Verrechnungspreise aus den Grenzkosten des liefernden Unternehmens zuzüglich seines Deckungsbeitrags.

Während marktorientierte Verrechnungspreise zur Erfolgsermittlung geeignet sind, können sie die Lenkungsfunktion nur unvollkommen erfüllen, da sie die innerbetrieblich bestehenden Synergien bei der Leistungserstellung vernachlässigen. Sie führen weiter nur dann zu einer optimalen Ressourcenallokation, wenn es sich um einen vollkommenen Markt handelt. Davon kann jedoch bei der innerbetrieblichen Anwendung nicht ausgegangen werden. Darüber hinaus sind viele innerbetriebliche Leistungen spezifisch auf den Bedarf im Unternehmen zugeschnitten, so dass keine Marktpreise als Vergleichsmaßstab zur Verfügung stehen.

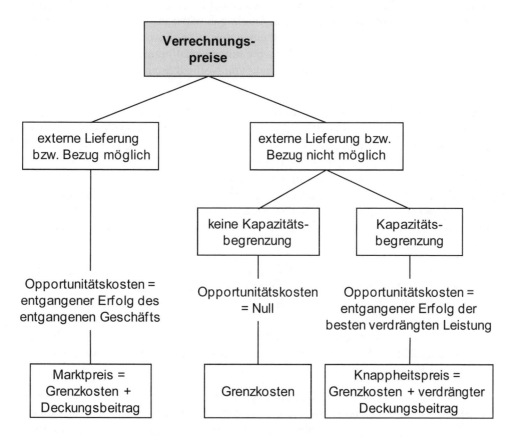

Abb. 4.24 *Typen von Verrechnungspreisen (vgl. Coenenberg 2003, S. 559)*

- *Kostenorientierte Verrechnungspreise* werden für nicht marktfähige Leistungen herangezogen, wenn innerbetrieblich keine Kapazitätsbeschränkungen bestehen. Da keine Knappheitssituation vorliegt, betragen die Opportunitätskosten der Ressourcennutzung Null. Die Spanne möglicher Verrechnungspreise reicht von den Grenzkosten bis zu den Vollkosten zuzüglich einer Gewinnspanne. Der Gewinnaufschlag lässt sich damit begründen, dass der beziehende Bereich nicht besser gestellt werden soll als ein externer Kunde. Diese Methode ist in der Praxis sehr beliebt. Bei Vollkosten als Verrechnungspreis erhält der liefernde Bereich zwar seine gesamten Produktionskosten ersetzt, jedoch fällt er seine

Produktionsentscheidungen auf Basis von nicht entscheidungsrelevanten Kosteninformationen. Wird der Verrechnungspreis in Höhe der Grenzkosten angesetzt, so wird dem liefernden Bereich nur ein Teil seiner Kosten ersetzt und dem beziehenden Bereich der gesamte Erfolg zugerechnet. Andererseits ist nur bei einer Abrechnung zu Grenzkosten sichergestellt, dass insgesamt nicht mehr als die Gesamtkosten verrechnet werden.

Weiter ist eine Entscheidung zwischen der Verrechnung von Ist- und Normalkosten zu treffen. Während bei Verwendung von Istkosten der liefernde Bereich in jedem Fall seine Kosten ersetzt erhält und somit keinen Anreiz zur wirtschaftlichen Leistungserstellung hat, kann er den bei der Unterschreitung einer Normalkostenvorgabe auftretenden Erfolg vereinnahmen, wird aber auch bei Überschreitungen zur Verantwortung gezogen. Weiter hat der beziehende Bereich bei Verwendung von Normalkosten eine größere Planungssicherheit.

• *Knappheitspreise* sind anzusetzen, wenn nicht marktfähige Leistungen mithilfe von nur beschränkt verfügbaren Kapazitäten erzeugt werden. Dies ist als der Normalfall anzusehen, da in Unternehmen typischerweise Kapazitätsengpässe bestehen, an die sich die Planung anpassen muss. Der auf Grenzkostenbasis ermittelte Verrechnungspreis ist in diesem Fall um die Opportunitätskosten der knappen Kapazitäten zu erhöhen. Diese sind in Höhe des entgangenen Erfolgs anzusetzen, der bei Erstellung der besten durch die gewählte Alternative verdrängten Leistung entstanden wäre. Lässt sich die verdrängte Leistung auf dem externen Markt absetzen, so liegt eine Kombination von markt- und kostenorientierten Verrechnungspreisen vor.

Ähnlich wie bei der Produktionsprogrammplanung (vgl. Abschnitt 2.3.1) kann der Knappheitspreis nur dann direkt bestimmt werden, wenn lediglich ein Engpass vorliegt. Bei mehreren knappen Ressourcen ergeben sich deren Knappheitspreise als *Dualvariablen* bzw. *Schattenpreise* aus der optimalen Lösung eines entsprechenden linearen Programms. Da diese Schattenpreise erst bei der Lösung des Programms ermittelt werden, lassen sie sich nicht zur Steuerung der Ressourceninanspruchnahme einsetzen, denn mit der Lösung des Programms stehen auch die zu planenden Leistungsmengen fest.

• Eine weitere Möglichkeit zur Abstimmung von Unternehmensbereichen sind *verhandlungsbasierte Verrechnungspreise*. Die Bereiche erhalten eine weitgehende Autonomie und dürfen in regelmäßigen Zeitabständen untereinander aushandeln, zu welchen Preisen sie ihre Leistungen austauschen wollen. Bei dieser Lösung werden die Verrechnungspreise nicht aufgrund sachlicher Argumente bestimmt, sondern hängen weitgehend von der Verhandlungsmacht und dem Verhandlungsgeschick der Bereichsleiter ab. Sie erfüllen daher weder die Lenkungs- noch die Erfolgsermittlungsfunktion. Darüber hinaus besteht das Problem, dass die Bereiche dazu tendieren, spezifische Investitionen zu unterlassen, da sie nicht sicher sein können, dass sie letztlich den daraus resultierenden Erfolg vereinnahmen können.

• Auf Basis der Principal-Agent-Theorie werden *Lenkpreise* als Verrechnungspreise vorgeschlagen, die sowohl Unsicherheiten als auch asymmetrisch verteilte Informationen berücksichtigen und in erster Linie dazu dienen, das Verhalten der Bereichsleiter im Sinne der Unternehmensziele zu steuern. So kann durch Erhöhung des Verrechnungspreises für eine innerbetriebliche Leistung ein Bereichsleiter, dessen Produkte andere Produkte des Unternehmens vom Markt zu verdrängen drohen, dazu veranlasst werden, seine Produktionsmenge zu reduzieren. Durch die Höhe der Verrechnungspreise lassen sich somit die Entscheidungsspielräume der Bereichsleiter beeinflussen.

Welcher Typ von Verrechnungspreisen zur Anwendung kommen sollte, hängt wesentlich von den *organisatorischen Rahmenbedingungen* ab: Je stärker dezentral das Unternehmen organisiert ist, desto größere Bedeutung haben die Verrechnungspreise für die Koordination der Bereiche und desto mehr Gestaltungsspielraum besteht bei ihrer Festlegung.

4.3.2.3 Budgetierung

Die Budgetierung zählt zu den wichtigsten und am häufigsten eingesetzten Instrumenten zur Koordination der Aktivitäten von dezentral organisierten Unternehmensbereichen. Als *Budget* bezeichnet man eine – meist finanzielle – Vorgabegröße, die von einer betrieblichen Einheit in einem bestimmten Zeitraum eingehalten bzw. erreicht werden muss. Durch ein Budget werden den einzelnen Bereichen Handlungsspielräume eröffnet, innerhalb derer sie Entscheidungen hinsichtlich des konkreten Vorgehens bei der Durchführung ihrer Aktivitäten und der Verfolgung der betrieblichen Ziele treffen können. An ein Budget sind die folgenden Anforderungen zu stellen:

- Budgets müssen *eindeutig* und *exakt* formuliert sein und sich operationalisieren lassen, damit die ausführenden Einheiten sie in konkrete Handlungen umsetzen können.

- Bei der Aufstellung der Budgets müssen die Entscheidungsträger der nachgeordneten Bereiche hinreichend eingebunden werden, damit sie sich mit den Vorgaben identifizieren können. Gleichzeitig muss die *Unabhängigkeit* der Bereiche bei ihren operativen Entscheidungen erhalten bleiben.

- Budgets müssen sowohl nach innen als auch nach außen konsistent sein. *Innere Konsistenz* liegt vor, wenn die Summe der Teilbudgets mit dem Gesamtbudget übereinstimmt, *äußere Konsistenz* bedeutet, dass die Budgets im Einklang mit der strategischen Ziel- und Maßnahmenplanung stehen.

- Ein Budget muss eine *Motivationswirkung* entfalten, indem es einerseits erreichbar ist, andererseits aber auch eine Herausforderung darstellt.

- Budgets müssen durch ihre *zeitliche Befristung* dazu beitragen, dass über alle Ebenen hinweg in einem konsistenten Zeitraster geplant wird.

- Budgets müssen sowohl zukunftsorientiert sein als auch im Nachhinein die Möglichkeit eines *Soll/Ist-Vergleichs* zwischen Vorgabewerten und erreichten Werten bieten.

Budgets entfalten somit gleichzeitig eine Koordinationsfunktion, eine Motivationsfunktion und eine Orientierungsfunktion. Die Koordination erfolgt durch die Steuerung des Verhaltens der Bereiche im Sinne der Unternehmensziele, die Motivation durch die Beurteilung des

Bereichserfolgs auf Basis der Erreichung der Budgetvorgaben, und die Orientierung besteht darin, dass über die Budgets Informationen hinsichtlich der Ziele der übergeordneten Entscheidungseinheiten an die einzelnen Bereiche weitergegeben werden.

Als *Budgetierung* bezeichnet man den Prozess der Aufstellung, Durchsetzung und Kontrolle von Budgets, die den betrieblichen Einheiten vorgegeben werden. Voraussetzung für die Durchführung der Budgetierung ist die Planung der Unternehmensaktivitäten, ihr nachgelagert sind Kontrollaktivitäten hinsichtlich der Budgeteinhaltung bzw. der Zielerreichung.

Es lassen sich die in Abb. 4.25 angegebenen Arten von Budgets unterscheiden:

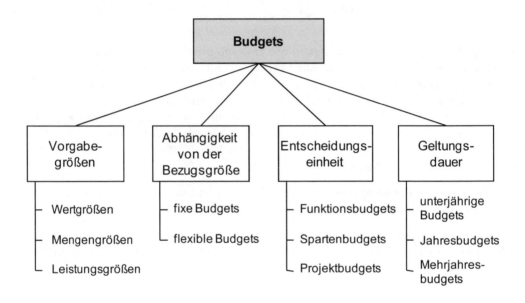

Abb. 4.25 *Budgetarten*

- Nach der verwendeten Vorgabegröße unterscheidet man Budgets auf der Basis von Wertgrößen, Mengengrößen und Leistungsgrößen. Als *Wertgrößen* werden in der Regel Kostenansätze verwendet, es kommen aber auch Deckungsbeiträge, Cashflows oder Gewinne in Betracht. Budgets auf der Basis von *Mengengrößen* beziehen sich auf Verbrauchs-, Produktions- oder Absatzmengen. Bei *Leistungsbudgets* werden sowohl die Ausgaben budgetiert als auch Vorgabegrößen bezüglich der erbrachten Leistungen gesetzt. Sie kommen z.B. in der öffentlichen Verwaltung zum Einsatz. Im Produktionscontrolling werden neben Kostenbudgets auch Mengenbudgets verwendet.

- In Abhängigkeit von der Bezugsgröße kommen fixe oder flexible Budgets in Betracht. *Fixe Budgets* sind ein reines Steuerungsinstrument, durch das die Kosten auf einen bestimmten Betrag beschränkt werden sollen. Sie werden in der Regel auf Vollkostenbasis erstellt und allenfalls nach Kostenarten aufgeschlüsselt. Ihr Einsatzbereich ist die Steuerung der Kosten in indirekten Leistungsbereichen wie der Forschung und Entwicklung oder der Verwaltung, in denen keine unmittelbare Abhängigkeit zu direkt steuerbaren Bezugsgrößen besteht oder diese nur schlecht messbar ist.

Bei *flexiblen Budgets* hingegen wird die Kostenvorgabe als Funktion bestimmter Einflussgrößen definiert. Zum Beispiel wird ausgehend von der Teilkostenrechnung eine Aufteilung der Kostenvorgaben in fixe und variable Kostenbestandteile vorgenommen. Dadurch erhalten die Bereiche für alternative Auslastungsgrade Kostenvorgaben in unterschiedlicher Höhe. Dies erlaubt einen Einsatz der Budgetierung sowohl zur Steuerung der Bereiche als auch zur Kontrolle ihrer Wirtschaftlichkeit und ihrer Kostenstruktur. Flexible Budgets eignen sich zur Steuerung der direkten Leistungsbereiche, vor allem der Fertigung, in denen die Kostenhöhe erheblich von der Auslastung abhängt, und sind somit für das Produktionscontrolling von großer Bedeutung.

- Nach der betrachteten Entscheidungseinheit erfolgt eine Einteilung in Funktions-, Sparten- und Projektbudgets. *Funktionsbudgets* werden für die verschiedenen betrieblichen Funktionen, z.B. Beschaffung, Produktion, Absatz, vorgegeben und kommen bei einer funktional differenzierten Organisation zum Einsatz. Bei einer Spartenorganisation hingegen werden auch die *Budgets nach Sparten* differenziert erstellt, z.B. für Fertigungsinseln, Produktbereiche oder Regionen. *Projektbudgets* werden für die Steuerung von Projekten, d.h. inhaltlich und zeitlich abgrenzbaren Aufgaben, verwendet. Für das Produktionscontrolling sind vor allem funktional differenzierte Budgets von Bedeutung, manchmal auch Projektbudgets.

- Eine Differenzierung nach der Geltungsdauer führt zur Einteilung in unterjährige Budgets, Jahresbudgets und Mehrjahresbudgets. *Unterjährige Budgets* haben eine Geltungsdauer von weniger als einem Jahr und kommen vor allem bei der operativen Produktionssteuerung zum Einsatz. Die häufigste Ausprägung sind *Jahresbudgets*, da ein Abgleich der verwendeten Daten mit den Informationen des externen Rechnungswesens möglich ist. *Mehrjahresbudgets* werden einerseits für Projekte und andererseits für strategische Entscheidungen verwendet, bei denen Planungssicherheit über einen längeren Zeitraum erforderlich ist.

Der *Budgetierungsprozess* besteht aus den Teilaufgaben der Erstellung, Durchführung, Kontrolle und Anpassung von Budgets. Diese Aufgaben müssen sukzessiv oder iterativ abgearbeitet werden. In der *Erstellungsphase* gilt es, in enger Abstimmung mit der Unternehmensplanung die für die einzelnen Teilbereiche vorgesehenen Budgets zu bestimmen und aufeinander abzustimmen. Dabei darf die Summe der Bereichsbudgets den insgesamt vorgesehenen Finanz- bzw. Kostenrahmen nicht übersteigen. Idealerweise sollten die Budgets voneinander abhängiger Teilbereiche simultan bestimmt werden. Da dies jedoch aus Gründen der Planungskomplexität nicht möglich ist, kommen die folgenden grundsätzlichen Vorgehensweisen bei der Budgetabstimmung zur Anwendung (vgl. auch Abschnitt 2.5.1):

- Beim *Top-Down-Verfahren* wird das Gesamtbudget in die Einzelbudgets heruntergebrochen. Dadurch wird sichergestellt, dass das Gesamtbudget nicht überschritten wird und sich alle Bereiche am gemeinsamen Oberziel ausrichten. Die Planung ist stark zentralisiert, so dass in der Zentrale sämtliche erforderlichen Informationen zur Verfügung stehen müssen.

- Umgekehrt geht das *Bottom-Up-Verfahren* vor. Jeder Bereich nimmt zunächst eine eigenständige Planung vor und ermittelt das zu ihrer Umsetzung erforderliche Budget. Diese Teilbudgets werden anschließend zu einem Gesamtbudget zusammengefasst. Dies hat den Vorteil, dass die Mitarbeiter der Bereiche realistischer einschätzen können, welche Ergebnisse sie mit welchen Mitteln erreichen können, und stärker motiviert sind, ihr selbst vorgeschlagenes Budget einzuhalten. Wird der insgesamt zur Verfügung stehende Rahmen überschritten, so ist eine Anpassung der Teilbudgets erforderlich. Problematisch ist die Bottom-Up-Budgetierung vor allem dann, wenn die Bereiche kein gemeinsames Oberziel verfolgen.

- Das *Gegenstromverfahren* stellt eine Synthese der beiden vorherigen Budgetierungsverfahren dar. Auf der einen Seite gibt es einen zentralen Rahmenplan, der Top-Down in Detailpläne aufgelöst wird, allerdings nur Entwurfscharakter hat. Auf der anderen Seite haben die Bereiche einen erheblichen Gestaltungsspielraum bei der Generierung ihrer Bottom-Up-Vorschläge. Die von oben vorgegebenen und die von unten vorgeschlagenen Werte werden dann zusammengeführt und – gegebenenfalls über mehrere Rückkopplungsschleifen – aufeinander abgestimmt, bis sie hinreichend konsistent sind.

Abb. 4.26 zeigt das Vorgehen bei der Ermittlung eines *Produktionskostenbudgets* nach dem Gegenstromverfahren. Top-Down werden die Vorgaben des Gesamtkostenbudgets, die z.B. aus den geplanten Produktionsmengen oder aufgrund der Kosten zurückliegender Perioden gebildet wurden, zunächst in Einzel- und Gemeinkostenbudgets aufgelöst und daraus die Produktionskosten der einzelnen Werke ermittelt. Bottom-Up werden die Produktionskosten eines Werks aus den Produktionskosten der einzelnen Stellen, die mithilfe der Bedarfsmengen und der benötigten Personal- und Anlagenkapazitäten aus dem Absatzplan ermittelt werden, durch Aggregation bestimmt. Da diese beiden Werte in der Regel nicht übereinstimmen, ist anschließend ein interaktiver Abgleich erforderlich. Erst wenn eine hinreichende Konsistenz der Planungen erreicht ist, wird das Budget als verbindliche Grundlage verabschiedet.

In der Realität findet die Budgeterstellung allerdings häufig so statt, dass im Tagesgeschäft lediglich die Werte von vergangenen Perioden fortgeschrieben und über die verschiedenen Teilbereiche hinweg abgestimmt werden. Eine grundlegende Budgetplanung wird allenfalls dann vorgenommen, wenn sich die Ausgangssituation wesentlich verändert hat.

An die Budgeterstellung schließen sich die Durchführung, d.h. das Arbeiten mit den Budgetvorgaben, und die gleichzeitige oder nachgelagerte Kontrolle an. Während der gesamten Budgetierungsperiode muss überprüft werden, inwieweit die Budgets eingehalten werden. Ist eine Budgetüberschreitung zu befürchten, so sind rechtzeitig Maßnahmen zur Anpassung der Vorgaben an die veränderte Situation zu ergreifen.

Top-Down-Vorgaben

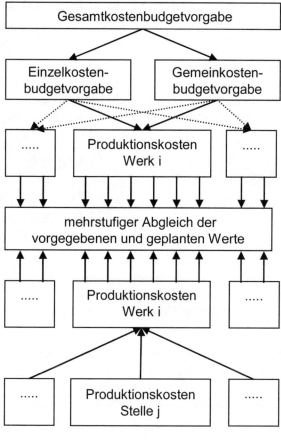

Abb. 4.26 Budgetierung nach dem Gegenstromverfahren

Die *Bedeutung* der Budgetierung als Controllinginstrument liegt in den folgenden Feldern:

- Durch die eindeutige Formulierung von Sollvorgaben an die Bereiche überträgt die Budgetierung die Orientierung an den *Unternehmenszielen* auf sämtliche Unternehmensebenen.

- Die wesentliche Aufgabe der Budgetierung liegt in der *Koordination von Teilbereichen* mittels quantitativer Größen, die durch die übergreifende Disposition über Produktions-, Personal- und finanzielle Ressourcen die rechtzeitige Einleitung von Maßnahmen bei Engpässen erlaubt.

- Die Budgetierung weist eine starke *Zukunftsorientierung* auf, da sie zukünftige Entwicklungen und deren Auswirkungen auf die verschiedenen Teilbereiche und deren Interdependenzen explizit beachtet. Dadurch lassen sich die Potenziale, aber auch die Gefahren bestimmter Handlungen frühzeitig erkennen und bei der Maßnahmenplanung berücksichtigen.

- Gleichzeitig liefert die Budgetierung eine *Referenzlinie für die Berichterstattung*, indem Abweichungen von den Vorgaben frühzeitig und eindeutig identifiziert werden können. Darauf bauen Maßnahmen wie die Suche nach den Abweichungsursachen, die Vermeidung von negativen Abweichungen und die Gegensteuerung von Folgewirkungen der Abweichungen auf.

Auf der anderen Seite bringt die Budgetierung als Controllinginstrument auch eine Reihe von *Problemen* bzw. Nachteilen mit sich:

- Oft liegt ein *ungünstiges Verhältnis zwischen Aufwand und Nutzen* der Budgetierung vor. Dies gilt vor allem dann, wenn die Budgetierung mit großem Personaleinsatz betrieben wird und umständliche Abstimmungsprozesse mit sich bringt, die in der Regel dennoch zu keiner vollständigen Abstimmung führen.

- Die numerischen Werte der Budgetvorgaben spiegeln eine Genauigkeit der Daten vor, die in der Realität häufig gar nicht gegeben ist. Wenn z.B. die ursprünglichen Annahmen nicht mehr aktuell sind, erfolgt die Planung in den Bereichen anhand von *unzutreffenden Informationen*.

- Häufig werden die mit der Budgetierung verbundenen *Informationen* von den Bereichen nur unzureichend genutzt. Dies liegt zum einen daran, dass die ursprünglichen Vorgaben im Laufe der Budgetierungsperiode an Bedeutung verlieren, zum anderen an der oft zu starken Detaillierung, die den Blick auf das Wesentliche verstellt.

- Durch die Einschränkung des Dispositionsspielraums der Bereichsleiter besteht die Gefahr, dass *Fehlentscheidungen* im Hinblick auf die Gesamtzielsetzung getroffen werden. Insbesondere bei Veränderungen der Entscheidungssituation kann ein Festhalten an den ursprünglichen Werten zu ineffizienten Maßnahmen und nutzlosen Ausgaben führen.

- Wenn lediglich die Einhaltung des Budgets verlangt wird, geht leicht das *Kostenbewusstsein* in den ausführenden Bereichen verloren.

4.3.2.4   Anreizsysteme

Anreizsysteme als Koordinationsinstrument haben die Aufgabe, durch gezielt eingesetzte Leistungsanreize die Mitarbeiter langfristig an das Unternehmen zu binden, ihre Motivation und Leistungsbereitschaft zu erhöhen und eine stärkere Ausrichtung ihres Verhaltens an den Unternehmenszielen zu erreichen. *Motivation* ist ein mehrdimensionales Konstrukt, dessen Komponenten in Abb. 4.27 dargestellt sind.

- Die *intrinsische Motivation* entsteht durch die Befriedigung, die der Vollzug der Arbeit mit sich bringt. Eine als sinnvoll empfundene Tätigkeit, der Kontakt zu Kollegen und die Möglichkeit, in einem bestimmten Rahmen Entscheidungen zu treffen, sind wichtige Komponenten der intrinsischen Motivation.

- Die *extrinsische Motivation* hingegen lässt sich auf die Folgen der Arbeit zurückführen. Sie wird stark beeinflusst durch materielle Anreize wie das Arbeitsentgelt, Prämien oder die Nutzung eines Dienstwagens sowie durch immaterielle Anreize wie positive Beurteilungen, Beförderungen oder Machtzuweisung.

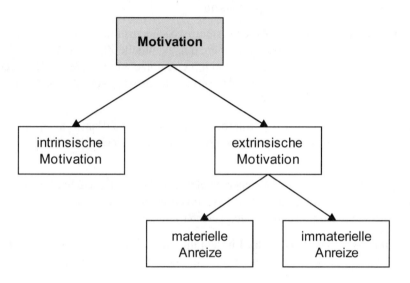

Abb. 4.27 *Motivation*

Bei der Gestaltung von Anreizsystemen sind vielfältige Entscheidungen zu treffen. Zunächst ist festzulegen, welche Arten von Anreizen Verwendung finden sollen. Man unterscheidet *Belohnungen* als positive Anreize, durch die erwünschtes Verhalten verstärkt werden soll, und *Sanktionen* als negative Anreize, die unerwünschtes Verhalten bestrafen. Beispiele für mögliche Belohnungen sind Akkordlöhne, Anwesenheitsprämien, Nullfehlerprämien, Mengenprämien, Zahlungen im Rahmen des betrieblichen Vorschlagswesens. Sollen die Motivation und der Zusammenhalt einer Arbeitsgruppe gefördert werden, so kommen auch Gruppenprämien, die bei Erzielung bestimmter Ergebnisse gezahlt werden, zur Anwendung. Als Bestrafungen kommen die Nacharbeit von Fehlern in der Freizeit, das Streichen von Zusatzentlohnungen, das Auslassen von geplanten Beförderungen, die Abmahnung und in extremen Fällen die Entlassung des Mitarbeiters in Betracht.

Es lassen sich allgemeine *Anforderungen* an ein Anreizsystem stellen (vgl. Ossadnik 2003, S. 390ff.):

- *Nachvollziehbarkeit*: Die Mitarbeiter müssen in der Lage sein, vorab einzuschätzen bzw. nachzuvollziehen, welche Folgen ihr Verhalten bzw. ihre Leistung nach sich zieht. Das bedeutet auch, dass das Anreizsystem nicht zu kompliziert aufgebaut sein darf. Wenn für alle Mitarbeiter offensichtlich ist, aufgrund welcher Leistungen ein Kollege eine Belohnung erhalten hat, kann dies eine zusätzliche Anreizwirkung darstellen.

- *Gerechtigkeit*: Nach dem Grundsatz „gleicher Lohn für gleiche Arbeit" muss das Anreizsystem für sämtliche Mitarbeiter gelten. Weiter darf ein Mitarbeiter bzw. eine Gruppe nur für die eigene Leistung belohnt bzw. bestraft werden. Wenn der Vorgesetzte Ermessensspielräume bei der Auswahl oder Festsetzung der Belohnung bzw. Sanktion hat, so sollten auch diese hinreichend transparent sein.

- *Zielkompatibilität*: Durch das Anreizsystem ist sicherzustellen, dass sich die Mitarbeiter im Sinne der Unternehmensziele verhalten, d.h. eventuelle Zielkonflikte zwischen Individualzielen und dem Gesamtziel sind durch die Anreize zu eliminieren. Dies bedeutet insbesondere, dass durch entsprechende Anreize langfristig vorteilhafte Handlungen der Mitarbeiter belohnt werden müssen.

- *Motivationswirkung*: Damit die Mitarbeiter sich hinreichend anstrengen, dürfen die Belohnungen einerseits nicht zu leicht zu erreichen sein, andererseits aber auch nicht unerreichbar erscheinen.

- *Manipulationsfreiheit*: Es muss sichergestellt sein, dass sich die Mitarbeiter weder durch verzerrte Berichterstattung über ihre Leistungen noch durch Absprachen und Seitenzahlungen ungerechtfertigte Belohnungen verschaffen können.

- *Wirtschaftlichkeit*: Die Kosten der Einrichtung und regelmäßigen Abwicklung eines Anreizsystems müssen geringer sein als der für das Unternehmen daraus resultierende Nutzen.

Die Anreize sind so auszuwählen bzw. zu kombinieren, dass die Leistungsbereitschaft der Mitarbeiter erhöht wird. Da einerseits jeder Mitarbeiter individuell anders auf Anreize reagiert, andererseits ein einheitliches Anreizsystem wünschenswert ist, lässt sich in der Regel keine optimale Anreizwirkung erzielen.

Der Kern eines Anreizsystems ist die *Entlohnungsfunktion*, durch die der Zusammenhang zwischen einer bestimmten Bemessungsgrundlage und der daraus resultierenden Belohnung bestimmt wird. Potenzielle *Bemessungsgrundlagen* sind in erster Linie monetäre Größen wie der Jahresüberschuss, der Bereichserfolg, der Return on Investment, der Residualgewinn oder die Steigerung des Marktwerts. Daneben kommen für einzelne Bereiche auch nichtmonetäre Größen wie die Kundenzufriedenheit, die Produktqualität bzw. die Ausschussquote, die Lieferzeit oder die Auftragsdurchlaufzeit in Betracht.

Soll die Entlohnungsfunktion als strikt mathematischer Zusammenhang formuliert werden, so ist ihr Verlauf anhand der folgenden Kriterien zu spezifizieren:

- Es sind die relevanten *Wertebereiche* zu definieren, aus denen die Bemessungsgrundlage und die Entlohnung stammen dürfen.

- Es ist eine Entscheidung zu treffen, ob die Entlohnung in Abhängigkeit von der Bemessungsgrundlage stetig oder in diskreten Schritten ansteigt und ob der Anstieg proportional, progressiv oder degressiv erfolgen soll.

- Weiter muss festgelegt werden, mit welcher *zeitlichen Verzögerung* die Entlohnung auf eine Änderung der Bemessungsgrundlage reagiert.

Die Ausgestaltung von Anreizsystemen darf nicht nur aus ökonomischer Sicht erfolgen, sondern stellt auch ein verhaltenswissenschaftliches und arbeitspsychologisches Problem dar. Anreize werden häufig in Verbindung mit anderen Controllinginstrumenten, wie Verrechnungspreisen, Budgets oder Kennzahlensystemen, eingesetzt.

Ein bedeutendes Einsatzfeld für Anreizsysteme liegt in der im vorhergehenden Abschnitt behandelten *Budgetierung*. Durch die Ausgestaltung der Entlohnungsfunktion soll sichergestellt werden, dass die Bereichsleiter bei der Verhandlung von Budgets wahre Aussagen hinsichtlich ihrer Ziele und ihrer Handlungsmöglichkeiten treffen. Prinzipiell tendieren diese dazu, ihre Budgets so zu gestalten, dass sie auch bei suboptimaler Anstrengung oder einer ungünstigen Umweltentwicklung problemlos eingehalten werden können, d.h. sie versuchen, stille Reserven einzubauen. Diese auch als „Budgetary Slack" bezeichneten Reserven führen jedoch insgesamt dazu, dass die verfügbaren Mittel nicht vollständig verteilt und damit unzureichend genutzt werden.

Es werden vor allem drei *Anreizsysteme für die Budgetierung* diskutiert, die sich im Hinblick auf ihre Entlohnungsfunktion und die damit verbundene Anreizwirkung unterscheiden, das Weitzman-Schema, das Profit-Sharing und der Groves-Mechanismus. Diese Verfahren werden im Folgenden dargestellt und jeweils anhand eines Beispiels verdeutlicht (vgl. auch Ossadnik 2003, S. 392ff.).

1. Weitzman-Schema

Das *Weitzman-Schema* wurde in der früheren Sowjetunion im Rahmen der zentralen Planwirtschaft entwickelt und später auf den Einsatz in divisionalisierten Unternehmen übertragen. Die Entlohnungsfunktion ist so konstruiert, dass die Entlohnung des Bereichsleiters umso höher ist, je besser seine Planung bezüglich des benötigten Budgets bzw. des erzielten Ergebnisses gewesen ist. Dadurch besteht ein starker Anreiz zur möglichst korrekten Berichterstattung. Die Entlohnungsfunktion besteht aus einer fixen Basisentlohnung zuzüglich eines variablen Anteils, der einerseits von der Budgetplanung und andererseits von der Abweichung der später realisierten von den geplanten Werten abhängt.

$$Y = Y^F + \alpha_2 \cdot X^{Plan} + \alpha_1 \cdot \max\left\{0; X^{Ist} - X^{Plan}\right\} - \alpha_3 \cdot \max\left\{0; X^{Plan} - X^{Ist}\right\}$$

mit: Y – Entlohnung des Bereichsleiters

    Y^F – fixe Basisentlohnung

    X^{Plan} – geplantes Ergebnis

X^{Ist} –   realisiertes Ergebnis

α_1 –   Anteils des Bereichsleiters am angekündigten Ergebnis

α_2 –   Anteil an der Ergebnisüberschreitung

α_3 –   Anteil an der Ergebnisunterschreitung

Für die Prämiensätze α_1, α_2 und α_3 muss gelten:

$$0 < \alpha_1 < \alpha_2 < \alpha_3$$

Bei dieser Konstellation der Prämiensätze erzielt der Bereichsleiter das höchste Einkommen, wenn er genau das angekündigte Ergebnis erreicht, denn auf ein höheres als das angekündigte Ergebnis würde er lediglich den geringeren Prämiensatz α_1 anstatt α_2 erhalten. Somit sollte er das Ergebnis ankündigen, dass er tatsächlich meint, erreichen zu können. Eine Unterschreitung des angekündigten Ergebnisses würde hingegen zu einem Abzug mit dem Prämiensatz α_3 führen, der über dem auf das zu viel angekündigte Ergebnis gezahlten Satz α_2 liegt. Da sowohl zu hohe als auch zu geringe Planergebnisse die spätere Entlohnung reduzieren, besteht ein starker Anreiz dazu, das erzielbare Ergebnis möglichst exakt zu planen.

Tab. 4.11 zeigt an einem Beispiel, wie sich verschiedene Konstellationen der geplanten und der realisierten Ergebnisse auf die Entlohnung auswirken. Dabei wird von folgenden Werten ausgegangen:

$$Y^F = 100$$

$$\alpha_1 = 0{,}1 \qquad \alpha_2 = 0{,}2 \qquad \alpha_3 = 0{,}3$$

Tab. 4.11 *Beispiel zum Weitzman-Schema*

Ist	Plan			
	100	200	300	400
100	120	110	100	90
200	130	140	130	120
300	140	150	160	150
400	150	160	170	180

Plant der Bereichsleiter ein Ergebnis von z.B. 300, so erzielt er eine Entlohnung von 160, wenn er auch einen Wert von 300 erreicht. Fällt sein Ergebnis geringer aus, so sinkt auch die Entlohnung, bei einem Ergebnis von z.B. 200 auf 130. Beträgt das realisierte Ergebnis hingegen 400, so steigt zwar die Entlohnung auf 170, sie würde jedoch 180 betragen, wenn er mit diesem Wert von Anfang an geplant hätte.

Das Weitzman-Schema ist einfach aufgebaut und die jeweilige Entlohnung für die Betroffenen gut nachvollziehbar. Die Aufgabe der Zentrale besteht darin, die Werte für die fixe Entlohnung und die drei Parameter α_1, α_2 und α_3 für jeden Bereich so festzulegen, dass das System seine optimale Anreizwirkung entfaltet. Unterscheiden sich die Erfolgsanteile der einzelnen Bereiche aufgrund unterschiedlicher Motivationsstrukturen stark, so besteht die Gefahr, dass die Bereichsleiter Absprachen über Verschiebungen von Erfolgen und über Seitenzahlungen treffen.

Problematisch bei der Verwendung dieses Anreizsystems ist weiter, dass es zwar eine korrekte Planung unterstützt, jedoch keinerlei Anreize zu einer für das Gesamtunternehmen optimalen Ressourcenallokation setzt, so dass die Gefahr besteht, dass die Bereichsleiter lediglich die Maximierung ihres individuellen Einkommens verfolgen. Auch werden eventuelle Erfolgsinterdependenzen zwischen den Bereichen vollständig vernachlässigt.

2. Profit-Sharing

Das *Profit-Sharing* ist ein bereits seit den 1960er Jahren bekanntes und häufig eingesetztes Anreizschema, das auf einer Gewinnbeteiligung basiert. Beim Profit-Sharing hängt die Entlohnung eines Bereichsleiters nicht nur von seinem eigenen Ergebnis, sondern auch von den Ergebnissen der anderen Bereiche ab. Die Entlohnungsfunktion setzt sich im einfachsten Fall aus einer fixen Komponente und einem Anteil am Unternehmensergebnis, das sich als Summe der Erfolge sämtlicher Bereiche ergibt, zusammen.

$$Y_i = Y_i^F + \alpha_i \cdot \sum_{i=1}^{n} X_i^{Ist}$$

mit: Y_i –   Entlohnung des Bereichsleiters i

     Y_i^F –   fixe Basisentlohnung des Bereichsleiters i

     α_i –   Erfolgsanteil des Bereichsleiters i

     X_i^{Ist} –   realisiertes Ergebnis des Bereichs i

Da sämtliche Bereichsleiter direkt am Unternehmensergebnis beteiligt werden, haben sie einen Anreiz, möglichst gut zu dieser Gesamtzielsetzung beizutragen. Es ist sogar möglich, dass ein Bereichsleiter sein individuelles Einkommen erhöht, indem er auf einen Teil seiner möglichen Aktivitäten und damit seines Bereichsergebnisses verzichtet, wenn die dadurch freigesetzten Ressourcen in der Lage sind, an anderer Stelle einen entsprechend größeren Erfolg zu erzielen. Andererseits besteht die Gefahr, dass das individuelle Einkommen durch Fehlentscheidungen an anderer Stelle, die zu einer Reduktion des Unternehmenserfolgs führen, beeinträchtigt wird. Dies kann zu Motivationseinbußen bei den betroffenen Bereichsleitern und letztlich zu einem geringeren Anstrengungsniveau führen.

Tab. 4.12 zeigt die Entlohnung des Bereichsleiters i bei unterschiedlichen Konstellationen seines eigenen Ergebnisses und des Ergebnisses eines anderen Bereichs. Dabei gelten folgende Werte:

$$Y^F = 100 \qquad \alpha_i = 0,2$$

Das Beispiel zeigt deutlich, dass sich eine Ergebnisverbesserung beim anderen Bereich genauso auf die Entlohnung des Bereichsleiters auswirkt wie eine Verbesserung seines eigenen Ergebnisses. Kann er z.B. sein Ergebnis von 200 auf 300 steigern, so steigt seine Entlohnung – unabhängig vom Ergebnis des anderen Bereichs – um 20 an. Auch ein Anstieg des Ergebnisses des anderen Bereichs um 100 bewirkt einen Anstieg seiner Entlohnung um 20.

Tab. 4.12 *Beispiel zum Profit-Sharing*

Ist Bereich i	Ist anderer Bereich			
	100	200	300	400
100	140	160	180	200
200	160	180	200	220
300	180	200	220	240
400	200	220	240	260

Die Zentrale hat beim Profit-Sharing die Aufgabe, die knappen finanziellen Mittel aufgrund der geplanten Erfolge der Bereichsleiter so zu verteilen, dass der erwartete Erfolg maximal wird. Weiter muss sie die Erfolgsanteile der Bereiche so festlegen, dass diese zur Leistung motiviert werden, aber nicht der gesamte Erfolg an sie weitergegeben wird. Die Bereichsleiter werden ihre Erfolge auf Basis der ihnen vorliegenden Informationen wahrheitsgemäß prognostizieren, da sie ein Interesse am größtmöglichen Gesamterfolg haben.

Durch das Profit-Sharing wird ein starker Anreiz zur optimalen Ressourcenallokation gesetzt und die Gefahr des opportunistischen Verhaltens der Bereichsleiter bzw. von Bereichsegoismen verringert. Das Verfahren ist für alle Beteiligten transparent und die erzielte Entlohnung einfach nachvollziehbar. Problematisch ist – wie bereits genannt – die Abhängigkeit der individuellen Entlohnung eines Bereichsleiters von den Handlungen anderer Bereiche, auf die er keinen Einfluss hat.

3. Groves-Mechanismus

Der *Groves-Mechanismus* stellt eine Modifikation des Profit-Sharing dar und soll die dort genannte Kritik vermeiden. In seiner Entlohnungsfunktion hängt die variable Entlohnung eines Bereichsleiters einerseits von dessen individuellem Bereichserfolg und andererseits von den geplanten Erfolgen der anderen Bereiche ab.

$$Y_i = Y_i^F + \alpha \cdot \left(X_i^{Ist} + \sum_{j \neq i} X_j^{Plan} \right)$$

Somit wird einerseits über die erste variable Komponente der Entlohnungsfunktion ein starker Anreiz geschaffen, den Erfolg des eigenen Bereichs zu maximieren. Andererseits wird zumindest tendenziell verhindert, dass ein Bereich in der Planungsphase anderen Bereichen unnötig Ressourcen entzieht, da diese dann lediglich einen geringeren Erfolg planen können, so dass sich die zweite variable Entlohnungskomponente verringert. Es erfolgt jedoch keine Belastung eines Bereichsleiters, wenn die anderen Bereiche ihre geplanten Erfolge nicht erreichen können, so dass die beim Profit-Sharing kritisierte Abhängigkeit der Entlohnung von Handlungen, auf die ein Bereichsleiter keinen Einfluss hat, entfällt.

Tab. 4.13 zeigt ein Beispiel für die Entlohnung nach dem Groves-Mechanismus. Es gelten folgende Werte:

$$Y^F = 100 \qquad \alpha = 0,2$$

Tab. 4.13 *Beispiel für den Groves-Mechanismus*

Ist Bereich i	Summe Planwerte anderer Bereiche			
	1000	**2000**	**3000**	**4000**
100	320	520	720	920
200	340	540	740	940
300	360	560	760	960
400	380	580	780	980

Wie Tab. 4.13 zeigt, steigt die Entlohnung des Bereichsleiters sowohl mit dem eigenen Ergebnis als auch mit der Summe der Planwerte proportional an.

Der Groves-Mechanismus trägt über seine Anreizstruktur sowohl zur optimalen Allokation knapper Ressourcen als auch zur maximalen Anstrengung jedes Bereichsleiters bei. Der Hauptkritikpunkt besteht darin, dass sich die Berechnung des Erfolgs nur schwer durchschauen bzw. nachvollziehen lässt, so dass den Betroffenen der Zusammenhang zwischen ihren Aktionen und dem daraus resultierenden Erfolg unklar bleibt. Dies führt dazu, dass das Verfahren in der Praxis nur selten eingesetzt wird.

4.3.3   Kontrollinstrumente

Die *Kontrolle* des betrieblichen Geschehens ist eine bedeutende Controllingaufgabe. Beim Produktionscontrolling beziehen sich Kontrollmaßnahmen auf die im Produktionsbereich ablaufenden Prozesse. Als Kontrolle wird in einer engen Begriffsfassung die Durchführung von *Soll/Ist-Vergleichen* verstanden, d.h. der Vergleich von ex ante vorgegebenen oder geplanten Werten mit den realisierten Werten. Das dabei gewonnene Wissen wird anschließend genutzt, um Anpassungsmaßnahmen in Bezug auf die betrieblichen Prozesse zu ergreifen und um künftige Sollwerte auf der Basis eines verbesserten Informationsstands festzulegen.

In einem weiteren Begriffsverständnis stellt die Kontrolle einen informationsverarbeitenden, wissensgenerierenden *Führungsprozess* dar, der zur Sicherstellung der Erreichung der Unternehmensziele beiträgt. Im Folgenden wird zunächst die Bedeutung der Kontrolle für das Produktionscontrolling herausgearbeitet, anschließend werden aus strategischer Perspektive das Benchmarking und als operatives Kontrollinstrument die Abweichungsanalyse behandelt.

4.3.3.1   Bedeutung der Kontrolle

Die Kontrolle dient insbesondere der Überprüfung der Effizienz und der Effektivität der betrieblichen Abläufe (vgl. Abschnitt 1.1.6). Während eine Handlung als effektiv bezeichnet wird, wenn sie zur Erreichung eines bestimmten Ziels geeignet ist (doing the right things), liegt Effizienz vor, wenn die Handlung unter Beachtung des ökonomischen Prinzips durchgeführt wird (doing the things right). Somit ist die Sicherstellung der Effektivität eher dem strategischen Controlling und die Effizienz dem operativen Controlling zuzuordnen. Abb. 4.28 zeigt den Zusammenhang dieser beiden Begriffe in Bezug auf das Produktionscontrolling.

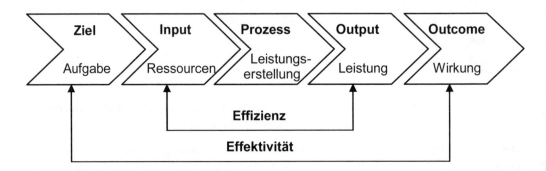

Abb. 4.28   *Effektivität und Effizienz*

In betrieblichen Prozessen, insbesondere Produktionsprozessen, findet die Erstellung der betrieblichen Leistungen statt, indem Einsatzfaktoren bzw. Ressourcen als Input in Leistungen als Output transformiert werden. Diese Produktivitätsbeziehung unterliegt dem *Effizienzpostulat*, d.h. die Leistungserstellung soll ohne Verschwendung von Ressourcen ablaufen. Dieser materiellen Ebene übergeordnet ist die Zielebene, auf der die unternehmerische Aufgabe, der die Leistungserstellung letztlich dienen soll, definiert und auf der die Auswirkung des Produktionsergebnisses auf die Zielerreichung, die man auch als Outcome bezeichnet, beurteilt wird. *Effektivität* liegt vor, wenn die Prozesse so ausgewählt und durchgeführt werden, dass sie sich positiv auf die Erreichung der unternehmerischen Ziele bzw. auf die daraus abgeleiteten Aufgaben auswirken.

Gegenstand der Kontrolle ist vor allem die Durchführung von *Soll/Ist-Vergleichen*. Dabei wird zu bestimmten Zeitpunkten der Ist-Zustand eines Vorgangs oder Sachverhalts erfasst und mit einem Vorgabewert verglichen. Der Vorgabewert kann sich entweder an Vergangenheitswerten orientieren oder als geplanter Wert formuliert sein. Ein Beispiel für einen Soll/Ist-Vergleich ist der Abgleich des Inventurbestands einer Materialart mit dem auf der Basis von Liefer- und Entnahmescheinen geplanten Sollbestand.

Im Zusammenhang mit der Durchführung von Kontrollen ist eine Reihe von *Entscheidungen* zu treffen. So sind Kontrollobjekte, an denen die Kontrolle vorgenommen wird, und Kontrollinstanzen, die die Kontrolle vornehmen, zu definieren, die Kontrollfrequenzen und Kontrolltermine sind festzulegen und auch die Reihenfolge, in der verschiedene Kontrollen in einem Bereich durchgeführt werden sollen, ist zu bestimmen.

Kontrollaktivitäten lassen sich nach verschieden*en Kriterien*, die in Abb. 4.29 zusammengestellt sind, klassifizieren:

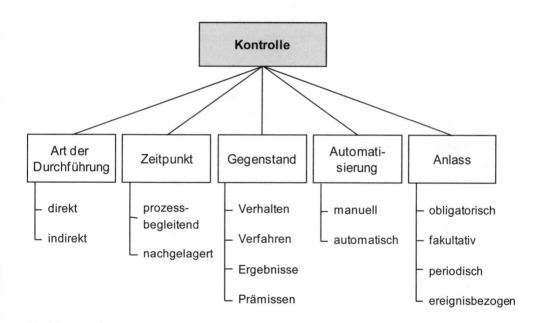

Abb. 4.29   *Kontrollarten*

- Bezüglich der *Art der Durchführung* der Kontrolle unterscheidet man die direkte Kontrolle, die unmittelbar am Kontrollobjekt vorgenommen wird, und die indirekte Kontrolle, bei der eine Vergleichsgröße, die in einem funktionalen oder kausalen Zusammenhang mit dem Kontrollobjekt steht, untersucht wird. Ein Beispiel für eine indirekte Kontrolle ist die Nutzung aggregierter Größen, um Aussagen über die einzelnen Elemente einer Grundgesamtheit zu machen.

- Nach dem *Zeitpunkt* der Kontrolle kommen prozessbegleitende und nachgelagerte Kontrollen in Betracht. Prozessbegleitende Kontrollen werden auch als Fehler verhindernde Kontrollen bezeichnet. Sie sind präventiv angelegt und dienen dem frühzeitigen Erkennen bzw. der Vermeidung von Abweichungen der Istwerte von den Vorgabewerten. Ein Beispiel für eine prozessbegleitende Kontrolle ist die statistische Prozessregelung, die im Qualitätsmanagement für ein rechtzeitiges Erkennen von systematischen Prozessfehlern sorgen soll (vgl. Abschnitt 2.2.5.1). Nachgelagerte Kontrollen hingegen setzen nach der Prozessdurchführung ein und sollen eventuell vorhandene Fehler aufdecken. Ein Beispiel für nachgelagerte Kontrollen sind die an den fertigen Produkten durchgeführte Qualitätskontrollen.

- Weiter kann sich die Kontrolle auf unterschiedliche *Gegenstände* beziehen: Die Verhaltenskontrolle nimmt eine Kontrolle der menschlichen Arbeitsleistungen vor, die Verfahrenskontrolle überprüft, ob die einzelnen Produktionsprozesse ordnungsmäßig ablaufen, d.h. ob die Planung korrekt in Aktionen umgesetzt wird. Bei der Ergebniskontrolle wird nicht nur das realisierte Ergebnis mit den Vorgaben verglichen, sondern gleichzeitig beurteilt, inwieweit die Planung realistisch war. Die Prämissenkontrolle schließlich bezieht sich auf die der Planung zugrunde liegenden Annahmen, z.B. in Form einer Plausibilitätskontrolle.

- Nach dem *Automatisierungsgrad* der Kontrolle lassen sich manuelle Kontrollverfahren, bei denen die wesentlichen Kontrollaktivitäten einzelfallbezogen von Menschen durchgeführt werden, und automatische Kontrollverfahren, die computergestützt ablaufen, unterscheiden. Ein Beispiel für eine manuelle Kontrolle ist die interne oder externe Revision, eine automatische Kontrolle führt z.B. in Lagerdispositionssystemen beim Unterschreiten eines vorgegebenen Meldebestands zur Auslösung einer Nachbestellung (vgl. Abschnitt 2.4.2.3).

- Schließlich kann eine Kontrolle durch unterschiedliche *Anlässe* ausgelöst werden: Eine obligatorische Kontrolle muss in jedem Fall durchgeführt werden. So ist bei der Qualitätskontrolle eine solche Vollerhebung bei besonders sicherheitsrelevanten Produkten und Bauteilen vorgeschrieben. Bei einer fakultativen Kontrolle hingegen besteht ein Entscheidungsspielraum hinsichtlich des Kontrollumfangs. Dies führt bei der Qualitätskontrolle zu einer Stichprobenkontrolle, bei der man von der Qualität der Stichprobe auf die Qualität der Grundgesamtheit schließt. Auch die Kontrollaktivitäten von Rechnungsprüfern müssen sich wegen des Umfangs der Daten in der Regel auf eine Stichprobenkontrolle beschränken.

Der Anlass einer Kontrolle kann auch zeitlich definiert werden: Eine periodische Kontrolle wird regelmäßig durchgeführt, wobei die Kontrollfrequenz problemadäquat festzulegen ist. Ein Beispiel hierfür ist der jährlich durchgeführte Abgleich von rechnerischem Lagerbestand und Inventurbestand. Bei einer ereignisbezogenen Kontrolle hingegen finden Kontrollaktivitäten lediglich dann statt, wenn sie durch bestimmte Ereignisse ausgelöst werden. Als kontrollauslösende Ereignisse werden insbesondere die Über- bzw. Unterschreitung bestimmter Werte von Kennzahlen herangezogen, z.B. das Überschreiten bestimmter Fertigungstoleranzen bei der statischen Prozessregelung, durch das eine Überprüfung der Werkzeuge veranlasst wird. Eine Zwischenstellung nehmen zufallsgesteuerte Kontrollen ein, bei denen lediglich sichergestellt sein muss, dass in einem bestimmten Zeitraum eine vorgegebene Anzahl an Kontrollen durchgeführt wird. Dies ist z.B. bei Kontrollmaßnahmen der internen Revision der Fall.

4.3.3.2 Benchmarking

Auf der strategischen Ebene des Produktionscontrollings dient die Kontrolle in erster Linie der Überprüfung, wo die Erfolgspotenziale des Unternehmens liegen bzw. ob sie hinreichend ausgenutzt werden. Als Instrument lässt sich dafür das *Benchmarking* einsetzen, dessen Aufgabe in der systematischen Suche nach und der Umsetzung von Erfolgspotenzialen besteht. Mit dem Benchmarking wird das *Ziel* verfolgt, von besonders erfolgreichen Unternehmen bzw. von Bereichen innerhalb des eigenen Unternehmens möglichst viel und möglichst schnell zu lernen. Durch das Benchmarking wird ein kontinuierlicher Verbesserungsprozess angestoßen, um in den strategisch wichtigen Bereichen des eigenen Unternehmens nachhaltige Erfolgspotenziale zu entwickeln und Anhaltspunkte für strategische Maßnahmen zur Verbesserung der Wettbewerbsposition zu entwickeln (vgl. hierzu Töpfer 1997, S. 202ff.).

Ein Benchmark ist ein Vergleichs- bzw. Vorgabewert, anhand dessen das Unternehmen beurteilt wird bzw. an dem es sich ausrichtet. Dieser Wert bezieht sich auf andere Unternehmen oder Bereiche, die in Bezug auf ein relevantes Merkmal führend sind, d.h. deren Prozesse als „best practice" gelten können. Solche herausragenden Unternehmen legen bereits heute fest, welche Performance morgen als Standard gelten wird.

Der *Ablauf* eines Benchmarking-Prozesses ist in Abb. 4.30 dargestellt.

Zunächst werden, z.B. mithilfe einer Stärken/Schwächen-Analyse, die Bereiche festgelegt, für die das Benchmarking durchgeführt werden soll. Dies können Produkte, Prozesse oder betriebliche Funktionsbereiche sein, bei denen das Unternehmen absolute oder relative Schwächen aufweist. Gleichzeitig wird bestimmt, bei welchen Kriterien eine Verbesserung erreicht werden soll. Als Zielgrößen kommen z.B. Kosten, Qualität, Zeitgrößen oder die Kundenzufriedenheit in Betracht. Im Folgenden wird als Beispiel das Benchmarking zur Verkürzung der Lieferzeit betrachtet.

Im zweiten Schritt wird nach geeigneten *Benchmarking-Partnern* gesucht. Hierbei sollte es sich um Unternehmen handeln, die in den Benchmarking-Bereichen eine Vorreiterstellung einnehmen (best practice), da ein Vergleich mit einem mittelmäßigen Unternehmen auch nur zu mittelmäßigen Verbesserungen führen kann. Ist ein best practice-Unternehmen bezüglich eines Merkmals führend in seiner Branche, so wird es als „best in class" bezeichnet; setzt es sogar Weltmaßstäbe, so liegt „business excellence" vor. Um eine Verkürzung der Lieferzeit zu erreichen, ist das Unternehmen mit der kürzesten Lieferzeit ein geeigneter Benchmarking-Partner.

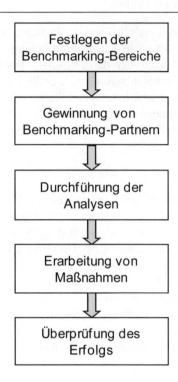

Abb. 4.30 *Ablauf des Benchmarking*

Anschließend erfolgt eine *Analyse*, warum der Benchmarking-Partner bezüglich des betrachteten Kriteriums besser abschneidet. Die relevanten Prozesse des Partnerunternehmens werden systematisch untersucht, mithilfe von Kennzahlen (vgl. Abschnitt 4.3.4.1) oder Bewertungsskalen bewertet und mit den entsprechenden Daten des eigenen Unternehmens verglichen. In unserem Beispiel wird der Lieferprozess des Benchmarking-Partners detailliert beschrieben und die Dauern der einzelnen Teilvorgänge werden als Kennzahlen festgehalten. Damit wird offensichtlich, welche Teilprozesse zu lange dauern und somit Ansatzpunkte für Verbesserungsmaßnahmen sind.

Im vierten Schritt werden – aufbauend auf den Erkenntnissen der Analysephase – systematisch *Verbesserungsmaßnahmen* erarbeitet. Dabei sollten nicht lediglich die Prozesse des Benchmarking-Partners imitiert, sondern auf das eigene Unternehmen, seine Kultur und seine verfügbaren Ressourcen zugeschnittene Strategien und Maßnahmen gesucht werden. Damit die Umsetzung der Maßnahmen nachvollziehbar ist, werden sie inhaltlich genau beschrieben, zeitlich terminiert und einem Mitarbeiter zur verantwortlichen Ausführung übertragen. Eine Verkürzung der Lieferzeit lässt sich erreichen, indem z.B. in Anlehnung an das Vorgehen des Benchmarking-Partners auf Umladevorgänge verzichtet wird oder Liegezeiten zwischen aufeinander folgenden Transportvorgängen verkürzt werden.

Zum Abschluss eines Benchmarking-Durchlaufs findet eine *Erfolgsüberprüfung* statt. Ist trotz der Umsetzung der zuvor erarbeiteten Maßnahmen die Zielgröße noch nicht erreicht oder hat sich der Benchmarking-Partner in der Zwischenzeit ebenfalls weiterentwickelt, so kann ein erneuter Durchlauf des Benchmarking-Prozesses angestoßen werden. Stellt das Unternehmen fest, dass durch die eingeleiteten Maßnahmen die Lieferzeit fast bis zu dem vorgegebenen Benchmark reduziert wurde, so kann es dieses Benchmarking-Projekt als erfolgreich abschließen. Hat jedoch der Partner seine Lieferzeit weiter reduziert, sind weitere Anstrengungen erforderlich, um auch dieses neue Benchmark zu erreichen. Weiter ist im Rahmen einer Wirtschaftlichkeitsanalyse zu untersuchen, in welchem Verhältnis Kosten und Nutzen des Benchmarking und der dadurch ausgelösten Maßnahmen stehen.

Nach dem *Umfang des Benchmarking* lassen sich die in Abb. 4.31 dargestellten Ausprägungen unterscheiden:

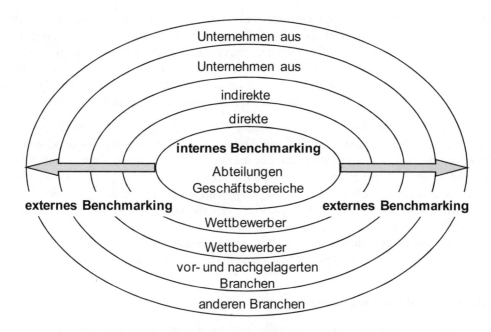

Abb. 4.31   *Umfang des Benchmarking*

- Das *interne Benchmarking* bezieht sich auf andere Abteilungen oder Geschäftsbereiche des eigenen Unternehmens. Dies hat den Vorteil, dass die Prozesse gut vergleichbar sind. Andererseits besteht die Gefahr einer gewissen Betriebsblindheit, die verhindert, dass die wahren Verbesserungspotenziale erkannt werden.

- Beim *externen Benchmarking* werden andere Unternehmen als Benchmarking-Partner herangezogen. Diese können je nach dem Ausmaß des externen Benchmarkings aus dem direkten oder indirekten Wettbewerbsumfeld des Unternehmens, aus vor- und nachgelagerten Branchen oder sogar aus anderen Branchen stammen. Generell gilt, dass bei einem eng gefassten Benchmarking die erforderlichen Daten leichter beschafft werden können

und die Ausgangsbedingungen der Partner besser vergleichbar sind. Bei einem weit angelegten Benchmarking hingegen lassen sich in der Regel strengere Benchmarks ermitteln,
so dass die Effektivität des Benchmarking größer ist.

Beim *branchenübergreifenden externen Benchmarking* unterscheiden sich allerdings die
Prozesse häufig so sehr, dass keine vergleichbaren Kennzahlen gewonnen werden können.
So ist z.B. die Personalintensität in Dienstleistungsunternehmen grundsätzlich viel höher als
in Industrieunternehmen, während dort der Kapitaleinsatz dominiert. Weiter besteht die Gefahr, dass das Know-how für das Verständnis der relevanten Leistungsmechanismen fehlt, so
dass die für die gute Performance wesentlichen Aspekte übersehen werden. Zieht man jedoch
die falschen Schlüsse aus den Beobachtungen, so weist das Benchmarking nur eine geringe
Leistungsfähigkeit auf.

Das externe Benchmarking kann entweder offen oder verdeckt durchgeführt werden. Beim
offenen Benchmarking besteht ein unmittelbarer Kontakt zwischen den Benchmarking-
Partnern, so dass ein direkter Vergleich der Prozesse und ihrer Ergebnisse möglich ist. Das
verdeckte Benchmarking hingegen erfolgt in anonymisierter Form, so dass keiner der Beteiligten weiß, von welchem Unternehmen die verwendeten Daten stammen. Der Datenaustausch erfolgt hierbei über eine neutrale Clearingstelle, die die Anonymität gewährleistet.

In manchen Fällen erweist sich die Gewinnung von *Benchmarking-Partnern* als problematisch. Während das suchende Unternehmen direkt von der Durchführung des Benchmarking-
Prozesses profitiert, ist der Nutzen für das überlegene Unternehmen nicht unmittelbar erkennbar, vielmehr muss es befürchten, dass es durch die Aufdeckung seiner Geschäftsprozesse Wettbewerbsvorteile einbüßt. In den USA wird der Wissenstransfer von überlegenen
zu anderen Unternehmen dadurch begünstigt, dass die Gewinner des Malcolm Baldridge
National Quality Award verpflichtet sind, ihre Erfahrungen auch im Rahmen des Benchmarking an andere Unternehmen weiterzugeben. Ähnliches gilt in Europa in Bezug auf den von
der European Foundation for Quality Management (EFQM) vergebenen Qualitätspreis.

4.3.3.3   Abweichungsanalyse

Die *Abweichungsanalyse* ist ein Kontrollinstrument, das im operativen Produktionscontrolling eingesetzt wird. Durch eine eingehende Untersuchung sollen die Ursachen von Leis-
tungslücken, die bei einem Soll/Ist-Vergleich festgestellt worden sind, festgestellt werden.
Die für die Entstehung der Abweichungen verantwortlichen Aufgabenträger müssen ermittelt
und zur Verantwortung herangezogen werden. Je nach Stärke und Auswirkungen der Abweichungen kommen unterschiedliche Sanktionen in Betracht. Auf Basis der Ursachenanalyse
lassen sich Lernprozesse initiieren und Maßnahmen zur zukünftigen Vermeidung der jeweiligen Fehler entwickeln. Darüber hinaus kann bei erkennbaren schwerwiegenden Abweichungen auch in laufende Prozesse eingegriffen werden, um eine zu starke Abweichung von
den Zielvorgaben zu vermeiden.

Eine Abweichungsanalyse kann sich auf *monetäre Größen* wie Kosten oder Deckungsbeiträge, aber auch auf nicht-monetäre Größen beziehen. Beispiele für *nicht-monetäre Kontrollobjekte* im Produktionscontrolling sind Soll- und Ist-Verbrauchsmengen an Material, die Ein-

haltung von Vorgabezeiten für bestimmte Fertigungsschritte oder Ausschussquoten. Die zugehörigen Daten müssen durch die Betriebsdatenerfassung im Rahmen des betrieblichen Informationssystems so bereitgestellt werden, dass eine zeitnahe und einzelfallbezogene Auswertung möglich ist.

Nach der Art der untersuchten Abweichungen kann sich die Abweichungsanalyse auf absolute oder relative Abweichungen beziehen. Während bei *absoluten Abweichungen* der Betrag, um den das Ziel verfehlt wird, im Vordergrund steht, gibt eine *relative Abweichung* Auskunft über die Größenordnung der Planabweichung. Ein Beispiel für eine absolute Abweichung ist die Unterschreitung der vorgegebenen Produktionsmenge um 1.000 Stück. Falls die Planvorgabe bei 10.000 Stück lag, entspricht dies einer relativen Abweichung von 10%. Absolute Abweichungen lassen sich weiter unterscheiden in *Einzelabweichungen* und *kumulierte Abweichungen*, die über einen längeren Zeitraum oder über eine größere Anzahl von Kontrollobjekten gebildet werden. Bei der Verwendung von kumulierten Abweichungen besteht jedoch die Gefahr, dass sich positive und negative Abweichungen im Saldo kompensieren, so dass das Ausmaß der tatsächlichen Planabweichungen nicht mehr erkennbar ist.

Kernstück der Abweichungsanalyse ist die Ermittlung der *Abweichungsursachen*. Diese lassen sich, wie Abb. 4.32 zeigt, im Wesentlichen auf drei Arten von Fehlern zurückführen:

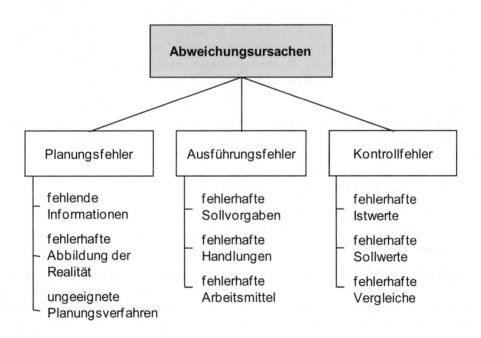

Abb. 4.32 *Abweichungsursachen*

- Wenn *Planungsfehler* vorliegen, bedeutet das, dass die der ausführenden Ebene vorgegebenen Sollwerte fehlerhaft bzw. nicht optimal zur Zielerreichung geeignet sind. Fehlerhafte Planvorgaben können entstehen, wenn der planenden Instanz relevante Informationen fehlen, wenn das verwendete Planungsmodell die Realität nur unzureichend abbildet oder wenn die eingesetzten Planungsverfahren für die vorliegende Problemstellung nicht geeignet sind. In diesem Fall kann eine Abweichung der Istwerte von den Sollwerten sogar bedeuten, dass ein größerer Zielerreichungsgrad realisiert wurde. Auch Abweichungen, die zu einer Verschlechterung der Zielerreichung führen, dürfen zumindest nicht vollständig der ausführenden Ebene angelastet werden.

- *Ausführungsfehler* liegen vor, wenn die realisierten Istwerte von den Vorgaben abweichen bzw. suboptimal im Sinne der Zielerreichung sind. Ihre Ursache kann zum einen in den oben genannten Planungsfehlern liegen, d.h. auf fehlerhaften Sollvorgaben beruhen. Weiter lassen sich Ausführungsfehler auf fehlerhafte Handlungen oder fehlerhafte Arbeitsmittel zurückführen. Fehlerhafte Handlungen treten z.B. auf, wenn Arbeitsanweisungen nicht beachtet oder geplante Prozessabläufe verändert werden. Sie fallen direkt in den Verantwortungsbereich der jeweiligen Mitarbeiter bzw. Bereichsleiter. Fehlerhafte Arbeitsmittel sind z.B. falsch eingestellte Maschinen, abgenutzte Werkzeuge oder qualitativ unzureichende Materialien, deren Ursachen teils innerhalb und teils außerhalb der ausführenden Ebene zu suchen sind.

- Bei *Kontrollfehlern* wird ein Fehler ausgewiesen, obwohl die Istwerte tatsächlich den Sollwerten entsprechen. Dieser Sachverhalt kann darauf beruhen, dass die Messung der Istwerte fehlerhaft ist, dass die vorgegebenen Sollwerte nicht optimal waren oder dass bei der Durchführung des Soll/Ist-Vergleichs ein Fehler aufgetreten ist. Werden Kontrollfehler nicht als solche erkannt und die vermeintlichen Abweichungen den jeweiligen Mitarbeitern angelastet, so kann dies zu erheblichen Motivationsverlusten führen.

Ein bedeutendes Einsatzgebiet der Abweichungsanalyse liegt im Bereich der *Wirtschaftlichkeitskontrolle*. Aufgabe der Wirtschaftlichkeitskontrolle ist die Aufdeckung und Analyse von Kostenabweichungen, d.h. von Differenzen zwischen Plankosten und Istkosten. Sie steht damit in enger Beziehung mit der Plankostenrechnung. Die Zielsetzung der Wirtschaftlichkeitskontrolle besteht darin, die Ursachen von Kostenabweichungen festzustellen und diese zukünftig zu vermeiden. Dabei geht man wie folgt vor:

- Zunächst wird für jeden Bereich eine *Gesamtabweichung* als Differenz von Plankosten und Istkosten ermittelt, die Auskunft über das Ausmaß der in diesem Bereich aufgetretenen Unwirtschaftlichkeiten gibt.

- Anschließend erfolgt eine Zurechnung dieser Gesamtabweichung zu einzelnen *Kosteneinflussgrößen*. Die beiden Hauptkosteneinflussgrößen sind Preisabweichungen und Mengenabweichungen. *Preisabweichungen*, d.h. Veränderungen bei den Einstandspreisen der eingesetzten Verbrauchsfaktoren, sind zum größten Teil auf Marktentwicklungen zurückzuführen und fallen damit nicht in die Verantwortung des Bereichsleiters. Dieser ist allenfalls dann für Preisabweichungen verantwortlich, wenn er selbst den Einkauf des Materials vornimmt und dabei z.B. auf die Ausnutzung von Mengenrabatten verzichtet. *Mengenabweichungen* liegt hingegen häufig ein fehlerhaftes Verhalten der ausführenden

Stelle zugrunde. Die Ursachen für Mengenabweichungen können am Input der Fertigungsprozesse, an der Durchführung der Prozesse und an ihrem Output liegen:

–   Eine inputbezogene Ursache für eine Mengenabweichung ist z.B. eine schwankende bzw. unzureichende *Qualität des Einsatzmaterials*, die dazu führt, dass für eine vorgegebene Produktionsmenge ein höherer Materialverbrauch als vorgesehen entsteht. In diesem Fall liegt die Ursache der Mengenabweichung außerhalb der Verantwortung des Fertigungsbereichs.

–   Im Produktionsprozess selbst treten Mengenabweichungen in Form von *Verbrauchsabweichungen* auf, die aus Ineffizienzen bzw. Unwirtschaftlichkeiten bei der Leistungserstellung resultieren. Diese Form der Mengenabweichung ist eindeutig der ausführenden Stelle anzulasten.

–   Outputbezogene Ursachen einer Mengenabweichung sind *Änderungen des Fertigungsprogramms*, d.h. eine gegenüber der ursprünglichen Planung veränderte Zusammensetzung der herzustellenden Produkte, oder die so genannten *Beschäftigungsabweichungen*, d.h. Abweichungen der tatsächlich hergestellten Produktmengen von den geplanten Mengen. Während Änderungen des Fertigungsprogramms meist von übergeordneten Stellen angeordnet werden und daher auch in deren Verantwortungsbereich fallen, beruhen Beschäftigungsabweichungen entweder auf einer unvorhergesehenen Absatzentwicklung oder auf einer Mehr- oder Minderleistung der Produktionsstelle. Nur im letztgenannten Fall sind sie dieser anzulasten.

•   Bei jeder einzelnen Abweichung muss untersucht werden, durch welchen Tatbestand oder welche Handlung sie verursacht wurde, um die *Verantwortlichkeiten* eindeutig zuweisen zu können. Wie bereits dargestellt, kommen als Ursachen unter anderem externe Einflüsse, Entscheidungen der Unternehmensleitung, Entscheidungen des Bereichsleiters oder das Verhalten der Mitarbeiter in Betracht.

•   Sind die Verantwortlichkeiten geklärt, so erfolgt eine Sanktionierung des fehlerhaften Verhaltens z.B. in Form von Einbußen bei variablen Einkommensbestandteilen (vgl. Abschnitt 4.3.2.4). Viel wichtiger ist es jedoch, aus den Fehlern zu lernen und diese in Zukunft zu vermeiden bzw. adäquate *Gegenmaßnahmen* zu ergreifen.

Die *Kostenabweichung* eines Bereichs wird auf Basis der Kostendefinition, die die Kosten als Summe der mit ihren Preisen q_i bewerteten Faktoreinsatzmengen r_i berechnet, ermittelt (vgl. hierzu Kistner/Steven 1997, S. 189ff.):

$$K = \sum_{i=1}^{n} q_i \cdot r_i$$

Die gesamte Kostenabweichung ΔK ergibt sich als Differenz von Istkosten und Plankosten:

$$\Delta K = K^{Ist} - K^{Plan} = \sum_{i=1}^{n} q_i^{Ist} \cdot r_i^{Ist} - \sum_{i-1}^{n} q_i^{Plan} \cdot r_i^{Plan}$$

Geht man davon aus, dass die Abweichung der Einsatzmenge bei jedem Verbrauchsfaktor i der Differenz aus Istmenge und Planmenge entspricht, so gilt:

$$\Delta r_i = r_i^{Ist} - r_i^{Plan} \qquad \Leftrightarrow \qquad r_i^{Ist} = r_i^{Plan} + \Delta r_i$$

Dieser Ausdruck ist positiv, wenn die Istmenge über der Planmenge liegt, und negativ, wenn weniger als geplant verbraucht wurde.

Analog lässt sich die Abweichung bei den Faktorpreisen als Differenz von Istpreisen und Planpreisen berechnen:

$$\Delta q_i = q_i^{Ist} - q_i^{Plan} \qquad \Leftrightarrow \qquad q_i^{Ist} = q_i^{Plan} + \Delta q_i$$

Setzt man in der Definitionsgleichung für die Gesamtabweichung ΔK die hier ermittelten Ausdrücke für die Istmengen bzw. Istpreise ein und nimmt einige Umstellungen vor, so erhält man:

$$\Delta K = \sum_{i=1}^{n} \left[(r_i^{Plan} + \Delta r_i) \cdot (q_i^{Plan} + \Delta q_i) - r_i^{Plan} \cdot q_i^{Plan} \right] =$$

$$= \sum_{i=1}^{n} \Delta r_i \cdot q_i^{Plan} + \sum_{i=1}^{n} \Delta q_i \cdot r_i^{Plan} + \sum_{i=1}^{n} \Delta r_i \cdot \Delta q_i$$

Die gesamte Kostenabweichung ΔK besteht somit aus den drei in Abb. 4.33 dargestellten Bestandteilen:

- Die *Mengenabweichung* ergibt sich, indem man die Abweichungen bei den Einsatzmengen mit ihren Planpreisen gewichtet.

$$\sum_{i=1}^{n} \Delta r_i \cdot q_i^{Plan}$$

- Die *Preisabweichung* wird entsprechend berechnet, indem die Abweichungen der Faktorpreise mit den geplanten Einsatzmengen multipliziert werden.

$$\sum_{i=1}^{n} \Delta q_i \cdot r_i^{Plan}$$

- Mithilfe der Mengenabweichung und der Preisabweichung ist die Gesamtabweichung noch nicht vollständig erklärt. Vielmehr ergeben sich zusätzlich *Abweichungen höherer Ordnung*, die aufgrund der multiplikativen Verknüpfung der Faktoreinsatzmengen und der Faktorpreise entstehen. Eine vollständige Aufteilung der Gesamtabweichung auf die beiden Einflussgrößen Mengen und Preise wäre nur bei einer additiven Verknüpfung möglich.

$$\sum_{i=1}^{n} \Delta r_i \cdot \Delta q_i$$

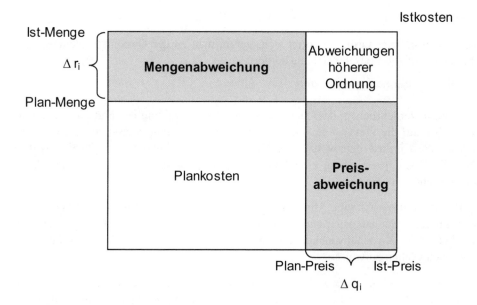

Abb. 4.33 *Bestandteile der Kostenabweichung*

In Abb. 4.33 ist die Situation dargestellt, dass sowohl die Istverbrauchsmengen als auch die Istpreise über den Planwerten liegen, so dass die Istkosten höher als die Plankosten sind. Falls die Planmengen oder die Planpreise unterschritten wurden, ist die Darstellung entsprechend zu modifizieren. In diesem Fall können die Istkosten auch unterhalb der Plankosten liegen.

Dies wird an dem nachfolgenden *Beispiel* veranschaulicht. Für einen Fertigungsbereich, der nur einen Produktionsfaktor einsetzt, gelten die folgenden Plan- und Istwerte:

$$q^{Plan} = 12 \qquad\qquad q^{Ist} = 10$$

$$r^{Plan} = 700 \qquad\qquad r^{Ist} = 800$$

Es liegt somit eine Planüberschreitung bei der Verbrauchsmenge und eine Unterschreitung beim Faktorpreis vor. Die daraus resultierende Gesamtabweichung ist negativ, d.h. die Istkosten liegen unterhalb der Plankosten.

$$\Delta K = K^{Ist} - K^{Plan} \quad = q_i^{Ist} \cdot r_i^{Ist} - q_i^{Plan} \cdot r_i^{Plan}$$
$$= 10 \cdot 800 - 12 \cdot 700 = 8.000 - 8.400 = -400$$

Um die Wirtschaftlichkeit des Fertigungsbereichs zu beurteilen, wird diese Gesamtabweichung in Höhe von -400 € in ihre Bestandteile zerlegt:

Verbrauchsabweichung: $q^{Plan} \cdot \Delta r = 12 \cdot 100 = 1.200$

Preisabweichung: $\Delta q \cdot r^{Plan} = -2 \cdot 700 = -1.400$

Die Abweichung höherer Ordnung ergibt sich, indem man zu der Gesamtabweichung ΔK die Verbrauchs- und die Preisabweichung addiert:

$$-400 - (-1.400 + 1.200) = -200$$

Diese Ergebnisse verdeutlichen, dass sich die Kostenunterschreitung des Fertigungsbereichs im Wesentlichen auf die Preisabweichung von -1.400 € zurückführen lässt, auf die er wahrscheinlich keinen Einfluss gehabt hat. Die Verbrauchsabweichung von 1.200 € hingegen zeigt, dass die Leistungserstellung erhebliche Unwirtschaftlichkeiten aufweist, nach deren Ursachen zu suchen ist.

Unbefriedigend ist, dass sich eine Abweichung höherer Ordnung in Höhe von -200 € ergibt, was immerhin 2,5% der Istkosten entspricht. Daher sind eine Reihe von Umlageverfahren zur Verrechnung der Kostenabweichungen entwickelt worden, die jeweils unterschiedliche Stärken und Schwächen aufweisen.

- Die *alternative Abweichungsanalyse* auf Istkostenbasis verwendet für eine der beiden Einflussgrößen Mengen und Preise ausschließlich Istwerte und für die andere alternativ Ist- und Planwerte. Der Nachteil dieses Verfahrens ist, dass die Ergebnisse verzerrt sind, da die Abweichungen höherer Ordnung mehrfach verrechnet werden. Für das Beispiel ergeben sich folgende Werte:

$$\Delta K_q = q^{Ist} \cdot r^{Ist} - q^{Plan} \cdot r^{Ist}$$

$$= 10 \cdot 800 - 12 \cdot 800 = 8.000 - 9.600 = -1.600$$

$$\Delta K_r = q^{Ist} \cdot r^{Ist} - q^{Ist} \cdot r^{Plan}$$

$$= 10 \cdot 800 - 10 \cdot 700 = 8.000 - 7.000 = 1.000$$

Hierbei werden die Abweichungen höherer Ordnung nicht verrechnet. Sie lassen sich wie oben ermitteln, indem man die Preis- und die Mengenabweichung zu der Gesamtabweichung addiert:

$$-400 - (-1.600 + 1.000) = 200$$

- Bei der *kumulativen Abweichungsanalyse* werden die Abweichungen in einer zuvor festgelegten Reihenfolge berechnet. Dabei werden die Abweichungen höherer Ordnung der zuerst ermittelten Abweichungsart zugerechnet. Somit hängt die Höhe der ausgewiesenen

Kostenabweichungen von der Reihenfolge der Verrechnung ab. Bildet man zuerst die Preisabweichung, so ergibt sich für das Beispiel:

$$\Delta K_q = q^{Ist} \cdot r^{Ist} \cdot - q^{Plan} \cdot r^{Ist}$$

$$= 10 \cdot 800 - 12 \cdot 800 = 8.000 - 9.600 = -1.600$$

$$\Delta K_r = q^{Plan} \cdot r^{Ist} - q^{Plan} \cdot r^{Plan}$$

$$= 12 \cdot 800 - 12 \cdot 700 = 9.600 - 8.400 = 1.200$$

Wie man sieht, ist die Abweichung höherer Ordnung der Preisabweichung zugeschlagen worden, während die Mengenabweichung dem ursprünglichen Wert entspricht.

Berechnet man hingegen zuerst die Mengenabweichung, so wird die Abweichung höherer Ordnung auf diese verrechnet und die Preisabweichung bleibt unverändert.

$$\Delta K_r = q^{Ist} \cdot r^{Ist} - q^{Ist} \cdot r^{Plan}$$

$$= 10 \cdot 800 - 10 \cdot 700 = 8.000 - 7.000 = 1.000$$

$$\Delta K_q = q^{Ist} \cdot r^{Plan} - q^{Plan} \cdot r^{Plan}$$

$$= 10 \cdot 700 - 12 \cdot 700 = 7.000 - 8.400 = -1.400$$

- Die *summarische Abweichungsanalyse* verrechnet die Abweichungen höherer Ordnung proportional zur Höhe der primären Abweichungen. Damit erhält man zwar immer ein eindeutiges Ergebnis, bei dem die Abweichungen höherer Ordnung vollständig umgelegt sind, jedoch gibt es keinerlei theoretische Begründung für die hierbei vorgenommene proportionale Verrechnung dieser Abweichungen. Im vorliegenden Beispiel ergibt sich:

$$\Delta K_q = \sum_{i=1}^{n} \Delta q_i \cdot r_i^{Plan} \left[1 + \frac{\sum_{i=1}^{n} \Delta r_i \cdot \Delta q_i}{\sum_{i=1}^{n} \left[\Delta r_i \cdot q_i^{Plan} + \Delta q_i \cdot r_i^{Plan} \right]} \right]$$

$$\Delta K_q = (-2) \cdot 700 \cdot \left[1 + \frac{100 \cdot (-2)}{100 \cdot 12 + (-2) \cdot 700} \right] = -2.800$$

$$\Delta K_r = \sum_{i=1}^{n} \Delta r_i \cdot q_i^{Plan} \left[1 + \frac{\sum_{i=1}^{n} \Delta r_i \cdot \Delta q_i}{\sum_{i=1}^{n} \left[\Delta r_i \cdot q_i^{Plan} + \Delta q_i \cdot r_i^{Plan} \right]} \right]$$

$$\Delta K_r = 100 \cdot 12 \cdot \left[1 + \frac{100 \cdot (-2)}{100 \cdot 12 + (-2) \cdot 700} \right] = 2.400$$

Wenn eines dieser Umlageverfahren in der Praxis eingesetzt wird, sollte stets berücksichtigt werden, welcher potenzielle Fehler damit verbunden ist.

4.3.4   Informationsinstrumente

In Abschnitt 4.1.2 wurde bereits die Bedeutung der *Informationsversorgung* für das Produktionscontrolling herausgearbeitet. Als Informationsversorgung bzw. -unterstützung bezeichnet man in diesem Zusammenhang die an den Controllingzielen ausgerichtete Beschaffung, Aufbereitung, Verwaltung und Bereitstellung von Daten zur Unterstützung von Führungsentscheidungen. Damit ist die Informationsversorgung eine wichtige Grundlage für andere Controllingaufgaben.

Bei der Informationsversorgung können verschiedene *Probleme* bzw. Konflikte auftreten:

- Von großer Bedeutung ist die *Verlässlichkeit* der Informationen. Nur auf der Basis umfassender und korrekter Informationen können im Unternehmen konsistente und zielführende Entscheidungen getroffen werden.

- Sowohl bei der innerbetrieblichen als auch bei der außerbetrieblichen Beschaffung und Bereitstellung von Informationen ist auf die *Datensicherheit* bzw. den *Datenschutz* zu achten, damit nicht vertrauliche Informationen in unbefugte Hände gelangen.

- Die *Vertraulichkeit* der Informationen steht im Mittelpunkt eines Zielkonflikts. Auf der einen Seite steht der Anspruch z.B. der Mitarbeiter nach Wahrung ihrer Privatsphäre bei der Erfassung ihrer Arbeitsleistungen, auf der anderen Seite die Informationsbedürfnisse der Entscheidungsträger. Hier ist es die Aufgabe der Informationsversorgung, durch Aggregation und Anonymisierung der Daten dafür zu sorgen, dass die Interessen beider Seiten hinreichend gewahrt bleiben.

Die wichtigsten *Informationsinstrumente* des Produktionscontrollings sind die in den nachfolgenden Abschnitten behandelten Kennzahlen und Kennzahlensysteme sowie das Berichtswesen.

4.3.4.1   Kennzahlen

Kennzahlen sind definiert als quantitative Größen, durch die bestimmte, zahlenmäßig erfassbare betriebswirtschaftliche Sachverhalte abgebildet werden. In der Regel erfolgt eine Aggregation von zahlreichen Einzeldaten zu einer überschaubaren Anzahl von besser handhabbaren Kenngrößen, die der Information von Entscheidungsträgern zum Zweck der Planung, Steuerung und Kontrolle des betrieblichen Geschehens dienen (vgl. z.B. Franz 1997, S. 291ff.).

Zur Ermittlung von Kennzahlen kann man auf unterschiedliche *Datenquellen* zurückgreifen. Neben Informationen aus dem internen und externen Rechnungswesen, d.h. der Kostenrechnung, der Buchhaltung und dem Jahresabschluss, kommen für den Produktionsbereich insbesondere empirische Erhebungen der relevanten Daten aus dem Produktionsgeschehen in Betracht. Diese Datenerhebungen können einzelfallbezogen oder automatisiert durchgeführt werden, z.B. im Rahmen von Betriebsdatenerfassungssystemen.

Der Nutzen von Kennzahlen für die Unternehmensführung lässt sich auf die einfache Formel bringen:

What you can't measure, you can't manage.

Kennzahlen sind durch die folgenden Merkmale charakterisiert:

- Eine Kennzahl bezieht sich auf ein bestimmtes *Objekt*, den Gegenstand der Kennzahl. Z.B. lässt sich für ein Produkt als Kennzahl die Produktionsmenge angeben.

- Weiter weist eine Kennzahl einen bestimmten *Zeitbezug* auf. Sie bezieht sich entweder auf einen Zeitpunkt, dann bildet sie eine Bestandsgröße ab, oder auf eine Periode, dann bildet sie eine Stromgröße ab. Ein Beispiel für eine zeitpunktbezogene Kennzahl ist der bei der Inventur festgestellte Lagerbestand eines Produkts am Inventurstichtag. Eine zeitraumbezogene Kennzahl sind z.B. die Kosten einer Kostenstelle in einem Abrechnungsmonat.

- Das dritte Merkmal einer Kennzahl ist, dass sie einen bestimmten *Zahlenwert* und eine *Dimensionsangabe* aufweist. So werden Kosten- und Erlöskennzahlen in Geldeinheiten gemessen, Produktionskennzahlen in den Einheiten der entsprechenden Güter. Der Zahlenwert wird entweder direkt gemessen, aus bestimmten Merkmalsausprägungen der Kennzahlenobjekte ermittelt oder aus anderen Kennzahlen berechnet. Ein Beispiel für eine derart berechnete Kennzahl ist die Umsatzrendite eines Produkts, die sich als Quotient aus dem Erfolg und dem Umsatz ergibt.

Kennzahlen sind ein wichtiges Informationsinstrument, das im Rahmen des Produktionscontrollings auf sämtlichen Ebenen, d.h. bei der Planung, Steuerung und Kontrolle des betrieblichen Geschehens, eingesetzt werden kann:

- Im Bereich der *Planung* lassen sich Kennzahlen, die Auskunft über die von einem Bereich in der Vergangenheit erzielten Ergebnisse geben, einsetzen, um Zielvorgaben für die künftige Leistungserstellung zu ermitteln. Damit dienen Kennzahlen als Instrument der sachlichen und organisatorischen Führung.

- In Bezug auf die *Koordination* dienen Kennzahlen insbesondere der laufenden Steuerung der einzelnen betrieblichen Prozesse sowie der Abstimmung von Prozessen, die in verschiedenen Teilbereichen durchgeführt werden.

- Auch für die *Kontrolle* sind Kennzahlen von großer Bedeutung. Mit ihrer Hilfe lässt sich überwachen, inwieweit die den Bereichen vorgegebenen Mengen- oder Wertziele erreicht worden sind.

Grundsätzlich gilt, dass der Einsatz von Kennzahlen zum Zweck der Steuerung und der Leistungsbeurteilung nur dann sinnvoll ist, wenn sie von den Betroffenen auch beeinflusst werden können (Prinzip der Controllability). An Kennzahlen als Controllinginstrument wird eine Reihe von weiteren *Anforderungen* gestellt:

- Damit mit einer Kennzahl sinnvoll gearbeitet werden kann, muss sie *eindeutig definiert* sein, möglichst zeitnah zur Verfügung stehen und über einen längeren Zeitraum in unveränderter Form erhoben werden.

- Weiter muss die Ermittlung der Kennzahl *operationalisierbar* sein, d.h. sie muss über eine nachvollziehbare und im Tagesgeschäft hinreichend einfach durchführbare Rechenvorschrift erfolgen.

- Die Kennzahl muss den zugehörigen Sachverhalt *adäquat* beschreiben, d.h. sich auf die für das Controlling relevanten Eigenschaften beziehen.

- Für zeitnahe Entscheidungen ist es wichtig, dass die Kennzahl auf Basis *aktueller Daten* ermittelt wird.

- Schließlich muss, wie bei allen Controllinginstrumenten, die *Wirtschaftlichkeit* der Ermittlung und Nutzung von Kennzahlen beachtet werden.

Zur weiteren Charakterisierung von Kennzahlen ist eine Klassifikation anhand der folgenden Aspekte möglich, die gleichzeitig einen Überblick über ihren Einsatzbereich geben.

- Der *Inhalt* einer Kennzahl kann sich auf Mengengrößen, z.B. physikalische Messwerte oder abzählbare Bestände, auf Zeitgrößen wie Fristen und Termine oder auf Wertgrößen beziehen. Während im strategischen Produktionscontrolling vorwiegend monetäre Kennzahlen zum Einsatz kommen, spielen im operativen Produktionscontrolling Zeit- und Mengengrößen eine größere Rolle.

- Zur quantitativen Abbildung des betrachteten Sachverhalts kommen unterschiedliche *Skalenniveaus* in Betracht: Nominal skalierte Kennzahlen haben lediglich einen klassifikatorischen Charakter, während ordinal skalierte Kennzahlen komparative Aussagen erlauben. Den höchsten Anforderungen genügen metrisch skalierte Kennzahlen, die auf einer Intervall- oder Absolutskala gemessen werden.

- Nach der *Wertschöpfungsphase*, auf die sich eine Kennzahl bezieht, unterscheidet man Inputkennzahlen, Prozesskennzahlen und Outputkennzahlen.

- Im Hinblick auf den *Zeitbezug* einer Kennzahl ergibt sich eine Einteilung in faktische Kennzahlen bzw. Ist-Kennzahlen, die der Dokumentation von in der Vergangenheit realisierten Werten dienen, und Prognosekennzahlen bzw. Plan-Kennzahlen, die Vorgaben für künftige Handlungen darstellen. Weiter lassen sich langfristige, mittelfristige und kurzfristige Kennzahlen unterscheiden.

- Der *Adressat* einer Kennzahl kann entweder ein interner Entscheidungsträger oder eine außerhalb des Unternehmens angesiedelte Instanz sein.

- In Abhängigkeit von den Informationsbedürfnissen des Adressaten können Kennzahlen einen unterschiedlichen *Aggregationsgrad* aufweisen. Detaillierte operative Kennzahlen werden auf der Ebene einzelner Produktionsstellen erhoben, mehr oder weniger stark aggregierte strategische Kennzahlen für Fertigungsbereiche, Sparten, Abteilungen oder das gesamte Unternehmen.

- Nach dem *Sicherheitsgrad* der in einer Kennzahl enthaltenen Informationen ergibt sich eine Unterscheidung in einwertige Kennzahlen, bei denen vollständige Sicherheit bezüglich der festgestellten Ausprägung besteht, mehrwertige Kennzahlen mit bekannten Wahrscheinlichkeiten, die eine Risikosituation abbilden, und mehrwertige Kennzahlen ohne Wahrscheinlichkeitsangabe, die dem Informationsstand der Unsicherheit entsprechen.

Die üblicherweise verwendeten Typen von Kennzahlen lassen sich wie in Abb. 4.34 dargestellt definieren:

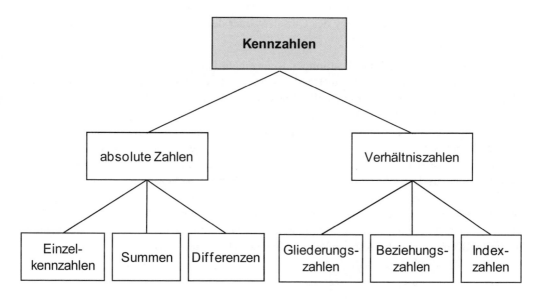

Abb. 4.34 *Klassifikation von Kennzahlen*

- Zum einen können Kennzahlen in Form von *absoluten Zahlen* auftreten, die sich als Einzelkennzahlen, Summen oder Differenzen erheben lassen. Beispiele für absolute Kennzahlen im Produktionsbereich sind die monatliche Produktionsmenge als Einzelkennzahl, die Jahresproduktionsmenge oder der Umsatz einer Produktgruppe als Summenkennzahl und der Deckungsbeitrag eines Produkts als Differenzkennzahl.

- Zum anderen sind Kennzahlen in Form von *Verhältniszahlen* von großer Bedeutung, bei denen zwei oder mehr absolute Zahlen, die in einem sinnvollen Sachzusammenhang stehen, zueinander ins Verhältnis gesetzt werden. Hierbei lassen sich Gliederungszahlen, Beziehungszahlen und Indexzahlen unterscheiden:

– Bei einer *Gliederungszahl* werden gleichartige Größen betrachtet, üblicherweise ist die Größe im Zähler des Quotienten eine Teilgröße des Nenners; die Angabe erfolgt in der Regel als Prozentsatz. Ein Beispiel für eine produktionsbezogene Gliederungszahl ist die Ausschussquote eines Produkts, die als Anteil der fehlerhaften Teile an der Gesamtproduktionsmenge berechnet wird.

– Eine *Beziehungszahl* setzt sich aus verschiedenartigen Größen zusammen, wobei in der Regel eine Ursache-Wirkungs-Beziehung zwischen der Größe im Zähler und der Größe im Nenner besteht. Ein Beispiel für eine Beziehungszahl im Produktionsbereich ist die Arbeitsproduktivität, die als Quotient aus Produktionsmenge und Arbeitseinsatz ermittelt wird.

– Bei einer *Indexzahl* wird eine Größe auf die korrespondierende Größe eines Basisjahres bezogen, so dass sich eine Zeitreihe von relativen Werten ergibt. Als Beispiele lassen sich die Entwicklung des Umsatzes oder der Produktivität im Zeitablauf anführen.

Bereits die isolierte Erhebung bestimmter Kennzahlen kann wichtige Aufschlüsse über die Erfolgswirkungen des betrieblichen Handelns liefern. Ihren vollständigen Wert als Controllinginstrument erhalten Kennzahlen allerdings erst, wenn man sie im Vergleich einsetzt, um die Zielerreichung von betrieblichen Einheiten zu überprüfen. Ein solcher *Kennzahlenvergleich* kann entweder mit internen oder mit externen Werten erfolgen und lässt sich als Zeitvergleich, bei dem die gleichen Kennzahlen zu verschiedenen Zeitpunkten erhoben werden, als Soll/Ist-Vergleich, bei dem den aktuellen Kennzahlen Vorgabewerte gegenübergestellt werden, oder als Betriebsvergleich, bei dem die gleichen Kennzahlen zum gleichen Zeitpunkt für verschiedene Betriebe ermittelt werden, durchführen. Durch die Schaffung einer Vergleichsbasis lassen sich zum einen Prognosen und Planungen besser fundieren, zum anderen können problematische Entwicklungen besser erkannt werden als bei der Betrachtung isolierter Kennzahlen. In Abb. 4.35 sind die verschiedenen Formen des Kennzahlenvergleichs systematisch dargestellt.

	Zeitvergleich	**Soll/Ist-Vergleich**	**Betriebsvergleich**
interner Vergleich	interne Zeitreihen-analyse	Kontrolle	internes Benchmarking
externer Vergleich	externe Zeitreihenanalyse	Legal Compliance	externes Benchmarking

Abb. 4.35   Formen des Kennzahlenvergleichs

- Der *Zeitvergleich* erfolgt in Form einer Zeitreihenanalyse, wobei entweder nur betriebsinterne oder auch externe Daten zum Vergleich herangezogen werden. So lässt sich die Entwicklung der Ausschussquote oder der Produktivität des eigenen Unternehmens als Zeitreihe darstellen. Darüber hinaus kann die eigene Produktivität in Beziehung zur Entwicklung der gesamtwirtschaftlichen Produktivität analysiert werden, um Rückschlüsse auf die relative Wettbewerbsposition des Unternehmens zu ziehen.

- Der interne *Soll/Ist-Vergleich* wird als Kontrollinstrument im Rahmen des Produktionscontrollings in fast allen Bereichen eingesetzt, um Abweichungen von den Vorgabewerten zu identifizieren und zu analysieren. Beim externen Soll/Ist-Vergleich werden als Vorgabewerte z.B. gesetzlich vorgeschriebene Emissionsgrenzwerte herangezogen, so dass sich Aussagen über die Gesetzeskonformität (Legal Compliance) des Unternehmens im Umweltbereich ergeben.

- Der *zwischenbetriebliche Vergleich* von Kennzahlen führt zu verschiedenen Formen des Benchmarking (vgl. auch Abschnitt 4.3.3.2). Beim Vergleich der Kennzahlenausprägungen mit den Werten anderer Betriebseinheiten im selben Unternehmen liegt ein internes Benchmarking vor, beim Vergleich mit den Werten, die andere Unternehmen erzielt haben, handelt es sich um externes Benchmarking.

Die vor allem im operativen Produktionscontrolling verwendeten detaillierten Kennzahlen beziehen sich auf quantitativ erfassbare Teilgrößen der betrieblichen Prozesse bzw. der mit ihnen verbundenen Kosten und Leistungen, die durch die jeweiligen Entscheidungsträger beeinflusst werden können. Der aus einer Kennzahl resultierende Informationsgewinn ist umso größer, je aktueller diese bereitgestellt werden kann. Die zeitnahe Erhebung von Produktionskennzahlen stellt daher eine große Herausforderung für die betriebliche Informationswirtschaft dar.

Da die Fülle von produktionswirtschaftlichen Kennzahlen, die im betrieblichen Einsatz sind, hier nicht vollständig dargestellt werden kann, werden im Folgenden lediglich einige aussagekräftige *Beispiele* angegeben. Als Gliederungskriterium werden neben Mengengrößen die unternehmerischen Ziele Zeit, Kosten und Qualität (vgl. Abschnitt 1.1.5) herangezogen.

- Wichtige *Mengengrößen*, die sich in Kennzahlen abbilden lassen, sind z.B. Ausschussmengen, Materialverbrauchswerte, Durchschnitts- und Sicherheitsbestände, Auslastungskoeffizienten, die Wertschöpfung je Mitarbeiter sowie die Produktivität.

- Zu den häufig genutzten *Zeitgrößen* zählen Lieferzeiten, Lieferterminabweichungen, Lagerdauern, Rüstzeiten, Instandhaltungszeiten, Auftragserfüllungsgrade, Durchlaufzeiten, Maschinenstillstandszeiten, Instandhaltungsintervalle oder die Reichweite des Lagerbestands.

- Als für den Produktionsbereich relevante *Kostengrößen* kommen z.B. Garantiekosten, die Kapitalbindung im Umlaufvermögen, Lohnkosten, Materialkosten, Logistikkosten oder der Kapitalumschlag in Betracht.

- Relevante *Qualitätsgrößen* sind die Zuverlässigkeit der Produktion, Fehlerhäufigkeiten, Reklamationsquoten, die Produktlebensdauer oder der Lieferservicegrad.

Zur vertieften Darstellung einer ausgewählten Kennzahl wird die *Produktivität*, die als Schlüsselkennzahl zur Beurteilung der Unternehmensentwicklung dient, herangezogen. Die Produktivität gibt an, in welchem Verhältnis der Output einer Produktionseinheit und die zu seiner Erzeugung eingesetzten Inputfaktoren stehen. Die allgemeine Definition einer Produktivität lautet somit:

$$\text{Produktivität} = \frac{\text{Output}}{\text{Input}}$$

Der Kehrwert der Produktivität gibt als *Produktionskoeffizient* an, wie viele Einheiten eines Inputfaktors erforderlich sind, um eine Outputeinheit zu erzeugen:

$$\text{Produktionskoeffizient} = \frac{\text{Input}}{\text{Output}}$$

Die Produktivität kann als Indikator für die Wirtschaftlichkeit des Ressourceneinsatzes sowohl im einzelnen Unternehmen als auch in der *Gesamtwirtschaft* herangezogen werden. Bei gesamtwirtschaftlichen Produktivitätsbetrachtungen wird in der Regel die Arbeitsproduktivität als Quotient aus gesamtwirtschaftlicher Wertschöpfung und Arbeitseinsatz untersucht. Je höher diese Kennzahl ist, desto stärker ist es der Volkswirtschaft gelungen, den technischen Fortschritt durch Rationalisierung, d.h. durch Ersatz von Arbeit durch Kapital, auszunutzen und desto größer ist ihre internationale Wettbewerbsfähigkeit.

Auch für das *einzelne Unternehmen* gibt die Produktivität einen Hinweis auf die Wettbewerbsfähigkeit. Je höher die Produktivität ist, desto geringer ist ihr Kehrwert, der Produktionskoeffizient, d.h. der Faktoreinsatz je Produkteinheit, und desto geringer sind die variablen Produktionskosten. Im Zuge des Benchmarking lassen sich die Produktivitäten verschiedener Unternehmen miteinander vergleichen. Mithilfe der Produktivität können weiterhin technische Ineffizienzen offen gelegt werden. Als Methode zur Produktivitäts- bzw. Effizienzanalyse bietet sich die Data Envelopment Analysis an, die die relative Effizienz von Produktionsprozessen untersucht.

Allerdings ist es in der Regel nicht zielführend, „die Produktivität" allgemein zu betrachten. Setzt ein Unternehmen mehrere Produktionsfaktoren in im Zeitablauf variierenden Mengenverhältnissen ein, so liegen inkommensurable Inputs vor und man muss die entsprechenden Teilproduktivitäten betrachten. Auch der Output lässt sich in der Regel nicht in einer einheitlichen Größe messen, sondern besteht aus unterschiedlichen Produkten. Abb. 4.36 zeigt den Zusammenhang zwischen der Gesamtproduktivität und den Faktorproduktivitäten der Anlagen, der Arbeit und des Materials. Lediglich bei konstanten Faktoreinsatzmengenverhältnissen ist die Bildung einer Gesamtproduktivität möglich bzw. sinnvoll.

Produktivitätsschwankungen im Zeitablauf lassen sich auf verschiedene Ursachen zurückführen.

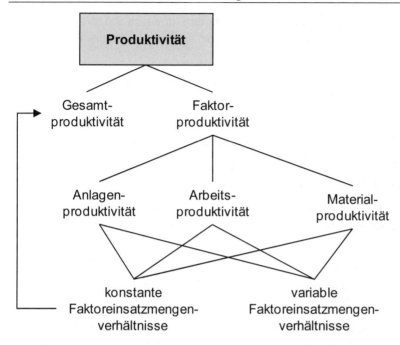

Abb. 4.36 *Ausprägungen der Produktivität*

- Die einfachste Erklärung für Produktivitätsschwankungen sind *Schwankungen beim Faktorverbrauch*, die sich z.B. auf unterschiedliches Arbeitstempo zurückführen lassen.

- Auch durch unterschiedliche *Faktorqualitäten* kann es zu Produktivitätsschwankungen kommen, da bei geringerer Qualität tendenziell mehr Ausschuss auftritt und daher weniger Output aus einer bestimmten Faktormenge erzeugt werden kann.

- Ein *Prozesswechsel* bedeutet den Übergang zu einem anderen Produktionsverfahren, das durch andere Produktionskoeffizienten und damit auch andere Produktivitätskennzahlen gekennzeichnet ist.

- Ein solcher Prozesswechsel kann im Zusammenhang mit dem *technischen Fortschritt* stehen, der häufig zu einer besseren Ausnutzung der Produktionsfaktoren und damit geringeren Produktionskoeffizienten führt und letztlich mit höherer Produktivität einhergeht.

4.3.4.2   Kennzahlensysteme

Die Auswahl der im Produktionscontrolling zu erhebenden Kennzahlen sollte so erfolgen, dass einerseits die Ergebnisse der relevanten betrieblichen Bereiche bzw. Vorgänge hinreichend genau abgebildet werden, andererseits nicht durch eine zu große Zahl an Kennzahlen der Blick auf die wesentlichen Zusammenhänge verstellt wird. Eine Systematisierung von

Einzelkennzahlen erfolgt durch ihre sinnvolle Verknüpfung in einem möglichst konsistent aufgebauten *Kennzahlensystem*. Folgende Anforderungen sind an ein Kennzahlensystem zu stellen:

- *Aussagekraft*: Die Ursache-Wirkungs-Zusammenhänge, die den Kennzahlen zugrunde liegen, müssen stichhaltig und nachvollziehbar sein.

- *Quantifizierbarkeit*: Die Mengen- und Wertgrößen, aus denen die Kennzahlen gebildet werden, müssen eindeutig messbar bzw. feststellbar sein.

- *Vollständigkeit*: Durch das Kennzahlensystem müssen alle relevanten betrieblichen Bereiche und Ziele hinreichend abgedeckt sein.

- *Praktikabilität*: Durch Beschränkung auf wenige, aussagekräftige Kennzahlen lassen sich die wesentlichen Sachverhalte abbilden, ohne die Wirtschaftlichkeit aus den Augen zu verlieren.

- *Flexibilität*: Das Kennzahlensystem muss sich durch Hinzufügen oder Entfernen von einzelnen Kennzahlen an aktuelle Entwicklungen und veränderte Informationsbedürfnisse anpassen lassen.

Ein *Kennzahlensystem* entsteht durch die konsistente Verknüpfung von Einzelkennzahlen. Es kann durch die Nutzung der folgenden Operationen gebildet werden:

- Durch die *Aufgliederung* wird eine Kennzahl in ihre Bestandteile aufgespalten, z.B. indem man die Lagerhaltungskosten in ihre verschiedenen Komponenten zerlegt oder die Personalkosten in Lohneinzelkosten und Lohngemeinkosten aufteilt.

- Als *Substitution* bezeichnet man den Vorgang, bei dem eine Kennzahl auf Größen zurückgeführt wird, die sie erklären, z.B. ergeben sich die Lohnkosten durch Multiplikation der Anzahl der Mitarbeiter mit den jeweils gezahlten Lohnsätzen.

- Bei der *Erweiterung* werden neue, aussagekräftige Kennzahlen dadurch gebildet, dass bei einer Verhältniszahl der Zähler und der Nenner mit derselben Größe multipliziert werden und der dadurch entstandene Ausdruck in zwei multiplikativ verknüpfte Verhältniszahlen aufgespalten wird. So erhält man, wenn man die Kennzahl „Energieverbrauch je Produkteinheit" mit der Anzahl der Anlagen erweitert, die beiden separat einsetzbaren Kennzahlen „Energieverbrauch je Anlage" und „Anlageneinsatz je Produkteinheit", d.h. einen Produktionskoeffizienten.

$$\frac{\text{Energieverbrauch}}{\text{Produkteinheit}} = \frac{\text{Energieverbrauch}}{\text{Anlage}} \cdot \frac{\text{Anlageneinsatz}}{\text{Produkteinheit}}$$

Die Ausprägung eines Kennzahlensystems hängt davon ab, inwieweit es gelingt, die Kennzahlen mithilfe dieser Operationen vollständig miteinander zu verknüpfen. Lassen sich derartige Verknüpfungen durchführen, so erhält man ein geschlossenes, hierarchisch gegliedertes *Rechensystem*, bei dem die Einzelkennzahlen über mehrere Ebenen hinweg aus einer Spitzenkennzahl abgeleitet werden. Andernfalls ist das Kennzahlensystem ein systematisch aufgebautes *Ordnungssystem*, bei dem verschiedene Gruppen von untereinander verknüpften Kennzahlen gebildet werden, zwischen denen keine derartigen Beziehungen bestehen.

Aufgrund der großen Komplexität und Heterogenität des Produktionsbereichs ist vorerst nicht zu erwarten, dass sich ein Rechensystem wie das im Finanzcontrolling eingesetzte, auf dem Return on Investment als Spitzenkennzahl basierende DuPont-System oder das in Anlehnung daran vom Zentralverband der elektrotechnischen Industrie vorgeschlagene ZVEI-System entwickeln lässt. Daher sind Produktionskennzahlensysteme derzeit als Ordnungssysteme organisiert.

Ein auf der strategischen Ebene angesiedeltes Kennzahlensystem, das auch für den Produktionsbereich große Bedeutung aufweist, ist die 1996 von Kaplan und Norton entwickelte *Balanced Scorecard* (vgl. Kaplan/Norton 1996). Diese versucht, die Eindimensionalität der rein finanzwirtschaftlich ausgerichteten Kennzahlensysteme zu vermeiden, indem sie die dort üblichen, traditionellen finanzwirtschaftlichen Kennzahlen – wie die Kapitalrentabilität, den Cashflow und den Unternehmenswert – um drei weitere erfolgsrelevante Perspektiven erweitert und dadurch eine stärkere Ausrichtung aller Bereiche an der Unternehmensstrategie erreicht (vgl. Abb. 4.37).

- Die *Kundenperspektive* bzw. externe Perspektive konzentriert sich auf die Kunden- und Marktsegmente, an die das Unternehmen sein Angebot richtet. Wichtige Kennzahlen sind hier der Marktanteil, die Kundenzufriedenheit und die Servicequalität.

- Die *Geschäftsprozessperspektive* bzw. interne Perspektive erfasst die erfolgsrelevanten Prozesse, die das Unternehmen in die Lage versetzen, die in der finanzwirtschaftlichen Perspektive und der Kundenperspektive formulierten Ziele zu erreichen. Im Mittelpunkt steht hier die Ausgestaltung der Geschäftsprozesse. Ihre Beurteilung erfolgt insbesondere anhand von Innovationen, prozessbezogenen Kennzahlen und des Kundendienstes.

- Die *Mitarbeiterperspektive*, häufig auch als Lern- und Entwicklungsperspektive bezeichnet, bezieht sich auf die personellen und organisatorischen Voraussetzungen, die zur Erfolgserzielung erforderlich sind. Die zugehörigen Schlüsselkennzahlen beziehen sich insbesondere auf die Mitarbeiterzufriedenheit, die Arbeitsproduktivität und die Mitarbeitertreue.

Für jede dieser Perspektiven werden bereichsspezifische Ziele vorgegeben und darauf aufbauend die zugehörigen, unternehmensspezifischen *Schlüsselkennzahlen* (Key Performance Indicators, KPI) definiert. Produktionswirtschaftlich relevante Kennzahlen treten vor allem in der Geschäftsprozessperspektive auf, der unter anderem die Durchführung der Produktionsprozesse zugeordnet ist. Um die Entscheidungsträger nicht zu überlasten, soll auf der strategischen Ebene eine Beschränkung auf drei bis fünf Schlüsselkennzahlen je Perspektive erfolgen, die im Zuge der Umsetzung der Ziele in operative Maßnahmen weiter aufgegliedert und konkretisiert werden.

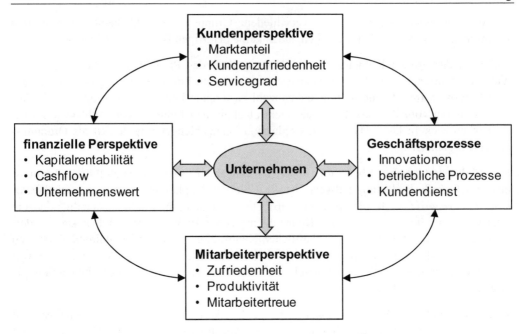

Abb. 4.37 *Balanced Scorecard*

Wesentlich für die Philosophie der Balanced Scorecard ist, dass sämtliche Perspektiven miteinander verknüpft sind und nur gemeinsam den Erfolg des Unternehmens bewirken können. Im Mittelpunkt der Darstellung stehen die Visionen und Strategien auf Gesamtunternehmensebene, die es durch abgestimmte Maßnahmen der Bereiche umzusetzen gilt. Dadurch soll eine Konzentration auf Bereichsziele vermieden und letztlich ein integriertes erfolgsorientiertes Denken gefördert werden.

Abb. 4.38 zeigt an einem *Beispiel*, wie die verschiedenen Perspektiven der Balanced Scorecard über Ursache-Wirkungs-Ketten miteinander verknüpft sind. Wenn es gelingt, durch geeignete Maßnahmen in der mitarbeiterbezogenen Lern- und Entwicklungsperspektive das Fachwissen der Mitarbeiter im Produktionsbereich zu verbessern, so wirkt sich dies positiv auf die Durchführung der Produktionsprozesse aus. Dadurch werden in der Geschäftsprozessperspektive die Prozessqualität erhöht und die Prozessdurchlaufzeiten verkürzt. Beides zusammen bewirkt, dass sich die Lieferzuverlässigkeit des Unternehmens, gemessen als Anteil der pünktlichen und fehlerfreien Lieferungen, verbessert. Dadurch wird die in der Kundenperspektive angesiedelte Kundenzufriedenheit positiv beeinflusst. Zufriedene Kunden schließlich wirken sich positiv auf finanzwirtschaftliche Kennzahlen wie den Return on Investment (ROI) aus.

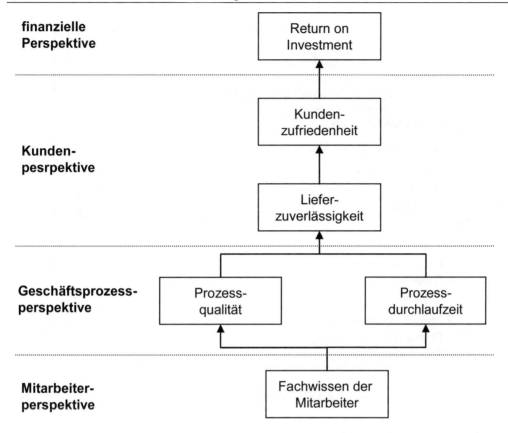

finanzielle Perspektive

Return on Investment

Kunden-pesrpektive

Kunden-zufriedenheit

Liefer-zuverlässigkeit

Geschäftsprozess-perspektive

Prozess-qualität

Prozess-durchlaufzeit

Mitarbeiter-perspektive

Fachwissen der Mitarbeiter

Abb. 4.38   Wirkungskette in der Balanced Scorecard (in Anlehnung an Franz 1997, S. 314)

Einen Vorschlag zur Strukturierung eines Kennzahlensystems für das *operative Produktions-controlling* liefert Franz (1999, S. 302f.). Er gliedert die im Produktionsbereich auftretenden Kennzahlen bezüglich der drei Dimensionen Hierarchieebene, Inhalt und Zeit. Abb. 4.39 zeigt den Aufbau dieses Kennzahlensystems.

- Bezüglich der *hierarchischen Struktur* lassen sich Kennzahlen auf der Ebene des Ge-samtunternehmens, des einzelnen Werks, der Bereiche und schließlich der verschiedenen Produktionsprozesse identifizieren.

- Die *inhaltliche Struktur* der Kennzahlen bezieht sich auf den Bereich, für den sie formu-liert werden. Neben finanzwirtschaftlichen Kennzahlen, die auch im Produktionscontrol-ling benötigt werden, stehen die am Ablauf der Fertigung ausgerichteten Faktor-, Pro-zess- und Ergebniskennzahlen im Vordergrund.

- Die *zeitliche Struktur* der Kennzahlen resultiert aus dem Rhythmus, in dem sie erhoben werden. Dabei lassen sich monatliche, wöchentliche, tägliche und schichtbezogene Kennzahlen unterscheiden.

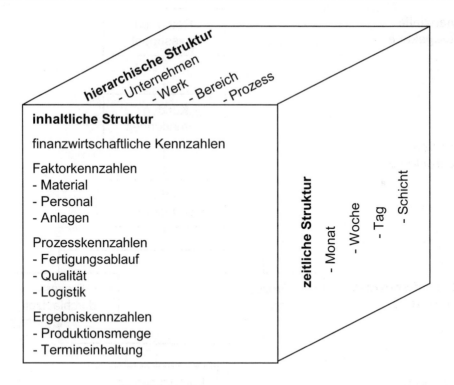

Abb. 4.39   *Produktionskennzahlensystem (in Anlehnung an Franz 1999, S. 302)*

Es gibt verschiedene Möglichkeiten zur *Visualisierung* von Kennzahlen, durch die der tägliche Umgang mit ihnen erleichtert werden soll.

- Bei Betrachtung einer einzelnen Kennzahl bietet es sich an, diese im Zeitablauf in einem Diagramm darzustellen, das sich – wie bei der in Abschnitt 2.2.5.1 vorgestellten statistischen Qualitätskontrolle – um Zonen für erwünschte, kritische und unzulässige Wertebereiche für die Kennzahl ergänzen lässt. Eine solche *Ampellogik* erlaubt es, während des Fertigungsablaufs jederzeit einen Prozess daraufhin zu kontrollieren, ob er ordnungsgemäß (im „grünen Bereich") abläuft, besonderer Aufmerksamkeit bedarf (gelb) oder sofort unterbrochen werden muss, um die Einstellungen der Maschinen zu überprüfen oder aber eine erneute Planung vorzunehmen (rot).

- Eine zum Zweck der Überwachung und Steuerung zusammengestellte Gruppe mehrerer im Zeitablauf erhobener und mittels Ampellogik kontrollierter Kennzahlen wird auch als *Cockpit-Chart* bezeichnet. Es erlaubt dem Entscheidungsträger – ähnlich wie die Instrumente im Cockpit eines Flugzeugs – einen raschen Überblick über den Zustand seines Bereichs. Er kann bei jeder Anzeige erkennen, ob sich die Kennzahl im grünen, gelben oder roten Bereich befindet, und bei Bedarf entsprechende Gegenmaßnahmen ergreifen. Abb. 4.40 zeigt ein Beispiel für ein Cockpit-Chart mit den Kennzahlen Durchlaufzeit, Liefertreue, Ausschussquote und Prozessgeschwindigkeit. Während sich zu Beginn der

Betrachtung sämtliche Kennzahlen außer der Liefertreue im (inneren) grünen Bereich befinden, liegen zum letzten hier dargestellten Zeitpunkt alle Werte mit Ausnahme der Ausschussquote im (äußeren) roten Bereich, so dass ein Eingriff dringend erforderlich ist.

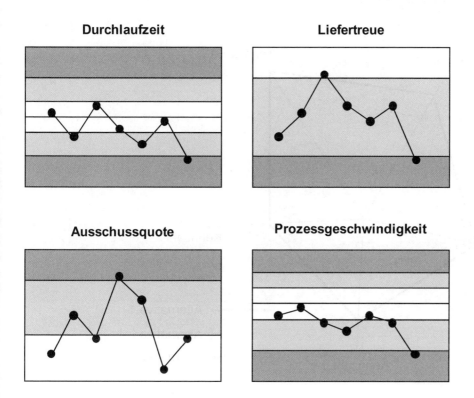

Abb. 4.40 *Cockpit-Chart*

- Die Darstellungsform des *Radar-Charts* ermöglicht es, eine Reihe von für einen Sachverhalt relevanten Kennzahlen für mehrere Zeitpunkte, mehrere Bereiche oder mehrere Entscheidungsalternativen gemeinsam darzustellen und zu beurteilen. Dazu werden, wie in Abb. 4.41 dargestellt, ausgehend von einem Mittelpunkt Achsen für jede Kennzahl eingezeichnet und die jeweiligen Ausprägungen der Kennzahlen dort eingetragen. Da die einzelnen Kennzahlen in der Regel in verschiedenen Einheiten gemessen werden, ist eine unterschiedliche Skalierung der Achsen erforderlich. Soll lediglich die Größenordnung der Kennzahlen veranschaulicht werden, so kann eine Normierung erfolgen, bei der z.B. ein Idealwert oder der größte auftretende Wert als 100% angesetzt und die restlichen Werte in Beziehung zu diesem gesetzt werden.

Mithilfe eines Radar-Charts lassen sich auch Dominanzbeziehungen zwischen den dargestellten Alternativen leicht erkennen und damit Auswahlentscheidungen unterstützen. Beim Beispiel in Abb. 4.41 wird allerdings keine der drei Alternativen von einer anderen eindeutig dominiert, denn jede weist bei mindestens einem Kriterium den höchsten Wert auf. Da beim Radar-Chart Kennzahlen verschiedener Entscheidungseinheiten miteinander verglichen werden können, lässt es sich auch als Visualisierungsinstrument im Rahmen des Benchmarking einsetzen.

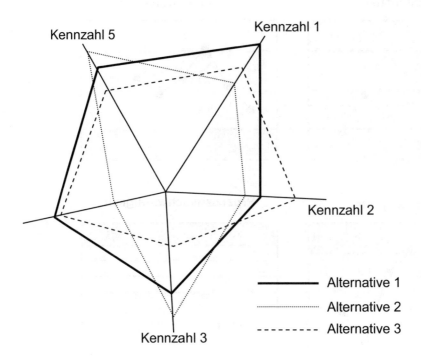

Abb. 4.41 *Radar-Chart*

4.3.4.3   Berichtswesen

Die Aufgabe des *Berichtswesens* im Rahmen des Produktionscontrollings besteht in der Erzeugung und Übermittlung von aussagekräftigen Informationen über den Zustand und die Ergebnisse des Produktionsbereichs. Diese werden – in Abhängigkeit vom jeweiligen Informationsbedarf – einerseits für die Mitarbeiter und Führungskräfte innerhalb des Unternehmens (management reporting) und andererseits für externe Empfänger bereitgestellt. Die rechtzeitige Verfügbarkeit der für eine anstehende Entscheidung relevanten Informationen gilt als ein wesentlicher Erfolgsfaktor. Daher kommt dem Aufbau eines geeigneten Berichtswesens, d.h. eines adäquaten Informationssystems für den Produktionsbereich, eine große Bedeutung zu (vgl. hierzu z.B. Göpfert 2002, Sp. 143ff.).

Informationen sind zweckgerichtetes Wissen, das zunächst in Form von Daten erfasst und für den jeweiligen Empfänger adäquat aufbereitet wird, um diesen bei seinen Entscheidungen zu unterstützen. Da die Bereitstellung von Informationen grundsätzlich mit Kosten verbunden ist, muss bei der Ausgestaltung des Berichtswesens eine Abwägung zwischen den zusätzlichen Kosten und dem erwarteten Nutzen eines bestimmten Grades an Informationsverfügbarkeit erfolgen.

Abb. 4.42 gibt einen Überblick über die wichtigsten *Merkmale* von Berichten und ihre jeweiligen Ausprägungen.

- Als *Inhalte von Berichten* für das Produktionscontrolling kommen grundsätzlich sämtliche Informationen in Betracht, die bei der Durchführung der Produktion, in anderen Controllingbereichen oder auch in der relevanten Umwelt des Unternehmens anfallen, insbesondere Erlös- und Kostengrößen, monetäre und nichtmonetäre Kennzahlen auf verschiedenem Aggregationsniveau, Performancemaße sowie qualitative, verbale Informationen hinsichtlich der erbrachten Leistungen. Dementsprechend unterscheidet man Leistungsberichte, Kostenberichte und Marktberichte.

- Berichte werden im Rahmen des Produktionscontrollings zu verschiedenen *Zwecken* angefertigt, die sich wie folgt gliedern lassen:

  - *Planung*: Die in Berichten enthaltenen Informationen werden als Grundlage für zukunftsorientierte Entscheidungen genutzt. Berichte können den betrieblichen Entscheidungsprozess von der Entscheidungsfindung über die Durchsetzung der Entscheidungen bis hin zur Ergebniskontrolle begleiten. Daher sollte das Berichtswesen über entsprechende Schnittstellen zu den im Unternehmen eingesetzten Entscheidungsunterstützungssystemen (Decision Support Systems, DSS) verfügen.

  - *Dokumentation*: Berichte dienen der pflichtgemäßen oder freiwilligen Dokumentation von als wichtig angesehenen Ereignissen. Dokumentationspflichten bestehen insbesondere aufgrund gesetzlicher Vorgaben, z.B. aus dem Handelsrecht, dem Steuerrecht, dem Aktienrecht oder dem Umweltrecht. Die daraus resultierenden Berichte liegen unter anderem in Form von Jahresabschlüssen, Abfallwirtschaftsnachweisen, Umweltberichten oder Nachhaltigkeitsberichten vor. Eine freiwillige Dokumentation von Sachverhalten bzw. Entwicklungen im Produktionsbereich erfolgt vor allem zur Verbesserung von Entscheidungsgrundlagen.

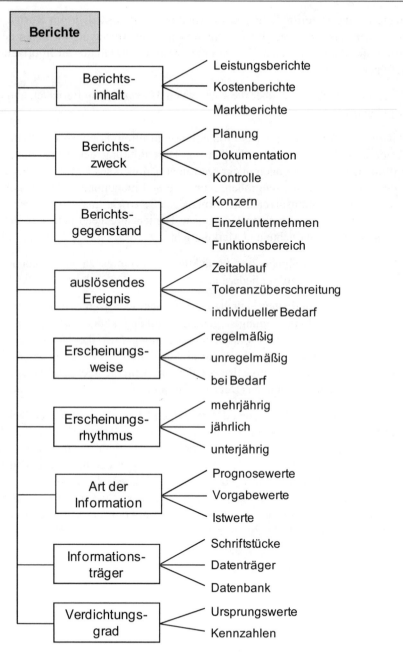

Abb. 4.42 *Berichtsmerkmale*

– *Kontrolle von Entscheidungen*: Über den Vergleich von realisierten Werten mit Planwerten lassen sich betriebliche Entscheidungen kontrollieren. Werden mithilfe von

Berichten Soll/Ist-Abweichungen festgestellt, so sind entsprechende Anpassungen der laufenden Aktivitäten bzw. Planrevisionen erforderlich.

- Nach dem *Berichtsgegenstand* unterscheidet man Berichte auf der Ebene eines gesamten Konzerns, Berichte für ein bestimmtes Unternehmen und Berichte für einzelne Funktionsbereiche. Je weiter oben in der betrieblichen Hierarchie der Berichtsgegenstand angesiedelt ist, desto aggregierter sind die enthaltenen Informationen. Berichte für das Produktionscontrolling beziehen sich in erster Linie auf den Produktionsbereich, den sie recht detailliert abbilden.

- Weiter lassen sich Berichte danach klassifizieren, durch welche Art von *Ereignis* sie ausgelöst werden. Sehr häufig sind Berichte, die turnusmäßig zu bestimmten Zeitpunkten bzw. nach Ablauf einer bestimmten Zeitspanne erstellt werden, z.B. monatliche Berichte oder Quartalsberichte über die Entwicklung der Produktionsmengen und der Verbrauchsmengen im Berichtszeitraum. Weiter gibt es Berichte, deren Erstellung durch die Über- bzw. Unterschreitung eines als kritisch angesehenen Toleranzwerts angestoßen wird, z.B. kann die Unterschreitung eines bestimmten Servicegrads oder Qualitätsniveaus einen entsprechenden Bericht erfordern. Schließlich gibt es Berichte, die einmalig zur Deckung des individuellen Informationsbedarfs eines Entscheidungsträgers angefertigt werden, z.B. zur Unterstützung einer Investitions- oder Stilllegungsentscheidung.

- In engem Zusammenhang mit dem auslösenden Ereignis steht die *Erscheinungsweise* von Berichten: Regelmäßige Berichte werden in Abhängigkeit vom Zeitablauf erstellt, unregelmäßige Berichte beim Eintreten von bestimmten Ereignissen und Bedarfsberichte auf individuelle Anforderung.

- Nach dem *Erscheinungsrhythmus* eines Berichts lassen sich mehrjährige Berichte, die z.B. zur Vor- oder Nachbereitung von langfristigen Entscheidungen eingesetzt werden, jährliche Berichte und unterjährige Berichte unterscheiden. Zu den jährlichen Berichten zählen sämtliche im Zusammenhang mit jährlichen Berichtspflichten aus dem Steuerrecht zusammenhängenden Berichte. Viele im Produktionscontrolling relevante Berichte werden aufgrund des operativen Charakters der Entscheidungen unterjährig angefertigt.

- In Abhängigkeit von der Art der in einem Bericht enthaltenen *Informationen* können Berichte Prognosewerte, Vorgabewerte oder Istwerte enthalten. Während sich Berichte mit Prognose- oder Vorgabewerten zumindest teilweise auf die Zukunft beziehen, dominiert bei Berichten mit Istwerten der Gegenwartsbezug. Soll ein Soll/Ist-Vergleich vorgenommen werden, so muss der Bericht sowohl Vorgabe- als auch Istwerte enthalten.

- Nach dem verwendeten *Informationsträger* unterscheidet man Berichte in Schriftform, Berichte, die auf Datenträgern wie Disketten oder CDs gespeichert werden und damit elektronisch ausgewertet werden können, und Berichte, die innerhalb einer Datenbank abgelegt sind bzw. aus den Daten der Datenbank generiert werden können.

- Die in Berichten enthaltenen Informationen können einen unterschiedlichen Verdichtungsgrad aufweisen. Neben den ursprünglichen, direkt aus dem betrieblichen Geschehen entnommenen Werten treten häufig zu Kennzahlen verdichtete Informationen auf.

Durch die Kombination der genannten Merkmalsausprägungen ist prinzipiell eine unüberschaubare Vielfalt an Berichtsarten möglich. Im Folgenden wird auf die Berichtsarten näher eingegangen, die durch unterschiedliche Ereignisse ausgelöst werden, da sich an ihnen die Bandbreite real auftretender Berichte am besten darstellen lässt.

Der regelmäßig erstellte *Standardbericht* ist der Kern des klassischen Berichtswesens. Er wird routinemäßig zu festen Terminen nach einem bestimmten Schema, d.h. gleich bleibend in Form und Inhalt, für einen festgelegten Empfängerkreis angefertigt. Zu den Standardberichten zählen Leistungs-, Erlös- und Bestandsrechnungen, Projektstatusberichte sowie Kostenstellenberichte, die z.B. in Form eines Betriebsabrechnungsbogens auftreten. Standardberichte richten sich häufig an einen breiten Empfängerkreis, der sich aus den im Bericht enthaltenen Informationen die jeweils benötigten selbst herausziehen muss. Der Vorteil dieser Berichtsart besteht darin, dass zu geringen Kosten ein recht vollständiger Überblick über den jeweiligen Sachverhalt gegeben wird. Dem steht die Gefahr gegenüber, dass die Entscheidungsträger durch zu viele irrelevante Informationen überlastet werden. Der Standardbericht ist sowohl für kurzfristig auftretenden Informationsbedarf als auch bei individuellen Informationswünschen ungeeignet.

Berichte, die durch das Über- oder Unterschreiten bestimmter Werte ausgelöst werden, bezeichnet man auch als *Abweichungsberichte*. Sie lassen sich in betriebliche Frühwarnsysteme integrieren, die einen Entscheidungsträger rechtzeitig auf Vorgänge hinweisen sollen, die sich außerhalb der Vorgaben entwickeln und daher sein Eingreifen erfordern können. So kann ein Spartenleiter durch einen Abweichungsbericht auf erhebliche Abweichungen der tatsächlichen Kosten- oder Umsatzentwicklung von den geplanten Werten aufmerksam gemacht werden. Die Erstellung eines Abweichungsberichts erfordert einen automatisierten, ständigen Soll/Ist-Vergleich der als relevant angesehenen Werte. Während der Zeitpunkt der Berichtserstellung im Voraus nicht bestimmt ist, sondern vom Eintreten bestimmter Ereignisse abhängt, sind die Berichtsinhalte und die Form der Berichterstattung wie beim Standardbericht weitgehend vorgegeben.

Ein *Bedarfsbericht* wird fallweise bei spezifischem, nicht vorhersehbarem Informationsbedarf eines Entscheidungsträgers erstellt. Dieser muss die konkret von ihm benötigten Informationen gezielt aus dem Informationssystem anfordern. Dadurch weist ein Bedarfsbericht eine konsequente Empfängerorientierung auf. Zum Beispiel wird ein Produktionsleiter bei absehbaren Kapazitätsengpässen Informationen über die voraussichtliche Auslastung der Fertigungskapazitäten anfordern, um zur Abdeckung von Bedarfsspitzen frühzeitig Entscheidungen über eine kostengünstige Verlagerung von Produktionsmengen in andere Perioden oder auf Zulieferer treffen zu können. Im Zuge der Einführung von benutzerfreundlichen Informationssystemen gewinnt der Bedarfsbericht zunehmend an Bedeutung, da ein Entscheidungsträger diesen in der Regel durch Nutzung einer Dialogkomponente in kurzer Zeit selbst generieren kann.

Als *Berichtssystem* bezeichnet man die auf den im Betrieb auftretenden Informationsbedarf ausgerichtete, geordnete Strukturierung aller auftretenden Berichte. Die hauptsächliche Anforderung an ein Berichtssystem besteht darin, dass es in der Lage sein muss, den auftretenden Informationsbedarf zu befriedigen und dadurch den Nutzen des Informationsempfängers zu erhöhen. Dabei soll es gleichzeitig ein großes Maß an Integration bieten, indem es die Berichte bzw. die Informationen aus verschiedenen Bereichen logisch konsistent miteinander verknüpft, und eine hohe Flexibilität aufweisen, indem es Anpassungen an unterschiedliche Informationsbedarfe sowie an Veränderungen der Unternehmensorganisation erlaubt. Weiter ist die Bereitstellung der Informationen zu möglichst geringen Kosten eine wichtige Anforderung.

Bei der Konzeption von Berichtssystemen für das Produktionscontrolling dient in der Regel die Datenbasis, auf der das Produktionsplanungs- und -steuerungssystem (vgl. Abschnitt 2.6) aufsetzt, als Ausgangspunkt. Mithilfe von Betriebsdatenerfassungssystemen (BDE) lassen sich Ist-Daten über den Produktionsvollzug bereitstellen, indem der Produktionsablauf auftragsbezogen dokumentiert wird. Weiter können Störungen im Prozessablauf in Echtzeit erfasst und die entsprechenden Informationen in Standard- oder Abweichungsberichte integriert werden. Zur Erstellung von Kostenberichten sind die vorhandenen Kostenrechnungssysteme so zu modifizieren, dass die gewünschten Informationen bereitgestellt werden. So kann ausgehend von einer Betriebsplankostenrechnung ein Kostenplanungs- und -kontrollsystem aufgebaut werden (vgl. Hahn/Laßmann 1999). Als weiterer Bestandteil von Berichtssystemen für das Produktionscontrolling bieten sich Simulationsmodelle an, die den Auftrags- und Materialfluss durch die Fertigung abbilden und durch die die Auswirkungen alternativer Produktionspläne auf verschiedene Zeit-, Mengen- und Wertgrößen ermittelt werden können. Auf diese Weise lassen sich z.B. in der Planungsphase die Kostenwirkungen unterschiedlicher Auftragszusammensetzungen oder verschiedener Fertigungsreihenfolgen bestimmen.

4.4 Literaturempfehlungen zum Produktionscontrolling

Für eine vertiefte Auseinandersetzung mit dem Gebiet des Produktionscontrollings sollten die nachfolgend genannten Lehrbücher herangezogen werden:

Bauer, J.: Produktionscontrolling mit SAP®-Systemen, Vieweg, Braunschweig/Wiesbaden 2002

Coenenberg, A.: Kostenrechnung und Kostenanalyse, Schäffer-Poeschel, Stuttgart, 5. Aufl. 2003

Corsten, H., Friedl, B. (Hrsg.): Einführung in das Produktionscontrolling, Vahlen, München 1999

Deimel, K., Isemann, R., Müller, S.: Kosten- und Erlösrechnung, Pearson Studium, München 2006

Ewert, R., Wagenhofer, A.: Interne Unternehmensrechnung, Springer, Berlin usw., 6. Aufl. 2005

Fandel, G., Fey, A., Heuft, B., Pitz, T.: Kostenrechnung, Springer, Berlin usw., 2. Aufl. 2004

Horváth, P.: Controlling, Vahlen Verlag, München, 10. Aufl. 2006

Kistner, K.-P., Steven, M.: BWL im Grundstudium 2: Buchführung, Kostenrechnung, Bilanzen, Physica, Heidelberg 1997

Kloock, J., Sieben, G., Schildbach, T., Homburg, C.: Kosten- und Leistungsrechnung, Lucius & Lucius, Stuttgart, 9. Aufl. 2005

Küpper, H.-U.: Controlling, Schäffer-Poeschel, Stuttgart, 4. Aufl. 2003

Ossadnik, W.: Controlling, Oldenbourg, München/Wien, 3. Aufl. 2003

Plinke, W., Rese, M.: Industrielle Kostenrechnung, Springer, Berlin usw., 7. Aufl. 2006

Preißler, P. R.: Controlling, Oldenbourg, München/Wien, 12. Aufl. 2000

Schweitzer, M., Küpper, H.-U.: Systeme der Kosten- und Erlösrechnung, Vahlen, München, 8. Aufl. 2003

Weber, J., Schäffer, U.: Einführung in das Controlling, Schäffer-Poeschel, Stuttgart, 11. Aufl. 2006

Werners, B.: Grundlagen des Operations Research, Springer, Berlin usw. 2006

5   Stichwortverzeichnis

G

H

I

L

M

6 Literaturverzeichnis

Adam, D.: Produktions-Management, Gabler, Wiesbaden, 9. Aufl. 1998

Agthe, K.: Stufenweise Fixkostenrechnung im System des Direct Costing, in: Zeitschrift für Betriebswirtschaft 29, 1959, S. 404-418

Altenburger, O. A.: Ansätze zu einer Produktions- und Kostentheorie der Dienstleistungen, Duncker & Humblot, Berlin 1980

Andler, K.: Rationalisierung der Fabrikation und optimale Losgröße, Oldenbourg, München 1929

Ansoff, I.: Strategies for Diversification, in: Harvard Business Review Sept./Oct. 1957, S. 113-124

Anthony, R. N.: Planning and Control Systems: A Framework for Analysis, Harvard University Press, Boston 1965

Appelfeller, W., Buchholz, W.: Supplier Relationship Management, Gabler, Wiesbaden 2005

Arndt, H.: Supply Chain Management, Gabler, Wiesbaden, 3. Aufl. 2006

Arnold, U.: Beschaffungsmanagement, Schäffer-Poeschel, Stuttgart, 2. Aufl. 1997

Babbage, C.: On the Economy of Machinery and Manufactures, 1832, Kelley, Nachdruck New York 1963

Bachem, A.: Komplexitätstheorie im Operations Research, in: Zeitschrift für Betriebswirtschaft 50, 1980, S. 812-844

Bauer, J.: Produktionscontrolling mit SAP®-Systemen, Vieweg, Braunschweig/Wiesbaden, 2. Aufl. 2003

Bea, F. X.: Wissensmanagement, in: Wirtschaftswissenschaftliches Studium 29, 2000, S. 362-367

Beckmann, M. J.: Aktivitätsanalyse der Produktion und des Wirtschaftens, in: Zeitschrift für die gesamte Staatswissenschaft 109, 1953, S. 629-644

Beckmann, M. J.: Grundbegriffe der Produktionstheorie vom Standpunkt der Aktivitätsanalyse, in: Weltwirtschaftliches Archiv 75, 1955, S. 50-58

Behrens, S.: Dynamische Produktionstheorie, in: wisu – Das Wirtschaftsstudium 30, 2001, S. 337-342

Behrens, S.: Produktionstheorie von Dienstleistungen, in: Wildemann, H. (Hrsg.), Moderne Produktionskonzepte für Güter- und Dienstleistungsproduktionen, TCW, München 2003, S. 33-57

Behrens, S., Varmaz, A.: Data Envelopment Analysis als Instrument für Zeitvergleiche, in: Zeitschrift für Planung & Unternehmenssteuerung 15, 2004, S. 93-108

Bellman, R.: Dynamic Programming, Princeton University Press, Princeton, New Jersey 1957

Bellmann, K., Himpel, F.: Fallstudien zum Produktionsmanagement, Gabler, Wiesbaden 2006

Berens, W., Delfmann, W., Schmitting, W.: Quantitative Planung, Schäffer-Poeschel, Stuttgart, 4. Aufl. 2004

Bichler, K., Krohn, R.: Beschaffungs- und Lagerwirtschaft, Gabler, Wiesbaden, 8. Aufl. 2001

Bieri, B.: Kybernetisches Produktions-Controlling mit Hilfe von Kennzahlen, Difo-Druck, Bamberg 1995

Bliesener, M.-M.: Logistik-Controlling, Vahlen, München 2002

Bloech, J.: Industrieller Standort, in: Schweitzer, M. (Hrsg.), Industriebetriebslehre, Vahlen, München, 2. Aufl. 1994, S. 61-147

Bloech, J., Bogaschewsky, R., Götze, U., Roland, F.: Einführung in die Produktion, Springer, Berlin usw., 5. Aufl. 2004

Bode, J.: Betriebliche Produktion von Information, DUV Deutscher Universitäts-Verlag, Wiesbaden 1993

Bode, J.: Eine unscharfe Produktionsfunktion der Unternehmung, in: Zeitschrift für Betriebswirtschaft 64, 1994, S. 465-492

Bogaschewsky, R.: Natürliche Umwelt und Produktion, Gabler, Wiesbaden 1995

Bohr, K.: Economies of Scale und Economies of Scope, in: Kern, W., Schröder, H.-H., Weber, J. (Hrsg.), Handwörterbuch der Produktionswirtschaft, Schäffer-Poeschel, Stuttgart, 2. Aufl. 1996, Sp. 375-386

Böning, M.: Einsatzmöglichkeiten eines lebenszyklusorientierten Controlling von Produktionsanlagen, Utz-Verlag, München 1997

Bretzke, W.-R.: Der Problembezug von Entscheidungsmodellen, Mohr Siebeck, Tübingen 1980

Brockhoff, K.: Produktpolitik, Lucius & Lucius, Stuttgart, 4. Aufl. 1999

Bronner, A.: Industrielle Planungstechniken, Springer, Berlin usw. 2001

Bruns, K.: Analyse und Beurteilung von Entsorgungslogistiksystemen, Gabler, Wiesbaden 1997

Bundesumweltministerium/Umweltbundesamt (Hrsg.): Handbuch Umweltcontrolling, Vahlen, München, 2. Aufl. 2001

Busse von Colbe, W., Laßmann, G.: Betriebswirtschaftstheorie, Band 1: Grundlagen, Produktions- und Kostentheorie, Springer, Berlin usw., 5. Aufl. 1991

Calmes, A.: Der Fabrikbetrieb. Die Organisation im Zusammenhang mit der Buchhaltung und der Selbstkostenrechnung industrieller Betriebe, Gloeckner, Leipzig, 7. Aufl. 1922

Charnes, A., Cooper, W., Rhodes, E.: Measuring the efficiency of decision making units, in: European Journal of Operational Research 2, 1978, S. 429-444

Chopra, S., Meindl, P.: Supply Chain Management, Prentice Hall, Upper Saddle River (New Jersey) 2001

Coad, P.: Object Models, Prentice Hall, Upper Saddle River (New Jersey) 1995

Coenenberg, A.: Kostenrechnung und Kostenanalyse, Schäffer-Poeschel, Stuttgart, 5. Aufl. 2003

Cooper, R.; Kaplan, R.S.: Measure Costs Right: Make the Right Decisions, in: Harvard Business Review 1988, Sept-Oct, S. 96-103

Corsten, H.: Die Produktion von Dienstleistungen, ESV Verlag Erich Schmidt, Berlin 1985

Corsten, H.: Produktionswirtschaft, Oldenbourg, München/Wien, 11. Aufl. 2007a

Corsten, H.: Übungsbuch zur Produktionswirtschaft, Oldenbourg, München/Wien, 3. Aufl. 2007b

Corsten, H., Corsten, H., Sartor, C.: Operations Research, Vahlen, München 2005

Corsten, H., Friedl, B. (Hrsg.): Einführung in das Produktionscontrolling, Vahlen, München/Wien 1999

Corsten, H., Gössinger, R.: Einführung in das Supply-Chain-Management, Oldenbourg, München/Wien 2001

Corsten, H., Gössinger, R.: Dienstleistungsmanagement, Oldenbourg, München/Wien, 5. Aufl. 2007

Corsten, H., Schneider, H. (Hrsg.): Wettbewerbsfaktor Dienstleistung, Vahlen, München 1999

Dantzig, G. B.: Linear Programming and Extensions, Princeton University Press, Princeton (New Jersey) 1963

Debreu, G.: Werttheorie – Eine axiomatische Analyse des ökonomischen Gleichgewichts, Springer, Berlin usw. 1976

Deimel, K., Isemann, R., Müller, S.: Kosten- und Erlösrechnung, Pearson Studium, München 2006

Deutscher Bundestag (Hrsg.): Konzept Nachhaltigkeit – Fundamente für die Gesellschaft von morgen, Heger, Bonn 1997

Dinkelbach, W., Rosenberg, O.: Erfolgs- und umweltorientierte Produktionstheorie, Springer, Berlin usw., 5. Aufl. 2004

Domschke, W.: Logistik: Rundreisen und Touren, Oldenbourg, München/Wien, 4. Aufl. 1997

Domschke, W.: Logistik: Transport, Oldenbourg, München/Wien, 5. Aufl. 2007

Domschke, W., Drexl, A.: Logistik: Standorte, Oldenbourg, München/Wien, 4. Aufl. 1996

Domschke, W., Scholl, A., Voß, S.: Produktionsplanung, Springer, Berlin usw., 2. Aufl. 1997

Dyckhoff, H.: Betriebliche Produktion, Springer, Berlin usw., 2. Aufl. 1994

Dyckhoff, H.: Grundzüge der Produktionswirtschaft, Springer, Berlin usw., 4. Aufl. 2003

Dyckhoff, H.: Produktionstheorie, Springer, Berlin usw., 5. Aufl. 2006

Dyckhoff, H.: Neukonzeption der Produktionstheorie, in: Zeitschrift für Betriebswirtschaft 73, 2003, S. 705-732

Dyckhoff, H., Ahn, H., Souren, R.: Übungsbuch Produktionswirtschaft, Springer, Berlin usw., 4. Aufl. 2004

Dyckhoff, H., Allen, K.: Theoretische Begründung einer Effizienzanalyse mittels Data Envelopment Analysis (DEA), in: Zeitschrift für betriebswirtschaftliche Forschung 51, 1999, S. 411-436

Dyckhoff, H., Spengler, T.: Produktionswirtschaft, Springer, Berlin usw. 2005

Ellinger, T., Beuermann, G., Leisten, R.: Operations Research, Springer, Berlin usw., 6. Aufl. 2003

Ellinger, T., Haupt, R.: Produktions- und Kostentheorie, Schäffer-Poeschel, Stuttgart, 3. Aufl. 1996

Engelhardt, W. E., Kleinaltenkamp, M., Reckenfelderbäumer, M.: Leistungsbündel als Absatzobjekte, in: Zeitschrift für betriebswirtschaftliche Forschung 45, 1993, S. 395-426

Ewert, R., Wagenhofer, A.: Interne Unternehmensrechnung, Springer, Berlin usw., 6. Aufl. 2005

Fandel, G.: Produktion I: Produktions- und Kostentheorie, Springer, Berlin usw., 6. Aufl. 2005

Fandel, G., Fey, A., Heuft, B., Pitz, T.: Kostenrechnung, Springer, Berlin usw., 2. Aufl. 2004

Fandel, G., François, P., Gubitz, K.-M.: PPS- und integrierte betriebliche Softwaresysteme – Grundlagen, Methoden, Marktanalyse, Springer, Berlin usw., 2. Aufl. 1997

Fandel, G., Hegener, C., Nguyen, V., Zurhausen, B.: Produktions- und Kostentheorie interaktiv, Springer, Berlin usw. 2002

Fandel, G., Lorth, M., Blaga, S.: Übungsbuch zur Produktions- und Kostentheorie, Springer, Berlin usw., 2. Aufl. 2005

Fieten, R.: Integrierte Materialwirtschaft: Stand und Entwicklungstendenzen, in: BME Bundesverband Materialwirtschaft, Einkauf und Logistik (Hrsg.), Beschaffung aktuell, Konradin Verlag Kohlhammer, Leinfelden-Echterdingen, 3. Aufl. 1994

Fleischmann, B.: Bestandsmanagement zwischen Zero Stock und Inventory Control, in: OR News Nr. 19, 2003, S. 22-27

Fleischmann, B., Meyr, H., Wagner, M.: Advanced Planning, in: Stadtler, H., Kilger, C. (Hrsg.), Supply Chain Management und Advanced Planning, Springer, Berlin usw. 2000, S. 57-71

Forrester, J. W.: Industrial Dynamics, Cambridge (Mass.), 7. Aufl. 1972

Fourastié, J.: Die große Hoffnung des 20. Jahrhunderts, Bund, Köln-Deutz 1954

Franz, K.-P.: Kennzahlensysteme für das Produktionsmanagement, in: Corsten, H., Friedl, B. (Hrsg.), Einführung in das Produktionscontrolling, Vahlen, München 1999, S. 291-317

Freiling, J., Reckenfelderbäumer, M.: Markt und Unternehmung, Gabler, Wiesbaden 2004

Garbe, B.: Industrielle Dienstleistungen. Einfluß und Erfolgsfaktoren, Gabler, Wiesbaden 1998

Garvin, D. A.: Competing on the Eight Dimensions of Quality, in: Harvard Business Review 65, Nr. 6, 1987, S. 25-34

Gerpott, T. J.: Strategisches Technologie- und Innovationsmanagement, Schäffer-Poeschel, Stuttgart, 2. Aufl. 2005

Gide, C., Rist, C.: Geschichte der volkswirtschaftlichen Lehrmeinungen, Gustav Fischer, Jena, 3. Aufl. 1923

Glaser, H., Geiger, W., Rohde, V.: PPS – Produktionsplanung und -steuerung, Gabler, Wiesbaden, 2. Aufl. 1992

Gogoll, A., Theden, P. H.: Techniken des Quality Engineering, in: Kamiske, G. F. (Hrsg.), Die Hohe Schule des Total Quality Management, Springer, Berlin usw. 1994, S. 329-369

Goldratt, E. M.: Computerized Shop Floor Scheduling, in: International Journal of Production Research 26, 1988, S. 443-455

Göpfert, I.: Berichtswesen, in: Küpper, H.-U., Wagenhofer, A. (Hrsg.), Handwörterbuch Unternehmensrechnung und Controlling, Schäffer-Poeschel, Stuttgart, 4. Aufl. 2002, Sp. 143-156

Göpfert, I.: Logistik – Führungskonzeption, Vahlen, München, 2. Aufl. 2005

Göpfert, I.: Supply Chain Controlling, Gabler, Wiesbaden 2006

Grochla, E.: Grundlagen der Materialwirtschaft, Gabler, Wiesbaden, 3. Aufl. 1978

Gronau, N.: Enterprise Resource Planning und Supply-Chain-Management, Oldenbourg, München/Wien 2004

Gudehus, T.: Logistik 1 – Grundlagen, Verfahren und Strategien, Springer, Berlin usw., 3. Aufl. 2007a

Gudehus, T.: Logistik 2 – Netzwerke, Systeme und Lieferketten, Springer, Berlin usw., 3. Aufl. 2007b

Günther, H.-O., Tempelmeier, H.: Produktion und Logistik, Springer, Berlin usw., 6. Aufl. 2005

Günther, H.-O., Tempelmeier, H.: Übungsbuch Produktion und Logistik, Springer, Berlin usw., 5. Aufl. 2006

Gutenberg, E.: Grundlagen der Betriebswirtschaft, Erster Band: Die Produktion, Springer, Berlin usw., 1. Aufl. 1951, 24. Aufl. 1983

Haberstock, L.: Kostenrechnung I, ESV Erich Schmidt Verlag, Berlin, 12. Aufl. 2005

Hahn, D., Laßmann, G.: Produktionswirtschaft – Controlling industrieller Produktion, Band 1 & 2, Physica, Heidelberg, 3. Aufl. 1999

Hansen, W.: Qualität und Qualitätssicherung, in: Kern, W., Schröder, H.-H., Weber, J. (Hrsg.), Handwörterbuch der Produktionswirtschaft, Schäffer-Poeschel, Stuttgart, 2. Aufl. 1996, Sp. 1711-1723

Hansmann, K.-W.: Industrielles Management, Oldenbourg, München/Wien, 8. Aufl. 2006

Harris, F.: How Many Parts to Make at Once, in: Factory, The Magazine of Management 10, 1913, S. 135-136 u. 152

Harrison, A., van Hoek, R.: Logistics Management and Strategy, Pearson, Harlow (Essex) 2002

Hax, A. C., Meal, D.: Hierarchical Integration of Production Planning and Scheduling, in: Geisler, M. A. (Hrsg.), Logistics, TIMS Studies in the Management Sciences, Amsterdam (North Holland) 1975, S. 53-69

Heinen, E.: Betriebswirtschaftliche Kostenlehre, Gabler, Wiesbaden, 6. Aufl. 1983

Heiserich, O.-E.: Logistik, Gabler, Wiesbaden, 3. Aufl. 2002

Helgeson, W. B., Birnie, D. P.: Assembly Line Balancing Using the Ranked Positional Weight Technique, in: Journal of Industrial Engineering 12 (1961), S. 394-398

Hessenberger, M., Krcal, H.-C.: Innovative Logistik, Gabler, Wiesbaden 1997

Hieber, W. L.: Lern- und Erfahrungskurveneffekte, Vahlen, München 1991

Hildenbrand, K., Hildenbrand, W.: Lineare ökonomische Modelle, Springer, Berlin usw. 1975

Hoitsch, H.-J.: Produktionswirtschaft, Vahlen, München, 2. Aufl. 1993

Hoitsch, H.-J.: Kosten- und Erlösrechnung, Springer, Berlin usw., 5. Aufl. 2004

Hoitsch, H.-J., Akın, B.: Geschichte der Produktionswirtschaft, in: Wirtschaftswissenschaftliches Studium 27, 1998, S. 54-59

Homburg, C., Garbe, B.: Industrielle Dienstleistungen. Auswirkungen auf die Geschäftsbeziehung und Faktoren für ein erfolgreiches Management, in: Zeitschrift für Betriebswirtschaft 69, 1999, S. 847-865

Horváth, P.: Controlling, Vahlen, München, 10. Aufl. 2006

Ihde, G. B.: Transport, Verkehr, Logistik, Vahlen, München, 3. Aufl. 2001

Isermann, H.: Logistik – Gestaltung von Logistiksystemen, mi verlag moderne industrie, Landsberg am Lech, 2. Aufl. 1998

Isermann, H.: Grundlagen eines systemorientierten Logistikmanagements, in: Isermann, H. (Hrsg.), Logistik – Gestaltung von Logistiksystemen, mi verlag moderne industrie, Landsberg am Lech, 2. Aufl. 1998, S. 21-60

Isermann, H.: Verpackung, in: Kern, W., Schröder, H.-H., Weber, J. (Hrsg.): Handwörterbuch der Produktionswirtschaft, Schäffer-Poeschel, Stuttgart, 2. Aufl. 1996, Sp. 2162-2182

Jackson, D.: Technological Change, the Learning Curve and Profitability, Edward Elgar Publishing, Cheltenham, U.K., 1998

Jensen, M. C., Meckling, W. H.: Theory of the Firm – Managerial Behaviour, Agency Costs and Ownership Structure, in: Journal of Financial Economics 3, 1976, S. 305-360

Jünemann, R., Beyer, A.: Steuerung von Materialfluß- und Logistiksystemen (Materialfluß und Logistik), Springer, Berlin usw., 2. Aufl. 1998

Jünemann, R., Schmidt, T.: Materialflusssysteme (Materialfluss und Logistik), Springer, Berlin usw., 2. Aufl. 1999

Kaplan, R. S., Norton, D. P.: The Balanced Scorecard, Translating Strategies into Action, Boston 1996

Kern, S.: Produktions-Controlling für Fertigungsinseln, DUV Deutscher Universitäts-Verlag, Wiesbaden 1993

Kern, W.: Die Messung industrieller Fertigungskapazitäten und ihrer Ausnutzung, Westdeutscher Verlag, Köln/Opladen 1962

Kern, W.: Die Produktionswirtschaft als Erkenntnisbereich der Betriebswirtschaftlehre, in: Zeitschrift für betriebswirtschaftliche Forschung 28, 1976, S. 756-767

Kern, W., Fallaschinski, K.: Betriebliche Produktionsfaktoren, in: wisu Das Wirtschaftsstudium 7, 1978, S. 580-584

Kern, W., Schröder, H.-H., Weber, J. (Hrsg.): Handwörterbuch der Produktionswirtschaft, Schäffer-Poeschel, Stuttgart, 2. Aufl. 1996

Kilger, W.: Flexible Plankostenrechnung und Deckungsbeitragsrechnung, Gabler, Wiesbaden, 12. Aufl. 2006

Kistner, K.-P.: Produktions- und Kostentheorie, Physica, Heidelberg, 1. Aufl. 1981, 2. Aufl. 1993

Kistner, K.-P.: Die Substitution von Umlaufvermögen durch Anlagevermögen im Rahmen der Produktion auf Abruf, in: OR Spektrum 16, 1994, S. 125-134

Kistner, K.-P.: Optimierungsmethoden, Physica, Heidelberg, 3. Aufl. 2003

Kistner, K.-P., Schumacher, S., Steven, M.: Hierarchical Production Planning in Group Technologies, in: Fandel, G., Gulledge, T., Jones, A. (Hrsg.), New Directions for Operations Research in Manufacturing, Springer, Berlin usw. 1992, S. 60-74

Kistner, K.-P., Steven, M.: Management ökologischer Risiken in der Produktionsplanung, in: Zeitschrift für Betriebswirtschaft 61, 1991, S. 1307-1336

Kistner, K.-P., Steven, M.: BWL im Grundstudium, Band 2: Buchführung, Kostenrechnung, Bilanzen, Physica, Heidelberg 1997

Kistner, K.-P., Steven, M.: Produktionsplanung, Physica, Heidelberg, 3. Aufl. 2001

Kistner, K.-P., Steven, M.: Betriebswirtschaftslehre im Grundstudium, Band 1: Produktion, Absatz, Finanzierung, Physica, Heidelberg, 4. Aufl. 2002

Kistner, K.-P., Switalski, M.: Hierarchische Produktionsplanung, in: Zeitschrift für Betriebswirtschaft 59, 1989, S. 477-503

Klaus, P.: Jenseits einer Funktionenlogistik: Der Prozessansatz, in: Isermann, H. (Hrsg), Logistik - Gestaltung von Logistiksystemen, mi verlag moderne industrie, Landsberg am Lech, 2. Aufl. 1998, S. 61-78

Kleinaltenkamp, M.: Begriffsabgrenzung und Erscheinungsformen von Dienstleistungen, in: Bruhn, M., Meffert, H. (Hrsg.), Handbuch Dienstleistungsmanagement, Gabler, Wiesbaden, 2. Aufl. 2001, S. 27-50

Kloock, J.: Betriebswirtschaftliche Input/Output-Modelle, Gabler, Wiesbaden 1969

Kloock, J., Sieben, G., Schildbach, T., Homburg, C.: Kosten- und Leistungsrechnung, Lucius & Lucius, Stuttgart, 9. Aufl. 2005

Koether, R.: Technische Logistik, Hanser, München/Wien, 3. Aufl. 2006

Koopmans, T. C. (Hrsg.): Activity Analysis of Production and Allocation, Yale University Press, New Haven/London 1951

Kortus-Schultes, D., Ferfer, U.: Logistik und Marketing in der Supply Chain, Gabler, Wiesbaden 2005

Kotler, P. K.: Marketing-Management, Schäffer-Poeschel, Stuttgart, 10. Aufl. 2001

Kreikebaum, H.: Strategische Unternehmensplanung, Kohlhammer, Stuttgart, 6. Aufl. 1997

Krüger, R.: Das Just-in-Time-Konzept für globale Logistikprozesse, Gabler, Wiesbaden 2004

Krüger, R., Steven, M.: Supply Chain Management im Spannungsfeld von Logistik und Management, in: Wirtschaftswissenschaftliches Studium 29, 2000, S. 501-507 u. S. 535-539

Krüger, R., Steven, M.: Advanced Planning Systems – Eine neue Generation von Informationssystemen, in: Supply Chain Management 2, Heft II, 2002a, S. 7-14

Krüger, R., Steven, M.: Funktionalitäten von Advanced Planning Systems, in: Wirtschaftswissenschaftliches Studium 31, 2002b, S. 591-595

Küpper, H.-U.: Dynamische Produktionsfunktion der Unternehmung auf der Basis des Input-Output-Ansatzes, in: Zeitschrift für Betriebswirtschaft 49, 1979, S. 93-106

Küpper, H.-U.: Interdependenzen zwischen Produktionstheorie und der Organisation des Produktionsprozesses, Duncker & Humblot, Berlin 1980

Küpper, H.-U.: Koordination und Interdependenz als Bausteine einer konzeptionellen und theoretischen Fundierung des Controlling, in: Lücke, W. (Hrsg.), Betriebswirtschaftliche Steuerungs- und Kontrollprobleme, Gabler, Wiesbaden, 1988, S. 163-183

Küpper, H.-U.: Controlling, Schäffer-Poeschel, Stuttgart, 4. Aufl. 2003

Küpper, H.-U., Helber, S.: Ablauforganisation in Produktion und Logistik, Schäffer-Poeschel, Stuttgart, 3. Aufl. 2004

Küpper, H.-U., Wagenhofer, A.: Handwörterbuch Unternehmensrechnung und Controlling, Schäffer-Poeschel, Stuttgart, 4. Aufl. 2002

Kurbel, K.: Produktionsplanung und -steuerung im Enterprise Resource Planning und Supply Chain Management, Oldenbourg, München/Wien, 6. Aufl. 2005

Laarmann, A.: Lerneffekte in der Produktion, DUV, Wiesbaden 2005

Large, R.: Strategisches Beschaffungsmanagement, Gabler, Wiesbaden, 3. Aufl. 2006

Lasch, R., Schulte, G.: Quantitative Logistik-Fallstudien, Gabler, Wiesbaden 2006

Laux, H., Liermann, F.: Grundlagen der Organisation, Springer, Berlin usw., 6. Aufl. 2005

Leontief, W. W.: The Structure of American Economy: An Empirical Application of Equilibrium Analysis, Oxford University Press, New York 1951

Letmathe, P.: Umweltbezogene Kostenrechnung, Vahlen, München 1998

Letmathe, P.: Produktionsplanung und Erfolgsrechnung für die Strategische Geschäftseinheit „Video-schnittsystem", in: Burchert, H., Hering, T., Rollberg, R. (Hrsg.), Produktionswirtschaft, Ol-denbourg, München/Wien 2000, S. 311-328

Letmathe, P.: Flexible Standardisierung – Ein dezentrales Produktionsmanagement-Konzept für kleine und mittlere Unternehmen, Gabler, Wiesbaden 2002

Maleri, R.: Grundlagen der Dienstleistungsproduktion, Springer, Berlin usw., 4. Aufl. 1997

Männel, W.: Integrierte Anlagenwirtschaft, TÜV Rheinland, Köln 1988

Matthes, W.: Dynamische Einzelproduktionsfunktion der Unternehmung (Produktionsfunktion vom Typ F), Betriebswirtschaftliches Arbeitspapier Nr. 2/1979, Universität zu Köln, Seminar für Fertigungswirtschaft, Köln 1979

Meadows, D., Meadows, D., Zahn, E., Milling, P.: Die Grenzen des Wachstums, Rowohlt Verlag, Reinbek bei Hamburg 1973

Ohno, T.: Das Toyota-Produktionssystem, Campus, Frankfurt am Main 1993

Ossadnik, W.: Controlling, Oldenbourg, München/Wien, 3. Aufl. 2003

Parasuraman, A., Zeithaml, V. A., Berry, L. L.: SERVQUAL: A Multiple-Item Scale for Measuring Consumer Perceptions of Service Quality, in: Journal of Retailing 64, 1988, H. 1, S. 12-40

Pfohl, H.-C.: Logistiksysteme, in: Wittmann, W. et al. (Hrsg.), Handwörterbuch der Betriebswirtschaft, Schäffer-Poeschel, Stuttgart, 5. Aufl. 1993, Sp. 2615-2632

Pfohl, H.-C. (Hrsg.): Integrative Instrumente der Logistik, ESV Erich Schmidt Verlag, Berlin 1996

Pfohl, H.-C.: Wertsteigerung durch Innovation in der Logistik, in: Pfohl, H.-C. (Hrsg.), Jahrhundert der Logistik, ESV Erich Schmidt Verlag, Berlin 2001, S. 187-233

Pfohl, H.-C.: Logistiksysteme, Springer, Berlin usw., 7. Aufl. 2004

Pfohl, H.C., Stölzle, W.: Planung und Kontrolle, Vahlen Verlag, München, 2. Aufl. 1997

Pichler, O.: Anwendung der Matrizenrechnung zur Erfassung von Betriebsabläufen, in: Ingenieurs-Archiv 21, 1953, S. 157-175

Plinke, W., Rese, M.: Industrielle Kostenrechnung, Springer, Berlin usw., 7. Aufl. 2006

Porter, M. E.: Competitive Strategy, Free Press, New York 1985

Porter, M. E.: Wettbewerbsstrategie, Campus, Frankfurt am Main, 10. Aufl. 1999

Pötzl, N. F.: Wellen des Fortschritts, in: Der Spiegel 26/2004, S. 40

Preißler, P. R.: Controlling, Oldenbourg, München/Wien, 12. Aufl. 2000

Reichwald, R., Piller, F.: Interaktive Wertschöpfung, Gabler, Wiesbaden 2006

Riebel, P.: Einzelkosten- und Deckungsbeitragsrechnung, Gabler, Wiesbaden, 7. Aufl. 1994

Rohde, J., Meyr, H., Wagner, M.: Die Supply Chain Planning Matrix, in: PPS Management 5, 2000, Heft 1, S. 10-15

Schneeweiß, C.: Hierarchies in Distributed Decision Making, Springer, Berlin usw. 1999

Schneeweiß, C.: Einführung in die Produktionswirtschaft, Springer, Berlin usw., 8. Aufl. 2002

Schneider, D.: Betriebswirtschaftslehre, Band 4: Geschichte und Methoden der Wirtschaftswissen-schaft, Oldenbourg, München/Wien 2001

Schoebel, D.: Multikriterielle Gestaltung von pharmazeutischen Wirkstoffanlagen im Rahmen der strategischen Anlagenwirtschaft mithilfe von Methoden der Computational Intelligence, Dissertation Bochum 2007

Schweitzer, M. (Hrsg.): Industriebetriebslehre, Vahlen, München, 2. Aufl. 1994

Schweitzer, M., Küpper, H.-U.: Produktions- und Kostentheorie, Gabler, Wiesbaden, 2. Aufl. 1997

Schweitzer, M., Küpper, H.-U.: Systeme der Kosten- und Erlösrechnung, Vahlen, München, 8. Aufl. 2003

Seicht, G.: Industrielle Anlagenwirtschaft, in: Schweitzer, M. (Hrsg.), Industriebetriebslehre, Vahlen, München, 2. Aufl. 1994, S. 329-445

Siedentopf, H. H., Brumberg, C.: Globale Logistik, Gabler, Wiesbaden 2006

Smith, A.: An Inquiry into the Nature and Causes of the Wealth of Nations, London 1776

Specht, G.: Technologiemanagement, in: Wittmann, W., Kern, W., Köhler, R. et al. (Hrsg.), Handwörterbuch der Betriebswirtschaft, Schäffer-Poeschel, Stuttgart, 5. Aufl. 1993, Sp. 4154-4168

Stadtler, H.: Hierarchische Produktionsplanung bei losweiser Fertigung, Physica, Heidelberg 1988

Stadtler, H., Kilger, C. (Hrsg.): Supply Chain Management and Advanced Planning, Springer, Berlin usw., 3. Aufl. 2005

Statistisches Bundesamt: Klassifikation der Wirtschaftszweige mit Erläuterungen, Ausgabe 1993, 4. Nachdruck, Wiesbaden 1996

Statistisches Jahrbuch 2003 für die Bundesrepublik Deutschland, Statistisches Bundesamt, Wiesbaden 2003

Steffen, R., Schimmelpfeng, K.: Produktions- und Kostentheorie, Kohlhammer, Stuttgart, 4. Aufl. 2002

Steven, M.: Umwelt als Produktionsfaktor?, in: Zeitschrift für Betriebswirtschaft 61, 1991, S. 509-523

Steven, M.: Umweltschutz im Produktionsbereich, in: wisu Das Wirtschaftsstudium 21, 1992, S. 35-39 und S. 105-111

Steven, M.: Produktion und Umweltschutz, Gabler, Wiesbaden 1994a

Steven, M.: Hierarchische Produktionsplanung, Physica, Heidelberg, 2. Aufl. 1994b

Steven, M.: Dynamische Analyse des Umweltfaktors in der Produktion, in: Zeitschrift für Betriebswirtschaft 64, 1994c, S. 493-513

Steven, M.: Die Einbeziehung des Umweltfaktors in die Gutenberg-Produktionsfunktion, in: Zeitschrift für Betriebswirtschaft 64, 1994d, S. 1393-1414

Steven, M.: Kapazitätsgestaltung und -optimierung, in: Kern, W., Schröder, H.-H., Weber, J. (Hrsg.), Handwörterbuch der Produktionswirtschaft, Schäffer-Poeschel, Stuttgart, 2. Aufl. 1996, Sp. 874-883

Steven, M.: Produktionstheorie, Gabler, Wiesbaden 1998

Steven, M.: Organisation von virtuellen Produktionsnetzwerken, in: Nagel, K., Erben, R. F., Piller, F. T. (Hrsg.), Produktionswirtschaft 2000: Perspektiven für die Fabrik der Zukunft, Gabler, Wiesbaden 1999, S. 243-260

Steven, M.: Die Koordination im Unternehmen, in: wisu Das Wirtschaftsstudium 30, 2001, S. 965-970

Steven, M.: Supply Chain Management für globale Wertschöpfungsketten, in: Wirtschaftswissenschaftliches Studium 34, 2005, S. 195-200

Steven, M.: BWL für Ingenieure, Oldenbourg, München/Wien, 2. Aufl. 2006

Steven, M.: Entsorgung, in: Köhler, R., Küpper, H.-U., Pfingsten, A. (Hrsg.), Handwörterbuch der Betriebswirtschaft, Schäffer-Poeschel, Stuttgart, 6. Aufl. 2007, Sp. 394-402

Steven, M., Böning, M.: Entwicklung und Aufgaben eines lebenszyklusorientierten Controlling von Produktionsanlagen, in: Wirtschaftswissenschaftliches Studium 28, 1999a, S. 76-80

Steven, M., Böning, M.: Integration von Investitionsplanung und -überwachung im Rahmen des Anlagencontrolling, in: Die Betriebswirtschaft 59, 1999b, S. 458-467

Steven, M., Bruns, K.: Entsorgungslogistik, in: Das Wirtschaftsstudium 27, 1997, S. 695 – 700, S. 802 – 806

Steven, M., Große-Jäger, S.: Industrielle Dienstleistungen in Theorie und Praxis, in: Wirtschaftswissenschaftliches Studium 32, 2003, S. 27-33

Steven, M., Krüger, R., Tengler, S.: Informationssysteme für das Supply Chain Management, in: PPS Management 5, 2000, Heft 2, S. 15-23

Steven, M., Krüger, R.: Supply Chain Event Management für globlae Logistikprozesse, in: Spengler, T., Voß, S., Kopfer, H. (Hrsg.), Logistik Management, Physica, Heidelberg 2004, S. 179-195

Steven, M., Letmathe, P.: Objektorientierte Kostenrechnung, in: Kostenrechnungspraxis 44, 2000, S. 237 – 245

Steven, M., Letmathe, P.: Umweltbezogene Produktions- und Kostentheorie, in: Wagner, S., Kupp, M., Matzel, M. (Hrsg.), Quantitative Modelle und nachhaltige Ansätze der Unternehmungsführung, Physica, Heidelberg 2002, S. 119-132

Steven, M., Schade, S.: Produktionswirtschaftliche Analyse produktbegleitender Dienstleistungen, in: Zeitschrift für Betriebswirtschaft 74, 2004, S. 543-562

Steven, M., Schwarz, E. J., Letmathe, P.: Umweltberichterstattung und Umwelterklärung nach EG-Ökoaudit-Verordnung, Springer, Berlin usw. 1997

Steven, M., Tengler, S., Krüger, R.: Reverse Logistics, in: Das Wirtschaftsstudium 32, 2003, S. 643 – 647 und S. 779 – 784

Steven, M., Tengler, S.: Informationssicherheit im Supply Chain Management, in: Wirtschaftswissenschaftliches Studium 34, 2005, S. 345-348

Stölzle, W., Heusler, K. F., Karrer, M.: Erfolgsfaktor Bestandsmanagement, Versus, Zürich 2004

Stöppler, S.: Dynamische Produktionstheorie, Westdeutscher Verlag, Opladen 1975

Strebel, H., Schwarz, E. J. (Hrsg.): Kreislauforientierte Unternehmenskooperationen, Oldenbourg, München/Wien 1998

Suhl, L., Mellouli, T.: Optimierungssysteme, Springer, Berlin usw. 2006

Supply-Chain Council: Supply Chain Council & Supply Chain Operations Reference (SCOR) Model Overview, URL: http://www.supply-chain.org, State: June 9, 2000.

Switalski, M.: Flexible Fertigungssysteme, in: Wirtschaftswissenschaftliches Studium 18, 1989, S. 257-263

Taylor, F. W.: The Principles of Scientific Management, Harper & Brothers, New York 1919

Tempelmeier, H.: Material-Logistik, Springer, Berlin usw., 6. Aufl. 2006

Töpfer, A.: Benchmarking, in: Wirtschaftswissenschaftliches Studium 26, 1997, S. 202-205

Vahrenkamp, R.: Logistikmanagement, Oldenbourg, München/Wien, 4. Aufl. 2000

Wannenwetsch, H. H.: Integrierte Materialwirtschaft und Logistik, Springer, Berlin usw., 3. Aufl. 2006

Wäscher, G.: Logistik, in: Berndt, R., Altobelli, C. F., Schuster, P. (Hrsg.), Springers Handbuch der Betriebswirtschaftslehre I, Springer, Berlin usw. 1998, S. 421-468

Weber, A.: Reine Theorie des Standorts, Mohr, Tübingen 1909

Weber, J.: Logistik als Koordinationsfunktion – Zur theoretischen Fundierung der Logistik, in: Zeitschrift für Betriebswirtschaft 62, 1992, S. 877-895

Weber, J.: Einführung in das Rechnungswesen II: Kostenrechnung, Schäffer-Poeschel, Stuttgart, 7. Aufl. 2006

Weber, J.: Einführung in das Controlling, Schäffer-Poeschel, Stuttgart, 11. Aufl. 2006

Weber, J., Kummer, S.: Logistikmanagement, Schäffer-Poeschel, Stuttgart, 2. Aufl. 1998

Weber, J., Schäffer, U.: Einführung in das Controlling, Schäffer-Poeschel, Stuttgart, 11. Aufl. 2006

Weddigen, W.: Anne Robert Jaques Turgot – Leben und Bedeutung des Finanzministers Ludwig XVI., Meisenbach, Bamberg 1950

Werner, H.: Supply-Chain-Management, Gabler, Wiesbaden, 2. Aufl. 2002

Werners, B.: Grundlagen des Operations Research, Springer, Berlin usw. 2006

Westhaus, M., Seuring, S.: Zum Begriff des Supply Chain Controlling – Ergebnisse einer Delphi-Studie, in: Logistik Management 7, 2005, S. 43-54

Westkämper, E.: Einführung in die Organisation der Produktion, Springer, Berlin usw. 2006

Wiendahl, H.-P. (Hrsg.): Erfolgsfaktor Logistikqualität, Springer, Berlin usw. 2. Aufl. 2002

Wiendahl, H.-P.: Belastungsorientierte Fertigungssteuerung, Hanser, München/Wien 1987

Wieske, T.: Transportrecht, Springer, Berlin usw. 2003

Wildemann, H.: Fabrikorganisation – Kundennahe Produktion durch Fertigungssegmentierung, in: Zeitschrift für Betriebswirtschaft 59, 1989, S. 27-54

Wildemann, H.: Qualitätscontrolling in Industrieunternehmen, in: Kostenrechnungspraxis Sonderheft 1/2000, S. 11-17

Wildemann, H.: Produktionscontrolling, TCW, München, 4. Aufl. 2002

Wittmann, W.: Produktionstheorie, Springer, Berlin usw. 1968

Womack, J. P.; Jones, D. T.; Roos, D.: Die zweite Revolution in der Autoindustrie, Campus, Frankfurt a. M., 8. Aufl. 1994

Wright, T. P.: Factors affecting the Cost of Airplanes, in: Journal of the Aeronautic Sciences 3, 1936, H. 2, S. 122-129

Zadeh, L. A.: Fuzzy Sets, in: Information and Control 8, 1965, S. 338-353

Zäpfel, G.: Grundzüge des Produktions- und Logistikmanagement, Oldenbourg, München/Wien, 2. Aufl. 2001a

Zäpfel, G.: Strategisches Produktions-Management, Oldenbourg, München/Wien, 2. Aufl. 2001b

Zäpfel, G., Piekarz, B.: Supply-Chain-Controlling, Ueberreuter, Wien 1996

Zimmermann, H.-J.: Operations Research, Vieweg, Wiesbaden 2005